マキァヴェッリの拡大的共和国

― 近代の必然性と「歴史解釈の政治学」

厚見恵一郎

木鐸社刊

目次

序論　マキァヴェッリ，歴史解釈の政治学，「近代」

- 第1節　マキァヴェッリ思想の再構成をめぐって……………………… 11
- 第2節　歴史解釈の政治学………………………………………………… 23
  - (i) マキァヴェッリの独創性………………………………………… 23
  - (ii) 歴史と政治思想………………………………………………… 26
  - (iii) マキァヴェッリとローマ……………………………………… 29
- 第3節　マキァヴェッリ思想の「近代」性と歴史性…………………… 31
  - (i)「状況」倫理の誕生——政治の対象化と「政治的なるもの」…… 31
  - (ii) 歴史の導入……………………………………………………… 35
  - (iii) シュトラウスの解釈への修正………………………………… 37
- 第4節　本書の構成………………………………………………………… 48

第1部　マキァヴェッリのコスモス

はじめに……………………………………………………………………… 54

第1章　占星術，天，フォルトゥナ……………………………………… 55

- 第1節　マキァヴェッリと秩序の政治学………………………………… 55
- 第2節　ルネサンスの秩序観とマキァヴェッリ
  　　　　——占星術的宇宙論から魔術的宇宙論へ……………………… 60
  - (i) 占星術的秩序観………………………………………………… 60
  - (ii) 占星術的宇宙論の因果論的自立化と魔術による統御………… 64
- 第3節　神，天，フォルトゥナ…………………………………………… 72
  - (i) 神の概念………………………………………………………… 72
  - (ii) 天とフォルトゥナ……………………………………………… 76
  - (iii) 状況的秩序観…………………………………………………… 79
- 第4節　力と行為の優位——政治的現実主義の生誕…………………… 86
  - (i) ネオ・プラトニズムによるトミズムの解体…………………… 86
  - (ii) セキュラリズムと人間の画一性……………………………… 89
  - (iii) 現実主義と権力論……………………………………………… 93
  - (iv) フォルトゥナと作為の問題…………………………………… 97
  - (v) 政治的現実主義………………………………………………… 103

第2章　魂，野心，才知 …………………………………… 105
第1節　政治的人間と「人間本性」論 ………………………… 105
第2節　魂と精気 ……………………………………………… 108
第3節　欲望・気概・野心——政治的人間の情念 ……………… 116
第4節　賢慮と才知——政治的人間の理性 …………………… 124

第2部　マキァヴェッリと歴史叙述の伝統

はじめに ………………………………………………………… 134

第3章　『君主論』の修辞術と『フィレンツェ史』の実践的歴史叙述 …… 135
第1節　「事物の実効的真実」と歴史 …………………………… 135
第2節　修辞術と歴史——マキァヴェッリと修辞術の伝統 …… 137
  (i) フィレンツェ人文主義におけるキケロ修辞術 ……………… 138
  (ii)『君主論』のなかの修辞術的伝統 …………………………… 141
  (iii) 修辞術と実践的歴史叙述 …………………………………… 145
第3節　解釈術と歴史——ルネサンスにおける解釈術の諸類型 …… 151
第4節　時間の政治学——ルネサンスの過去概念 ……………… 155
第5節　マキァヴェッリと実践的歴史叙述の系譜 ……………… 158
  (i) 実践的歴史叙述の源流——古代ギリシアにおける年代記と歴史叙述 …… 159
  (ii) 循環史観と実践的歴史叙述の系譜 ………………………… 161
  (iii) サルスティウスとレオナルド・ブルーニ ………………… 163
  (iv) マキァヴェッリ『フィレンツェ史』の位置づけ ……………… 173

第4章　循環史観と生の意味 …………………………………… 186
第1節　哲学から歴史へ——教訓手段の獲得と自立道徳の成立 …… 186
  (i) 哲学の説明手段から教訓の宝庫へ ………………………… 186
  (ii) 栄誉と自立 …………………………………………………… 192
  (iii) 自然の歴史化——マキァヴェッリと歴史主義 ……………… 199
第2節　循環史観と生の意味——過去の教訓と現在 …………… 201
  (i) 循環史観の再生 ……………………………………………… 202
  (ii) 循環史観と政体循環論 ……………………………………… 205

第3部　マキァヴェッリと「共和主義」

はじめに……………………………………………………………………214

第5章　「政治的人文主義」とマキァヴェッリ………………220
第1節　フィレンツェ人文主義と共和主義の伝統
　　　　── civic humanism 研究の現状をめぐって…………220
第2節　サルターティとブルーニ……………………………………228
第3節　マキァヴェッリと書記官長職
　　　　── 16 世紀フィレンツェにおける「共和主義」の残存………243

第6章　マキァヴェッリと共和主義の概念………………247
第1節　マキァヴェッリの共和主義的解釈………………………247
第2節　『リウィウス論』と政体論………………………………252
　（i）国家創設の様式…………………………………………252
　（ii）政体の形態………………………………………………257
第3節　共和的概念とマキァヴェッリ──平民，自由，祖国愛………260
　（i）平民の公民化と臨時独裁………………………………260
　（ii）腐敗，自由，徳…………………………………………267
　（iii）マキァヴェッリ共和主義と祖国愛……………………277

第7章　ローマ史解釈と混合政体論………………………285
第1節　内紛と混合政体論をめぐるローマ史解釈………………285
　（i）フィレンツェ都市とマキァヴェッリ混合政体論………285
　（ii）ローマ史における内紛の意味…………………………295
　（iii）『リウィウス論』のなかの拡大的共和主義……………302
　（iv）気質の相違と利害の相違
　　　　──『フィレンツェ史』におけるローマ史とフィレンツェ史………304
第2節　君主，貴族，平民……………………………………………309

第4部　統治術としての政治学

はじめに……………………………………………………………………328

第8章　国家理性論，君主論，僭主論………………………335
第1節　『君主論』の文脈と意図……………………………………335

(i)『君主論』執筆の文脈 ……………………………………………… 335
　　(ii) 君主・新君主・僭主 ………………………………………………… 339
　第 2 節　stato, vivero politico, ragione di stato ………………………………… 343
　　(i) stato の政治学 ……………………………………………………… 343
　　(ii) arte dello stato と vivere politico
　　　　　──マキァヴェッリ政治学における『君主論』の位置 ……… 349
　　(iii) 国家理性論の誕生とマキァヴェッリ，ボテロ ……………………… 351
　　(iv) 国家理性論と主権論 ………………………………………………… 357
　　(v) マキァヴェッリとマキァヴェッリズム …………………………… 363
　第 3 節　『君主論』の政体設立論──新君主国の意義 …………………… 365
　　(i) 政体の分類と新君主 ………………………………………………… 365
　　(ii) 完全に新しい君主 …………………………………………………… 372
　　(iii) 英雄的ヴィルトゥと参加的ヴィルトゥの連携 …………………… 381

第 9 章　統治制度としての法律と宗教 ……………………………………… 385
　第 1 節　新君主の統治心術 …………………………………………………… 385
　　(i) 統治心術論における革新と伝統 …………………………………… 385
　　(ii) 状況倫理と責任倫理の結合 ………………………………………… 386
　　(iii) マキァヴェッリにおけるクセノフォン …………………………… 392
　第 2 節　教育と宗教 …………………………………………………………… 397
　　(i) 制度としての法律と教育 …………………………………………… 397
　　(ii) 制度としての宗教 …………………………………………………… 400
　　(iii) マキァヴェッリの宗教観をめぐって ……………………………… 403

第 10 章　軍事と政治──『戦術論』と民兵論 …………………………… 411
　第 1 節　帝国的拡大と政治的現実主義 ……………………………………… 411
　第 2 節　軍事的自立と対外拡大政策 ………………………………………… 415
　第 3 節　『戦術論』をめぐって ……………………………………………… 419
　第 4 節　『戦術論』における政治論と軍事論の関係 ……………………… 424

　　　むすび──拡大と 5 つのローマ ……………………………………… 428

あとがき ……………………………………………………………………………… 435
引用・参考文献 ……………………………………………………………………… 437
人名索引 ……………………………………………………………………………… 497

マキァヴェッリのテクストについての注記

マキァヴェッリの主要著作からの引用については，以下の略号を用い，下記 Martelli 版の全集頁数（算用数字）と下記筑摩書房版の全集巻数・頁数（漢数字）とを併記して，本文中に箇所を組み込んでいる。

『君主論』，『リウィウス論』，『戦術論』，『フィレンツェ史』以外のマキァヴェッリの著作や文書からの引用については，巻末の参考文献リストに従って本文中に箇所を組み込んでいる。'

P　：*Il Principe*, 1513.
D　：*Discorsi sopra la prima Deca di Tito Livio*, 1517.
AG　：*Dell'arte della guerra*, 1521.
I F　：*Istorie Fiorentine*, 1525.
○ *Tutte le opere*, a cura di Mario Martelli[1971]. Firenze: Sansoni Editore.
○ 『マキァヴェッリ全集』全6巻[1998-2000]，筑摩書房。
　　上記以外に使用した個別著作のイタリア語校訂版，英訳，和訳は，以下の通りである。
　　なお本文中のマキァヴェッリからの引用文の和訳は，基本的に私訳である。
『君主論』：
○ *De principatibus*, testo critico, a cura di Giorgio Inglese[1994].
　　Roma:Nella sede dell'istituto Palazzo Borromini.
○ *The Prince*, ed. Quentin Skinner, trans. Russel Price[1988]. Cambridge:
　　Cambridge University Press.
○ *The Prince*, trans. Harvey C. Mansfield[1985]. Chicago: The University
　　of Chicago Press.
○ 佐々木毅訳[1994]『マキァヴェッリと『君主論』』，講談社。
○ 河島英昭訳[1998]『君主論（君主政体について）』，岩波書店。
『リウィウス論』：
○ *Discourses on Livy*, trans. Harvey C. Mansfield and Nathan Tarcov[1996].
　　Chicago: The University of Chicago Press.
○ *The Discourses of Niccolò Machiavelli*, 2vols., trans. Leslie J.Walker[1950].
　　New Haven: Yale University Press.
○ 永井三明訳[1966]『政略論』，中央公論社。
『戦術論』：
○ *Art of War*, trans., ed., intro., and commentary Christopher Lynch[2003].
　　Chicago: The University of Chicago Press.
○ *The Art of War*, trans. Ellis Farneworth, intro. Neal Wood[1965]. New York:
　　Da Capo Press.
『フィレンツェ史』：
○ *Florentine Histories*, trans. Laura F. Banfield and Harvey C. Mansfield,
　　Jr[1988]. Princeton: Princeton University Press.
○ 大岩誠訳[1954]『フィレンツェ史』上下，岩波書店。

マキァヴェッリの拡大的共和国

― 近代の必然性と「歴史解釈の政治学」

序論　マキァヴェッリ，歴史解釈の政治学，「近代」

第1節　マキァヴェッリ思想の再構成をめぐって

「マキァヴェッリは実は，自分の子どもに名前をつけなかった[1](A.O. ハーシュマン)。」

「私は，すべての人に共通の利益をもたらすという生まれもった望みに励まされて，いままで誰も入っていったことのない道を切り開こうと決心した（マキァヴェッリ『リウィウス論』D,I.primo；76；二：九）。」

「政治学において，マキァヴェッリによって開始された問題以上に，高貴な，あるいは有益な問題は存在しない。すなわち，ローマの元老院と平民のあいだに存在した敵対を除去してしまうことのできる手立てを見出しえたか，という問題である[2]（ハリントン『オシアナ』）。」

　本書は，ニッコロ・マキァヴェッリ（Niccolò di Bernardo Machiavelli, 1469-1527）の思想を考察する。マキァヴェッリの場合，マキァヴェッリ自身の意図の問題とは別に，著作それ自体の膨大な影響作用史[3]が存在するこ

---

(1) Hirschman[1997], p.33. 邦訳，三一頁。
(2) Harrington, *Oceana*, Pocock, ed.[1977], p.272.
(3) 本書では，過去5世紀にわたる膨大かつ茫漠としたマキァヴェッリ解釈の積み重なりに相対して，それらを図式的に整理することは避けている。つまりマキァヴェッリ研究史の敷衍とそこにおける本書の位置づけについての概括は，あえて最小限にとどめ，以下本文や注の随所で二次文献に言及することで，それに代える。マキァヴェッリ研究史を整理した論稿は多いが，以下にそのいくつかを挙げる。Cutinelli[1999]. Procacci[1965][1995]. *Bibliografia Machiavelliana*, a cura di Sergio Bertelli e Piero Innocenti[1979]. 佐々木[1970]

とは周知の事実である。序論ではマキァヴェッリ思想の解釈史や研究史の問

の序論。厚見 [1993]。邦語でのマキァヴェッリ関連年譜として須藤・油木編 [2002]。著作誕生後の最初の1世紀に限定してマキァヴェッリ解釈史の展開を追跡した研究書として Anglo[2005]。このうちクティネッリとプロカッチの文献は、フランチェスコ・グッチャルディーニ、アントニオ・ブルチョーリ、ドナート・ジァンノッティら同時代人へのマキァヴェッリの影響についての概括――彼らとマキァヴェッリとの比較研究を除いた純粋な影響作用の考察――も含む。1559-1562 年の間にマキァヴェッリの全著作が禁書目録に加えられたが、Cutinelli[1999] は、1500 年代中葉の宗教改革支持派と反宗教改革派との論争において、マキァヴェッリの名が双方から相手方の批判のために用いられた経緯についても触れている。この時期におけるカトリック側の反マキァヴェッリ論として、英国人枢機卿レジノード・ポールやイエズス会士アントーニオ・ポッセヴィーノによるものがあり、また宗教改革支持側の反マキァヴェッリ論としては、有名なユグノー派インノセント・ジェンティエの『反マキァヴェッリ論』(1576) がある。1600 年代および 1700 年代には、マキァヴェッリの反キリスト教的態度に対しては一定の距離を置きつつも、かれのローマ史解釈や共和的傾向を擁護する言説もあらわれる。『君主論』と『リウィウス論』との二律背反的解釈の登場である。こうした傾向を代表するのが、スピノザ、モンテスキュー、ディドロ、ルソーであろう。また 1700 年代には資料編纂の面でも進展が見られ、J.F. クリストの論文 (1731) や、1782-1783 年にフィレンツェで印刷されカンビアージ社より出版されたマキァヴェッリ全集などによって、マキァヴェッリその人の歴史的・批判的研究が開始されるにいたった。1700 年代におけるマキァヴェッリ全集刊行の歴史について、前述の Bertelli e Innocenti[1979] の序文 pp.103ff. がある (Cutinelli[1999] による)。18 世紀の歴史的考証とロマン主義および実証主義の影響を受けた、19 世紀ドイツ歴史学 (ヘルダー、フィヒテ、ヘーゲル、ランケら) におけるマキァヴェッリ理解が、マイネッケにも継承されるある種のナショナリスティックな傾向を有していることは周知であろう。また 19 世紀には、デ・サンクティスによって、「近代的な知の枠組みの創始者」としてのマキァヴェッリ像がはじめて提示され、20 世紀に入っての政治史的 (ないしイデオロギー思想史的) なマキァヴェッリ解釈と近代主義的なマキァヴェッリ解釈との競合の種子となっていった。もちろん 20 世紀後半以降の政治史的マキァヴェッリ解釈においては、たんにマキァヴェッリの個人史にとどまらず、テクストの生成過程における思想的堆積物や典拠の詳細な検討を前提に、フィレンツェ史とテクストとの結合と背反を明らかにする作業が深まっていることはいうまでもない。その意味では、E. ガレンや P. クリステラーのルネサンス哲学史研究は、F. ギルバートや H. バロンを

題にはあえて立ち入らないが，さしあたって注目しておきたいのは，マキァヴェッリの著作の解釈史がつねに上記のハリントンの言葉にあらわれる3つの要素，すなわち「開始」，「（共和政）ローマ」，「敵対」とともに織り成されてきたと考えられることである．すなわち，『リウィウス論』劈頭でマキァヴェッリ自身がみずからの著述の営みを「前人未踏の未知の道」と表現したこと，またローマ共和政という過去の歴史をつねに政治的教訓の参照点としたこと，政治における「敵対」の不可避性ゆえに通常の内面道徳とは異なる政治倫理を提示したことが，マキァヴェッリ自身のなかでの新たな政治学創始の自覚と，「近代はマキァヴェッリに始まる」という後世の理解との双方を生み出し，マキァヴェッリの影響を受けたその後の政治学の歴史のなかで，「歴史解釈の政治」と「マキァヴェッリ的近代の政治」を結びつけてきた，といえるのではなかろうか．そして20世紀後半以降のマキァヴェッリ解釈においては，分析枠組として想定された，初期近代における諸思想の類型――「ルネサンス」，「古代ローマ主義」，「共和主義」，「多元主義」など――を用いながら，同時代フィレンツェ政治史の文脈においてかれの思想をイデオロギー的に再構成する立場[4]と，マキァヴェッリにおいて全体知を志向す

経て，現代のQ. スキナーらのコンテクスト主義的マキァヴェッリ研究に素材を提供しているとみることもできよう．こうした歴史的研究の成果をふまえたマキァヴェッリの伝記として，Grazia[1989]がある．これに対して，こうしたコンテクスチュアルなマキァヴェッリ理解がもちかねない還元主義的傾向への抵抗は，マキァヴェッリを何らかの意味での独創的思想家と理解する立場となり，Strauss[1958]をよりどころに，現代のマキァヴェッリ解釈のもう1つの極を形成している．現代におけるこうした哲学的マキァヴェッリ解釈の一例として，Lefort[1972][1992]をあげておきたい．

(4) この立場は，Berlin[1979]に始まると考えられる．バーリンは，国家理性と倫理の分裂に苦悩しつつ苦汁の選択として前者すなわち「政治の自律」を認めざるをえなかった愛国者，すなわち倫理と政治の分裂という近代の苦悩の体現者としてマキァヴェッリを描くMeinecke[1957]やCroce[邦訳1986]を批判し，マキァヴェッリのうちに「倫理からの政治の自律」ではなく「2つの倫理――キリスト教と古代共和政ローマ――の絶対的対立」を読み取りつつ，その対立的多元性を前提としながら後者を公的倫理として採用したリベラルな決断主義者として彼を描いた．そして，現代の「共和主義的＝共和政ローマ主義的な」マキァヴェッリ解釈者へのバーリンの影響は意外なほど大きい．マキァ

る哲学的思索が変質したことを問題にし，その哲学的意図と影響をもとに彼の思想を再構成する立場[5]とが，対峙しつつ並存しているのである。

　はじめに断っておくならば，本書の企図は，解釈史や研究史の大海から「歴史的に正確なマキァヴェッリ自身の意図」を抽出することにはない。つまり，「マキァヴェッリ本人の思想」と「語の最も深い意味でのマキァヴェッリ的なるもの」とを厳密に区別しようとするものではない（もちろん，「公／私および政治／非政治のすべての領域にわたるあらゆる問題について，つねに行為者の私欲や組織管理という目的がすべての非道徳的手段を正当化する」というようなエゴイスティックな「通俗的マキァヴェッリズム」と，「マキァヴェッリの思想」とが区別されるべきなのはいうまでもないが）。マキァヴェッリのテクストとその解釈史は，「マキァヴェッリ」と「マキァヴェッリ的なるもの」との区別を容易に許さないほどに多義的であって，筆者にできることは，多様な解釈史の蓄積を通じて思想史的に熟成されてきた「マキァヴェッリ的なるもの」のイメージを前提としながら，必要に応じて同時代史を参照しつつ，「マキァヴェッリの思想」の1つの可能性を再構成してみることだからである[6]。

　その際，本書の解釈の基本的視角は，「マキァヴェッリの拡大的共和国――近代の必然性と〈歴史解釈の政治学〉」という表題に示されている。すなわちマキァヴェッリの思想の特徴が，古典古代の貴族主義的な有徳の共和国の達成ではなく，平民中心の獲得的・拡大的共和国――象徴的な意味でのそれも含めた――の確立にあったこと。その前提として，15世紀および16世紀の精神史における，秩序概念の流動化ないし〈状況〉化にともなう，秩

　　ヴェッリのうちに帝政ローマ批判と共和政ローマ再評価にもとづく「政治的人文主義」や「ネオ・ローマ主義」を見出すBaron[1955a, 1966]やSkinner[1998] [2002]，Pocock[1975a]，Viroli[1990]が，バーリンの「二つの自由概念」のみならずそのマキァヴェッリ解釈――道徳的二元論――の延長上にもあると示唆する論稿として，Cutinelli[1999]や村田[2006a]。
　(5) この立場はStrauss[1958]を筆頭に，その影響を受けたMansfield[1979] [1996a]やCoby[1999]，Fischer[2000][2006]にみられる。
　(6) したがって本書では，マキァヴェッリ思想の思想史的再構成に際して，理念成長史的方法と経験史文脈的方法とが，厳密な方法的意識を必ずしも伴わずに，適宜併用されることになる。

序確保のための必然的闘争の契機が，かれの政治学の出発点となっていること。闘争的共和国の確立と拡大のために，マキァヴェッリは〈歴史解釈の政治学〉を通じて古代ローマを再発見しようとしたこと。〈歴史解釈の政治学〉が見出すローマは，共和政ローマの単純な再興ではなく，帝政ローマ，カトリック・ローマ，異教ローマといったもろもろのローマの複合や換骨奪胎による，マキァヴェッリの独特な近代的国家イメージを形成していること。これらの主張を跡付けることにより，共和主義論，君主論，軍事論，歴史叙述論，宇宙論といったマキァヴェッリ思想の諸側面に一定の統合的解釈をほどこしたい。それによって本書は，政治思想史における「近代」のモメント[7]とマキァヴェッリとの位置関係を再確認しようとするものである。

マキァヴェッリの拡大的共和国の原像を領土的な意味での pax Romana に求める近年の「帝国」論[8]に比して，本書はマキァヴェッリの共和主義的拡大論を，貴族的調和から民主的闘争へと重点を移行させていく 15 世紀終盤から 16 世紀序盤のイタリア政治思想の枠組において眺めつつ，コスモロジ

---

(7) 日本における西洋政治思想史研究において，ドイツ観念論の影響下で「近代」を実体的なものと想定した理念史的方法が主流をなしてきた点について，半澤[2003][2006]。半澤は，分析のための「仮説」の設定とテクストの経験的解釈の積み重ねとによって，理念史が陥りがちな「予期の神話」（スキナー）を脱した思想史の手法の可能性を提示する。半澤によると，ヨーロッパの 16 世紀は，「宗教からの政治の自立の時代」ではなく「政治と宗教双方におけるペシミズムの時代」である。すなわち 1520 年頃までの 16 世紀初頭は，アリストテレス＝トマス伝来の「形相・質料合成論」がオプティミズムになり，「堕落」すなわち「形相と質料の非対応の意識としてのペシミズム」が，「形相の純粋実現形態」の構想すなわち，ユートピアニズムと表裏一体となって昂進していった時代であった。半澤[2003]，二一一－二三三, 二三七－二四二頁。半澤の枠組を借りてマキァヴェッリの「近代」性を表現するならば，マキァヴェッリのいわゆる「現実主義」は，形相と質料との非対応の意識としてのペシミズム──本書第 1 章で述べるように，マキァヴェッリにおける目的論的階層秩序の解体は，フィチーノ流のネオ・プラトニズムの影響によるところ大とみなしうるのであるが──を前提に，質料から形相に至るために古来の知的徳 (intellectual virtue) や道徳的徳 (moral virtue) に依拠するのではなく，形相と質料の裂け目を越えていく一種の勇気ないし力能的徳 (power virtue) に依拠しようとする試みであるとみることができよう。

(8) Hardt and Negri [2000], pp.166-167, 169. 邦訳，二一六－二一九頁。

一，歴史叙述，統治術といった諸側面に及ぶものとしてそれを解釈する。マキァヴェッリが pax Romana にとどまらない多様な「ローマ・イメージ」を用いるとき，そこにおいては，哲学や倫理学を含む伝統的な意味での政治学が，民主主義的共和主義ないし共和主義的民主主義を媒介として，デーモス主体の政治学として再提示されることとなった。マキァヴェッリの「帝国」のフロンティアは，〈pax Romana〉の領土的フロンティアをこえて，近代という知と世界の秩序全般にまで及ぼうとするのである。

　本書のこうした方法的立場は，1970 年代以降，思想史研究——とりわけ 19 世紀以前の文献についての研究——の主流となっている，いわゆる「パラダイム論的コンテクスチュアリズム」の方法的潮流に逆行するようにみえるかもしれない。周知のように，一方で「時代をこえて語りかける思想家自身の意図」という「神話」を批判しつつ，他方で政治史的事実至上主義による決定論からも距離をとるために，スキナー，J. ポーコック，M. ヴィローリといった政治思想研究者たちは，それぞれ順に，ネオ・ローマ的自由論，政治的人文主義の共和主義的復興，ローマ修辞術の系譜という概念史的パラダイムの継承史を描き，こうした「思想史的コンテクスト」のうちにマキァヴェッリを位置づけることで，「近代政治思想の全体的な意味での創始者」という「予期の神話」的イメージから彼を解放しようとしている[9]。こうした潮流のなかで本書があえてマキァヴェッリの「近代」性にこだわるのは，政治思想史における「マキァヴェッリ的なるもの」の影響の大きさを考慮するとき，パラダイム論的コンテクスチュアリズムとは異なる視点でマキァヴェッリ像を「再構成」することが，なお現代的意義のみならず思想史的意義をも有していると考えるからにほかならない。もちろんこう述べたからといって，スキナーやポーコック，ヴィローリのような立場からの研究を軽んじるつもりはまったくない。逆に本書は，かれらの該博な概念史的思想史研究に非常に多くを負い，教えられつづけている。もちろんイタリア史，ルネサンス史，文芸史の分野におけるマキァヴェッリ研究の蓄積の重みについては言うまでもない。しかし同時に，近代のはじまりとマキァヴェッリとを結びつけて考える多くの思考や研究の跡をも視野に入れたとき，なお政治思想史上における「近代」とマキァヴェッリの関係は，有効な主題としての意義を

---

(9) Skinner[1990b][1998]. Pocock[1975a]. Viroli[1998].

失っていない。換言すれば本書の方法は,「マキァヴェッリ的なるもの」の共時的 (synchronic) な発生を通時的 (diachronic) に追跡するポーコック流のトンネル史よりも,その通時的な展開を意識しつつマキァヴェッリ本人を逆照射する観念史 (history of ideas) 的思想家研究に近いといえるかもしれない。「マキァヴェッリ的なるもの」の通時的観念史の原点としてのマキァヴェッリ像を描くことこそが,本書の課題である。

　こうして最初から方法を限定しても,「マキァヴェッリとは何者か」という問いに答えることはなお容易ではない。政治学の研究史上におけるマキァヴェッリ解釈史を眺めるとき,その像の多様さは,いくつかの類型に分けることが全く不可能ではないとはいえ,細かい言及まで含めれば枚挙にいとまがない。仮借なき効率性をもって個人利益を追求する方法を教えた冷笑家。国家の安全と繁栄が無垢な人を傷つけざるをえないことを宣言した政治的現実主義者。支配者の規範ではなく現実を示した最初の政治科学者[10]。イタリアの情熱的なナショナリスト。フィレンツェの愛国主義者。人民主義的民主主義者。国家理性の擁護者。非支配の法治的自治の自由を再発見したルネサンスの古典的共和主義者。慣習に反した方法で公民の徳と自由を追求した共和主義者。異教の宣教師。政治の哲学的世俗化を意図的に推進した近代の「悪の教師」[11]。政治現象の根本が言説であることを指摘した修辞家[12]。アリストテレスに端を発する実践理性の思想家[13]。これらはすべてマキァヴェッリに帰せられた思想的イメージである。かれを政治家,政治思想家,最も深い意味での策略家,人文主義者,文学者,哲学者,愛国者,科学者のいずれと見るにせよ,多くの解釈者たちに共通しているのは,人文主義的知識をもった政治についての鋭い洞察家という像である。しかしその鋭い洞察が,結果的にせよ意図的にせよ,政治思想における「近代」を開いたことをみるとき,「近代」性との関連でマキァヴェッリの思想を再構築しようとすることも無意味ではないように思われる。その際,マキァヴェッリの著作が体系的でないことから生じる,統一的マキァヴェッリ像構築の試みに対する2つの反論が想

---

(10) Olschki[1945].
(11) Strauss[1958].
(12) Viroli[1998].
(13) Garver[1987].

定されよう。第1は，マキァヴェッリ自身が哲学的体系化を自覚的に——戦略的にせよ諦観的にせよ——放棄していたのではないか，というものであり，第2は，断片からの再構築は不可能であり，むしろ断片的洞察の鋭さにこそマキァヴェッリの意義があるのではないか，というものである。

こうした2つの反論を意識しつつ，なおかれの思想の統一的再構成を試みることは，マキァヴェッリ思想のなかに，修辞術や公的自由の作法といったいわば「スタイル」の要素を認めると同時に，それとは区別されうる実質的哲学を読み取ろうとすることを意味するであろう[14]。マキァヴェッリに一貫した実質的哲学——あるいは「状況」判断とは区別される「原理」といってもよい——を読み取ることが果たして可能なのであろうか。可能である，というのが本書の立場である。その根拠として，第1に，マキァヴェッリ自身が，世界や実体の，時空を通じた不変性ないし一貫性を想定していたという事実（D,I-primo,II-primo;76, 144-146；二：九——一〇，一六五——一六九）がある。また第2に，マキァヴェッリ自身が，コンテクストの叙述に際して，歴史の比較可能な程度の一貫性を前提していたということ，換言すれば，いわゆる歴史相対主義がマキァヴェッリの時代には存在しなかった，ということがある[15]。マキァヴェッリらルネサンス人文主義者にとって，歴史とは，「ポリビ

---

(14) マキァヴェッリは著作の多くで人文主義のスタイルを継承しつつも主張内容においては人文主義的伝統を批判している。マキァヴェッリの人文主義への批判のポイントは，かれらは現実的でないということである。マキァヴェッリの現実主義の哲学はレトリックには解消されない。言葉ではなく武力によって武装しない予言者は滅びるのである（P,6;265；一：二二）。『君主論』で，伝統的な君主の鑑論のスタイルは踏襲するが，理想主義的国家論からの逸脱を宣言する。『リウィウス論』でも，古典注解という人文主義のスタイルは継承するが，人文主義者の歴史叙述を，古き時代を賞賛するだけでそれを現在に応用しようとしないとして批判する。『戦術論』でも，対話篇という古典的形式を採用しつつも，「市民生活と軍隊生活とをかけ離れたものとみなす」として文芸志向の人文主義を暗に批判する。

(15) マキァヴェッリにおいてなお保持されていた古代の2つの要素，すなわち循環への信念と，国家の担い手を具体的人格としてとらえる思惟方法とが，ボテロ，ボッカリーニ，カンパネラ，リシュリューらの「国家理性」論の登場と深化によって徐々に捨て去られていく経緯，およびそれにともなって過去や未来の規範に拘束されない抽象的国家装置の現在における利益のみを基準と

オスの規範」(norma Polybiana)に従って把握された人間的事柄の記憶であった。哲学者は原因の理解に専心するのに対して，歴史家は，原因と結果，両方の理解による，真理の認識(cognitio del véro)をなす，というのがルネサンス人文主義の歴史家理解であった[16]。世界が不変だからこそ歴史の一貫した理解が可能となり，歴史が一貫しているからこそ，教訓的歴史叙述が可能になるのである。つぎに第3の証左であるが，マキァヴェッリ自身が，知識を，歴史を題材とした合理的な熟慮の結果として見ており，一貫性を追求している，ということがある。そして第4に，マキァヴェッリは，認識から独立した，事物の客観的存在を前提としていた(D,I-25;108; 二：七九)ことも見落とされてはならない。マキァヴェッリにとって，言葉は事実を構成するのではなく表象するものであり，知識は現実を構築するのではなくそれに対応するものであった。かれは外観の背後に現実を想定し，それをとらえる知識を一般法則と考える哲学的伝統に立っている。しかし第1部でみるように，古代や中世と違って，ルネサンスとマキァヴェッリにとっては客観的存在自体が流動的なので，それをとらえる一般的知識も蓋然的言明のかたちをとらざるをえない。こうした歴史的蓋然知は，科学知ではないけれども，一種の哲学知であり，一貫した原理的知たりうるものである。

　マキァヴェッリ思想の再構築の「可能性」をめぐる問題にくわえて，その「生産性」をめぐる問題にも触れておきたい。マキァヴェッリの思想を再構成しようとする者が最も注意すべきなのは，いわゆる「『君主論』/『リウィウス論』問題」に象徴される，マキァヴェッリにおいて相互に対になりつつも緊張を含んだ2つの要素の存在であろう。すなわち，＜権力的要素＞と＜公共的要素＞[17]，＜必要悪＞と＜公共善＞，＜近代政治学＞と＜人文主義＞，＜統治術

　するような相対主義的傾向が台頭する経緯について，Meinecke[1957]，第3-6章を参照。

(16) Charles B.Schmitt and Quentin Skinner,eds.[1988], pp.746-761.

(17) 言うまでもなくマキァヴェッリにとっては，公的徳は人間の卓越的本性の完成の手段ではない。公的徳は幸福という自然的共通目標をもたない。なぜなら，自然がカオスなので，徳と自然的幸福とは一致しないからである。他方でマキァヴェッリにとって，公的徳とは私欲の総和ではなく，公的枠組への献身である。公的枠組を維持しなければ，カオスに対する自立という自由はないからである。有徳と幸福，公的徳と私的善の緊張を自覚しつつ，なお権力の独

という技術＞と＜政治体の公的維持拡大という規範＞，＜秩序＞と＜栄誉＞，＜貴族＞と＜平民＞，＜君主＞と＜法律＞，＜非常時立法＞と＜秩序維持制度＞といった2要素である。これらの関係をどうとらえるかが，マキァヴェッリの統一的解釈の鍵となることは，これまでのマキァヴェッリ研究史をみれば容易に推測できることであるし，マキァヴェッリの著作にこれほどまでの思想史的多産性を与えたのも，ほかならぬこの二項対立という意味での「政治性」にあることは明らかであるといえよう。それゆえ本書は，こうした二項対立のいずれか一方で他方を包摂するかたちで緊張関係を解消し，それによってマキァヴェッリの政治性を薄めるような「統一」を目指すものではない。むしろある観点から眺めたときにこうした緊張がいかなるかたちと意義を帯びてあらわれるか，を示そうとするものである。後述するように，本書ではその観点は，マキァヴェッリと近代の接点としての，かれの歴史解釈と歴史叙述の手法，およびそこから導出される教訓内容としての「近代的＝拡大的共和国論」のうちに見出されることになろう。

　本書全体を通して明らかにされるべきことであるが，マキァヴェッリ思想の解釈の多様性は，ルネサンス思想の多様性と「近代」解釈の多様性との複合体である。印刷術の発達とともに古典古代の文献学的復興として14世紀イタリアにはじまったとされる人文主義運動は，言語学，論理学，自然哲学（宇宙論を含む），道徳哲学，政治哲学，心理学，形而上学，認識論，修辞術，詩学，歴史叙述など，多くの面で従来の思想を摂取し，それらの思想のうちに入り込み，それらを組替えつつ「近代」の苗床となっていった。多くの学者が指摘しているように，マキァヴェッリの思想は，人文主義時代のフィレンツェで育まれたがゆえに，顕示的もしくは潜在的にこうしたルネサンスの諸側面をほとんどすべて内包している。それゆえかれの思想をある程度巨視的に検討しようとする者は，これらルネサンス思想の諸側面がいかにしてマキァヴェッリのうちに取り込まれ改変されたかをみたうえで，それらがいかなるかたちで共和主義や国家論といったかれの政治理念に連結しているのかを示し，個人史と政治史との双方を含むかれの政治家としての経歴を背景として押さえつつ，さらにその政治理念の「近代」性を吟味するという，膨大

占という指標によってではなく，公的価値と私的価値との質的区別によって，政治的領域を規定しようとしたのがマキァヴェッリの特徴である。

な作業を要求されることになる。

　マキァヴェッリと「近代」との接点を考察することは，イタリア・ルネサンス人文主義のなかの古代と近代を見分ける作業と重なる部分が大きいけれども，大まかにいえば，人文主義の政治学は，主意主義的統治論，運命論的宇宙観，公法優位の共和主義論の複合であるといえよう。すなわち自由意志の発見にもとづく主意主義的な統治論が，依然支配者の人格と結合しているがゆえに絶対主権論とは一線を画すものとなっているような統治論。コスモスを原理ではなく条件として前提するルネサンスの宇宙論。そしてキケロ，ラティーニ，サルターティ，ブルーニと続く，公民的知恵（公民的徳と愛国心），修辞術的伝統，公共善の表現としての公法，といった諸要素を重視する共和主義。これらが，マキァヴェッリの国家技術論，自然観と人間観，政治観の背景となっているのである。本書は，これらのルネサンス的背景をマキァヴェッリ思想の構成要素として認識しつつも，それをマキァヴェッリが独自の拡大的共和主義のうちに取り込んでいく経緯を「マキァヴェッリの近代性」としてとらえ，それを軸にマキァヴェッリの思想を再構成しようとするものである。

　すでに述べたように，現代のマキァヴェッリ政治思想研究には2つの主要な流れが存在するといえる。1つは，L. シュトラウスやH. マンスフィールドらの研究者を中心とする流れ[18]であり，政治秩序の脱自然化を背景に，特殊近代的な自立的政治倫理を定礎した反伝統的な政治思想家としてマキァヴェッリを解釈しようとする。いま1つは，スキナー，ポーコック，ヴィローリらの研究者を中心とする流れ[19]であり，古代の公民的伝統をルネサンス人文主義のなかによみがえらせた共和主義思想家として，マキァヴェッリを時代史のうちに位置づけようとする。本書は基本的に前者の考察を深めようとする意図をもっているが，後者の研究からも学びつつ，マキァヴェッリの思想を歴史的公共体の理論として再構成しようとするものである[20]。こう

---

　(18)　Strauss[1958]. Mansfield[1979][1996].
　(19)　Skinner[1978], vol.1.Skinner[1981]. Skinner,Gisela Bock and Maurizio Viroli,eds[1990]. Pocock[1975a]. Viroli[1992a].
　(20)　この点について，いわゆるテクスト主義とコンテクスト主義とを同一平面上で比較してもほとんど生産的な議論が出てこないことは，シュトラウスのマキァヴェッリ解釈をめぐってマンスフィールドとポーコックと

して本書は，＜大衆的近代の僭主的先導者＞というシュトラウス的なマキァヴェッリ像を，よりデモクラティックなものとして読み直すために，マキァヴェッリの「歴史解釈の政治学」に手法と内容の両面において着目し，マキァヴェッリのうちにある歴史的ローマ——共和主義的ローマも含めて——と，マキァヴェッリ自身によるその改変とを考察する。そして，歴史叙述の政治理念的意義の観点からマキァヴェッリの思想を整理しようとする。『君主論』(*Il Principe*, 1513) と『ティトゥス・リウィウスの最初の十巻に関する論考』(*Discorsi sopra la prima Deca di Tito Livio*, 1514-1517. 以下『リウィウス論』) を中心に，『戦術論』(*Dell'farte della guerra*, 1521) および『フィレンツェ史』(*Istorie Fiorentine*, 1520-1525) を若干加えるというテクストの限定範囲も，一世代前のマキァヴェッリ研究の伝統を踏襲している。

マキァヴェッリ思想の再構成に際して，主要4著作の思想上・目的上の関連についての本書の見方も，はじめにある程度示しておきたい。『リウィウス論』は，共和国と君主国の秩序づけと維持拡大方法を扱いつつ，より永続的な政治秩序として民主的共和国に軍配をあげている (D,I-primo,II-2; 76, 148; 二：一〇，一七五)。しかし共和国の法制度の最初の設立は，1人のヴィルトゥある人によってなされるものであるがゆえに (D,I-9; 90; 二：三九)，こうした設立を望む者は新君主について論じた『君主論』(P, 6; 264-265; 一：一九-二二) を読むべきである。こうした設立には軍隊の改変も必要なので (P, 26; 297-298; 一：八六-八七)，「軍隊を古代の様式に立ち返らせ，過去のヴィルトゥのいくつかのかたちをよみがえらせる (AG,primo; 301-302; 一：九二)」方法を論じた『戦術論』をも参照すべきである。また『フィレンツェ史』の目的は，都市の分裂の原因の考察によって，市民が団結を保ち共和国を維持拡大する方法を，反面的に教えることである (IF,proemio; 632; 三：八)。つまり，4著作は1つの計画の各部分であって，その計画とは，拡大的・民主的共和国——歴史解釈の政治学を通じて改変さ

のあいだで交わされた論争の経過を見ても明らかであるように思われる。Mansfield[1975ab]. Pocock[1975b]. マンスフィールドはこの点について，2001年のハーバード大学におけるセミナーにおいて，「コンテクストの検討は重要であるが，著者自身が意識していたコンテクストと意識していなかったコンテクストとを区別する必要があり，スキナーやポーコックらは無意識的なコンテクストのほうを偏重してしまっている」旨の発言をしている。

れたローマ——の設立であると本書は考える。この共和国は，力・欺瞞・法・諸制度の慎慮的混合であり，それらの混合によって古代をこえる偉大な国が可能になるのである。

第2節　歴史解釈の政治学

(i) マキァヴェッリの独創性

　マキァヴェッリの生きたイタリア・ルネサンス世界は，中世と近代の狭間に位置する。神や普遍的自然に支えられた階層的秩序観が動揺しはじめ，なおかつ単位原子や自立的個人を主体とした近代の合理主義的秩序観も確立していなかったこの束の間の時期における古典古代の＜再受容＞，およびそれを通じた新たな世界と人間の＜発見＞は，マキァヴェッリに大きな影響を与えた。かれの著作には，古代世界の道徳的伝統と近代思想の萌芽が混在している。かれは，支配・公民道徳・国家共同体形成といった伝統的なトピックを論じつつも，それらを「新しい」前提と地平のもとに取り扱うことによって，「抽象原理から出発する体系的政治哲学者への材料提供者[21]」としての役割を果たし，ついに，「近代政治学はマキァヴェッリに始まる」という言評を呼ぶまでにいたったのである。したがって本書も，思想史上におけるマキァヴェッリの「新しさ」に着目するという，マキァヴェッリ研究としては「古い」地点から考察を始めることにする。

　一般に「近代はマキァヴェッリに始まる」と言われるとき，さしあたってそれを，(1)「近代」人自身における時代の自覚の問題と，(2)「近代」以降の目で見た「近代」の内容の問題とに分けて考えてみよう。

　(1)の近代意識については，アリストテレスやトマスには自分たちは古代人・中世人であるという意識はなかったであろうことは容易に推測される。しかし近代人はこの意識——自分たちの時代が新しい時代であるという自覚——を保持していた。中世もルネサンスも，自分たちこそが古典古代の正し

---

(21) Orr[1972], pp. 186-187. オアはここで，政治学におけるマキァヴェッリの位置を倫理学におけるモンテーニュや神学におけるパスカルのそれになぞらえている。

い継承者であるという自覚は同じである。しかしルネサンス人は, それまでの (中世の) 古典解釈は間違っているとして, 前の時代と自分たちの時代との境界を自覚していたのである。これは, マキァヴェッリ自身がみずからの試みを評した「前人未踏の未知の道」という言葉にあらわれている。ここでは, 17世紀フランス文芸界における「古代/近代論争」(古典古代と近代ヨーロッパの文化文明はどちらが上か) の先取りとしてのルネサンスの近代意識が問題となる。ホッブズの自覚した新しさとマキァヴェッリの自覚した新しさとの違いは, おそらく後者が, ギリシア哲学の体系的な否定よりも, ローマ史の再解釈によって, 政治学の再構築をなそうとした点に見出されよう。その背景には, H. バロンのいう人文主義内部における歴史読解の意味転換, すなわち, 文献学としての古典的人文主義 (classical humanism) から実践的歴史解釈学としての政治的人文主義 (civic humanism) への移行がある[22]。イデア論の政治学 (プラトン) でも, 自然哲学の政治学 (アリストテレス) でも, 歴史哲学の政治学 (アウグスティヌス) でも, 近代自然科学の政治学 (ホッブズ) でもなく,「歴史解釈=ローマ史再解釈の政治学」がマキァヴェッリの特徴であった。それは, サルスティウス, リウィウス, ポリビオスら, ローマ史家たちの自覚的な「読み替え」による「未知の道」の開拓だったのである。

　(2) の「近代の中身」の問題については, いま仮に, 政治思想における近代を外部世界に対する「合理的統御」(rational control) という表現で特徴づけることが許されるとすれば, マキァヴェッリにはホッブズのような科学的方法にもとづくrational の要素は少ないが, フォルトゥナを統御しようとするヴィルトゥという control の要素は存在する。政治秩序の設立と維持のためには, 知的徳 (intellectual virtue) や道徳的徳 (moral virtue) ではなく力能的徳 (power virtue) が必要なのである。たしかにアウグスティヌスにとっても政治の本質は外的力であり, 権力は必要悪であった。しかしマキァヴェッリは, 権力を, アウグスティヌスのように既成の支配関係を前提とした統治の観点からだけでなく, 支配関係成立以前のカオスからの秩序形成の契機としてとらえた。マキァヴェッリにとって権力が問題となるのは, 既存体制における統治の場面においてというよりも, 新たな秩序形成とそこにおける統

---

(22) Baron[1955a, 1966].

治の場面においてである。やや先走って述べるならば，マキァヴェッリの「近代」性は，権力政治観そのものでも，合理的・客観的な政治科学でもなく，カオスからの秩序形成を政治の前面に押し出したことと，そのために，伝統的政治学においては教育対象でしかなかった多数派人民を政治の主体として動員しようとしたことにあるといえる。その前提にはルネサンスにおける秩序観の転換があるのは言うまでもないが，しかしマキァヴェッリにおける秩序の設立と維持の方法は，契約や主権的独裁ではなく，「歴史解釈の政治学」による古典的共和主義の主張なのである。ここに，マキァヴェッリにおける政治と倫理の独特な結合の問題が生じる。すなわち，倫理と政治を完全に切断して政治を利害と権力の用語でのみ語るのではなく，新たな秩序と権力の布置のうえに，伝統的共和主義の内容を注入しようとするのである[23]。

　逆説的なことに，マキァヴェッリにおける政治と倫理の関係の変容は，かれが，それまで古代・中世を通じて一般に認められてきた善や道徳の内容そのものを否定しないことのうちにこそ窺われる。『君主論』第15-23章でなされている君主の徳に関する分析をみると，かれは「慈悲深い」「信義に厚い」「人情がある」「裏表がない」「敬虔だ」といった気質がよい「資質」(qualità) であることは否定しない (P, 18; 284；一：五九)。また『リウィウス論』第II巻第2章で，「事実，当節の宗教［＝キリスト教］はわれわれに真理と正しい道 (la verità e la vera via) とを啓示はするけれども，現世的な名誉 (onore del mondo) という点については導くところは少ない (D, II-2; 149；二：一七七)」と述べるとき，かれは「当節の宗教」がもたらす「真理と正しい道」そのものの価値は譲歩的にではあるが認めているのである。あくまでも善は善，悪は悪であることに変わりはなく，美徳と悪徳との区別は維持されている。しかし問題は，このような善が現実の政治に適用されたときに，

---

(23) このような観点からするならば，「マキァヴェッリの政治学＝現実主義」「伝統的政治学＝理想主義」という単純な二分法のみによってかれの思想を汲み尽くそうとする立場は，斥けられることになる。「マキァヴェッリズムの祖」としてしばしば誤解されることであるが，かれは決して，あたかも理想と現実を二分するように倫理と政治を二分して両者を相互に没交渉な領域として放置したり，政治を私益貫徹のためには手段を選ばない実力支配の世界としてのみ描き出したりしたわけではなかった。かれは伝統的立場とは異なったかたちで，今一度政治と倫理を公共性を保持しつつ結びつけたのである。

それが必ずしも結果的に国家にとっての繁栄を保証しえないところにある。善悪の価値基準として，これまでの伝統的基準にくわえて新たにある種の特殊「政治」的な基準が導入され，強調されている。道徳の発揚に際して個人の内面的動機よりも組織ないし共同体に及ぼす結果が重視されるとすれば，マキァヴェッリにとっては実際に敬虔であることよりも敬虔だと思われることのほうが重要となる（P, 18; 284；一：五九）。実際の政治世界のなかでは，動機において真に敬虔な人が必ずしも結果においても万人から敬虔だとみなされるとは限らない。つまり，善の内容についての認識以前に，善が適用される政治世界についての認識が変貌を遂げているのである。

したがって，マキァヴェッリと古代・中世との隔たりは，人間観や徳観そのものよりもまずもって世界観・政治観のほうに求められるべきであろう。あるいはむしろ，中世的コスモロジーへの懐疑にもとづいた「現実」認識が，かれの歴史観・人間観・政治観・徳観を貫き，それらを独創的なものたらしめている，といったほうが適切かもしれない。

(ii) 歴史と政治思想

すでに述べたように，ゾーン・ポリティコンの人間観を前提とし公的結合を媒介としながら最終的には人間の卓越性を目指すアリストテレスの秩序観や，倫理的共同性としてのポリスの崩壊により公的結合の維持拡大そのものが目的となったとはいえ人間の内なるコスモスまでは解体していなかったがゆえに公的義務と私的傾向性との自然的な一致を想定するキケロの秩序観は，もはやマキァヴェッリには存在しない。秩序や政治倫理の根拠は，あくまでも普遍的規範としての「自然」から相対的に自立した「歴史」の領域，すなわち人間の具体的・個別的営みの物語的連鎖の領域に入る。したがってマキァヴェッリは，ゾーン・ポリティコンの人間観を慎重に排除しつつ，人間の幸福の理念ではなくあくまで共同体の理念としてのみ政治倫理を構想する。かれにとって政治的決定への参加＝政治的生活（vita civile; vivere politico）は，人間の自然的本性を完成させるための条件ではなく，逆に自然に抗った公的枠組なくしては存立しえない公民的徳を涵養し，もって公的枠組それ自体を維持発展させるための条件であった。かくして人間の善は，もっぱら公的枠組みを前提としそれに制限された公民的徳へと収斂されることに

なる。このような公民的徳を，マキァヴェッリはほかならぬ歴史を媒介として確立しようとしたのであった。

　規範的自然観念の解体が歴史への着目を促した点について，佐々木毅は，状況への適応の論理とは区別されたマキァヴェッリ政治思想の原理論を述べるなかで，政治倫理と歴史観との関係について若干の言及を行っている[24]。すなわち，佐々木は，「一定の状況の下ではかく行動すべし」との格言をマキァヴェッリの核心と考えてその思想を状況への無原則な適応論に収束させる解釈手法を批判しながら，マキァヴェッリの政治思想を「有原則的適応論」と特徴づけ，原則面を扱う原理論と適用面を扱う状況論との2つの位相から考察する手法を提唱するのであるが，その際，状況に作為をくわえる主体の側の論理こそ，適応論とは区別されたマキァヴェッリ政治思想の原則であるとする。佐々木の場合，秩序解体の帰結をもっぱら自然に対する自立的・闘争的作為性の成立に見出し，それを私的個人を単位とした感性的欲望自然主義の人間観へと収斂させるので，そこでは，人間同士の相互承認の問題は実力支配の問題に置き換えられ，マキァヴェッリのうちに散見される公共的要素は，かれの原理的政治観の破綻以上の何ものをも意味しないことになる。たしかに佐々木のいうように，「マキァヴェッリが歴史を教訓の宝庫とみなし，政治倫理の基準として古代ローマの模倣を勧めた」というだけでは，当時のルネサンス人文主義者と一線を画するかれの独創性を剔抉したことにはならない。事実，古代世界と当代イタリアとの厳然とした隔たりはマキァヴェッリ自身が深く自覚していたところであり，だからこそ，鋭い現状批判も可能になったのであるといえよう。佐々木はここで，「かれの特質は，何を模倣し，教訓として受容するか，という点にある[25]」と述べて，中世やルネサンスに対するマキァヴェッリの独創性を，かれが古典註解というルネサンス思想の基本枠組を受け継ぎつつそれにいかなる内容を注入したかということに限定し，さらに，その内容を実力至上主義的な stato の論理へと集約する。そこでは現前する一領域国家フィレンツェだけが公的領域のすべてであり，こうした国家権力の維持拡大に資するか否かによってのみ公的徳と私的善悪とが区別されることになる。

---

　(24) 佐々木 [1970]，二四四頁以下。
　(25) 佐々木 [1970]，二四五頁。

しかし本書の観点からすると，もとよりマキァヴェッリの歴史的倫理の独創性は，何を模範とするかに限定されるものではない。いかに模倣するのか，つまり教訓的歴史叙述を支える歴史解釈能力そのものの性格にまで及んでいるのである。たしかに人文主義者たちも歴史書を読んではいた。しかしマキァヴェッリ自身が述べているように，「真の歴史認識 (vera cognizione delle storie) がなければ，たとえ歴史を読んでも，そこから真の意味を引き出すこともできなければ，歴史のうちにある味わいを理解することもできない (D,I-primo;76；二：一〇)」のである。第2部において詳しく検討することになろうが，古代の実例を実例のまま当代に再現しようとする歴史認識ではなく，過去の個別の意味を忘却から救出し現在の新秩序形成と未来の拡大とのために利用すべく「物語」としての歴史を再構成していく実践的な能力として提示されうる歴史解釈能力こそ，マキァヴェッリが同時代の懐古的人文主義者たちに要求した「真の歴史認識」であった。それゆえ，公的領域は眼前の権力国家をこえて，物語としての歴史世界にまで拡がり，歴史はたんなる教訓の宝庫以上の公的活動の場そのものとなってくる。マキァヴェッリの公的徳は，当代権力国家に対して責任を負うだけでなく，循環史観のなかで「現在」の確定によってはじめて成立する「過去（の偉大な秩序創設行為）」と「未来（の拡大の栄誉）」に対しても責任を負うものなのである。
　本書は，マキァヴェッリ政治思想を原理論と適応論とに区別する佐々木の手法を受け継ぎはするが，佐々木のように原理の内容を作為的主体の論理に限定して「歴史」を「自然」と同じくこうした主体のたんなる作為対象として副次的な位置に据える立場をとるものではない。むしろ「歴史」をこそかれの思想の本質的契機とみなし，教訓的物語としての歴史叙述と政治倫理との関わりを問うていくものである。先回りしていうならば，マキァヴェッリにとって歴史的公共性の場は，合理的・主権的な統治主体によって作為的に構成される国家の創設に勝るとも劣らぬ重要性を有していたのである。マキァヴェッリの政治国家論は，ボダンからホッブズに連なる主体を中心とした合理的な公共体構成論とは一線を画する，実践的・経験的な公共政治論の要素を含むのであって，それはとりわけかれの歴史解釈論にあらわれているということである。かれの思想を歴史的公共体論として再構成することで，「観想」（テオリア）と「制作」（ポイエーシス）との無媒介な合理主義的結合ではなく，「実践」（プラクシス）の性格をも含むかれの思想が確認されるであ

ろう。そしてこのことは，マキァヴェッリを広い意味で「科学が未発達な時代のホッブズ」ととらえる解釈（シュトラウス，佐々木毅，小野紀明[26]ら）に一定の留保を付すことにつながるであろう。

(ii) マキァヴェッリとローマ

さらに，マキァヴェッリ思想の解釈における「歴史」のモメントの重視は，「マキァヴェッリとローマ（史）」という魅力的なテーマへとわれわれを導いてくれる。古代ローマの模倣の勧めと，前人未到の未知の道の開拓とが，マキァヴェッリのなかでどのように結びついていたかという問題，すなわち新たな大陸の発見のためになぜ過去を取り戻さねばならないのかという問題は，マキァヴェッリ解釈上の難問の1つであるが，ローマ的なるものに対するマキァヴェッリの位置取りを検討することは，この難問に接近する手がかりを与えてくれるであろう。マキァヴェッリのローマ史解釈については，以下本書の随所で言及することになるが，ここでは，政治思想史におけるローマの4つの側面と，それぞれに対するマキァヴェッリのスタンスについて，祖述しておきたい。

歴史的・思想史的にみるならば，「ローマ」は，政治的側面と宗教的側面からつぎの4つの相において語られてきたといえる。第1に元老院中心の貴族的な言論政治と「法の支配」（混合政体）を特徴とする共和政ローマ，第2に共和政ローマの宗教的側面としての公民宗教をもつ異教のローマ，第3に領土拡大にともなって皇帝権力を生み出し強めた帝政ローマ，第4に帝政ローマの公認宗教としてローマ滅亡後もヨーロッパ世界に多大な影響を及ぼしたカトリック（教皇）のローマである。

一見するとマキァヴェッリは，柔弱さと彼岸的超越の強調によって政治の活動性を薄めてしまった教会およびキリスト教そのもの（第4のローマ）を批判し，それとの対比において，共和政ローマとその公民宗教（第1，第2のローマ）への回帰を主張しているように思われる（D, I-11, 12, 13, 14, 15, II-2; 93-99, 149；二：四五－五八，一七七）。しかし問題は，第3と第4のローマを生み出したのは第1と第2のローマであるということ

---

(26) Strauss[1958]. 佐々木[1970]. 小野[1988].

である。すなわち第1のローマが第3のローマを生んだことについていうならば，後に検討するように，マキァヴェッリは，共和政ローマの混合政体を設立時の法律の不十分さの結果であるとみなし，それゆえに混合政体すら帝国的拡大に向かわざるをえないとし，帝政ローマへの堕落を必然的過程であると考えている面がある (D,I-6;84-87; 二：二六一三二)。また，第2のローマが第4のローマを生んだことについていうならば，共和政ローマへの公民宗教のヌマによる導入は，貴族が平民の妄信的傾向に付け込んで託宣をみずからの利益のために捏造し，平民を戦闘に動員したり思いのままに動かしたりすることを可能にした。キリスト教がローマの平民のうちに広まる以前に，すでに公民宗教による「政治的宗教心」が植えつけられていたとすれば，キリスト教が民心を彼岸に向けさせることを容易にした土壌は，異教のローマによって準備されていたことになる。つまりマキァヴェッリによれば，第1のローマは制度的不完全さという欠点を，第2のローマは超越的権威への脆弱さ——キリスト教は言語の改変によってローマの異教を完全に葬り去ったというマキァヴェッリの指摘 (D,II-5;154; 二：一八九)を想起されたい——という欠点を抱えていたがゆえに，それぞれ帝政と超越的彼岸性に道を開いてしまったのである。

　それゆえマキァヴェッリは，先の4つのローマを相互に抗争させつつ，自分自身の新たな（第5の）ローマ——マキァヴェッリの思想のなかにのみ存在するローマ——を，自覚的に創出していくことになる。ローマ帝政の強大な軍事力を知った後では，政治は，法制度のみならずそれを支える軍事力の必要性をも理解しなければならない (P,12;275; 一：四一)。領土の拡大によって中央政府の混合政体の公共性が及ばない遠隔地を作り出してしまった共和政ローマは，帝政ローマの軍事力をも支えとして持たなければ滅びてしまう。また，キリスト教の彼岸性が現世の政治に及ぼす逆説的な影響力の大きさを経験した後では，政治は，文化習俗的な異教の権威だけでなく，超越的権威をもみずからの目的のために利用できなければならない。4つのローマは，互いに欠点を指摘し補い合いつつ，新たな現世的・政治的安定をもたらしうる原理にまで高められねばならない。マキァヴェッリの政治は，それまでの歴史家や人文主義者が描くローマをこえていかなければならないのである。マキァヴェッリ自身によって編み出されるこの第5のローマこそ，たんなる懐古趣味や復興運動をこえた「真の歴史認識」と彼が呼ぶものによっ

て見出され，本書が「歴史解釈の政治思想」ないし「マキァヴェッリ共和主義の近代性」と呼ぶものによって表現される，当の政治世界にほかならない。

本書で後に扱うことをやや先取りして概括するならば，マキァヴェッリはおもに2つの点でリウィウスの主張から逸脱する。1つは貴族と平民の関係において平民の役割を高く評価する点においてであり（D,I-58；140-142；二：一五四一一六〇），もう1つはフォルトゥナに対抗する人間の意志力を高く評価する点においてである（P, 25, 26；295-298；一：八一一八八）。すなわち第1の点について，マキァヴェッリによれば，獲得欲旺盛な貴族とは異なって，気概と実力において貴族に劣り，それゆえに独立の自由のみで満足する平民は，その飼いならしやすさのゆえに，貴族がみずからの獲得欲を満たすための手段として貴族と同盟させられ，武装させられることで，逆に自由の防御者という重要な役割を果たした。自由への平民の穏和な欲求は，護民官制度によって政治制度のうちに取り込まれ，貴族を滅ぼすほどの貴族的激烈さを欠いていたがゆえに，貴族とのあいだの均衡的内紛と対外的進出をもたらした。また第2の点については，フォルトゥナの絶対性の容認を通じて世俗的政治と徳の限界を教示していた伝統的観点に対して，マキァヴェッリは，ヴィルトゥの強調により徳を全面的に現世化・政治化し，さらに，政治と政治の外部とのあいだに存していた境界線を取り払うことになっていったのである。

第3節　マキァヴェッリ思想の「近代」性と歴史性

(i)「状況」倫理の誕生——政治の対象化と「政治的なるもの」

第3節では，マキァヴェッリの政治思想における「歴史」のモメントを重視することと，マキァヴェッリの「近代」性を吟味することとが，どのように関連するかを，状況的政治倫理の誕生と教訓的歴史叙述の導入という論旨により整理しておきたい。

古代ギリシアやキリスト教の世界観においては，究極の価値ないし目的は普遍的な実在であり，この普遍的な「存在」価値の下にあらゆる事物が目的論的な体系を形成していたといえる。プラトンやアリストテレスにとっての「正義」や「（最高）善」，アウグスティヌスやトマスの「神」は，世界外在

的内在的・彼岸的此岸的・「人格」性の有無といった差異こそあれ，いずれも主観の側の「認識」に左右されずにそこに「存在」する目的ないし価値「そのもの」であった。「事実」とは，このような「存在＝価値そのもの」に対する知恵や信仰によってその意味を開示される目的価値体系の中に位置づけられてはじめて説明されうるものであったし，また「秩序」とは，「事実」がこのような体系のうちに正しく位置づけられていることにほかならなかった。

しかしマキァヴェッリがこのような「存在」に基礎を置かない究極的価値ないし目的を提出したとき，「事実」や「秩序」の意味内容は一変した。もしマキァヴェッリが自分の提出した究極的価値ないし目的を「存在そのもの」に基礎づけられた普遍的・包括的なものと考えていたのであれば，つまり従来の価値基準を一切排して善悪の内容そのものを逆転させていたのであれば，「事実」や「秩序」の根本的な意味変革は起こらなかったであろう。しかしマキァヴェッリは自分の究極価値ないし目的をもっぱら公共的・力学的・政治的用語によって説明し，この政治的究極価値を「普遍的存在」の所産ではなく「個別的認識」の所産としたのである。かれは，この究極的政治価値を，現実の奥に「存在」する目的論的価値秩序から導き出されるものではなく，現実に対置せられた主体の側が「認識」によって選びとるものと考えた。かれが，「自分は絹織物や羊毛製品の取引について，または商業的損益については皆目わからないが，運命 (Fortuna) は私が統治体 (stato) について論ずるよう定めており，私はこれを論ずるかさもなくば沈黙せねばならない (*Lettere a Francesco Vettori, 9 aprile 1513*; 1131; 六：二〇六)」と記すとき，そこには，普遍的存在にもとづいた全体的価値を放棄して，特殊「政治」的価値をみずから選択し部分に徹しつつも，なおかつこの自分の選択こそ正当なものであるとする確信が満ちている。それゆえ，この「認識」の選択は，確かに論理的あるいは対話的な推論や知恵による他の世界観・価値観との比較吟味の結果なされたものではないが，かといって何の根拠もなくただ選択主体の自覚的な意志のみによってなされたある種実存主義的な「決断」の結果でもない。「認識」の妥当性は「事物の具体的な真実」＝「事実」によって自明的に保証されると考えられていたのであり，マキァヴェッリがギリシア的・キリスト教的世界観ではなく新たな世界観を選ぶのは，かれが他の世界観との比較で自覚的意志によって選択を「決断」したからではなく，ただそちらのほうが「事実」に適っていると考えたからに過ぎない。もちろんこ

の場合の「事実」は先に述べたギリシア的・キリスト教的意味での「事実」とは異なっており，マキァヴェッリの新たな世界観の結果である。しかしマキァヴェッリにおいては特定の世界観や価値観を自覚的に決断選択する程の責任をもった主体としての個人は，未だ確立されていない。古典的コスモロジー解体後の個人の存在根拠は，「権利」や cogito として個々人のうちに確立されるまでにはいたっていないのであり，その分だけ世界観の選択は外在的な「事実」による必然的強制の結果としての意味合いを強く帯びていた。実際のところ，自然と人間をともに包摂するコスモロジーの概念が消滅したルネサンスの思想においては，一方で人間の自然的能力の神化による「精神の自由の強調」と，他方で究極的「存在」価値の消滅による「自由な精神に対立する外在的ゲバルト＝必然としての自然の自立化」とがもたらされ，自由な人間精神と必然的な外在自然とが分離相剋するにいたった[27]。包括的コスモロジーもなく，個人の存在根拠としての「権利」や cogito 概念もいまだ見出していない人間は，必然に対する死活闘争を通じてのみ自己の相対的安定性を確保しうることになる。「事実」はそれ自身のうちの存在論的な意味体系を失って，人間にとって外在的必然という枠のなかで変動する個別的事象と捉えられるようになる。そして科学革命を経ていないマキァヴェッリにおいては，ホッブズのように個別的事象の変動を力学的一般法則によって説明し，人間にとって外在的な「必然」を不可解かつ気まぐれな「運」から理解し計算できる「対象」へと転換させていく視点は存しないがゆえに，「秩序」の意味も変質せざるを得ない。「秩序」とはもはや，「事実」が目に見えないが実在せる理念体系のなかに目的論的・位階的に位置づけられていることを意味しない。「事実」そのものがコスモスではなくカオスとなっているため，あらゆる「事実」を貫く「秩序」を「事実」から内在的に導き出すことはできない。「秩序」とは人間が各々の「事実」に直面するたびごとに外から与えていくものである。ここに「事実」は普遍的「存在」の部分的表現ではなく個別的「状況」となる。つまり「状況」とは，「事実」が人間にとって外的・変動的・個別的なものとなり，包括的一般原理によっては「秩序」づけられ得ず，人間による個別的対応を要請するものとなったことを表す象徴的な言葉にほかならない。マキァヴェッリの政治倫理は，事実認識を超えて存在す

---

(27) 佐々木 [1970]，五四頁以下。

る規範や秩序にもとづく「実在」倫理ではもはやなく，変動せる「事実」を時流に適って認識し臨機応変に征服してゆく「状況」倫理なのである。

　個別的状況倫理の政治性という問題は，＜「政治」の自律化＞と＜「政治的なるもの」の遍在＞との，マキァヴェッリにおける混在と両義性の問題にかかわる。つまり，近代科学の一種としての政治科学が，経済や法律や道徳や宗教と区別された観察可能な一対象領域としての「政治」の自律化を前提としていたとすれば，一方でマキァヴェッリのうちには，そうした対象に法則性を発見すべく分析的にアプローチするホッブズのような自覚的方法論こそ欠如しているものの，政治を他の領域から区別する発想は存在する。他方でマキァヴェッリには，そうした政治の領域を自明の客観的対象として固定するよりも，社会における諸力の分節化と統合を規定する構成原理としての「政治的なるもの」と不可分な領域として意識する視点も存在する[28]。つまりマキァヴェッリの政治思想のうちには，対象としての政治を観察する政治科学的観点と，自己が属する世界の自己分節化の営みを解釈的に自己反省する政治哲学的観点とが，混在しつつ相互に影響を及ぼしあっているのである。

　マキァヴェッリの有名なフォルトゥナ (fortuna) やヴィルトゥ (virtù) といった概念も，＜政治の対象化＞と＜政治的なるものの自己反省＞の混在と往復という前提で理解される必要があろう。マキァヴェッリは世界の「状況」化という「事実」をとりわけ他者との関係＝政治のうちに見出した。自然のカオス化は，まずもって人間同士の関係において「状況としての政治」というかたちで析出する。マキァヴェッリのいうフォルトゥナとは，ある人間をとりまく他者，自然，時間的限界などを含めた広い意味での変動的なカオスたる現実のことである。フォルトゥナが支配する——すなわち対象化しえない世界の自己分節化の営みとしての——「状況化した政治」の場において，現実を秩序づけるために要請される態度基準は，道徳的動機の固守よりも臨機応変な政治的判断の有効性であり，フォルトゥナが変動的なものである以上，その秩序づけには慎重な思慮よりもむしろ勇敢な意志力たるヴィルトゥのほうが有効である[29]。「政治的なるもの」の不可避性の象徴としてのフォル

---

　(28) Lefort[1972].宇野[2004]，五八－六二，六六－六九頁。
　(29)『君主論』のなかでマキァヴェッリは，このことを，フォルトゥナを女神に譬えつつ以下のように言い表している。「私は，用意周到であるよりはむし

トゥナに対して，フォルトゥナを完全に対象化することはできなくても，それに対峙し部分的に征服していく「対象としての政治」への努力として，ヴィルトゥは失われてはならないものなのである．

(ii) 歴史の導入

　それではマキァヴェッリは，「実在」倫理が崩壊するなかで，みずからの「状況」倫理にいかなる内容を付与し，それをいかにして正当化していったのであろうか．形而上学なき倫理構築を半ば宿命づけられた価値多元主義的な「近代」は，アナーキズムやデスポティズムとの緊張関係のなかでさまざまな道を模索していった．外的自然を機械論的因果法則のもとに捉え，人間へのその一貫した適用によって恐怖の情念と自己保存のための個々人の自然権とにもとづいた道徳を構築していったホッブズ，理性や恐怖の情念よりも同感の共通感覚に道徳の成立根拠を見出そうとしたスミス，「自然」とのかかわりを徹底的に断ちつつ人間の自律的理性の自己立法による道徳法則を義務論的に確立したカントらはその一例であろう．しかしマキァヴェッリ道徳論の根拠は，自然法（理性法），論理的法則，権利（個人），感覚，情念，常識知のいずれでもない．そうではなくて，「歴史」である．「歴史」といっても，ヘーゲルやマルクスのそれのようにある種の人倫的完成態を内包した発展的，弁証法的，目的論的なそれではもちろんなく，過去の実例と，その実例から当代に有効な教訓を抽出適用していく読者の能力との，相互作用のことである．こうした「歴史」の導入によって，マキァヴェッリの「状況」倫理は具体的内容と道徳的目標とを付与されることになる．この具体的内容こそ，共和政ローマに範を求めつつそれを改変した「マキァヴェッリのローマ」であった．

　普遍的実在を失った政治世界を前提としたマキァヴェッリの「状況」倫理は，教訓的実例としての「歴史」を媒介とすることによって，実力による「状

ろ果断に進むほうがよいと考えている．なぜなら，フォルトゥナは女性であるから，彼女を征服しようとすれば，うちのめしたり，突き飛ばしたりすることが必要だからである．フォルトゥナは冷静な行き方をする者より，こんな人たちに従順になるようである（P, 25;296；一：八四）．」

況」の平定以上の共和主義的内容を注入され,「変転」に対する臨機応変が「共和政的共同体の持続」という公的足場を獲得するのである。変転せる「状況」の領域にかかわる概念としての「秩序づけ」と，持続せる公的模範の領域にかかわる概念としての「共和主義」，この2つが解読視角として採用されるとき,『君主論』と『リウィウス論』は,＜私的善悪の無効性と公的公民的徳の有効性＞を古典への豊富な言及によって確証しようとしたマキァヴェッリ政治思想の二大著作としての位置を確定されることになろう[30]。

「たとえ君主が，法律を制定したり社会秩序を整えたり新しい制度や規則をつくったりすることに関しては人民より上手だとしても，平民はそのつくられた制度や規則を遵守していくことで君主よりもすぐれた能力をもつものなのであって，当然それをはじめに制定した君主と同等の賞賛を与えられてしかるべきである (D, I-58; 142; 二：一五八――一五九)。」

本書では,『君主論』を「状況」を最初に秩序づける緊急枠組の論理を提示した imperium（支配権）の書物として,『リウィウス論』をその枠組を持続させるための共和主義的・公民的徳の論理を展開した ordini（公的制度）の書物として，それぞれ位置づけつつ，両者を結合している「歴史」の意味について，公的徳目の内容と歴史認識能力との観点から考察する。こうして「状況」倫理と公的徳との関係を見ることによって，マキァヴェッリの政治学を「ordini と imperium の共存的拡大のための歴史的 arte」としてとらえ，政治思想の近代的転換にマキァヴェッリがしめている位置を定めていきた

---

(30)『君主論』と『リウィウス論』のあいだの「矛盾」の有無やその内容についての解釈は，思想における3つの層，すなわち「原理的考察」「思想史的パラダイムのイデオロギー」「フィレンツェの政治状況への応答」が，マキァヴェッリのなかでどのように交錯しているかについての解釈に，大いに左右される。マキァヴェッリの思想をイデオロギーとして解釈し,『君主論』と『リウィウス論』をルネサンスにおける別個のイデオロギー的伝統――君主の鑑論と共和主義論――に位置づけるスキナーやヴィローリにとっては，両著作はそもそも属しているパラダイムが異なるのであって，原理的レベルでの「矛盾」を論じることは無意味である。Skinner[1978], vol.I, pp.113-189. Viroli[1992a], pp.126-177. これに対して Hörnqvist[2004], pp.38, 72-73, 271-272 は，自治の自由 (libertas) と対外的支配権の拡大 (imperium) とを共和国の必須条件として相互補完的に眺めるフィレンツェの伝統を重視し,『リウィウス論』を前者,『君主論』を後者に位置づけつつ，両著作のイデオロギー的不可分性を強調する。

い[31]。

(iii) シュトラウスの解釈への修正

　マキァヴェッリの近代性を,『君主論』だけでなく『リウィウス論』にも依拠して解明した研究のうち, その近代分析の鋭さとマキァヴェッリ読解の緻密さとの稀有な統合において未だ他に類をみない研究書が, シュトラウスの『マキァヴェッリ論考』(*Thoughts on Machiavelli*, 1958) である。それゆえここでは, P. コービー, M. フィッシャー, 飯島昇藏の研究を参照しつつ[32], シュトラウスのマキァヴェッリ解釈が提示したいくつかの論点を検討しておきたい。

　シュトラウスのマキァヴェッリ解釈をめぐって, 本書がまずコービーとともに注目したいのは,『リウィウス論』と「近代」との関係である。『リウィウス論』でマキァヴェッリが, 前人未到の未知の道を行くと宣言しつつローマへの回帰を主張しているという二重の事実の意味は何であろうか。『リウィウス論』を『君主論』の従属物としたり, 逆に『リウィウス論』こそをマキァヴェッリの主著であるとしてかれをルネサンスの共和主義者と位置づけたりするだけでは,『リウィウス論』におけるマキァヴェッリの態度のこの二重性を説明したことにはならない。『リウィウス論』をマキァヴェッリの個人史やルネサンス政治思潮の一端に位置づけるだけでなく,「共和政ローマへの回帰の近代性とは何を意味するのか」が正面から問われなければならない。マキァヴェッリが, 書物を通じて古代人と対話した夜の時間になしていたことは, 深い意味において何であったのであろうか。活動家マキァヴェッリは, 夜の読書の時間には哲学者になったのであろうか。かれが共和政ローマの再興を通じてなそうとしたことは何であったのか。ローマ研究が意図

---

(31)「思うに, このような古代無視の現状は, 今日の教育の欠陥により世間が無気力になったことよりも, キリスト教国家の諸地方や諸都市に広がっている思い上がった無関心や, 真の歴史認識 (vera cognizione delle storie) の欠如がひきおこしたものである。この認識がなければ, たとえ歴史を読んでも, そこから真の意味を引き出すこともできなければ, 歴史のうちにある味わいをも理解できないのである (D,I-primo;76; 二：一〇)。」

(32) Coby[1999], pp.1-18. Fischer[2000], pp.20-21. 飯島 [2005].

的な回り道であったとすれば，いかなる必然性と目的が，そうした回り道を要求したのだろうか。

　シュトラウスは，マキァヴェッリは根底において「哲学者」であったと考える。マキァヴェッリの著作には体系的な存在論や時間論や宇宙論は見当たらないが，それにもかかわらずシュトラウスは，マキァヴェッリを「政治哲学者」や「政治理論家」ではなく無条件に「哲学者」と位置づけ，マキァヴェッリの著作を，たんに同時代人に宛てられた政治的トラクトとしてではなく，哲学的論考 (treatise) として理解しようとする。「わが魂よりもわが祖国を愛する」というマキァヴェッリの言明は，政治の課題を狭義の祖国に限定するものであるどころか，魂と祖国の双方を包摂する普遍的哲学の宣言であるというのである[33]。体系的でなければ学ではないというヘーゲル以降の哲学における偏見に対して，マキァヴェッリは『君主論』と『リウィウス論』という2つの主要著作において，間接的ないし暗示的であるにせよ，あらゆる問題に触れているというのである。しかもシュトラウスによれば，「こうした結論は，2つの書物の大部分が狭義の政治的主題に明らかに割かれているという事実と完全に両立しうるのであって，というのもわれわれは，政治的事柄あるいは人間的事柄はすべての事柄の理解への鍵であるということを，ソクラテスから学んでいるからである[34]」とされる。

　『マキァヴェッリ論考』における記述からすると，シュトラウスがマキァヴェッリを「哲学者」と呼ぶときの「哲学」は，一般に政治哲学や道徳哲学と区別される自然哲学や形而上学，存在論や認識論のことではなく，また自然・道徳・政治のすべてを含む包括的な思想としての哲学のことでもないのではなかろうか。むしろそれは，隠喩的な理解における "the wise of the world"，つまり啓示に反対して世界の空間的永続性を主張するような「アヴェロエス主義者」を意味する要素が強いように思われる[35]。つまり，プラト

---

(33) Strauss[1958], p.10.

(34) Strauss[1958], p.19. 飯島 [2005].

(35) マキァヴェッリを異教徒よりも知者＝哲学者として見ようとするStrauss[1958], p. 175 には以下の記述がある。「これに対して，マキァヴェッリを『この世の知者』(the wise of the world) に数えいれることは誤解ではない。(中略) 政治的な賢明さ (political cleverness) の限界をこえるこれらの『この世の知者』たちは，異教の神話を拒否するだけでなく，すでに示された根拠にもと

ンやアリストテレスにおいて政治学を支えていた哲学に匹敵する哲学を明示的に提示したという意味での「哲学者」ではなく，かといって政治的賢慮や実践知のレベルにあらゆる知を収斂させることで古典古代の形而上学を無視したに過ぎない「非哲学的政治理論家」でもなくて，「(古典古代に対抗する) 隠喩的な意味での哲学的近代の自覚的創始者 (マゼランではなくコロンブス) であると同時に，(キリスト教的な啓示に対する) 霊的闘争者」という理解が，シュトラウスのマキァヴェッリ理解のポイントに近い。たしかにマキァヴェッリは，政治学の理論的前提となる自然哲学や形而上学については，あまり言及しない。しかしこのことをもってマキァヴェッリを「非哲学的政治理論家」とするのは皮相なマキァヴェッリ理解である。哲学を隠喩的な意味でとらえることで，マキァヴェッリの隠喩的理解に踏み込み，政治哲学者や政治理論家や政治思想家ではなく，「哲学者」としてのマキァヴェッリ像をとらえていくことが，シュトラウスのいう「深遠な」(profound) マキァヴェッリ理解である。

　マキァヴェッリが形而上学的なテーマについて寡黙なのは，かれにとって語ることは活動の一種であり，プラトンと同様にマキァヴェッリにとっても活動は観想の下位に位置づけられていたからだ，というのがシュトラウスの解釈である。それゆえシュトラウスのマキァヴェッリにとっては，最も高位に位置するのは新たな自然の様式の発見者であり，次に歴史家や文筆家といった修辞家が置かれ，さらにその下に設立者・改革者・指揮官といった「活動の人」が置かれることになる[36]。歴史家が設立者より上位に置かれる理由については，以下のように説明される。たとえば『君主論』第 6 章で新君主の模範とされているペルシアの王キュロスの姿は，『君主論』第 14 章では，実際にはクセノフォンの歴史叙述を通じて後世に伝えられたとされており，さらに『リウィウス論』第 II 巻第 13 章では，クセノフォンの想像によって脚色されているとされる。歴史家は，過去に関する現在の認識を形成し，未来に対して現在を伝えるがゆえに，新君主をすらみずからの手中に収めている存在なのである。

　づいて，とりわけ啓示そして啓示に特徴的な教説を拒絶する。かれらは哲学者 falāsifa ないしアヴェロエス主義者である。」
　(36) Strauss [1958], pp. 137, 148, 244.

しかし結局のところ，マキァヴェッリ自身は，文人を指揮官や宗教的・政治的秩序の設立者よりも下位に置いている（D, I-10; 91；二：四一）。シュトラウスはこれを意図的偽装とみて，マキァヴェッリは根底的には都市よりも知を優位においた哲学者であったとする。しかし本書の立場を先取りして述べるならば，マキァヴェッリにおける活動者→修辞家→哲学者という序列は偽装ではなく，マキァヴェッリは都市を論じたが，それが結果的に哲学の役割変化をもたらしたと考えられるのである[37]。

シュトラウスに戻るならば，シュトラウスはマキァヴェッリを哲学者とすることによって[38]，マキァヴェッリについての「俗衆的理解」（vulgar

---

(37) ウッドは，マキァヴェッリは「活動についての熱心な理論家」（impassioned theorist of action）であったとする。ウッドによれば，マキァヴェッリは3つの意味でヒューマニストであった。すなわち，(1) 古典の復権に参加した文化的人文主義者，(2) 政治を神学から切り離した世俗的ヒューマニスト，(3) フォルトゥナからの自立を説いた活動のヒューマニスト，である。これに対してバターフィールドは，マキァヴェッリは活動の人ではなく思想家であったとする。Wood[1972b], pp. 35, 56. Butterfield[1940], p. 129. Coby[1999], p. 287, n. 28.

(38) Patapan[2004b]もまた，マキァヴェッリが敬虔と哲学との闘争において哲学に味方したことを以下のように説明する。パタパンによれば，死の床で，貧弱な人びととともに天国に行くよりは地獄でプラトンやプルタークやタキトゥスとともに政治を語るほうを選ぶと言ったとされる（Ridolfi[1954], Cecil Grayson, trans.[1963], pp. 249-250, 330n. 24）マキァヴェッリは，敬虔と哲学の矛盾において哲学を選ぶことをむしろ重視していた。たしかにイデアや神に至る階梯としてではなく，人間をつなぐ鎖としてエロースや愛をとらえるマキァヴェッリの観念は，古典古代やキリスト教のそれと異なる。しかしマキァヴェッリが危険視したのは，美そのものへの渇望に根ざすソクラテス的な知への愛よりも，充溢と恩恵によって人間の自然性と政治的存続とを抑圧するキリスト教的な敬虔の愛であった。『君主論』第17章以降にみられるような，恐怖を通じての愛の獲得の奨励や，愛を自己愛と同一視することで政治的共同体の維持存続をはかる姿勢は，超越的愛による政治の抑圧と破壊を避けるために計算された中庸の政策であり，こうした政治的実践知の重視を通じてマキァヴェッリは，ソクラテス的・アリストテレス的中庸に倣いつつ，哲学と政治をキリスト教から解放しようとしたのだ，とパタパンは主張する。そうするとつぎに問題となるのは，こうしたマキァヴェッリのやり方が，ソクラテス哲学の回復なのか，新たな再建なのか，ということである。そもそもマキァヴェッリに先立って，

understanding)[39] を斥け，マキァヴェッリの隠喩的理解に進む。シュトラウスが描く隠喩的なマキァヴェッリは，おもにつぎの3つの顔と意図をもつとみることができよう。第1は哲学的新秩序の設立者としてのマキァヴェッリ像であり[40]，第2はみずからが後代に影響を及ぼす僭主たろうとする指揮官

啓示宗教はソクラテスをどの程度改変し，利用し，拒絶したのか。啓示宗教によるソクラテスの改変は偶発的なものか，それとも必然的で不可逆な出来事だったのか。キリスト教の護教論においては，プラトンの対話篇が神の真理の世俗的近似とみなされたため，ソクラテスの懐疑主義は，ネオ・プラトニズムの神秘主義，ないしはフィチーノのいう古代神学のあらわれとして解釈され，キリスト教的真理に至るための未熟な前段階とされた。「ソクラテスの心理学では，キリスト教の描く性悪的なまた敬虔な人間像を把握できない」という理由で，キリスト教がソクラテス哲学の限界を明らかにしたと考えられたのが，中世とルネサンスにおける状況であった。啓示宗教によるソクラテスの改変が不可避的であったと考えたがゆえに，マキァヴェッリは，たんなる古典哲学の再生は不可能と考えた。そして，古典哲学の再生ではなく，啓示宗教において提示された愛の問題を視野に入れた新たな哲学と政治の関係を定立しようとしたというのである。マキァヴェッリは，ソクラテス哲学とキリスト教をともに取り込むかたちで，愛を政治的自己保身の愛として再定義し，双方の限界を克服しようとしたのである。こうしたマキァヴェッリの自己愛は，哲学的エソテリシズムの性質を，古代的な哲学擁護のためのエソテリシズムから，近代的な民衆への教唆としてのエソテリシズムへと改変した。古代人にとって哲学は，ある人びとを解放し他の人びとの欲望を和らげこそすれ，決して政治そのもの（＝洞窟）を根本的に変形（transform）することはできず，逆に洞窟の横暴から保護されるべき傷つきやすさをもつものであった。マキァヴェッリにおいて，古代の著作家たちの内密の教説は公開され，哲学的真理は政治にとって無害なものになる。哲学もまた，懐疑の度合いを薄め，より道具的になり，多数者の利益に関心を抱くようになる。またパタパンによれば，マキァヴェッリの愛の観念は政治をも変形する。マキァヴェッリは，政治における冷酷さや恐怖の重要性の認識というキリスト教的診断を利用する。かれはキリスト教が重視する神への畏れを，支配への恐怖というかたちに世俗化しながら，恐怖と愛を結合する政治のテクネーという新たな人為的解決原理を提示する。こうしてマキァヴェッリの政治学は，古代以上に，そしてキリスト教に匹敵するほどに，大規模な人数と範囲において適用可能な哲学となったというのである。

(39) Strauss[1958], pp. 175-176.
(40) シュトラウスによれば，マキァヴェッリは，古代の著述家たちが──カ

としてのマキァヴェッリ像であり，そして第3は啓示宗教——とりわけキリスト教——に対する霊的闘争者としてのマキァヴェッリ像である。（シュトラウスのなかで，どのマキァヴェッリが最も根源的・包摂的であったのかは判然としない。）

　第1に関していえば，近代の創始者としてのシュトラウスのマキァヴェッリ解釈，すなわち「チャンスの征服という目的のために道徳基準を引き下げた」「近代性の第一の波」の創始者としてのマキァヴェッリ解釈[41]が注目される。シュトラウスは，『君主論』のなかのマキァヴェッリの2つの主張，すなわち第15章における「実際的真実」に即した政治学の主張と，第25章におけるフォルトゥナの統御可能性の主張とを，マキァヴェッリの近代性の核心であるとする。すなわち，政治学の中心課題を最善の政体の探求であるとしつつ，そうした政体の樹立可能性を（自然的資質をもった賢者の登場や自然地理的な地勢といった）偶然に依拠せしめた古典的政治哲学に対して，マキァヴェッリは，実際のすべての人間の欲望と調和しうる目標を「達成」することのうちに，政治学の課題をみた。ここにおいて，政治の問題が知者の道徳的賢慮の問題ではなく，万人の欲望達成の技術の問題になった。すなわち，政治の課題は，哲学による善き政体の探求や市民の完成ではなく，万人にとって可能な秩序維持制度の調達であり，制度の問題と市民や政体の道徳

リクレスやトラシュマコスの口を借りて——ひそかにかつ間接的に，また悲劇的に表現した政治的勧説を，自身の名で公にまた当然のこととして擁護した最初の哲学者である。Strauss[1958], p. 10.

(41) Strauss[1959][1975]．ドゥルリーは，シュトラウスのいう近代的転換を古代との対比でつぎの3つに要約している。(1) 観想に対する行為の優位。(2) 貴族政的少数者よりも民主政的民衆を好む傾向。(3) エソテリックな叙述から国家のプロパガンダへ，という哲学的コミュニケーションの——それゆえ哲学そのものの——スタイル変化。Drury[1988], pp. 126-127. シュトラウスのマキァヴェッリに体現されているこの3つの「近代」性の主張に対して，コービーは異なるマキァヴェッリ解釈を提唱する。コービーによれば，マキァヴェッリにおける古代的英雄の賞賛は，拡大のためではなく徳を支持するためであり，活動を観想より重視することにかけては近代人よりも古代ローマ人のほうが徹底していた。マキァヴェッリの近代性は一言で述べられないほど複雑であるが，古代ローマへの没入はシュトラウスのみる以上にマキァヴェッリ思想の本質をなしている。Coby[1999], p. 18.

的善悪の問題とはまったく文脈を異にする,という認識の登場である[42]。そして制度を市民の資質育成の観点からではなく秩序維持の観点から眺めるマキァヴェッリの近代的立場は,政治制度の効力を,政体内部の道徳秩序——政体の自足性——という基準からではなく,政体外部のフォルトゥナの征服——政体の対外権力上の安定性——という基準から眺める視点に裏打ちされている[43]。さらにシュトラウスによれば,マキァヴェッリは,古典的政治哲学に偶然の要素が残存していたのと同じく,聖書神学にも神の摂理というかたちで人間の統御が及ばない領域が担保されていたことにも着目し,人間はあらゆるフォルトゥナを統御できると主張することで,古典的哲学のみならず聖書神学の伝統をも批判した,とされる。マキァヴェッリにおいて,善は人間の意志から独立した基準ではもはやなくなり,必然性を征服する万物の主人になる道が人間にひらかれたのである[44]。

第2の顔は,マキァヴェッリにおけるクセノフォンの問題,あるいはマキァヴェッリ自身のエソテリシズムの問題にかかわる[45]。クセノフォン問題は

---

(42) Strauss[1975], p. 87.
(43) 飯島[2005]はこのことを,完全なコモンウェルスの設立という問題を対内政策優位の観点から描く古代と,対外政策優位の観点から描く近代,という対比において説明する。Strauss[1958], p. 293 も参照。
(44) Strauss[1975], pp. 84-86.
(45) マキァヴェッリ自身が書簡でグッチャルディーニに以下のように書いていたことはよく知られている。「私は自分の信じていることを決して言わないことがあるし,自分が言ったことを決して信じていないこともある。本当に真実を語る場合には,見つけにくいように多くの嘘の背後にそれを隠しておく (*Machiavelli's Letter to Guicciardini, 17 May 1521. Machiavelli and His Friends: Their Personal Correspondence*, trans. and ed. James B. Atkinson and David Sices[1996], p. 337)。」またシュトラウスは,『ルッカのカストルッチョ・カストラカーニ伝』末尾においてマキァヴェッリが,ディオゲネス・ラエルティウスの『著名な哲学者たちの生涯(ギリシア哲学者列伝)』からの借用文を近代の僭主カストルッチョに適合するように改変している点に注意を促す。たとえば,ディオゲネス・ラエルティウスによれば,古代の哲学者アリスティッポスはソクラテスのように死にたいと言ったと記録されている(『列伝』第2巻第8章第76節)が,マキァヴェッリにおいては,カストルッチョがカエサルのように死にたいと言ったとされている(*La Vita di Castruccio Castracani da*

第9章で論じるとして，ここでは，マキァヴェッリの隠喩を読み取れる天才的な若き弟子の出現の可能性について，シュトラウス以後の論争を紹介するにとどめたい。もしもシュトラウスのいうように，みずからの隠喩の意味を読み取り活用できる若者こそがマキァヴェッリの名宛人であり，マキァヴェッリ自身がその意味で近代的自立とセキュラリズムを推進する「悪の教師」ないし僭主になろうとしたのだとすれば，そして万人が達成可能な政治としての近代民主主義の開拓を僭主を通じてなそうとしたのだとすれば[46]，スピノザやルソーのマキァヴェッリ解釈——僭主政と民主政とを相容れないものとして理解しつつ，マキァヴェッリを民主主義者にして民衆への暗示的教師とみる解釈——は，正解に到達する直前で的を外れてしまった「惜しい」解釈ということになる[47]。しかし，スピノザやルソーですらマキァヴェッリの真意を汲み尽くせなかったとすれば，シュトラウス以外に（あるいは以降に）マキァヴェッリを真に理解できる者がどれだけ現れるのであろうか。僭主の意図の継承者が出現する可能性が極めて低いとすれば，そのような書物が新秩序を設立することができるのであろうか。またジェルミーノのいうように，シュトラウスがマキァヴェッリの意図を発見し提示してしまったとすれば，それ以降にマキァヴェッリの弟子が現れる可能性をシュトラウスは絶ってしまったのではなかろうか[48]。シュトラウスはマキァヴェッリを，マキァヴェッリ自身が滅びると予測した「武器なき予言者」にしてしまったのではなかろうか[49]。もちろんシュトラウス自身が述べているように，公衆から哲学を守ろうとしてなされる古代のエソテリシズムと，人民全体を哲学的に啓蒙する意図をもちつつも伝統による攻撃から自己を防御しようとしてなされる近

Lucca; 627; 一：二九〇）。Strauss[1987], p. 316. 飯島 [2005] による。シュトラウスによれば，マキァヴェッリにとってのカストルッチョは，アリストテレス，ディオゲネス，ビオン，アリスティッポスといった哲学者に取って代わる存在であるだけでなく，アリスティッポスが教えた僭主ディオニシウスの役割をも担っている。Strauss[1958], p. 224.

(46) Strauss[1958], p. 294.
(47) Strauss[1958], p. 26.
(48) Germino[1966], p. 815, n. 48.
(49) Coby[1999], pp. 5–6.

代のエソテリシズムとは，区別されねばならない[50]。マキァヴェッリが近代エソテリシズムのほうに属することは確かであるが，自己の身だけでなく自己の哲学をも隠し過ぎたということなのであろうか。この疑念に対してはマンスフィールドが，「不可視の設立者」(invisible founder) という言葉を用いて解答を提示している[51]。マンスフィールドは，弟子たちが自分たちは設立者の影響から解放されていると自覚すればするほど，実は設立者の影響が強まっているという逆説を主張する。そこには，人がマキァヴェッリの教説を否定すればするほど，マキァヴェッリの僭主的意図が貫徹されていくという意味での，マキァヴェッリの真意が潜んでいる，とマンスフィールドは述べるのである。

シュトラウスによるマキァヴェッリの隠喩的理解の第3のポイントは，マキァヴェッリはキリスト教に対する霊的闘争者であるというものである。これはルネサンスの魔術論や自然主義へのマキァヴェッリのスタンスにもかかわる問題であるが，それについては第1部で論ずることとして，ここではマキァヴェッリがキリスト教を批判する際の手法について若干の議論を紹介しておきたい。シュトラウスによれば，キリスト教への攻撃に際して，マキァヴェッリは以下のように細心の注意を払って武器を選んでいる。

「かれ［マキァヴェッリ］は原始キリスト教に訴えることでローマ教会への自身の攻撃を和らげる。かれは宗教一般を賞賛することで聖書的宗教への自身の攻撃を和らげる。かれは人間性と善良さを賞賛することで宗教への自身の攻撃を和らげる。かれは僭主政を呪い，自由とその果実たる元老院の永遠の賢慮と寛大さとを賞賛することで，善良さと人間性の条件が悪しきものであり非人間的なものであるという自身の分析を和らげる。かれは一般人民の善良さと宗教に敬意を払い，人民の要求の正しさに敬意を払うことで，共和的徳の最高形態についての自身の容赦なき分析の衝撃を和らげる。かれは愛国心に訴えることで一般人民の欠点にかんする自身の容赦なき分析の衝撃を和らげるのであるが，この愛国心は，最も凶暴な獅子と最も狡猾な狐によって遂行される鉄と毒の政策を正統化し，伝統的に僭主政として知られてきたような種類の支配を正

---

(50) Strauss [1952, 1988], p. 34.
(51) Mansfield [1996a], pp.xvi, 313-314. Coby [1999], p. 288, n. 33.

統化するのである[52]。」

シュトラウスによれば，マキァヴェッリは古典古代とキリスト教の知的伝統のうちにあるすべての要素を熟知し，利用している。たとえばマキァヴェッリは，一方で教会の教義に挑戦するために（共和政）ローマの権威を用いつつ，他方でみずからの利益のためにルネサンスの古典主義とルネサンスの信仰心とを対抗させている[53]。こうしてマキァヴェッリは，みずからの新しい様式と秩序の全貌を隠したまま，キリスト教と古代（共和政）ローマとの双方を対抗させて，結果的に双方を弱体化させているというのである。

シュトラウスのみたマキァヴェッリのキリスト教批判の諸点を挙げておこう。まず誰の目にも明らかなのは，マキァヴェッリが異教的な力，自立，栄誉に比して，キリスト教の柔弱さを批判していることである。しかしマキァヴェッリは同時に，キリスト教に対して人間的諸価値――憐れみ，寛容，正直さ――を擁護してもいる。すなわちマキァヴェッリによれば，キリスト教は(1)柔弱であるだけでなく，(2)罪人が達成し得ない愛という要求を課すがゆえに，敬虔なる残酷さをもっている[54]。またキリスト教は，(3)その絶対的な神のイメージが政治化されたときに聖職者を通じた神政政治に結びつくがゆえに僭主的で抑圧的であり，(4)自然を超越した起源をもつがゆえに不自然かつ偽善的であり，その意味で人間の栄誉欲という自然の必然性に対して不正直である[55]。さらにキリスト教は，(5)啓示宗教である限りにおいて権威的かつ教義的であり，自由な理性とは相容れない。

こうしたシュトラウスの主張に対し，フィッシャーは，マキァヴェッリに

---

(52) Strauss[1958], p. 132. また Strauss[1958], p. 321n. 118 にはつぎのように書かれている。「[『リウィウス論』] 第Ⅰ巻第11-15章における宗教の分析と第Ⅰ巻第9-10章における僭主政への非難との関係を考察せよ。また，第Ⅱ巻第2章におけるキリスト教への批判とその批判を囲んでいる（民主的）共和国への称賛との関係を考察せよ。」

(53) Strauss[1958], p. 144.

(54) Strauss[1958], pp. 157, 167.

(55) Strauss[1958], pp. 140, 157. マキァヴェッリが推奨する狐の偽善は，自覚的である分だけ統合的かつ有用であることになる。Ruth W.Grant[1997], pp. 55, 67-71.

関するシュトラウスとみずからの類似と相違をつぎのように要約する[56]。まず，シュトラウスのマキァヴェッリ理解とフィッシャーとの共通点としては，つぎの7つがあげられる。(1) マキァヴェッリは古典的伝統と断絶しており，現世的勇敢さを弱体化させるという理由でキリスト教を拒絶した。(2) 人間は生得的に利己的存在であるが，社会性への習慣づけを得られる存在でもある。(3) 少数者と多数者とは倫理的に同一である。(4) 政治秩序は犯罪のうえに設立される。(5) 指導者は，宗教的欺瞞を通じて民衆を操作し，共通善のために行為せしめる。(6) 外敵から安泰であるなら，都市は古典的ヴィルトゥを涵養できない。(7) 共和国は，内的平和を保つためには，外へ戦争を行わざるをえない。また，シュトラウスとみずからとの相違点については，フィッシャーはつぎの4つをあげる。(a) マキァヴェッリの共和国は，シュトラウスのいうような，指導者の専制を隠蔽する手段にすぎないものではない。堕落に際しての原初への回帰は，シュトラウスによれば創設者の専制であるが，そうではなく，法を護るために公務者によって与えられる懲罰である。マキァヴェッリは制度化された権威それ自体の効用を信じる面をもっていた。(b) マキァヴェッリは，シュトラウスのいうように伝統的な善悪概念を放棄したのではなく，善き目的のために悪い手段を用いることを正当化しただけである。(c) シュトラウスによれば，マキァヴェッリは世界をまったく偶然であると見ていたが，そうではなく，時の資質に影響する占星術的宇宙論によって見ていた。(d) シュトラウスによれば，マキァヴェッリの古典回帰は，マキァヴェッリの近代プロジェクトの意図的な隠蔽であり，そのための手段であった。古代とキリスト教とは世俗の名誉への評価においては異なるが，必然性による獲得的生活を否定する点では共通している。このためマキァヴェッリはどちらにも与することなく，キリスト教批判のための便宜的手段として古代を利用しているにすぎない。これがシュトラウスの見解である。しかしこの点ではフィッシャーは，シュトラウスやサリヴァンのいう「マキァヴェッリが創設した近代のローマ」が，もっぱらマキァヴェッリ独

---

(56) Fischer[2000], pp. 20-21. フィッシャーは，マキァヴェッリの「近代」性といわれてきた諸要素として，あるべきことよりもあることを追求する姿勢，キリスト教の拒絶，結果主義，人間は自己利益を追求する倫理的に斉一の個人だという前提，利害闘争としての政治概念，といったことをあげている。

りの意図によってのみ成立したとは考えていない。むしろマキァヴェッリの真意のうちには古典回帰の要素も強く存在しており，ただ方法面や前提面でのマキァヴェッリの斬新さゆえに，かれは結果的に近代を開くような古典解釈をしたとみるのである。たとえばシュトラウスによれば，人びとを公民へと教育する立場にある人びとをさらに教育するのは栄誉への情念であるが[57]，この栄誉への情念とは新君主であろうとする欲求である。しかしフィッシャーによれば，栄誉への欲求とは，歴史に名を残す共通善体制の設立・護持・拡大への欲求なのである。

第4節　本書の構成

　本書は4つの部からなる。この4部構成は，ここまで述べてきたマキァヴェッリの思想の前提と内容の展開に沿ったものとなるよう意図されている。すなわち，マキァヴェッリにおいて，現実の「状況」化が宇宙と人間の性質とに及ぼした影響を，ルネサンスのコスモロジーの検討を通じて叙述する第1部が，はじめに置かれる。状況化した現実を秩序づける手法としてマキァヴェッリが採用するのが「歴史解釈の政治学」であるが，第2部は，その際の歴史の認識形態を，古典古代の復興とマキァヴェッリの近代性との均衡を視野に入れながら論じる。第3部では，歴史解釈の政治学の規範内容としての共和主義が，マキァヴェッリにおいてどのように継承され改変されているかを扱う。第4部は，マキァヴェッリによる伝統的共和主義の改変の最たる部分である，かれの統治術をテーマとする。マキァヴェッリの政治学のなかの統治術的諸要素――拡大，軍事，新君主など――が，どのように共和主義の制度的性質を断絶させ，主権的要素をそこに混入させているかが，第4部で考察される主題である。以下各部の内容を先取りしてもう少し述べておこう。

　第1部では，マキァヴェッリのいわゆる「政治的現実主義」の世界像と，その背景としてのルネサンスの宇宙論がとりあげられる。中世のトミズム的階層秩序観のうちでは，一なる存在としての神から存在性が流出して存在者を成立せしめるという流出論と，存在者の側でみずからの内在的性質を発揮

---

(57) Strauss[1959], pp. 42-43. 邦訳，六一頁。

することで存在秩序に参与するという目的論的な分有論とが，表裏一体のものとして共存していた。ルネサンスのネオ・プラトニズムは，このうち流出論の側面を強調することで，神とすべての存在者とが個別的な一対一対応の関係を築く世界観を主張し，トミズムのうちにあったアリストテレス的な目的論的階層秩序を掘り崩す傾向を有した。マキァヴェッリは，ネオ・プラトニズムの影響を受けたルネサンスの占星術的宇宙論を用いることで，トミズム的階層秩序を解体し，同時に世界を「状況」化させることで，意志と力が優位する政治的現実主義を生み出していった。マキァヴェッリにおける神や天，フォルトゥナといった概念には，こうしたルネサンスの影響があらわれている。また，魂や情念に関するマキァヴェッリの人間論は，現実主義的秩序観の内面化であるとみることができる。

　第2部では，マキァヴェッリの状況的・現実主義的秩序観に規範的内容を注入している「歴史解釈の政治学」の背景と方法が検討対象となる。本書は，『君主論』第15章における「事物の実効的真実」(verità effettuale della cosa) という言葉のうちに，(1) 事物の真理（verità della cosa）すなわち歴史の真実性＝＜哲学ないしratio＞，(2) 実効的真実すなわち歴史の雄弁性＝＜修辞術ないしoratio＞，(3) 実効的功利（effettuale）すなわち，歴史の有用性＝＜国家公益の促進術＞という，互いに重なり合う3つの意味要素を見出し，それらをルネサンス人文主義における修辞術と実践的歴史叙述の知的コンテクストのうちに投げ返そうと試みた。あわせて，「歴史解釈の政治学」の哲学的含意を，循環史観，政体循環論，歴史解釈，自立と栄誉の政治価値といった，マキァヴェッリの政治学にとって重要な概念との関係で，考察している。

　第3部は，ルネサンス・フィレンツェ共和主義の系譜のうちにマキァヴェッリを位置づけることによって，マキァヴェッリが受け継ぎ受け渡したものと，新たに始めたものとのあいだを見極めようとする。徳，参加，法治，混合政体，平等，腐敗，自由，祖国といった概念の共和主義的解釈が，アリストテレス，キケロ，中世，フィレンツェ人文主義，マキァヴェッリ，ハリントン，モンテスキュー，ルソー，フェデラリストとアンチフェデラリスト，トクヴィルという一連の流れに沿って継承されたことは，ポーコックによる壮大な思想史物語で描かれ，多くの「思想史的な」共和主義研究の苗床となった。本書は，共和主義や政治的人文主義のマキァヴェッリにおける継承というバロン以来の枠組を批判しつつ，貴族と平民の関係の制度化などを題材

に，マキァヴェッリにおける共和主義の「近代化」の側面にむしろ焦点を当てる。政治的人文主義研究の現状の再検討を通じて，スキナーやポーコックの方法論に批判的なスタンスをとる現代の諸研究も考察されることになる。

第4部は，政体設立，政治宗教，君主，軍事といった，マキァヴェッリ政治学における統治術的色彩の強い概念を，ordini（制度）と imperium（命令権）との関係を意識しながら整理し，考察する。貴族と平民の紛争的均衡関係を制度的に維持し調停することで，政体の存続と拡大をはかることがマキァヴェッリの狙いであったとするならば，君主や宗教は制度といかなる関係に立つのか。通常の合法性を凌駕するとされる国家理性の成立余地や，市民と軍人が一致する地点は，マキァヴェッリのどこにどのように見出されるのか。こういった疑問が，「政体の維持生存のための帝国的拡大の必然性」という逆説を軸に検討される。

マキァヴェッリの政治学が，「ordini と imperium の共存的拡大のための歴史的 arte」と位置づけられるとすれば，マキァヴェッリは，政体と歴史の関係，公的秩序と権力の関係，祖国と対外政策の関係を中心として，「政治的なるものについてあらゆる可能性を考えさせてくれる」という意味で，まさに政治的な思想家である。政治思想の表舞台に歴史が登場するルネサンス期において，思想史のなかに政治が位置づけられるのではなく，政治のほうが思想と歴史を取り込み，みずからを表現する技芸として用いていく様子が，マキァヴェッリのうちには明確にあらわれている。中金聡の言葉を借りるとすれば[58]，政治社会の安定のために動員される技芸の総体が「維持の政治」であり，維持の政治の代表的手段は制度（ordini）化である。制度化は，力と力の相克から自然に帰結するデ・ファクトな優勢関係とは異なる，「正しい」原則にもとづくがゆえに，安定しており予測可能な人間関係の確立を目指している。マキァヴェッリにおいては，制度化の手段が法であり，制度化に内容を付与するのが教訓的歴史叙述なのである。他方でマキァヴェッリは，既存制度によるコード化——貴族と平民の闘争的均衡による公共秩序の確保——の本質的な偶然性を暴露しようとする「創設の政治」の存在に，十分気がついていた。「維持の政治」が創設された秩序を墨守するのに対して，「創設の政治」は，硬直した制度の世界を流動化させふたたび状況化するために起源

---

(58) 中金 [2003]，二七—三〇頁。

の創設行為を無限に反復する。現存する政治社会は，起源の偶然性を隠蔽する「維持の政治」と，起源の偶然性に立ち返ろうとする「創設の政治」とがつねにせめぎあう領域なのである。ここに，ordini を創設する imperium と，imperium の恣意性や偶然性を克服しようとする ordini との，マキァヴェッリにおける両義的関係が存在する。マキァヴェッリ解釈における『君主論』/『リウィウス論』問題も，このことと関連する。『君主論』をのりこえてその統治に公的内容を付与しようとするのが『リウィウス論』であるが，しかしその『リウィウス論』が手段として採用する統治術が，『君主論』の必要性をも明らかにする。この両義的反復性こそマキァヴェッリが開拓した「政治」の地平であるといえよう。

第1部
マキァヴェッリのコスモス

はじめに

マキァヴェッリの秩序観や世界像については，ルネサンスの占星術的宇宙論とかれの政治思想とを連結する研究は，意外に多くない[1]。第1部では，ルネサンスにおける運命論的宇宙観と人間中心的主意主義との相克がマキァヴェッリのフォルトゥナ-ヴィルトゥ関係にそのまま読み込まれているという従来の見解[2]に対して，ルネサンスの占星術的宇宙論そのもののうちに両要素が混在しているという立場から，ルネサンスの宇宙論とマキァヴェッリの権力論的秩序観ないし政治的現実主義との関係を考察したい。さらにここでは，こうした宇宙論が人間の諸性質に対するマキァヴェッリの見解にも及んでいることをも論じる。

---

(1) Strauss[1958] や佐々木 [1970] はルネサンスの宇宙論とマキァヴェッリ政治思想のつながりを扱っているものの，占星術的要素への目配りは弱く，逆に Parel[1992] は占星術とマキァヴェッリを結び付けるが，それが権力論や現実主義とどのように関わるかはあまり論じていない。一般に，フィレンツェの1400年代は，前半がアリストテレス主義を基盤とした修辞術と人文主義の時代とされ，後半になってメディチ家の台頭とともに共和主義と人文主義が弱まって代わりにプラトン主義が盛んになったとされる。メディチ家の専制とフィチーノらプラトン主義の集権的秩序観とが親和性をもったという主張はともかくとして，マキァヴェッリのうちには人文主義とプラトン主義の両者の影響がみられる。

(2) 佐々木 [1970].

第1章　占星術，天，フォルトゥナ

第1節　マキァヴェッリと秩序の政治学

　マキァヴェッリは秩序制度（ordini）をみずからの政治学の中心的課題とした。古典的自然法論では自明の前提とされており，ある意味では倫理学や政治学の対象外ですらあった＜秩序＞（ordo）という観念が，マキァヴェッリの登場した15世紀末には一躍政治思想の中心的な論点となっていたということ自体，注目に値する。

　しばらく，マキァヴェッリが秩序という観念をどのようにとらえていたのかを，かれ自身の語法によりつつみておきたい。政治秩序を指すのにマキァヴェッリが最も頻繁に用いる用語は，modi ed ordini（modes and orders；様式と秩序）という言葉である。マキァヴェッリ自身は，modi ed ordiniを法律（leggi）や習俗（costumi）と区別して用いたり（D,I-18；102-104；二：六五－六九），同義に用いたりしている。また，マキァヴェッリの著作においてはmodiとordiniが互換可能に用いられることもある。マキァヴェッリの著作において，modiとordiniがほぼ同義に（互換可能に）用いられるときは，それらは習俗や制度を含んだ広義の「秩序」を意味し，modiとordiniが統治機構の原理や作用を述べる際に区別して用いられるときには，ordiniは狭義の「制度」——制度の背景としての習俗とも，制度の運営形態としての行政様式とも区別された，法枠組みとしての制度——を意味する。

　狭義の用法から検討しよう。modi（様式），ordini（制度），leggi（法律），costumi（習俗），stato（国家）の5つが区別して用いられる『リウィウス論』第Ⅰ巻第18章から引用する。

　「さてここで，腐敗している都市が，すでに獲得している自由な国家を維持していけるものか，逆に自由な国家が存在したことのない都市で新

たに自由な国家を打ち建てられるものかどうか，を考えてみるのも場違いではなかろう。（中略）腐敗しきっている都市には，腐敗を食い止めるのに十分な法律も制度もありはしない。良い習俗を維持していくには法律の裏付けを必要とするように，逆に法律が尊重されるには良い習俗にまたなければならないからである。（中略）ローマでは，統治の制度あるいは正確には国家の制度が存在し，その後に法律があって，行政官とともに市民を統制していた。国家の制度をなす権威としては，民会，元老院，護民官，執政官があった。また行政官を選挙したり任命したりする様式や，法律を制定する様式も，制度のうちに含まれていた。このような制度はほとんど変わらなかったし，突発事があってもまったく不変であった。市民を統制する法律——姦通罪法，奢侈禁止令，選挙違反法，その他多くのことに関する法律——は，市民が少しずつ堕落するにつれて変わっていった。しかし堕落のなかでもはや良きものではなくなった国家の制度をそのままにしていたがゆえに，法律を改変しても人びとを善良に保つことはできなかった。もし法律の改革とともに制度も変えていたら，制度は役立ったであろう。（中略）このような［制度］改革をやりきるには，通常の様式は悪いものなので，通常の手段では不十分である。暴力や武力といった非常手段に訴えねばならない。したがって何よりもまずその都市の君主になっておく必要がある。そしてみずからの様式でそれを配置することができるのである（D, I-18；102-104；二：六五－六八）（［ ］内は厚見）。」

(Io credo che non sia fuora di proposito, né disforme dal soprascritto discorso, considerare se in una città corrotta si può mantenere lo stato libero, sendovi;…perche non si truovano né leggi né ordini che bastion a frenare una universale corruzione. Perché, così come gli buoni costumi, per mantenersi, hanno bisogno delle leggi; così le leggi, per osservarsi, hanno bisogno de'buoni costumi.…in Roma era l'ordine del governo, o vero dello stato; e le leggi dipoi, che con i magistrate frenavano I cittadini. L'ordine dello stato era l'autorità del Popolo, del Senato, de' Tribuni, de' Consoli, il modo di chiedere e del creare i magistrate, ed il modo di fare le leggi. Questi ordini poco o nulla variarono negli accidenti. Variarono le leggi che frenavano i cittadini; come fu la legge degli adulterii, la suntuaria, quella della ambizione, e molte altre; secondo che di mano in mano i cittadini diventavano corrotti. Ma tenendo Fermi gli ordini dello stato, che nella corruzione non erano più buoni, quelle legge, che si rinnovavano, non bastavano a mantenere gli uomini buoni; ma sarebbono bene giovate, se con la innovazione delle leggi si fussero rimutati gli ordini.…perché, a fare questo[innovare], non basta usare termini ordinari, essendo modi ordinari cattivi; ma è necessario venire allo straordinario, come è alla violenza ed all'armi, e diventare innanzi a ogni cosa principe di quellà città, e poterne disporre a suo modo.)

この引用では，modi ed ordini は政体上の権力配分機構やその方式を指し，leggi は個々の市民行動を規制する法律を，costumi は法律の土台として市民の生活態度を規制する慣習を，それぞれ指す[3]。そして ordini は官職制度を，modi は官職にある者が政策を実施する行政のあり方を，それぞれ指している。行政すなわち政治権力の行使には，通常的な (ordinari) 形態と通常をこえた (straordinari) 形態とがある。すなわち法律の枠内での行政と枠外に出る行政とである。枠内での行政のありかた (modi) は，官職の制度構成に従うので modi は ordini に沿うことになる。これに対し行政が法律の枠外に出る必要がある場合——新君主による ordini 設立の場合など——は，modi と ordini は一致しない。マキァヴェッリは ordini の典型的形態たる混合政体によって権力を分散させようとし，同時に modi の典型的かつ extraordinary な形態たる新君主によって，権力を集中させようとする。とはいえもちろん，4つの語のこうした使い分けをマキァヴェッリはつねに維持するわけではない。そして後にみるように，混合政体の拡大的性質の不可避性を主張するにあたって，マキァヴェッリは ordini を，官職機構上の混合政体にとどまらない，必然的滅亡に抗う暫定的秩序そのものを意味する広義の概念として，確保しようとしていくのである。

つぎにマキァヴェッリにおける広義の秩序について考察するならば，それはマキァヴェッリの世界観そのものにかかわる。すなわち世界の存在とその認識について，マキァヴェッリがどのような概念枠で整理していたかにかかわるのである。フィッシャーは，マキァヴェッリの存在論（＝自然哲学）と

---

(3) Coby[1999], p.195 による。

認識論とは，それぞれ2つの側面をもっているとする[4]。フィッシャーによれば，マキァヴェッリの存在論は第1に，ルネサンスの宇宙論を下敷きとした，天体の規則的運行から生じる必然性（necessità）の要素をもち，こちらは不変の「第一の自然」と考えられる。マキァヴェッリが，人間の野心や欲望には際限がないということを普遍的事実として言明するとき，それはこの第一の自然を前提としている。他方でかれの存在論は第2に，フォルトゥナによる偶然性の要素をももっており，これは人間の側からみると機会（occasione）となる「第二の自然」と考えられる。マキァヴェッリが，人間は法と歴史の実例によって教育可能な獲得習慣をもちうるとするとき，存在論の第2の側面が前提とされているのである。こうしてマキァヴェッリは，暗黙のうちに，＜不変の実体の外皮としての可変的な偶有性＞というアリストテレス－トマス的区分を引き継ぎつつ，二段構造の存在論を据えたとフィッシャーは考えるのである。

さらにフィッシャーによれば，マキァヴェッリの世界認識論もまた，2つの相からなっている。第1に，起動因にのみ支配された必然的な因果論的世界観がある。しかしこの世界観は，機械論ではなく，第一の自然である先の宇宙論的自然主義に支えられている。そしてこれは歴史の教訓を通じて得られる不変の一般法則的認識である。たとえばマキァヴェッリの生成消滅論や欲望的人間観などは，こうした世界認識論の所産であると考えられる。第2に，マキァヴェッリの世界観は，因果論に対処する偶発的知の側面をもっている。フォルトゥナの偶然性に対処するには，一般法則は，機械論的科学知ではなく歴史的蓋然知のかたちをとらざるをえない。こうした蓋然知は，悪にも用いられうるので，アリストテレスのいう deinotike（才知）にすぎず[5]，phronesis（賢慮）ではない。

マキァヴェッリの存在論と認識論の双方におけるこうした二段構造の理論装置を，アルチュセールによりつつ，マキァヴェッリの4つの哲学的命題（テーゼ）としてとらえることも可能であろう[6]。アルチュセールによれば，マ

---

(4) Fischer[2000], pp. 21-28.

(5) Aristoteles, *Ethica Nicomachea*, 1144ab.

(6) Althusser[1972-1986]．アルチュセールのマキァヴェッリ解釈に関するこの段落の記述は，大中[2004]，二三一－二三七頁に依拠している。

キァヴェッリから読み取れる第1のテーゼは，自然的事物と人間的事物の不変性のテーゼであり，第2は，万物の運動の必然性のテーゼである。第1と第2の関係が形式的矛盾にとどまらないためには，実体と運動との関係をスピノザ-ヘーゲル的観点によって読み換える必要がある。一方で，実体の不動性という第1のテーゼの内容を，現象の総体の一者性として読み換え，他方で，運動の必然性という第2のテーゼを，字義通りの物質の実体性の表現として読み換えるということである。第1と第2の形式的矛盾に際して，マキァヴェッリの理論装置の第3のテーゼとしての歴史循環論は，政体循環を通じた「持続」への希求を前面に打ち出すことによって，不動と運動とを歴史法則的に調停する役割を果たす。すなわち，「偶然による集住→自衛のために選出された強者の支配→君主政→僭主政→貴族政→寡頭政→民主政→放縦→新君主待望」という反復的循環過程は，持続する政体を求めての模索であり，この結果として，循環過程を克服する持続的政体という第4のテーゼが導出されるのである。政体類型論を特徴づけていたアリストテレス以来の善悪——公益に適うか否か——という基準に代わって，持続という基準が提示される。そしてアルチュセールは，マキァヴェッリにおける持続的政体の歴史的具体例は，混合政体と絶対君主政の2つであるという。前者が法という人間的手段を用いた持続であるとすれば，後者は獅子の暴力と狐の狡知という超人間的（あるいは人間以下的）手段を用いた持続なのである。

　マキァヴェッリ思想の存在論と認識論における二段構造を，フィッシャーのように，「第一の自然と第二の自然」というアリストテレス-トマス主義の枠組で把握するにせよ，あるいはアルチュセールのように，スピノザ-ヘーゲル的観点で把握するにせよ，両者に共通するのは，マキァヴェッリの秩序観を，「自然的ないし実体的過程」と「人間的ないし政治的過程」とのアナロジカルないしアレゴリカルな並行性のもとに把握しようとするスタンスである。そしてこのように実体と政治との並行的関係においてマキァヴェッリの秩序観を理解しようとする際に，見落とされてはならないのは，スコラ哲学とも近代科学とも異なるルネサンスの宇宙論，とりわけその占星術的／魔術的世界観という概念枠上の前提であろう。マキァヴェッリの政治思想が，自然と人間と国家を貫く秩序（ordini）確保への関心に動かされた「秩序の政治学」であったとするならば，背景となるルネサンス・イタリアの宇宙論の考察はかれの政治思想を再構成するための歴史的に重要な一部分であ

る。以下では，ルネサンスの宇宙論こそマキァヴェッリ思想の重要な背景をなすという視点に立って，マキァヴェッリの著作のうちに見出される占星術的世界観とかれの「政治的現実主義」との関連を検討したい。

第2節　ルネサンスの秩序観とマキァヴェッリ
——占星術的宇宙論から魔術的宇宙論へ
(i) 占星術的秩序観

　マキァヴェッリの世界観や秩序観が中世トミズムのそれときわめて異なったものであることは，かれの著作の随所からうかがわれるが，『フィレンツェ史』(Istorie Fiorentine, 1520-1525) 第V巻冒頭のつぎの言葉は，マキァヴェッリ自身の秩序観を簡潔にいいあらわしたものとして注目されてよいであろう。
　「地域が変化を受けていくに際して，まずたいていの場合，秩序から無秩序に移っていき，こんどは逆に無秩序から秩序へと移行していくものである。というのも，この世のことがらにおける自然の本質は一定不変ではありえないのであって，至高の完成域に達するがはやいか，もうそれ以上昇りつめることはできず，すぐに下り坂になるからである。同じように，下り坂を降りきってしまい無秩序もそのどん底に達してしまうと，もうそれ以下に降ることはできず，必然的に上り坂にならざるをえないものである。こうして，よき状態から悪しき状態へ，悪しき状態からよき状態へ，というのがものごとのつねである。というのもヴィルトゥが平穏を生み，平穏が怠惰を，怠惰が無秩序を，無秩序が破滅を生むからである。同様に破滅から秩序が生まれ，秩序からヴィルトゥが，そこから栄誉とよきフォルトゥナが生まれてくるのである (IF,V-1; 738; 三：二一三)。」

　ここにあらわれている，秩序と無秩序との不断の往復，トミズムの階層秩序を掘り崩すような世界の流動性の主張は，歴史的には，そして第一義的には，ニーチェ流の「力への意志」の生成的世界像から来ているというよりは，むしろルネサンスのネオ・プラトニズムの流出論的一元性――個物による普遍的一者への個別的参与ではなく，一者からの一元的流出を強調することで，トミズムのアリストテレス主義を解体するプラトニズム――に由来している。この引用文の背景にあると考えられるのは，＜国々の変化は摂理，天，

諸元素，人間という4つの要素によって引き起こされる＞というフィチーノの占星術である[7]。フィチーノによれば，神の摂理によって定められ導かれる天体の普遍的法則の堅固さのゆえに，星々は天空の最高点と最低点を往復し，その角度によって益または害を及ぼす。一方，土・水・空気・火の4元素を原因とする諸元素や，4種の体液の配合によって定まる気質は，天体法則の下位にあって天体の運行に従った変化をする。これらすべてが序列をなし，ヴィルトゥと堕落との循環を規定するのである。マキァヴェッリも大枠においてフィチーノ的な占星術の秩序観のなかにおり，天体の運行が国の盛衰に大きな影響を及ぼすと考えていたことはほぼ確実である。しかしマキァヴェッリにおいては，フィチーノ以上に摂理と天とが切り離されて摂理が丁重に遠ざけられ，天体の運行への対処法も，フィチーノのような道徳的・哲学的・神学的徳によるのではなく，時宜の洞察と時宜にかなった大胆な改革によると考えられている。占星術と歴史との連関，そしてヴィルトゥの役割を，マキァヴェッリは『黄金のろば』のなかで，つぎのように詠む（*L'asino d'oro*; 961-962, 967; 四：一八二，一八九）。

「天の星々と月を見るがよい。ほかの星たちが高く低く，たゆまずに運行していくのを見るがよい。空は暗くなったかと思うと明るく輝いたりするが，同じように地上でも，なにひとつおのれの状態（stato）を保ちつづけるものはない。だから平和が訪れたり戦争が起きたりするのだ。」

「天（il cielo）はなおその意見を変えることなく，これからも定めがおまえに厳しい意図を曲げぬかぎりは変わるまい。おまえにあれほど逆らって，あれほど辛くあたった世の気質（umori）は，今のところまだまだ癒されはしまい。けれども気質の根が乾き，天界の機嫌が好転すれば，このうえなく幸せな時代が訪れるであろう。」

「ヴィルトゥは領土に平穏をもたらし，その平穏から安逸が帰結し，安逸が国土と村々を焼き尽くす。その後ある地方がある時無秩序に巻き込まれると，ほかの時にはその居住地にヴィルトゥが戻ってくるのである。こうしてわれわれを統治するものは，太陽の下で何物も安定せず，いや

---

(7) Ficino[1978], pp. 6-8. マルチェロ・ウィルジリオ・アドリアーニらマキァヴェッリの同僚の何人かは，フィチーノの弟子もしくは友人であったといわれる。Ridolfi[1954], trans.[1963], pp.18ff.

できないように，そうした秩序を容認し望むものだ．悪が善に続き，善が悪に続き，つねに一方が他方の原因であることは，今も昔も未来も変わりはしない．」

　これらの言明には，前節で見たトマスの世界像とは一線を画する重要な論点が少なくとも2つ含まれている．第1は，『リウィウス論』においてマキァヴェッリ自身が述べているように，「人の世のことがらは流転してやまない（D,II-primo；144-145；二：一六六）」ということである．秩序とは「一定不変」の状態ではありえず，つねに動揺し流転しつづける事物の運動のうちに投げこまれている．人間の欲求も国家内外の力関係も，一定の限定された状態にとどまっていることはない．もはや「一定不変」ではなく「流転」の運動こそが＜自然の本質＞とされるからである．

　「あたかも，ひとつの肉体が，体内に過剰な物体が蓄積されるようになると何度も身体を揺さすって浄化作用をくりかえし，肉体の健康を維持していくのと同じように，自然もまた同じ営みをつづけるものである．このような人間の肉体がいくつも混ざりあってできている人類全体の場合でも，同じようなことがおこるのである（D,II-5；155；二：一九〇）．」

　「こういうことになるのも，自然が人間をつくったときに，人間がなにごとでも欲することができるようにしておきながら，しかもなにひとつ欲するとおりに実現できないように仕組んでおいたからである．このように，欲求のほうが現実の実現能力をつねにはるかに上回っているので，人間はみずからのものに不満をもちつづけ，なにごとにも満足を感じないという結果をもたらすことになる．このことから人びとのフォルトゥナの変化がひきおこされるのである（D,I-37；119；二：一〇四）．」

　栄誉や利益の追求に関心がなく，静かで安定した生活を望む者であっても，不断の変化を逃れることはできない．変転という自然はつまり必然であり，より多くのものを獲得しつづけることなくしては現在の安定を維持することはできないからである．こうしてマキァヴェッリにおいては，快楽を求め苦痛を逃れつつ運動と闘争をつづけていく人間像を，自然における物体の運動の哲学的考察から体系的に基礎づけていったホッブズに先駆けて，このような不断の運動が外的自然物，個人の心身，対人関係，国家間関係のすべてに及ぶものであることが，ネオ・プラトニズムの流出論と占星術的宇宙論を背景としつつ，すでに自然かつ必然的な経験上の事実として確認されていたの

である。

　さて，不断の流転につづいてわれわれが注目すべき第2の点は，このような流転が，秩序の解体とカオス化を一方的に推し進めるものではなく，秩序と無秩序とのあいだの往復運動としてとらえられていることである。秩序が無秩序へと降らざるをえないのと同じように，無秩序もまた秩序へと昇らざるをえない。自然は無秩序だけでなく秩序をも指向する。マキァヴェッリのあげている実例を見ていこう。

　「たとえば，どの地方に行っても，住民が増えすぎて人口過剰になり，すべての人が暮らしていける余地などなく，さりとてどこもかしこもすでにふさがっているため移動しようにも動きのとれない状態となっている。さらに，人間がずるがしこく陰険このうえもないような状態がくわわると，偉大な自然は，黒死病，飢饉，洪水という3つの天災の力を発動して，みずからこの世界を浄化しようという働きをするものである。こうして人類の数は減り，心をいれかえるようになって，これまでよりはるかに安楽かつ正しく暮らしていくようになるものである(D,II-5;155；二：一九〇－一九一)。」

　またマキァヴェッリは『リウィウス論』第I巻第56章でも，天と地上の事件の関連について占星術的な見方を提示している。

　「古今の例に照らしてみると，何か大きな事件が一つの都市か一つの地方にもちあがるときには，必ずといってよいほど，卜占，啓示，奇跡，あるいはその他の天啓によって予言されているものである。…思うに，このような出来事の原因は，われわれのもちあわせていない自然や超自然にかんする知識を備えた誰かによって，説明ないし解釈されるべきである。ある哲学者は，この大気には「知」が満ちているので，それに備わった力が未来の出来事を予見して人間に同情し，来るべき不幸に対し準備するよう，何らかの兆しで警告を発したに違いないといっている。そういうこともありうるであろう。しかし，それはそれとして，このような前兆が起こった後では，必ずやその地方に何か新しい異常な事柄が勃発するものである(D,I-56;139；二：一五一－一五二)。」

　天体の運行は，土・水・気・火の4元素への作用を通じて，有機体の構成に影響を及ぼす。つまり天体は，人間身体における4種の体液(humori)の混合に影響を及ぼし，人間の気質を形成し，身体組織の健康と精神的性格と

を決定する。マキァヴェッリは，占星術の言語で説明される気質論を政治体に適用する (P,9;271；一：三三－三四)。すなわちかれは，「健康な身体とは体液の混合のバランスがとれている身体である」という主張との類比において，政治体における健全な混合すなわち混合政体を擁護するのである (Discursus florentinarum rerum;27-28；六：一四二－一四三[8])。

人間の身体と混合身体（政体）との類比にもとづいて，自然の身体的営みとして戦争や地震や飢餓を解釈し，その原因を天の運行に求めていくこうした見方は，C.プトレマイオスら当時の占星術家の思想にも見られる発想であった[9]。たとえば好戦的な軍神マーズが天体において優位の位置に来るときには軍事的機運が地上にみなぎり，商神マーキュリーの優勢時には平和が支配するという具合にである。この箇所でのマキァヴェッリは明らかに，天の予兆の因果性を否定するピコの側にではなく，予兆を通して天が歴史に介入するという占星術的自然哲学者の側に立っている。天空の可視的現象を説明する天文学と，天空のもつ不可視の魔術的諸力を記述する占星術とは不可分の関係にある。マキァヴェッリにおいて模倣可能な教訓としての歴史叙述の手法を支えているのは，天と歴史との結合にかんする占星術的宇宙論であったとすらいいうるかもしれない。

(ii) 占星術的宇宙論の因果論的自立化と魔術による統御

すでに触れたように，中世の目的論的な世界秩序と原子論的な近代の科学的世界観とのあいだには，世界を一時的に流動化させたルネサンスの有機体的な世界観の時期がある[10]。

---

(8) Parel[1992], pp.101-104.
(9) Parel[1992], p.38.
(10)「1800年代以後の，いや啓蒙的合理主義以後のと言いたいが，大部分の史家は，ルネサンスを，デカルト的自然科学的純粋合理性と，暗黒の生命力，天や事物の霊魂，ブルクハルトのいわゆる暗い迷信に充ちた古代，中世の遺物との，乖離をすすめるものとして理解してきた。しかし実際にはルネサンスは，この両者の乖離，対立に反対して，新しい結合を求めて，闘ったのである。」Garin[1965]. 邦訳 [1975], 二七二頁。
「歴史は，大きなカテゴリー別に，白と黒とで書き分けられてしまった。一方

シュトラウスや A. パレルが指摘しているように[11]，こうした流動的世界観と結びついていたのが，科学的・全体的・論理法則的因果論ならぬ，占星術的・部分的・神秘論的因果論であった。ルネサンス研究者のなかでは，すでに E. ガレンが，コルッチョ・サルターティやレオナルド・ブルーニの政治的人文主義の凋落後に登場した，こうしたフィチーノ流の占星術的世界像の独自性を強調し，マキァヴェッリの時代へのその影響を示唆していた。14-15 世紀のフィレンツェにおいては，星のもたらす運命への信念が，日常の習慣から医学療法まで，芸術家の表現から厳かな祈祷まで，歴史における循環の概念から宗教上の主題にいたるまで，どこにおいても作用していた。占星術の影響が，天文学へ，さらには人体という宇宙や自然の定めにまで，拡大解釈された。これを個人の魂や不死性の問題にまで拡大したのがマルシリオ・フィチーノやピエトロ・ポムポナッツィであったとすれば，人間の社会や国家にまで拡大したのがマキァヴェッリであったとガレンはいう[12]。

には茫洋としたプラトニズムが置かれ，他方には厳格なアリストテリスムが置かれた。こちらにはフィチーノ派の神秘観があり，あちらには「無学な男」レオナルドがあった。こちらにはネオ・プラトン派哲学者や錬金術師があり，あちらには望遠鏡をもったガリレオやヴェネツィアの造船所があった。だが事実は，コペルニクスはその主著をプラトン風の書出しで始めることを恥とは思わなかったのであり，ガリレオが闘った相手もプラトニストであるよりむしろアリストテレス学徒だったのである。(たとえばレオナルドは) 当惑を覚えるようなフィチーノ流の太陽論を喜んで書いていた。…これをある人は…今では古びてしまったものの名残にすぎないと考えるにしても，これらのものすべてが根底に残っていたことは事実である。」Garin[1965]. 邦訳 [1975]，xix 頁。
(11) Strauss[1958], pp.208ff. パレルも，マキァヴェッリの世界観が普遍的理性秩序に根ざさないものであることは認めつつ，なおかれの世界像は近代的なものではなく伝統的占星術の神秘的宇宙天体論にもとづくものであるとする立場から，フォルトゥナ概念の転換のうちに近代的権力政治の一端を見る立場に異議をとなえている。Parel[1992], pp.157-158.
(12) Garin[1976], trans.[1983], p.93.「宗教的不安とあらゆる種類の実践的必要とが交錯する社会のなかで，魔術と科学，詩と哲学は混交し共同した。…この時代を聖トマスやドゥンス・スコトゥスの価値尺度，もしくはデカルトやスピノザの価値尺度に立って測るならば…レオナルドやガリレオでさえ中世先駆者の『亜流』として意味を失い，修辞的装飾の対象に還元されてしまうであろう。」Garin[1965]. 邦訳 [1975]，xiii, xiv 頁。

すなわち，ルネサンスの時期には，ネオ・プラトニズムや占星術が，神の摂理の手段という中世的な位置づけを脱却して，それ自体自然の構造的法則を示すものとして自立化すると同時に，人間による魔術的統御をも許すものとなっていたということである。ピコ・デラ・ミランドラ，フィチーノ，ジョルダノ・ブルーノらにおいては，神の摂理を実行する中世的な天の概念は脇へ退き，占星術の自立的因果法則学化と，魔術という人間行為による自然統御の可能性が，前面に出てくる。ここに中世の摂理的占星術とルネサンスの魔術的占星術との相違が明白になる[13]。

「占星術師たちの考える天を，ガリレオ以後の機械的天体観のように理解してはならない。占星術は，人間の自然化というよりは，むしろ逆に，世界の完全な人間化という考えにすすんでいったのである。天界には精神（スピリット）が住んでおり，いたるところで生きている。このような天界は，人間を抑圧するどころかむしろ，星や天の住居に魂を与えている不滅の生命と絶えず交歓し話し合うように人間を拡大させるものである。…そこには機械的天体観の代わりに神話があるという対比関係と同じく，数学的計算，量的関係の代わりに，命令と祈祷，攻撃と防御，儀式と式辞が見出されるのである。占星術の教科書の冒頭に，いつも繰り返されている荘厳な格言のとおり，賢者は星を支配するものである。なぜならば賢者は，人間から星へと昇る上昇運動によって，星から人間へと下る下降運動を攪乱するからである。賢者は多様な力の出合いと均衡のなかに開かれて存在している可能性を残りなく利用するばかりでな

---

(13) ガレンによれば，マキァヴェッリ，ポムポナッツィ，ブルーノに共通する＜敬虔さの欠落＞と＜自然主義＞とは，中世のアレキサンドリズムやアヴェロイズムによって，さらにはアラビア系学問を経由した他のヘレニズム的要素によって，もたらされたものであった。Garin[1965]. そしてこうしたプラトン主義的神秘主義の勃興は，人文主義の没落と時期をほぼ同じくしていたとガレンはみる。「もはやサルターティの素朴なキリスト教精神はなく，フィチーノの曖昧なプラトニズムとオルフェウス的秘儀が支配する。新しいアテナイの星はサトゥルヌス（土星）となった。それはメランコリアの象徴，荘厳ではあるが苦しみと謎を秘めた知の象徴である。レオナルドにミケランジェロ，そして書記局にはマキァヴェッリが登場する。」Garin[1965]. 邦訳 [1975], 三三頁。

く，賢明な計略を働かせて星の神聖な力をも説き従わせる[14]。」

ルネサンスの魔術的世界観については，E. カッシーラーも，あらゆる自然現象だけでなく歴史現象すらをも占星術的因果性へと還元するポンポナッツィらの方法論的一元論が，超越的説明を拒否する内在的・合理的・人間活動中心的態度と，ミクロコスモス思想の類比を介して結合し，マキァヴェッリにもみられる＜自由と必然＞問題のルネサンス的核を形成していった経緯を，明らかにしている[15]。カッシーラーによれば，占星術はもともと異教的・アラビア的源泉から成育したものであるが，中世は信仰によって占星術的諸要素を神的予見の配下に服させており，ペトラルカやサルターティらの人文主義も，魔術についてはこうした中世的占星術観を継承していた。しかしフィチーノ『三重の生について』(*De vita triplici*) などを契機として，占星術はしだいに自律の相を帯び始め，ポンポナッツィにおいて独自の完結した占星術的因果律にもとづく世界観を構築するにいたる。

「じっさい，ルネサンスの全自然哲学は，15世紀の成立から16世紀，いな17世紀初頭にいたるまで，魔術的－占星術的な因果性の根本見解ときわめて密接に絡み合っている。自然を『固有の諸原理にもとづいて』(juxta propria principia) とらえること——このことが意味するのは，自然を，自然そのもののうちにある本性的な諸力から説明することにほかならないようにみえる。けれども，これらの力が，天体の諸運動において以上にあらわになり，またそれ以上にとらえやすく，一般的に現れたところはどこにあったであろうか。およそここにおいてこそ，宇宙の内在的法則が，またあらゆる特殊事情にも当てはまる包括的・普遍的な規則が，読み取られうるに違いなかった。それゆえ占星術と魔術は，ルネサンス期において，『新たな』自然概念に対立する状況にあるどころか，むしろその両者こそがこの自然概念をもたらすもっとも強力な媒体となるのである。占星術と新たな経験的な自然の『学』とは，内容的からも，また人物のうえでも，いわば互いに一つに合体した状態に入る[16]（傍点はカッシーラー）。」

---

(14) Garin[1965]．邦訳［1975］，二六四－二六五頁。
(15) Cassirer[1927, 1963], chap. 3.
(16) Cassirer[1927, 1963], p. 107．邦訳，一二五－一二六頁。

ポムポナッツィの著作は，一見すると奇跡信仰の集積所のようにみえるけれども，そこでは占星術における純粋に「原始的」なデーモン的要素は払拭され，それに代わって，何らの例外も偶然も知らない1つの確固不動たる事象の天的法則性という思想だけが残る。もちろんこの法則性は数学的・自然科学的なものではなく占星術的なものである。しかし，この徹底した因果論的還元主義は，自然に外部を認めない汎自然主義を呼び，かくして占星術的因果性は，あらゆる自然現象の説明原理であるだけでなく，あらゆる歴史の構成原理でもあることになった。自然現象と同様に歴史も一種の生命体であり，固有の栄枯盛衰のサイクルをもち，そのサイクルは天界において読み取られる，という見方がそれである。あらゆる事象の背後に存するのは，時間をこえた永遠ではなく，時間に規定された栄枯盛衰の規則性である。これを有限な空間と無限な時間の組み合わせととらえても差し支えないであろう。マキァヴェッリにおいて循環史観と政体循環論とが生物学的類比のもとに時のサイクルと関連づけられているのも，こうした占星術的還元論の影響によるとみられる。

そして，魔術的世界観は，それが自然内在的かつ一元的であるかぎりにおいて，階層的な中世秩序観を解体し，世界を同質的空間として経験に還元する近代経験論への道を開くものですらあったと，カッシーラーはいうのである。

「[ピコ，フィチーノ，ポムポナッツィがそうしたように]『自然的』魔術を『デーモン的』魔術から区別するのは，後者が超自然的諸力の想定に立つのに対して，前者はまったくその経験的同形性の枠内に止まらんとし，また諸現象の機能的観察と比較という方法以外のいかなるものをもみずからのために要求しないという，まさにこの点だからである[17]（[　]内は厚見）。」

しかし，カッシーラーによれば，ルネサンスの認識概念の立場からは不可避とみえるこうした必然的還元主義に対しては，人間の自由を求めるルネサンスの生命感情がつねに反発する。14世紀にニコラウス・クザーヌスが，世界を1つの有機体ととらえ，そこには上下の区別はなく，すべての要素が万有の中心たりうると主張して以来，一方向的な決定作用論はすでに破壊され始めていた。大宇宙と小宇宙の有機体的類比が，双方向性を与えられたと

---

(17) Cassirer[1927, 1963], p. 160. 邦訳，一九〇頁。

すれば，人間もまた世界の中心であり，占星術的法則に自由に対抗し得るとする考えが出てくるのも，当然であった。ピコの「人間の尊厳」についての演説によれば，人間の尊厳は，位階秩序のなかであらかじめ人間に付与されたロゴスのうちに存するのではなく，人間に固有の自由のうちに存する。存在が作用を規定するのではなく，行為作用が存在を固有のものたらしめる[18]。ピコによれば，限界づけられた本質と存在を被造物に付与するような「創造」でもなく，また特徴を一方向的に分有させる「流出」でもなく，多方向的な「生成」のなかでの「選択」と「行為」こそ，人間の尊厳と存在の本質を成すところの自由であった。

　マキァヴェッリについていうならば，かれは，占星術的必然を全面的に拒否することによって人間精神の自由を確保しようとする立場（ピコ）にも，

---

　(18) Pico della Mirandola[1990] 邦訳 [1950]。ガレンとカッシーラーはつぎのように述べる。「人間の特徴は，宇宙の中心に存在することよりもむしろ，形相の王国から脱出して，みずからの自然を支配しているところにある。それは人間が固有の自然をもたないからである。自然をもたないということは，全く自由な一点であるということであり，かくして形相の世界はすべて人間に従属するものとなり，かくして人間は，悪魔に堕落しうるという意味でも，知性を超越した神的なものに上昇しうるという意味でも，形相の世界を超え出ることができるのである。この奇跡ともいうべき人間の特徴は，このように事物を限定する理法の中心にあって独特な未決定状態に留まっているところにある。その故にすべての自然，すべての存在，すべての有限な理法は，何らかの仕方で人間の決定に依存しているのである。人間はすべてを崩壊して覆すこともできるし，自由な変形によってこれを回復することもできる。万物はこれまでつねにその条件のなかに固定されてきたし，また今後もそのように固定されたものとして存在する。石も動物も植物も，また天圏を巡る星も。ところが人間は，何ものにでもなりうるところの，未来に向かって伸び拡がっている無である。」Garin[1965]．邦訳 [1975]，二五八‐二五九頁。

　「そこでは働きかけるものは働きかけられるものから区別され，行為の主体はみずからをその対象に意識的に対置することが前提となる。しかもこの対置は，一定の成果とともに終わる1回限りの過程ではなくて，むしろそれはたえず新たに遂行されねばならない。人間の存在は――人間の価値も同じく――この遂行にかかっており，したがって静的にではなく，つねにただ動的にのみ表出され，規定されうる（傍点はカッシーラー）。」Cassirer[1927, 1963], p. 89. 邦訳，一〇四頁。

占星術的必然を全面的に受容して人間の自由意志を否定する立場（ポムポナッツィ）にも与しない。かれは，自然の運行を自然に内在する魔術的な作用の結果とみなすが，その作用への洞察により人間が自然を統御する部分的な自由を保持すると考える（D,I-37, I-56, II-primo, III-1；119, 139, 146, 195；二：一〇四，一五一—一五二，一六九，二八五）[19]。マキァヴェッリにとって神の意志を伝えるのは占星術的な「天」（il cielo）であるが，それは意図をもつフォルトゥナの女神であると同時に，意図をもたない自然でもあって，自然のニュアンスが女神のニュアンスを包摂している。フォルトゥナは，気まぐれな女神，宿命的河川であると同時に，男らしさによって征服可能な女性でもある。人間は天の法則を見抜くことによって必然性を部分的に克服し，国家を設立・維持・拡大することができるのである。マキァヴェッリの自然哲学における前近代的宇宙論の内容と，かれのフォルトゥナ-ヴィルトゥ観および歴史観や政治哲学への宇宙論の影響については，多くの研究者が折に触れて言及してはいたが[20]，副次的にしか考察されてこなかった感があった。しか

---

(19) 小野紀明は，マキァヴェッリの構成的方法の根が，近代自然科学ではなく占星術にとどまらざるをえなかったのは，マキァヴェッリにルネサンスのプラトン主義的要素が欠如していたからであるとする。ネオ・プラトニズムが人間の霊魂の特殊性を主張したからこそ，客観的世界と区別された近代の能動的主観の確立が可能になったとするのである。小野によれば，プラトニズムを欠いたマキァヴェッリにおいては，主客未分離の傾向が残っている。ヴィルトゥが主観の観察によって定義される機能的な力ではなく，主客一体となった実体的かつ徳能的な力と考えられている点で，マキァヴェッリの思想にはデカルトのような近代的自己意識が欠如しているというのである。マキァヴェッリにおいて力が知によって制御できず，情念の力を対抗させるしかないと考えられているのは，まさにこうした主客未分離ゆえの実体的な力概念のゆえであるとされている。小野によればマキァヴェッリの権力政治観はとりもなおさず秩序理性の未成熟さの証拠であった。マイネッケのいうように，マキァヴェッリの体系は「自然主義・主意主義・合理主義の三和音」であるというのである。小野[1988]，一三一—一三二頁。

(20) たとえば先に述べた Cassirer[1946], pp. 158-159 および Garin[1965] のほかに，Baron[1943], p. 29 や Strauss[1958], p. 209 などを参照。ロベルト・リドルフィは，1511年にフィレンツェ庁舎を襲った雷を悪の兆候と解釈したマキァヴェッリが，直ちに遺書をしたためたという逸話を伝えている。

し1992年に出版されたパレルの『マキァヴェッリアン・コスモス』が，このテーマをはじめて主題として扱った。以下パレルの論旨を追いつつ，マキァヴェッリの自然哲学と政治哲学との関連を考察しておきたい。

パレルはまず，中世の目的論的秩序観とも科学革命以降の機械論的秩序観とも異なるルネサンスの宇宙論の基本的特徴を確認することからはじめる。＜不変の素材から成る諸天体の恒久的な運動が諸元素や地上の諸体に影響を及ぼすとすれば，混合体 (mixed bodies) の一種である人体や教会や国家の歴史も天体の影響を受けざるをえない＞という前提こそ，ルネサンス宇宙論の特徴であった。マキァヴェッリの父にリウィウスの写本を与えた友人ニッコロ・テデスコが聖職者兼天文学者であった事実は，マキァヴェッリを取り巻く自然哲学的環境がルネサンスの宇宙論であったことを傍証する[21]。当時のフィレンツェでは占星術師がシニョーリアの政策会議に出席するのは通例のことであった。また同時代人サヴォナローラは，こうした自然主義を促進する宇宙論が，その還元主義的性質のゆえに，人びとを天体の予言的諸力に依存させ，神の恩恵への理解と信仰を失わせて，一種の専制的支配をもたらすとして，これを非難していた[22]けれども，このことも占星術の社会的影響を物語る。マキァヴェッリ自身も『フィレンツェ史』において，占星術師グイド・ボナットが民衆によるフランス人攻撃を予言し，それが実現したと述べている (IF,I-24;649；三：四〇－四一)。

さらに，不変の天と気まぐれなフォルトゥナのあいだの関係については，一方で，天とフォルトゥナを同一視し，天の諸力を象徴化した神的な位置をフォルトゥナに与える当時の一般人民の風潮と，他方で，天を宇宙の不変の決定因ととらえ，フォルトゥナを偶発的出来事の要因ととらえる当時の自然哲学とのあいだで，マキァヴェッリは揺れ動いている。いずれにせよ天の不変性が何らかの意味で地上の可変性の原因となっているかぎり，個人の自由ないしヴィルトゥについての再検討も要請されざるをえない。（共同体全体にかかわる公民の共和主義的自由は別として）個人の自由に限って考えれば，

Ridolfi[1954], trans. [1963], p. 127.

(21) Parel[1992], p. 3.

(22) Strauss[1958], p. 335, n. 82 において引用されているサヴォナローラの "Prediche sopra l'Esodo X" を参照。

個人の選択の自由は時の趨勢と個人の内側の気質によって制限されている。というのも，時と気質の双方が天の作用の影響下にあるからである。神の摂理に代わって星々の自然的な定めが登場し，歴史や政治や宗教の成否は，時や気質といった自然的な天来の要因と人間のヴィルトゥとの相互作用によって説明されることになる。

第3節　神，天，フォルトゥナ

(i) 神の概念

　占星術的宇宙観のルネサンス化は，マキァヴェッリにおける神や天といった概念の用法に，どのような影響を及ぼしているのであろうか。マキァヴェッリの思想のうちにある超人間的な秩序要因を，一言で名づけることは難しい。神，神々，天，運命，フォルトゥナといった用語概念を，かれは時として区別し，時として互換可能に用いる。それらの概念形成には，かれが読んだ聖書の数節，プラトンやアリストテレスやキケロといった古典古代の自然哲学，アウグスティヌスやトマス・アクィナスの神学，ペトラルカの予言的詩句，同時代人フィチーノやピコの哲学書，サヴォナローラらの予言的説教が影響している。

　マキァヴェッリが神 (Dio) の語を天や運命とは区別して用いるとき，その神は，キリスト教的神に近い場合と異教的神である場合とがあるが，どちらの場合であっても，創造者にして慈悲深い人格的支配者の意味合いをもつ。風刺詩「野心について」(*I Capitoli,Dell'Ambizione*) のなかで，マキァヴェッリは神についてつぎのように詠む。

> 「それは神 (Dio) が天と星々と光と4元素と，そしてあまたの美しい事物の主人たる人間を創り給うてから間もなくのことだった。反逆の天使たちの傲慢も鎮められ，アダムがかれの情婦とともに知恵の実を味わって天国を逐われた頃のことだ。…そのとき，天空において，あの円環のなかに閉じ込められた星々の間で育まれる神秘的な力は，人間の本性には好意的ではなく，われわれから平和を奪い戦争へと駆り立て，われわれからあらゆる平安と善を奪い，かの二人の復習の女神［野心と強欲］をこの地上へと送った (*Dell'Ambizione*;984;四：二一一)。」

「どうせ彼女［野心の女神］を追い払うことなど誰にもできはせぬ。となれば，健全な知力と判断力とが，規律と力でもって何とか彼女を律するほかはない。それでもなお，支配欲はいたるところで噴き出している。しかし，得たものはじきにまた失われ，残るのはただ一層大きくなった恥辱ばかり。（中略）別に驚くにも当たらない。何となれば，この世で起きることの大部分は運命の支配下にあるのだから。（中略）彼女［野心の女神］の手からは，嫉妬に取りつかれた諸国の人びとのあいだにすでに多くの火の粉が振り撒かれている。（中略）神の恩寵か，さもなくばより良い秩序が早く火の手を消し止めぬかぎり (*Dell' Ambizione*;986-987; 四：二一五)［ ］内は厚見。」

またかれは，晩年に書いた散文であり，題名通りの内容をもつ「懺悔の勧め」(*Exortatione alla penitenza*, 1526-1527) のなかで，神の創造と罪の赦しの恩寵を語り，悔い改めを勧めるばかりでなく，彼岸的天国への希望すら告白する。

「それゆえあらゆるものは人間の名誉と幸福のために創られ，人間はただ神の幸福と名誉のために創られるにすぎない。その人間に神が言葉を与えたもうたのは，神を褒め称えることができるためであり，天に向いた顔を与えたもうたのは，天を見つづけることができるためであり，手を与えたもうたのは，神の栄光のために聖堂を建設し，犠牲をささげることができるためであり，理性と知性を与えたもうたのは，神の偉大さを思索し知ることができるためにほかならない。…ただし，われわれは途方もない肉欲にたぶらかされ，過ちに巻き込まれ，罪悪の罠にかかり，悪魔の手中におちるのである。それゆえそこから脱出して，悔い改め，ダビデとともに『神よ，私を憐れんでください！』と叫び，聖ペテロとともに激しく泣き，犯したあらゆる過ちを恥と思い，＜しかも悔い，この世の歓びは瞬時の夢と確と悟る＞べきである (*Exortatione alla penitenza*;933-934; 四：一三八, 一四〇)。」

マキァヴェッリの政治論における神の存在の逆説的な重要性に注意を促した思想家としては，アレントが有名であろう。アレントが，「汝が存在したいと思うように現れよ」という言明をマキァヴェッリのものとしたとき[23]，

---

(23) Arendt[1963], pp. 101-104. 邦訳，一五〇－一五五頁。

アレントは，マキァヴェッリの前提のうちに存在者と現象者の区別を読み取った。そして，マキァヴェッリが世界と政治を現象へと還元した背後には，存在者が存在者として現れうる唯一の場所としての神の存在というキリスト教的伝統が維持されているとした。アレントは，マキァヴェッリ的な存在者と現象者の区別を，ソクラテス的な自己内対話における目撃者と行為者の区別と対照して描こうとする。ロベスピエールが糾弾した政治的偽善が，ソクラテスにおいて問題にならないのと同様にマキァヴェッリにおいても問題にならないのは，マキァヴェッリにおける神の存在が，心理的内面の現れの問題を政治的領域から区別された存在の地平へと回収しているからであるとアレントは考えるのである。こうしてアレントによれば，マキァヴェッリの政治思想の内部にではなく背後には，確実にキリスト教的な神のイメージが存在している。

しかしマキァヴェッリのうちには，こうしたいわばキリスト教的な神観だけでなく，政治的統合と祖国愛を促進するローマ的軍神のイメージが随所に登場する。それは公民の政治的団結を好み，政治的能力に秀でた人物に此岸的栄誉を与えて激励する神である。この意味での神は民衆のではなく偉大な人物の友である（IF, VI-34, VIII-19, VIII-36；789, 831, 843；三：三一八－三一九，四〇三，四二六）。

神が悔い改めた罪人の友であるのかそれとも政治的英雄の友であるのかという相違はさておき，マキァヴェッリの神はいかなる仕方で人間世界の事象とかかわり，それを統治するのであろうか。サヴォナローラやピコ，そして正統的（orthodox）キリスト教がいうように，摂理を通じてであろうか。ポンターノ，ベランティ，フィチーノ，ポムポナッツィら異端的（heterodox）立場がいうように，神は天とフォルトゥナを通じて自然と人間世界の双方を統治するのであろうか。あるいは第3の異教的（pagan）解釈として，神の意図とは無関係な天ないしフォルトゥナが自然と人間をともに統治するのか。マキァヴェッリはこれら3つのうちいずれの解釈に最も近いのであろうか[24]。一方でマキァヴェッリは神と恩寵を結びつけるけれども，他方で災害を説明するための原因を神のわざに帰することについては距離を置く。災害は神ではなく運命から来る。そして政治の中心課題は，恩寵の受託よりも災害の克

---

(24) Parel[1992], p. 58.

服による永続の栄誉である。マキァヴェッリは，人格的創造神の存在を認める有神論者ではあるけれども，後に述べるように天国の祝福と天の運行法則とを区別することをつうじて，魂の世界にかかわる神の領域と，自然および歴史世界にかかわる天ないしフォルトゥナの領域との関連性を断ち切り，第3の立場に接近しているように思われる。つまり最も上位に位置する神のつぎに，自然と人間世界の双方を神の弱められた形態として法則づける天あるいは諸天が位置し，つづいて気まぐれな運命が想定され，その運命の働きを予兆する天の要素として星界の諸力が働き，運命を通じて野心と強欲と忘恩と残忍を人間のうちに引き起こすのである。野心と強欲が引き起こす戦争によって破滅することを避ける道は，最上位の神の「友となる」ことであるが，それは「時流に自分の行きかたを合わせる」ことによって達成される。つまり運命を見極めてそれに従うことが，神の友となり運命を打ち従える唯一の道であることになる。換言すれば，マキァヴェッリはキリスト教的な意味での創造神による自然秩序への創造後の介入――とりわけ人間への慈愛にもとづく介入――を否認することを通じて，天の不変性を維持しようとする。それによって天の法則性から歴史の法則性を引き出すルネサンスの占星術的宇宙論をみずからのうちに取りこんでいるのである。それゆえ政治学的課題についてはマキァヴェッリは神を必要としない。天とフォルトゥナのみによって人間の環境と興亡を説明できるからである。

『リウィウス論』全体の執筆動機と見取図を描く第Ⅰ巻の序文で，マキァヴェッリはみずからの関心の中心が真の教訓的歴史叙述にあることと，その歴史叙述が自然秩序と不可分の関係にあることとを述べる。

「このようにして歴史を読む人の多くは，それがくりひろげる事件の推移に興味をもつだけで，それを手本にしようなどとは一度たりとも考えようとしない。むしろ歴史から学ぶのは手間がかかるばかりでなく不可能なことと決めてかかっている。まるで，天，太陽，元素，人間が，昔あった姿と，その運行，体系，働きを変えてまったく別物になってしまっているかのようである (D,I-primo；76；二：一〇)。」(Donde nasce che infiniti che le leggono, pigliono piacere di udire quella varietà degli accidenti che in esse si contengono, sanza pensare altrimenti di imitarle, iudicando la imitazione non solo difficile ma impossibile; come se il cielo, il sole, li elementi, li uomini, fussino variati di moto, di ordine e di potenza, da quello che gli erono antiquamente.）

　マキァヴェッリがこの文章で神を不変なものから除外したのは，神の不変性を当然視していたからではなく，神から離れて完結した宇宙を描くためであるというパレルの解釈に，本書も同意する[25]。

(ii) 天とフォルトゥナ

　マキァヴェッリにおける「天」の概念の解釈についても，いくつかの論争が存在してきた。パレルが要約しているように，その論争は，(a) 神学的・キリスト教的な天概念と哲学的・占星術的な天概念との区別の問題，(b) 天と歴史との関係の問題，(c) 天とフォルトゥナとの関係の問題，の3相に分類できるであろう[26]。(a) については，早くからシュトラウスが，単数形の天 (il cielo) は占星術的な天を指し，複数形の諸天 (i cieli) は聖書的な意味での神の住まいないし神の手のわざとしての天を指すと主張していた[27]。これに対してパレルは，マキァヴェッリが上記の2種類の天概念を区別していたことは認めつつも，用語上の使い分けとしては，マキァヴェッリは単数形と複数形によって両概念を区別したのではなく，聖書的な天概念としては Paradiso を用い，占星術的な天には cielo (cieli) を単複双方とも用いていたとする[28]。また (b) については，マキァヴェッリにおける天や自然をフォルトゥナ概念に還元し，すべての歴史をフォルトゥナとヴィルトゥの相互作用によって説明しようとするマンスフィールド[29]の立場に対して，パレルは，運動秩序の規則性の基礎をなす天と，天における偶然的事象を説明するための気まぐれなフォルトゥナとを，明確に区別しようとする。

　しかしそもそも，マキァヴェッリは天とフォルトゥナとを区別していたの

---

(25) Parel[1992], p. 58. ピンチンによると，この箇所の草稿では，「天，太陽，元素，魂，人間」となっていたのが，後になって anima の語が削除されている。これは自然秩序を超越した不滅の霊魂領域をマキァヴェッリが消去しようとしたからかもしれない。Pincin[1966], p. 74. Parel[1992], pp. 27-28, 267 による。
(26) Parel[1992], pp. 41-44.
(27) Strauss[1958], p. 209.
(28) Parel[1992], pp.41-44.
(29) Mansfield[1988], pp.xiii-ix.

であろうか。区別していたとすれば，両者の関係はどのようなものであろうか。(c) 天とフォルトゥナとの関係について，時として両者を同義に，また時として区別して用いるマキァヴェッリの＜気まぐれさ＞を，シュトラウスは一定の意図を想定して解釈する。シュトラウスによれば，マキァヴェッリは『リウィウス論』において，神を天の語で置き換え，単数形の天と複数形の諸天を意図的に互換的に用い，さらに単複双方の天をフォルトゥナの概念によって置き換える。すなわちシュトラウスのみるところでは，マキァヴェッリの真の意図は，キリスト教的な意味での神と天蓋を異教的な意味での天へと移行させ，さらにコスモロジーの表現たる天を気まぐれなフォルトゥナへ，フォルトゥナを偶発的諸事象へ，偶発的諸事象を征服可能な機会へと順次移行させ還元することによって，近代の人間中心的な脱神学的世界像を構築することであった[30]。このようにしてマキァヴェッリは，まず教会（超越神）の権威を古代ローマ（人格的フォルトゥナ）の権威によって置き換え，ついで人間によるフォルトゥナの征服という発想によって古代ローマの権威をも体系的に掘り崩し，あらゆる超越的権威への懐疑を喚起して，世俗化を推し進めたというのである。

これに対してパレルは，マキァヴェッリが天とフォルトゥナを区別するのはかれが当時の自然哲学に従っている場合であり，両者を区別せずに神と天とフォルトゥナをいずれも偶発的事象の原因として扱う——たとえば『リウィウス論』第II巻第29章——のは，かれが民衆に流布していた一般的信念に従っている場合であるとする[31]。パレルによれば，マキァヴェッリは意図的に両者を区別したりしなかったりしたのではなく，たんに哲学的用法と一般的用法を無自覚的に混同しているだけであり，哲学的には天とフォルトゥナとはマキァヴェッリにおいてどこまでも別物であり続けたのである。

マキァヴェッリのフォルトゥナ概念に目を向けよう。天とフォルトゥナとが別の概念であるとすれば，ただちにいくつかの疑問が湧いてくる。人間世界の偶発的と思われる事象は天とフォルトゥナのいずれに起因するのか。フォルトゥナが人間事象に影響を及ぼすとすれば，それはどのような道筋によってか。神の摂理，人間の自由意志，機会，宿命，占星術的決定論，時の概念，

---

(30) Strauss[1958], pp. 222-223.

(31) Parel[1992], pp. 43-44.

といったものとフォルトゥナとは，いかなる関係に立つのか．天が規則性を司り，フォルトゥナが偶発性を司るという分類は，マキァヴェッリにおいてどこまで妥当するのか．これらの問いは，いずれもマキァヴェッリの政治的現実主義の考察に際して決定的に重要であり，第1部全体の叙述を通して答えていくほかはないような問題であるが，ここではまずマキァヴェッリにおけるフォルトゥナの概念をいささか図式的にではあるが3種に分類し，上記の疑問を考察する手がかりをつくっておきたい．『君主論』第25章や『リヴィウス論』第Ⅱ巻第29章が中心的なテクストになる．

マキァヴェッリがフォルトゥナに付与する第1のニュアンス，それは，人間をこえた決定要因の意味合いである．後述するように，これはフォルトゥナに対する最も伝統的なイメージである．キリスト教は，善意に満ちた神の摂理の代行者としてのフォルトゥナを描き，異教的伝統は，占星術的運行の定めを伝える悪意ある女神としてフォルトゥナを描いた．どちらの伝統も人間的事象の超人的決定者としてのフォルトゥナを描くが，マキァヴェッリが近いのは，当時の自然哲学のうちに流入していた後者の伝統のニュアンスであり，この意味でのフォルトゥナはマキァヴェッリにおいては必然性（ネチェシタ）の概念とほぼ同義に用いられる．必然性は，人間の意志能力を絶対的に凌駕していると同時に，人間行動の推進力としては，自由意志による選択以上に人間の行為を果断ならしめるものでもある．第2の意味として，フォルトゥナは偶発的出来事の総体を指す．マキァヴェッリがフォルトゥナを気まぐれな河川に譬えているのは，このニュアンスに最も近い．この意味でのフォルトゥナに対しては，賢慮 (prudenza) によってその潮流を自分に有利な方向に引き込む対処法が有効である．第3にフォルトゥナは，人間の生にとって時には好意的であり時には非好意的であるような諸条件の意味をもつ．これは人間の行為次第で利用可能な一種の機会であり，フォルトゥナを女性に譬える用法はこのニュアンスを体現していると考えられる．この意味でのフォルトゥナに対しては，男性的なヴィルトゥにもとづく機敏で果断な行為によって彼女の好意を魅く対処法が有効である．

そして，この女性としてのフォルトゥナのイメージをもとに，人間（男性）の個人的・国家的自律とそれを保証する女性的世界との関係の政治性を，マキァヴェッリのうちに探ったのが，H. ピトキンである．ピトキンは，世界は「その大部分がひとりの大きな年配女性によって切り盛りされており，彼女が男

性たちをその力のもとに掌握する度合いは、男性たちの行動とりわけその男性的要素 (manliness) にかかっている[32]」という前提にマキァヴェッリが立っていたと考える。ピトキンによれば河川ではなく女性としてのフォルトゥナのメタファーこそマキァヴェッリ政治思想の中核であり、マキァヴェッリにおける最初の設立の重視や、観照に対する行為の優位、政治の自律、歴史的判断力と範例の模倣をつうじた秩序の創始回復、といった要素は、ことごとく、世界(女性)を不可欠の前提として、世界との関係においてはじめて成立する政治(男性)的自由の問題として、アレント的枠組においてとらえかえされることになる。

　本節の主旨に戻るならば、マキァヴェッリにおいて神と天、天とフォルトゥナがそれぞれ区分される傾向が強まり、さらに、フォルトゥナの意味として必然的含意(運命)と偶然的含意(征服対象)とが混在するなかで、世界と政治との関係が政治の自立性を確保する方向で考えられるようになっていることが大まかに確認されうる。そしてこのことは、中世の摂理的宇宙論が天体運行の自立的法則性を強調する占星術的宇宙論に移行し、さらにそれが魔術による統御を許容する魔術的宇宙論に移行していくプロセスと、表裏一体の関係にあるとみることができよう。

(iii) 状況的秩序観

　マキァヴェッリの秩序観とルネサンスの占星術との関連についての考察は、このくらいにしておこう。マキァヴェッリがルネサンス宇宙論にどれだけのものを負っているにせよ、問題はかれがルネサンス的秩序観をいかなるかたちで政治空間に適用し、世界の「状況」化を創出して政治的現実主義への道をひらいていったかである。ここでまず注目したいのは、かれが、秩序－無秩序の往復運動を、秩序づけのための源ないし素材としてのヴィルトゥが、限定された空間内でその場所を移動したことの結果であると考えていることである。『リウィウス論』第II巻の序文ではつぎのように述べられている。

　　「世界はつねに同じ道筋で動いていくものであり、そこにある善悪も[その全体量と相対比においては]同じくらいで変わらないものであ

---

(32) Pitkin[1984], p. 165.

る。だが，古代の諸王国がその習俗の相違によって互いに異なっていたのを見ればわかるように，この善悪が地方から地方へと移り変わっていくのである。しかし，世界それ自体は変わらずそのままである（D,II-primo;145;二：一六六）（[ ]内は厚見）。」

マキァヴェッリによれば，世界が不断に変転するということは，世界という場そのものの基本的性質が変化したりまったく新たな世界が生まれたりすることを意味するわけではない。世界の秩序づけは，超越的・超越論的ではなく内在論的な原理によって行われる[33]。人間や自然物をいれる器としての世界の容量とその容量に見あう素材の配分とはむしろ一定なのであって，その範囲内で素材が倦むことなくその位置を移動しつづけるということ，これが変転の意味である[34]。過去の歴史において，繁栄の中心がアッシリヤ→メディア→ペルシア→ギリシア→ローマと移っていったのも，この順でヴィルトゥという素材が国家間を移動し，それゆえこの順で各国家に偉大なるヴィルトゥをもった英雄が登場していったからであり，その後中世にフランク王国，トルコ王国，エジプトのスルタン国などが栄えたのは，ローマのヴィルトゥがこれら諸国家に拡散されたからであって，逆に当代イタリアが没落の極みにあるのは，ヴィルトゥがドイツ人の国家にいってしまっているからである，とマキァヴェッリは考える。

これをもって，「マキァヴェッリは徳を個々の人格と不可分な本質的，内在的性質ではなく，譲渡交換可能な外的所有物とみなすような近代的立場に

---

(33) Münkler[1982], S. 246.

(34) Kantorowicz[1957], p. 299, note57. 邦訳（下），三八，三二三−三二四頁は，「世界の配置は変化と生成と消滅に服するが，世界そのものは恒久的に持続する」という発想を，アリストテレス＝アヴェロエス起源のものとし，それを帝国の永続性に結び付けた次のようなバルドゥスの言葉を引用している。「アリストテレスが『天体論』のなかで述べているように，今や世界の配置が変化したのである。これは，世界が生成したり消滅したりするという意味ではなく，世界の配置が生成したり消滅したりするということである。そして，太陽の下ではいかなるものも永遠ではない。『自然学』第四巻にあるごとく，消滅の原因それ自体は，時間である。（中略）たとえ帝国が永遠であるとしても，帝国は同じ状態に留まることはない。なぜならば，帝国は永続的な運動と混乱した苦難のなかにあるからである。そして，このことは四つの主要な王国の変遷において明白である。」Baldus, *Consilia,* I, 328, n. 8, fol. 103.

接近していた」と結論することはできない。むしろ、ヴィルトゥが空間を移動するというマキァヴェッリの言明は、基本的には、古代以来の、歴史の動因としての支配欲望と、いわゆる帝権移動説 (translation imperii) とを受け継いだ、人文主義的歴史観の文脈内にとどまっている。「支配権の移動」という発想は、紀元前2000年頃のイシン王朝の文書に見られ、すでにバビロニアにおいて芽生えていたとされる[35]。これを世界全体を支配する帝権の移動説に発展させたのは、メディアからの支配権奪取を正当化しようとしたペルシアであり、さらにこれをヨーロッパに伝えたのは、紀元前4世紀のギリシア人歴史家クニドスのクテシアスの『ペルシア史』(Persika) であろうといわれている[36]。これらによって紀元前2世紀にはローマに伝えられていた帝権移動説が、ポンペイウス・トログスの『ピリッポス史』(Historiae Philippicae) によって、中世へ、そしてルネサンスへ伝えられたのである。しかしながら、マキァヴェッリがヴィルトゥの移動可能性をいうとき、政治における人間の成長の不変の指標ないし至高の目的であり、秩序を規定する基準でもあったところの徳が、逆に秩序によって左右されるものへと変貌し、秩序にその至高の地位を譲りつつあるということは確かであろう。マキァヴェッリはヴィルトゥという概念の導入によって、古代の徳の内容をいくぶんか改変したばかりでなく、徳と秩序づけとの必要ー優位関係までをも逆転させたのである。

マキァヴェッリにおける限定された空間観は、さらに個別の人間の内部についても当てはまる。つまり、1人の人間の身体においても、器の容量に限界があるのにその器内にある素材としての精神 (animo) や野心 (ambizione) が不断の運動をつづけるがゆえに、抑制のきかない不満が欲望を際限なきものとするのである。そしてマキァヴェッリによれば、たんなる抑制なき不満によって現在を貶し過去を賞賛するのではなく、ヴィルトゥの移動を正しく見極めて没落した国にそれを呼びこむことこそ、すぐれて現代的、実践的意義をもつ「真の歴史認識」なのであった (D,II-primo;145; 二:一六七ー一六八. D,I-primo;76; 二:一〇)。

変転を一定空間内での素材の場所の移動運動とみるマキァヴェッリのこの

---

(35) 岡崎 [2003]、五四ー五六頁。
(36) 岡崎 [2003]、五五頁。

ような観点が，伝統的な観点と際立った対照をなすことも明らかであろう。自然における変転を，本質的生成消滅，質的変化，量的増減，空間における移動の4つに区分し，基体の性状のみならず基体そのものの存在が全面的に変化する生成消滅こそ最も根源的な変転であるとしていったアリストテレス[37]にならって，トマスも，変転の本質を潜在的可能性が可視的行為となってあらわれること，すなわち可能態の現実化のうちに見いだしていた[38]。しかし，可能態が，不可視の実在秩序という安住の地を失い，現実化されるべき目標ではなく実現能力をいまだもたない未発達段階と理解されるマキァヴェッリにおいては，変転における質的な生成や変化という意味あいは減少し，代わってすでに現実化された素材の空間的運動という意味あいが前面に出てくることになるのである。個物ないし素材が運動する場とは，もはや可能態を内包する無限の泉としての＜存在＞ではなく，それ自体はなんら生産的変化を生み出さない有限かつ空の容器にすぎない＜空間＞であるからである[39]。

さて，世界内の素材が不断に運動しているということと[40]，その運動が秩

---

(37) Aristoteles, *Physica*, 201a. *De generatione et corruptione*, 319b. *De motu animalium*, 700a. なお，アリストテレスにおける生成消滅と運動の関係は，つぎのように整理できよう。

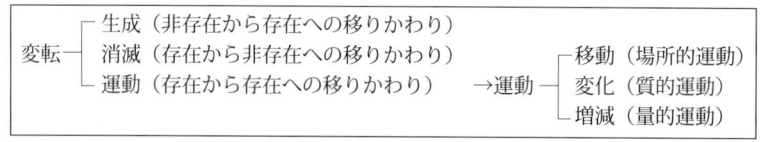

```
         ┌ 生成（非存在から存在への移りかわり）
変転 ────┼ 消滅（存在から非存在への移りかわり）              ┌ 移動（場所的運動）
         └ 運動（存在から存在への移りかわり） →運動 ────────┼ 変化（質的運動）
                                                            └ 増減（量的運動）
```

(38)「ものが動く場合，このものは必ず自己がそれにまで動くところのものにたいして可能態（potentia）にあることを要するが，これにたいして動かすものは，みずからが現実態（actus）であるかぎりにおいて動かすのである。すなわち，動かすということ（movere）は，ものを可能態から現実態にまで移行させることにほかならない。」*Summa Theologiae*, prima, q. 2, a. 3.

(39) 周知のごとく，このような運動観を徹底して「運動とはひとつの場所の連続的放棄と別の場所の連続的取得である」と定義したホッブズにおいては，もはや「時間」や「空間」すら人間精神によって編み出された概念であるとされ，「物体」とその「運動」のみによってあらゆる自然現象が説明されうると考えられている。Hobbes, *De Corpore*, II.viii.10.

(40) マキァヴェッリの政治思想は変転的世界像を前提としてはじめて成り立ちうると主張する論考は数多いが，その1つとして Burnham[1943] を参照。

序－無秩序の往復運動として限定空間内での場所の移動であらざるをえないということとは，マキァヴェッリの政治思想にとっていかなる意味をもつであろうか。これまでの叙述から明らかなように，マキァヴェッリはけっして＜安定した秩序＞という価値そのものを否定したり軽んじたりしたのではなかった。ただ，中世におけるように秩序というものが既成の世界として前提され出発点とされるのではなく，ややもすれば無秩序に陥ってしまう経験的事実の世界において目指されるべき目標として掲げられる点が，大きな違いである。素材が一定の場を占めるものであり，その場が有限な空間であるとすれば，ある素材の運動は他の素材の運動をひきおこすことになり，その分だけ無限の＜存在＞内での運動にくらべて不安定度が増大するであろうことは推測に難くない。それゆえ，マキァヴェッリは中世とは別の意味で――ある面では中世以上に――，秩序を志向せざるをえなかったのだということもできよう。もはや日常の感覚的経験の背後にある普遍的な実在秩序体系によって経験的事実を位置づけたり説明したりするのではなく，個別的な経験的事実そのものから出発しつつ，それらの事実を秩序づけていくことこそが，最も重要な目標として据えられることになるからである。古来自明とされてきた実在と事実との結びつきは断ち切られ，実在を根拠として事実を秩序づけることはできなくなる。秩序づけの努力によって達成される平和も，異なる個々のものが一なる全体に包摂されそのなかでみずからに相応しい位置をしめているという静態的状態ではなく，ばらばらの事実がバランスと緊張を保ちつつ相互浸食の危機を免れ，そのなかで自国が自立を維持し拡大を達成していくという動態的状態であり（D,I-6；86；二：三一），それゆえに暫定的状態を意味することとなる。こうした平和観からすれば，可能態のように実在と実現の場をもたない不安定なものからではなく，すでに行為に移された諸事実から出発し，それらの諸事実の相互運動を見きわめることこそが肝要である。結局のところ，宇宙はもはや神の摂理の表現ではなく，個別的事象の変動とそのような個別的事象を気まぐれに取り扱うフォルトゥナの支配との領域とみなされるからである。そしていまだ科学革命を経ていないマキァヴェッリにおいては，のちのホッブズのように個別的事象の変動を力学的一般法則によって説明し，＜運＞としての自然を計算可能な＜対象＞へと転換させていくような科学の前提としての自立的主体は成立していない。外なる普遍実在秩序に依拠しえなくなったとはいえ，個人の存在と認識の根拠は，

＜コギト＞や＜自然権＞として個々人の内側に確立されるまでにはいたっていなかったといえる。

　こうして，普遍実在秩序による統一体系原理はもちろんのこと，個の科学的理性による主体的な統一体系原理をももたないマキァヴェッリにとっては，事実根拠としてその場その場での経験的認識が前面に出てくることになる。すなわち，すでに序論第3節で述べたように，秩序が，もはや事実が不可視の目的論的体系のしかるべき位置におさまっているという状態を意味するものではなく——つまり事実そのものの内側から内在的，存在必然的に導き出されるものではなく——，人間の側がおのおのの事実に直面するたびごとに外から付与していくものになるとすれば，事実は，普遍実在の部分的，仮象的表出ではなくばらばらの個別的かつ一時的な＜状況＞ととらえられるようになる。ここでいう＜状況＞とは，事実が人間にとって外的，変動的，個別的なものとなり，包括的一般原理——それが実在的なものであれ形式的なものであれ——によっては秩序づけられることができず，人間による個別的対応を要請するものとなったことを示す，象徴的表現にほかならない。中世におけるのとは逆に個物が普遍に先立つ。いなむしろ個物は普遍（的実在）を必要としない。これが不断の運動という＜状況＞的事実認識にもとづいたマキァヴェッリの秩序観の1つの意味である[41]。

　こうしたマキァヴェッリ的秩序世界においては，知は，真理との対応ではなく真理をもとめ真理をつくりだそうとする人間的意志として析出する。W. コノリーがニーチェに依拠しつつ指摘しているように[42]，人間の形式を世界に課し，創出をあたかも発見であるかのように扱うこのような＜真理への意志＞が強固であればあるほど，人間の能力に合うように世界をつくりかえようとする執着も強まる。普遍的な実在秩序のない世界においては，認識することは，一致することではなく，対象を対象として確定しそれに形式を課

---

(41) 実践の全体性と必然性を示唆するこうした観点との関連で，政治実践を重視するアルチュセールが，マキァヴェッリのテクストを「語る主体が不在のテクスト，換言すれば歴史的情況自体がその中で語るテクスト」ととらえて高く評価していたことについて，大中 [2004]，二二一，二二八頁を参照。

(42) Connolly [1988], pp. 8, 10. 邦訳，一七，二〇－二一頁。コノリーは，こうした知識観の転換とそれにともなう真理の危機，ニヒリズムの誕生のうちに，「近代の枠組」(the modern frame) が内包する本質的な条件を見出している。

すことによって，人為的な秩序を徐々につくりだしていくことにほかならないからである。

しかしこうした人為的秩序は，法則的形式性の外的な押し付けによって形成されるものではない。周知のごとく，マキァヴェッリは，原理よりも時流にかなっていることを重視し，首尾一貫した行為よりも臨機応変な行為によって秩序づけをなすある種の状況倫理を提唱していった[43]。このような状況倫理は，政治的徳の柔軟な順応性を主張する古典的政治哲学の政治倫理に似かよっていると思われるかもしれない。なるほどたしかに，たとえばアリストテレスも，政治的徳すなわち行為の善悪にかかわる状況判断，分別の能力たる賢慮 (phronesis) を，厳密な真理認識能力としての学問的真知 (episteme) から区別している[44]。しかし，本書のこれまでの叙述からすれば，両者の意味あいはかなり異なるといわねばならないであろう。というのも，古典的政治哲学における徳の柔軟性は，観想的世界の実在性，自立性のゆえに，柔軟ではあっても破滅の可能性を免れていたところの，実践的領域の性質に依存していたからである。観想的世界と実践的世界とが方法的に同一の合理性によっては貫かれていなかった古代においては，実践的領域において

---

(43) マキァヴェッリの臨機応変な倫理観を示す記述は，『君主論』や『リウィウス論』の随所に見いだされる。かれが君主に「狐の狡猾さ」を要求したのはあまりにも有名であるし (P, 18 ; 283 ; 一：五八－五九)，人民と貴族のいずれが国家の自由をより確実に保護しうるかという問題についても，かれは，支配権を拡大しようとする場合には前者，維持しようとする場合には後者であるとして両者を使い分けている (D,I-5 ; 84 ; 二：二五)。すなわち，「時勢 (tempo) に自分の行きかたを一致させる者は成功し，反対に時勢と自分の行きかたとがかみあわない者はうまくいかない」のであって，フォルトゥナが変化するものであるかぎり「人が自己流のやりかたに固執すれば，フォルトゥナと人の行きかたとが合致する場合には成功するものの，合致しない場合には不幸な結果を招くことになる (P, 25 ; 295-296 ; 一：八二，八四)」のである。マキァヴェッリが，「人民の本来の傾向 (disposizione) が善である (buona) のか悪である (mala) のか決めてみたところでたいした意味はないように思えるのであって，善いとすればそれなりに人民を受けいれている体制を整えておけばよいし，悪いとすれば人民にひどいめにあわされないようあらかじめ準備しておけばよいのである (D,I-57 ; 139 ; 二：一五三)」と述べるのも，それゆえであろう。

(44) Aristoteles, *Ethica Nicomachea,* 1140b.

真理と経験的事実とが衝突する可能性も部分的なものにとどまっていたのであった。これに反して，マキァヴェッリの実践的領域は，観想的世界に相対的に従属しそこから根本的安定を付与されている部分的な領域ではない。むしろ実践的領域こそが現実のすべてである。そして，このような現実は，実在の喪失ゆえの恒常的なカオスと崩壊の危険性に対して実在抜きに応答せねばならないという＜状況＞に晒されており，したがってそこでの状況倫理も，対立を調停するという暫時的，相互関係的必要にさらに強く拘束されざるをえない。そうした意味で，マキァヴェッリの現実はきわめて実践的，政治的なものである。マキァヴェッリのリアリズムが実在論から政治的現実主義へと移行しはじめるのは，まさにこの点においてなのである。

それゆえつぎに，現実の状況化とその状況への暫定的対処とを主眼とするこうした秩序観が，いかにして政治の言語に翻訳され政治的現実主義を生みだしていったのか，そしてその政治的現実主義とはいかなる性質のものであるのかを，マキァヴェッリにそくしてみていくことにしよう。

第4節　力と行為の優位――政治的現実主義の生誕

(i) ネオ・プラトニズムによるトミズムの解体

マキァヴェッリの秩序観は，かれの政治思想の成立にいかなる影響を及ぼすのであろうか。世界の＜状況＞化は，いかにして政治的現実主義へと収斂していくのであろうか。マキァヴェッリにおける＜現実＞の観察は＜現実＞の生成過程への省察をも含むのだというセッキ－タルージの指摘[45]を受けいれるとすれば，『君主論』第15章において＜発見＞された新たな＜現実＞世界とは，外的世界をまずもって独立させ，それに＜客観的な＞性格を付与しようとする14-15世紀イタリア・ルネサンスの知的背景の要請によって生じたものであったといえる[46]。というのも，こうした外なる客観的経験界の存立によってはじめて，経験界と人間の自由とのあいだが領域的に区別され，

---

(45) Giovannangiola Secchi-Tarugi, "La ＜realta effettuale＞ in Niccolò Machiavelli", in Georges Barthouil, ed.[1982], p. 65.

(46) Cassirer[1927, 1963], S. 153. 邦訳，一八二頁。

両者の関係が問題とされうるようになったからである。そして，こうした経験界の独立は，直接的かつ感覚的な直観によって保証されていた。世界の諸事象を単純な感覚的規定のままに受容し，叙述し，分類するという方法こそが，新たな＜現実＞を獲得するのに最も有効な方法と考えられた[47]。外界の自然原理を，形相と質料，可能態と現実態といったアリストテレス－トマス的な範疇を媒介することなく，具体的な自然現象のうちに見るということである。その場合，感覚的直観は，経験界の認識手段としてつねに思惟による事象記述に先行することになる。経験が現実であることを保証しうるのは，感覚的直観のみだからである。

「私のねらいは，読む人が直接役に立つ (utile) ものを書くことである。想像 (imaginazione) の世界より、事物の実効的な真実 (verità effettuale della cosa) を追求することのほうが、便宜であろう (conveniente) と私は思う。これまで多くの人は、実際には (in vero) 見たことも聞いたこともない共和国や君主国を想像の中で描いてきた。しかし、いかに生きているかということといかに生きるべきかということとははなはだしく掛け離れているので、いかに生きるべきかということのためにいかに生きているかを見落としてしまう人は、自分を保持するどころか、たちまち破滅してしまうのが落ちである (P, 15; 280；一：五一－五二)。」

感覚的直観によってありのままの経験界を認識するということは，外的対象が感覚的刺激——それは，視覚や聴覚といった間接的な感覚刺激よりも，より直接的な接触を表象する触覚的な刺激の意味あいを強く帯びている——によって知覚されるということ，すなわち人間が自己の内なる生命の経験と

---

(47) この点に関して，ブルクハルトは，こうした感覚的・経験主義的傾向を，「世界と人間の発見」という周知の主題のもとにイタリア・ルネサンス文化の特徴として定式化し，14-15世紀イタリアにおける冒険旅行の頻発や世界誌・植物学・動物学の発展のうちに，その具体的開花を見出している。ブルクハルト的なルネサンス観からすれば，マキァヴェッリもこうした意味における＜政治の発見者＞と呼ばれうるであろう。のみならずブルクハルトは，こうした人間的政治の発見をルネサンス特有の美的・芸術的世界観と結びつけて，国家の構成と芸術的創作活動とを同一次元でとらえ，マキァヴェッリをこうした国家をつくる芸術家 (Staatkunstler) の最大の人物であるとしている。Burckhardt[1860], S.190-198. 邦訳，三二九－三四〇頁。

同じ生命の運動ないし経験を対象のうちに感覚し，そこからの類推によって外的対象の性格を理解することを意味するといえよう。相同性をもとに個々の存在を次々と対応させていく手法は，フィチーノ，ピコら15世紀末フィレンツェのネオ・プラトニズム的自然哲学の影響といえよう。独立した経験界の原理が人間の原理としても有効であるのは，両者のあいだの類推を可能ならしめるようなある種の自然生命的連関のアナロジーが想定されているからであり，また，経験界を人間の認識へと結びつけているのが，感覚的直観という生命的機能だからである。フィチーノやピコらのネオ・プラトニズムは，万物を「一者」から流出させる一元論的汎神論ゆえに，伝統的階層秩序を掘り崩す傾向をもっている。マキァヴェッリの闘争的秩序観の背後にもこうした一元論的アナロジーの影響があって，それがマキァヴェッリをしてスコラ的階層秩序観の解体に向かわせているともいえる。中世のトミズム的階層秩序観のうちでは，一なる存在としての神から存在性が流出して存在者を成立せしめるという流出論と，存在者の側でみずからの内在的性質を発揮することで存在秩序に参与するという目的論的な分有論とが，表裏一体のものとして共存していた。ルネサンスのネオ・プラトニズムは，このうち流出論の側面を強調することで，神とすべての存在者とが個別的な一対一対応の関係を築く世界観を主張し，トミズムのうちにあったアリストテレス的な目的論的階層秩序を掘り崩す傾向を有した。マキァヴェッリがしばしば政治体を自然体の比喩で語るのも[48]，個物を相互対応させるネオ・プラトニズムの影響が大きい[49]。「直接役に立つ」マキァヴェッリの実利的な政治倫理観は，直接

---

(48) たとえば以下の言葉を参照。「突然にできあがったような国家（stato）は，あらゆる自然の事物のようである。生まれるとすぐにどんどん生長してしまい，十分に根をはり枝葉をのばすことができないうちに，初めての悪天候で打ちのめされてしまうのである（P, 7 ; 266 ; 一：二三）。」ほかに D,I-primo,II-5 ; 76, 155 ; 二：一〇，一九〇。

(49) マキァヴェッリにおける人間身体と政治体とのネオ・プラトニズム的な同一視を，共和主義的自由論の文脈で解釈するのがスキナーである。スキナーによれば，マキァヴェッリら共和主義的自由論者は，自然的身体（natural body）と政治体（body politic）を類比的に捉えて，後者の自由（他の政体や独裁者に依存せず，市民の一般的な意志に従う自治体）が前者の自由をもたらすと考えた。共和主義者が共和国にのみ自由があると考えるのは，共和国のみが

感覚とそこからの類推とを通じて意味を付与されるような感覚的経験の重視と，それに呼応するルネサンスのネオ・プラトニズムの生命論の一元的アナロジーにもとづいている。マキァヴェッリは，ネオ・プラトニズムの影響を受けたルネサンスの占星術的宇宙論を用いることで，トミズム的階層秩序を解体し，同時に世界を「状況」化させることで，意志と力が優位する政治的現実主義を生み出していくのである。

(ii) セキュラリズムと人間の画一性

さて，他方でこうした経験の重視は，「直接役に立つ」とか「自分を保持する」とかいった効果以外にも，重要な副産物を生み出したように思われる。

その1つは，セキュラリズムである。というのも，『君主論』第15章におけるマキァヴェッリの宣言によって，＜いままでの理想的政治学が見落としていた赤裸々な現実世界にはじめて目を向けた新たな実利的政治学の創始者＞という——おそらくはマキァヴェッリ自身のものであったであろう自負の——意識とは無関係に，世界は1つ，真理は1つ，という伝統的な前提を根本から突き崩すような独立した別世界が，はからずも創立されることとなったからである。もしもマキァヴェッリが伝統的な普遍秩序の世界の存在を真っ向から否定して，それに代わる同じように普遍的・包括的な世界の存在を主張していたら，秩序観の転換も政治観の転換も起こらなかったであろう。しかし，マキァヴェッリが伝統的な世界像を拒否（というよりも無視）するのは，根本的にいって

政治的人間を完成できるというアリストテレス的意味においてではなく，市民個々人の消極的自由を守る最善の手段が共和国だと考えたからである。自由とはヨーロッパにおいてはもともと身分と結びついた概念であった。歴史的には自由は「人間性」ではなく「市民」という地位に結びついていた。自由とは，共和国において市民が享受し維持する特定の政治的生活様式のことであった。市民の身分とは，ある種の政体の存在と維持を前提として可能となるものであるので，自由とは決して個々の市民の所有物ではない。むしろ自由とは政体を通じて市民に与えられるものである。個人の自由は自由な政体においてのみ可能であり，ゆえに自由な政体の設立と維持こそが最も重要である。それゆえにマキァヴェッリは，政治の身体の自由保障が個人の身体の自由保障をもたらすと想定した，というのがスキナーの主張である。Skinner[1990b][1998][2003].

その世界が実在しないからではなく，眼前の＜現実＞にとって役に立たないからである。＜事物や行為の価値が非人間的な≪存在≫によって規定される世界だけが唯一の世界ではない。価値がそれを利用する人間の側の≪認識≫によって規定される世界が——たとえそれが普遍的・全体的な世界ではなく，部分的・特殊的世界であらざるをえないにしても——あるはずではないか。少なくとも自分の関心と価値観は，後者の世界のほうにある。＞こういった思いがマキァヴェッリ自身のものであったであろうことは，つぎのようなかれの言葉からもうかがわれる。

「さて，こと芸術 (arte) に関するかぎり，それ自体がきわめて明確な性質を持っているので，たとえ時間の要素が入り込んできたところで，その栄誉を減じたり増したりできないものなのであるから，ここでわたくしの議論の対象とはならない。だから，わたくしが取り扱おうとするのは，判断の基準がそれほど明確でない過去の人間の生きかた (vita) とか習慣 (costume) になってくるのである (D,II-primo；144；二：一六六)。」

＜状況＞化した世界は，その性質からして，古い秩序を完全に駆逐した新たな唯一の普遍秩序たることはできず，古い秩序と没交渉に並立する2つめの現実として存立することとなった。「判断の基準がそれほど明確でない」人間世界は，「明確な性質」と「栄誉」を持つ芸術の世界のうちに統合されるのではなく，それと対比されている。このことがルネサンスにおける現世主義の哲学的前提の1つをなしていることは明らかであろう。現世が，来世とのかかわりがなくても存立しうる独立した別個の世界となったことによって，普遍実在の秩序世界を超越的虚構として排除し現世のみを現実とするルネサンス的なセキュラリズムへの道が開かれたのである。現世を改善する徳や正義は，必然性のもたらす諸効果へと変質し，必然性に対処する技能へと意味を変える。

新たな政治学のマニフェストがもたらすもう1つの副産物は，人間の本来的な質の相違という伝統的観点が後ろに退くことによって，経験界における人間の画一性という視点が前面に出てくることである。「いかに生きているのか」については，人間はおおむね似たりよったりであるからである。マキァヴェッリは『フィレンツェ史』において述べる。

「かれらが血筋の古さによって高貴さをひけらかしても，騙されてはならない。なぜなら，あらゆる人間はもとをたどれば同じように古い起源

をもったものであり，自然によって一様につくられているからである。裸にしてみれば誰もみな同じであり，かれらの服とわれわれの服をとりかえれば，われわれは間違いなく高貴に見えるだろうし，かれらは卑しく見えるだろう。あるのは，金持ちか貧乏かの違いだけである。――人間のやりかたを考えてみるならば，大きな富や権力を獲得した者たちは，欺瞞か強制力によってそれを強奪したのであり，そしてみずからの獲得の醜悪さを隠すために，正当な取得であるかのような偽りの名目をつけるのである。臆病すぎたり愚かすぎたりする者たちはこの手段を使うことができず，日々他人の奴隷となって，ますます貧乏になってしまうのである (IF, III-13 ; 701 ; 三：一四〇)。」

マキァヴェッリによれば，貴族であれ平民であれ，人間はその本性においてそれほど変わるところはなく，現在の地位の差は，あくまで現状における力関係の差にほかならない。そもそも自然本性とは，もはや全体のなかでおのおのに付与されている相応しい別個固有の目的のことではない。貴族も平民も同じ目的――名誉と力――を追求している。人間の本性とは画一的なものなのであって，同一の目的＝本性を皆が達成しようとするがゆえに競合と無秩序が生じ，勝敗の不安定な流転――目的ではなく機能手段の強弱による――が繰り返されることになる。＜秩序は普遍実在によってではなくその場その場の力関係によって形成される＞とする先述の＜状況＞的秩序観は，画一化された自然本性観を前提としている。こうした本性の画一化は，諸事物を包摂しおのおのに適切な本性を付与していた基体としての普遍実在が，基体ではなく機能（ないしは運動）の共通性によって諸事物に変転の場を提供するような，そうした同質的な空間によって置き換えられていったことと並行関係にある[50]。アリストテレスやトマスにおいて植物と人間が別々の本性を付与されているのは，人間の実在する場と植物の実在する場とは本質的に異なった位階（空間）だからであった[51]。しかし，空間が実在するコスモス

---

(50) Cassirer [1927, 1963], S. 192-194. 邦訳, 二三〇―二三二頁.
(51) アリストテレスによれば，自然物のすべてが実体であるのは，それらが或る種の基体だからであり，自然はつねに基体のうちに存するからである。そして，「場所はすべて上と下とをもっており，おのおのの物体は，自然によって運ばれて，それぞれの物体に固有の場所に止まるのであって，このことがそれぞれの物体の場所を上にしまたは下にする」のである。**Aristoteles, *Physica*,**

の基盤を失い，それにともなって諸事物から実体的本性が剥奪されたからには，諸事物の存在する場のあいだに本質的差異はないことになり，空間のあらゆる地点に原理上同じ構成が可能となる。＜自然＞はもはやもろもろの実体的形相の複合的統一体ではなく，上も下もない一様な運動の場である。諸事物にとって自然への参与とは，普遍的秩序へ身を託すことではなく，他のあらゆる諸事物との闘争や協力といった相互運動に加わるという宣言にほかならない。いなむしろ，＜現実＞のあらゆる事物は宣言せずともそうした運動に不可避的に巻き込まれている。したがって，事物の存在と運動作用との関係についても，固有の作用が存在に随伴するのではなく，作用の経験的観察を通じて存在と秩序を少しずつ模索し形成することになる。これによって，マキァヴェッリの人間世界は，異質なもの（高貴なもの）を「可能なかぎり最も低い同水準にまで[52]」引き下げ，安定と中庸を絶えざる革命によって置き換えようとするものとなる。というのも，人間内部にまで及ぶ＜状況＞的秩序観のゆえに，自己保存と他人にたいする優越とを欲する野心は際限なきものとなっているので，人間は地位や力関係のうえで画一的な平等状態にけっして満足しようとしないからである。

「かれらはフォルトゥナのもたらす気まぐれを体験していないし，逆境におちいったこともないので，公民的な平等（civile equalità）という原則にとどまっていることに我慢できなくなる。そして貪欲に心を動かし，——ここに貴族政は寡頭政へと堕落してしまって，公民は一顧だにされないようになるのである（D,I-2；80；二：一七）。」

いな，そればかりではない。道徳の素材であり担い手である人間や政治が，際限なき変化と拡大の場であるとすれば，一定の限界をもった場を前提としている中庸や節制といった伝統的な政治の徳目は，意味をなさないことになる。どこが極端であるのかわからなければ中庸がどこに存するかもわからず，限界が拡張しつづければそれだけ節制の歯止めの線もずらされ緩められていくからである。

192b, 211a. トマスにおいても，天体界と地上の物体界とが構造上厳密に区別されているのみならず，地・水・空気・火の4元素によって構成される地上界の諸物体も，おのおのの本性によって性質と階層の上下が区分されている。*Summa Theologiae*, prima, q. 66, a. 2. *Summa contra Gentiles*, III.81.

(52) Mindle[1985], p. 217.

(ii) 現実主義と権力論

　セキュラリズムと画一性の強調によって本質の質的差異が否定され，＜状況＞のうちに投げこまれた経験界は，中庸や穏健や安定を許さない必然と選択決断と極端の領域である。理想主義に根ざした現実への適応の柔軟さという意味での＜現実主義＞なら，アリストテレスにも存在した。しかしマキァヴェッリの秩序観においては，現実と節制との結びつきや，道徳的思慮と政治学との結びつきは，断ち切られている。画一化された現世における人間（集団）の営み以外に，政治を規定する現実はありえない。内憂外患のイタリアでフィレンツェ書記官長として外務に携わったマキァヴェッリの目に映った現実は，究極実在である神の存在と支配にもとづく目的論的な階層秩序を表現するような諸身分の調和としての安定の世界ではなく，もろもろの力が互いにせめぎあい不断の運動と流転のうちに興亡——秩序と無秩序の往復——をくりかえしていく変動の世界であった。政治はもはや一定の秩序を前提として人間がみずからの本性の可能性を現実化することではなく，変化の必然性のなかで持続と作為領域の拡大を行うことであり，経験界における秩序の模索である。それゆえマキァヴェッリにとって，＜政治＞は，秩序や経験界の一側面ではない。秩序や経験界そのものがすべて，＜政治＞的なものだからであり，このような意味での＜政治＞は，セキュラーなものとして，＜政治＞以外の世界や基準から独立しているからである。現実そのものとしての政治，すなわち政治的現実が，マキァヴェッリがもっぱら携わる唯一の領域である。

　こうして，眼前の事実状況の個別性をそのまま真実であるとする素朴実証的な経験論によって成立した政治的現実は，いかなる対処を要請するであろうか。政治的現実は，いかにして，義務の要請を含んだ主義（イズム）にまで昇華されていくのであろうか。一口でいうならば，それは自然を必然として理解することによる権力論的観点の導入を通じてである。政治的現実とは権力の作用であるという前提が導入されることを通じて，(1) 理想的 (ideal) に対する現実的 (real) という意味で，ユートピア主義の反対項としての政治的現実主義が成立し，さらに，(2) 外観的 (apparent) に対する内実的 (real) という意味で，現実の内情としての権力作用の暴露によって現状 (status quo)

を脱神話化するものとしての政治的現実主義もまた，成立することになる[53]。

マキァヴェッリが究極実在にもとづく一元論的価値体系を哲学として志向しなかったことは，かれの世界観にかかわる根源的な選択であった。かれにおいては，究極実在と究極価値とが分離し，前者がなくとも後者さえあれば事物の秩序づけが可能であるという前提が存している。ただし，このような意味での究極価値は事物にその存在の根拠づけを与えるものではないため，万物が一挙に秩序化されることはなく，つねにカオスが残存せざるをえない。人間は時と場に応じてその状況の意味を解読し，それに対処することによって，不断に秩序化への努力を続けねばならない。この努力によってのみ秩序が維持されることになる。そして秩序づけを行う主体の自立性の根拠がいまだ不明確であるぶんだけ，マキァヴェッリの世界像（もしくは政治的現実）は，外在的事実による必然的強制の意味あいを強く帯びざるをえなかったのである。普遍実在に代わって政治世界の原理となるのは，必然的強制として理解された自然である。自然はもはやシュトラウスのいう「明白な分節化のうちにあらわされた全体存在の統一性の理解[54]」（古典古代）ではなく，運動と力の過程である。マキァヴェッリは，普遍性を，個々の諸事物間の関係に不可避的にともなう自然の「必然性」（necessità）として認めているにすぎない（P, 3; 260；一：一四，D, I-3; 82；二：二一）[55]。人間の能力を最高度に発揮させ，それゆえ政治秩序の重要な一要素を占めるものは，人間の「野心」（ambizione）や「選択」（elezione）それ自体ではなく，これらを背後で統御し促進するこの＜必然性＞なのである。

「人間の行動には必然性に迫られてやる場合と選択の結果やる場合とがある。そしてその行動がよりおおきなヴィルトゥを発揮するのは，選択の結果

---

(53) Bobbio [1969], pp. 9-10. Femia [2004], pp. 116-117.
(54) Strauss [1953], p. 123. 邦訳，一三六頁。
(55) この点において，シュトラウスは，人間の選択的自由意志と一致しつつ道徳的完成を促すようなアリストテレス的自然概念との対比において，マキァヴェッリの自然＝＜必然性＞概念を論じている。シュトラウスによれば，マキァヴェッリの＜必然性＞は，君主を有徳たらしめる自由意志（＝栄誉への野心）に対して，生そのものへの執着と死への恐怖を表象するものであり，徳に代わって後の近代政治哲学の中核を成していった概念である。Strauss [1958], pp. 244ff.

である場合よりはむしろ切羽詰まった場合であると考えられる (D,I-1; 77; 二：一二ほかに D,I-3, III-12; 82, 217；二：二一，三三三も参照せよ）。」

そして佐々木毅のいうように，すでにルネサンス思想において地上の活動における人間の自由と創造性とが承認されていたからには，＜必然性＞への屈伏は宇宙論的な調和ではなく敗北と諦観の念をもってとらえられ，ここに必然と自由との不可避的な闘争が生じることになる[56]。自由な人格神の判断のもとに摂理と自由意志との調和をみるキリスト教の観点とは異なって，ルネサンスにおける人間は，「自由意志」（libero arbitrio）にもとづいて自立的な作為の領域を確立し，必然の力に対抗すべきであると考えられる。こうして，マキァヴェッリにおける状況への対処は，自己の安定と秩序づけを求めての必然との闘争という要素を含むのであって[57]，このような外部との権力闘争がマキァヴェッリの政治的現実主義の重要な一側面をなすことになる[58]。

---

(56) 佐々木 [1970]，五四－五九頁。
(57) この点に関してウォリンは，「マキァヴェッリ以前に，＜人間にとっての安全は権力と結合することなしには不可能である＞という基本的な命題について論じようとした政治理論家はほとんどいなかった」ことを指摘し，暴力の効率化についての学問を最初に提唱した論者としてマキァヴェッリを位置づけながら，そのような学問の課題を，政治的創造と政治的破壊との区別であるとしている。Wolin [1960], pp.220-221. 邦訳 I, 六三－六六頁。実際マキァヴェッリは，秩序を形成する暴力と破壊する暴力とを峻別し，秩序形成という目的のために限って武力の行使を容認している (D,I-9; 90；二：三九）。
(58) ところで，マキァヴェッリにおいて成立した新しい＜政治＞の圏域の指標の１つを，必然に対する作為的抵抗に見出す本書の立場からすれば，＜このような政治の領域で直面せざるをえない本性上欲望的な人間の必然性を，法制度・教育・英雄的独裁君主・愛国心・武力といった作為によって秩序づけるべきだ＞とする『リウィウス論』の主張が検討に付されていないことに，あるいは疑問が提出されるかもしれない。たしかに，法，習慣，カリスマ，ナショナリズム，武力といったものによる人間の必然的本性の統制は，マキァヴェッリの政治秩序観の表出ではある。それにもかかわらず本書がそのことに触れていないのは，つぎのような本書の立場のゆえである。第１に，不断に運動を続ける欲望自然主義的人間観を，不変の政治的究極前提そのものとしてではなくむしろ背後にある現実の＜状況＞化の１つの帰結としてとらえ，＜政治的現実＞という理念の誕生そのものをこそマキァヴェッリ政治思想におけるより原理的な前提であると考えるがゆえに。第２に，法制度と教育習慣による人民の錬成と秩序づけは，たんな

ホッブズは自然の運動をもっぱら外的物体に求め，機械論的自然による外的運動刺激への反応として情念をとらえつつ，情念を外部に左右されるものと考えた。それゆえ外への恐怖に促された主権確立へと向かったのがホッブズである。それに対してマキァヴェッリは，自然の必然的運動を人間の内的野心のうちにも見出した。それゆえマキァヴェッリにおいては内と外の運動が対立し，野心によってフォルトゥナを克服するという観点が残っている。

　自然観の構造と政治学の関係でいうならば，アリストテレスとホッブズに共通することは自然をなんらかの始原的原理（目的因であれ起動因であれ）とみる思考であった。それゆえかれらは始源（arche）を探求し，棟梁学（architectonik）の手法をもって始源から政治学の建造をなそうとした。それに対してマキァヴェッリは，自然を始源ではなく人間にとっての条件ととらえる立場からコスモスと人間観を結合した。そこでの自然は始源ではなく必然性である。始源の探究に立った構築ではなく，条件の探究と必然性への対処が，政治学の課題となる。そこで有効な手法は建築学（アルケー→アルキテクトニーク）ではなく類比（アナロジー）である。また，内的情念と政治の目的との関係でいうならば，アリストテレスが勇敢さを重視して徳の完成を目的とした政治学を構想したのに対して，マキァヴェッリは内的情念として勇敢さよりも野心を重視して獲得と集合的記憶（記念碑）を目的とした政治学をめざし，ホッブズは死への恐怖を重視して平和の政治学を描き，ロックは善の欠如への不安を重視して所有権安定の政治学（富の政治学）を核に据えたといえよう。

る手段としての権力作為の域をこえる歴史倫理的な意味あいをもつと考えるがゆえに。第3に，英雄的君主の資質や愛国心の称揚は，政治秩序原理そのものというよりも，その具体的な教訓内容の一部であると考えるがゆえに。第4に，法制度の特殊形態としての軍隊も，法の実効性を高めるための物理的強制力も，ともに政治秩序の原理ではなくその具体的な手段であると考えるがゆえに。したがって，＜政治原理（＝政治的現実主義の秩序観）＞と＜状況的政治技術＞との2つを両端とする座標軸の上で，別の位置点ないし範疇に属するところの，マキァヴェッリの人間観・制度教育観・独裁論・ナショナリズム論・軍事戦術論については，別箇所で論ずることにする。また，スタート（stato）の概念をマキァヴェッリの政治原理の中心ではなく一側面とみなす本書の立場からして，この用語の歴史的・概念的分析についても，第4部にゆずっている。

(iv) フォルトゥナと作為の問題

　他方において，マキァヴェッリにおいて必然と自由が闘争しつつも一対の組概念を形成しており，一方なくして他方がありえない関係にあることにも，注意が払われねばならない。どちらかの全面的勝利はありえず，せいぜい相対的優位があるだけである。マキァヴェッリにおいては，人間の自由とは，必然性を完全に払拭した絶対的自律のことではない。逆に，一定の必然性を前提として要請しつつ，その場その場での必然性を見極め，順応し，自己の保存と拡大のために利用していくことである。自由は必然性を滅ぼすのではなく味方につけねばならない。近代自由主義的な表現を用いるならば，マキァヴェッリにおいても，政治的行為の任務の1つは，本来非社会的であるどころか反社会的ですらありながらも同時に社会的共同生活を必要とするような人間の集団に一定の共同状態をもたらすことのうちにあり，政治的自由の一部は，闘争の必然性を一時的な抑制と均衡の状態に置くことのうちにある。権力は，目的としての秩序と動機づけとしての無秩序との双方を必要とするのである。

　ヴィルトゥとフォルトゥナの関係をめぐるマキァヴェッリの叙述には，かれの政治的現実主義のこうした両義的側面がよくあらわれている[59]。マキァヴェッリ自身が「あらゆる人間的事柄の調停者 (arbitra di tutte le cose umane) (*La Vita di Castruccio Castracani da Lucca*; 625; 一：二八六)」と呼ぶフォルトゥナとは，ある人間（の集団）をとりまく外部の他の人間・自然・時間の流れなどを含めた広い意味での変動的カオスたる現実のことであり，多くの意味で可変的で不規則かつ不安定な世界の力を総称的にあらわす概念であるが[60]，周知のごとく『君主論』第25章において，マキァヴェッリは

---

(59) もちろん，マキァヴェッリのフォルトゥナ論・ヴィルトゥ論は，＜外在的必然対自由意志権力＞という図式だけで汲みつくされるものではない。

(60) 政治的著作以外にも，たとえばマキァヴェッリの未完の詩『黄金のロバ』(*L'Asino d'oro,* 1518) ではフォルトゥナの変動性とそれにともなう＜機会＞ (occasione) との絡みあいが象徴的に描かれている。*L'Asino d'oro*; 954-976; 四：一七三―二〇〇。なお，マキァヴェッリのフォルトゥナ概念に関する論考は多いが，そのなかでも近年の注目すべき研究としてつぎの諸文献を参照。Flanagan[1971]. Orr[1973]. Pocock[1975a]. Skinner[1978], Vol.I, pp. 94ff.

このフォルトゥナを運命の女神に譬えた (P, 25; 295-296; 一：八一—八四)。キケロ，セネカ，リウィウスら古代ローマの道徳論者や歴史家たちが用いたこの比喩をマキァヴェッリがふたたび提出した背景には，古代ローマ人の運命観とは異なる宿命論的諦観が支配していた当時の状況に対する反駁の意図が存している。

　マキァヴェッリは『君主論』第23章までで新君主への助言をひとまず終える。第24章の冒頭でかれは述べる。「以上述べたことがらを慎重に守ってさえいけば，新君主は昔からの君主と同じように思われる。それどころか，昔から領地に住みついていた君主よりも国内での地位をすみやかに安泰にし，いっそう堅固にする。（中略）そしてさらに，君主が新君主国の発端を定礎し，よき法とよき軍隊とよき模範とで国を飾り強化すれば，二重の栄誉に輝くことになる (P, 24; 294; 一：八〇)。」しかしその前に，マキァヴェッリにとって是非とも論破しておかねばならない俗見が存していた。「もともとこの世のことは運命と神の支配にまかされているのであって，たとえ人間がいかに思慮を働かせてもこの世の進路を修正することはできない，否，対策すら立つものではない (P, 25; 295; 一：八一)」とする宿命論的諦観がそれである。たとえ新秩序を導入する英雄的ヴィルトゥを称揚し，有効な軍事論と内政統治策を提示したところで，このような諦観が支配していたのでは国家の「自由」と「栄誉」という究極的政治価値は達成されえないであろう。むしろ，「全く新しい君主国においては，国を維持する難しさは，征服した新君主のヴィルトゥいかんにかかっている (P, 6; 264; 一：二〇)」と考えられねばならない。それゆえマキァヴェッリは，当代イタリア諸君主没落の原因を運命に帰する見解に反駁して，その原因を＜軍事政策の欠陥と人民や貴族を敵にまわした失策＞という君主自身のヴィルトゥに帰し，抵抗不可能な宿命とは異なったフォルトゥナの性質について論じつつ，再び英雄的ヴィルトゥへの期待を込めて有名な第26章「イタリアを保持し蛮族から解放するための勧め」へと筆を進めるのである。その意味で，『君主論』第25章は，

　Skinner[1981]．Pitkin[1984]．Basu[1990]．運命観の転換についての記述は，これらのうちとりわけスキナーの文献に負うところが大きい。一方これに対して，古代の徳の限定性を説くことによってスキナーのヴィルトゥ－フォルトゥナ解釈を批判した文献として，Newell[1987]を参照。

諦観を斥ける運命観の転換を通じて，第 26 章の英雄待望論の可能的前提を供給する役割を果たしている。

　フォルトゥナは，堤防の弱い部分でことさら氾濫する河川のごとく，まだ抵抗力がついていないところで大いに力を発揮するものなのである。変転するフォルトゥナに対処するヴィルトゥの基本は「時勢 (tempo) に自分の行き方を一致させる」ことであるが，既存の安定した秩序を慎重に見極め緻密に適応していくヴィルトゥよりもカオスたる「現実」を秩序づけるヴィルトゥが要請されるマキァヴェッリの時代にあっては，「用意周到である (respettivo) よりは果断である (impetuoso) ほうがよい」のである。時代は果断なヴィルトゥをもって新秩序を導入する英雄を待ち望んでいる。第 26 章はこの英雄たりうるロレンツォへの熱狂的な期待の賛辞と愛国心に彩られ，イタリア人民の古のヴィルトゥを喚起するペトラルカの詩の引用をもって閉じられるのである。

　ラテン語で「もたらす」という意味の動詞 ferre を語源とするフォルトゥナは，古代ローマ時代にはすでに，人間にさまざまなものをもたらす女神のイメージでとらえられていた[61]。すなわち，古代ローマ人たちにとっての運命 (fortuna) は，人間による抵抗がまったく不可能な宿命的強制力 (fatum) ではなく，むしろその関心を引（魅）きつけさえすれば，栄誉・富・権勢といった贈り物を与えてくれる潜在的な同盟者であった。そして贈り物のうち最上のものは，富ではなく権勢とそれにともなう賞賛の栄誉であり，わけても私人の栄誉ではなく国家共同体の栄誉であった。では，運命の女神をひきつけるような人間の素養とはいかなる類のものなのであろうか。ローマ人たちの答えは明白である。それは――運命の神が女性であるがゆえに――ヴィル (= vir, 男性) すなわち真の「男らしさ」(manliness) なのである。徳 (virtus) がこのヴィルの派生語であることは意義深い。つまり古代ローマ人たちにとって，運命の女神の手から栄誉を獲得するための徳とは，なによりも＜男らしい＞果断な勇気を意味したのであった。しかしキリスト教の台頭とともにこのような運命観は多大な変化を被ることになる。地の国のただなかで神の国を想い，世俗の栄誉よりも神の栄光を希求し，そのために勇気よりも謙遜と服従を重視するキリスト教にとっては，運命はもはや世俗的な栄

---

　(61) Flanagan[1972], p. 129. Pitkin[1984], p. 138.

誉をもたらす女神ではなく，逆に天上の国の栄光を想起させるために人間の世俗への執着を断ち切る神の慈愛にみちた摂理の代行力であった。幸福がこの世の栄誉には存しないことを教えるための運命は，世俗的栄誉を追い求める人間にとっては無慈悲な必然的強制力となり，運命は抵抗不可能な宿命と同一視されて先述の諦観が生じてくるのである[62]。

しかし，古典的価値の再生を主張するイタリア・ルネサンスの文脈のなかで，マキァヴェッリはやはりエルサレムでもアテネでもなくローマの子であった。人間に固有の尊厳を不滅の魂の所有のうちにみる伝統的見解に対して，イタリア・ルネサンスにおいては，それをむしろ人間の自由意志 (libero arbitrio) のうちにみる傾向が強まり——このことに関して，シュトラウスは，マキァヴェッリは<(不滅の)魂>(anima=soul) というラテン語の伝統的用法を<(腐敗しやすい)精神>(animo=spirito) というイタリア語に巧みに置き換えていると主張している[63]——，それにともなって宿命的運命観を人間自由の抑圧として斥けようとする風潮がでてくる[64]。たしかに自然は人

---

(62) このような運命観は，運命を非人格的な力ではなく「女主人」(domina) ととらえている点でローマ的要素を残しているとはいえ，なお世俗の軽視と運命への服従を強固に説くボエティウスのつぎのような言葉に，はやくも明白にあらわれてきている。「もし汝が風に帆を張るなら，汝はみずからの行かんとするところにではなく風が汝を連れていくところに行かねばならぬ。(中略) 汝はみずからを運命の法則にゆだねたのであるから，女主人の道に従わねばならぬ。汝は本当に彼女の変転する車輪を止めんとするのか。」Boethius, *De Consolatione Philosophiae,* II-1. Skinner[1981], pp. 26-27. 邦訳，五二－五四頁も参照せよ。

(63) Strauss[1958], p. 333, n. 59.

(64) たとえば，ピエトロ・ポムポナッツィ (Pietro Pomponazzi, 1462-1525) における霊魂不滅論批判とヒューマニズムとの結合が，その一例として挙げられよう。Pomponazzi, *De immortalitate animae,* in Cassirer, Kristeller, and Randall, Jr. ed.[1948], pp. 313-337. Kristeller[1964], pp. 72-90. 邦訳，一一一－一三七頁を参照。ガレンは，マキァヴェッリとポムポナッツィの近親性についてつぎのように述べている。「ポムポナッツィは多くの点でマキアヴェッリに血続きの精神をもっている。この二人とも地上にだけしか目を向けなかったし，しかも人間のうちに驚嘆すべき建築師を，しかしいつもただ地上という限界のなかに閉じ込められた地上的な創造を見ていた。地上の彼岸での信仰の可能性は排

間にとって外的必然であり,運命であることに変わりはないが,人間が身を
ゆだねるべき絶対的な力をもった宿命ではなく,少なくとも部分的には抵抗
と征服が可能な闘争相手なのである。マキァヴェッリは,自己の自然的傾向
性を超越しうる魂の能力をこそ自由意志であるととらえる伝統的見解に対し
て,それをむしろ外的抑圧なしにふるまう能力であるととらえる[65]。カッシ
ーラーが指摘するように,中世におけるフォルトゥナの象徴が車に乗った女
神であったのに対して,ルネサンスにおけるそれは帆を備えた船に乗る女神
へと変わっている[66]。ルネサンスのフォルトゥナの女神は,人間がその船の
舵を取ることもできるようになっているのである。マキァヴェッリも,フォ
ルトゥナの女神の描き方において中世のそれに決定的な変更をいくつか加え
る。「運について」(*Di Fortuna*)のなかでは,フォルトゥナの女神の乗る車
の車輪は1つではなく,複数であるとされている。それによって,人間の側
でも,みずからの乗る車輪を選んだり,車輪から車輪へと飛び移ったりする
ことによって,みずからの運命を好転させられる可能性を保っているのであ
る(*I Capitoli, Di Fortuna*;978;四:二〇八)。かれはまた,「われわれ人間の
自由意志はどうしても失われてはならないものであって,仮にフォルトゥナ

斥せず,むしろ理性からは完全に分離したものとして歓迎されている。そして
理性的な探究にとって興味を感じさせるのは,せいぜいそれがわれわれの現世
的生活のなかに,具体的な現象を通して浸透してくるかぎりにおいてであると
された。マキアヴェッリが,宗教の作用を政治の領域のうちに探究したよう
に,ポムポナッツィは,これを心理的・論理的・自然科学的立場から考察す
る。要するにどのような仕方で,宗教的事実は,人間の本質のなかに働きかけ
てこれを変化させるのか。」Garin[1947], trans. Peter Munz, pp. 148-149. 邦訳,
一五八―一五九頁。また,Burckhardt[1860], S. 180. 邦訳,五三〇頁をも参照。
(65) P, 23;293;一:七八「君主は国内から賢い者を幾人か選び出し,かれら
にのみ自由に真実を話すことを許す。」(Pertanto uno principe prudente debbe
tenere uno terzo modo, eleggendo nel suo stato uomini savi, e solo a quelli debbe
dare libero arbitrio a parlargli la verità,)フィッシャーによれば,マキァヴェッ
リによるこうした自由ないし自由意志の規定は,自己超越を自由の本質とする
古代・中世と異なるだけでなく,選択の自由を人間の尊厳の中心にすえるルネ
サンスとも異なっており,むしろ自由を外的障害の欠如ととらえるホッブズに
近いことになる。Fischer[2000], p. 53.
(66) Cassirer[1927, 1963].

が人間の活動の半分を思いのままに裁定することができるとしても，少なくともあとの半分かまたは半分近くはわれわれに任さているとみるのが真実であろう（P, 25;295；一：八一―八二）」と述べることによっても，ルネサンスの傾向を代弁する。「神が何もかもしようとはしないのは，ただ，われわれから自由意志を取り上げたり，われわれ人間のものであるいささかの栄誉を取り上げようとはしないから（P, 26;297；一：八六）」なのである。そしてマキァヴェッリは，ヴィルトゥの側からするフォルトゥナとの闘争とその征服を，つぎのように記す。

「ローマ人は，現代の才気ばしった人たちがつねづね口にするような，時の恩恵（benefizio del tempo）を静かに待つ，ということは好まず，むしろ自分のヴィルトゥと思慮（prudenzia）の恩恵に浴することを望んだのである。というのは，もとより時はいっさいのものをもたらし，善をも悪をもどれこれかまわず連れてくるからである（P, 3;260；一：一二）。」

「わたくしは，用意周到である（respettivo）よりは果断である（impetuoso）ほうがよいと考えている。なぜなら，フォルトゥナは女性であるから，彼女を征服しようとすれば，うちのめしたりつきとばしたりすることが必要だからである。フォルトゥナは，冷静な行きかたをする人よりもこのような人たちに従順になるようである（P, 25;296；一：八四）。」

たしかに，「人間はフォルトゥナのまにまに身をまかせていくことはできても，これにさからうことはできないし，フォルトゥナという糸を織りなしていくことはできても，これを引きちぎることはできない」けれども，「フォルトゥナは，みずからなにか大きな動きをつくりだしていこうとするとき，自分が差し出す好機を認めてこれを取り入れることのできるような，精神に筋金が入りヴィルトゥも豊かな人物を選ぶものである」のだから，「投げやりになってはならない」のである（D,II-29；189-190；二：二七一―二七二）。ここで示唆されているのは，闘争というかたちでのフォルトゥナとヴィルトゥとの共働関係である。それは，人間の側で観想による真理認識よりも行為による秩序創出が重視されることを前提とした関係であったし，自然の側で時が摂理の表現ではなく善悪併せてあらゆる事物を押し流す必然の流れとして理解されることを前提とした関係であった。マキァヴェッリにおいてフォルトゥナが人間の予想をこえた「運命」ではなく「必然性」であると考えられたことは，フォルトゥナという外的環境に対する人間の主体的な洞察可能

性が拡大されたことを意味する。運命は洞察不可能だが，一定の法則性をもった必然性ならば洞察可能だからである。こうして，自分の欲求に翻弄される低次の大衆的力能をこえて，それを統御しうる政治的ヴィルトゥの存在余地が確保されることになる。プラトンやアリストテレスは，最善の政体の現実的実現は偶然に支配されるとして[67]，真知（理論知）と臆見（実践知）との区別を理想政体論と現実政体論との区別にまで導入していた。しかし，マキァヴェッリが偶然（フォルトゥナ）の半分は人間の知恵ならぬ力によって統御可能であると主張したことで，目的と現象を区別する古典的政治哲学の伝統は覆され，「根源や作用因が目的や目標に取って代わった[68]」近代政治哲学の幕が開いたのである。

シュトラウスが指摘しているように，「人間は万物の尺度である」という古代ギリシアの観念と，「人間は万物（全被造物）の主人である」というキリスト教の観念とは，対極的な位置をしめている[69]。前者においては人は万物（自然）を統御することはできないけれども万物についての観念を保有しうる。後者においては人は自然という神の摂理のすべては知りえないけれども万物を統御することは許されている。マキァヴェッリは，フォルトゥナの半分は不可知かつ統御不能であるとすることで，古代哲学とキリスト教思想との双方を批判し，フォルトゥナの残り半分は予想と統御がともに可能であるとすることで，必然性を切り崩す人間側の近代的作為合理性への先鞭をつけたのである。

(v) 政治的現実主義

---

(67) たとえばプラトンの『国家』によれば，最善の体制の実現可能性は，哲学と政治権力の一致という，ほとんどありえない偶然にかかっている。またアリストテレスにとっても，最善の体制は素材の良し悪し，すなわち利用できる領土と人民の性質にかかっており，その点で偶然に左右されるのである。*Politica*, 1326b-1330b. しかしマキァヴェッリにとっては，ヴィルトゥをもつ君主が素材を改変することは，困難ではあるが不可能ではない。Strauss[1975] pp.84-85. 邦訳，六-七頁。

(68) Strauss[1953], p. 179. 邦訳，一九六頁。

(69) Strauss[1975], p. 85. 邦訳，七頁。Lefort[1992], Curtis, tr.[2000], p. 123.

＜状況＞化した世界が，いまなお人間によるまったくの作為の産物や操作の対象とはなっておらずに外在的必然の要素を残していたこと。それにもかかわらずその必然が実在に根ざした宿命ではなく人間の力による統御の余地をも残していたこと。この２つの要因が，状況化した世界すなわち政治的現実をみずから秩序づけねばならないというある種の倫理意識を生じさせ，慎重な合理的予測よりも臨機応変な行為の力によってそれをなすことを奨励した。さらに，普遍実在の観照ではなく他者への行為が秩序創出の出発点であるとすれば，現実主義も，１つの要素内で完結した自足的なものではなく，諸要素間の関係においてこそあらわれるものとなる。秩序は，個々の要素ではない第三者──統一的全体のなかでの究極実在──に照らしておのずとあらわれてくるもの，つまり見えなくともはじめから完成されていたものではなく，個々の要素どうしの関係があってはじめて徐々に形成されていくもの，すなわち当事者どうしのあいだで少しずつつくりだされ，積み重ねられていくものだからである。こうして，普遍的実在の暗黙の無視にはじまったリアリズムの意味転換は，素朴経験論的・状況主義的な現実認識を経由して，権力の重視と行為の優位にもとづいた関係主義的な意味での政治的現実主義に行き着くことになる。

　マキァヴェッリの政治学は，政治の世界を経験界に限定し，政治の課題を秩序の模索に置いた点で，政治の＜現実＞的側面を重視していたとはいえる。だが，マキァヴェッリの著作を読んでいくと，その＜現実＞が必ずしも現存の行為主体間の権力関係のみに限定されていないことが明らかになる。かれは，少なくともさらに２つの現実の側面に着目しているように思われる。１つは個人の身体や精神の面における諸要素の作用という現実主義であり，いま１つはもろもろの人間や国家の物語を含んだ歴史の世界における事例の解釈という現実主義である。前者をマキァヴェッリの人間観として，後者をマキァヴェッリ政治思想における教訓的歴史叙述観として，それぞれ扱うことによって，かれの政治的現実主義のさらなる拡がりを探究することが可能であろう。

第2章 魂, 野心, 才知

第1節 政治的人間と「人間本性」論

　プラムナッツは, アリストテレスをもじってマキァヴェッリの人間を「政治的動物」であるという。「政治的共同社会においてのみその可能性を実現していく」というアリストテレス的な意味でではなく,「権力と名声の愛好者として, 自己主張的で, 他人を支配することによって目的を達しようとし, 自分を他人の上に置くことを最高の願望とする存在」という意味で政治的動物だというのである[70]。もちろんそこでは, 政治の重点は共同性のなかでの人間の完成から権力による他者の支配へと移行しており, アリストテレスにおいて神と野獣の中間にあった人間の特異な位置は, 野獣のうち最も勇敢で狡猾な獅子と狐の性格をあわせもつ君主の立場へと変化している。
　政治の意味転換が政治的動物たる人間の意味転換に結びつくというプラムナッツの含意は示唆的である。ここから, マキァヴェッリの思想において政治秩序観と人間観とは独立して並列している別個の要素ではなく, 後者は前者の一部であり表出であり内面化であると推論することができる。マキァヴェッリの著作に見出されるのは, 体系的な人間論ではなく, 人間一般に関する断片的な記述であるとはいえ, かれが一定の傾向を保持している人間の本質的性格を想定していたことは明白であろう (P, 17; 282; 一: 五六)[71]。かれは,「天, 太陽, 元素, 人間が, 昔あった姿と, その運行, 秩序, 働きを変えてまったく別物になってしまっている (D, I-primo; 76; 二: 一〇)[72]」という考

---

(70) Plamenatz[1963], vol.I, p. 26. 邦訳, 六六頁。Rauch[1981], pp. 5-6, 10.
(71) Parel[1991, 1993], in Sorell, ed. [1993], p. 267.
(72) Germino[1972], pp. 61, 80.

えは誤りであると断言する。ルネサンスの宇宙論の一部をなす人間本性が，ある程度一貫したものであるからこそ，人間は，「共和国を秩序づけ，国家を維持し，王国を統治し，公民軍を編成し，戦争を行い，征服の結果配下に入った臣民を導き，領土を拡張する (D,I-primo;76；二：一〇)」ことについて，過去の歴史の人物をつうじて現状をより適切に理解することができ，政治世界における模範の妥当性と力の有効性が保証されうるのである。政治行為は，人間の性質によって決定的に規定されると同時に，固有の目的と手段および可能性を与えられることになる。第2章は，マキァヴェッリの人間観をかれの現実主義的な政治秩序観の一環として考察する。伝統的に人間の本質を構成すると考えられていた，魂，欲望，理性といった諸要素が，マキァヴェッリにおいていかに改変され引き継がれていったか，それらと徳とはいかなる関係にあるのかが，問題となる。マキァヴェッリの人間論のなかで，必然性として理解された政治秩序観（ひいては自然観）の直接の内面化であると考えられる人間の本質的性格についての議論に焦点が当てられる。

　第1章でみたように，ルネサンスの宇宙論は，中世的な摂理的宇宙論から因果法則的な占星術へ，さらにはそうした自立的宇宙法則に対抗する魔術的な人間中心主義的占星術論へと，徐々に重点を移行させた。このことをふまえるとルネサンス・イタリアの自然哲学は，人間の外側の自然の因果法則性と，人間の内側の生命力の活動性という，2つの相をもつことになる。このことに対応してマキァヴェッリの人間観も，2つの見方を土台としている。一方で，人間本性は万人に共通する力能にこそ求められるべきであり，人間は誰でも自己の欲望を追求する感性的存在であるという見方と，他方で，人間の欲求や力能は一定の因果的法則性をもった外的原因によって惹起されるものであり，人間は独力でその法則性を認識することが可能であるという見方とである[73]。

　外的コスモスがそのまま人間本性の理性的調和構造に反映されるという古典古代的伝統とは異なって，外的自然と内的自然が分離相克する可能性を含んだ二重の自然理解を，たしかにマキァヴェッリはルネサンス宇宙論と共有している。それにもかかわらずかれは，この2つの自然の関係を，「必然性

---

(73) Wilhelm Dilthey, *Auffassung und Analyse des Menschen im 15. und 16. Jahrhundert,* Bd. 2, S. 32ff. における古典的な示唆を参照。

（第一の自然）－偶有性（第二の自然）」という伝統的形式において理解しようとする側面もみせる[74]。第一の外なる自然秩序にならうように第二の自然を養育していく，という古典古代のモデルについては，マキァヴェッリはこれを峻拒する。しかしマキァヴェッリは，必然性と獲得形質という自然の二重区分枠自体は受け継ぎ，人間への偶有性付与としての「習慣づけ」を「第二の自然」の位置にまで高めることで，法や教育によって人間が改変される可能性をも確保しようとするのである[75]。マキァヴェッリにおいては，第二の自然は機会と獲得性質（＝習慣）との2層から成り，素材としての人民の本性に対して，機会をとらえて支配権をつかんだ創設者により，獲得性質が法や歴史読解による習慣づけによって注入教育されるというかたちをとっている[76]。マキァヴェッリにおける人間本性が，第一の自然（先天的自然）と第二の自然（後天的習慣づけ）との混合として理解されるとすれば，人間は法の尊重を習慣化し歴史の教訓に学んでいく可能性もあるし，私欲に暴走する危険もあることになる。

　因果法則の対象でもあり，習慣づけの素材でもある人間存在の構造は，マキァヴェッリにおいては，フィッシャーのいうように[77]，次の (1)-(4) の4つの要素から構成され，少なくとも (a)-(d) の4つの点で，古典古代の人間観と異なっているということができよう。

(1) 魂 (animo, spirit)。すなわち脳や神経中のエーテル的実体を意味し，知覚・認識・身体運動を媒介するもの。これは古典古代の理性的魂 (soul=anima) ではなく中世医学の概念であって，行動へと生気を与える (animate) ものとされる。

(2) 精神 (animo, mind)。自己保存や栄誉や権力や富への欲望を満たすにはどうしたらよいか教えるもの。精神の構想力（野心）と才知（手段）の度合いに応じて，創設者・通常の君主・貴族・平民といった階層が区

---

(74) Strauss[1958], p. 246. Pocock[1975a], p. 184. Münkler[1982], S. 255-256, 269.

(75) Fischer[2000], pp. 21-24.

(76) 習慣を第二の自然と呼んだのはキケロであった。「習慣は第二の自然のようなものをつくる (consuetudo quasi alteram...naturam effici)。」Cicero, *De Finibus Bonorum et Malorum*, V. 25. 74.

(77) Fischer[2000], pp. 22-24.

分される。
(3) 欲望 (desiderio, desires)。
(4) 気質 (umore, humors)。気質を先天的に決定する体液を指す。
(a) 理性的魂の無視により，人間は自然を超えられないという考えにいたる。
(b) 精神は情念を野心へと育てる道具とされる。精神は情念を支配できない。
(c) 第一の自然は古代のように慣習によって伸張される徳への傾向ではなく，慣習によって逆方向へと制御される悪への力である。
(d) 魂の否定により気高き魂を否定する。基準の引き下げと人間の標準化がなされる。

人間像におけるこれらの特徴から，「集合的＝公的に表現された欲求は正しい」という教えが出てくるのである。以下の節では，マキァヴェッリにおいて人間存在の構造を形成している魂や精神や気質といった要素を，やや詳しくみていきたい。

第2節　魂と精気

1527年のヴェットーリ宛て書簡のなかで，マキァヴェッリは「わたくしは自分の魂よりもわが祖国を愛する (Io…amo la patria mia più dell'anima) (*Lettere a Francesco Vettori, 16 aprile 1527*;1250;六：三四五)」と綴った。そしてかれはこの言明を著述に際して忠実に守り通していた。『君主論』にも『リウィウス論』にも「魂」という語は登場しない。この事実は何を意味するであろうか。

周知のごとく，プラトンやアリストテレスにとって，魂($\psi v \chi \acute{\eta}$)はつぎの3つの主要な性格によって特徴づけられるものであった。

まず第1に，魂は外部から来たものであって，肉体とは別ものであり，肉体から分離されうる不死で永遠の要素を含むものである。「魂は不死であり，不滅であり」，「死が人間に迫ってくるときには，人間のうちで可死的なものは死んでいくであろうが，しかし不死であるものは，——またたくまに破滅

を被ることなく立ち去っていく[78]」。またアリストテレスによれば,「魂は実体,それも可能的に生命を持つ自然的物体の形相という意味での実体」であり,「可能的に生命を持つ自然的物体の第一の現実態[79]」である。つまり魂は物体の質料やその現象上の運動作用ではなく,自然的物体(=運動と静止の原理をみずからのうちに有する器官を持った有機体)の形相である。生命の第一の現実態たる魂は,身体に対しては可能態であり,身体に先立って存在する。

第2に,魂はみずからのうちに運動と静止の原理を持つがゆえに自足的であり,同時に他のものを動かすことのできる「不動の動者」であって,それゆえに神と同一視されさえするものである[80]。

第3に,植物や動物のもつ魂に比して人間の魂が異なっている点は,人間の魂のみが理性(知性 $\nu o \nu \varsigma$)を有するということである。理性は人間を人間たらしめている本質なのである。プラトンにあって魂の理性的部分は気概的部分・欲望的部分を統御指導するものであるし,アリストテレスにおいて人間の魂のうちにある理性は,一方で,すべてのものになりうるがゆえに質料のようなものであり,他方で,すべてを機能せしめるがゆえに原因のようなものである。同時に理性は,可能的に色であるものを現実的に色たらしめる光と同じように,魂の保有性質ないしは一定の状態($\varepsilon \xi \iota \varsigma$)でもある[81]。そればかりではない。アリストテレスにおける理性は,倫理学における人間の実体であり,存在論における実体に対応する位置を倫理学において占めていたものであって,善とも不可分の関係にあった。つまり,存在論において

---

(78) Platon, *Phaedo,* 106e-107a. *Timaeus,* 41c-d.
(79) Aristoteles, *De Anima,* 412a. なお,形相と質料を分離不可能とみるアリストテレスは,プラトンとは異なって魂と身体の二元的分離を原則的には認めないけれども,つぎの箇所では,魂のうち理性の部分に限ってその不滅性および身体との分離可能性を認めているように思われる。「それ[=理性]は[身体から]分離されたとき,それがまさにあるところのものだけであり,そして[われわれのうちにあるもののうちでは]ただそれだけが不死で永遠である(*De Anima,* 430a.)([ ]内は厚見)。」
(80) Platon, *Phaedrus,* 245c-246a. *Nomoi,* 899a-b. Aristoteles, *Metaphysica,* 1072a.
(81) Platon, *Politeia,* 439d-441a. Aristoteles, *De Anima,* 430a.

性質・量・関係などが実体の派生物であるように，倫理学において徳・適度などは理性の派生物なのである。理性が原理（始源 ἀρχή）として根源的に善なるものであったがゆえに，理性に由来し理性に帰一する他のもろもろの善は理性に依存する派生的な善なのであった[82]。人間世界において善と実体が同一視されうるのは，魂の原理が理性だからである。『ニコマコス倫理学』では次のようにいわれている。

「理性が人間を超えた神的なものであるとすれば，理性に則した活動にもっぱら打ち込むような生活もまた，『人間的な生活』を超えた『神的な生活』であるとしなければならない。人は（中略）できるだけ不死にあやかり，『自己のうちにある最高の部分』［＝理性］に則して生きるべくあらゆる努力を怠ってはならない。（中略）また，このもの［＝理性］がわれわれにおける支配的なものであり，よりよきものであってみれば，各人はこのものであるとさえ考えられてよい。（中略）それぞれのものに本性的に固有のものが，それぞれのものにとって最も善く最も快適なものなのである。ところで人間に固有なのは理性に則しての生活にほかならない。（中略）したがって，こうした生活がまた最も幸福な生活でなければならない[83]（［　］内は厚見）。」

そして，本書にとって重要であるのは，プラトンやアリストテレスの魂論においては，以上3つの特質が不可分一体のものであり，成否をともにする強固な結びつきのうちにあったということである。人間のうちで最も不死不滅の神に近く，それゆえ自己自身（の肉体）からすら分離されうるもの，それは魂とりわけ理性である。理性的魂あるがゆえに人間は外部の諸力から区別され保護された自足的平静を享受し，他の自然物とは異なった固有の尊厳を獲得する。理性こそが万物の形相因・起動因また目的因であり，他のあらゆる現実態にとっての可能態である。万物によって理性が動かされるのではなく理性が万物を動かすのであるから，万物が動くということは理性が万物を動かしているということであり，それはまずもって万物の本質ないし全体が理性によって把握されているということにほかならない。万物の運動は，

---

(82) Aristoteles, *Ethica Nicomachea,* 1094a, 1138b, 1177b-1178a. 岩田 [1985]，二八—二九頁。

(83) Aristoteles, *Ethica Nicomachea,* 1177b-1178a.

理性によって把握される本質的原因のうちに還元される。不死なる理性を保有する魂は、それ自身のうちに運動と静止の原理を持ち、完結し安定している。（アリストテレスにおける不動は、静止と同義ではなく、運動と静止双方の究極原因としての自足的安定のことである。）そして、理性が魂のうちで根源的な部分であることによって、万物の自然が善を指向するものであることが保証される。さらに、理性が一時的なものにすぎない身体や情念から分離しうるということは、人間が自分自身の視点や私欲から自由になって普遍的・観想的な立場に立脚しうる存在であることをも意味するのである。プシケー（φυχή）がアニマ（anima）というラテン語に翻訳された中世以降も、「魂」のこうした伝統的意味内容は——たとえばトマスにおいても[84]——基本的に維持され継承されたといってよいであろう。

　しかしマキァヴェッリは、「魂」の概念をまったく脇に退けてしまう。代わってかれの著作に登場するのは、「精気」（animo）である[85]。「精気」という語は、頻繁に使われている。魂と精気の相違を吟味するために、マキァヴェッリにおける animo のいくつかの用法をみていこう。たとえば、君主は「animo の偉大さと高貴さ（P, 17; 282；一：五六）」（grandezza e nobilità di animo）[86] によって好意を得、みずからの公民の精神を鼓舞すべきである。「その animo の知識と思慮とヴィルトゥ（D,I-45; 127；二：一二四—一二五）(la dottrina, la prudenza e la virtù dello animo suo)」のゆえに賞賛されたサヴォナローラの精神は、また「野心的で党派的な」ものとしても描かれている。さらに、animo は燃え上がったり冷めたりするものであり、攪乱させられ、落ち着かず、不正で悪意に満ちていると同時に、偉大さを発揮しうる自由なものでもある（D,I-3, I-31, I-41, I-55, I-57, II-26, III-5, III-6; 81, 113, 126, 138, 140, 186, 199, 201；二：二〇、九〇、一二〇、一五〇、一五三、二六三、二九五、二九八 ；P, 26; 297；一：八五）。また、マキァヴェッリが animo を形容詞 animoso として用いるとき、それは、勇敢さや活力を意味する語となる。「軟弱で臆病な」（effeminato e pusillamine）者と対照されるの

---

(84) *Summa Theologiae*, prima, q.76, a.1, q.14, a.1, q.76, a.5, q.84, a.5, q.89, a.1. Kenny[1980], pp. 46ff.

(85) Strauss[1958], p. 333, n. 59.

(86) Fleisher[1972], p. 120.

は，「荒々しく精力的な」(feroce e animoso) 者である (P, 15;280; 一:五二)。強壮な教皇シクストゥスIV世は「精力的な教皇の一人」(uno papa animoso) といわれ，有能な君主は「有力で精力的な」(potente e animoso) 君主である (P, 10, 11;273-274; 一:三八，四〇)。

　こうしてマキァヴェッリは，精気をあらゆる生命力，活力，運動，力，行為，権能の場とみる。しかしそれは古典的プシュケーのように，行動の源泉ないし万物の可能態としてバランス，調和，自律，平和をもつ魂ではない。それは「不動の動者」ではなく，みずからも絶えず変化し動くものである。しかも，一定の原理に従って動く魂と違って，その運動は不規則で可変的であり，世界の秩序や不動の動者によって決定されるものではない。精神の適切な機能とその充足は，プラトンのように魂や理性の能力が他の能力を適切に配置することや，ストアのように理性が肉体を統御することや，エピクロスのように魂がその認識能力に応じた場所と限界を持っているということなどには依存しない。それは，たえず外に向かって無際限に拡大する運動であり，外にある他のものを活気づける (animate) ものである。精神の基本的な意味は活気なのである。それは，理性によっては内的に統御されえない。固定原理に従ってみずからを動かし決定づけるのでもなければ，「不動の動者」や世界秩序によって決定されるのでもない。イタリア・ルネサンスにおいては，すでにフィチーノが，人間本性に魂 (soul)・精神 (spirit)・気質 (humours) の3段階を区別していた。フィチーノによれば，天体の運行の影響を完全に免れている不滅のものは魂のみであり，精神と気質は自然の勢力の一部に取りこまれている[87]。それゆえ魂概念を無視して精神精気論だけを取り出すと，霊魂不滅論を唱えたルネサンスの新プラトン主義者フィチーノにおいてすら，人間の内的世界はすべて不滅であるわけではなく，天体や身体の運動の影響を反映しているのである。

　こうしてマキァヴェッリは，精神＝精気 (animo=spirito) を，生命という普遍的実体そのもの (anima=soul) とではなく生命の身体的活動と同一視していった。フィッシャーが指摘するように，これはストア派のプネウマの伝統にまで遡る中世およびルネサンスの医術的・心理学的背景を踏襲した見解

---

(87) Parel[1992], p. 88.

かもしれない[88]。中世医学の伝統によれば，魂とは，脳や神経のうちに存する化学上のエーテル的実体であり，知覚や認識や身体運動を媒介することによって，人を行動へと駆り立て身体に生気を与える物質であった[89]。しかし，古代・中世哲学の伝統よりも，中世医術の伝統に立った魂観のほうを選んだマキァヴェッリの意図の根底には，暗黙のうちに伝統的な霊肉二元論を排し霊肉合一論に立っていったかれの「近代」的姿勢が窺われるように思われる[90]。かれは少なくともつぎの３つの点で魂に関する伝統的な教説を覆している。

第１に，マキァヴェッリにおいて精神は身体から分離し身体に優先して存在するものではなく，身体がまずそこに存在するということにその存在を依存している。換言すれば，精神は身体の状態の反映であり帰結なのである。そして身体が現実の物質として＜状況＞化した自然の必然性を反映せざるをえないとすれば，身体の反映たる精神もまた変転する自然の影響のなかにあらざるをえない。精神が身体に優位するのではなく，身体が精神に優位する。そして両者は１人の人間という個体において不可分の一体をなしており，その個体は現実の自然の変転のうちに巻き込まれているのである。あるいはつぎのようにいったほうが適切かもしれない。人間は，自分の身体への刺激による観念の変化によってのみ，自分や他者や自然の，身体，物体，精神を認識するのであり，この意味において，身体や外的自然の変化と精神の観念とのあいだには対応関係があるのである。さらにいうなら，マキァヴェッリにおける両者の対応関係は，伝統的な心身論とは異なって，精神と身体が葛藤の関係にあるという見解を斥け，それゆえ理性によって情念を克服すべしという主張をも斥けるものである。精神と身体は，一方が能動であれば他方は受動であるという関係にあるのではなく，一方の能動は他方の能動であり，一方の受動は他方の受動であるような関係にある。精神と身体は，同一の自

---

(88) Fischer[2000], pp. 53-54.
(89) Harvey[1975]. Katharine Park, "The Organic Soul", Schmitt, Charles B. and Quentin Skinner, eds.[1988], pp. 464-484.
(90) こうした霊肉合一論はのちのスピノザのいわゆる心身並行論を思わせる。Spinoza, *Ethica,* ParsII, Scholium post Corollarium in PropositioXIII. この点については，Deleuze[1970], pp. 59-61. 邦訳，一二一―一二四頁，および飯島[1997]，七六頁以下に多くを負っている。

然の秩序に服するという意味で合一関係にあるのみならず，互いに促進しあうという意味で並行関係にもあるのである．

　それゆえ第2に，精神は不滅の魂ではない．あるいは，魂は不滅ではないといってもよい．なるほど精神が身体の一部であり，身体が自然の一部であるとすれば，マキァヴェッリにおいて自然は不断に流転し生成消滅のないものであるから，全体としての人間の身体や精神は不滅であるかもしれない．しかし個々の人間の精神は身体と生死をともにする．

　第3に，マキァヴェッリのいう精神は伝統的な魂のように現実態としての自然を可能ならしめる可能態ではなく，現実としての自然の一部である．プラトンやアリストテレスにとっての魂は，理性をもつがゆえに，あらゆる環境に先立ちその外に立つこともできる始源であった．こうした霊肉分離論が人間の自発性と自由と主体性を保証していた．人間は外的環境から知的にまた存在上自由であるかぎりにおいて，主体的である．しかし魂の理性的・分離的性格を拒否し，それが必然の運動に巻き込まれていると考えるマキァヴェッリにとって，人間の自発性の源はどこにあるのであろうか．古典古代の哲学者とは逆に，マキァヴェッリは，人間が自発的ヴィルトゥを発揮しうるのは，自分の選択によってではなく必然性に促されて行動した場合であると述べる．魂が思慮のではなく力の源であるかぎり，マキァヴェッリのいう政治的人間は，自然の破壊的傾向に能動的に抗する力を，自然の変転過程に自分を受動的に一致させることから獲得する以外にないのである．精神がすべてのものになりうるというアリストテレスの主張にマキァヴェッリはけっして与しないであろう．一定の状態と刺激を付与してくれる自然――ないし自然の一要素としての身体――がなければ，精神は存立したり機能したりすることができない．精神が自然を生み出したり，自然へと変化したり，自然の外部に立って自然を導いたりすることはできない．プラトンの魂にはあるがマキァヴェッリの精神には欠けているもの，それは＜超自然への感覚＞である．魂なき心理学のゆえにマキァヴェッリは，みずからが超自然的なものについては無知であることを認めるのであるが，プラトンにとって，超自然的なイデアについて無知な魂は，哲学によって治療されねばならない[91]．

　ともあれこうして，マキァヴェッリ思想の＜状況＞的性格は，世界観のみ

---

　　(91) Parel, ed.[1972], p. 80.

ならず精神や情念といった人間の内的心性に関するかれの見解にまでも及んでいる。マキァヴェッリにとっては，人間の外側の世界がそれ自体ではコスモスたりえず人間による秩序づけを必要とするものであるのと同様，人間の内的世界の土台たる精神もまた統一への自足的原理を持つものではない。精神は絶えず外に向かって運動するため，それを抑制したり方向づけたりするための根拠や目標は，外部すなわち他者との関係（公的領域）のうちに存することになる。この精神の非自足性と不安定性それ自体が人間を政治的たらしめ，精神を不断に運動して自己欲求の貫徹を図るものと解釈させるようマキァヴェッリを導いたといえる。それゆえ外部に向けて自己を増大させようとする人間の精神の運動は，自然的に本性上政治的なものたらざるを得ない。人間世界についての省察は，魂のなかにではなく政治的経験のなかに見出される。そして政治的経験は，個人的なものでなく集団的，国家的，共同的なものである。経験知は政治的知識の源であり，マキァヴェッリにとって人間意識の最高の形態であった[92]。政治的知識が獲得され発揮される舞台としての共同体は，自然にもとづく普遍的なものではなく，経験に根ざした伝統的なものなのである。

　マキァヴェッリのいう精神が政治的なものであることは，それが求める価値の性質からも推量される。精神が高く評価する価値は，＜みずからが望む価値を指名し適用する能力＝力＞であるが，このような力は政治秩序の機能として，あらゆる価値は政治秩序が付与する価値によって究極的には決定されることになる。精神は，その活動領域が公的であるという理由からだけでなく，それが欲する力という価値が他者の秩序づけという政治的機能と不可分であるという理由からしても，政治的なものである。

　おそらくマキァヴェッリは，他者との必然的関係のなかで秩序を模索せざるをえないという意味で自然と精神そのものが政治的性格を持っていると主張した初期の政治思想家の１人であろう。精神は古代の魂とは違って自然の必然を逃れることはできない。たとえ栄誉よりも観照を求めようとする哲学者であっても，人間はどこまでいっても政治的たらざるをえない。マキァヴェッリは，アリストテレスやプラトンも，君主たちと同等に野心的であったとする（*Discursus florentinarum rerum*；30-31；六：一四八－一四九）。政治

---

(92) Fleisher, ed.[1972], p. 11.

的必然性の相のもとでみれば，観想的超越の立場は政治的権威の高みにほかならない。マキァヴェッリは，フィレンツェの政治経験とみずからの政治理解を一貫させることで，みずからの生涯をとおしてこのことを実証した。かれは公職追放後けっしてフィレンツェ郊外に＜隠遁＞したのではない。なおも公職復帰の期待を持って著述という政治活動に身を投じ，公務復帰の夢破れた後も，文人としての政治的名声を希求せざるをえなかったのである。マキァヴェッリは政治から身を引くことを望まなかっただけでなく，それは原理上不可能であると考えていたのではなかろうか。現実の人間世界は個人の内面からして政治化されており，政治的現実を放棄することは，人間であることの放棄，つまり『君主論』第15章の宣言に従えば破滅＝死を意味するからである。「政治についての思想家ではなく，政治のうちなる思想家[93]」といわれるマキァヴェッリにとっては，思想とはつねに政治的なのである。ここに，ローマ政治の実務を引退したのち哲学という名の「魂のカルチャー」に専念したキケロや，政界から身を引いて観想の世界から政治を論じたプラトンとは対照的な，マキァヴェッリの「近代」性の一端がある。イオニアの自然学派による外なる自然の生成過程の説明に飽き足らず，人間の内なる自然（すなわち魂）に不変の本質を見出したソクラテスの伝統に，マキァヴェッリの魂論は真っ向から対立する面をもつ。必然性により政界を追われたマキァヴェッリが構想したのは，堕落の必然性に抗する永続性の共和国であった。永続性ではなく永遠性の相に属するプラトンの共和国が，時間の外に存し，現実を判断し得る理想国家であったのに対し，マキァヴェッリの共和国が継続性と拡大性を志向する動的国家であったことは，必然性と経験的政治の関係についてのマキァヴェッリの秩序観から説明されうるであろう。

第3節　欲望・気概・野心――政治的人間の情念

人間精神の構成からその作用のほうに目を転じてみよう。まず明らかなのは，古代ギリシア思想では気概と欲望とのあいだには明確な区別があり，両者を含む野心の概念は一般的ではなかったということである。プラトン『国家』における有名な規定によれば，個人の魂が理性的部分・気概的部分・欲

---

(93) Negri[1997], p. 140. 大中 [2004]，二二〇頁。

望的部分に分けられ，知恵（σοφία）・勇気（ἀνδρεία）・節制（σωφροσύνη）がそれぞれに対応する徳として定められているように,国家も各々理性（νοῦς）・気概（θυμός）・欲望（ἐπιθυμια）を特徴とする統治者・守護者・生産者の3つの階級に分けられ，それぞれの階級が知恵・勇気・節制という徳を身につけて，理性に従いつつ全体として1つに調和がとれている状態が正義なのであった[94]。それによると勇気とは「われわれの法に従って，恐るべきものとそうでないものについての正しい確信をつねに持ち続ける力[95]」であり，節制とは「一種の秩序，つまり一定の快楽や欲求の征服[96]」である。このような勇気と節制との差異は，これらの土壌である気概と欲望との差異から生じてくる。プラトンによれば，気概は「その全体がつねに，支配し勝利し名誉を得ることへと突き進む[97]」ものであるのに対して，欲望は「［不特定の］ある1つの方向に激しく向かっていく[98]」にすぎないものである。たしかに欲望も気概も理性に導かれなければ堕落してしまうものであるとはいえ，それでも実際,「気概のないものが勇敢であることができようか，——それがそなわっていれば，どんな魂も，いかなる事柄に直面しても恐れず不屈[99]」だといわれるのである。気概は明らかに国家共同体の利益を志向する勇気と結びつけられているが，欲望は対象を選ばず，多種多様なもの（食物・性・金銭など）に向けられうる。それゆえにプラトンは気概を欲望よりも上位に置くのである。

　アリストテレスはプラトンほど明確に気概と欲望を区別してはいない。しかし勇気と節制はアリストテレスにとっても別のものである。勇気は恐怖を克服することであり，節制は悪しき欲望を抑制することである。『ニコマコス倫理学』によれば，勇気とは恐怖と平然との中庸の状態であり，恐ろしいもののうちでも最大のものに対して示されるものである。そして最も恐ろしいものは死である。なぜなら死は極限であり，死者にとってはもはや善も悪もおよそいっさいのものがないからである。それゆえ勇気とは死の恐怖に打

---

(94) Platon, *Politeia*, 427e, 432b, 434b-c, 443c-e, 580d-e.
(95) *Politeia*, 430b.
(96) *Politeia*, 430e.
(97) *Politeia*, 581a.
(98) *Politeia*, 485d.
(99) *Politeia*, 375b.

ち勝つことである。しかし勇気が徳の一種であるかぎり，それが克服する死も，うるわしい死でなければならない。最もうるわしい種類の死，それは国を単位とする戦争における死である。したがってアリストテレスは，真の勇気に最も近い勇敢さは名誉を求める公民的勇敢さであるという[100]。ここでも勇気は，たんなる個人的な無謀さではなく国家共同体の利益と結びついている。これに対して節制は，苦痛や恐怖についてではなく快楽についての抑制と中庸である。だが名誉や学習への愛を抑制することは節制ではない。節制は肉体的な快楽にかかわる。また，苦痛を耐え忍ぶから節制的だともいえない。節制的な人とは，子どもが指導者の命令に従うがごとく欲望を「ことわり」に則させ，しかるべき事柄を，しかるべきしかたないし程度で，しかるべき時に欲するような人である[101]。節制において問題とされているのは，もっぱら，個人が自己を抑制しそれによって他者との衝突を回避していくための徳の発揮のしかたである。

　マキァヴェッリにおいては，気概と欲望の区別や，勇気と節制の区別は，取り払われる。欲望は勇気と結びつけられ，節制を突破するのが気概であるとされる。そしてこれらを包含する概念として「野心」(ambizione) が登場する[102]。マキァヴェッリの人間において，精神精気を最も端的に表現してい

---

(100) Aristoteles, *Ethica Nicomachea,* 1115a-1116a.

(101) *Ethica Nicomachea,* 1117b-1119b.

(102) 本書では，野心をその質ないし目的によって公的／私的の2種に分け，個人の私的野心が公的野心に変革される可能性を認め，平民を公民へと教育するというマキァヴェッリの共和主義的側面を確保しようとした。しかしプライスや佐々木毅は，本書とは若干異なった立場をとっているように思われる。というのも，Price[1982][1988] は，マキァヴェッリの野心を質によってではなくその領域ないし担い手によって，個人を単位とした国内における野心と，国家を単位とした国外的野心とに分類し，前者を国家を害する悪しき私欲と同一視することをつうじて，公民的個人が形成される可能性を否定するからである。佐々木もまた，マキァヴェッリにおける古典的ゾーン・ポリティコンの解体は，普遍理性のみならず情念（すなわち野心）をも貫いているとみる。佐々木 [1970]，七八－八一頁を参照。また，マキァヴェッリの「野心」については以下の諸文献をも参照。Huovinen[1951], S.51-71. Fleisher, ed.[1972], pp. 125-133. Parel, "Machiavelli Minore", Parel, ed.[1972], pp. 189-192, 205-206. Plamenatz,"In Search of Machiavellian Virtù", Parel,

る要素は，欲望（desidèrio）の情念である。たしかにマキァヴェッリは，情念の一側面としての感情（怒り・絶望・妬み・恐れ・嫌悪・期待・愛情・誇りなど）にも言及する。しかし，情念において重要なのは，感情よりも欲望である。一般に＜私的欲望の貫徹のみを目標とする性悪的人間観の表明＞とみなされるつぎのようなマキァヴェッリの有名な言葉は，公私や善悪の区別をとりあえず捨象した拡大運動の観点からみると，いくぶん異なった相貌を帯びてくる。

「そもそも人間は，恩知らずで，むら気で，偽装的で，危険は避けようとし，物欲には目のないものである（P,17;282；一：五六）。」

「人間はつぎからつぎへと野心を追求してやまないものである。はじめは攻撃されないことを求めていた者がやがて他の者を攻撃するにいたる（D,I-46;128；二：一二六）。」

「人は必要に迫られてする場合でなくても野心にかられて戦いを挑むものである。この野心というものは人の胸のなかを強く支配しているので，人がどんな高い地位にのぼったところで捨て去ることはできない。その理由は，自然が人間をつくったときに，人間がすべてのものを欲することができるようにしておきながら，しかもなにひとつ実現できないようにしたからである。このように欲求のほうが獲得の能力をつねにはるかに上回っているので，人間は自分が持っているものに不満を持ちつづけ，ほとんど満足を感じないという結果になる。このことから人びとのフォルトゥナの変化が生じてくる。ある人びとは現在持っているものをさらにひろげようとし，またある人たちはすでに獲得したものを手放すまいとする。このため敵対や戦争が生じ，ある領土の破滅や他の領土の勃興がもたらされたりするのである（D,I-37;119；二：一〇三－一〇四）。」

欲望の対象はさまざまである。欲望は，自己保存，栄誉（gloria）や名誉（onore），権力と支配（領土）の拡大，支配されることからの自由，富，肉欲などを求める。「人間本性の中傷者ではなく分析者[103]」としてのマキァヴェッリが，精神の表出として情念を強調し，情念を感受性とではなく飽くなき欲望と結びつけるのは，かれが人間を悲観し理性を侮蔑するからというよ

---

　　ed.[1972], pp.162, 165. Santi[1979], pp.98-107.
　(103) Parel, ed.[1972], pp. 62-63.

りも，人間の精神が身体を介して自然の力に影響されざるをえないからである。人間の無能力や不安定さを人間の本性の欠陥に帰してこれを非難するだけでは十分でない。マキァヴェッリにとって大切なのは，精神や情念を自然の一環としてとらえ，人間の内と外に共通する自然の力を考察することである。不断の運動と拡大闘争をつづける外部の自然が，ある種の心身並行論によってそのまま人間の心身に反映されるとすれば，人間にとって欲望はもはや＜精神の暗き一部分＞や＜自然からの異常な逸脱＞などではない。むしろ欲望こそ人間の本質そのものなのである。したがって欲望は，個人の私的な感覚的快楽の追求だけでなく，努力，衝動，意志，精神力といった人間の力量をも包括する幅広いものである。マキァヴェッリが，個人や集団の行為を叙述する際に，欲望を公私両面に通用する野心という名で呼ぶことを好んでいるのは[104]，こうした理由からであろう。

しかし欲望が普遍的目的を失って多様化しており，そのおのおのが拡大を志向しているとすれば，それらはほぼ確実に対立することになる。マキァヴェッリによれば，人間の自然にとって本質的部分をなす情念は，混乱しており，相対的で，無秩序で，相互に争っている。したがってこのような人間は，自己の内部においては人格の統一性を欠き，対他関係においても戦争状態に陥りやすい。しかも，無際限の獲得欲が実際の獲得対象をつねにはるかに上回ることは，自然による定めである。人間が自己の存在と欲望に固執する力は，外的自然の必然性によって制限される。その限りで欲望には受動的側面がある。多くの人民が性質を変えやすく，目先の平和を望むあまり罠に気づかず，うわべの立派さに幻惑されて自己破壊の道を選ぶのは (P, 6;265; 一：二二 . D,I-53, III-12;134-135, 218; 二：一四一，三三五)，また，一般に人間が実際に手にとって触れるよりも目で見たことだけで判断してしまいやすく，身近な個人的問題では正しい判断をくだせても大局的判断においては誤りを犯しやすいのは (P, 18;284; 一：五九－六〇 . D,I-47, I-48;129, 131; 二：一二八，一三二)，欲望ないし野心が外的自然の必然性に対してきわめて受動的な側面をもっているからである。それゆえ人間が否応なく置かれている状況は，需要と供給の不釣り合いによる不満であり，野心を満たすための手

---

(104) ambizione, ambizioso, ambiziosamente という語は，『君主論』，『リウィウス論』，『戦術論』，『フィレンツェ史』のなかに計200箇所以上見出される。

段への渇望であり，手段を求めての他者との競争・闘争である。マキァヴェッリが万人は野心的だというとき，それは万人の情念がある程度までは受動的たらざるをえないということをも意味している。気まぐれなフォルトゥナがもたらす個々の状況に対して各人が受動的であるがゆえに，人間はしばしば異なった方向に引きずられ，相互に対立的な状態が引き起こされる。くわえて野心という動機は，内的理性の平静さによってではなく，個人にとっては外的な出来事や環境の力によってしか抑制されえない。情念は，それと対立的な，しかもより強力な情念によってでなければ抑えられたり除去されたりすることはできない。それゆえマキァヴェッリにとって政治は，外的必然性に隷属し私的野心に引き回される人間を，より強力な情念によって抑制するという側面をもつ。以上のような意味において人間は政治的動物であり，人間が互いに自己保存と自己満足のための手段だとすれば，この手段の支配への関心こそ政治であることになる。しかしこのような私的な野心は，国家の秩序にとっては大きな脅威である。自分を守りたいという野心は，他者を侵略したいという野心に容易に変貌する。公的な弾劾制度がなければ，私的な恨みによる内紛が国を滅ぼすであろう（D,I-8, I-46；88-90, 128-129；二：三五－三八，一二六－一二八）。それはまた対外戦争の要因ともなるのである（D,II-8；156；二：一九四－一九八）。

　だが他方で，政治的野心はこうした個人間の受動的な闘争の局面だけに限定されるものではない。野心は，個人の私益だけでなく祖国という公的共同体の公益をも自己の栄誉として求めることができる。言い換えれば，マキァヴェッリは暗黙のうちに2種類の野心を想定している。第1に，自己や党派の利益を目的とした野心がある。これは先に述べた受動的野心であるがゆえに，目先の私益に振り回されて分裂し対立してしまい，互いに結束して1つの方向を目指しつつ必然性を能動的に克服していくことができない。それは貪欲と利己愛にほかならず，公民を腐敗させ国家を破滅させる原因となる。第2に，国家という公的共同体の利益を目的とした野心がある。公共の善の基礎となるのは，第2の意味での野心である。私的栄誉の目的のために他を手段とする第1の意味での野心は，専制の本質でしかない。正しい野心とは，公共体とは無関係な個人の私欲充足ではなく，他者より自分が優位しているということを公に示したいという欲求なのである。

ここにマキァヴェッリとホッブズとの大きな違いがある[105]。私益のみを追求する野心は堕落と専制の源でしかないが，自国全体の公益を追求する野心は公共善への内的原理となることができるのである。人間が現に政治的存在でありまた政治的存在たるべきであるのは，公的な場をたんなる私益追求とその際の平和維持の手段として最大限有効に利用しうるためではないし，そうかといって人間が魂の理性的本性に従った幸福な公的存在たりうるためでももはやない。そうではなくて，公的政治共同体それ自身の存続と拡大という栄誉のためであり[106]，人間の情念のうち私欲を追求しようとする部分はこの政治共同体の栄誉という公的目的に向けて矯正されるべきものなのである。もちろん矯正といってもそれは私欲をなくすことではない。私欲がなくなれば野心も消滅してしまうであろう。マキァヴェッリは，私欲と対立する義務や本来的目的の観念によって私欲を矯正しようとはしない。かれが目指すのは，私欲を金銭ではなく国家全体の利益に向けさせ，私欲の対象と国家の繁栄を一致させ，私益と公益を一致させることである。公益を私益に合わせようとする私人ではなく，私益を公益に合わせようとする公民を育成することであ

---

(105) このようなマキァヴェッリとホッブズの相違に関連して，クロプシーはつぎのように述べている。「マキァヴェッリからホッブズへの移行は，単純な進化のように見えて——実は看過されてはならない発展を含んでいる。マキァヴェッリは人間を鍛練し活気づけようとする教訓を示していると理解される。ホッブズは生命，自由，幸福の追求を教えていると目されるが，ホッブズのいうこれらの要素は生のブルジョア化として知られるようになるものを準備していったものである。——近代は最初から２つの道徳的意味あいないし傾向を示していることになる。１つは，人間を活気づけ，人間に世俗にあるみずからの孤独を想起させ，世界を何らかの種類の偉大さのための機会として表現する傾向であり，いま１つは，生存，安全，私的なものや私的に感じられる好みを奨励する自由を指向する傾向である。」Cropsey[1977], pp. 6-7. クロプシーのいう２つの傾向が，ポーコックらの主張する，近代初頭における共和主義から自由主義への移行，徳の原理から作法の原理への移行と関連するものであることは容易にみてとれる。Pocock[1975a].

(106) これは，祖国への野心の奉仕が対外戦争へとつながらざるをえないことをも意味する。ヴィルトゥをもつ指導者に基礎を置いた野心は，国家内部の秩序は保つが，対外戦争を不可避的にひき起こすからである。

る[107]。マキァヴェッリが，人間本性の現実を自己の欲望に従った闘争的なものと見つつも，なお政治に私益追求の条件を保証する力学的手段以上の公的栄誉の場を見出すことができた理由の1つは，法律・教育・習慣によって改変され公益をも自己の利益として追求しうる公的な野心を認めたところにあった[108]。古代ギリシアのように正義や善に訴えるのではなく，ホッブズのように暴力による死への恐怖や私的欲望に訴えるのでもなく，自由への愛ゆえに祖国を守るという公的栄誉への野心に訴えることによって，マキァヴェッリは公民の精神を活気づけようとしたのである[109]。人間本性の不統合な衝動を示す魂や野心といった概念は，外的力によって抑圧されるべき現実悪にすぎないものではなく，むしろマキァヴェッリにおいて，政治的行為と政治制度の基礎を築くための内的原理でもあったといえよう[110]。偉大さが公に承認されるということは，それ自体政治的力の源だからである。マキァヴェッリ

(107) これに関連して，マキァヴェッリにおける公民の政治的行為は self-interest にもとづいてはいても selfish ではないとする Price[1988], p. 257 の主張を参照。なお，self-interest と selfish を区別する観点は興味深い。前者が利害計算による結果への考慮をともない，後者がもっぱら動機の面での利己性に焦点を合わせているとすれば，マキァヴェッリのうちにウェーバーに通ずる結果責任倫理を見出そうとする解釈が説得力を持ってくる。こうした解釈の例として，藤原[1985]，二一三頁や Fischer[2000], pp. 90-93 を参照。マキァヴェッリの結果主義倫理は「事物の実効的真実」へのかれの傾倒のうちにすでに看取されるが，ここで注意すべきは，フィッシャーがいうように，これが目的による手段の「正当化」(justification) ではなく，必要性に鑑みた悪しき手段の「容赦」(excuse) にとどまることである。
(108) たとえば『リウィウス論』第II巻第6章では，「野心」が，戦争による領土の獲得や戦勝凱旋による賞賛の栄誉といったものを求める欲望として言及されている (D,II-6;155-156；一九一)。
(109) Catherine H.Zuckert, "On the Role of Spiritedness in Politics", C.Zuckert, ed.[1988], p. 16.
(110) コービーによれば，マキァヴェッリの魂論の中心要素は精気 (spiritedness) であり，精気はその補完物たる理性よりも上位に位置し，その競争相手である欲求 (appetite) よりも上位に位置する。人間の諸能力や魂の諸部分のうちで，精気が最上位に置かれる理由は，それが英雄に偉大な行為への情熱を付与する点に存する。政治倫理の基礎となる歴史叙述の素材は英雄的行為であるが，英雄に行為への情熱を付与するのは精気なのである。Coby[1999], p. 17.

にとって最大の野心は，私的な意味での富へのものではなく，政治的安全と政治的栄誉への野心であった。というのも，私的な支配権力や富は，本人が生きているあいだだけしか有効でないのに対して，公的賞賛に値する栄誉は，世代を越えて語り継がれ，永続性へと至りうるからである[111]。こうしてマキァヴェッリにおいては，理性や自然によらず欲望と意志によって政治制度の基礎を築こうとする試みがなされることになる。栄誉への欲望は，賞賛してくれる他者を必要とすると同時に，他者を自己の栄誉のために利用しようとするので，非社交的社交性を元来含んでいる。それを公共体全体の政治的栄誉の追求へと方向づけていくことが，マキァヴェッリの課題であった。

第4節　賢慮と才知——政治的人間の理性

マキァヴェッリにおける政治的知は，こうしたアリストテレスやトマスの実践知概念とはかなり性格を異にする。マキァヴェッリには超越的理念を観想する理論理性の概念が存在しないだけでなく，いわゆる道徳理性の概念，つまり＜自然法＞を悟りそれに完全に従う理性の道徳的能力という概念もない。マキァヴェッリの著作において，ratio に相当する ragione という言葉は，もはや「理性」ではなく「原因」や「理由」という意味でおもに使われているように思われる[112]。しかしマキァヴェッリが人間の知的能力そのものを軽視して情念の赴くままに現実主義の政治学を構想したと考えるなら，それは誤解であろう。むしろかれによれば，「何も知らず統治権だけを握っている者よりも，国家を統治する道をわきまえている人物を尊重する必要がある(D,Dedica；75；二：八)」のであり，「時とフォルトゥナの悪意がどういった点で人間の行動を妨げるものかという教訓を他人に教えることは，よき人間が果たさねばならない義務でもある (D,II–primo；146；二：一六九)」のである。そればかりではない。

「時と出来事の様式とに適応しそれを理解するだけの賢さをもった者は，つねによきフォルトゥナをつかみ，悪しきフォルトゥナからみず

---

(111) マキァヴェッリは「永続的栄誉」（perpetuo loro onore）という表現を使う (D,I-10；92；二：四二)。

(112) Fleisher[1972], p. 133.

からを遠ざけるであろう。そして賢き者が星々や運命を統御するということが実現するのである (*Lettere*; 1083. *Machiavelli and His Friends: Their Personal Correspondence* [1996], p. 135.)。」(Et veramente, chi fussi tanto savio che conoscessi e tempi et l'ordine delle cose et adcomodassisi ad quelle, harebbe sempre buona fortuna o e' si guarderebbe sempre da la trista, et verrebbe ad essere vero che 'l savio comandassi alle stelle et a' fati.)

たしかにかれは，知性的状態そのものが幸福な状態であるとか，それが善ないし目的であるとかという考えはもっていないが，時の流れのなかで現在の状勢を見極めて政治的教訓を導出し，公的目的達成のために最も効果的な手段を案出していく力としての才知 (ingegno) と構想力 (fantasia) の働きを重視する。1506年9月13-21日付けのG.B.ソデリーニ宛て書簡は，マキァヴェッリにおける宇宙論と理性論の結合を示唆した資料として重要であるが，かれはそこでつぎのように述べている。

「自然が人間にさまざまな顔を付与したのと同様に，自然はさまざまな才知と構想力をもつものとして人間をかたちづくった，と私は信じている。その結果として，各人はみずからの知性と構想力に従って行為するのである (*Lettere*; 1083. *Machiavelli and His Friends: Their Personal Correspondence* [1996], p. 135)。」(Io credo che, come la Natura ha facto ad l'huomo diverso volto, così li habbi facto diverso ingegno et diversa fantasia. Da questo nascie che ciascuno secondo lo ingegno et fantasia sua si governa.)

また，『リウィウス論』は著者の才知の成果であるといわれ，新君主は「才知とヴィルトゥ」を保持するといわれる。『戦術論』が献じられたロレンツォ・ディ・フィリッポ・ストロッツィに才知の点で並ぶ者は少なく，コジモ・ルチェライの「才知の妙」も言及される (AG, proemio; 302; 一：九三)。

知性 (ingegno, ingenium) の起源と本質については，フィチーノ，アルベルティ，ピコらマキァヴェッリと同時代人によっても論じられていた。たとえばフィチーノは，神からの贈物である知性と人間の努力によって獲得される徳とを対比したが，アルベルティは占星術的自然哲学にもとづいて，知性を火星に由来するものとした。ピコは，知性は実体ではないので占星術的運

行に由来するとは考えられないとして，それを神からのものとした[113]。マキァヴェッリは，才知を自然によって各人に具えられたものと考えている。つまり才知は人間の「第一の自然」に属するのである。しかしそれはすでに普遍の真理を認識する魂の実体的部分ではなく，政治的手段能力となっている。

　構想力についてはどうであろうか。アリストテレスの見解では，構想力は独立した能力ではなく，知性と感性のあいだに位置して知性に付随し，したがって善を志向するものであった[114]。マキァヴェッリにおける構想力は，才知の指示を仰ぐものではなく，才知と並ぶ独立した能力として，臨機応変に政治的効用を発揮する。

　マキァヴェッリにおいて才知や構想力の政治的な位置づけを如実に示しているのは，「策略」(inganno) や「慎慮」(prudenza) といった概念である。戦時にのみ限ったとはいえ，マキァヴェッリが策略を必要な知的能力の１つとして承認したことは意義深いことであった (D,III-40;248;二：三九七－三九九)。というのは策略には，結果を出すのに有効な計画や手段を整えるという要素にくわえて，詐欺 (fraude) すなわち真の意図や動機を隠しておくという要素も含まれるからである。国家を運営し戦争に勝利していくにあたって，とりわけ君主には「本来人間のものである」法律という方法のみならず「本来野獣のものである」方法も要求される。人が世で目的を達するためには野獣の方法も重要であり，それは狐の詐欺か獅子の力 (forza) によるのであるが，マキァヴェッリは詐欺のほうをより重視しているように思われる (P, 18;283；一：五九－六〇；D,III-40;248；二：三九七－三九九)。もしも敵に公開するに十分なほどの獅子の武力を備えていれば，そちらのほうが安全ではあろうけれども，そうでない場合は友好を装い，みずからの意図に反して語り行為する必要がある[115]。フィレンツェの外交官として政治実務に携わったマキァヴェッリは，政治家には「事物の実効的真実」を見抜くこと以上の能力が要求されると感じるにいたった。政治家は詐欺者を見破るだけでなくみずからも詐欺者となる必要がある。それゆえかれはつぎのように述べる。

　「人間本性を知るうえで重要なことの１つは，人間が他人にいわれたこ

---

(113) Parel[1992], p. 90.

(114) Aristoteles, *De anima,* I.v.

(115) Pitkin[1984], p. 38.

とをいかに簡単に信じてしまうか，他人に信じさせたいことを偽造する際にいかに用心深いか，という点に留意することである。ある人が信じるべきでないことを信じ，他人に信じさせたいことをうまく偽造できないとき，その人は浅薄で慎慮に欠けているといわれるのである (*Lettere, 1 ottobre 1499*;1018; 六：一七七)。」

「要するに，君主は [信義を守り，奸計を弄せず，公明正大に生きる，といった] 前述のさまざまなよい資質をすべて持っている必要はない。しかし持っているように思わせることは必要である。いや大胆にこう言っておこう。そうした立派な資質をそなえていてつねに尊重しているのは有害であり，そなえているように思わせることが有効なのであると (P, 18;284; 一：五九) ([ ] 内は厚見)。」

真なるものを知らしめることよりも隠しておくことのほうが政治的に有効であるとすれば，真偽に関する確実な知はもはや政治行動の中心的基準ではなくなる。すでに述べたように，アリストテレスにおける実践知は蓋然的な知ではあったが，普遍的な善を指向することをつうじて確実な理論知に従属していた。ホッブズは理論知でも実践知でもなく制作知の確実性のうえに政治学を基礎づけた。国家は自然的なものではなく人為的な制作物であるので，確実な把握が可能であるとホッブズは考える。しかしマキァヴェッリは，理論知であれ制作知であれ，いっさいの普遍的で確実な知から政治学を切り離し，個々の特殊な状況すなわち現状の外観を政治学の出発点とする。(この意味でマキァヴェッリの政治的知は，公的目的と私的目的とのどちらかを選択する自由をもっている。これに対しアリストテレスの賢慮はポリス的人間の共通善という公的目的を自然的に志向するものであるし，ホッブズの計算能力は私益を追求する人間本性のゆえに私的目的しか志向しえないものである。) マキァヴェッリによれば，一般的なものにもとづく判断よりも特殊的なものにもとづく判断のほうが信頼できるのであり[116]，真であれ偽であれ，多数の人びとが真だと信じていることや，見かけによって人びとにそう思い込ませておくことのほうが，重要である。ここに外観と実在との古典的区別は消滅し，外観こそが政治の現実を構成することになる。

マキァヴェッリにおける慎慮 (prudenza) が，行為の道徳的導き手という

---

(116) Garver[1987], p. 156.

古典的内容を踏襲しつつも，善悪の実在的基準の示唆によって導きをなすものではなく，状況の要求に可変的に応じた公的目的達成手段の吟味によって導きをなすものへと変化していることも，この外観重視と無関係ではない。というのは，外観中心なものへと転換させられた＜現実＞に策略によって臨機応変に対処していくことが，慎慮の本質だからである。もちろん善が善を生み悪が悪を生むという状態が望ましいものであることはマキァヴェッリも認める。しかし政治の現実が必ずしもそういった状態を許さないものであるとき，政治に携わる者は，みずからの行為が公的共同体の盛衰に及ぼす結果に対しても責任を負いうるような＜政治倫理＞を身につけねばならないのである。そしてマキァヴェッリによれば，この政治倫理を担う能力こそ慎慮にほかならなかった。

「いかなる国も，いつも安全策ばかりとっていられるなどとは考えないように，否むしろつねにあやふやな方針を選ばなくてはならないと考えてほしい。というのは，ものごとの定めとして，1つの不都合を避けさえすればもう後にはなんの不都合にも遭わないというわけにはとうていいかないからである。だとすれば慎慮とは，さまざまな不都合の性質を察知してなるべく害の少ないものを良策として選ぶことである (P, 21 ; 292；一：七六)。」

マキァヴェッリにとって，慎慮が示唆するのは規範ではなく複数の選択肢とそれらのあいだの適切な選択であるが，この場合の適切な選択とは，伝統的な実在道徳に適っていることではなく現実の状況に臨機応変に対応していることなのである。慎慮とは，偽から真の規範を選り分け発見する道徳能力ではなく，真偽に囚われない臨機応変さの前提たる視野の広さと目的合理的な比較考察能力である。それは，情念やその時代の慣習や善悪の理想に過度に迷わされないように，所与の状況においてなされねばならないことを冷徹に計算し，こうした状況の測定評価によって情念に役立つものである。策略が慎慮の前提たる外観重視の「状況」的世界を内的精神世界でつくりだし，慎慮がこの「状況」に臨機応変に処すべく，法律，教育，軍隊，宗教といった手段の適切さを吟味するので，ここでも人間の内的世界は政治行動や政治制度と結びつくことになる。慎慮とはまずもって政治的能力なのであって，その際の正しい政治的判断は，古代ギリシアのような知的一貫性にはよらないのである。伝統的な道徳や宗教の教説を固守することは，現実を見失わせ

るような私的情念や自己の行動様式への拘泥と同じく、慎慮を妨げるものでしかない[117]。その意味で、マキァヴェッリのいう慎慮が善悪にかかわる蓋然的な政治的能力でありつつも、もはやアリストテレスの賢慮のように最高善に向かうためのものではなく、より大きな悪を避けるためのものとなっていることは注意されてよい。このように善悪の隔たりが相対的差異とならざるをえないのは、「ものごとの定め」の必然的結果である。なぜなら、善が希求さるべき政治の世界は人間の道徳的能力を越えて可変的であり、成功の半分はフォルトゥナに左右されるからである。新君主の心術を個別的に論じ、それらを憎悪と軽蔑を避ける臨機応変な慎慮へとまとめていったマキァヴェッリが、『君主論』第24章以下で、君主を取り巻き呑み込んでいる時流について語らねばならなかったのはそれゆえであろう。政治は、道徳的善の判断と実践にかかわる賢慮だけでは語れない、フォルトゥナに対する巧みな即応と絶えざる闘争の場として析出してくるのである。フォルトゥナの妨げを克服して公的目的を実際に達成するためには、慎慮と果断さとの結合が最も望ましい。慎慮をもった者は、現状において公的生活を秩序づけ拡大するにはどうしたらよいか、これを遂行するための力を獲得するにはどうしたらよいかが分かるであろう。そして果断さをもっていればそれを実行するであろう。君主であれ人民であれ祖国を導く者がこのように慎慮と果断さを合わせもつとき、祖国の自由と栄誉は達成される。『君主論』最終章に見られる英雄待望は、慎慮と果断さとの結合の待望であり、普遍的な政治倫理が解体した後に、状況倫理と責任倫理を結合した政治倫理を提出しようとする試みであったといえる。

今仮にマキァヴェッリにおける実践的理性の働きを4段階に分けるならば、(1) 公私の区分にもとづいた望ましい目的（＝自由と栄誉）の選択、(2) 経験から来る望ましい行為の格率（＝たとえば「武器なき改革は成功しない」など）の認識、(3) 現況と格率との照合、(4) 具体的行動の指示、という道筋をたどると考えられよう[118]。

こうして、知性と情念の関係に着目するならば、マキァヴェッリの知性は情念の統治者でも情念の手段でもなく情念の協力者である。たしかにマキァ

---

(117) Fleisher[1972], p. 141.
(118) Fischer[2000], p. 43.

ヴェッリにおいて，欲望の情念は外的自然の変転が身体に及ぼす影響によって左右されるものであり，したがって情念についての十分な観念を形成することによって——すなわち知性が情念の原因と作用に関する真の認識に到達することによって——情念を完全に抑制することはできない。また，知性が認識ではなく意志の力を用いて情念を抑制することも不可能である。主知主義的なかたちであれ主意主義的なかたちであれ，知性が情念を統治するという伝統的な図式はマキァヴェッリにおいて斥けられている。しかし知性は，自然の一部として完全に自然に従属し，たんなる私欲貫徹のための手段的計算能力となっているわけでもない。人間の情念は私欲のみならず公的栄誉への野心によっても動かされうるものであり，知性の側から情念に対して，歴史の模範を解釈するというかたちで助言を提示することができるからである。また知性は統治者でもないので，人間は知性の勧告を意志によって拒絶し，慎重よりも果断を選択して予測のつかないフォルトゥナに大胆に挑むことができるし，また目的達成のための策略能力として知性を用いることもできるのである。

　マキァヴェッリが以上のような意味での先天的な「第一の自然」としての政治的知性をいかに重視していたかは，かれがこの能力をもとに人間を3種に分けていること，そしてこの分類が，マキァヴェッリ政治思想全体にとって決定的に重要な，治者（創設者・君主）と被治者（民衆）の区別を意味していることから，明らかである。すなわちマキァヴェッリは，『君主論』第22章においてつぎのように述べる。

　　「およそ人間の頭脳（cervelli）［＝中世医術において知性と構想力が宿ると考えられていた部分］には3つの種類がある。第1は自分が独力で考えをめぐらせるもの，第2は他人が考えたことを識別するもの，第3は自力でも他力でも考えないもの。つまり第1の頭脳が最もすぐれ，第2の頭脳がややすぐれ，第3の頭脳は役に立たない（P, 22;293；一：七七）（［ ］内は厚見）。」

　これは，人間の能力を「自力での思考・他人への服従・どちらもしないもの」と3種に分類するリウィウスの『ローマ史』第II巻第29章の着想に影響されている。しかしマキァヴェッリは，第2のタイプを服従型ではなく他者の思考の識別型であると主張することで，第2の類型に通常の君主を当てはめようとするのである。いうまでもなく第1は創設者，第3は民衆である。

かくしてマキァヴェッリにおいては、ホッブズ的な理性の平等論は斥けられている。知性の相違は教育によって改善されこそすれ、けっして解消はされえない。そのため、万人が予測能力をもつという前提のもとに予測能力自体を政治学の中心に据えるような政治科学は、成立しない。絶対的予測能力によって秩序を創立する非日常的な設立者以外は、通常の君主も予測能力よりもむしろ対応能力を期待されるし、民衆や平民にいたっては法の維持能力と法への服従能力を評価されるのである。マキァヴェッリにとって政治学の中心は、平等な予測能力にもとづく平等な社会契約をつうじた秩序設立ではない。そうではなくて、才知と法治、すなわち君主の対応能力（才知）と平民の遵法精神（法治）なのである。古代や中世は、理性的部分から平民を除外することで、貴族政を尊んだ。近代は平民に理性を認めることで民主政を促進した。マキァヴェッリは平民を政治運営の主体としつつも、その平民から理性を剥奪することによって、貴族政ではなく法治と服従の共和政を確立しようとしたのである[119]。

ここでフィッシャーによりつつ[120]、マキァヴェッリの人間観についてのこれまでの叙述を多少なりとも総括しておこう。マキァヴェッリによれば、人間と獣との相違は、人間においては構想力と才知を通じて野心が際限なく拡大される可能性があることに存する。野心が最も拡大され、設立の栄誉を希求するにいたる階級が、創設者たちである。野心が支配と権力にまで拡大した階級は君主と貴族であり、野心が安全にまでしか拡大していない階級が民衆ないし平民である。階級の相違は本質的資質や目的の相違ではなく、野心の程度の相違であり、人間はみなフォルトゥナが与えてくれる財を求めて、同一の目的を追求しているのである（D,I-58, p. . IF, III.）。それゆえ、マキァヴェッリは古代的な自然の定義（「少数者のみが到達しうる、可能態が十分に発展させられた状態」）を放棄して、近代的な自然の定義（「万人によって共有されている原始的な開始状態」）を採用している、というシュトラウスの洞察は、正鵠を射ているといえよう[121]。

---

(119) マキァヴェッリにおける理性と人民の配分関係については、Strauss [1958], pp. 127ff. を参照。
(120) Fischer[2000], pp. 64ff.
(121) Strauss[1958], p. 296.

第 2 部
マキァヴェッリと歴史叙述の伝統

はじめに

　政治的知恵の源を歴史的諸事実から導出される実践的教訓に求めるいわゆる「歴史解釈の政治学」の系譜が，古典古代からルネサンスを経て，バークやヴィーコらの実践的・経験的賢慮論にまで及ぶことはよく知られている。第2部では，ルネサンスにおける修辞術や解釈術の展開をふまえつつ，マキァヴェッリの思想において歴史叙述がどのような思想史的・原理的展開をみせたかを考察する。第3章では，背景としてのルネサンス歴史叙述とマキァヴェッリとの関係を扱い，第4章では，マキァヴェッリ政治学における歴史の位置づけについて，より原理的な考察を行う。人文主義的歴史学のたんなる継受ではなく，マキァヴェッリ自身が「歴史の導入」をつうじてなそうとした，歴史主義的また権力論的政治空間の建設にも，注意を向けたい。

第3章 『君主論』の修辞術と『フィレンツェ史』の実践的歴史叙述

第1節 「事物の実効的真実」と歴史

　第3章では，ルネサンスの歴史叙述がマキァヴェッリに及ぼした影響を扱う。その際の出発点は，本書第1部でもとりあげた『君主論』第15章における「事物の実効的真実」(verità effettuale della cosa) という言葉である。マキァヴェッリは「事物の実効的真実」にかなっていることを政治的規範の有意性の基準とした。マキァヴェッリの政治学を，歴史に規範を求める「歴史解釈の政治学」であると規定する本書にとって，こうした「実効的真実」と歴史叙述との関係を考察することは避けて通れない。この関係を明らかにするために，マキァヴェッリの政治学において歴史叙述がしめる位置を，ルネサンス人文主義における歴史叙述と修辞術の位置づけを視野に入れながら整理しておくことが，本章の課題である。

　マキァヴェッリの歴史叙述の原理を「事物の実効的真実」という言葉を手がかりに分析するにあたって，今仮に，この言葉のうちに，(1) 事物の真理 (verità della cosa) すなわち歴史の真実性＝＜哲学ないし ratio が関わる領域＞，(2) 実効的真実 (verità effettuale) すなわち歴史の雄弁性＝＜修辞術ないし oratio の領域＞，(3) 実効的功利 (effettuale) すなわち歴史の有用性＝＜国家公益の促進術に関係する領域＞という，互いに重なり合う3つの意味要素を区分してみよう。

　マキァヴェッリの歴史叙述における (1) 真理＝歴史の真実性という概念には，さらに3つほどの構成要素を見出すことができよう。第1は，(a) 歴史における神話と事実の区別を重視して事実のほうに真理を見出すツキディデス的真理観である。ヘロドトスと違ってツキディデスの『戦史』が重視したような，神話や伝説を排した事実（＝原史料）の吟味を史書叙述の基本的前

提とする姿勢は，ポリビオスを経てマキァヴェッリの史書叙述にまで継承されている。これは，神話を通して象徴的に真理を語ろうとする詩的態度や，神話と論理の区別を重視して論理による本質の探究の果てに真理を見出す哲学的態度とは，明確に異なる歴史学的な真理観であるといえる。第2は，(b) 事実間の時間的因果性にもとづく史書構成である。目的へと向かって展開していく時代の発展段階を叙述する年代記ではなく，過去の出来事の起源と動機を説明することによって，事実間の因果連関を明らかにし，現在に対して過去の教訓と未来への指針を提示するかたちで構成される歴史叙述こそが，マキァヴェッリにとっての「事物の実効的真実」であった。第3は，(c) 秩序の循環的性格と，人間本性の不変的画一性である。これは，実効的真実を支える哲学的世界像であり，前章までで検討したマキァヴェッリの宇宙論と内容的に重なるものである。

つぎに，マキァヴェッリの歴史叙述における (2) 修辞術＝歴史の雄弁性の契機についてであるが，これは2つの要素に分節化が可能である。第1に，(a) 真理の伝達手段としての実践的修辞術の系譜に立つということであり，これは真理の装飾手段としての美的修辞術とは一線を画する。第2には，(b) 発見・配置・修辞・記憶・所作といった，キケロ以来の修辞術の手法に則るということである。

最後に，(3) 歴史の有用性の契機についても，これを2つに分節化することができよう。第1には，(a) 歴史を現代人の楽しみのためのリレー物語として描くのではなく，現代人を導くための実践的記念碑として描く態度である。歴史家は，同時代人を満足させるのではなく，時には警告を発して導かねばならない。第2に，(b) 歴史が支配者の統治術を提示するにせよ，平民の愛国心を涵養するにせよ，キウィタスの公益の手段として役立つべきであるという主張である。

以上のように，政治的歴史が規範の媒体となり，「事物の実効的真実」にかなうものとなるためには，史書において真実性・修辞法・有用性の3点が統合されていく必要がある，という主張を，マキァヴェッリの歴史叙述態度に読み取ることができるであろう[1]。以下では，フィレンツェの人文主義と

---

(1) 初期ホッブズの歴史学への傾斜のなかに，ルネサンス同様の歴史の真実性・修辞性・有用性を読み取る論稿として，山本 [1997, 1998] を参照。山本によれば，

の関連で，修辞術と解釈術の伝統がマキァヴェッリに及ぼした影響について，若干の歴史的スケッチを試みたい．

第2節　修辞術と歴史——マキァヴェッリと修辞術の伝統

本節は，ルネサンス・フィレンツェの修辞術の伝統[2]のなかに『君主論』

初期ホッブズにとって政治的歴史論は自然法実現のための媒介体であり，その限りでホッブズは歴史書叙述の技術としての修辞学のキケロ的伝統（発見・配置・修辞・記憶・所作）を重視していた．政治的歴史が自然法実現のための媒介体となるためには，史書における真実性・修辞法・有用性の3点が統合されていくことが重要であるが，ホッブズによれば，ヘロドトスと違ってツキディデスの『戦史』は，これらの条件を満たす理想的な政治的歴史書であった．真実性の強調だけならば，キケロも事実としての歴史と楽しみとしての歴史を区別することによって，歴史における真実性の契機をすでに強調していた．ホッブズ歴史論の特色は真実性を重視したことそれ自体よりも，むしろ真実性の契機として事実性・客観性・因果性・体系性・説明的実践性を分節化した点に存する．山本に従ってホッブズの政治的歴史論の構造を図式的に示せば以下の通りである．

政治的歴史の真実性：
　(1) A　神話や伝説を排した事実＝原史料の吟味．B　愛国心のような主観的情念を排した客観性．
　(2) A　事実間の時間的因果性にもとづく構成．B　事実の空間的体系性を顧慮した全体的連関に従った構成．
　(3) 構成された歴史に対する評価・説明の重要性．事実史や全体史ではなく問題史・理論史．

政治的歴史の修辞法：
　(1) 配列・編成　→　因果性と体系性に適った選択と配列．
　(2) 文体　→　明快性・重厚性・荘重性・簡潔性・独自性．

政治的歴史の有用性：
　(1) 同時代人を満足させるにすぎない恣意的な「物語的歴史」（ベルンハイム）ではなく「将来を指導する記念碑」としての実践的歴史．
　(2) 実践的歴史叙述のための条件　→　A　循環史観と人間性の不変性．B　具体的説明によって視覚的イメージに訴える．

(2) ルネサンス人文主義とレトリックとの関連について，とりわけそれが中世とは断絶した古典修辞術の復興であったのか，中世修辞術の継承であったのか

を位置づけることによって，マキァヴェッリ政治思想における修辞術と歴史叙述との関連を人文主義思想史の観点から眺めようとする試みである。まずフィレンツェ人文主義における古典古代修辞術の再興に触れたうえで，近年の研究によりつつ『君主論』における伝統的修辞術の契機を検討する。ついで，キケロ修辞術と『君主論』との様式上の類似性を列挙することをもってマキァヴェッリの思想全体を古典古代修辞術の延長上に置こうとする近年の研究の一面性を指摘し，さらにそれでもなおマキァヴェッリにおける修辞術は教訓的歴史叙述へと接続している点で有意義な思想的モメントたりうることを示したい。さらにこれらを通じて本節は，哲学と修辞術の抗争をめぐる古代ギリシア以来の議論が，どのようにルネサンスとマキァヴェッリに引き継がれ，改変されているか，という問題をも追求しようとしている。

なお本節では，修辞術 (rhetorica; rhetoric) を，口頭弁術における弁論術 (oratio; oratory) と文章技法における正字法 (orthographia; orthography) との双方にかかわる雄弁 (eloquentia; eloquence) の術として，広義に定義して用いる。修辞術を理論学や実践学に従属する制作術として位置づけたアリストテレスにならって，rhetoric に修辞の訳語をあてるが，後の独立した技術知としての修辞学や修辞法のニュアンスを排除しようとするものではない。

(i) フィレンツェ人文主義におけるキケロ修辞術

20世紀のマキァヴェッリ研究は，ニッコロの父ベルナルドの日記が C. オルシュキの手によって 1954 年に編纂公刊されるにいたって，大きな転機を迎えた。日記は法律家であった父の取引物品記録が多くをしめるが，そのなかで父が所有ないし借用していた蔵書にキケロの『弁論家について』(*De oratore*) をはじめとする修辞術の著作が含まれていたことや，ニッコロが少年時代 (1480 年頃) にロンチリオーネのパオロ (Paolo da Ronciglione) の学校でラテン語と修辞術の訓練を受けていたことが明らかになり[3]，マキァヴェッリの政治学がキケロ的な修辞術の伝統に色濃く影響されていることが主

という論争については，邦語でも研究史の概観をフォローすることができる。根占 [2005a] の第 1 章を参照のこと。

(3) Bernardo Machiavelli [1954], p. 123.

張されるようになったのである[4]。

1345年にペトラルカがキケロの『アッティクス宛書簡集』(*Epistulae ad Atticum*) を「発見」したことによって，サルターティやブルーニらのフィレンツェ人文主義者のうちにキケロ的な修辞術や歴史叙述が受容されていったことは，広く知られている[5]。中世的な観想的哲学者としてのキケロ像に代わる修辞的政治家としてのキケロの「発見」が，どこまでキケロの実像に近いものであったかという問題，すなわち，レオナルド・ブルーニがプルタルコスの「キケロ伝」をラテン語訳するに際して，フィレンツェ共和政のモデルとして利用しうるために，「弁論と哲学と政治倫理とを統合した熱烈な共和主義者キケロ」のイメージをどこまで意図的に増幅させたかという問題は，ここでは問わないことにしよう。重要なのは，フィレンツェ人文主義への，とりわけその政治的歴史叙述への，キケロ修辞術の影響作用である。ルネサンスの人文主義研究 (studia humanitas) においては，修辞術は，文法学（古典注釈学），歴史学，詩学，道徳論と並ぶ5大学科の1つであった[6]が，本節

---

(4) マキァヴェッリを修辞術から眺める視点は，当初はルネサンス文学の研究者たちが援用していた。こうした試みの初期に属するものとして，グレイが人文主義の修辞術的傾向に関する平明にして有益な見取図を提供している。Gray[1963], pp. 497-514. また，ルネサンス・イタリア（マキァヴェッリ）を経て17世紀英国（ミルトン）へと続く共和主義のトンネル史を修辞術に焦点をあてつつたどったのが，カーンである。Kahn[1994]. カーンの研究書は，ポーコックの『マキァヴェッリアン・モーメント』の文芸理論版ともいえる。ローマ修辞術の伝統は，近年ヴィローリによってマキァヴェッリ政治思想全体を貫くモチーフとして提示された。Viroli[1998]. ヴィローリのこの研究がホッブズを同様の修辞術的伝統のうちに位置づけようとするスキナー (Skinner[1996]) の示唆によるものであることは，著者ヴィローリ自身が認めている。なお筆者の管見の範囲で，『君主論』『リウィウス論』『フィレンツェ史』の原史料へのローマ修辞術の文献学的影響について最も詳細なテクストクリティークを展開しているのは，リチャードソンである。Richardson[1971], pp. 24-48.

(5) Wilcox[1987], pp. 153-161.

(6) Kristeller[1983], p. 2. 人文主義の文法学は，正字法や韻律論のみならず語法論や文体論をも扱っていたため，修辞術の要素を含んでいた。Kristeller[1983], p. 16.

では，修辞術が歴史学を介してルネサンスおよびマキァヴェッリの政治思想にいかなる影響を及ぼしているかに焦点をあてることとする。

ローマの修辞術文献のなかで中世修辞術の標準的テクストであったのは，キケロ『発想について』(*De inventione*) やキケロの偽作とされる『ヘレニウスに贈る弁論術』(*Rhetorica ad Herennium*) であった。15世紀になるとキケロの『弁論家』(*Orator*) および『弁論家について』(*De oratore*)，さらには中世では縮約版でしか知られていなかったクインティリアヌスの完全な著作が研究されるようになった[7]。ギリシアの修辞術文献については，後期中世に知られていたのは，アリストテレス『修辞術』(*Rhetorica*) やアリストテレスの偽作とされる『アレクサンドロスに贈る弁論術』(*Rhetorica ad Alexandrum*)，ファレーロンのデメトリウスの作とされる『雄弁について』(*De elocutione*)，イソクラテスの演説とされる『デモニコスに与う』(*Ad Demonicum*) であった[8]。しかしアリストテレス『修辞術』以外はほとんど流布していなかったうえ，中世においては『修辞術』はもっぱら道徳哲学の観点から研究されていた。ルネサンス期に入ると古代ギリシアの修辞術文献は原典やラテン語訳などを通じて流布するようになり，古典古代後期やビザンチン期の修辞学者ヘルモゲネスやアフトニウスらの名も知られるようになった。またアリストテレス『修辞術』も修辞学者の研究対象となるようになった[9]し，ツキディデスの著述のうちに見出される演説の構成や，古代ギリシアの書簡の文体なども関心をひくようになっていった。こうしてルネサンス期イタリアでは，古典古代の修辞術的文献の発見と研究と模倣とが飛

---

(7)『弁論家』および『弁論家について』の完全稿が発見されたのは1422年であり，また，コンスタンツ近くの修道院図書館を探索していたポッジョ・ブラッチョリーニが，聖ガルスの埃だらけの笥からクインティリアヌスの著作の完全版を発見したのもこの頃であった。Reynolds[1953], reprinted in Kristeller and Philip P. Wiener, eds.[1968, 1992], pp. 115-116.

(8) Kristeller[1979], notes 50-53.

(9) 中世におけるアリストテレス『修辞術』の注釈者が，ローマのジル，G. ヴェルナーニ，J. ブリダン，ヤンドゥンのジョンといった道徳哲学者たちであったのに対して，16世紀における注釈者は，D. バルバロス，P. ヴィクトリウスといった修辞学者たちであった。Kristeller[1983], p. 4, notes 8, 12.

躍的に進展した[10]。古典古代修辞術のこうした発見を受けて，ルネサンス修辞術はおもに公私書簡，演説，説教の分野で古典古代の復興と展開をみていった[11]。このうち書簡と演説の復興は，外交技術や「君主の鑑」(specula principis) 論のうちに具現され，14-16 世紀フィレンツェ政治文書と重要な結びつきをもつようになる。

(ii) 『君主論』のなかの修辞術的伝統

　マキァヴェッリの『君主論』が，スタイルとしてはこうした「君主の鑑」論と，それを支えるルネサンス修辞術の伝統のうちにあることは確かであろう。こうした文脈をさらに発展させて，『君主論』を徹底してキケロやクインティリアヌスに発するローマ的修辞術の枠組みで読み解こうとする研究者が，ガーヴァー，ティンクラー，ヴィローリである[12]。
　やや技術論めいた話になるが，ここでガーヴァー，ティンクラー，ヴィローリにならいつつ，『君主論』の文体にみられる修辞術的要素をいくつか挙げて検討してみよう。第1に，マキァヴェッリが献辞 (exordium) と君主国類型論 (partitio) をもって『君主論』を開始し，道徳的君主像を論駁 (refutatio) し，イタリア解放の勧め (peroratia) をもって閉じるとき，その構成はキケロのいう議論の型と順番をだいたいにおいて踏襲している。また第2に，古典古代の修辞術が二項対立の比較によって優劣を論じるパラゴーネ (paragone) という議論形式を採用していたのにならって，ルネサンス人文主義においても二項比較による弁論合戦がさかんに行われたが[13]，「共和国か君主国か」「生まれによる高貴さか徳による高貴さか」「武勲か文勲か」「観想

---

(10) イタリア・ルネサンスがギリシア−ローマという古典古代の修辞術を模倣することに価値を見出していたことは確かであるが，古典古代の全面的模倣か，それとも取捨選択して自分の修辞術との折衷をはかるか，という立場の相違は存した。前者の例としてはキケロ主義者であったバルジッツァや P. コルテージが，後者の例としては L. ヴァッラやポリツィアーノがいる。Kristeller[1983], p. 6.

(11) Kristeller[1983], pp. 7ff.

(12) Garver[1980], pp. 99-120. Tinkler[1988], pp. 187-207. Viroli[1998].

(13) Kristeller[1990], pp. 53-56 を参照。

的生活か活動的生活か」という当時流行のテーマが『君主論』の議論形式の骨格をなしていることも明らかである。人文主義者にとっては、ある1つの世界観を体系的に構築することよりも、ある立場に立ったときにそこに展開されてくる論理を説得的に提示できるかどうかが重要な関心事であった。公的説得術としてのパラゴーネがルネサンスにおいて一種の知的遊戯になったとされるゆえんである[14]。たとえば、サルターティは君主政論者か共和政論者かという論争が研究者のあいだでなされているが[15]、ブラックは、サルターティの方法が体系的一貫性を重視する哲学の方法ではなく柔軟性と適用可能性を重視する修辞術の方法であったことを強調しつつ、かれの日和見主義は修辞術上のパラゴーネのあらわれであると指摘している[16]。第3に、キケロ風ラテン文の構成がもつ雄弁さは、原理的論証のもつスタティックで緻密で網羅的な体系性よりも、むしろ類比や対比を際立たせる接続関係を通じて複数の陳述間の均衡を保っていく文体にあると考えられるが、修辞術で「完成文」(periodus)と呼ばれるこうした文体こそ、フィレンツェの人文主義者や政治史家がスコラ的論証に対抗して熱烈に支持し採用していた形式であった。文章を構成する単語・句・節・文が、一定の順序に従い積み上げられて静的な単体論理を提示しているというのではなく、各句各節が絶えず対比や類比を繰り返しつつ全体が均衡のとれた物語として紡ぎ出されてくる。豊富

---

(14) この点については、クリステラーとシーゲルによりつつ、人文主義者の修辞術を「知的遊戯」と「状況への実践的対応」の2点から特徴づけている石坂 [1994], 八〇-九二頁の視点を参照。F. ギルバートはさらに歩を進めて、『君主論』の目次構成のみならず、『君主論』の君主擁護傾向と『リウィウス論』の共和主義傾向との「齟齬」をも、マキァヴェッリにおけるパラゴーネのあらわれとして解釈しようとする。Felix Gilbert[1965, 1984], p. 89. 逆に、人文主義におけるパラゴーネと中世のスコラ論理学との親近性についても、実証と理論の両面から指摘がなされている。Neal W. Gilbert[1971]. 佐藤三夫 [1991], 一五四頁。

(15) ヘルデは、サルターティは個人的には君主政論者であったが、勤務先のフィレンツェ共和政庁に配慮して共和主義者を装っていたのだと解釈する。Herde[1965], S. 141-220. これに対してウィットは、サルターティを統治形態に拘泥しない相対的日和見主義者として描く傾向がある。Witt[1976].

(16) Robert Black[1986], p. 994.

な事例に満ちたマキァヴェッリの著作が，こうしたルネサンスの文体論の立場で綴られていることは明らかであろう。第4に，事例の列挙を普遍法則の例証ではなく修辞的説得技法の一部であるとみなす思考[17]も，マキァヴェッリがルネサンスから受け継いだものである。このことについても多少付言しておく必要があろう。『君主論』は，同時代人のモアが『ユートピア』において採用したのと同様の「称賛すべき」イメージを描こうとする「君主の鑑」論の叙述形態を形式上は取り入れている。『ヘレニウスに贈る弁論術』で提示された修辞術の類別に従えば[18]，こうした理想のイメージを提示する叙述形態はアリストテレスのいう演説的修辞術（epideictic rhetoric）であるが，マキァヴェッリは，称賛されるべき対象の提示ではなく，読み手を政策的思考へと誘い説得しようとする審議的修辞術（deliberative rhetoric）の伝統をも内容に混入させ，伝統的な理想君主像を相対化する方向へと論を進める。かれはそれを，称賛に値する事柄がそのことゆえに進言に値するという伝統的順位を逆転させ，進言に値し有用である事柄はそのことゆえに称賛されるのだと考えることによって，行っていく。こうしてティンクラーによれば，古代の叙述形式に近代の内容を盛り込んだとしばしば解釈される『君主論』は，修辞術の方法枠組に限定してもなお「近代」的様式への変容として説明される。

しかし私見によれば，称賛と有用性をめぐるキケロとマキァヴェッリとの修辞術上の差異は，たんにティンクラーのいうような修辞術の様式の差異からのみならず，修辞術と哲学との関係それ自体からも生じているように思われる。哲学と修辞術を相補的にとらえる見方には，2通りの解釈が存在しうる。＜哲学的真理の伝達には説得術としての修辞術が不可欠である＞（哲学者は弁論家でもある必要がある）という解釈と，＜修辞術の雄弁は叡智すなわち哲学に支えられていなければならない＞（弁論家は哲学者でもなければならない）とする解釈である。とくにマキァヴェッリが後者の意味での認識をキケロと共有していたかどうかには疑問が残る。第2の解釈の意味をさら

---

(17) 初期近代における例証と修辞術の関係については，つぎの諸文献を参照。Spackman[1990], p. 152. Kahn[1994]. Tinkler[1988], p. 198. Lyons[1989], pp. 35-36, 49, 63-65.

(18) [Cicero], *Rhetorica ad Herennium*, I. 2.

に明らかにするために,ソクラテス-プラトンにおける「哲学」の意味に立ち返ってみよう。問答法によって意見から真知へと上昇していく営み——イデアの所有ではなくイデアへの志向性——こそを語の厳密な意味での哲学であるとするソクラテス-プラトン的立場は,無知の知（＜われわれは知らない＞）の自覚に立っている。この「知的基盤探求論」（"zeteticism"）の立場は,懐疑論（skepticism＝＜われわれは知りえない＞）や独断論（dogmatism＝＜われわれは知っている＞＜われわれは批判的吟味なく知りうる＞）よりも,一層ラディカルに知的基盤を解体する立場であるともいえる。というのも,懐疑論と不可知論（agnosticism）を認識の限界の画定という意味で同一線上にあるものと理解すれば,懐疑論は＜われわれは知りえない＞と主張するだけの根拠を有しておりそれを疑わないのに対して,知的基盤探求論は根拠そのものをつねに問い直し続けるからである[19]。つまり,知的基盤探求論にとって,修辞術は説得術だけでなく探求術の機能をも果たすものでなければならず,探求の結果,当初の教訓とは違った真理が見えてきたならば,そちらに向けてみずからを修正しなければならないのである。マキァヴェッリの修辞術には,実践的教訓という「真理」を伝達し人びとを説得するという意味で実践的哲学の手段となる可能性はあるけれども,教訓の内容それ自体を哲学的・道徳的に再吟味するという知的基盤探求論の意味で実践的哲学の手段となる可能性は少ないといわねばならないであろう[20]。

---

(19) Zeteticism のこうした位置づけは,2002年12月9日に京都大学において行われた,シカゴ大学教授ネイサン・タルコフによる政治哲学者レオ・シュトラウスについての講演会での教唆にもとづいている。

(20) 哲学と修辞術の齟齬の問題を,哲学的ロゴス観と修辞術的ロゴス観との対比で,近年におけるソフィストのポストモダン的解釈を題材に論じた研究として,小野［2002］,一六三――一七四頁を参照。この研究によれば,アロンソ・トルデシラスらによる近年のソフィスト再評価の動きは,ソフィストが,ロゴスを同一性創出の手段とみなすのではなく差異性と両義性の現出を喚起するものととらえる修辞術的ロゴス観をもっていたことに注目する。ソクラテス-プラトンの同一性の哲学的政治に対して,差異と両義性の修辞術的政治を主張したのが,ソフィストであるというのである。こうした修辞術的なロゴス解釈にとって,＜言語は意味を有し,矛盾律の規則に厳格に従う＞とするアリストテレスの言語論（*Metaphysica*, 1006a）は,致命的な打撃を与えたとされる。存在

したがって，ガーヴァー，ティンクラー，ヴィローリのように，叙述様式の類似性にのみ着目して，古代ローマ，ルネサンス・フィレンツェ，マキァヴェッリの3者を同一の修辞術的系譜においてとらえる見方は，やや粗雑の感を免れないように思われる。しかしこのことは，マキァヴェッリにおける修辞術的伝統を検討すること自体を無意味化するわけではない。というのも以下にみるように，マキァヴェッリにおいて修辞術は「事物の実効的真実」という実利的説得術観を背景として，かれのなかで教訓的歴史叙述とつながっているからである。

(ii) 修辞術と実践的歴史叙述

マキァヴェッリの位置づけの問題についていえば，修辞術の伝統のなかでは，マキァヴェッリの教訓的歴史叙述は，思考と言語，知識と文体，倫理的知と言葉とを二元的に区分して後者すなわち文体の流麗さにのみ修辞術の効用を見出すようなのちのP. ラムス的修辞術の系譜ではなく，両者を統合的・相補的に捉えつつ，政治的真実を生成し伝達する実践的地平として歴史を編纂していくアリストテレス-ポリビオス-キケロ的伝統に立った修辞術の系譜に属しているといえる。換言すれば，キケロにとってと同様にマキァヴェッリにとっても，修辞術は美学の一部ではなく政治学の一部である[21]。修辞術のキケロ的系譜とラムス的系譜のあいだの論争は，内容的には哲学と修辞術の関係をめぐる論争の一変奏として古来より行われてきたものである。ソ

とは言語のその都度の戯れの所産であるとすれば，可能態の現実化や存在の実体化としての存在論ではなく，言説としての存在論の可能性が浮上する。存在による秩序ではなく言語による秩序を主張した点で，ソフィストはマキァヴェッリに先立つ修辞術的政治学の祖先とされるのである。小野[2002]，一六九−一七〇頁，注(4)参照。

(21) ただしこのことは，マキァヴェッリが政治と弁論を同一視するソフィスト的伝統 (Aristoteles, *Ethica Nicomachea*, 1181a) に立っていたことを意味しない。政治における言論の万能性を批判し，言論を超越した政治の過酷さ (sternness) を認識していた点に，マキァヴェッリとソクラテスとの共同戦線を見出そうとする立場として，Strauss[1987], pp. 316-317 や Strauss[1958], p. 292 がある。飯島[2005]も参照。

クラテスとゴルギアスの論争，プラトンとソフィストの齟齬のうちに，すでにそれは見出される。ゴルギアス－ソフィスト流の修辞術重視の根底にあるのは，万物が流転し人間が万物の尺度であるという世界観であり，それゆえに存在そのものは知りえないという前提である。存在そのものが知りえないかぎり，政治の根拠は真知よりも意見であり，真理ではなく言語による説得力が重視される。したがって修辞術は，徳を教えるものではなく，徳への情熱を喚起するものとなり，ひいては修辞術それ自体が徳の一種とみなされるようになる。これに対して，形相と幾何学的・超越的真理とを同一視するプラトンによれば，哲学の真理にふさわしい言論形式であるディアレクティークと，デマゴーグが民衆を説得する際に用いる言論形式であるレトリックとは，真理と意見との敵対関係に対応するかたちで，相互に敵対しあう。プラトンにとっては，修辞術は，ディアレクティークの方法によって哲学的真理の構造のうちに従属的に位置づけられた場合にのみ，真理の「説得技法」としての重要性をもつものである[22]。修辞術を個別的事象の外観と結びつけ，哲学を普遍的実在と結びつけつつ，修辞術を哲学に従属させるプラトンの発想は，アリストテレスに引き継がれた。その後キケロは，修辞術を哲学よりも雄弁術の一部とみなすことで，哲学と修辞術を相互に独立した対等なものと見る立場にやや接近するが，なお哲学的真実性を修辞術の根拠としており，美学的説得の要素は少ない[23]。またルネサンス期における美的修辞術と実践的修辞術との論争の一例として，修辞術の流麗さを重視するピコ・デラ・ミランドラと哲学的真理との一体性を強調するエルモラオ・バルバロとの往復書簡が，イタリア語訳を付されてガレンによって出版されている[24]。

　修辞術の位置づけをめぐるこうした論争のなかで，実践的修辞術の系譜にマキァヴェッリが属するということは，かれの政治学が「歴史解釈の政治学」であるという考察と不可分である。つまり，マキァヴェッリがみずからの中心的な課題とした arte dello stato においては，歴史解釈によって事物の

---

(22) Platon, *Phaedrus*, 269c-274b, 277b-c.

(23) Struever[1970], pp. 5-39.

(24) *Prosatori Latini del Quattrocento*, a cura di Eugenio Garin[1952], pp. 804-823, 844-863. Gray[1963], pp. 507ff. 哲学と修辞術の関係をめぐる議論のルネサンス期における展開については，Kristeller[1990], pp. 12ff. を参照。

実効的真実(支配者の意図)を発見していくという「発見としての歴史」の契機と,真らしく見せる修辞術によって同時代人を説得していくという「有用性としての歴史」の契機とが,キケロにおける場合と同様に,統合されつつ相補っている。「事物の実効的真実」をもって真理とするマキァヴェッリが,真理を歴史化かつ政治化し,歴史をこそ真理ととらえていった背景には,言葉=理性(ratio)と弁論(oratio)を不可分とするキケロ修辞術の伝統を手法として用いるルネサンス人文主義の政治的歴史観が存していた。事実,人文主義の修辞学者たちの主要な領域は,歴史書の執筆であった[25]。スコラ学の抽象性に反抗した人文主義者たちの姿勢は,「知識の目的が真理であるのに比して,意志の目的は善たることである。真理を知るよりも善を意志するほうがよい[26]」というペトラルカの言葉にあらわれているが,こうした人文主義者たちにならって,真実とは実効的・生産的な(effettuale)ものであるとマキァヴェッリが考えていたことは,真実が説得によって賛同者を増やす修辞術的性質をもっていることをマキァヴェッリが認めていた事実を示唆するであろう。その意味ではマキァヴェッリも,修辞術を最も高貴な学の1つと考えるギリシア-ローマ的伝統にのっとっている。修辞術は華麗な文体技法にとどまらない。正しく書き話すことを教えるのが文法であるとすれば,修辞術は実践的な善に従って書き話すこと,すなわち公民の有徳性に訴える弁論を教えるものである。アリストテレスが弁論術としての修辞術を,(1)利害にかかわる審議的なもの(勧奨もしくは制止)— $\sigma\upsilon\mu\beta o\upsilon\lambda\varepsilon\nu\tau\iota\kappa\acute{o}\nu$, deliberative, (2) 正不正にかかわる法廷用のもの(告訴もしくは弁明)— $\delta\iota\kappa\alpha\nu\iota\kappa\acute{o}\nu$, forensic, (3) 美醜優劣にかかわる演説的なもの(称賛もしくは非難)— $\varepsilon\pi\iota\delta\varepsilon\iota\tau\iota\kappa\acute{o}\nu$, epideictic の3種に分けたのは有名であるが,アリストテレスはそれらすべての目的を幸福であるとし,幸福とは有徳な生である

---

(25) Kristeller[1979], p. 250.

(26) Petrarch, *De sui ipsius et multorum ignorantia*, H. Nachod, trans., in Ernst Cassirer, Kristeller, and John Herman Randall, Jr. eds. [1948], pp. 47, 105, 133. Petrarch, *Prose*, a cura di Martellotti, Ricci, Carrara, Bianchi[1955], pp. 710-767. ペトラルカはスコラ学者の描くアリストテレスが徳への渇望をもたらさないことを批判しつつ,キケロ,セネカ,ホラチウスといったローマの著述家を高く評価する。

と規定する[27]。そしてアリストテレスが口頭弁論とのみ結びつけた修辞術は，歴史叙述が政治的重要性をしだいに獲得するローマを経て，中世にいたると，文書（文体や記述様式）にも適用されるようになっていった。マキァヴェッリは，知的徳や道徳的徳の内容についてはアリストテレスと見解を異にするけれども，公民の資質としての徳の育成を実践的学の主眼とする点，そして公民的徳が修辞術の不可欠の前提であることを認める点において，アリストテレス修辞術の伝統のうちにいるといえる。

　修辞術の道徳性については，キケロも，『弁論家について』のなかでジェネラリストとしての弁論家こそが指導者たるべきであるとしてつぎのように述べていた。「もっとも重要な事柄について勧告をなす際，みずからの意見を権威ある者として提示することが弁論家の能力である。熱意のない国民を奮い立たせ，放埓な衝動を抑制することはかれの義務でもある。雄弁というひとつの同じ力によって，人びとのうち偽りの者たちは破滅し，正しい者たちは救い出される。有徳な行為を励まし，悪徳なふるまいを正すのに弁論家以上に情熱的な者があろうか。邪悪な者を咎めるのにかれ以上に厳格たりうる者，賞賛に値する者を誉めるのにかれ以上に寛大たりうる者が，誰かあろうか。不法な欲望の力を鎮圧するのにかれの糾弾以上に有効なものがあろうか。悲しみをいやしうる心地よい言葉としてかれの言葉以上に優しいものがあろうか[28]。」ローマ人たちにとって，歴史や弁論は修辞術の一部であった。キケロは，へつらいや敵意を除いた真実を述べることが歴史家の第一の義務であるとしたが，同時に歴史家が装飾技芸としての弁論術を習得することを奨励した。「要点をより説得的に提示するために，修辞家は歴史の素材を操作することが許される[29]。」またクインティリアヌスも，悲劇や詩と違って歴史著作が実際の出来事の解説であることは認めつつも，なお歴史とは，事実の立証よりもむしろ後世の利益のために物語を構成することであり，それによって著者の公的名誉を確立するものであると考えていた[30]。その意味で歴史とは散文による詩なのである。フィクションが道徳の伝達に有効であり，

---

(27) Aristoteles, *Rhetorica*, 1358b, 1360b.

(28) Cicero, *De Oratore*, II. 35.

(29) Cicero, *Brutus*, X.

(30) Quintilian, *Institutio Oratoria*, X. I. 31.

歴史の目的が道徳的教訓の伝達であるからには，歴史家は事実と装飾の双方に通じることで，歴史的真実と道徳的真実とのバランスに配慮する必要があるからである。

　装飾された歴史叙述によって愛国心を鼓舞するというキケロ以来の伝統は，フィレンツェ人文主義にも受け継がれている。1960年代以降，＜ブルーニ（に代表されるフィレンツェ書記官長たち）は「政治的人文主義者」かそれとも「専門的修辞家」か＞という解釈論争が行われてきた[31]。しかし，ハンキンスが指摘するように，教訓的歴史叙述こそが当時の思想史的文脈であったとすれば，civic と rhetoric を対置させる解釈図式は，ルネサンス・フィレンツェの文脈を適切にとらえているとはいい難い[32]。本書もハンキンスの立場に同意したい。そしてマキァヴェッリもまた，『戦術論』のなかで軍隊の指揮官（capitani）に弁論家（oratori）たるための訓練を要請していた（AG, IV; 354；一：一九六）。ここでもマキァヴェッリの歴史的政治思想は，説得の術としての教育的修辞術の伝統を受け継いでいる。歴史は，たとえ熾烈で悲惨な時代の叙述であったとしても，道徳的推論よりも政治にとって有用である。それは，1つにはそれが理性だけでなく情念にも訴えるからであるし，また1つにはそれが事柄の具体的細部に踏みこんで政治的思慮のための材料を提供するからである。そしてこの双方の利点の理由となっているのが，歴史が哲学と雄弁の混合領域であり，歴史叙述こそ教育的修辞術を最も発揮しうる領域であるという見方なのである。キケロにとっても，フィレンツェ人文主義者やマキァヴェッリにとっても，修辞術は私的文芸ではなかった。アリストテレスとは異なって，キケロにおいては，理性（ratio）そのものよりも弁論（oratio）こそが動物と人間との境界であると考えられるほどに，修辞術は人間の公的本性と不可分な重要要素であった[33]。知恵

---

　(31) たとえばバロンとシーゲルとの人文主義解釈の相違を参照。Baron[1955a, 1966] はブルーニを civic humanist と位置づける立場で有名であるが，Seigel[1968] は，ブルーニは専門的修辞家以上のものではないとする。Seigel[1966] をも参照。

　(32) James Hankins, "The civic panegyrics of Leonardo Bruni", in Hankins, ed. [2000], pp. 168-169.

　(33) Cicero, *De Inventione*, I. 4.

(sapientia) をともなう雄弁 (eloquentia) の術であるところの修辞術は，法の真実を説明し，法を尊重するように人びとを説得するがゆえに，修辞術は政体の安定を護る公的技能とみなされた。理想的政治家が備えているべき道徳的資質は，キケロによれば，修辞術のうちに集約されているのである。「修辞術による教育」という思想の前提にあるのは，万人が等しく公的理性を備えているわけではないという認識である。つまり修辞術は，平等な諸個人のあいだの対等な社会契約の媒体ではなく，公的理性の保持者による平民の説得手段なのである。法の内容に万人が理性的に合意するだけで社会的紐帯ができあがる社会契約の観念は，雄弁術と正反対の言語伝統に立つものであるといえる。とくにホッブズにおいては，契約の基礎となる言語は，理性や真実の媒体ではなく，名辞の付与によって因果関係を示す了解のための記号とみなされているからである[34]。

周知のごとく，キケロ『発想について』(*De inventione*) によれば，弁論家 (oratore) が統治者を文書によって説得するには，(1) 発想 (inventio)，(2) 構成 (dispositio)，(3) 表現 (eloqutio)，(4) 表現された主題構成の記憶 (memoria)，(5) 適切な身振りや声などの所作 (pronuntiatio) の5つの部分から成る修辞術 (ars rhetorica) をとりわけ習得しなければならない[35]。発想とは，事実・定義・行為特性・可能性といった領域区分に応じて議論の型を使い分けることを意味し，構成とは，(a) 序論 (exordium)，(b) 叙述 (narratio)，(c) 主題の分節化 (partitio)，(d) 確証 (confirmatio)，(e) 論駁 (refutatio)，(f) 結論 (peroratia) の6つの機能部分に分割された議論の順序を意味する。そしてキケロ的修辞術の伝統に立った歴史叙述においては，諸事実の適切な選択と領域区分による「発想」にもとづき，それら事実を時間的因果性と空間的体系性を顧慮した全体的連関に従って「構成」しなおし，明快・重厚・荘重・簡潔・独自な文体によって「表現」したとき，そこにはじめて，同時代人を満足させるにすぎない恣意的な「物語的歴史」（ベルンハイム）ではなく「将来を指導する記念碑」として有用な実践的歴史が成立するのである。キケロが楽しみとしての歴史と事実としての歴史とを区分し，両者の統合，すなわち楽しくかつ政治生活に有用な教訓的事実の宝庫として

---

(34) Hobbes, *Leviathan*, chap. 4.

(35) Cicero, *De inventione*, I. 7.

の歴史を重視した[36]ことはよく知られている。この区分にみられるような歴史叙述における神話と事実との区別は、ホメロスにおいてはそれほど重視されていなかったが、ポリビオスからローマ時代にかけての歴史家たちが実践的に有用な歴史叙述は事実の記録にもとづかねばならないとして神話と事実を区別し始めたとき、ルネサンスからマキァヴェッリを経て初期ホッブズにまでいたる実践的歴史叙述が誕生したのである。この「歴史解釈の政治学」の第1の波は、後にホッブズが史的事実と神話と方法的真理の3者の区分を前提するようになって終わりを告げ、ルソーがホッブズやロックの自然状態論を批判して政治共同体の正当性根拠を仮説上の歴史的起源にまで遡ったときに、「近代性の第2の波」(レオ・シュトラウス)[37]として復活することになる。

第3節　解釈術と歴史——ルネサンスにおける解釈術の諸類型

　修辞術と並んでルネサンスの歴史叙述の手法に影響を及ぼしたのが解釈術である。ハンキンスは、15世紀の古典釈義学者たちのあいだで用いられていた読解と解釈の諸形態を、目的によって以下の7つに分類している[38]。サルターティやブルーニの歴史書読解がおもに (2) と (4) の混合であり、マキァヴェッリの歴史解釈が (2) や (4) にくわえて (6) の傾向をも含むものであることは、以下より看取されうるように思われる。

(1) 瞑想的読解 (meditative reading)
　ヨーロッパの伝統においては、この読解形態は修道士のための聖ベネディクトゥスの聖務日課にまで遡り、今日でも宗教共同体のうちに継続している。信仰と共同体とを強め、高められた精神と霊性の状態をもたらすことを目指すこの読解[39]においては、テクストは神性への窓とみなされる。読解はきわめてゆ

---

(36) Cicero, *De finibus*., V. 51. 〈esse utilitatem in historia, non modo voluptatem〉
(37) Strauss[1959], pp. 40-55. 邦訳、五六－八二頁。
(38) Hankins[1990], vol. 1, pp. 18-26.
(39) 瞑想的読解との関連で看過されてはならないのは、中世における聖書解釈方法の諸段階である。オリゲネス、カッシアヌス、グレゴリウス大教皇、ベーダを経て中世に伝えられた聖書解釈法の諸段階を12世紀に理論

っくりと行われ，文章は短い断片へと分解され，心に染み入る文言集として瞑想のために用いられる。コンテクストは重視されず，あらゆる問いかけや批評は，テクストを殺すものとみなされ，忌避される。

(2) 教義的読解ないし史誌 (doctrinal reading or historia)

この読解のヨーロッパ的起源は，古代ローマ後期の文法学者セルウィウスとプリスキアヌスであり，中世およびルネサンスを通じて教育学校での古典評注などにおいて用いられた。この読解の目的は，テクストを，道徳的教訓の枠組，あらゆる技芸の総覧的知識 (historia) として，権威として位置づけることである。著者の意図は普遍的教訓を与えることであり，そのために象徴・寓意・類比・事例提示などあらゆる修辞が用いられていると考えられるため，個人的見解や文脈はさほど重視されない。読者は記憶と模倣によってそこから技術と知恵を取り出す。

(3) スコラ的読解 (scholastic reading)

この読解は，技術的にはローマ法大全の影響を受けているが，直接の起源は，12世紀の大学における神学・医学・法学の専門的知識の教授習得術にある。学生の専門的知識習得の要求に応えるため，マスターたちは断片化したもろもろの権威書の記述を，特定の主題のもとに組織化された教科書として編纂した。たとえば12世紀イタリアの教会法学者グラティアヌスの『教会法矛盾条例義解類集』(*Concordia Discordantium Canonum*) や，神学者ロンバルドゥスの『神学命題集』(*Sentences*) はその典型である。（ローマ法大全 (*Corpus juris*) が教科書として用いられた法学と，それ自体で体系的な講義形式をもったアリストテレス著作体系 (*Corpus Aristotelicum*) が存在した哲学は，例外的に，早くからスコラ的読解に付される教科書をもっていた分野といえる。）古典のスコラ的

化したユーグ・ド・サン＝ヴィクトルによれば，聖書解釈法はつぎの4つの段階を踏んで神の知へと導く。(1) 事実的字義 (historia)：聖書の文字通りの解釈であり，聖書の出来事の第一義的な事実描写。(2) 寓意 (allegoria)：historia によって解釈された字義通りの意味を過去や未来の出来事に関連づける象徴的解釈。(3) 比喩 (tropologia)：寓意から倫理を導出する道徳的解釈。(4) 神秘 (anagogia)：人間間の倫理をこえた神と永遠にかかわる預言の解明。Ehlers[1972]．Goetz[1985]．池上 [1984]．

読解に立つ教授術は，おおむね以下の3段階をとる。すなわち，まずは(a)一定のカリキュラムのもと規則的なペースでなされた講義に便利なように，原典の引用と要約と分析注解を組み合わせた体系書(ordinatio)が準備される。ついで(b)権威書相互の矛盾や権威書と理性との相克と見える点について，問い(quaestiones)がなされ，定義や論理の洗練を通じて矛盾が解消される。そして(c)こうした論理プロセスが議論や反復として実際に演習されるのである。テクストは，第一諸原理からの演繹と三段論法による真理体系構成に適合させるため，命題のレヴェルで読解されるようになる。テクストはもともとの文脈から切り離されて，解釈者が「著者との対話」を通じて発見したと想定する意図にふさわしいように「合理的再構成」(ローティ[40])を経て登場する。

(4) 模倣的読解 (imitative reading)
スコラ的読解に対して，13世紀末の北東イタリアでは，教義的読解とは異なった「前人文主義」の世俗的環境下で，古典の文法学的読解が再び登場してくる。14世紀終わりにかけて，世俗文化におけるアリストテレス主義的傾向を代表する人文主義学派のあいだで盛んになった文法学的観点からの古典読解は，古典が伝える教義のみならず，そのスタイルまで含めて模倣しようとするものであった[41]。この傾向を代表するブルーニの『学問と文芸について』(*De studiis et literis*)によれば，読者は諸事物の学知(rerum scientia)のみならず文芸上の技術(litterarum peritia)すなわち雄弁をも学ぶべきであり，前者は後者に従属しているものである[42]。イソクラテス，キケロ，クインティリアヌスら古典著者たちから，教義だけでなくエートスまで学びとろうとする人文主義者たちは，これらの古典を権威そのものというよりも模倣すべき

---

(40) Richard Rorty, "The Historiography of Philosophy: Four Genres", in Rorty, Schneewind, and Skinner, eds. [1984], pp. 49-56.

(41) Grafton [1985].

(42) *Leonardo Bruni Aretino: Humanistisch-philosophische Schriften mit einer Chronologie seiner Werke und Briefe*, hrsg. Hans Baron [1928], S. 11. 人文主義者における教義的読解から模倣的読解への移行については，Virginia Brown and Craig Kallendorf, "Two Humanistic Annotators of Virgil: Coluccio Salutati and Giovanni Tortelli", in Hankins, Monfasani, and Purnell, Jr., eds. [1987], pp. 65-148を参照。

素材の宝庫であると考えた。古典からよき実例と悪しき実例をよりわけつつ，よきを賞賛し悪しきを非難し，それによってよきに倣い悪しきを避けるよう勧めることが古典読解の目的である。しかし，ある行為がよきものであったのか悪しきものであったのかは，同時代人や後世の歴史家および読者たちの評判にかかっている。行為それ自体で偉大になるのではなく，他人の評価によって偉大になるからには，事実とその叙述とは，すなわち教義と雄弁とは，切り離すことができない。そればかりか，教義の評価を決するのはその教義を知らせる者の雄弁であることになる。それゆえ人文主義者の古典読解においては，過去の人物の偉業よりもその弁舌を模倣することが主眼となる。過去の栄光時代の言語文化と表現世界を再現することが至高の目的となり，古典は，語形変化や構文法，正字法，韻律，散文のリズム，といった言語学的・修辞術的観点から学ばれる[43]。人文主義の古典読解の大部分は，教義的読解とこうした模倣的読解との混成物であったといえる。

(5) 寓意的読解（allegorism）

寓意は1つの読解方法であると同時に教義的読解の一技術でもある。一技術としての寓意と寓意的読解との差異は，前者が著者の個別的教訓を読み取ろうとするのに対して，後者は著作全体を何らかの神学的真理の統合的象徴と解釈する点にある。フィチーノのプラトン読解などは寓意的読解に分類される。

(6) 批判的読解（critical reading）

古代文化をみずからの時代に再生させようという人文主義者の願いから生じた批判的読解は，模倣的読解とは異なって，過去と現在との背景の違いを意識しており，言語上のアナクロニズムを自覚的に避けようとする。人文主義の専門化と洗練をまって15世紀末にはじめて登場したこの読解[44]は，著

---

(43) 人文主義者の古典教育法については，Grafton and Jardine[1986]，chap. 1 を参照。

(44) ルネサンス期における文献学的批評学の生誕については，Grafton[1983] を参照。また，初期近代の歴史叙述における批評学の発展については，Kelly[1970] および Burke[1970] を参照。

者の意図は文脈の注意深い考察を経なければ確定されえないと考え，複数の歴史史料の比較を通じて正確な過去像を描こうとするため，時代や場所を限定した個別研究の色彩が強まる。ポリツィアーノの『ケントゥーリア』(*Centuriae*) やビュデの『金銭について』(*De nummis*) はルネサンス人文主義における批判的古典読解による著述の例である。後になるとこの読解は真作と偽作を見分けようとし，19世紀的な歴史主義の先触れのような傾向を呈するようになるが，15世紀の時点では教訓的読解と古典主義との緊張を表面化させる程度の効用をもった。

(7) 美学的読解 (aesthetic reading)

この読解は，読解の美的効用と道徳的意義とを明確に区別しつつ，前者の美的表現のほうをこそ著者の意図として重視する立場である。読解にあたっては文芸的な楽しみと美的効果とが評価基軸とされる。古くはアリストテレスの『詩学』にまで遡る方法であるが，人文主義時代にはさほど表面化せず，人文主義以降16世紀になって登場してきた。人文主義者にとって著作の美的効用は，道徳的教訓を読者に受け入れ易くするための装飾的手段であった。しかし美学的読解においては，美それ自体の価値が評価基準となるのである。

第4節　時間の政治学——ルネサンスの過去概念

P. バークは，歴史感覚 (the sense of history) という曖昧な概念を3つの要素に分ける。すなわち，過去（時代変化）の感覚 (the sense of the past, the sense of change)，証拠の自覚 (the awareness of evidence)，原因への関心 (the interest in causation) である。かれは，これらの要素いずれもが中世 (400-1400A. D.) の歴史叙述には存在しなかったとして，ルネサンスの歴史叙述こそを「時間の政治学」の出発点とするポーコックの主張の先駆けともいえる主張をなしている[45]。本節では以下バークの論旨をたどってみよう。

まず過去の感覚についていうならば，中世の教養人は，過去が現在とは質的に異なっているという感覚をもつことが少なかった。たとえばローマ帝国の滅亡についても，中世の人びとは，ローマ創設の時期や経緯，衰退の原因や

---

(45) Burke[1969], pp. 1-20.

経過よりも,破滅という出来事それ自体を一種の神話として物語ることしかしていなかった。聖書は,歴史的文献としてよりは,霊的書物として永遠の意義をもつ言葉と解釈される[46]。聖書や史実としてのローマ滅亡と同様,法もまた,特定の時点での発明の産物ではなく,所与の永遠の規範の発見とされた。法が慣習や伝統と同義であった中世においては,新法は語義矛盾なのである。先達の法学者の用語集を用いてユスティニアヌス法典を解釈することを知っていた13世紀中葉のトマスは,時代状況に応じた法の修正の是非を論じ得る感覚をもってはいたが,なお法を改変することの危険を説いている[47]。

また,証拠の自覚については,中世は記述の真実性を裏付ける証拠について批判的にとらえることが少なかった。著者(author)は権威(authority)であり,その書いたものは真正な(authentic)ものであった。神話や偽作(偽ディオニシウスなど)を創出し,それを文書に書き整えることも盛んに行われていた。過去との質的隔たりの自覚が存在しないかぎり,証拠を現代とは異なる時代の「史料」として批判的に検討することもなくなるであろう。

さらに,原因への関心もまた,中世の歴史叙述に欠けていた要素の1つであった。といっても,原因や動機についてまったく言及されなかったということではなく,それらが史実に照らして吟味解釈されることも,またその解釈が論争の対象になることもなかったということである。中世の歴史叙述にあっては,一方で個々の史実の年代記的羅列と,他方で神学的な枠組内での普遍史とが,対照され解釈されることなく二元的に並存していた。因果説明を欠いた年代記(chronicle)ないし物語(narrative)と,終末に収斂する目的論的普遍史の段階的時代区分法とが,中世の歴史叙述の主流をなしていたとすれば,その後に登場した因果分析と個々の事例からの個別的な教訓の導出とを特徴とするルネサンスの歴史叙述(history)は,たしかに時間の隔たりを意識した歴史の手法であったのである。史実相互の関係を類比や象徴によって空間的に解釈しようとする中世の態度が,史実関係を因果論や発生論の枠組で時系列的に解釈しようとする近代の態度と好対照をなすことを,いち早く指摘したのは,ホイジンガであった。カントローヴィチが指摘するように,「永遠」(aeternitas;eternity)と「個別時間」(tempus;time)という中世

---

(46) Summa *Theologiae*, prima, q. 10, a. 3.

(47) Summa *Theologiae*, prima, q. 10.

にも存在した時間概念にくわえて，13世紀に新たに導入された「時代ないし永続」(aevum；age) という第3の時間観念が，ルネサンスにはじまる近代の歴史叙述，すなわち「時間の政治学」を準備したのである[48]。

　過去の感覚，証拠の自覚，原因への関心，これらそれぞれについて，時代 (age) の複数性を明確に前提した言及をなしていったルネサンス人として，やはりまずペトラルカの名が挙げられねばならないであろう。中世の著述家たちと違って，ペトラルカはローマの衰退を自明の理とみなすことなく，その原因を考察し，当代とは異なるローマ時代を物的証拠にもとづいて再構成しようと試みた[49]。15世紀なかばになると，地形上の物理的特性に着目しながらある都市や地方の変遷を叙述する一種の地誌が，ビオンドらによってなされることになるが[50]，これも特殊なるものそれ自体の時代的推移に着目する意識があってできる歴史叙述である。ビオンドはさらに，法が変遷の歴史をもつというペトラルカの洞察を発展させ，ローマ法を歴史的文脈において眺める「法社会学」ないし法史学的視点を導入した。ヴァッラもまたローマ帝国とラテン語の歴史的相対性を説き，後者の衰退は前者の衰退の結果であるとした。国家，法，言語などあらゆるものが歴史的相対性をもつというルネサンスの歴史叙述観を集約的に表明したのが，教会史および政治史以上に学術の発展史を重視するフランシス・ベーコンの知識発展史観であった[51]。またルネサンス期には，偽作や神話を真作ないし一次史料から見分ける必要についても強調されるようになった。ヴァッラは，コンスタンティヌス帝の寄進状 (Donation of Constantine) が偽造であることを証明し，またそれまでキケロの作とされていた修辞術の教則書『ヘレニウスに贈る弁論術』(*Rhetorica ad Herennium*) がキケロによるものではないと主張した。

　個々の時代とその時代特有の諸傾向とを結びつけるルネサンス歴史叙述の背後には，摂理や個々人の私的行動動機によってではなく，普遍と個別の中間とでもいうべき要素によって，すなわち時代状況によって，歴史を説明し

---

(48) Kantrowicz [1957], pp. 275-281. 邦訳（下），一二一一九頁。

(49) Petrarch, "Familiar Letters", XXIV, 8, in trans. Cosenza [1910]. Petrarch, *Africa*, BookVIII, lines 862-925.

(50) Flavio Biondo, *Italy Illustrated*, trans. from 1531 edition, Basel, part 9.

(51) Francis Bacon, *De Augmentis*, BookII, chap. 4.

ようとする方向性が強く作用していた。マキァヴェッリがフォルトゥナを摂理の代行者ではなく可変的な時流として描いたことにも，この方向性があらわれている。グッチャルディーニの『イタリア史』になると，個々人の動機と政治社会の構造変化とを説明要因として併用しつつ，多様な原因の複合として事象を説明しようとする傾向が強まる。16世紀の哲学者パトリッツィは，因果を同時に認識するのが哲学者の任務であり，結果説明のみで原因を認識しようとしないのが歴史家であるとしたが，この時代には，事象の因果説明における政治哲学と歴史学との距離は非常に近かったといえるであろう。

かたや，ルネサンスにおいて歴史学は修辞術と接近し，修辞術の一部とみなされてもいた[52]。政治史の叙述は，傑出した個人の特徴や道徳的性格付け，戦争の経過，公的演説といった諸要素を含み，それをつうじて公的徳の一般的なイメージを提示することを意図していた。これに対して，叙述における演説の引用を減らし，戦争の経過叙述を戯画化することによって，こうした人文主義歴史叙述の傾向に一線を画したのが，マキァヴェッリの『フィレンツェ史』であった。

ルネサンスにおける以上のような歴史意識は，古代ローマの歴史家たちにみられたものの再興であった。たしかに古代ギリシア人は不変のもののみが真の意味で認識可能であると考えていたため，可変的な歴史事象の考察を副次的な認識ととらえがちであった。しかし，キケロが雄弁術に発展の諸段階を認めていたように，古代ローマ人は歴史的隔たりの意識をもっていたのであり，ルネサンスは中世において後景に退いていたこうしたローマの歴史意識を復活させたといえるのである。

第5節　マキァヴェッリと実践的歴史叙述の系譜

本節は，古代ギリシアにはじまり古代ローマを経てルネサンス・フィレンツェの人文主義へと引き継がれた実践的・教訓的歴史叙述の流れを整理しつつ，マキァヴェッリ晩年の大著『フィレンツェ史』の成立背景と内容とをその流れのなかに位置づける。

---

(52) たとえば，ヴァッラの歴史叙述において修辞的要素が強かったことが，歴史叙述の没道徳化をもたらしたと主張する研究として，Janik[1973]を参照。

実践的歴史叙述が政治史ないし政争史として成立したという経緯のうちに，「政治的なるもの」による「歴史的なるもの」の改変を読み取ること。年代記 (chronology) や起源学＝考古学 (archeology) とは区別される，歴史叙述＝修史 (historiography) というジャンルの成立と継承が，政治と歴史の独特の重なり合いを生み出し，フィレンツェ人文主義者のレオナルド・ブルーニやマキァヴェッリに連なる教訓的政治史の伝統枠を形成したこと。ブルーニにおいてはなお維持されていたこの伝統枠が，マキァヴェッリの諸著作とりわけ『フィレンツェ史』における政争概念の意味転換によって徐々に解体され，「政治的なるもの」による「歴史的なるもの」の制圧――政治による歴史の恣意的利用を含めて――がもたらされていったこと。これらの結果としてマキァヴェッリ以降の初期近代の政治史は文芸的考古学の色彩を強め，秩序の設立を原理的に志向する政治論との距離をますます広げていったこと。政治史と政治論とのこの分裂が，たとえばマキァヴェッリの著作における『フィレンツェ史』と『君主論』との整合性の問題として積み残されていること。以上のような主張を跡付けることで，初期近代フィレンツェにおける政治学と歴史学の関係について1つの解釈を提示してみたい。

(i) 実践的歴史叙述の源流――古代ギリシアにおける年代記と歴史叙述

「実践的歴史叙述の系譜」について多少なりとも語るためには，直線史観や循環史観といった歴史観の類型論における実践的歴史叙述の位置づけの検討にくわえて，歴史学そのものの起源を問い，そこから「実践的歴史叙述」をよりわける作業が不可欠になる。木庭顕によれば，紀元前8世紀のギリシアにおける歴史（ヒストリーエー）的思考の誕生は，人びとの行為にとって有意義な過去の「出来事」のイメージをたんに選択・蓄積・整理・伝達する年代学（クロノロジー）の成立に見出されるべきであるよりも，むしろそうして蓄積された「出来事」と現在の日常経験のなかでの「出来事」との齟齬を反省する――それも伝承に拘束されない複数の主体間の自由な議論によって反省する――政治的思考の成立に促されつつ，「出来事」から意識的に抽出した素材を説得的な様式へと加工して論拠とし，そこから結論へと飛躍する論証手続を自覚的に行った，ホメロスによるいわゆる「叙事詩」というジ

ャンルの確立にこそ，見出されるべきである[53]。ホメロスの叙事詩やヘシオドスの著述が，神話と事実との未熟な混同ではなく，また「出来事」イメージのたんなる体系的整序をもこえて，「出来事」イメージから意識的に距離を置きつつイメージ間の対抗関係を保持する一種の政治的ディアレクティケーの方法に立脚しているとすれば，「出来事」の意味づけと現時点の状況との緊張を含んだ隔たりの自覚に発するマキァヴェッリの教訓的・実践的歴史叙述の端緒は，すでに古代ギリシア叙事詩の思考様式のうちに見出されるということも可能であろう。歴史叙述は「出来事」の文芸化によって誕生したのである。

しかしこうした叙事詩的伝統は，紀元前5世紀以降，ヘロドトスによって批判されることになる。ヘロドトスは，ホメロスが文芸の素材として利用した「出来事」イメージそのものの真実性の根拠を問い，事実を説明するためのもう1つ前の段階にある事実に訴える。素材の真実性やその素材を選出する正当性を，そこから導出される含意の豊穣さや深遠さによって理論的に論証説得するのではなく，別の事実とそのための証拠を持ち出すことで，ヘロドトスはいわば「実証」しようとするのである。もちろん事実の説明のために別の事実を持ち出したからといって，それはホメロス以前にも見られた「出来事」のたんなる年代記的・編年体的蓄積ではなく，因果関係の自覚的パラダイムを前提とした歴史学＝歴史物語叙述＝ヒストリーエーである。ツキディデスにいたると，事実のとめどない因果連鎖は歴史叙述の説得方法としては否定され，起源学は「アルカイオロギア」として「前史」へと封じ込められる[54]。代わって，あらゆる「出来事」の背後に，力と力，利害と利害の衝突，およびそこから生じて人間を突き動かす恐怖という動機の存在が示唆され，法則と構造に翻弄される「出来事」の例証としての歴史学が前面に登場する。

---

(53) 木庭［2002］を参照。木庭の論稿は，ホメロス，ヘシオドスからヘロドトス，ツキディデスにいたる古代ギリシアの歴史叙述における，「出来事」の蓄積と政治的思考との関係について，きわめて圧縮された純度の高い議論を展開している。本項「実践的歴史叙述の源流」もこの論稿に多くを負っている。Momigliano［1990］, pp. 29-53 をも参照せよ。

(54) Thoukydides, *Historiae*, I. 2-19.

対抗軸がホメロスのように「伝承と現在」であれ，ヘロドトスのように「事実の原因と結果」であれ，ツキディデスのように「法則と個別」であれ，「出来事」のイメージ相互のうちに齟齬と緊張を読み取り，それを討議の場で説得的に提示することで，年代記と区別された歴史学が発生したのだとすれば，歴史学はその端緒からすでに価値志向的・実践的性格をもっていたことになる。こうした実践的傾向が古代ローマへ，そしてルネサンス・フィレンツェへと，いかにして流れ込んだかが，以下の考察の対象となる。

(ii) 循環史観と実践的歴史叙述の系譜

『君主論』『リウィウス論』『フィレンツェ史』『戦術論』など，一連の政治的著作におけるマキァヴェッリの歴史叙述は，3つの確信に支えられている。すなわち，歴史は繰り返すという前提ゆえに事例から一般的教訓を引き出しうるという確信，現代の導き手としての古代世界の優位性への確信，過去の偉人を模倣することの効用への確信である[55]。こうしたマキァヴェッリの歴史観の確信がアリストテレスの生物学的生成消滅論とポリビオスの「実践的歴史」論とをその源泉としていることは，バターフィールドらによって20世紀中頃から指摘されてきた[56]。マキァヴェッリの歴史観は，歴史に何らかの終焉を想定する直線史観でも，歴史を全体的生命力の生成に還元するニーチェ的な生成史観でもなく，空間的世界の永続性を前提としつつ個々の生命の発展と衰退の過程として歴史を眺める循環史観である。アリストテレスは，ある生命が発展し衰退するうちに他の生命が同様に発展・衰退する波動が，全体として永続不変の世界のなかで繰り返して生じるという生物学的な秩序観念をもって，歴史を眺めた。いうまでもなくマキァヴェッリは，こうしたアリストテレス流の生物学的秩序観を，ポリビオス流の政体循環論と組み合わせて政治秩序観に適用したのである。またアリストテレスの歴史観のなかで重要ないま1つのことは，かれが『詩学』(*Poetica*)のなかで「詩は歴史以上に哲学的である」と述べて歴史と詩と哲学の3者を区別しつつ，詩のほ

---

(55) マキァヴェッリの循環史観の政治思想的含意については，本書第4章を参照。

(56) Butterfield [1940].

うをより哲学に近いという理由で高く評価したことである[57]。アリストテレスによれば，詩学と歴史とは個別的事柄を対象とする点で共通しているけれども，実際に起こった偶発的事柄を未加工のまま語る歴史よりも，人間の根源的な条件と可能性とを圧縮して提示する叙事詩のほうが，人間生活をより深い意味において再現（mimesis）している。

事実（歴史）と再現（詩）と真理（哲学）とのこうした区別からは，対照的な２つの歴史叙述が生じた。一方で，この区別に触発されて，逆に歴史叙述を詩的再現にまで高めようと努め，それによって神話と歴史を同一視するホメロスに接近する結果となったのが，アリストテレス以降に登場したドゥリスやピュラルコスといったギリシアの歴史家たちであった。他方で，歴史を劇詩に近づけるこうした動きに反対して，事実と神話を区別する必要を説き，事実から政治的教訓を引き出すことこそが歴史叙述の役割であると考えたのが，ギリシアとローマの歴史叙述を橋渡しすることになるポリビオスであった。

ポリビオスがみずからの歴史叙述に「事実の体系的歴史」（$\pi\rho\alpha\gamma\mu\alpha\tau\iota\kappa\dot{\eta}$ $\iota\sigma\tau\sigma\rho\iota\alpha$）の名を付したとき[58]，それは，過去の出来事の「再現」ならぬ「模倣」を通じて，実務家すなわち政治家に将来の出来事への予知と対処の能力を付与することこそが，歴史叙述の主目的であるという立場の表明にほかならなかった。ポリビオス自身は，ヘロドトスに端を発する政体変転の思想と，プラトンやアリストテレスに学んだ混合政体論とを組み合わせて，政体循環論を発展させ，それを実践的歴史叙述が提示しうる最もすぐれた教訓の１つと考えていったのである。

「歴史学徒を魅了し益するおもなこととは，原因についての研究，そして，その原因から帰結するところの，個々の場合において何が最善であるかを選択する力についての研究である。そして，あらゆる事柄における成否の原因とは，政体の形態である。というのも，行為のあらゆる企図と計画が泉のように発するだけでなく，その頂点に達するのは，政体においてであるからである[59]。」

---

(57) Aristoteles, *Poetica*, 1451b.
(58) Polybius, *Historiae*, I. 1.
(59) Polybius, *Historiae*, VI. 2. 5-3. 2.

ポリビオスによって一応の完成をみた実践的歴史を，レトリックの観点から規則づけていったのが，キケロ，リウィウス，サルスティウスといったローマの歴史思想家たちであった。キケロは，「真理が第一の法である」歴史家と，その法に服さない演説家ないし修辞家とを区別しながらも，事実記述としての歴史を修辞術によって説得的に表現することの効用を説いていた[60]。『弁論家について』でキケロが用いている言い回しによれば，歴史とは，時代の証人，真理の光，記憶の生命，人生の師（magistra vitae），過去の使者である[61]。かれらローマの歴史家たちは，新事実の発見や方法の自覚的洗練といった点ではギリシアの歴史学に新たな段階を付加することは少なかったけれども，動機を探り，結果を論じ，人物を描写し，徳を賞賛し，修辞技法によって説得的に語る，といった一連の方法の個別的応用を深めることで，「ローマ的な」歴史叙述の典型を確立した。キケロの言葉によれば，歴史家は「何がなされ語られたかだけでなく，それがどのようにしてなぜなされたかをも[62]」示さねばならないのである。そのかぎりでは歴史学は修辞術の一部分である。

(iii) サルスティウスとレオナルド・ブルーニ

 歴史手法のみならずテーマと内容においても人文主義とマキァヴェッリに範と素材を提供していったローマの歴史家として，サルスティウスの歴史書にも触れておく必要があろう[63]。サルスティウスは政界引退後に，紀元前63年のカティリナの陰謀について述べた『カティリナ陰謀』（*Bellum Catilinae*）

---

(60) Cicero, *De oratore*, II. 15, 11, 20, 34, 61, 62.　Felix Gilbert[1965, 1984], pp. 205-207.

(61) Cicero, *De oratore*, II. 36.

(62) "Non solum quid actum aut dictum sit, sed etiam quomodo…" in *De oratore*, II. 15.

(63) マキァヴェッリとサルスティウスとのつながりを，共和主義の系譜の連続性としてとらえる立場に立つ論集として，Bock, Skinner, and Viroli, eds. [1990] がある。また，シヴィック・ヒューマニズムの語彙だけでなくマキァヴェッリの現実主義的な政治語彙もサルスティウスの影響下にあると主張する研究として，Osmond[1993] を参照。

と，紀元前111-105年のヌミディア戦争を扱った『ユグルタ戦記』(*Bellum Iugurthinum*)，そしてスラ以降紀元前78年から第3次ミリダテス戦争終結までを扱った『歴史』(*Historiae*) を執筆した。これらはいずれも，共和政ローマ崩壊期における公的・私的腐敗の広がりと，初期のよき慣習や英雄の業績とを対比している。偉大な行いを通じて栄誉を追求する徳 (**virtus**) こそが，ローマの起源から拡大にいたる上り坂の歴史をもたらしたのであり，長すぎる平和と過度の繁栄から生じた野心と貪欲，虚飾と遊惰が，公民の調和と国家の存続を脅かしたというのである[64]。サルスティウスによれば，徳による真の栄誉ではなく，富による見せかけの栄誉を追求したことが，ローマ腐敗の要因であった。

　サルスティウスはルネサンスにおいて「発見」された歴史家ではない。むしろかれの著作は，古代および中世を通じて，キケロのそれと同様に，ラテン語散文と雄弁の模範，道徳教訓と哲学的叡智の宝庫，共和政ローマ史の信頼しうる史料とみなされた[65]。13世紀末から14世紀初めになると，かれは「政治的人文主義」の先駆者として解釈された。公的徳と共通善の重要性，貪欲による腐敗や政体内党派抗争の危険性，平民選挙による政体の重要性を主張した共和論者としてのサルスティウスである。14世紀後半にイタリアが諸都市国家の抗争時代を迎えると，サルスティウスは内政論のみならず外交政策においても権威ある典拠とみなされるようになる。たとえばコルッチォ・サルターティは，『カティリナ陰謀』第7-9巻を引きつつ，内政上の自由と専制を対比させるだけではなく，自由を平民による政治体制と不可分なものと考え，フィレンツェ共和体制の領土拡大を，イタリア半島統一の中心的要請と考えていった[66]。自由 (**libertas**) －徳 (**virtus**) －栄誉 (**gloria**) の連関関係を，サルスティウスにならってルネサンスにおいてさらに明確に定式化したのは，レオナルド・ブルーニであった。『カティリナ陰謀』第7巻と，

---

(64) Sallust, *Bellum Catilinae*, V.

(65) Skinner[1978], vol. I, chaps. 1-3. スキナーは後期中世における政治分析の2つの系譜として，(1)自由の基礎として道徳と共通善の結合の必要性を強調する修辞術研究，(2)統治機構の配置と政体の保護を強調するスコラ哲学研究，をあげている。

(66) Witt, ed. [1976], p. 54. Osmond[1993], p. 414n. 20.

ブルーニの『フィレンツェ人民の歴史』(Historiae florentini populi libri XII, 1415-1444) 第Ⅰ巻とを比べると，ブルーニの歴史観におけるサルスティウスの共和主義の影響が色濃く窺える[67]。すなわち，＜共和的自己統治の自由概念＞－＜市民的性格の強靱さ＞－＜政治的偉大さ＞，これら3者の内的連関と，その反面としての，＜僭主政＞－＜富と私欲による道徳的堕落＞－＜政治的共同体の衰退＞という連関とを，イタリア都市国家興亡の読解軸とする視点である。平民による統治が君主政や貴族政より優れているのは，僭主政から免れていることや法の前での平等が存在するという理由によるだけでなく，むしろ公民としての名声や官職をめぐってあらゆる公民が競争するという理由にもよるとブルーニは主張する。ブルーニは明らかに，内紛を通じたフィレンツェの領土的拡大を栄誉であるととらえる視点を，サルスティウスを暗黙のうちに援用することで，前面に打ち出しているのである。「われわれの力は，共和国の統治すなわち国内組織にのみ存するのではなく，対外国務の追求のうちにも存する。われわれは軍事的栄誉による評判もまた得ているのである[68]。」

また歴史叙述手法の点でもまた，いうまでもなくマキァヴェッリをとりまくイタリア・ルネサンスの歴史叙述は，ギリシア－ローマの歴史書の再興でもあった。少なくとも，人文主義の歴史家たちを動機付けていたのは，ローマとみずからの時代の歴史叙述との継続性の意識であった[69]。フラヴィオ・ビオンド，レオナルド・ブルーニ，ポッジョ・ブラッチォリーニ，バルトロメオ・スカラといったフィレンツェ人文主義の政治的歴史家たちは，過去の模倣による教訓獲得というローマ的歴史叙述の原理をいかにして継承し，その原理を当代フィレンツェという新たな素材（現代史）にいかにして適用するかを模索していった。その点では，ルネサンスの歴史叙述は，文献学と区

---

(67) Osmond[1993], pp. 415-418.

(68) Leonardo Bruni, *Oratio funebris*, 27, in Daub, ed. and commentary[1996], S. 287, Gordon Griffiths, trans. [1987], *The Humanism of Leonardo Bruni*, p. 126. ほかに *Oratio funebris*, 19-23, in Daub, ed. and commentary[1996], S. 285-286, Griffiths, trans. [1987], pp. 125-126 および Bruni, *Historiae Florentini Populi*, I. 3-4, 68-69, 70-71, Hankins, ed. and trans. [2001], *Leonardo Brun, History of the Florentine People*, vol. I: Books I-IV, pp. 10-11, 86-89 をも参照。

(69) Wilcox[1969], chap. 1.

別されたみずからの役割を自覚していた。文献学者や古典注解者が，写本の誤りが混入している草稿から真正のテクストを抽出する作業に集中していたのに対して，歴史学者はむしろ教訓を伝えるための語り口の洗練に集中し，文芸や修辞術との連携を強め，文献学者による成果を歴史叙述の手段の位置に服させるまでになっていった。歴史叙述は事実的な真正さ以上に事象の語る教訓への洞察とスタイルの問題なのである。かれらはリウィウスの『ローマ史』からまずは形式的なスタイルを継承する。すなわち１つの都市国家の政治的盛衰に焦点を当てつつその都市の歴史をいくつかの時代に分割して数巻に分け，各巻冒頭に一般的省察を付し，年代を追って物語を綴る一方で，時代に応じて微視的手法と巨視的手法とを使い分け，細密に描かれるべき年代と鳥瞰的に概括されるべき年代とを織り交ぜることで，個々の出来事の意義と歴史の変転の速さとをともに印象づける，といったスタイルである。マキァヴェッリに先だってフィレンツェ書記官長の職にあったブルーニ，ブラッチョリーニ，スカラはいずれもこの手法でフィレンツェの歴史を政治史として著した。その政治史も，リウィウスやサルスティウスにならって，外交軍事政策を中心とした外交と，内紛や制度発展を中心とした内政との関連に，焦点が絞られ，さらに事象記述よりも経過や原因の究明と教訓の提示に重点が置かれた。それゆえ戦争記述の典型的様式は，まず当の人民の歴史的性格づけにはじまり，戦争に先立つ交渉経緯の記述を経て，戦場や指揮官や陣形や武器に関する詳細な説明を記した後，戦闘開始前の双方の指揮官の演説を引用して，戦争の目的と原因を複数の観点から読者に推測させ，戦闘の描写と勝敗に進み，そこから得られる道徳的教訓を述べる，というものであった。歴史学を修辞術と道徳哲学の掛け橋とみるローマ歴史学の原理は，こうしてフィレンツェ人文主義におけるイタリア都市国家の歴史叙述に受け継がれたのである。

その代表的な例として，マキァヴェッリの『フィレンツェ史』にローマ史解釈の基本的な観点と叙述様式のモデルを提供したブルーニの『フィレンツェ人民の歴史』をとりあげ，しばらくその中心的な主張と構造をみていこう[70]。自著『フィレンツェ都市への賛辞』（*Laudatio florentinaeurbis*, 1403-

---

(70) "Introduction" by James Hankins, in Hankins, ed. and trans. [2001], pp. ix–xxi.

1404）を史実にもとづかないとして批判されたブルーニは，その後本格的なフィレンツェ史の執筆に着手した[71]。1414年もしくは1415年に書き始められた第1巻が1416年に完成し，第3巻が1420年，第6巻が1429年，第9巻が1439年にそれぞれ発表されたが，最終第12巻はブルーニ自身の1444年の死によって未完に終わった。

『フィレンツェ人民の歴史』序文は，フィレンツェ人文主義の実践教訓としての歴史叙述の手法を，平明かつ簡潔に表明している[72]。まず冒頭でブルーニは，本書の主題が「フィレンツェ人民の行為，すなわち国内外におけるかれらの戦闘，戦時と平時におけるかれらの著名な殊勲」(ut res gestas florentini populi forisque et domi contentiones habitas et vel pace vel bello inclita facta mandare literis aggrederer) について記すことであると述べる。populusの語を，人間一般としてではなく，人民（公民），すなわち共和国の担い手として組織化された平民 (plebs) としてとらえるブルーニ[73]は，フィレンツェ史を，たんなる一郷土史としてではなく，人民を主体とした政争史として描くスタイルを，冒頭から宣言するのである。政争史というスタイルの自覚という点では，ブルーニの範となっているのは，リウィウスやサルスティウスよりもむしろポリビオスやタキトゥスであるといわれる[74]。いずれにせよ

---

(71) ブルーニがみずからの共和主義的観点を最も明瞭に示した著作『フィレンツェ都市への賛辞』は，文字通り称賛的弁論のかたちで書かれた。後にブルーニ自身が，本書が歴史書ではなく賛辞であるかぎり，時として「真理をこえ」(supra veritatem) ざるを得なかったとして，みずからの書を歴史書から区別している。Bruni, *Epist.*, VIII. 4, 1440, ed. L. Mehus, vol. II, p. 111.『フィレンツェ都市への賛辞』を軸としたブルーニの「シヴィック・ヒューマニズム」論とマキァヴェッリとの関連については，本書第6章を参照のこと。

(72) Leonardo Bruni, *Historiae Florentini Populi*, Pooemium. 1-3, Hankins, ed. and trans. [2001], pp. 2-5.

(73) ブルーニにおける populus の語の用法については Wilcox [1969], pp. 211-212 を参照。

(74) Wilcox [1969], pp. 35-37 とくに note19 を参照。もちろん，政争史に限定された歴史という点でポリビオスとブルーニに共通点があるといっても，ポリビオスにみられるフォルトゥナの運命論的作用の視点はブルーニには希薄である。これは，ポリビオスの第6巻（循環史観を論じた箇所）が，マキァヴェッリ以前のイタリアの歴史家たちのあいだではまだ普及していなかったという事

ブルーニにとって，人民主体の政争史という観点からの歴史叙述は，公私両面で益をもたらすものである。なぜなら「われわれはそこから，どの行為を模倣しどの行為を避けるべきかを容易に学び取ることができるし，またそこに記されている偉大な人間による栄誉が，われわれを啓発して徳あるふるまいをさせる」からである。それゆえ学者の特殊な義務とは，「自分たちの時代のふるまいを称賛し，忘却と運命からそれらのふるまいを救出して，それらに神聖さと不死性とを付与すること」（ut suam quisque aetatem celebrando, oblivioni et fato praeripere ac immortalitati consecrare niterentur）である。

　フランスによるフィレンツェ侵入以降の時代を目撃したマキァヴェッリが，フィレンツェの現状について悲観的であるのに対して，ブルーニはフィレンツェの現状を歴史の1つの頂点とみる，という相違はあるものの，現在の立場から過去の個別の出来事の意味を救出することを歴史家の任務とする観点は，マキァヴェッリにもそのまま受け継がれていく。ペトラルカやサルターティと同様にブルーニとマキァヴェッリも，修辞術の外装によって教訓的文芸へと高められた歴史を描こうとするキケロの系譜に位置しているのである。ブルーニ自身，いくつかの著作で，歴史の機能が，物語を語り聴く楽しみと同時に，過去の出来事の動機や原因を考察することによって現代的課題に導きを提供することにもあることを述べている[75]。歴史はたんなる過去賛美と違って，個別の出来事について，それらの因果的連関についての，詳細な知識を必要とするのである。

　「しかしながら歴史は，一連の長い物語を同時に要請する。すなわち，個別の出来事の因果的説明と，あらゆる主題にかんする書き手の判断の

情と関係がある。ポリビオス第6巻のラテン語訳草稿をマキァヴェッリが入手していた可能性とその経路については，Walker[1950], vol. 2, pp. 289-291 および Hexter[1956] を参照。

(75) Leonardo Bruni, *Epist.*, VII. 6. Bruni, *De studiis et litteris*, Baron, ed. [1928], p. 13. Bruni, *Historiae Florentine Populi*, Prooemium. 1-2, I. 5-8, 23-24, III. 11-13, Hankins, ed. and trans. [2001], pp. 3, 13, 15, 33, 247, 249. キケロは，歴史には快楽と有用性とがともに含まれていると述べる。Cicero, *De Oratore*, II. 36. *De Finibus*, V. 51. ブルーニの歴史叙述へのキケロの影響については，Berthold Ullman[1946] によっている。

公的な表明とを要請するのである[76]。」(Historiam vero, in qua tot simul rerum longa et continuata ratio sit habenda causaeque factorum omnium singulatim explicandae et de quacumque re iudicium in medio proferendum.)「歴史と賛辞とはそれぞれに別物である。歴史は真理に従わねばならず，賛辞はその称賛において真理をこえていく[77]。」(Aliud est enim historia, aliud laudatio. Historia quidem veritatem sequi debet, laudatio vero multa supra veritatem extollit.)

歴史の執筆には長い時間を要するという見解や，歴史と賛辞を区別しつつ歴史が依るべき第一の法を真理であるとする見解は，キケロのものであった[78]。みずからがキケロ的伝統の担い手であり，フィレンツェこそ古代ローマの直接の継承者であるというブルーニの認識は，「あらゆる歴史はローマへの称賛にほかならない」と述べたペトラルカをはじめとして，サルターティやブラッチォリーニにもみられたフィレンツェ人文主義歴史叙述の一般的傾向であったのである。

ブルーニの『フィレンツェ人民の歴史』第Ⅰ巻で，ローマ-フィレンツェの歴史はおおよそ5つの時期に区分されているように思われる。第1は，自由な制度のもとに皇帝を立てたローマ共和政時代である。第2に，古代ローマ皇帝たちの抑圧的支配によって，国の内側から人民の自由が喪失していった時代がくる。第3は，蛮族（ロンバルディア王国）によるイタリア支配の時代であり，外敵による自由喪失時代とみなされている。第4は，ロンバルディア王国の抑圧からイタリアを解放したカール大帝（シャルルマーニュ）による新帝国時代。第5に，フィレンツェ近代史の幕開けを告げる1250年以降のイタリア都市国家の内紛列強時代である。ブルーニは，人民の自由と徳の盛衰を時代区分の軸に据えて，ローマ史の延長上に政争史としてのフィレンツェ史を描き，キケロのvirtusとマキァヴェッリのvirtùをつなぐ歴史叙述を形成していったのである。第Ⅰ巻におけるブルーニのローマ史解釈は，中世の歴史物語に対するいくつかの決定的に重要な相違を示している。

---

(76) Bruni, *Historiae Florentini Populi,* Prooemium. 2-3, Hankins, ed. and trans. [2001], pp. 4-5.

(77) Bruni, *Epist.*, VIII. 4.

(78) Cicero, *De Oratore,* II. 62. *De Legibus,* I. 45. *Att.*, I. 19, 10.

中世の歴史家たちの理解した世界史は，ローマ帝国の発展とその発展のなかでのキリストの受肉において頂点に達するような，一連の帝国の継承史にほかならなかった。アウグストゥス帝によってパクス・ロマーナが確立され，その安定のもとにキリスト教が広まり，コンスタンティヌスによる公認を経てテオドシウスによる国教化にいたる 1-4 世紀のローマ帝国が，歴史の中心的な参照点と考えられた。共和政ローマは，キリスト教と帝国が登場する前史と位置づけられる傾向があった。しかし，共和政体の正統性と優位性を論証しようとするブルーニにとって，1000 年にわたって西欧の歴史叙述を支配してきたこうした中世的な史観は，受容し難いものであった。ブルーニは，歴史史料やみずからの判断をもとに，中世的ローマ史観に大胆に挑戦する。いかにして，帝政ではなく共和政ローマをトスカナ地方（とりわけフィレンツェ）の起源として想起させることができるか。ブルーニは，ローマ以前に中部イタリアを支配していたエトルスカ連合に注目する[79]。エトルスカ連合は，トスカナ地方の 12 の都市国家の中央に位置していた自由な人民の同盟であり，ローマが後に範とした文化的・宗教的繁栄を誇っていた。ローマ共和政の勃興によって衰退した連合としてリウィウスの叙述に登場するこのエトルスカは，ブルーニによれば，帝政ローマの繁栄と滅亡を経て，トスカナ地方の自由な諸都市のうちに再生しはじめる。そして 13 世紀後半には，トスカナの中心であるフィレンツェは，古代エトルスカの自由と文化，ローマの徳と統一とを結合した「新たなローマ」として，イタリアの中心を占めるようになった。こうして，フィレンツェの自由と統一の起源を，エトルスカ連合に範をとったローマ共和政に求めるというのが，ブルーニの基本的なフィレンツェ史観である。

　第 2 巻から第 12 巻までは，自由な人民の国家として登場したフィレンツェがトスカナを支配するようになるまでの経緯を描く。フィレンツェの自由の発展史が，自由の起源につづくこの書の第 2 のテーマである。ブルーニにとって，フィレンツェ史の主人公は神聖ローマ帝国でも教皇庁でもなく，人民（popolo）であった。中世後期の北中部イタリアにおけるポポロは，社会

---

(79) Bruni, *Historiae Florentini Populi,* I. 13-36, Hankins, ed. and trans. [2001], pp. 18-49.

経済史上は,中産商業階級によるギルドを意味した[80]。しかし同時にかれらは,貴族階級によって引き起こされる政治的動乱を監視し,市民的平和秩序を維持するために,13世紀中葉には政治的結合をも結成するようになっており,13世紀後半になるとコムーネの政治的実権を握って都市共和政体を形成するようになる。13世紀後半から14世紀後半にかけてフィレンツェ政体を統治していたのは,こうした人民のギルド的組織体であり,かれらの統治があるかぎり,メディチ家ら富裕層による影響がいかに強かったとしても,なおフィレンツェは自由な共和政体である,というのがブルーニの主張であった。この部分は,フィレンツェ史におけるメディチ家支配の時代を共和政への対立物とみなすマキァヴェッリとの相違が,明瞭にあらわれる点でもある。また,人民をフィレンツェ史の中心にすえるブルーニの史観は,皇帝位の連続性にかんする見解においても,ブルーニとペトラルカおよびサルターティとの相違を際立たせる。ペトラルカやサルターティは,シャルルマーニュ帝政を古代帝政ローマの直接の後継と見なしていたが,ブルーニは両者の時間的隔たりだけでなく質的相違をも強調する。すなわち古代ローマの皇帝は,僭主的統治を行ってはいたが人民によって選ばれ人民から権力を付与される形態をとっていた。これに対してシャルルマーニュは,人民による委託なしに教皇によって皇帝に任命されたのであり,両者の相違は大きいというのである[81]。ブルーニが欲したのは,教皇の指導のもとに人民が自由に皇帝を選ぶ形式であった。

　政治的自由や歴史区分に関する見方に目を転じると,ブルーニの観点はマキァヴェッリの観点に近くなる。外敵からの独立と内政における自治を意味する政治的自由概念は,各公民の観点からすれば,法治下で恣意的権力から保護されて官職に就任できる自由を意味し,都市国家の観点からすれば,国家の拡大を促し衰退を防ぐ諸要因の源泉を意味する。自由が拡大するとき国家は勢力を広げ,自由が失われるとき国家も専制や内乱や侵略によって滅びるのである。共和的自由は,よき統治の条件であると同時に,帝国拡大と歴史変革の要因なのである。共和政ローマの自由が皇帝に取って代わられたと

---

(80) Najemy [2000], p. 82.

(81) Bruni, *Historiae Florentini Populi*, I. 72, Hankins, ed. and trans. [2001], pp. 90-91.

き，徳もまた衰退したとブルーニはいう。官職決定権が特定の個人の恣意的判断にゆだねられるとき，それまで官職の公開性と獲得資格とを同時に定義してきた徳という資質もまた軽視されるようになったというのである。またブルーニは，第II巻の最初で，第I巻における5時代区分を要約した3時代区分を提唱している。これによってブルーニは，古代・中世・近代という区分を，マキァヴェッリや近代に先駆けて暗示しているともいえる。すなわち古代とは，ブルーニによれば，共和政ローマから帝政ローマ衰退にいたる時代，すなわち紀元476年にオドアケルが西ローマ帝国最後の皇帝であったアウグストゥルスを廃位したときに終わった時代である。そして中世とは，ローマ帝国滅亡からロンバルディアによる支配（＝弱い帝政）を経て11-12世紀に公民的精神が復活してくるまでの時代であり，近代とは，13世紀後半に神聖ローマ帝国がイタリア国内における勢力を失い，諸都市および諸党派の群雄割拠へとイタリアが移行したときに始まる時代である。しかし，近代的進歩史観とは異なって，ブルーニが歴史を時代毎に区分する意図は，自由の盛衰のうちにあらわれる実践的な教訓を過去から引き出すためである。歴史は科学的知による法則ではなく，賢慮の徳の領域である。かれはつぎのような教訓を提示する。戦争はその経緯と原因とを熟知した賢い公民の助言のもとでなされなければ，非常に危険な行為となる。また戦時には，いたずらに栄誉を求めるよりも自己の真の利益を冷静に顧慮すべきである。こうしてブルーニは，武勲を文勲と並立するマキァヴェッリとは異なって，武勲を文勲の指導下に服させ，栄誉への野心を虚栄心に引き付けてネガティブに評価しようとするのである。したがって，貴族がもちがちな栄誉への野心は，党派抗争に繋がるがゆえに危険視される。外政内政の双方において，国内統一こそが成功の条件なのである。栄誉は国家のみが受けねばならず，国家の栄誉を求めての官職をめぐる公民の競合というかたちにおいてのみ，権力のせめぎあいは正当化される。抗争そのものに関心を抱いてしまう貴族よりも，自分の職をもつがゆえに公職においては国家の栄誉のみを希求できる平民のほうが，共和国の統治者にふさわしい。同時に平民統治体は，知恵と経験に秀でた貴族（元老院）の意見に聴くことによって，階級間の均衡を保たねばならない。最下層を排した中産平民と貴族による公民共和国の青写真こそ，ブルーニが歴史を通して提示しようとするテーマである。

(iv) マキァヴェッリ『フィレンツェ史』の位置づけ

　サルスティウスらローマの歴史叙述を通して，公的徳と愛国心にもとづくフィレンツェ共和国の拡大をはかる意図を，マキァヴェッリもまた人文主義者と共有している。すでにサルターティやブルーニが公的栄誉の内容を領土拡大ととらえる「シヴィック・ヒューマニズム的な」サルスティウス解釈を提示していたが，マキァヴェッリはスパルタやヴェネツィアのような維持型国家よりもローマのような拡大型国家を選ぶことで，自由 (libertas) と栄誉 (gloria=grandezza) を接近させ，調和 (concordia) と静穏 (tranquilitas) を自由に対して緊張関係に置き，「内乱を通じた拡大の自由と栄誉」という「非社交的社交性」に繋がる重要なテーマを際立たせることとなった。「国家が領土でも財力でも拡大していくのは，必ずといってよいほどその国家が自由な政体のもとで運営されている場合に限られているのを，われわれは経験から知っている (D,II-2;148；二：一七五）」というマキァヴェッリの有名な言明を，たんに内政の共和主義的安定が繁栄をもたらすという古典的な意味にのみ解釈してはならない。＜支配することを望む貴族＞と＜自由の維持を望む平民＞との2つの階層の関係を軸に内政と外政を関連づけるという都市史叙述の手法を，フィレンツェの歴史家たちとマキァヴェッリは，サルスティウスから継承する。国内分裂を叙述し精査し批判することは，ブルーニにも見られるフィレンツェ歴史叙述の伝統であった[82]。しかしとりわけマキァヴェッリは，2階層間の競合と不調和とが共和国の繁栄をもたらすことに，他の人文主義者のだれよりも注目し，内乱の道徳的原因ではなく政治的効用を強調していった。同時にマキァヴェッリは，公益追求に触発された健全な競合と，私益に惑わされた不健全な党派心とを区別もしていた。「ある種の分裂が共和国に害をなし，またある種の分裂がむしろ有益だということは真実である。つまり，党派とその徒党とを伴う分裂は有害だが，党派もなく徒党もないままで維持される分裂は有益なのである (IF,VII-1；792；三：三二五）。」公民が戦勝や公務の忠実な遂行によって得る栄誉は，公益に触発された公的栄誉であり，嫉妬を呼んでも党派心を生みはしない。しかし金銭授受や人気取りによって得る栄誉は，私的幸福にもとづく私的栄誉であり，この場合は，

---

　(82) Bock[1990], p. 183. Wilcox[1969], pp. 74ff.

追従する党派徒党を生むことになる。追従党派をもたない敵対心は，自分の主張を通すには共和国全体の名誉を高めねばならないことを知っているので，共和国にとって益となるのである。そしてマキァヴェッリによれば，平民の党派なき競争心によって共和国全体の栄誉と軍事力増強がもたらされたのが古代ローマであり，平民の党派心ある競争心が共和国全体の私物化と衰退をもたらした実例がフィレンツェであった。

「こうした結果の差異は，これら2つの都市の平民たちが持っていた異なる目的によって引き起こされたものに違いない。なぜならローマの平民が，貴族とともに最高の名誉を享受しようとしたのに対して，フィレンツェの平民は，貴族をまじえずに単独で政権を握るために戦ったからである。ローマの平民の願望のほうがより道理にかなったものだったから，（中略）いくらかの不和の後に，平民も満足でき貴族も権威を失わずに済む法律をつくることで妥協したのである。他方フィレンツェの平民の願望は，無礼であり不正であった。（中略）その後に制定された法律も，公共の利益のためよりは，すべて勝利者の利益になるように制定された。［ローマの場合］平民たちは，貴族とともに役職や軍隊や統帥権の管理に加わって，かれらが十分に備えていたまさにそのヴィルトゥによって，首位を占めることが可能となった。それゆえかの都市では，ヴィルトゥが高まることで戦力も高まった (IF,III-1;690；三：一一九－一二〇)（［　］内は厚見)。」

＜公的制度の枠内での利益抗争＞と＜制度自体を破壊する党派抗争＞という2種類の利害抗争の区別は，後に，一般意志にかなう利害とかなわない私的結社との区別というかたちで，ルソーの共和主義に引き継がれることになる[83]。階級闘争ではなく，あらゆる人間に自然的な利害闘争が正しく表現されうるのは，共和国においてのみであるという発想，しかし共和国自体が内乱によって破滅の危機にも瀕しているという発想，つまり，内乱は共和国にとって両刃の剣であるけれども，共和国にとって有益なのは平和よりもむしろ自由であるという発想は，マキァヴェッリとルソーをつなぐ太い線となっているのである。

フィレンツェをローマの後継として両都市を比較する手法は，当時一般的

---

(83) Bock[1990], p. 198.

であった。しかしいうまでもなくルネサンス・フィレンツェは古代ローマではない。フィレンツェの直接の起源をブルーニのようにスラの共和政ローマに求めるにせよ，当時の一般的思潮のようにカエサルに求めるにせよ，フィレンツェとローマのあいだには千数百年の隔たりがある。人文主義の歴史家たちもこの隔たりを自覚していたが[84]，それはローマ時代の史料と当代フィレンツェ人の手になる歴史書とを区別するという近代的手法によってではなかった。F. ギルバートが指摘するように，一次史料と二次史料を区別する際の人文主義的な基準は，その文献がこれまで述べてきた古代ローマの道徳哲学の伝統にのっとって書かれたものであるか否かであった[85]。フィレンツェ史を記すに際して，多くの人文主義者はただ1つの史料のみに依拠した。かれらはみずからの典拠をさらに複数の史料によって批判的に検討するという作業はさほど行わなかった。都市の公的栄誉を確立するのに資するという枠組のみに従って典拠を1つだけ定めるという態度は，人文主義者たちが暗黙のうちに，2種類の史料を想定していたことを意味するであろう。すなわちリウィウスやサルスティウスの様式にならって書かれた真の歴史書と，真の歴史書に材料を提供するような史実についての報告とである。史料のこうした区分によってかれらは，たんに事象を集積し記述するだけの「年代記家」と真の歴史家とを明確に区別していたのである。『リウィウス論』においてマキァヴェッリが「真の歴史認識の欠如」をいい「歴史がくりひろげる事件の推移に興味をもつだけでそれを手本としようとは考えようともしない (D, I-primo; 76; 二：一〇)」と嘆くとき，それはまさにこうしたフィレンツェ人文主義の歴史叙述意識を表明したものであった。

　しかしながら，フィレンツェ人文主義の歴史叙述とマキァヴェッリのそれとのあいだに存する差異も，見逃されてはならない。E. コクレーンは，その浩瀚な研究書『イタリア・ルネサンスの歴史家と歴史叙述』(*Historians*

---

　(84) たとえばブルーニは，人民によって選ばれた古代ローマ皇帝と，教皇により任命されたシャルルマーニュ皇帝との相違を強調していた。Bruni, *Historiae Florentine Populi*, I. 12, 13, 15, 16, 17, Hankins, ed. and trans. [2001], pp. 19, 23.

　(85) Felix Gilbert [1965, 1984], pp. 221-225.

and Historiography in the Italian Renaissance, 1981) の序文のなかで[86]，歴史叙述における中世とルネサンスの違いを，前者が史実を継続的に蓄積していく年代記 (chronicles) であるのに対して，後者が古代を模倣し古代によって現在を説明しようとする由来記 (histories) ないし注釈史 (commentaries) である点に見出していた。そのうえでコクレーンは，ルネサンス歴史叙述の根底にある歴史観念として，「斉一主義ないし，時間的変化についての循環的観点」(uniformitarianism, or a cyclinical view of change in time)，「事実の至高性」(the primacy of fact)，「世俗化ないし，歴史過程からの超人間的および超自然的諸力の排除」(secularization, or the exclusion of superhuman and supernatural forces from the historical process) の3つを挙げる[87]。かれによれば，イタリア人文主義の歴史叙述の対象は，フィレンツェ，ヴェニス，ジェノア，ナポリなど諸都市の置かれた状況によって，コムーネ，君主国，領域国家などさまざまであったけれども，いずれの都市の歴史叙述にも共通するのはこの3点であった。人間にできる最高の倫理的可能性は，世界の不変を前提に古代ギリシア・ローマの真理を取り戻すことであるとする斉一主義と循環史観は，マキァヴェッリとヴァサリに共通していた。また事実の至高性についていえば，ルネサンスの歴史叙述と後のバロックのそれとを隔てるのは，後者が事実をそれ自体としてではなく「内的生命のリズム」や「現実の有機的性質」の現れと見る点であった。また，世俗化については，やがて世俗的関心が宗教的関心に，人間事象の記述と説明が教義の擁護と啓示に，それぞれとって代わられたときに，ルネサンスの歴史叙述は反宗教改革の歴史叙述へと主役の座を譲ったというのである。

マキァヴェッリの著作はいくつかの意味で歴史叙述と政治学との境界を動いている。『君主論』『リウィウス論』『戦術論』は，過去の言葉で現在を説明し，道徳的行為を教え込み，偉大なわざの記憶を不朽のものとすることを試みる点では，なるほど歴史書の性格を帯びている。歴史書における政治的効果と楽しみとの統合を説く点，人民の性格が秩序の設立者によって決定されると信じる点，他国の歴史よりも自国の歴史の効用を重視する点においても，マキァヴェッリはブルーニらの人文主義者と共通する歴史叙述観をもっ

---

(86) Cochrane[1981], p.xvi.

(87) Cochrane[1981], p.xii.

ていた。しかしそれを共同体の護持と拡大という「政治の格率」に服させようとするとき，かれはフィレンツェ人文主義の歴史叙述から逸脱しはじめる。そこには何よりも，1494年に起こったフランスのイタリア侵攻によるフィレンツェの没落という歴史的事実が大きく影を落としていた。マキァヴェッリが歴史を素材としつつも，もはや国家の起源や究極目的について，正義の本性について問うのではなく，暴力や宗教の役割について，政治におけるヴィルトゥや市民軍について，領土拡大の方法について，国家の創設者や改革者の機能について，社会階層と制度との相互作用について，制度と腐敗の関連について，意志（ヴィルトゥ）と必然性（フォルトゥナ）との関係について，考察していったこと[88]は，マキァヴェッリの思想における政治と歴史の位置関係が，フィレンツェ人文主義者たちのそれとは決定的に異なっていたことを示すといえよう。マキァヴェッリにとってフィレンツェ史を描くことは，ブルーニらのように手放しでフィレンツェの歴史的起源と栄誉とを称賛することではもはやなく，フィレンツェのヴィルトゥが現代にいたるまで衰退の道を辿ってきた経緯を描き，過去の栄誉を取り戻すための示唆を提示することであった。ブルーニらにとっても歴史は道徳的意義をもつものであったが，マキァヴェッリにおいては教育的意義よりもむしろ危機への実際的対処法としての要素が強くなっているのである。第4章第1節で述べるように，これは，マキァヴェッリにおいて歴史が道徳的教訓の伝達手段にとどまらず，道徳の宝庫そのものとなっていったことと無関係ではないであろう。

　ともあれ，政界追放後のマキァヴェッリが復帰を願った公務が公の歴史家としてのそれであったこと[89]，そしてその夢が一時実現しながらもやがてフ

---

(88) Rubinstein[1982], pp. 183-184.
(89) フィレンツェのサンタ・クローチェ教会には，フィレンツェ人文主義を代表する2人の書記官長にして著述家の墓碑が存在する。レオナルド・ブルーニとニッコロ・マキァヴェッリである。18世紀に建てられたマキァヴェッリの墓碑銘は〈Tanto nomini nullum par elogium〉「その名にとってはいかなる賛辞も十分でない」とだけ記しているが，同時代人のマキァヴェッリ評価はさらにシンプルである。ローマのドリア・パンフィリギャラリーには16世紀の無名のフィレンツェ人によって製作されたマキァヴェッリのポートレートがあるが，そこでは，『君主論』と『リウィウス論』の著者にして軍事外交問題の専門家，さらには当代きっての劇作家は，〈Nicholaus Machiavellus Historiam Scriptor〉

ィレンツェ政府によって黙殺されていったこと，こうした史実のうちに，マキァヴェッリの政治思想における歴史学と政治学との関係が象徴的にあらわれていると見ることができる[90]。しばらく『フィレンツェ史』の成立と構造のうちに，人文主義的歴史叙述の痕跡とその痕跡へのマキァヴェッリ自身の抵抗の跡をたどってみよう。

　1520 年,「オルチェラーリの園」の仲間たちの斡旋でフィレンツェの支配者ジュリオ・デ・メディチに面会した隠棲中のマキァヴェッリは，同年 7 月にジュリオよりルッカにおける債務取立役を依頼され，フィレンツェ公務復帰の望みを抱いてルッカに赴き,『ルッカ公カストゥルッチォ・カストラカーニ伝』(*Vita di Castruccio Castracani da Lucca,* 1520) を執筆した。ルッカの法学者ニッコロ・テグリーミによって執筆され 1496 年に出版されたカストラカーニ伝は人文主義的伝記の典型であったといわれているが，マキァヴェッリはこの書をもとにさらにチェザレ・ボルジアの印象を投入して,「修辞的歴史叙述の典型的作品[91]」を書いたのである。この書が園仲間のあいだですぐれた人文主義の歴史書との評価を得た。もともとマキァヴェッリ自身も,『カストラカーニ伝』を，より長大な歴史書のための準備作とみなして，その執筆委託を待っていたようである。そして 1520 年 11 月 8 日，ついにマキァヴェッリは「フィレンツェ共和国史編纂家」(Storiografo della Repubblica Fiorentina) の肩書でジュリオ（後の教皇クレメンス 7 世）からフィレンツェ史執筆を命じられるにいたった[92]。

　かれがこの「歴史家」としての職務をいかに誇りとしていたかは，翌年の 4 月にピエロ・ソデリーニより打診されたローマにおける秘書職を 4-5 倍の俸給にもかかわらず無視し，『フィレンツェ史』の執筆に専心した事実からもうかがわれる。かれがただちに史料の収集にとりかかり，先任の公職フィレンツェ史家レオナルド・ブルーニとブラッチォリーニの著書を再読したことは,『フィレンツェ史』序文にかれみずからが記している。再読の結果，ブルーニとブラッチォリーニの書がみずからの主要関心事である共和国内部

　　の一言で特徴づけられている。
　(90) Cochrane [1981], pp. 266ff.
　(91) Felix Gilbert [1972], p. 79.
　(92) Felix Gilbert [1972], p. 81.

の動乱に無関心であることに不満を抱いたマキァヴェッリは，ついにリウィウスのローマ史とブルーニによるその注釈とを土台とする手法を放棄し，以下に述べるようなまったく異なる口承史料を採用していった。

　以下『フィレンツェ史』各巻の時代区分とその典拠を示そう[93]。ローマ帝国滅亡から1434年までのイタリア史を衰退と堕落の過程として概観する第Ⅰ巻は，フラヴィオ・ビオンドの『ローマ人の没落以来の歴史』(*Historiarum ab inclinatione Romanorum*) を土台としているし，フィレンツェ都市の起源から1343年のアテナイ公追放までのフィレンツェ都市内の政争を扱う第Ⅱ巻は，ジョヴァンニ・ヴィラーニの『年代記』(*Cronaca*) に拠っている。第Ⅰ巻においてマキァヴェッリは，ローマ帝国滅亡から1434年までのイタリア史をビオンドによりつつ概観することによって，フィレンツェ史をローマの系譜に位置づける人文主義の作法を踏襲する。カエサルの帝政を批判しつつ共和政ローマのほうにフィレンツェの模範を見ようとするマキァヴェッリの姿勢は，ブルーニの『賛辞』とともに開始された15世紀フィレンツェ人文主義の歴史叙述作法とも共通している[94]。しかし第Ⅱ巻ではかれはフィレンツェの創設についてブルーニとは正反対の結論を出していく。すなわちフィレンツェは，ブルーニのいうように堕落していない共和的公民によって設立されたのではなく，征服者による植民をつうじて設立されたのであるとするのである (IF,Ⅱ-1;658-659；三：五九－六〇)。フィレンツェが最初の1200年間対外的脅威にさらされつづけたのは，この設立のされかたゆえであった。第Ⅲ巻は，チオンピの反乱によるフィレンツェ共和国の改革とその挫折にいたる経緯を扱い，1414年のナポリ王ラディスラーオの死をもって終わる。第Ⅲ巻では，都市を破滅へと導いたフィレンツェの派閥抗争を，都市を発展へと導いた古代ローマの内紛と対比して描こうとするマキァヴェッリの意図が窺われる。第Ⅲ巻の典拠とされているのは，マルキオンネ・ディ・コッポ・ステファニの『フィレンツェ史』(*Istoria fiorentina*)，ジノ・カッポーニの『回想録』(*Ricordi*) と『チオンピの反乱』(*Tumulto dei Ciompi*)，ブルーニの『フィレンツェ人民の歴史』，ピエロ・ミネルベッティの『年代記』

---

　(93) Ruffo-Fiore[1982], p. 103. Ridolfi[trans. 1963], pp. 197-198. 筑摩書房版『マキァヴェッリ全集』第3巻巻末の米山喜蔵による訳者解説，五一七－五二三頁。
　(94) Baron[1968], p. 164.

(*Cronaca*) である。アルビッツィ体制の崩壊とコジモ・デ・メディチの追放からの帰還によるメディチ体制の成立 (1434年頃) までの都市内の動乱を描いた第IV巻は，ジョヴァンニ・カヴァルカンティの『フィレンツェ史』(*Istorie fiorentine*) をもとにしている。マキァヴェッリは，これらの著述家たちを通じて，独立したコムーネは征服ではなく市民相互の分派の登場によってはじまるという見解をいだくようになったのである。それゆえマキァヴェッリは第II巻から第IV巻までで，コジモ・デ・メディチの出現にいたるまでのフィレンツェの派閥抗争を描き，アテナイ公コジモによって内紛が一時的統制のもとにおかれた経緯を述べた。

アルビッツィ派によるメディチ家への政権奪回をかけた闘争の経緯やミラノの事情などを扱い，内政と外政とを織り交ぜた記述をもつ第V巻および第VI巻は，前述のカヴァルカンティ，ビオンド，カッポーニの著書にくわえて，ジョヴァンニ・シモネッタの『フランチェスコ・スフォルツァ戦記』(*Rerum geatarum Francisci Sfortiae XXXI*) を存分に活用して執筆されている。コジモからピエロを経て1492年のロレンツォ・イル・マニフィコの死にいたるメディチ家支配の推移を扱った第VII巻および第VIII巻は，至近の事柄ゆえか一次史料以外の典拠はないと考えられている。ミラノ事情についてシモネッタらを読むことを通じて，マキァヴェッリは，内紛と外的脅威との関係について思索し，フィレンツェ史を全イタリア史の文脈で眺めるようになる。それゆえ後半の4つの巻, すなわち第V巻から第VIII巻までにおいては，内政における権威的政府の樹立と対外関係における勢力均衡の確立との双方が論じられ，両者を建てあげたロレンツォ・イル・マニフィコの死にいたって叙述が閉じられるのである。ここでもマキァヴェッリは，現代史においても「徳をほめたたえる」というローマの手法を忠実に継承した人文主義の歴史家たちとは異なって，前世紀のフィレンツェ史については自由な精神に対する反面教師の役割しか認めない[95]。

マキァヴェッリは，『フィレンツェ史』全体の叙述の流れのなかに，フィレンツェがローマという起源において持っていた英雄的・軍事的・共和主義的な徳が，いかにして現代においてアルビッツィ派によって歪められたかたちで模倣され，さらにメディチ家支配によって堕落させられてしまったかを

---

(95) Skinner[1981], pp. 80-82. 邦訳，一四五頁。

巧妙に織り込もうとした。巨万の富と外国への依存的外交とを旨とするメディチ家の政策は、とうていマキァヴェッリの共和主義的政治観に適合するものではなかった。メディチ家の側ではマキァヴェッリを御用歴史家とみなしたし、マキァヴェッリも表面上はこれを受容したけれども、みずからの政治価値を曲げずに済むように、『フィレンツェ史』をメディチ家支配が始まった1434年からではなく、その古代ローマ的起源から書き起こしたのであった。

ところで、マンスフィールドがいうように[96]、マキァヴェッリは歴史（＝過去の出来事としての History）と歴史叙述（＝物語としての Historiography）とを区別していた。マキァヴェッリにとって istoria とは、歴史叙述すなわち歴史研究のことであり、都市のもつ歴史そのものではなかった。マキァヴェッリにとって、フィレンツェの歴史を綴ることは歴史叙述でなければならず、過去のフィレンツェに起きた出来事の推移を羅列したり、新たな史実を発見したりする、といった歴史そのものに属することは、『フィレンツェ史』におけるマキァヴェッリの興味の対象外であった。『フィレンツェ史』における歴史の記述も、共和国の政治的効用を離れてはありえないのである。

「共和国を統治する市民にとって、何か有益な教訓があるとすれば、それは他人の経験によって賢明になり、団結が保てるよう、憎しみや都市の分裂の原因を示す事柄だからである。（中略）したがって私は、こうした分裂が特別記録するに値しないと決めつけるような、いかなる理由も知らないのである。また、もしもあの最高の歴史家たち［ブルーニとブラッチョリーニ］が、かれらが論じなければならない人びとの記憶を傷つけるからという理由で［フィレンツェの内紛について記すことを］遠慮したのだとすれば、かれらは誤っており、人間の野心や、自分たちの先祖と自分たち自身の名前を永遠のものにしたいという、人びとの願望をかれらがほとんど知らないことを証明している。かれらは多くの人びとが、何らかの賞賛すべき事蹟によって名声を得るチャンスがない場合、恥ずべき出来事によってなんとかそれを得ようとすることをも悟っていないのである。そしてかれらは、政治や国家に関する事件のように、それ自体のうちに偉大さを含む行動は、いかなる結末にいたろうとも、人びとに非難よりもむしろ名誉をもたらすことをも考慮していな

---

(96) Mansfield[1988], pp.vii-xv.

いのである。以上のような事情を考慮した結果，私は当初の意図を変更して，自分の歴史を私たちの都市の起源から書き始めることに決めた(IF,proemio;632-633;三：八，一〇)([ ]内は厚見)。」

とはいえ，かれは『フィレンツェ史』においても，ルネサンス人文主義歴史叙述のスタイルは踏襲する。たとえば，歴史を時代毎に諸巻に分け，各巻を一般的省察ではじめること，行為の理由を解釈するために演説を創出すること，戦闘のクライマックスシーンを描写すること，経済・文化・社会構造・思想の歴史ではなく政治史に集中すること，などである。しかし，自都市にとって都合の悪い事実は隠蔽するという人文主義歴史叙述の内容は批判していったのであり，あるべきことよりもあることをみるほうが，政治の科学的分析にではなく共和国の政治的効用に役立つ，と考えていったのである。

こうして，マンスフィールドによれば，『フィレンツェ史』の叙述には，人文主義の歴史叙述と共通する面と相違する面とが混在する。各巻にその時代の一般論を述べた序文を付すスタイルは人文主義と共通のものであるが，マキァヴェッリの『フィレンツェ史』全8巻の各巻序章は，たんなるその時代の一般的要約にとどまらない，きわめて「非歴史的な」内容を含んでいる。すなわち第Ⅰ巻序章および第Ⅱ巻序章では植民が論じられ，以下順に，貴族と平民とのあいだの自然的敵意，自由と放縦，秩序と無秩序との自然的循環，戦勝の価値，党派をともなう分裂とともなわない分裂との相違，陰謀，と論じられる。これらの一般論の背後には，明らかに，マキァヴェッリの自然哲学に支えられた歴史の盛衰論が潜んでおり，それゆえにマキァヴェッリは歴史を事実ではなく効用として，史実ではなく歴史叙述として描いたとマンスフィールドはみるのである。歴史がすべて盛衰論，すなわち必然との闘争論に帰着するとすれば，マキァヴェッリが政治史のみを歴史と考えた理由も首肯できる。

ところで，『フィレンツェ史』第Ⅱ巻から第Ⅵ巻までのそれぞれの巻の序章は，第Ⅵ巻執筆開始の時点でまとめて書かれ，付加されたとされてい

る[97]。その後第VII巻と第VIII巻の序章が順に執筆され[98]，マキァヴェッリは1525年5月，教皇クレメンス7世となっていたジュリオに草稿を呈した。その後まもなく起こったジュリオの失脚とマキァヴェッリ自身の病死によって，さらなるフィレンツェ史の継続執筆はかなわぬこととなった。

コクレーンによれば，『フィレンツェ史』は，＜一都市国家の内政史を英雄の行為動機に焦点をあてつつ政治原則を探るかたちで描く＞という人文主義の歴史叙述の様式を忠実に守りながらも，内容面においては人文主義の政治史書から逸脱する点をいくつかもっているという。政治共同体の戦勝よりも内乱を前面に押し出すという先述の相違以外にも，人文主義者が史料とした出来事をモデルとして扱ったり，逆にモデルを史料としたりしている箇所もあるというのである。『フィレンツェ史』の史料としての不正確さはすでに指摘されていたが[99]，コクレーンはこうした不正確さを執筆当時のマキァヴェッリに対する外的政治圧力に帰する見解を斥けて，政治哲学者マキァヴェッリが歴史家マキァヴェッリに優先した結果であるとしている[100]。

かくしてマキァヴェッリの『フィレンツェ史』をもって，F. ギルバートのいう初期近代における「歴史叙述の危機」が決定的になる。つまり，ルネサンス人文主義の実践的歴史叙述が修辞的文芸の形式に当てはめられることによって，歴史の表現が，一方で政治的意義をもたない純粋文芸と，他方で歴史的正確さを欠いた政治評論とに，二分化してしまう危機である[101]。ルッソ，リドルフィ，サッソといったマキァヴェッリ研究者たちにとっても，『フィレンツェ史』は『君主論』や『リウィウス論』の政治原理の完成もしくは適用例であり，その意味でマキァヴェッリは歴史家ではなく政治思想家である[102]。

---

(97) この説は，Levi[1967]が『フィレンツェ史』執筆段階の草稿を発見して主張し，Felix Gilbert[1972], pp. 83-84, notes44, 45において要約され提示されたものである。

(98) 『フィレンツェ史』の脱稿時期については，1524年11月という説がギルバートによって提出されている。Felix Gilbert[1972], pp. 81-82, note30.

(99) Scipione Ammirato, *Istorie Fiorentine, con l'aggiunte di Scipione Ammirato*.

(100) Cochrane[1981], p. 270.

(101) Felix Gilbert[1965, 1984], p. 236.

(102) Russo[1949], p. 59. Ridolfi[1954], p. 295. Sasso[1958, 1980], pp. 494-496. (Felix Gilbert[1972], p. 75による。)

政治思想家マキァヴェッリを歴史家マキァヴェッリより優位に置くこうした解釈に対して，マキァヴェッリの歴史家としての幅広さを高く評価する立場もある。たとえばゲルウィヌスは，『フィレンツェ史』のなかの多くの架空演説は，多様な解釈の提示によって史実を多面的に照射するマキァヴェッリ歴史叙述の「不偏不党性」を示すものであるという[103]。またフエテルも，『フィレンツェ史』を近代歴史叙述の発展過程における記念碑的著作ととらえる[104]。

　いずれにせよ，マキァヴェッリの歴史叙述にどこまでかれの「政治的見解」が混入しているかを政治学的にではなく歴史学的に明らかにするためには，『フィレンツェ史』本文を史実と照らし合わせる作業だけでなく，『フィレンツェ史』執筆の際にマキァヴェッリがいかなる基準で原史料を取捨選択したかを，当時の史料から解明する作業——リチャードソンが『君主論』について行ったような[105]——が必要であろう。ネィジャミイは，マキァヴェッリの主要著作が——『戦術論』を例外として——晩年に近づくにつれてフィレンツェの歴史の体系的理解にもとづいたものとなっている点に着目する[106]。フィレンツェの歴史がほとんど登場しない『君主論』と比べれば，『リウィウス論』におけるフィレンツェ史の役割は大きいといえるが，まだ体系的な役割は果たしていない。『フィレンツェ政体改革論』にいたるとフィレンツェ史理解が著作の土台をなすようになり，ついにはそれを主題として扱った『フィレンツェ史』にいたる。ネィジャミイによれば，この変遷は，マキァヴェッリが政治において個人のヴィルトゥよりも歴史過程を重要な決定要素であるとみなすように変わっていったことのあらわれである[107]。『フィレンツェ史』執筆時にはマキァヴェッリはメディチ家の歴史的役割については否定的な見解を抱くようになっていた。しかし執筆を依頼したのはメディチ家出身の教皇である。そこでマキァヴェッリは，個々のメディチ家の人物の行為は賞賛するが，フィレンツェ史においてメディチ家が果たした役割については

---

(103) Gervinus[1833, 1871].

(104) Fueter[1911]. (Felix Gilbert[1972], p. 75 による。)

(105) Richardson[1971], pp. 24-48.

(106) Najemy[1982], pp. 551-576.

(107) Najemy[1982], p. 574.

否定的な像を描くという，個人行為と歴史過程を区別する手法によって，クレメンス7世と自分との両方の要求を満たそうとする。結果として，『君主論』における新秩序の設立者としての君主像は影を潜め，『フィレンツェ史』では君主は歴史の過程に巻き込まれつつせいぜいその中で党派の指導者としての役割を果たすにすぎないものとして描かれるようになる。メディチ家への失望を通してマキァヴェッリがフィレンツェ史に学んだことは，個人のヴィルトゥよりも歴史の循環過程のほうが政治に大きな変化をもたらすということであった。たしかに個人のヴィルトゥは平和をもたらすかもしれない。しかしこの平和から閑暇と怠惰が生まれ，怠惰から無秩序が生まれ，無秩序から破滅が生まれる。そして破滅のなかで個人のヴィルトゥがふたたび秩序と栄誉をもたらすとすれば，個人のヴィルトゥは歴史循環の一契機にすぎなくなるのである。

　『君主論』における個人的ヴィルトゥの強調と，『フィレンツェ史』における歴史過程の強調。ヴィルトゥ／フォルトゥナ関係を拡大したような両著作間の関係が示唆するのは，マキァヴェッリにおいて，教訓的歴史叙述の成立前提としての循環史観が，秩序設立のための政治的闘争の対象としての循環史観へと重点を移行させていくプロセスであり，闘争の担い手が人民や英雄から国家という集合体へと変貌していくプロセスであるといえよう。共和主義的法治公共体論が「国家理性」論へと変化していく過渡期の思想家としてのマキァヴェッリの姿[108]が，歴史叙述の系譜論のうちにも見え隠れしている。

---

(108) 初期近代のイタリア政治学のなかにこの変貌過程を追跡した貴重な思想史研究として，Viroli[1992a]を参照。

第4章　循環史観と生の意味

　第1部でみたように，古代・中世的な秩序理念の変容によってマキァヴェッリの思想にもたらされたのは，不断の流転と力による暫定的均衡を人間の内外に生み出すような現実主義であった。いい換えればそれは，古代以来自明の前提とされていた，魂の構造におけるミクロコスモスと自然世界の構造におけるマクロコスモスとの相即対応関係の意味転換であったし，コスモスと道徳秩序の一体性，ピュシスと道徳の一体性の意味転換であった。それはまた，存在 (being) と仮象 (appearance) の区別を前提としながら政治秩序を存在の秩序から導出する古代・中世思想から距離を置きつつ，政治を両者の区別なき現れの世界の営みとして描こうとする試みでもあった。

　現れこそが政治のすべてであるという現実主義の立場からすれば，現実の問題を存在の世界の秩序や規範によって解決することはできないことになる。そこで関心の的となるのは，規範の内容を知っただけでは対処しえない現れの世界の諸問題をいかに処理するかということである。問題の焦点は，規範の内容それ自体からその適用へと移行する。しかしその移行は，やはり新たな倫理の場の模索でもあり続けるであろう。現実主義の政治思想は，いかなる倫理を要請するであろうか。普遍なき経験界はなにを規範とすべきなのか。臨機応変な状況倫理の内容はなにか。こうした問いから，マキァヴェッリの主張の思想史的意味の一端を考察することが本章の意図である。

第1節　哲学から歴史へ——教訓手段の獲得と自立道徳の成立

(i) 哲学の説明手段から教訓の宝庫へ

　マキァヴェッリの思想の前提をみずからのものとしても受けいれることを

公に表明していった最初の「哲学者」は，おそらくフランシス・ベーコンではなかろうか。『学問の発達と進歩について』のなかで，かれは，アリストテレス以来の伝統的哲学の道徳論には欠陥があると指摘しつつ，つぎのように述べていた。

「職業あるいは天賦の義務に関してこの部分 [＝道徳論] を扱うさい，さらに問題となるのは，相関的ないしは対立的なこと，つまりあらゆる職業の欺瞞，虚偽，瞞着，悪徳に関することである。（中略） [伝統的な道徳論には] この内容を確実かつ真実に扱うことが欠けていると考えられるのだが， [むしろこのことこそ] 正直と徳のために確立しうる最上の砦のひとつであるように思われる。（中略）だからわれわれは，人間はどんなことをするかを記して，どんなことをすべきかを記さなかったマキァヴェッリや他の人たちに負うところが大きい。というのは，蛇のあらゆる条件を正確に知っていなければ，蛇の知恵に鳩の素直さを結びつけることはできないからである。こういうことがなければ，徳は剥き出しですぐに騙されてしまい，防御をもたないことになる[109]（ [ ] 内は厚見）。」

ベーコンは，『君主論』第15章におけるマキァヴェッリ自身のマニフェストの意味を十分に理解している。つまりマキァヴェッリと同じくベーコンも，伝統的道徳論が「よい，また立派な模範と手本をつくり，善，徳，義務，幸福などの素描や形成をおこなっている[110]」ことを認めるだけでなく，そこから出発すらする。目標とされるべき「善の性質」については，古代の哲学者たちによって論じ尽くされ，すでに十分かつ正しい教えが提示されている。しかしベーコンによれば，「いかにしてこれらの優れた目標に到達するか，また，人間の意志をいかに作り抑えてこれらの目的に真実に適合できるようにするか，ということになると，かれらはまったくとばしてしまう[111]」ので

---

(109) Bacon, *Of the Proficience and the Advancement of Learning*, Kitchen, ed. [1915], p. 165. 邦訳，四三七－四三八頁。

(110) Bacon, *Of the Proficience and the Advancement of Learning*, Kitchen, ed. [1915], p. 153. 邦訳，四二三頁。

(111) Bacon, *Of the Proficience and the Advancement of Learning*, Kitchen, ed. [1915], p. 153. 邦訳，四二三頁。

ある。ところが、ベーコンにとって興味の対象となるのは、規範の内容そのものよりも、もっぱら現実へのその適用のほうであるため、かれは、自分をオリンピックの観客に譬えて観想的生活を賛美したピタゴラスを批判しつつ、「人間の生涯のこの劇場において観客となる資格があるのは神と天使だけである[112]」という。そしてかれによれば、伝統的哲学に最も欠けている「情念に関する研究」、とりわけ「たとえば獣で獣を狩り鳥で鳥を追うごとく、いかにして情念に情念を対抗させるか」に関する考察こそが、「道徳的、政治的事柄において特別に有用」なことなのである[113]。では、この適用についての知恵はどこに求められうるのであろうか。ベーコンは明確に宣言する。「詩人と歴史の著述家たちが、この知識に関する最良の教師である[114]」と。マキァヴェッリもまた宣言する。現代の堕落の原因は、「真の歴史認識の欠如である (D,I-primo;76；二：一〇)」と。

シュトラウスが定式化しているように[115]、人間の正しい振る舞いのための戒律を与えることを任務とする伝統的哲学が「大多数の人びと」に対して説得力をもちにくくなったマキァヴェッリやベーコンの時代に、戒律への服従／不服従に由来する成功／失敗についてのさまざまな実例の物語を提供することによって人間の経験の幅を拡大し、もって戒律の直接的伝達よりも遙か

---

(112) Bacon, *Of the Proficience and the Advancement of Learning,* Kitchen, ed. [1915], p. 157. 邦訳、四二七頁。

(113) Bacon, *Of the Proficience and the Advancement of Learning,* Kitchen, ed. [1915], p. 172. 邦訳、四四六頁。マキァヴェッリにおいて見出された「ありのままの」人間の姿の中核をなす「情念」について、ハーシュマンは、情念を理性や力で抑制するのではなく、また情念を文明的洗練によって美徳へと改変し利用するのでもなく、情念に情念を「対抗させる」ことで情念を弱め飼い慣らす――たとえば勤勉な獲得欲によって怠惰な快楽欲を抑制したり、評判を求める名誉欲によって貪欲な獲得欲を抑制したりする――という発想が、ベーコン、スピノザ、ヒュームから百科全書派、さらには『ザ・フェデラリスト』における抑制と均衡の権力分立論にまで及んでいる旨を主張し、こうした対抗機能をもつ情念に「利害」の名称が付与されていく経緯を概述する。Hirschman[1997], pp. 20-31. 邦訳、一七-二九頁。

(114) Bacon, *Of the Proficience and the Advancement of Learning,* Kitchen, ed. [1915], p. 172. 邦訳、四四五頁。

(115) Strauss[1952], pp. 79-80. 邦訳、一〇五頁。

に効果的に個々の場合における戒律の具体的応用を保証することをその任務として，ここに「歴史」が登場することになる。マキァヴェッリの言葉を借りればつぎのようになろう。

「過去と現在の出来事を考えあわせてみる者は，あらゆる国家や民族において，いつの時代にも人間の欲望や性向は同じだということが容易に理解できるであろう。したがって，過去の事情を丹念に検討せんとする者たちにとって，あらゆる国家における将来の事情を予見して古代人の用いた打開策を適用するのは容易なことであるし，また，仮に適切な先例がなかったとしても，似たような先例から新たな方策を打ち出すことも不可能ではないのである（D,I-39;122；二：一一一）。」

哲学の教説がそれ自身では実効力をもたず，それ自身のために遵守されることがないとすれば，教説そのもの以外の何らかの方策ないし材料が必要とされる[116]。ルネサンスにおける修辞術的伝統の復活によって関心を助長されていた歴史が，道徳目標と現実とのあいだに，こうした方策ないし材料として割って入ったのであった。道徳規範の応用に関する唯一確実な知識は，過去に実際になされた諸行為についての知識であるから，歴史家たちによって提供される素材は，そこから獲得されるべき教訓に照らして読み解かれ，整理されねばならない。

こうして歴史は哲学の素材に利用され，人間に実践的分別と具体的処方箋とを与えうる唯一の手段，すなわち教訓の宝庫として，重視されることになる。教訓の宝庫としての歴史観を拒否するグッチャルディーニによれば，歴史は一般的教訓ではなく個別的事例の集積に近い。したがって，たとえ歴史を読んでも，そこには教えられるべき一般規則や，その規則を適用するための技術を磨く練習は存在しない。実際の状況における自分の経験によって学ぶしかない[117]。しかしマキァヴェッリは違う。マキァヴェッリによれば現代の行為は過去の模倣に過ぎない。真の認識は，政治的・歴史的経験の分析のうちに求められる。情念が行動し，他者の承認を得るのは，公的生活として

---

(116) カッシーラーは，教説それ自体では効力をもたないこうしたマキァヴェッリの勧告を，カントの用語を使って「仮言的命法」と呼ぶ。Cassirer[1946], p. 154. 邦訳，二〇〇頁。

(117) Francesco Guicciardini, *Ricordi*, C. 6.

の政治的・歴史的経験の場なのである。人間はどの時代にも同じだ，というマキァヴェッリの想定 (IF,III-13;701；三：一四〇．P,17;282；一：五六．D,I-primo;76；二：九一一〇) から，祖国救出の賢慮へのマキァヴェッリの現実的希望が出てくる。この希望こそ『君主論』と『リウィウス論』をつなぐものである。ヴィルトゥと賢慮の量はどの時代にも不変なので (D,II-primo;145；二：一六六－一六七)，過去に可能だったことは現在にも可能であろう。精神の拡大と偉大さとは変わらないので，政治的活力と偉大さとは，過去のイタリアにのみ限定されないであろう。

　それゆえ現実を秩序づける方法としてマキァヴェッリが選ぶのは，古代ローマ共和政の公的徳を歴史的範例として掲げるという方法である。自然的善や道徳理性に対する信頼の喪失は，秩序づけのためには手段を選ばない実力至上主義の立場や，人間の卓越性を目的とせず政治を自己保存的な法の設立と実施に還元する手続的正義の立場に直結するわけではない。歴史という媒介の場の導入によって政治と徳の結びつきは維持され，秩序づけの論理と共和主義の論理が結合される。自然や哲学ではなく，教訓的な歴史物語がはじめて政治倫理の積極的な根拠となる。

　つまり，マキァヴェッリのいう「現実」には，政治家マキァヴェッリの体験した実践的政治の事実のみならず，古代ローマ以来の歴史的事実も含まれることになる。バターフィールドが指摘しているように[118]，たんに現実社会を観察してその経験から政治についての技術を学びとることだけなら，古来政治に関わる人間がみな行ってきたことであり，マキァヴェッリの特色は，歴史から一般的な命題を引き出し，それを現実の政治に適用していこうとする演繹的方法にこそ存するともいえよう。マキァヴェッリの政治学は，現実政治の客観的な観察と冷徹な分析から出発して，統治者の鑑として状況に応じた政策を提示しようとする帰納的方向だけでなく，人間本性の同型性と古代ローマの優位性という前提のもとに，理念的人間像から出発して現実を構成していこうとする演繹的方向をももっているのである[119]。

　言い換えれば，マキァヴェッリの歴史に対する態度は，ローマの実例を絶対視してそこから演繹的に一般法則を導き出し，イタリアの現状にそのまま

---

　(118) Butterfield[1940], pp. 59ff.
　(119) 小野 [1988], 一一九頁。

適用するという一方向的なものにとどまるわけではない。有効な政策が一方的模倣からは生まれないことを，経験的にのみならず方法的にも自覚していたマキァヴェッリは，時代状況の相違を考慮に入れて法則を再構成することも忘れない。分析の後に総合という一度限りの往復過程に立脚するホッブズの分析-総合の手法と比べて，マキァヴェッリの歴史的な帰納-演繹の手法がもつこうした双方向性は，かれが実例から教訓を導出する際の手法にもあらわれている。『リウィウス論』第Ⅲ巻第21章でマキァヴェッリは，2つの実例が相克する場合——矛盾した2つの政策がそれぞれに成功をおさめた場合——について，スキピオとハンニバルの政策を比較検討している。スキピオは人道性と慈悲によってイスパニアを，ハンニバルは残虐と暴行によってイタリアを，それぞれ成功裡に掌握した事実は，教訓的歴史叙述の有効性に疑問を投げかけるのではないか。じっさい，マキァヴェッリがこれらの事実から引き出す結論は，指揮官に妙味を出すヴィルトゥが備わっていさえすれば，どちらの方針をとろうと差し支えないが，指揮官にヴィルトゥがなければ憎悪と蔑視を免れえない，というものである。最終的に指揮官の能力次第であるというこの結論で落ち着いてしまうならば，歴史から政策を導出しようとするマキァヴェッリの立場自体が危うくなることは，当のマキァヴェッリ自身が十分承知していた。というのも，厳格な処置によって共和国を守ったマンリウスと温情的政策によって共和国を守ったワレリウスとを同様に比較した次章において，マキァヴェッリは，異なった筋道で同じ効果を挙げられた理由を分析するだけでなく，どちらの方法に軍配を挙げ，どちらを範とすべきかについて，あくまで結論を出そうとするからである。その際にマキァヴェッリが訴える基準は，祖国を護持するために君主と公民のいずれの側に立つかという原則である。すなわち「統治に際して君主がわきまえるべきことを問題にする人は，マンリウスよりワレリウスをとる」が，「ひとつの共和国の法律に服している人物ならば，マンリウスの峻厳な方法をとるのが一般に評判もよいし，実施に当たって危険も少ない。」峻厳な方法では，公共空間の統一性を掘り崩すような徒党をつくることはできず，したがってそれはもっぱら国家のためにのみ役立つ公共的方法だからである。ワレリウスの温情的方法は君主の場合には有効であるが，公民が用いると国家の公共性を損なう徒党の形成によって僭主政に陥る危険があるというのである。歴史は偉人物語ではなく，あくまで統治の有効性確保の観点から利用しうる教

訓の宝庫でなければならない。マキァヴェッリの視点は，一支配者の保身術よりも国家全体の統治術に据えられるのである。

(ii) 栄誉と自立

さて，このような意味での教訓手段としての歴史の導入は，つぎの2つを伴う点において，マキァヴェッリにおける古典古代の公的徳の意味転換と重要な関連を有しているといえる。

まず第1に，多くの人びとがみずからに内在する自然的傾向によっては徳そのものを求めることができず，徳をそれ自体のためにではなくその報酬たる賞賛のゆえに求めているという歴史的事実は，公的徳の動機ないし目的を，自然的な徳そのものから他者の賞賛による名声や栄誉へと変貌させる。この場合，歴史も，徳が実現可能であることを説得するためのたんなる補助的手段や実例ではなく，そこから徳が獲得され，みずからの徳がそこへと刻み込まれる徳実践の場へと変わっていく。公民として公的共同体の一員である者は，その共同体の栄誉を行動指針とし，その偉業が歴史のなかで永続していくことを目的として徳を発揮せねばならない。徳と共同体との古代以来の伝統的優位関係——徳を発揮して「よく生きること」それ自体が目的であり，公的共同体はそのために必要不可欠な手段の場であるという——は，ここに逆転しているのである。

つぎに，「歴史」の導入の結果として第2にあげられるのが，第1のことと関連して，学問の対象として自然と人間とが明確に分け隔てられ，哲学の関心が自然学や形而上学から道徳論や政治論へと移っていくと同時に，人間を主役とした歴史の場がそれ自体道徳規範となり，倫理規範が超越的なものから人間中心的なものへと変わってくるということである。ギリシア哲学やスコラ哲学においては，特殊的，具体的，変転的なるものが普遍的かつ不変的なるものと関連づけられずにそれ自体で独立して学的考察の対象となることはなかった。可変的，蓋然的な人間世界がそれでも実践知の場たりえたのは，人間の共同世界が普遍的自然を内包し，その声に聴き従っているかぎりにおいてであった。プラトンやアリストテレスにおいて歴史叙述が学として低い位置に甘じていたのはそれゆえであって，そこでは，自然を分有しつつも時間のなかで生成消滅していく可変的な人間行為を扱う歴史叙述は，主

体すなわち実体としての行為者それ自身の発生や性質（本質）――それは時間の外に位置する普遍的なものである――を扱う理論学とは明確に区別され，むしろ修辞術と結びつけられた[120]。否それどころか，時間の上での生成順序と本質の上での優先順序とは逆であると考えられて[121]，歴史的思考と実体論的・形而上学的思考とは矛盾するものとしてすらとらえられ，歴史学は歴史がはじまる以前からすでに完成されていた「真理＝存在そのもの」を認識することはできないとされたのである。たとえばプラトンの『テオイテトス』のなかでソクラテスは，自由な哲学者と修辞術的訓練を受けたたんなる弁論家とを対比し，後者すなわちソフィストや修辞学者の誤りは，かれらが究極的・絶対的目的ではなく，手段的・相対的目的を追求している点に存するとした[122]。ソクラテスによれば歴史家や修辞学者は，ヘラクレイトスやプロタゴラスにならって，世界を流転するものとし人間を万物の尺度とするような誤った形而上学に立脚してしまっている。『ゴルギアス』にいたると修辞学に対する哲学の優位はさらに体系的に提示される。哲学者は理性による観想を通じてのみ把握される永遠の真理の領域に携わり，修辞家は感覚や想像（phantasia）や模倣（mimesis）によって知覚される蓋然的なるもの（eikos）の領域，すなわち有効性の領域にのみかかわる。こうしたソクラテス－プラトンの視点はその後の西欧世界を規定する大きな潮流となったが，他方で古代ギリシアの歴史家からキケロをへてフィレンツェ・ルネサンスにいたる歴史叙述と修辞術の流れは，マキァヴェッリの歴史的政治思想を生み出す母体となっていった。マキァヴェッリの歴史叙述の背景としてのこのキケロ的修辞術＝歴史叙述については，第3章で扱っているので，ここでは直接にマキァヴェッリの歴史叙述の方法に目を向けたい。マキァヴェッリは，人間世界が可変的であることを認めつつも，それを普遍的世界に結びつけようとはせず，逆にみずからの研究を，もっぱら変転せる人間の歴史を個別それ自体として採りあげることに限定し，そこに「事物の実効的真実」を見出そうとする。

「さて，こと芸術に関するかぎりは，それ自体が不朽の性格をもっているので，たとえ時間の要素が入り込んできたところで，本来の真価を

---

(120) Collingwood[1946], pp. 40-45. 邦訳，四五－四八頁。

(121) Aristoteles, *Metaphysica,* 989a.

(122) Platon, *Theaetetus,* 172d.

減じたり増したりはできないものであるから、ここで私の議論の対象とはならない。それゆえ、私が取り扱おうとするのは、判断の基準がさほど明確でない過去の人間の生き方とか習俗となるのである (D,II-primo;144; 二：一六六)。」

　不変なものは歴史的ではない。歴史家にとって重要なのは、出来事それ自体であって、出来事がそこから生起する根源としての実体ではない。歴史的な思考と実体論的な思考とは相いれない[123]。可変的なものを独立して考究しようとするこのようなマキァヴェッリの立場は、過去のもろもろの出来事、行為、現象は、それ自体独立した教訓として姿をあらわすという、ローマの歴史編纂にとって当然であった前提に則っている[124]。すなわち古代ローマにおいては、過去の出来事は何らかの普遍的目的へと収斂する統一的な時間の流れのなかでの一要素ではなく、その個別的特殊性の限界内でおのおのの一般的教訓を指し示すものであった。価値や意味は多元的なものとして個々の実例に内在していると考えられたがゆえに、特殊を総合するための中心的な契機として「時間」を要請するような歴史概念は不要であった。個別を取りまとめて意味を付与し、たんなる実例の集積を教訓の手段たる「歴史」たらしめるものがあるとすれば、それは一定方向への時間の流れではなくして、あらゆる出来事がそれへと回帰する中心的かつ決定的な唯一の「はじまり」——すなわちローマの都市の「創設」という事件——だったのである。人間的・実践的・可変的領域の存在論的かつ倫理的自立性をマキァヴェッリにおいて支えていたのは、歴史の普遍的目的や時間の一方向的流れを拒否しつつ、歴史の前後関係を個別的秩序制度 (ordini) の起源 (＝創設、始まり) を軸として定めようとする共和政ローマの歴史観であったといえよう。それゆえマキァヴェッリはつぎのように述べて、政治体の拡大 (軍隊の総帥) や歴史叙述 (文筆家) 以上に国家の創設を重視する。

　「すべて賞賛に値する人びとのなかで、ひときわ尊敬を受けるべき人物とは宗教の創始者と崇められている人であり、これに次ぐのは王国か共和国を建設した人である。さらにこれらの人びとに次いで敬慕の的となるのは軍隊の総帥として自分の領土なり祖国の国土なりを拡大した人物

---

(123) Collingwood[1946], p. 40. 邦訳、四五頁。

(124) Arendt[1968], p. 64. 邦訳、八四頁。

であり,そのつぎには筆をもって立った人びとが置かれる (D,I-10;91;二:四一)。」

ローマ人たちにとっては,あらゆる宗教的および政治的権威の源泉は,人民としての自分たちの起源を再収集することのうちにある[125]。ローマ人たちの政治的経験は,創立の神聖さによって統合され組織されていた。神聖なるはじまりは,同時に政治的徳と宗教的敬虔さの源泉であった。そこでは,宗教 (re-ligion) すらもが創設という神聖な英雄的過去に「再び結びつく」(re-ligare) ことと同義であり[126],政治・宗教・歴史は「創設」に従属するものなのであった。ローマの神々のうち,最も先に存在し最も重要だったのは,はじまりの神ヤヌスと,想起の女神ミネルヴァであった。ローマ人たちにとって,記憶するとは父祖たちの道を記憶することであった。ラテン語で偉大という形容詞の比較級 maiores は,そのまま祖先(偉大なる父 grandfather) を意味した。建国の父祖ロムルスが,最も偉大な祖先であった。それゆえ最初からローマ人たちは場所と土壌の創出に結びつけられていた。父祖の土地 (fatherland) = 祖国 (patria) の概念を発展させたのはローマ人であるといわれる[127]。

たしかにギリシア人にとっても創設とりわけ理想国家の創設は栄誉であった。しかしギリシア人にとって理想国家の創設は,現状改善のために何度でもなされうるし,なされるべきものであった。これに対してローマ人にとっては,創設は一回きりのユニークな出来事であって,公民として政治的に行為するとは,最初に設立されたものを維持し継承し継続して発展させていくことを意味した。あらゆる出来事は,創設へと結びつけられ,そのことによって,たんなる出来事ではなく創設後の一事例となる。リウィウスに代表されるようなローマの歴史家たちにおいては,こうしてあらゆる個別の行為が歴史の起源すなわち祖国創設時の英雄の模範へと引き戻され,その一事例で

---

(125) Smith[1985], pp. 26ff.

(126) たとえばキケロは,つぎのように述べている。「新たなものの創設とすでに創設された共同体の維持ほど,人間の徳が神々 numen の機能に近づく領域は,他にはない。」Cicero, *De Re Publica*, I. 7.

(127) Arendt[1968], pp. 119-121. 邦訳,一六二一一六四頁。

あるとみなされるのである[128]。ギリシア人のように，創設を永久革命としての理想国家建設に近く解釈するならば，過去はそれほど重要ではなくなり，歴史よりも哲学のほうが政治的規範の根拠としての地位を獲得するであろう。しかし一度きりの創設に繰り返し「立ち戻る」ことが政治的規範の根拠となるローマ人にとっては，過去の歴史の考察はギリシア人よりもはるかに重要な意味をもっていたのである。

マキァヴェッリは，こうしたローマ人たちの伝統を引き継いでつぎのように述べ，祖国の創設や改革の行為に最高の栄誉を帰している。

「わたくしは，人間が得ることのできる最大の名誉は祖国 (patria) が喜んでその人に与える名誉であると信じる。人間のなしうる最大の善行，神を最も喜ばせる行為とは，祖国のためになされる行為である。このほかに人間の行為のなかで最も尊敬の的となるのは，法律や制度を用いて共和国や王国を改革する行為である。これらの人びとは神々のつぎに，最も賞賛される人びとである。というのも，このような改革を行う機会に恵まれる人は少なく，それを実行するすべを知っている人はさらに少なく，それを実行した人間はきわめて少数に限られているからである。それゆえこの栄誉は，栄誉のみを追求する人びとや，実際に共和国を樹立しなかったがそれについて論じた人びと，たとえばアリストテレスやプラトンらによって非常に高く評価されている。人がソロンやリュクルゴスのように公民的生活 (vivere civile ＝政治社会) を樹立できなかったのはその無知のゆえではなく，それを実力に移す際の無能力のゆえであることを，これらの著作家たちは示そうとしたのである (*Discursus florentinarum rerum*;30-31；六：一四八－一四九)。」

ローマの創設が古代イタリア人に対してもっていた意味を当代において復活させ，蛮族から解放された統一イタリア国家を「創設」することによってローマ人の経験を繰り返そうとしたマキァヴェッリの企図を通じて，歴史は

---

(128) Livius, *Ab urbe condita,* I.praefatio. マキァヴェッリは，こうしたローマの歴史観の政治理論的含意を明らかにした初期の政治思想家の１人に数えられよう。D,I-10;91；二：四一－四五を参照。普遍的な哲学から歴史への基準の移行，過去の栄誉の想起による政治学については，つぎの諸文献を参照した。Strauss[1952], pp. 79-80. 邦訳，一〇五頁。Arendt[1968]. Smith[1985], pp. 26ff.

人間を説得する手段としてのみならず，人間による世俗的栄誉の追求と実現の場としても，重要な位置を獲得したのである。かくして歴史がもはや自然哲学と具体的人間との中間項ではなく，人間の活動の場そのものとみなされるようになると，換言すれば，歴史が，あらかじめ確定している普遍的規範の適用を保証するだけでなく，その内に規範そのものが発見され認識されるいわば宝箱と考えられるようになると，一切の非人間的なるものはそこから排除されるにいたる。歴史の主役は，歴史のただなかでフォルトゥナに流されつつもなおそれに対抗して徳を自立的・主体的に実践しうるところの人間なのであって，それ以上のものでもそれ以下のものでもない。獣や植物はフォルトゥナにまったく抗しえないがゆえに，また神やイデアは歴史の変転を超越してしまっているがゆえに，その主役の座に着くことはできないのである。かくしてマキァヴェッリにおける歴史の導入は，まさしくルネサンスの人間中心主義（ヒューマニズム）――人間の諸能力に関して楽観的なそれであれ悲観的なそれであれ――を色濃く反映したかたちで，世界から超越的目的への指向性を剥ぎ取り，規範を人間の歴史世界に内在化させることとなった。

　ヒューマニズムの起源が古代ローマの humanitas 概念にあることはよく知られているが，この概念を哲学的真理とも芸術の作品的美とも距離を置く公的世界の保存努力として解釈するのが，アレントである[129]。古代ローマにおいてもルネサンス・フィレンツェにおいても，ヒューマニストは，哲学や芸術といった特定の分野の専門家ではないがゆえに，各々の専門が課す真偽や美醜という基準からくる外からの強制を超えるような，自由な判断を行使することができる人たちであった。humanitas は，障害の不在という自由主義的自由概念ではなく，真理であれ美であれ他律的基準に屈しない自律的・共和主義的な自由概念と結びついている。それはキケロのいう文化的精神 (cultura animi)――すなわち世界の事物を気遣い，保存し賞賛するすべを心得ている態度――によってもたらされる。アレントによればそうしたヒューマニズムは，多くの点で互いに対立しあう純粋に政治的な活動様式と純粋に制作的な活動様式を調停し，媒介するという使命を担っている。つまり，アレントの意図を汲みつつマキァヴェッリへと議論を展開すれば，ルネサンス

---

(129) Arendt[1968], pp. 224-226. 邦訳，三〇三－三〇六頁。

人文主義のもととなった humanitas 概念は，古代ローマにおけるその起源からして，自治と参加の自由という共和主義の活動的要素と，公的なるものの世界 (res publica) の設立・維持・拡大という共和主義の枠組的要素とを，合わせ含んだ概念だったわけである。マキァヴェッリは，そうしたフマニタス概念の二義性を引き継ぐかたちで，ヴィルトゥによる参加的自由と，歴史読解による範例の尊重とを，結合していったのであった。

ともあれ人間の世界にこそ自立の根拠を見出すこのようなヒューマニズムの立場から，＜自然とは異なって歴史は人間によって「つくられた」領域であるがゆえに，人間は，自分がつくったのではない所与の自然世界を認識することはできなくても，自分自身の偉業や挫折がつくりあげた歴史世界は知りうるはずだ＞という確信をもって自然哲学から歴史哲学へと向かい，詩的知恵に基礎を置いた「新しい学」を構想していったヴィーコ[130]までは，ほんの一歩の距離しかない。つまり，宝箱としての歴史がそれ自体人間の作為の産物とみなされる日は近い。哲学の普遍的規範の適用手段として最初に導入された歴史は，徳実践の場から規範の源泉そのものへと人間の領域に引き寄せられ，ついに人間によってつくりだされる規範としての称号を得ていくのである。それにともない，公的徳は，外部の規範への服従や観想よりも，歴史のなかから自分で規範を創出し，外部を自分に服させるという自立的活動へと徐々に傾いていく。依存しうる実在がなければ，フォルトゥナに対しては自立するしかない。ホワイトヘッドの表現を用いるならば，このように観照から自立活動へと重点が移行することによって世界は実在から過程になり，実在するもの自体の究極的性質についての what の問いは，それの暫定的過程における態様についての how の問いに取って代わられることになる[131]。所与の規範的秩序を想起発見するのではなく，まず最初に未来に向かって，目的よりも態様を主眼としながら秩序を理念的・作為的・創出的に構想していくこと。そのために服従道徳を拒否して自立道徳を確立していくこと。これらのことこそ，歴史を引照枠としたマキァヴェッリ政治思想がはじ

---

(130) Giambattista Vico, *De antiquissima Italorum sapientia ex linguae latinae originibus eruenda*, Laterza & figli, 1914, pp. 131-137. 邦訳，三四－四六頁。Vico, *Principi di Scienza Nuova, Opere,* pp. 388-391. 邦訳，六九－七二頁。

(131) Whitehead[1933], p. 159. 邦訳，五一八頁。

めて担った特殊「近代」的課題であった。

もう一度敷衍しておこう。そもそも思想に歴史の物語が入ってきたのは，完成された哲学の倫理教説が教説それ自身の真理性によっては一部の人間をしか動かせないことが自覚されだしたときに，実例を示すことによって教説の実現可能性や効用を訴えるための補助的教訓手段としてであった。しかし歴史の終末ではなく秩序のはじまり（＝ローマ共和政の創設）という集約点をもつローマ古代史の物語が，端緒へと向かうその性格ゆえに，あらゆる人間活動を包含し，ついには規範がそこに見出される宝箱と考えられるようになると，規範の教説そのものも歴史を媒介とした人間の産物へと変わっていく。近代の自立道徳（自律的・公制度的共和主義）の成立契機の1つもここにあったのである。

(iii) 自然の歴史化──マキァヴェッリと歴史主義

歴史を規範の宝箱とみるマキァヴェッリの歴史観が，歴史を超越的・普遍的自然のコスモロジーから解放することで自立道徳の成立を促したとするならば，マキァヴェッリにおける「歴史の導入」を，歴史法則主義と歴史相対主義の両者につながる広義の歴史主義の端緒とみる立場[132]が説得力を帯びて

---

(132) Strauss[1952][1953]．シュトラウスは，古典的自然法論への対抗思潮としての近代的歴史主義の端緒を，ルソーが自然の起源としての歴史──自然状態を空間的原初状態ではなく時間的起源の状態として描く──という観点を提出した地点に求めているように思われる。ルソーはすべての問題を，ピュシスの言語によってではなく，ソクラテスがイオニアの自然学派のうちに見出して峻拒したところの起源の言語によって語ることで，自然や人間を含めてすべての問題を歴史化したからである。ルソーからヘーゲルへと引き継がれた歴史法則主義は，普遍原理を歴史の内側に取り込むことでそうした原理を解体し，ついにはニーチェやウェーバーの歴史相対主義を導出したとされる。しかしシュトラウスによれば，あらゆる原理の相対性を主張するみずからの立場の歴史性をも自覚していたという意味で，最も深い歴史主義は，ハイデガーのうちに見出される。ハイデガーにおいて最も深いかたちで表現された歴史主義とは，(1) 哲学は歴史の洞窟から脱けられないので哲学は不可能という主張と，(2) 本質的なものはすべて本質的に歴史的であるという主張である。Meier[2002]によれば，プラトンのいう洞窟のさらに一段下にある人工的な「第2の洞窟」

くるであろう。マキァヴェッリと歴史主義との原理的関係を考察するために，まずは存在と歴史の関係をめぐる歴史観を，便宜上次の4つに区分してみたい。
(1) 実体的世界観。時間的経過（展開）の概念はない。時間とは，不規則な生成消滅以上のものではない。不変な実体こそが世界である。実体が不変なのであって，時間や空間は実体の偶有性または意識の産物にすぎない。それゆえ自然が歴史の上に立って歴史を判定し，歴史そのものは運動のカオスとなる。歴史は二次的な学であり，哲学の補助手段となる。アリストテレス，ホッブズ，スピノザの立場に近いといえる。
(2) 循環史観。有限な空間と無限の時間（永続性）を前提とする。不変なのは実体ではなく，出来事の生成の規則的な連鎖である。歴史は＜形成－発展－成熟－没落＞の循環であり，ここに政体循環論とのつながりが生まれる。歴史の循環という必然性を運命論的に甘受するのではなく，そのサイクルのなかでの現在の位置を見分ける時宜にかなった判断と行為さえあれば，歴史は賢慮の発揮場所となり，現在への処方箋となる。歴史は実例的教訓の宝庫となり，英雄物語の記念碑的歴史観の様相を帯びる。マキァヴェッリ，ニーチェの立場に近い。
(3) 展開史観。有限な時間（はじめとおわりがある）と無限の空間（永遠性）を前提とする。不変なのは歴史の終局の完成態であり，それへと向かう歴史は，単線的ではないにせよ単一の普遍史として，現在の判定者としての相貌を帯びる。歴史は堕落をも含むが，堕落ないし矛盾が歴史の発展のなかで正しい秩序を生み出す。アウグスティヌス，ヘーゲルの立場を想起させる。
(4) 事実史観。歴史とは，出来事の無意味な集積以上のものではなく，現在の立場からの主観的設定による過去の行為者の意図の偶然的・客観的因果関係枠を通じてのみ意味をもつ。不変なのは実体でも生成でも完成態でもなく，個別の行為結果である。事実史観は，現在と過去を断絶させ，過去を過去として確定する傾向をもつ。歴史とは過去のことであり，過去の事実のカオスである。それゆえ，現在の立場から歴史を統御しようとする意志のみが重要な歴史形成要因となる。ウェーバーに代表されるような骨董品としての歴史観として，歴史相対主義に近づく。

である歴史主義から現代人を連れ出すために，シュトラウスは歴史主義の形成史を追跡するべくみずから歴史家となり，政治哲学史の研究に向かった。

基本的には (2) の立場から (1) や (3) を批判するマキァヴェッリにおいては，空間的目的論（アリストテレス）であれ時間的目的論（アウグスティヌス）であれ，歴史の継続性があらゆる目的論を排除するような歴史観が成立している。そこでは，規範や目的や原理としての自然ではなく，起源ないし条件としての自然が想定される。こうした「歴史としての自然」観念こそが，マキァヴェッリの歴史観がルソーに直接残した遺産であるといえよう。もしもシュトラウスがいうように，マキァヴェッリの意図の1つが，古代哲学の利用による政治の脱神学化にあったのだとすれば，マキァヴェッリは，啓示や摂理による決定論を排して，古代の哲学する自由を取り戻すとみせかけつつ，世俗国家の権威と世界の作為的・合理的統御の可能性を強調することで，政治から啓示の要素を払拭しようとしたことになる。しかし，神学に対して哲学の安全を守ろうという試みは，哲学を解放するどころか逆に哲学を進歩と統御という人為的歴史の流れの中に投げ込み，洞窟に閉じ込めてしまったのである[133]。したがってマキァヴェッリが有名な書簡のなかで告白した「書物を通じた過去の偉人との対話」は，根本的問いかけの類似性にもとづいて近似した自然同士が出合うというソクラテス的な哲学的対話ではなく，解釈学的な歴史的地平の融合とでもいうべきものであり，そのかぎりでは歴史を脱していないといえる。このような点を考慮すれば，マキァヴェッリの教訓的歴史叙述は，政治の規範性を担保すると同時に，その規範の歴史化・相対化への道をも開くものであったという含意が導出されるのではなかろうか。

第2節　循環史観と生の意味──過去の教訓と現在

---

(133) Meier[2002]．しかしシュトラウスによれば，マキァヴェッリが神学から哲学を擁護しようとしたという主張は，真理の半分でしかない。マキァヴェッリが擁護しようとした哲学は，ソクラテス的な政治哲学ではなく，近代哲学であったからである。マキァヴェッリは，独自の哲学的内容を伝達するために，古代の哲学者が用いた叙述方法，すなわち exoteric と esoteric との二重の叙述方法を用いた。叙述の二重性は，哲学者を社会から守り，非哲学者を哲学から守ろうとする試みである。エソテリックな叙述方法は，政治の必然性と哲学的生の要求とをともに考慮している点で，マキァヴェッリの計画にかなっていたのである。

(i) 循環史観の再生

　ここで少し歩みを戻して，マキァヴェッリにおいて，哲学の補助手段でも事実の混沌とした集積でもなく，教訓の宝庫としての歴史が成立しえたことの前提ないし理由を，いくらか吟味しておきたい。マキァヴェッリの教訓的歴史叙述は，創設の栄誉に対して古代ローマ人が抱いていたのと同じ憧れと，ルネサンスにおける修辞術の興隆とが結びついて生まれたものだといってよいであろうか。たしかにそれもあろう。しかしそれだけでは，古代ローマの歴史家やルネサンスの人文主義者たちと，マキァヴェッリとのあいだに存する差異を，見落としてしまう危険があるように思われる。『リウィウス論』第Ⅱ巻の序文を読むと，古代ローマへのマキァヴェッリの肯定的評価が，過ぎ去った時代へのたんなる郷愁から出たものではないことが分かる。

　かれはこの序文の冒頭で，理由もなしに過ぎ去った昔をたたえて現在をあしざまにいうような「古い時代に愛着をそそられがちな人びと」の考えかたは，たいてい誤りであると述べる (D,Ⅱ–primo；144；二：一六五)。その理由の１つとしてかれが挙げるのは，過去について書く歴史家たちが，多くの場合，勝者をたたえるために事実を歪曲して興隆国のよい点ばかりを記述するということである。歴史物語を漫然と無批判に受け入れてしまってはならない。「古代病患者に数え入れられ」ないためには，古代について語るにも「自制して話をすすめ」なければならないのである (D,Ⅱ–primo；146；二：一六八)。しかしそれにもかかわらずマキァヴェッリは，過去をほめたたえ現在をけなす傾向が，実際に真理と一致する場合もしばしばあるという。なぜなら，「人の世の事柄は流転してやまないもので，はじめは上昇線をたどるものの，後になるとしだいに落ち目になっていく傾向があることも，認めねばならないから (D,Ⅱ–primo；144；二：一六六)」である。過去であればすべて輝かしいのではない。また，いついかなる時代にもつねに過去の栄誉を模倣せよというのでもない。問題は，上昇と下降，栄誉と没落を往復し循環する歴史のなかで，現在という時代が上昇の時代であるか落ち目の時代であるかである。過去を模倣すべきか否かは，今がいかなる時代かにかかっている。没落の時代に過去をたたえるなら，それは誤りではない。そしてマキァヴェッリによれば，「古代はヴィルトゥが支配していたのに現代は悪徳が横行していることは太陽をみるより明らか」である。かれが古代ローマの歴史物語について

の『リウィウス論』を書いたのは，歴史のしくみを理解せずに過去をたたえ現在をけなすためではなく，祖国イタリアが没落しつつある現在という時代にあって，事例をつうじて歴史のしくみを語るためである。マキァヴェッリは，「時とフォルトゥナをつかさどる神の悪意が，どういう点で人間の行動をじゃまするかという教訓を他人に教えてやることは，誠実な人間が果たさねばならない務めでもあるし，こうしてその知識を受け入れた多くの人びとのうち，とくに神の恩寵に恵まれた者が，その教訓を実際に活かしていくことができるようになる（D,II-primo；146；二：一六九）」と考えたのであった。

　それゆえマキァヴェッリが歴史を教訓の宝庫とみる理由は，かれが「古代病患者」だったからではない。むしろその理由は，マキァヴェッリの歴史観そのものにある。それは，歴史を直線的発展ではなく循環過程とみる立場である。歴史物語が教訓たりうるのは，歴史が秩序と無秩序との往復として考えられたからであり，最近数世紀のイタリアが堕落の極みにあるからにはあとは必然的上昇過程をとるしかないのだという，循環する歴史（＝フォルトゥナ）への期待があったからである。かれにとって，世界は実体的形相の複合体ではなく，上下なき一様な運動の必然性であり，機能的に一元化された同質的空間と映ったのであった。なるほど，古代ローマ人が抱いていたような，自己の道徳的理性によって自己の行為を制御し歴史を創造していく人間観は，マキァヴェッリにおいては薄らいでいる。しかしそれでも，古代と現代の隔たりは同一平面上での相対的なものにすぎず，しかも歴史が循環し繰り返すとすれば，過去の偉人と現代のわれわれは似通った経験と教訓を共有することができるし，過去に実際にあった栄誉はこれからも実現されうるとマキァヴェッリは期待したのであった。『君主論』や『リウィウス論』においては，歴史は政治的教訓を演繹する素材としてとらえられており，循環史観そのものは後景に退いているが，『フィレンツェ史』においては，第Ｖ巻冒頭で定式化されたような循環史観が，叙述全体を貫くモチーフとなり，たんなる教訓の宝庫をこえて，出来事を推し進める起動力そのものとなっているのである。

　アウグスティヌスは歴史を，はじまりと終わりをもった線分とみる。つまり歴史はいつも，時代的に後のものを前のものの必然的発展とみる。これに対して，マキァヴェッリは時代をこえてもわれわれに響いてくるものとして，いつも変わらぬ恒常のもの，繰り返しあらわれる個性的な典型的なもの

として考えた。歴史とは，一方向へと不可逆的に進展する普遍的な理念の実現過程ではなく，各時代各民族の個性を1つの典型として後世に伝え，永続的にその民族の文化を価値あらしめるような，想像力で補われた史料にもとづく描写である。アウグスティヌスにおいて終末へと向かう直線的なものとしてとらえられ，トマスにおいては遙かな未来へと遠ざけられた終末のゆえに普遍的な自然の秩序の影に隠れていた歴史は，超歴史的・超自然的な啓示の介入や，歴史に左右されない自然に内在する秩序の基礎づけといったものがなくても，それ自体で普遍的規範ならぬ具体的教訓を提示できるものとなる。マキァヴェッリにとって，過去の生は現在の生のために奉仕すべきである[134]。しかし逆に過去が直線的・不可逆的な普遍史の時間の流れのなかで動かぬ事実となったときに，生は現在という中心を失い，過去のものに完全に呑み込まれ，現在の生は死滅してしまう。マキァヴェッリによれば，歴史は，現在の人間を将来の目的に向かわせるための客観的な進展ではない。逆に，

---

(134) 普遍史ではないこうした「現在の生に奉仕する歴史」を，ニーチェは，記念碑的・骨董的・批判的の3つの観点から考察している。歴史は「記念碑的歴史」として，活動し努力する者に属する。かれにとって歴史とは自分が模倣と改善のために刺激を見出す場所である。記念碑的歴史は，かつて現存した偉大なものがとにかく一度は可能であったのであり，それゆえおそらくもう一度可能であろうと推察する。そこでかれは一層の勇気をもって自分の道を行く。また歴史は，「骨董的歴史」として，保存し崇敬する者に属する。かれは古くから存続するものを用心深く保護することによって，自分の生成してきた諸条件を自分の後から生じてくるはずの者たちのために保存しようとする。それは，新しいものを求めることと正反対の感覚，つまり安心感，自己の現実存在が弁護いな義認されるという幸福感を人間に与える。しかしこれが有力になりすぎると，いつも生成するものが軽視されてしまう。また歴史は，「批判的歴史」として，苦悩し解放を要する者に属する。人間は生きうるためには過去を解体し破壊しうる力をもち，この力を時々適用しなくてはならぬ。これを達成することは，過去を法廷に引き出して手厳しく審問し，最後に有罪を宣告することによって可能である。人間の生がその裁判官である。このように元来「真に生きる」ことと過去をもつことが両立しえないというディレンマのなかにある人間が，いかにすれば，より幸福に生きられるかではなく，いつも生成している始まりも終わりもない世界の真実と現在の創造的な生の瞬間とに対してより真摯に生きられるのかが，ニーチェのテーマであった。Nietzsche,[1903], S. 294-310. 邦訳，一二九－一四三頁を参照。

過去と未来は「現在」の人間の生に奉仕するためにある。現在という瞬間の現実を直視できない人間は，過去の教訓から現在を乗り切ることを学ぶ代わりに，現在の困難を未来の栄誉のための必然的準備段階であると考えるような直線史観に安住して時間の流れに身を任せ，破滅してしまうのである。大切なのはここでも，いかにあるべきかではなく，いかにあるか (P,15;280；一：五一) である。

(ii) 循環史観と政体循環論

ここで，マキァヴェッリにおける循環史観と政体循環論との関係について一言しておかねばならない。周知のごとく，かれは『リウィウス論』第I巻第2章において，アリストテレスからポリビオスへと引き継がれた伝統的な6つの政体の循環に言及している (D,I-2;79-80；二：一五一一九)[135]。かれによれば，「さまざまな形態の政体が人間社会のなかに発生していくのは偶然のなせるわざで」あって，人びとが，人口の増大にともなって防衛のために自分たちの集落で腕力と気性にすぐれた人物を君主とするようになったのも，自然のなりゆきであった。君主の歴史的起源が平民に求められているという興味深い事実はさておき，マキァヴェッリは，その君主政体が僭主政体→貴族政体→寡頭政体→民主政体→衆愚政体→君主政体という堕落と回復の循環過程をたどると説く。「このことが，過去から現在にいたるまでのすべての国家がたどるように運命づけられている循環のしくみである。」マキァ

---

(135) アリストテレス『政治学』第III巻，ポリビオス第VI巻，『リウィウス論』第I巻における，よき3政体とそれぞれの堕落形態を指す語はつぎのとおりである。Walker[1950],vol.2,p.8による。
○アリストテレス：(i) $\beta\alpha\sigma\iota\lambda\varepsilon\iota\alpha$ ── $\tau\upsilon\rho\alpha\nu\nu\iota\varsigma$, (ii) $\dot{\alpha}\rho\iota\sigma\tau\sigma\kappa\rho\alpha\tau\iota\alpha$ ── $\dot{\sigma}\lambda\iota\gamma\alpha\rho\chi\iota\alpha$, (iii) $\pi\sigma\lambda\iota\tau\varepsilon\iota\alpha$ ── $\delta\eta\mu\sigma\kappa\rho\alpha\tau\iota\alpha$
○ポリビオス：(i) $\beta\alpha\sigma\iota\lambda\varepsilon\iota\alpha$ (Regnum) ── $\tau\upsilon\rho\alpha\nu\nu\iota\varsigma$ (Tyrannis), (ii) $\dot{\alpha}\rho\iota\sigma\tau\sigma\kappa\rho\alpha\tau\iota\dot{\alpha}$ (Optimatium principatus) ── $\dot{\sigma}\lambda\iota\gamma\alpha\rho\chi\iota\alpha$ (Paucorum domination), (iii) $\delta\eta\mu\sigma\kappa\rho\alpha\tau\iota\alpha$ (Populi imperium) ── $\dot{\sigma}\chi\lambda\sigma\kappa\rho\alpha\tau\iota\alpha$ (Turbae potentates)
○マキァヴェッリ：(i) Principato ── Tirannide, (ii) Ottimati ── Stato di pochi, (iii) Popolare (Governo popolare) ── Licenza (Governo licenzioso)

ヴェッリの政体循環論は，かれの循環史観の制度的表出といってよい。しかしマキァヴェッリによれば，「どの国家にしても何度もこのような循環運動をくり返してそれでもなお自立できる余力を残すような活力をもつことなどとうてい無理である。」それゆえかれは，君主政体・貴族政体・民主政体というよき 3 つの政体が互いに牽制しあう混合政体が望ましいと述べる。しかしこの混合政体は，政体循環論への歯止めとはなりえても，秩序と無秩序を往復する循環史観そのものへの歯止めとはなりえない。マキァヴェッリにおける循環史観は政体循環論に収斂されるものではなく，同一の制度のくり返しという歴史的事実をこえて，さらに深い秩序の地平で往復運動がくり返されるということにほかならない。完全に同一の制度や事実が何度も巡ってくるということではなく，似たような類型の事象をともなう秩序と無秩序が何度も巡ってくるということである。個々の政体類型までが人間の意志に反して決定されているほどの運命論的な循環史観は，マキァヴェッリの立場ではない。現在の事象と同じにみえる事象が，かつて生起していたし，これからも生起するであろうと考えられるのは，ある同一の存在が回帰してくるからではなく，回帰が生起する世界が同一のものだからなのである。しかもかれによれば，「これらの政体のどれひとつとして，そのままのかたちで適用することはしない」ような，「慎重に法律をつくりあげようとする人」もまた必ず存在するのである。

　混合政体論を政体循環論に基礎付けるマキァヴェッリの発想がポリビオスに由来することはよく知られている。由来するというよりも，『リウィウス論』第 I 巻第 2 章は，ポリビオス第 VI 巻の抜粋要約といってもよいほどである[136]。アリストテレスは寡頭政と民主政の混合による統治の有効性を示唆したにすぎず[137]，3 者の混合政体を 1 つの統治図式として提示したのは，紀元前 150 年頃にローマ史を叙述したギリシアの歴史家ポリビオスであった。

---

(136)『リウィウス論』第 I 巻第 2 章へのポリビオス第 6 巻の影響については，さまざまに論じられているが，その嚆矢となったコメントとして Walker[1950], vol. 1, Introduction, pp. 61-63, 81-82, 89-90. Walker[1950], vol. 2, pp. 7-13, 289-291 を参照。ウォーカーはポリビオス第 VI 巻と『リウィウス論』第 I 巻第 2 章との対応箇所を逐一指摘している。

(137) アリストテレスの混合政体論については岩田[2001]を参照。

先に述べたように，循環史観にもとづく政体循環論は，アリストテレスにおいてすでに成立していた。否むしろ，古代ギリシア人の自覚していたギリシア史そのものが，君主政→貴族政→僭主政→民主政→衆愚政→君主政という循環経過をたどったともいえる。すなわちギリシア人は，ギリシア史の出発点にシキュオンやアルゴスといった王国をおいていたし，アテネも王国から始まった。その後アテネは貴族政を中心としたポリスの時代に入り，僭主政を経て紀元前5世紀初めに民主政に移行し，それがソクラテスのいう「衆愚政」へと堕落した。その後ギリシアはマケドニア王アレクサンドロスの支配下に入り，さらにヘレニズム時代には，アンティゴノス朝のマケドニア，ポリス地域，セレウコス朝のシリア王国，プトレマイオス朝のエジプトに分かれた。すなわち古代ギリシアは，君主政にはじまり君主政に戻ったとみなされたのである[138]。ポリビオスもまた，単一政体が不可避的堕落過程によって君主政→寡頭政→民主政→君主政と移行せざるをえないことを指摘し，諸政体が周期的に循環するという政体循環 (anacyclosis) 説をとなえる。しかしポリビオスは，政体循環史観をこえる視点，すなわち混合政体論を提示する[139]。かれは，『歴史』第Ⅵ巻第3章で，ギリシアが政体循環の必然性に巻き込まれて永続の達成に失敗したのに対し，ただローマのみが地中海の支配者となりえた理由を，ローマの政体の完璧さに求めようとした。古代ローマも，ロムルスによる建国以来しばらくは王国であり，その後，最後の王タルクィニウスが追放されて貴族を中心とした共和政に移行したところまでは循環の流れに沿っていた。しかしローマの政治は，以後ギリシアとは異なった経緯をたどることになる。ローマ共和政の成立当初は，元老院が2名より成る執政官および臨時独裁執政官を掌握するかたちで，貴族が権力を独占していた。しかし，貴族と平民との闘争を通じて民会が元老院と同様に立法機関の地位を獲得し，執政官の1名も平民から選ばれるようになるに及んで，ロ

---

(138) 岡崎[2003]，三九頁。

(139) 生物学的法則と政体循環論とが，ポリビオスのなかで保っている均衡が，不安定かつ暫定的なものであることを指摘するのは Walbank[1972] である。生物学的法則が含む，政治体そのものの死（個体的生命過程の一回性）という観念と，循環史観が含む永遠の反復という観念とは，矛盾するというのである。しかしこの矛盾は，生命を全体的にとらえることと，反復過程の形式的不変性を前提することとによって，解消されうるように思われる。

ーマ共和政は混合政体となる。戦争を指揮し元老院を司る執政官をこそ政治権力の中心に置く君主政。元老院を重視する貴族政。執政官を選出し法律を可決し元老院の議決をも無効たらしめうる民会の影響力を強調する民主政。これら3機構の混合政体を採用したローマの賢さを，ポリビオスは称賛する。ポリビオスはこうして混合政体論を政体循環論と結び付け，政体が堕落する循環過程を食い止めるには善き3政体の平和的均衡が必要であるとしつつ，この均衡による内政の安定こそがローマ共和政拡大の主因であると考えたのであった[140]。ローマは，時間的循環を空間的政体の機構枠内に取り込むことによって，分裂や時間の循環を逃れて，みずからの統合と発展を可能にしたのである。世襲制を公益の私益化につながるとして批判した点[141]や，政体をたんなる手段的機構ではなく習慣と法に根ざした「公的なるもの」の表現そのものであるとし，政体と徳の相即関係を指摘した点[142]においても，ポリビオスは，アリストテレスよりもキケロらローマの共和主義的思想家に近いといえよう。キケロ，リウィウス，プルタルコスによる若干の言及を除けば15世紀まで西欧世界においてはほとんど忘れられていたポリビオスの『歴史』の本格的な再発見は，ポエニ戦争について論じた『歴史』の第1-2巻の文章をレオナルド・ブルーニが1419年頃にラテン語訳したときに始まるとされている[143]。政体循環を論じた第6巻の再発見はそれより後になり，1505年以前に書かれたベルナルド・ルチェライの『ローマ都市についての書』(*Libre de urbe Roma*)で最初に言及され，ルチェライの園の会合に出席していたマキァヴェッリが1513年に書き始めた『リウィウス論』に登場することになり，その後はマキァヴェッリの著作を通じてハリントンらに知られることになったのである[144]。

---

(140) Polybius, *Historiae,* I.1. 5-6, 2. 7; Ⅲ. 1. 4, 2. 6, 3. 9, 4. 2, 111. 9; Ⅵ. 2. 3; Ⅷ. 2. 3. Walbank[1972], pp. 16-19. 福田有広[1997], pp. 10-11. この書は混合政体論におけるポリビオス型とフォーテスキュー型の2類型の区別にも言及している。

(141) Polybius, *Historiae*, Ⅵ. 7. 1-7. 7.

(142) Polybius, *Historiae*, Ⅵ. 47. 1.

(143) Moore[1965]. Momigliano, "Polybius' Reappearance in Western Europe", in Momigliano[1980], pp. 103-123. 福田有広[1997], p. 14.

(144) ポリビオスの『歴史』の第1-5巻は，15世紀中頃までにはラテン語訳

なるほど『リウィウス論』は，多くの点でポリビオスの政体循環論と混合政体論をそのまま継承している。秩序と無秩序の往復という歴史の循環は，政体の変転としてあらわれるという認識（＝循環史観の表現としての政体循環論）や，政体の決定因は慣習法のうちにあらわされる徳であるという認識は，ポリビオスとマキァヴェッリに共通している。このことは，「共和主義は知的な悪魔のあいだでも可能である」としたカントの制度的共和主義論とは異なって，徳に基礎を置く古典的共和主義論の系譜にマキァヴェッリがなお居つづけていることを意味するであろう。けれども，ポリビオスの政体循環論が外的自然法則の必然性に基礎を置く[145]のに対して，マキァヴェッリのそれは人間の野心による興亡という機会的原因ないし心理的要因に根ざすものである[146]。ポリビオスの循環論が自然の本性にもとづくのに対してマキァヴェッリの政体循環論が偶発的な機会にもとづくという差異[147]は，いかなる

されてフィレンツェでよく読まれるようになっていたが，ウルビーノの図書館に草稿のかたちで保存されているのみであった第6巻のラテン語訳は，16世紀初頭まで行われなかった。とはいえ『リウィウス論』発表の頃までには，第6巻の政体論はルチェライの園の文人たちには周知のものとなっていたと考えられる。Momigliano[1977], pp. 79-98. Lintott[1999], p. 237.

(145) Polybius, *Historiae*, VI. 57. 1-57. 5.

(146) それゆえ，混合政体論の持続的性格と政体循環論の不安定さとの，ポリビオスにおいて存在していた矛盾は，マキァヴェッリにおいては，ヴィルトゥによるフォルトゥナの克服という図式のもとに一応の解答を与えられている。しかし，マキァヴェッリにおいても，混合政体論は循環史観そのものを克服しうるものとはなっていない。佐々木[1970]，一八二頁の注。Sasso[1958]. なお，マキァヴェッリ政体論の古典的性格をアリストテレスやポリビオスのそれとの比較をつうじて検討した研究としては，Ellinger[1888]が，いまなお鋭さを失っていない。

(147) こうした差異はサッソやシュトラウスによって比較的早くから指摘されてきた。Sasso[1958, 1980], pp. 306-315. Strauss[1958], p. 222. こうしたポリビオスとマキァヴェッリの差異を足がかりに，C. シュミット流の「例外状況の政治学」に通じる機会原因論や制度的独裁論をマキァヴェッリに読み込もうとした論考として，McCormick[1993]を参照。マコーミックは，『リウィウス論』の政体循環論のすぐつぎの章でマキァヴェッリがローマを偉大な国たらしめた偶発的原因を論じていることを，みずからの議論の証左として挙げている。

含意をもつであろうか。自然の目的論的安定を信じないマキァヴェッリにとっては，混合政体もまた，古代思想におけるような互いに異なる諸機関の目的論的調和の秩序としてではなく，平民と貴族という対立する2つの利己的力のあいだの均衡を保つ外的機構として提示される。ポリビオスにとって混合政体は，君主・貴族・平民相互間にいわば合法的に確立されたチェック・アンド・バランスであり，それを可能にしたのがローマ人の自制と勇気の徳であった。しかし，マキァヴェッリにとって混合政体は，内政安定の要因でもなければ，対外的拡大のための国内的統一の要請でもない。混合政体の利点は内政安定とは正反対のもの，すなわち混合政体自体の不安定な性質——貴族と平民との闘争——のうちにこそ存するのであって，究極の目的は内的闘争を通じた国家の対外的拡大の栄誉である。

　マキァヴェッリの政体論のこうした拡大的性質は，スパルタ（安定型）とローマ（拡大型）の政体を比較するに際してのポリビオスとマキァヴェッリの視点の違いを見ることによって，明らかになるであろう。ポリビオスは第6巻でつぎのように述べる。

　　「諸事実のもたらす実際的な証拠からして，自分たちの領土を安全に保有し自由を維持するためには，リュクルゴスによる立法は十分なものであり，領土保全を政体の目的と考える者たちにとって，リュクルゴスのそれに優る体制や政体はないことが示される。しかし，より大きな野心を抱き，多くの人の指導者となって支配し，世界中の目をみずからに向けさせることをさらに栄誉あることと考えるならば，こうした観点からは，ラコニア（スパルタ）の政体は防御的であり，ローマのそれのほうが覇権の獲得には優れた構造になっていることが，事実の経緯からして明らかである[148]。」

　マキァヴェッリもまた，自由を維持するにはスパルタ型，自由を拡大して栄誉に至るにはローマ型，というポリビオスの分類を受け継ぐ。しかしマキァヴェッリはすぐに，拡大型でなければ結局は自然的堕落と破滅の必然性を避けえないと付け加えることで (D,I-6;86-87；二：三一)，政体を対外的主権の表現とみる近代の現実主義に一歩近づいているのである。

　ハリントンは，同じローマ史を舞台としつつも，拡大を根源的な政治現象

---

(148) Polybius, *Historiae,* Ⅵ. 50.

ととらえることを拒否した。そして，貴族と平民という相反する利害階層に基礎を置く「不平等な共和国」であったことがローマ共和政崩壊の根本原因であるとしつつ，人治と法治とを対比する共和主義の伝統をマキァヴェッリ以上に貫徹させながら，人ではなく混合的制度——輪番制，農地法，審議と決定とに役割分担された二院制など——の調達によってマキァヴェッリとは正反対の目的——内政の安定による「平等な共和国」——を達成しようとした[149]。ホッブズは内政安定という政治価値をハリントンと共有しつつも，主権を制度ではなく人格意志に結びつけるマキァヴェッリに回帰することで，意志を君主が担うのか人民集団が担うのかという区分を再び重視し，結果的に主権の所在を政体の究極的な分類基準とする近代リベラル・デモクラシーへの糸口を開くにいたったといえよう。

---

(149) Pocock, ed. [1992], pp. 149-163. また，共和政ローマにおける貴族と平民との対立と混同政体形成との関連についての解釈をめぐって，マキァヴェッリ的観点とハリントン的観点とが，18世紀前半の英国においてどのように展開されたかを論じたものとして，犬塚 [2002] を参照。

第3部
マキァヴェッリと「共和主義」

214　第3部　マキァヴェッリと「共和主義」

はじめに

　第3部ではマキァヴェッリ政治思想との関連において「共和主義」の概念史と原理を扱う[1]。「共和主義の思想史」は，古代ギリシアないしローマの道徳哲学や国制史の解釈をつうじた，徳論，自由論，制度設計論，非君主政論など，さまざまな論点の複合的な系譜としてしばしば語られ[2]，ルネサンス・イタリアやマキァヴェッリが，これら諸要素の混在点および分水嶺として参照されることが多い[3]。第3部は，16世紀初頭のフィレンツェという歴史的

---

(1) マキァヴェッリと「共和主義」の関係を考察するにあたっては，マキァヴェッリ自身は当然ながらこの語 (republicanismo) を用いていないことから，かれの republica 概念に着目する方法と，現代の研究者が定式化した「共和主義」概念を用いる方法とが考えられるが，ここでは後者の手法をとりたい。共和主義思想史研究の手法として，(1) テクストが用いる res publica の概念や用法に着目する手法，(2) ポーコックらの共和主義伝播史研究を参照点に，あらかじめある想定された「共和主義」の規定や系譜からテクストを読み込む手法，(3) テクスト相互の自覚的な批判的継承関係を再現してそれに「共和主義」の名を冠する手法，の3者を区別する必要性を主張する論稿として，犬塚 [2004][2006]。マキァヴェッリの republica 概念には，君主国 (principato) と対比される「君主のいない政体」という意味での用法や，統治体 (stato) との対比でより公法的・共同体的色彩の強い伝統的な「国家」を指す用法などがある。混合政体や制限君主政をも republic の名で呼ぶ伝統に対して，君主国や帝国を republic から除外したマキァヴェッリの用法がモンテスキューへと受け継がれたことについて，田中秀夫 [2006]，三－四頁。

(2) いうまでもなく Pocock[1975a] を最大の焦点として，プラトニズムに端を発する古代ギリシア的な自己統治の道徳哲学を共和主義の淵源として重視する Jonathan Scott[2002]，隷属を拒否するローマ法的な自由概念を重視する Skinner[1998] や Viroli[2002]，混合政体による統治秩序の制度論的確保を重視する福田有広 [1997]，君主の不在という事実を重視する Worden[2002] などがある。こうした整理について，犬塚 [2006]，二〇四頁および二二四－二二五頁注 (5)-(9) を参照した。

(3) イタリア・ルネサンスを共和主義思想史の分水嶺とみるということは，共和主義の系譜に複数の流れを想定することを意味する。実際，共和主義に2つの類型をみるスタンスは，多くの研究に共通している。古典古代型 / 近代型，ギリシア型 / ローマ型，徳型 / 制度設計型，コミュニタリアン型 / リベラル型，

文脈で「共和主義」が担った思想史的役割について一定の観点を提示することで，人文主義における古代共和政ローマの諸相と共和主義の関係をめぐる

実質的／形式的といった呼び方がなされるが，たとえば小林 [2006] における以下の整理がある。
　「要するに，共和主義の伝統には，自治による共通善ないし公共善の実現という目的を達成する手段として「倫理性・精神性／物質的基礎や制度」という二つの側面に対する関心が存在する。フィンク以来の古典的共和主義の描像においては，前者に力点があり，サンデルの共和主義論は，この伝統と親和的であって，倫理的側面が強調されている。この伝統からすれば，マキァヴェッリは前者を掘り崩し，ハリントンは前者よりも後者を重視するという点において，むしろその時代においては，例外的な思想家である。ポーコック・パラダイムはこの双方の側面を捉えてはいるが，マキァヴェッリやハリントンによってこの系譜が展開していく点を描き出しているから，相対的には後者に力点があるように思われる。スキナー＝ペティットの議論になると，この傾向はさらに強くなり，道徳的・倫理的側面は相対的に軽視されている。…こう考えてみると，いわゆるシヴィック・ヒューマニズムにも，二つの類型を区別することができると思われる。スコットが強調するように，古典的共和主義においては道徳哲学や人間論が重要であり，公共善の実現のために倫理性・精神性を重視する。この系譜はプラトンに始まり，アリストテレスを介して，ローマ時代にはキケロによって発展する。そして，フィレンツェにおいて近代に再生し，シドニーらによってイギリス革命時に展開し，アメリカにも影響を与える。サンデルらコミュニタリアン的共和主義はこの系譜の継嗣である。これに対して，ポーコックが強調したマキァヴェッリ的契機は，アリストテレスやポリュビオスに始まり，近代においてマキァヴェッリによって形成され，ハリントンによってイギリス革命時に定式化される。この契機は，道徳哲学よりもむしろ制度論に重点があり，倫理的・精神的側面よりも物質的側面に注目する。」小林 [2006]，五〇八－五〇九頁。
　そのうえで小林は，倫理的色彩の強い前者を「（精神的）公共民的人文主義」(spiritual civic humanism)，後者を「（世俗的）公共的人間主義」(secular civic humanism) と名づけ，制度論と軍事的拡張主義に陥りやすいとして後者を批判し，「ポーコック・パラダイムだけに拘束されるのを止め，マキァヴェッリ的契機から解放されて，バロンの古典的共和主義のような原点に回帰する必要が存在する」と主張する。小林によれば，思想史における古典的共和主義の再評価によって，「素朴な参加民主主義」とは異なる混合的・統合的・平和主義的な現代の公共哲学としての「新共和主義」への道が開けるとされる。小林 [2006]，五一五－五一九頁。

議論に1つの素材を提供しようとするものである。そこで描かれるのは，自由主義と重なりはするが自由主義そのものとは一線を画すところの，古典古代の公共思想の遺産を継承するものとしての共和主義[4]の流れである。自由

---

(4) 現代政治理論で言及される「共和主義」は，いわゆるliberal/communitarian論争の影響を受けるかたちで，自由主義や共同体主義，あるいは討議デモクラシーや参加デモクラシーからの距離によって自己規定をすることがある。大まかにいえば，現代政治理論における共和主義と自由主義の相違については，公共体に対峙する存在としての個人（ないし個人主義）の位置づけの問題が重要であろう。共同体による個人の抑圧を回避しつつ，「法の支配」によって私益と公益を結合しようとするスタンスは，共和主義と自由主義に共通しているといえる。相違の焦点となるのは，「法の支配」の目的は，公共体そのものの法的枠組の維持存続か，それとも個人の自己決定の保証か，という問題である。
「個人が自由であるのは，その個人が市民として自由である場合のみであり，市民としての自由は，その市民が属する政治体の自由の関数である」とするのが共和主義である。個人の自由（ないし個人の道徳的平等）を，市民としての政治的な参加機会の平等と区別して，前者を後者に優先させる自由主義と，後者の保証が前者の保証をもたらすとする共和主義の差異である。また，共生の作法として寛容や合意を重視する自由主義と，共同的な権力形成への参加を重視する共和主義，という区別も可能であろう。また共和主義と共同体主義の相違については，共和主義が，拡大された参加による，共通の関心事（と考えられてきたもの）の創出ないしは相互確認をもって，そしてそのようにして確認された共通の関心事を法とすることをもって，公共圏の形成と理解し，そのような公共圏を私的領域から区別することで満足するのに対して，共同体主義は手続き主義的な公共圏の形成では満足せず，共通善に支えられた公共的言説の形成を主張する点があげられる。「公共的言説（public discourse）の中心とならなければならないような，極端に重要な義務や共通善が，一定の数存在するのであって，公共的言説からそれらを締め出す哲学は，何であれ，私たちの生を貧しくしているのである。」(Taylor)
こうした現代政治理論における共和主義への着目と並行して，思想史研究においても共和主義は注目を集めている。思想史的規定による「共和主義」も多様であるとはいえ，大まかにいって，以下の2つの潮流に分けることができよう。(1) 私益追求や富との対比において，公益を優先する慣習（徳）の育成を核心とみる立場。(2)「法の支配」という自由を重視し，腐敗よりも隷従や無秩序との対比において，徳の育成によるのではなく制度機構による対立の調停や平等の達成を核心とみる立場。どちらの立場も，特定の政体のみを共和主義

と同一視することはない。僭主政や専制政体を除けば，政体としての貴族政，民主政，共和政，制限君主政，混合政体，いずれも共和主義と親和的でありうる。後にみるように，マキァヴェッリのうちには (1)(2) 双方の要素があり，それゆえ古典の再解釈という人文主義的営みがマキァヴェッリを経由して英米圏に「共和主義」を伝えたというポーコックの主張に根拠を提供している。歴史的に共和政体とは，世襲君主の政府による統治に反対して，市民たちが自分たち自身のために語り行為することができる政治体制として理解されてきたからである。より正確にいえば，自己統治 (self-government) の達成のために君主そのものをというよりは恣意的統治や僭主を斥けるのが共和主義の関心であった (Cicero, *De Re publica*, III. 43) が，君主がいないよりもいたほうが危険度が高いと考えられていた。res publica の語が，「(君主国をも含む) 国家全般」と「(君主のいない) 共和国」という二重の意味で使用されてきたのは，こうした事情による。キケロが君主政に反対するのは，それが公的領域そのものとしての国家 (res publica) を私物化しやすいと考えたためであった。キケロはさらにすすんで，単独者・少数者・多数者，いずれによる支配も僭主政になりうるので共和的でないとし，ポリビオスやアリストテレスにならって混合政体をよしとした (*De Re publica*, I. 45)。これらをふまえてここでは，暫定的に共和主義の核心を，あらゆる君主政への反対や選挙政治ではなく，統治は公的事柄であり公民自身によって行われるべきであるとする考えととらえておこう (Dagger[2004], p. 168 参照)。すなわち「共通の関心事」という意味での「公的なるもの」の概念と「自己統治」の概念の2つが，共和主義の中心なのである。公共性や自己統治が共通善であるか否かを重視するのではなく，いかにして公共性と自己統治を達成するかに関心が向く点で，共和主義は共同体主義と一線を画す。とはいえ，「公的なるもの」を構成する「公民」の規定とは何であり，「公的なるもの」の構成員はいかにして「自己統治」をするのか，という点においては，共和主義内部で考えが分かれる。ただ総体としては，自由主義の登場以前の共和主義は，(1) 政治参加の機会がすべての人民にとはいわないまでもすべての公民に開かれていること，(2) 公民はたんなる人民集団ではなく，私的生活をこえた公的なるものへの「徳」あるいは少なくとも「関心」を共有できる人民のみが公民となるということ，の2つを前提としてきたといえる。こうして，政治が公民による公的事柄であるとすれば，公民の資質を涵養するためにも，政治における討議と決定の公共性を維持するためにも，「何を，いかに，決定するのが公的なことなのか」を定めた法規範が重視されるようになる。すなわち，統治の規範という意味での「法の支配」によって，恣意的な「人の支配」に由来する「隷従」を防ぐことが，共和主義にとって必須となったの

主義が歴史現象から抽象された体系的・普遍的原理として表象されることが多かったのに比して，共和主義は，歴史的に規定された，それゆえ必ずしも一貫した理念的体系としては表象されえない，一連の概念的諸要素の総体として理解されてきた[5]。

であった。「法の支配」が，法治主義ないしはかたちを変えた「人の恣意的支配」にならないためには，(a) 公益と私益の質的差異が前提とされ，公益は制度の配置のうちに表現されると考えられている必要があり，(b) 公益にかかわる決定が特定の個人や集団の手にゆだねられることなく，決定過程に万人が自由に参加できる必要がある。「法の支配」は (a)(b) のそれぞれと相互補完的な関係にある。すなわち (a) については，一方で「人の支配」と「法の支配」の区別によって公私の質的区分が可能となるのであるが，他方で公私の質的区分という前提が人格意志と区別された公的圏域＝法の領域の成立を可能にするのである。また (b) についていうならば，一方で法が特定の恣意から解放されていることで，法のもとにある市民には「恣意的支配からの自由」＝「自由な政体のもとでの市民の身分としての自由」が保証されるのであるが，他方で市民の参加の自由が法を特定の恣意から解放するのである。しかし，(a) 公私の質的区分と，(b) 参加による集合的権力形成の自由とは，相容れない場合もある。(a) の延長上には，一般意志と全体意志の区別によって個々の市民の上に君臨する一般意志の独裁を許容してしまうルソーがおり，(b) の延長上には，理想的発話状態の確保の結果をすべて公益とみなそうとするハーバーマスがいる。また，参加による自由の達成を重視するポーコックは，アリストテレスにまで遡りうるゾーン・ポリティコンの徳を共和主義の淵源とするけれども，自由な法体制下での非支配の自由の保証を重視するスキナーは，古代ローマの市民的自由概念を共和主義の原点に据える。

(5) ホノハンは，やや図式的ながら，古代共和主義（アリストテレス，キケロ）→初期近代共和主義（マキァヴェッリ，ハリントン）→近代共和主義（ルソー，ウルシュトンクラフト，マディソン）→現代共和主義（アレント，テイラー）と変遷するにつれて，共和主義の力点が徳→自由→参加→相互承認と移動していったとしている。大まかに言って，アリストテレスやキケロといった古典古代の共和主義者たちは市民的徳の必要性を強調して自由を徳の手段とする共和主義を展開し，マキァヴェッリやハリントンやモンテスキューは共和主義を自治の自由の理念として位置づけた。マディソンやルソーが全人民への政治参加の拡大というテーマを軸に共和主義を考えたとすれば，アレントやテイラーらは差異性の表出と承認を重視した共和主義理論を展開しているというのである。Honohan[2002], pp. 12-14.

第5章では，フィレンツェ人文主義と書記官長職における「共和主義」の契機がマキァヴェッリに及ぼした影響をたどる。第6章ではそれを受けてマキァヴェッリ思想における「共和主義的なるもの」を抽出し，さらに第7章ではマキァヴェッリのローマ史解釈と混合政体論に焦点を絞って，「歴史解釈の政治学」における「共和主義的なるもの」と「統治的なるもの」の混在と境界線を見極めていきたい。

第5章 「政治的人文主義」とマキァヴェッリ

第1節 フィレンツェ人文主義と共和主義の伝統
―― civic humanism 研究の現状をめぐって

　スキナーの指摘にならえば,中世後期から近代初期のイタリアにおける自治的共和主義の形成をたどると,制度面では,12世紀の終わりまでにイタリア内部の自治的諸都市で確立された共和政府のシステムに遡る。この政体は,公民に対する権力 (potestas) を保持していたがゆえにポデスタ (podesta) と呼ばれた執政長官によって統治されていた。ポデスタは統治手段として専門委員会をもっており,ポデスタ自身も選挙で選ばれる委員の1人であった。ポデスタを含むこの委員会はコムーネの公務員であった。しかしこうした都市はまだなお公民のイデオロギーを本質とはしていなかった。こうした都市内で公民イデオロギーが発展するのは,13世紀後半にアリストテレスの道徳政治理論＝ポリスの政治学が復興してからのことであった[6]。

　他方で,12世紀後半の『政治学』ラテン語訳にはじまるといわれるアリストテレス・ルネサンスに先立って,すでにローマの政治的徳についてのキケロ的な伝統がイタリアに政治の基本的な語彙を提供していたことも,ヴィローリによって指摘されている[7]。15世紀イタリア・ルネサンスの政治論は,新プラトン主義やアリストテレス主義の復興であっただけでなく,キケロの継承でもあった。こうして,公民イデオロギーが最初に形成されたのは15世紀初頭のフィレンツェであったとするバロン・テーゼは修正を追られつつ

---

(6) Skinner[1990a], pp. 121ff. Pocock[1975a], p. 74.
(7) Viroli[1992a], p. 6.

ある[8]。しかし，政治的自由と参加的公民性が，比較的多数の中産市民に開かれた選挙制度のもとで発展し，それまで文芸志向であったルネサンス人文主義が，活動的な「政治的人文主義」(civic humanism) へと変貌していったというバロンの主張は，なお注目に値する。アリストテレス主義の復興とフィレンツェ人文主義の興隆，くわえてコムーネそのものの成立が，共和思想発達の要因であった[9]。

ガレンもまた，初期近代イタリアの人文主義が，修辞術・文献学からはじまって市民の政治生活に活力を与え，やがて芸術や科学の刷新をもたらした経過について，つぎのように概括する。

「14世紀から15世紀にかけてのイタリア諸都市に花開いた『ウマニスタ』文化は，古代作家への新しい接近を通して，わけても『モラル』の学習訓練の地平に現われたものである。そしてそれは，『文法学』や『修辞術』の学校で実施された教育方法のなかで具体化され，都市国家の指導者たちに洗練された支配技術を提供しながら，新しい指導者たちを生み出してゆくことによって現実化されたのである[10]。」

15世紀初頭の自治都市フィレンツェにおいては，中世の封建的階層秩序概念からの自立という原理を思想的背景としつつ[11]，階層秩序に根ざすとみなされたミラノの君主政との対比において，みずからを共和国とする自覚が強まり，ローマ帝国よりもローマ共和国にみずからの起源を重ね合わせる思潮が広まった。バロンによっても14世紀の宮廷人文主義や古典的人文主義

---

(8) Baron[1966], pp. 29, 49, 121. Pocock[2003].

(9) Skinner[1990a], p. 122.

(10) Garin[1954]. 清水純一・斎藤泰弘訳 [1975], xi 頁。

(11) 12世紀後半から14世紀後半にいたるフィレンツェ政治史のうちに，自由のさまざまな位相——帝権および教権からの自立としての自由，反僭主政治としての自由，政治的平等としての自由，法の支配としての自由——についての断片的証言を見出し，バロンの自由概念の一面性を指摘するのが，根占[2005a], 111-120 頁である。根占の議論の前提には，フィレンツェ人文主義者の自由を，バロンのいう「政治的人文主義」や共和主義よりも，広義の「市民社会における自由」として，もしくは歴史的により限定された反皇帝＝親教皇主義（グエルフィ主義）として，描こうとする意図があるように思われる。根占 [2005a], 94, 96, 106-111 頁を参照のこと。

との対比で定式化されている，15世紀(クアトロチェント)のcivic humanism[12]——修辞術を訓古学や彼岸的ストア主義の枠内にとどめることなく，僭主と対決し共和主義の公民的自由と愛国心を謳歌するために用いていく政治的・実践的な人文主義を指す用語であり，具体的には，ローマ共和政を中心とした古代政治学をみずからの政論の素材にしたという意味での政治的人文主義を指す——のこうした生誕と展開は，そのまま15-16世紀のフィレンツェ人文主義者たちの叙述姿勢や著作相互の連関と軌を一にしている部分が多い。ニッコロ・ニッコリが「純粋な古典主義」にとどまったのに対して，レオナルド・ブルーニにおけるような人文主義——フィレンツェやヴェネツィアといった都市国家の共和主義的伝統と，ルネサンスの文芸伝統とが共生している"civic humanism"——を可能にしたのは，文書の作成を通じて外交の中枢を担うフィレンツェ書記官長という役職だった，と考えるバロンやガレンといった研究者たちは，書記官長の職務内容それ自体に，civic humanismの形成と特徴が集約されていたとみている。その意味で，コルッチォ・サルターティ，ブルーニ，ポッジォ・ブラッチォリーニ，マキァヴェッリに共通する「フィレンツェ書記官長」(Cancelleria della Repubblica fiorentina) の肩書は，そのままかれらの思想的位置付けを規定していると考えられるのである[13]。ガレンは，サルターティが「フィレンツェ人」に訴えるとき，そのフィレンツェはたんに眼前の一都市国家ではなく，古代ローマ共和政の遺産を直接に受け継いでイタリアを統一すべき共和国として表象されていたという。またバロンは，古典文献学と古典的共和主義とがルネサンスにおいて合体してcivic

---

(12) Baron[1955a, 1966][1968][1988]. civic humanismという用語は，バロンが1928年にドイツ語で出版したブルーニの原典資料集の序文において用いたBürgerhumanismusの英訳である。Baron, ed. [1928], S.xi. バロンはこの3年前にマイネッケによる歴史学雑誌に寄せた短文でもこの語を用いていた。Hankins[2000a], p. 1.

(13) 15世紀フィレンツェ書記官長職についてのスタンダードな歴史研究としては，Marzi[1987]がある。また，マキァヴェッリ在職当時のフィレンツェ政府行政部の構造と書記官長の任務については，Black[1990]が簡潔にまとめている。ブルーニおよびポッジョの政治生活については，それぞれMartines[1963], pp. 117-123およびWalser[1974]を参照。Wilcox[1969], p. 2, n. 4, 5およびp. 5, n. 14による。

humanism が誕生したと主張する。これらの見方は，基本的にはポーコックにも継承されているとみてよい。

　フィレンツェ書記官長，とりわけサルターティやブルーニを civic humanism の巨星とみるこうした見解に対して，この職務の政治的権限をかなり限定されたものととらえ，サルターティらは政治思想家というよりたんなる実務的修辞家の域を出ないとみる実証研究が，ウィットやヘルデらによって提出されている[14]。ヘルデによれば，「政治的人文主義者」のいう「共和国の自由」は「当時のフィレンツェ寡頭体制の利益」でしかなく，サルターティやブルーニ自身がみずからの公的書簡とは乖離した利己的な真意をもっていたため，かれらの主張内容を文字通りにとって civic humanism を歴史的実在ととらえることは意味をなさない[15]。また，近年ヴィティが，共和主義的色彩の濃いブルーニの私的文書である『賛辞』と，フィレンツェのシニョーリ制度のスポークスマンとして教皇や皇帝や寡頭政を擁護するかれの公的書簡とのあいだには，矛盾は存在せず，前者こそがブルーニの「本音」であり後者は偽装であるとする解釈を提示して，「政治的人文主義者ブルーニ」説をふたたび擁護したが，ハンキンスはヴィティを再批判して，ブルーニの著述における公と私の区別，修辞的要素と個人的要素の区別を前提するヴィティらの手法を疑問視している[16]。こうした論争は，ルネサンスは中世の延長か近代の始まりかという周知の議論を，civic humanism 概念をめぐって再提示したものとも考えられる。

　徳と参加の言語にもとづく civic humanism を，近代自由主義の源泉としての法と権利の言語にもとづく中世スコラ学から区別し，「ルネサンス共和主義」を前者の流れに置こうとするポーコックのような試み[17]がある反面，人文主義と中世の連続性を強調する研究もまたなされてきた。たとえばブライズは，ローマ帝政を批判し活動的公民性と政治参加を強調する共和主義的言説が，中世の政治思想のうちにも強固に存在してきたことを主張している[18]。

---

(14) Witt[1983].

(15) D. ヘイ，P. ヘルデ他著，清水純一他訳[1987]，一九七頁。

(16) Viti[1992]. Hankins[1995], p. 324.

(17) Pocock[1985a][2003].

(18) Blythe[1992]. スキナーも，サクソフェラートのバルトルス，ルッカの

またシーゲルは，ルネサンス人文主義を中世修辞術の伝統の延長上にとらえるクリステラーの研究に負いつつ，バロンの"civic humanism"概念を虚構であるとして斥ける[19]。シーゲルによれば人文主義の特徴はその「公民的＝共和主義的」性格ではなく，スコラ学を批判し中世修辞術を踏み台として修辞術と哲学とをキケロにならって統合しようとする思潮である。その担い手は政治家ではなく，むしろ13世紀末以来古典教養を積んで社会の中心となっていた公証人や都市商人であり，その最初の体現者であるペトラルカの真骨頂は，共和主義的自由の発揚よりもむしろ古典研究を再興させたことそれ自体のうちに見出される。ペトラルカからサルターティを経てブルーニを繋ぐ線は，シーゲルによれば，書記官長といった職務の政治的性格ではなく，古典的人文教養それ自体，とりわけ哲学と雄弁術との統合の模索ということになる。

だがしかし，人文主義の特徴が政治的か文献的かという論争，すなわちそれが古典研究を通じた公民生活の再興であったか，それとも古典研究それ自体の再興によるスコラ学批判および哲学と弁論術との「統合」であったか，という論争は，本書にとってはそれほど重要ではない。civic humanism を歴史的実体概念ではなく思想史的分析概念として理念型的にとらえるならば，人文主義がキケロを源泉とし公的説得を重視する熟慮政治・公益政治の理想をかかげながら，僭主政治に対抗する法治的自治の思潮を形成していったこと，およびそうした広義の「共和主義」がサルターティからブルーニを経てマキァヴェッリへと流れ込んでいることを，物語として紡ぎ出すことは思想史的に決して不可能ではないからである。ブルクハルトがルネサンスの個人主義的な側面に焦点を当てたとすれば，バロンの系譜に連なる研究者たちは，ルネサンスが人文主義の教養を通じて公民育成と公共的義務の意識を復活させたことを強調したのである。この点で本書は，政治的人文主義をバロンのように15世紀前半のフィレンツェに特殊な現象と理解するのではなく，

プトレマイオス，パドゥアのマルシリウスといった14世紀イタリアのスコラ主義者たちのうちに，人民を中心とした市民政治体の自立性の主張を看取して，後期ルネサンス共和主義との連続性を指摘する。Skinner[1978], vol. 1, pp. 144-152.

(19) Seigel[1968].

サルスティウス，リウィウス，キケロらから公民的素養と自治制度を学ぶ動きとして初期近代のイタリア全般に見られた一般的な意味での「古代ローマ主義」と解するハンキンス[20]に賛同したい。否，さらに広く解釈すれば，「政治的人文主義」という範疇が——概念装置としての生産性は別として——歴史的な実在性をなおも保持しうるとすれば，それは，＜公益と自治を志向する善き行為には不可避的に栄誉がともなう＞というアリストテレス以来の共同体的倫理の初期近代版という，一般的な意味においてであると思われる。civic humanism をこのように広義に解釈すれば，たしかにたとえばブルーニの著述にはこうした要素がほとんどすべて含まれている。政治の主要な難点は支配層の道徳的資質にあり，市民の指導者（ないし指導的市民）の徳と弁舌の改善のためには，古典から直接学ぶことが有効であるという考え，したがって，古典研究が市民教育に重要な役割を果たすという考え，キリスト教は来世における価値を教えるが，この世における倫理的価値規準は国家の善であるという考え，などである。

ところでバロンの「政治的人文主義」パラダイムに対しては，以上に見てきたような実証的・歴史学的批判だけでなく，理念的批判も存在する。civic humanism 概念の妥当性と思想史的連続性について最もラディカルな異議を唱えている現代の政治思想研究者の1人は，おそらくマンスフィールドであろう。マンスフィールドは，知的徳によって自己完成と快楽を追求する純粋学としての humanism と，祖国愛によって共通善と義務を追求する規律としての civic とは，アリストテレスの例を見れば明らかなように，原理上相容れないと主張する。civic humanism は，臆見に根ざす社会と真知に根ざす哲学との根本的な相克を無視して，双方の言語を無自覚に結合した概念言語なのである。したがってマンスフィールドにとっては，ブルーニもマキァヴェッリも「政治的人文主義者」ではありえない。知と公民性を両立させうる階級は，定義上貴族階級しかありえないけれども，マキァヴェッリの書物は貴族ではなく平民と同盟を結ぶ君主に宛てて書かれているので，宛先からしても『リウィウス論』や『君主論』は civic humanism の書とは呼べないことになるというのである。

「われわれの近代政治学に対するかれ［マキァヴェッリ］の貢献は，公民

---

(20) Hankins［1995］, p. 330.

と人文主義とを結合させたことにあるのではなく，一人による統治と人民の合意とを提携させたことにある。君主統治と平民の合意とのこの提携は16世紀もしくはそれ以前に生じたものであり，近代独裁制と近代共和主義との双方のうちに見うけられるものである[21]（[ ]内は厚見）。」

さらにマンスフィールドによれば，ブルーニは，言語が行為を正統化すると信じる伝統的な「理念化の修辞術」(rhetoric of idealization) に従っている点で，なお共和主義者と呼ばれうるけれども，マキァヴェッリは，行為の権力性が言語に権威を与えるという「合理化の修辞術」(rhetoric of rationalization) にのっとっているがゆえに，政治的人文主義者はおろか共和主義者とすら呼ばれえないというのである。

マンスフィールドらいわゆる「シュトラウス学派」による，バロン＝ポーコック流共和主義史観に対する批判は，近年再び活発化してきている。この批判は，テクスト主義対コンテクスト主義という従来の思想史方法論争の範囲にとどまらず，マキァヴェッリやルソーの「共和主義」をどう解釈するかという問題を焦点に，西欧政治思想史における「近代」の位置づけそのものをめぐる論争にまで発展しつつある。シュトラウス学派の研究者たちからすると，アリストテレス―キケロ―ブルーニ―マキァヴェッリ―ハリントン―ジェファソンらの「共和主義」は，相互にそれぞれ異なりすぎており，共通の政治言語の通時性のみを根拠にそれらを単一の直線的伝統に帰してしまうのは，あまりにも皮相な思想解釈に思われるのである。シュトラウス学派にとって重要なのは，概念の通時的な (diachronic) 共通性にもとづく系譜的「伝統」よりも，「近代」という共時的な (synchronic) 共通性にもとづく概念内容上の統合的「伝統」である。ラーエやマナンは，近代自由主義と近代共和主義を区別するスキナーのパラダイム自体を疑問視する。かれらによれば，アリストテレスの自然観念を拒否する点では自由主義もマキァヴェッリもともに「近代」の特徴を共有しているのであり，むしろ，マキァヴェッリとルソーのあいだに横たわる「自然」観念の転換のほうが，注目すべき断絶なのである[22]。ラーエとハンキンスの言葉を引こう。

---

(21) Mansfield[2000a], pp. 244-246.
(22) Hankins[2000a], p. 5. Manent[1994]. Rahe[2000]. Nadon[1996]. Sullivan[1992][1994].

「マキァヴェッリが自然目的論を投げ捨てるとき，かれは古典的共和主義の中心的な信条を放棄している。正確にいえばかれは，人間は政治的動物であり，人間の政治的性格は，利益あるもの，正しいもの，善きものの連関を識別し，合理的言明においてそれを他者に明らかにする能力から発している，というギリシアとローマに共通する確信を，拒否するのである。この拒否によってかれは，理性をたんなる計算に還元し，諸徳をそれ自体目的であるものから個人的な防衛と物質的利益のためのたんなる手段へと転換している[23]。」

「ルネサンスの共和主義は，すくなくともイタリアにおいては，移行的な性格をもっていた。それは，13，14世紀の人民主義的なギルド共和主義から抜け出て，初期近代の貴族政および君主政の体制へと向かうステップをあらわしていた。civic humanism はもともと，フィレンツェのエリートたちが，みずからの政体を，広義の中世的法秩序における自治体としてではなく，徳の貴族政をつうじて導かれる主権的世俗国家として眺めるような方向に，エリートたちの視点と自己理解を変えていった言説のことだったのである。しかし civic humanism のもつ規範的な恭しさに部分的に反対したマキァヴェッリは，はるかに根源的な意味において近代的な政治人間学と政治学を発明したのである[24]。」

こうした批判に対して，スキナーは，1980年代初頭から徐々にポーコックの civic humanism パラダイムと距離を置き始め，理性と徳を通じて自己の本性を実現するために政治に参加するというアリストテレス流の「積極的自由」概念が，ルネサンス共和主義には当てはまらないことを指摘していた。スキナーによれば，マキァヴェッリが活動的公民を擁護したのは，それが最高善であるからではなく，恣意的権力と腐敗からの解放を意味する「消極的自由」を維持するためには政治参加が不可欠であると考えたからであった。共和主義の源流をアリストテレスに求めるポーコックとは異なって，スキナーはそれをキケロ，サルスティウス，セネカといったローマの著述家たちに求める。それだけでなくスキナーは，ルネサンスの政治的人文主義と中世スコラ学との連続性をも認め，すべての政治的人文主義が君主政に反対しているわけで

---

(23) Rahe[2000], p. 305.
(24) Hankins[2000a], p. 12.

はないことも認めている。それゆえスキナーは,「共和主義者」よりも「新ローマ派」の呼称を用いてこうした伝統を名指しするようになった[25]。妨害との対比ではなく隷従との対比によって描かれるローマ的自由を,ギリシアとは異なる伝統としてルネサンスのうちに再発見した点に,スキナーの大きな貢献が存するといえよう。

これに対してポーコックは,スキナーのこうした貢献を評価しつつも,みずからの強調点があくまでもアリストテレス起源の対等な参加的シティズンシップにあることを再確認している[26]。ポーコックの civic humanism のカテゴリーにとっては,公的活動への参加それ自体が公的自律をもたらす価値ある営みであって,それに比べると,「法の支配」による社会的財の安定的配分や,権利としての公的自由の身分保障は,副次的な意味しかもたない。ius の物語と virtus の物語は同一の源には還元不可能であると考え,バーリンの多元主義を高く評価するポーコックの特徴が,ここにみられる。

第 2 節 サルターティとブルーニ

15 世紀前後のフィレンツェの政治思想を「共和主義」や "civic humanism" のパラダイムで総括できるか否かの論争史を追跡するのはこのくらいにしておこう。以下ではルネサンス・フィレンツェにおける共和政ローマの継受という論点まで立ち戻りつつ,サルターティ,ブルーニ,マキァヴェッリを比較することを通じて,かれらにおける共和主義的要素の濃淡を考察したい。

フィレンツェ政治思想の共和主義的特徴をいくつか挙げるならば,(1) 帝政ローマを批判し共和政ローマを称賛する思想,(2) ローマ帝国の中世神学を拒否し共和政体を高揚する思想,(3) 君主政を批判し非君主政体一般とりわけ民主政体や混合政体を称揚する思想,(4) 共同体全体の利益の表現とし

---

(25) Skinner[1983][1984][1986a][1990a][1990b][1998].これに対して,法の支配,共通善,階級の均衡,非支配の自由といった諸要素をマキァヴェッリに見出そうとするスキナー,ヴィローリ,ペティットといった「ケンブリッジ学派」を批判しつつ,マキァヴェッリの人民主義的政治思想を,共和主義よりも平等主義的民主主義に引き付けようとする立場として,McCormick[2001][2003]を参照。

(26) Pocock[2003], pp. 556-558.

ての法治の強調，(5) 徳に支えられた活動的・公民的生の理念，(6) 個人の所有物としての自由概念ではなく自由な共同体における市民の身分としての自由概念，(7) 自由は，特定の政体としてのみ，すなわち僭主政ではなく法治政体としてのみ，存立可能であるという思想，(8) 政治家の最高の資質として修辞術を重視した模範的政治家像としてのキケロ，といった要素が考えられるであろう。ブルーニの思想にはこれらの要素がすべてあらわれている。たとえば，ローマ共和政を最高点に置くことによって，帝政ローマを批判するブルーニの歴史叙述は，キリスト教を公認しパクス・ロマーナをもたらしたキリスト教皇帝を善とする中世の歴史叙述と対照をなすものであった。

　しかしその一方でブルーニの共和主義は，富や政体についての分析において，ギリシア－ローマの共和主義者たちと異なる点ももちあわせていた。ギリシア－ローマにとっては，富＝外的善とは，徳＝魂の善（たとえば寛大の徳）を発揮できるための条件である。これに対して，ブルーニらフィレンツェ共和主義者にとっては，公的富は徳の条件ではなく，徳の目的であり，徳が保護し拡大すべき対象こそが外的共通善にほかならない。国家 (res publica) が公共の富 (public wealth, common wealth) を意味するとすれば，ブルーニにとって，富の腐敗は国家そのものの腐敗であることになる。その意味で，富が直接に国家の腐敗を引き起こしうるのはフィレンツェ共和主義の思想においてであり，国富が徳の条件ではなく目的となっているフィレンツェ共和主義のほうが，私的富による腐敗を嫌い，公的富の私益化を恐れる度合いが大きいことになる。ギリシア－ローマの共和主義においては，富による腐敗はせいぜい一公民の腐敗にすぎないからである。また，政体分析についていうならば，アリストテレスの共和主義においては善き生が究極目的であり，政治体制内では，友愛の大切さが説かれた。これに対して，ローマやルネサンスの共和主義においては，善き生よりも，政治共同体における法の至高性が強調され，政治体制内で内紛の効用が説かれることとなった。

　本書では 14-15 世紀フィレンツェにおける 2 人の書記官長——コルッチォ・サルターティ，レオナルド・ブルーニ——の著述を就任順に検討することによって，初期近代フィレンツェにおける「共和主義」の諸相を考える手がかりとしたい。

　サルターティは 1375 年から死の年 1406 年までフィレンツェ共和国書記官長の地位にあった。『僭主政について』(*De Tyranno*, 1400) のなかでかれは，

統治の種類を王政 (royal), 立憲政 (constitutional), 専制 (despotic) の3種に分ける。王が法による制限なしにみずからの知恵と意志によって統治しながら, 自身の利益ではなくもっぱら臣下の利益のために統治するのが, 王政である。「法によって制限された権威」(autoritate restricta legibus) による統治が立憲政と呼ばれる。専制とは, 奴隷や獣のような所有物に対して主人が行使する類の統治であり, もっぱら主人の利益を目的とする。サルターティによれば僭主政とは, 奴隷ではなく市民に対して, 家ではなく都市や国家において, 専制的統治 (regimen dispoticum) をなすことである。すなわち僭主とは, 正当な法的承認なくして権力を簒奪した者, もしくは法や平等を顧慮せずにもっぱら自分自身の利益のために独裁的に (superbe) 統治する者のことである[27]。僭主政とは, 簒奪の意味でも不正な統治の意味でも, 法に違う統治であり, したがって＜政治的統治 (principatus politicus) ＝法によって制限された統治＞とは対照的な統治形態である。僭主政の原理の対極に存するのが,「甘美な抑制」としての自由である。自由とは, 平等という最も正しい基準を表現した法が万人のうえに統治し, 法のもとで公民生活がいとなまれる状態を指す[28]。

またサルターティ『法学と医学の高貴さについて』(*De Nobilitate Legum et Medicinae,* 1399) は, 人文主義者の政治賛美のマニフェストといいうる内容をもっている[29]。というのもこの書は, 法学と医学とではどちらが高貴な学問であるかという当時一般的であった論争において, 医学と自然に関する普遍的な知識とを優位に置くスコラ的伝統を斥けつつ, 人間世界についての実践知としての法学を優位に置く人文主義的立場を表明しているからである。「政治と法とは同一のものである[30]」(idem esse politicam atque leges) とするサルターティは, 政治を修辞術ではなく法の文脈で考えている点ではた

---

(27) Salutati, *De Tyranno,* I, Emerton[1925], pp. 76-78.

(28) Salutati, *Epistolario to Niccolosio Bartolomei, April 1369,* a cura di Novati[1891], *Epistolario di Coluccio Salutati,* I, p.90. Viroli[1990], pp. 149-150. Viroli[1992a], p. 75.

(29) Salutati, *De nobilitate legum et medicinae,* 10, 17, a cura di Garin[1947].

(30) Salutati, *De nobilitate legum et medicinae,* 20, a cura di Garin[1947], p. 168.

しかに政治的人文主義者とはいいがたいかもしれないが，法を理論知ではなく実践知としてとらえている点では人文主義的共和主義の枠内にいるのである。政治学は，有徳な生活の条件を法を通じて整える学問であるとされる。

バロンの見方によれば，サルターティは，ローマ帝国を重視する 14 世紀的な発想と，活動的生活と観想的生活との優位関係についての日和見的見解とのゆえに，ブルーニほど徹底した"civic humanist"たることはできず，移行期の思想家にとどまったとされる[31]。たしかに『僭主政について』は，ダンテの『帝政論』(De Monarchia) と同じく世界帝国を支持しており，そこでは，イタリア内の諸都市国家を，ドイツの神聖ローマ帝国という国家 (res publica) のなかの 1 つの地方 (provincia) として世界帝国内に位置づける観点が保持されている[32]。その意味では，アリストテレスを明確かつ自覚的にキケロ的なローマ修辞術の概念にのっとってラテン語訳し，15-16 世紀フィレンツェの政治思想の原型へと変換していったのは，ギリシア語とローマ法にくわえてキケロの修辞術に通じた当代指の人文主義者にしてフィレンツェ書記官長，ブルーニであった。『ニコマコス倫理学』と『政治学』をそれぞれ 1416-1417 年と 1438 年にラテン語に訳したとき，ブルーニの念頭にあったのは，キケロに優るとも劣らぬ雄弁家であったはずのアリストテレスの文章が，モエルベーケの逐語的翻訳によって曇らされ，スコラ学的体系に組み込まれてしまっているというペトラルカの嘆きへの賛同であった。『政治学』ラテン語訳への序文においてかれはつぎのように記している。

「人間は弱い動物で，自身のうちで充足や完成にいたることはなく，充足や完成を政治共同体から得なければならないのであるから，国家とは何であり共和国とは何であるかを知ること，そして政治共同体が維持されたり破壊されたりする原因について無知ならざること以上に，人間にふさわしい学科はありえないのである。（中略）『政治学』のもつ公民的な主題は，スコラ学者たちの議論で用いられるのとは異なった用語を要求し，そしてまたより典雅な表現様式を要求する。この二つの要求を，これまでの訳者は満たすことができなかった。これまでの訳者はそうした要求を思い描くことすらできなかったのである。アリストテレスは，

---

(31) Baron [1966], pp. 104-120, 146-166.
(32) 根占 [2005a], 124 頁。

みずからの書を，雄弁や多彩な表現で満たし，豊富な歴史事例によって描いたので，ほとんどそれは弁論形式で書かれているようにすら見える。[33]」

スコラ的アリストテレス像に対抗して，歴史の事例に満ちた，弁論的で修辞的で公民的なアリストテレスを取り戻すために，ブルーニは翻訳に取り組んだのである。アリストテレスのうちにある観想的生活の要素を軽視こそしなかったが，ブルーニはアリストテレスを，明白に実践的人文主義の観点——公的参加というかたちでの活動的生活を促す教育手段として，ギリシアおよびラテンの文法，歴史，詩，道徳哲学，修辞術の書を解釈する観点——から読み込み，大胆に翻訳していく。〈politeia〉と〈res publica=civitas〉との概念的結合にブルーニによるアリストテレス『政治学』のラテン語訳が果たした役割は，過小評価されてはならないであろう[34]。たとえば『政治学』

---

(33) "cumque homo imbecillum sit animal et, quam per se ipsum non habet sufficientiam perfectionemque, ex civili societate reportet, nulla profecto convenientior disciplina homini esse potest, quam, quid sit civitas et quid res publica, intelligere et, per quae conservetur intereatque civilis societas, non ignorare....Politicorum libris; atque eo magis, quo haec materia civilis et verba ad exprimendum alia, quam in suis disputationibus scolastici utantur, et maiorem quemdam 〈efflagitat〉 dicendi ornatum; quae duo interpres ille nedum consequi, sed ne suspicari quidem potuit. Aristoteles certe tanta facundia, tanta varietate et copia, tanta historiarum exemplorumque cumulatione hos libros refersit, ut oratorio paene stilo scripti videantur." *Praemissio quaedam ad evidentiam novae translationis Politicorum Aristotelis*, in Baron, ed. [1928], S. 73-74;Griffiths, Hankins, Thompson, eds. and trans. [1987], pp. 162-163.

(34) それまでボエティウスの訳による一部の論理学書を除けばアラブ世界にしか知られていなかったアリストテレスの著作が組織的にラテン語訳され始めるのは12世紀中頃であるが，『政治学』のラテン語訳は最も遅く，モエルベーケのウィリアムによるギリシア語からの逐語訳的なラテン語全訳（完全訳）は，1265年に完成したとされる。これを機に，アルベルトゥス・マグヌスやトマス・アクィナス，アルヴェルニアのペトルスらによる『政治学』註解が書かれ，ブルーニによる新訳がなされる15世紀初めまで，西欧世界の政治言語を大きく規定しつづけた。中世におけるアリストテレス『政治学』の受容とポリティケー・コイノニア概念の変容については，リーデル[1990]および土橋[1996a]を参照。また，中世へのアリストテレスの影響は『政治学』のラテン語訳とともに始ま

の翻訳に際してモエルベーケはギリシア語の politeia をそのまま引き継いだが、1438年の翻訳（*Aristotelis libri politicorum*）においてブルーニはそれを res publica と訳した。またモエルベーケが communicatio politica と訳したギリシア語の politike koinonia にブルーニは意図的に societas civilis の訳語をあてる[35]。政治の概念は politicus よりも civilis の語で表現されるようになる[36]。それによってブルーニはギリシアのポリスとローマのキヴィタスを1つの伝統のもとに連結し、さらにそれをフィレンツェの都市国家にまでつなげる。polis と civitas とフィレンツェ都市国家とを橋渡しするような、ブルーニによるアリストテレスの vita activa 的解釈によって、共和主義と人文主義が連結させられ、それによってルネサンスの都市国家と古典古代がつながり、都市の技術としての政治の概念がルネサンス政治思想の中心をしめることとなった[37]。フィ

ったのではなく、それ以前にすでにかなりの概念的影響があると主張する論稿として、Nederman[1991] も参照せよ。

(35) ブルーニによるアリストテレス『政治学』第1巻冒頭のラテン語訳文は、以下の通りである。

　De civitate/gubernatore/partibus/domo/pago
　Quoniam videmus omnem civitatem esse societate quandam et omne societatem boni alicui gratia costituta (na eius gratia quod bonu videt: oia oes agut) patet φ bonu aliquod oes coniestat. Maxime vero pricipalissimu omniu q est pricipalissima/ et ceteras oes coplestit, est aut hecilla q civitas appelat/ et civilis societas.

(36) たとえば「真の政治人」は、モエルベーケの訳では vere politicum であるが、ブルーニの訳では vere civilem hominem である。*Aristoteles politicorum libri octo*（モエルベーケ訳），VI. 1. *Aristoteles politicorum libri octo*（ブルーニ訳），IV. 1.

(37) Coleman[2000b], p. 231. *Aristoteles politicorum libri octo*（ブルーニ訳），VII. 2. ブルーニによる翻訳以後の、ヨーロッパにおけるアリストテレスへの関心の高まりは、16世紀におけるアリストテレス出版ブームを巻き起こした。『政治学』については、ギリシア語版が約20点、ラテン語版が9点あらわれ、ブルーニ訳は48版を重ねている。シュトライスによれば、ポリテイアとレスプブリカを同一視してみずからの国家体制をアリストテレス共和主義の延長上に解釈しようとする「政治的アリストテレス主義」の影響を部分的にせよ逃れていたのは、逆説的なことに、古典典籍の豊富な当のイタリアだけであり、そこではアリストテレス以外のものをも含む古典研究全般から、共和主義とは区別される国家理性論への関心も生まれてくることとなった。Stolleis[1988]，

レンツェの人文主義者たちにとって，『政治学』第 1 巻でアリストテレスがポリス的動物の根拠を言葉とそれによる善悪判断に求めていることと，キケロが道徳の説得者としての弁論家を高く評価していることとは，同じことを言っているのであって，自分たちがフィレンツェの政策を論じたり君主に進言したりするのも同じ政治の原理に従っているのである。

ルービンシュタインによれば，ローマ的 civitas の概念伝統自体は，中世後期にユスティニアヌス法典の縮約版を源泉として再登場していた[38]。この伝統——法の支配，正義，自由，自治，和合，徳と不可分な civitas こそが政治の領域を特徴づけるものであるという思潮——は，ルネサンス人文主義の到来とともにイタリア都市共和国という受皿を見出していった。この思潮によれば civitas とは同一の法のもとで正義のうちに生活する人びとの共同体を意味し，この civitas の原理に従うことは法を超えた僭主を認めないこと，すなわち僭主政 (tyranno) に対して市民政治 (politicus) の立場をとることを意味した。初期近代イタリアにおいては，政治 (politicus) というラテン語はもっぱら civitas の意味での国家と関連してのみ用いられ，そして civitas は，同じ法の支配のもとにあるという意味で正義のうちに生活している人びとの共同体として理解されていた[39]。正義と法が人間の情念を調停し，和合と友愛の分かち合いを可能にする。法の前での平等と慣習法によって君主の恣意的権力を抑制するのが政治の中心的含意である。政治的支配は家的・専制的支配とは質的に異なり，自由で平等な個人のあいだに成立する統治である。そこでは官職選挙制により治者と被治者が定期的に入れ替わる。たとえ君主政であっても君主は法に従わねばならない。定義上法を超越する僭主は，政治の対立概念である[40]。都市は，官職任命と最高権力行使に関する法体制をもっている[41]。法と政府形態とは区別されねばならず，法の支配を最もよく実現しうる政府形態はヴェネツィアにおけるような混合政体であると考えられ

S. 84. 皆川 [2004]，一〇九——一一〇頁。

(38) Rubinstein [1990].

(39) Viroli [1990], p. 145.

(40) Salutati, *De tyranno*, I, Emerton [1925], p. 78.

(41) *Aristoteles politicorum libri octo* (モエルベーケ訳), I. 12. 2; VI. 1. 7.

た[42]。政治学は，恣意的権力ではなく都市の構成術に関わるものであったがゆえに，棟梁的学問であった。

ルービンシュタインは，14世紀はじめまでには前段落の意味での政治言語がイタリアに定着していたと指摘する[43]。scientia civilis は君主の stato の拡大ではなく civitas を扱うものであり，政治の目的は，共通善を促進するよう企図された法を設立・維持・改善することであった。政治の実体は法であった[44]。そして，フィレンツェ人文主義の共和主義的傾向を最も明瞭かつ雄弁に提示したのは，ここでもやはりブルーニ，とりわけ『フィレンツェ都市への賛辞』(*Laudatio florentinae urbis*, 1403-1404 以下『賛辞』）というかれの小論であった。以下簡単にこの小著の内容を概観しておこう[45]。なお，『賛辞』における自由の擁護がトスカナ北部におけるフィレンツェの覇権確立の要請から生じたプロパガンダであるという主張[46]は，イデオロギー史的には正しいかもしれないが，ここでの関心対象たる共和主義「理念」の継承史からは外れるため，詳しくは取り扱わない[47]。

---

(42) Lorenzo de' Monaci, *Chronicon de rebus Venetiis,* in Muratori, *Rerum italicarum scriptores,* viii. Appendix [1758], pp. 276-277.

(43) Rubinstein [1990].

(44) Viroli [1990], pp. 150-152.

(45) 『賛辞』のラテン語原文はバロンによって編纂され，Baron [1968], pp. 232-263 に全文が収録されている。コールによる英語全訳 (Panegyric to the City of Florence) も Kohl and Witt, eds. [1978], pp. 135-175 に収められている。部分的な英訳および全体の内容の概観として，Griffiths, Hankins, Thompson, eds. and trans. [1987], pp. 104-105, 120 を参照した。

(46) たとえば徳橋 [2004]，一三四－一三五頁。

(47) Brucker [1977] や Najemy [1979] を参照しつつフィレンツェ政体の形成過程をある種の貴族政治の形成過程として概述する，皆川 [2004]，一二五－一二七頁から，少し長くなるが引用しておく。

「フィレンツェの政治と社会中世後期のフィレンツェ共和国の政治・社会体制は，1282年にプリオーリ（執政委員）制が設置され，非封建的市民層が市政の主導権を握ったときに決定した。ポーポロ（平民）を自称する彼らは，対抗勢力たる旧来の都市貴族層や元封建領主層をマニャーティ（豪族）と定義して，その政治的権利を剥奪した。公職の任期は短く，抽選で選ばれた市民が輪番で就任したが，その抽選の過程でさまざまな操作

『賛辞』の結論を先取りして述べるならば，フィレンツェこそ古代ローマの最も正統な継承者であり，フィレンツェの起源が共和政ローマにあるがゆえにフィレンツェこそが共和的・公民的自由の最も理想的な担い手であるというのが，この書の中心をなすメッセージである[48]。演説体で記された『賛辞』は，20世紀にこれを編集したバロンによって大きく4つの部分に分けられている[49]。第1部では，都市フィレンツェの物理的な利点が称賛される。

> が可能であり，重要な官職は富裕な商人層が独占した。だが，14世紀中葉，不況や黒死病の打撃によって彼らの力は弱まり，小売商人・手工業者を中心とする階層（ポーポロ・ミヌート）が相対的に発言力を強める。彼らはギルドに結集することで，政治的権利を伸長しようとした。こうした動向をネイジャミィは『ギルド共和主義』と呼ぶ。同時に，ジェンテ・ヌオーヴァ（新参者）と称された新興商人層も，旧来の支配層の弱体化に乗じて勢力を拡大していった。
> 　1378年のチョンピ一揆は『ギルド共和主義』の頂点であった。だが一揆は失敗し，混乱を勝ち抜いた家門が都市の支配権を手にする。実質的な政治的階層はそれまで以上に限定され，その内部での協調と合意に依存する体制が成立した。そのなかでアルビッツィ派とメディチ派の対立が生じ，最終的には後者が勝利するのである。1434年に政権獲得に成功したメディチ家とその支持派は，従来の共和政体の機構を表面的には温存しながら，さまざまな手段で権力を確立していく。
> 　確固たる身分や階級の区分がなく，実際の経済力や政治力によって社会的地位が形成される社会において，保身や栄達，個人的利益をはかるには，種々の人脈が積極的に利用された。とくにチョンピ一揆の挫折後は，社会的・政治的発言力の強い市民が人脈の要となり，『良き人びと，財産と権力のある人びととの友情を得よう』（ジョヴァンニ・モレッリ『リコルディ』）とする人びとを周囲に集めた。そして，1434年以降になると，この人脈網や利権もメディチ家とメディチ派有力者に集中していく。このように，14世紀末から15世紀前半にかけて，実際の社会ではエリートの特化が進行していった。自由な市民の共和国としてフィレンツェを讃える言説が広められるのは，まさにこの時期なのである。」

(48) ブルーニ，ビオンド，ブラッチョリーニら，15世紀フィレンツェの歴史家における，フィレンツェのローマ的起源の問題については，Baron[1966], pp. 71ff. を参照。

(49) Baron, ed. [1928].

地理的位置や地形構造，農業に適した諸資質などが指摘される。イタリア半島の中心に位置するフィレンツェは，ヴェネツィアのような港湾都市に比べて，防御に適すると同時に諸地域交流の交差点にもなる地理的条件に恵まれている。山岳と平野の中間的な丘陵地形をもつフィレンツェは，気候のバランスもとれており，「全世界に対して領土と支配権を獲得するにふさわしい力をもつ[50]」(sufficientem autument ad totius orbis dominium imperiumque adipiscendum) とされる。こうした地理的中庸性を都市の偉大さの根拠とする発想は，アリスティデスによるアテナイ称賛にならっているといわれる[51]。第2部は，都市が受け継いだ歴史的遺産——その起源や制度や慣習——に焦点を当てる。フィレンツェは帝政以前の共和政時代のローマ平民によってスラの時代に設立されたため，本来的に自由を志向し，皇帝や僭主に敵対する性格をもつとされる。共和政ローマを帝政ローマよりも重視する発想はルッカのプトレマイオスにも見られたが，バロンのいうように[52]，フィレンツェの歴史的起源を，カエサルによって設立された帝政ローマにではなく，直接にそれ以前の共和政ローマに見出す観点は，サルターティによるサルスティウス『カティリナ陰謀』の読解を通じて先鞭をつけられ，ブルーニの『賛辞』によって確立されたものといってよいであろう。さて『賛辞』第3部では，外交政策が扱われ，フィレンツェがこれまでつねに弱者の味方として，寛大さというローマの徳をもって，隣国や難民に保護を提供してきたこと，ミラノのジャンガレアッツォ・ヴィスコンティに抗して全イタリアの自由を護ったことが強調される。フィレンツェは全イタリア人に共通の祖国なのである。フィレンツェはまた，イタリアで最も純粋・明確・甘美・典雅な言葉と，偉大な詩人や文芸家をもつ文化的中心でもある。第4部は，フィレンツェ国内の政治制度について述べた小論の中核部である。かれによれば，フィレンツェのあらゆる法制度の根底にある動機は，強力な官職が専制的な目的のために誤用されるのを防ぎ，法の前での公民の平等を保護することである。フィレンツェの政治制度では，官職の選挙権と被選挙権とが，財産や生まれにかかわらずすべての公民に開かれており，その意味ですべての公民が立法およ

---

(50) Bruni, *Laudatio,* Baron[1968], p. 239.
(51) Baron[1966], p. 195.
(52) Baron[1966], pp. 61-64.

び政策決定過程に参加できるようになっている。シニョーリアの権力を法によって制限し，コムーネの立法機関である民会（patriche）の意志にそれを服させようとする意図，換言すれば，平民の自由を法治による平等と同一視して，それを君主専制と対峙させる図式は，ここにおいても明らかである[53]。

　法の前での共和主義的な自由と平等を確保しようとするブルーニの動機は，マキァヴェッリにもまた引き継がれている。しかしブルーニとマキァヴェッリとの相違は，そのための制度の配置の仕方と，制度そのものの政治性に対する認識の相違のうちにあらわれる。公民の平等，そして多くの公民の任職機会を保証するために，ブルーニは，サルターティの主張を継承しつつ，高位の官職が1人ではなく多くの平民によって占められ，しかも2ないし6ヵ月程度の短期の任期で交代するような制度を提唱する。さらに注目すべきは，ここでブルーニがフィレンツェの政体は完全な調和を実現していると主張していることである。この調和は，ブルーニによれば，貴族と平民とのあいだの均衡を共和国が罰を通じて保つことで達成される。貴族が富と権力にまかせて平民を抑圧する場合，共和国は貴族に懲罰を与えることで平民の財産と身体を護る必要がある。貴族がみずからの権力によって，平民が共和国によって，そして両者が処罰への恐怖によって，それぞれ保護されているときに，「一種の均衡」（quaedam aequabilitas）が生じ，自由と正義が実現するというのである。フィレンツェの卓越性は，国内法によってもたらされる「政治的事柄の秩序，小綺麗さ，まとまりのよさ[54]」（ordo rerum,…elegantia, …concinnitas）の産物なのである。これに対してマキァヴェッリは，貴族の拡大欲の抑制ではなくその伸張を通じて，公的平等を達成しようとする。マ

---

(53) Rubinstein[1990], pp. 4-5. サルターティ，ブルーニ，パルミエーリのうちにみられる共和政理念が，寡頭政治の現実から市民の目を逸らすフィクションとして機能していたことを主張するのが，德橋[2004]，である。德橋によれば，当時フィレンツェの支配領域にあった都市においては，せいぜい財産や生命の保護といった「消極的自由」が保証されていたにすぎず，またフィレンツェ都市内部においても，官職就任有資格者は推定2万人の男性住民のうち3,000人ほどにすぎなかった。当時のフィレンツェの現実政治においては，「政治的人文主義」は比較的エリートに近い階層に歓迎される思想であったというのである。

(54) Bruni, *Laudatio,* Baron[1968], p. 258.

キァヴェッリもブルーニと同様に多数派の政治的役割を高く評価するけれども，マキァヴェッリは，官職を多人数に占めさせるという方法によってではなく，双方の恐怖に訴えるという抑制的な法の運用によってでもなく，貴族と平民双方の欲求を実現しうるような制度の整備――臨時独裁や弾劾の制度化――によって，均衡を保とうとする。貴族と平民との葛藤それ自体とそれによる平民の武装のうちに拡大による自由の可能性をみるマキァヴェッリと，貴族の拡大欲を法によって制限していくことに調和の可能性をみるブルーニとの相違が，ここに見うけられよう。この点には，もちろん，法治秩序の静態的達成を自由と同一視するブルーニの法治主義的共和主義に対して，法治よりも外なる必然性への活動的参与による自律の達成を重視するマキァヴェッリ流の闘争的・参加的共和主義の独自性が示されている[55]。

ブルーニのフィレンツェ政体賛頌は，ペリクレスの葬送演説にならってかれが記した『ナンニ・ストロッツィの葬送演説』(*Oratio funebris,* 1428) にも見られる[56]。ブルーニはここで，君主政が正しくない理由として，それが公共体全体の利益ではなく一部の利益しか反映していないからであるというアリストテレス流の規定に依拠して，対極としてのフィレンツェ共和政を誉めるのである。

「共和国の統治のためにわれわれが用いている体制は，全公民の自由と平等に資するよう設計されている。それはあらゆる点からして平等主義的であるがゆえに，平民体制と呼ばれる。われわれは1人の支配者に怯えることなく，少数者の支配の奴隷でもない。われわれの自由は万人に等しく与えられるものであり，法によってのみ制限され，人への恐れから解放されているのである。官職を得，地位を高める望みは，努力を怠

---

(55) マキァヴェッリはヴェットーリ宛て書簡において，「行動して後悔するほうが行動せずに後悔するよりもましである」というボッカッチョの言葉を引用する。*Lettere, a Francesco Vettori, 25 febbraio 1513*(1514). (*Lettere*；1171；六：二五八).また，(中世的秩序の解体を前提とした) 近代の活動的自律という「男性性」(manliness) をキーワードにマキァヴェッリ政治思想を読解しようとする試みとして，Pitkin[1984] がある。

(56) 葬送演説のラテン語校訂原文は Daub, ed. and commentary[1996], S. 281-302 に掲載されている。部分英訳としては Griffiths, Hankins, Thompson, eds. and trans.[1987], pp. 121-127 がある。

らず,才能と堅固で真摯な生活態度とをもつ者すべてに平等である。徳と廉潔とがわれらの国家によって公民に要請されるものである。これら2つの資質をもつ者は誰でも共和国を統治するにふさわしいと考えられる。(中略) 人からの暴力や迫害を恐れる必要はないということ,公民が法の平等を享受し,万人に等しく開かれた統治を享受しうるということ,これが真の自由であり,これが国家における公正である。しかしこれらの条件は,1人や少数者の支配下では維持されえない。(中略) かくして残された唯一の正当な体制とは平民の体制である。そこでは自由が現実のものであり,法の平等があらゆる公民にひとしく存在し,徳の追求が疑われることなく奨励される。[57]」

こうしてブルーニは,法の支配のみならず法の前での平等——すなわち迫害からの保護と官職への機会均等——をも主張し,こうした平等を法が保証することが公民にとっての自由であるとすることによって,自由(libertas)と平等(aequalitas)と法権利(ius)との3者を法制度の根幹原理とするキケロ共和主義をフィレンツェにおいて復活させたのである。

しかしわれわれは,ブルーニ共和主義の「近代」的側面も無視してはならないであろう。かれの共和主義がアリストテレスやキケロのそれと異なる点の1つは,かれが公的徳と私的徳とを区別することによって,徳の平等的性

---

(57) "Forma rei publicae gubernande utimur ad libertatem paritatemque civium maxime omnium directa, que quia equalis est omnibus, popularis nuncupatur. Neminem enim unum quasi dominum horremus, non paucorum potentie inservimus: equa omnibus libertas, legibus solum obtemperans, soluta hominum metu. Spes vero honoris adipiscendi ac se attollendi omnibus par, modo industria adsit, modo ingenium et vivendi ratio quedam probata et gravis; virtutem enim probitatemque in cive suo civitas nostra requirit. Cuicunque hoc adsit, eum satis generosum putat ad rem publicam gubernandam....Hac est vera libertas, hec equitas civitatis: nullius vim, nullius iniuriam vereri, paritatem esse iuris inter se civibus, paritatem rei publice adeunde. Hec autem nec in unius dominatu nec in paucorum possunt existere.…Ita popularis una relinquitur legitima rei publice gubernande forma, in qua libertas vera sit, in qua equitas iuris cunctis pariter civibus, in qua virtutum studia vigere absque suspitione possint." Bruni, *Oratio funebris*, 19,21,23, in Daub, ed. and commentary[1996], S.285-286; trans. Gordon Griffiths, in Griffiths, Hankins, Thompson, eds. and trans. [1987], pp. 124-125.

質を主張していることである。公的悪徳と私的悪徳との区別をいう『フィレンツェ都市への賛辞』第3部の記述は，個々のフィレンツェ人は邪悪でも全体としてのフィレンツェ人は有徳であるというブルーニの主張を裏付ける。

「私的な犯罪においては行為者の精神が，公的な犯罪においては都市全体の意志が，考慮されねばならない。後者の場合，特定の個人の思いが法律や習慣にかなっているかどうかは問題ではない。平民の多くの部分がなしたことが，その都市全体がなしたことであるとみなされる。しかし他の諸都市では多数派がつねに善良派を凌駕している。この都市［フィレンツェ］では多数派と善良派とはつねに1つであり同一であるように思われる[58]。」

こうしたブルーニの視点は，真の理性と徳はつねに少数の者にしか見出されないとする古典的共和主義の前提と食い違うことになる。フィレンツェにおいては善良派と多数派が一致しうるというブルーニの見解は，理性と徳とに自然的序列と不均衡が存在し，それゆえに政体分類基準として質（知恵）と量（平民）との調合をつねに顧慮すべきであるとするアリストテレス以来の古典的共和主義の伝統から，逸脱しているのである[59]。むしろハンキンスがいうように，ブルーニは，徳は部分ではなく全体のうちに存するとしたルソー流の近代共和主義の系譜――平民の自己同意による自己支配の系譜――に近いとすらいえるかもしれない[60]。

とはいえ，早計は慎もう。しばしばいわれるように，ブルーニがメディチ派への接近を強めるに従って，かれの論調はアリストテレス的な混合政体や貴族政を擁護するものに変わっていったからである。たとえばギリシアの学者の1人であるトレビゾンドのゲオルギオスにフィレンツェ政体を説明するために1439年にギリシア語で書かれた『フィレンツェ政体論』($\pi\varepsilon\rho\iota\tau\eta\varsigma$ $\tau\omega\nu\Phi\lambda\omega\rho\varepsilon\nu\tau\iota\nu\omega\nu\ \pi o\lambda\iota\tau\varepsilon\iota\alpha\varsigma$; *Peri tes ton Florentinon politeias*) をみておこう[61]。この書の冒頭でブルーニは，フィレンツェの政体を貴族政と民主政の

---

(58) Bruni, *Laudatio,* Baron[1968], p. 250.
(59) Aristoteles, *Politica,* 1288a.
(60) Hankins[2000b], p. 170.
(61) Pocock[1975], pp. 88-90. ブルーニの混合政体論については，Dess[1987]をも参照。

混合ととらえる。

「フィレンツェ人たちの政体は，まったくの貴族政でもまったくの民主政でもなく，両者の混合である。このことは，その配下にある人間と富の多さのゆえに最も傑出したいくつかの家系が，この都市においては公職から排除されている事実から明らかである。これは貴族政に反することである。他方でこの都市は平民のうち最も低い階層をも公務員に受け入れていない。これは民主政に反する。このように極端を避けつつ，この都市は中間を志向している。あるいはむしろ，極端に有力な者たちよりも最善で最も富裕な人たちを志向しているのである[62]。」

『フィレンツェ政体論』においては，民主政的な要素の重点は，もはや愛国心や平等な政治参加活動というよりも，財産ではなく籤による行政官の選出，公務期間の短期限定，人民会議への拒否権付与といった制度的な方向へ移動している。また，法の起草や改変の権限は平民には認められず，ただ承認権のみが認められている点がフィレンツェの貴族政的な点であるとされる[63]。この点においてブルーニは，農地法や輪番制に加えて二院制（＝討議する元老院と決議する民会の制度的分立）の主張を通じて安定型混合政体のヴェネツィア・モデルを再興しようとしたハリントンにつながるような，（徳ではなく）制度による「平等な共和国」設計構想の先駆者とみなされうるかもしれない。しかしブルーニは，制度設計だけでなく気質上の中庸階層にも期待をかける。つまり，ブルーニの構想するフィレンツェ混合政体においては，元老院からは君主たりうるような大貴族は排除され，民会からは下層民が排除される。ブルーニの混合政体論の特質は，極端を避けるその中庸的性質に，すなわち貴族の横柄さと平民の無知をともに免れている中産階級による支配にあった。これに対してマキァヴェッリが混合政体の特長と考えたのは，中庸による貴族と平民の中和ではなく，極端同士の闘争による拡大，すなわち貴族による民兵利用の統治術の苗床としての機能であった。

総体的にみれば，ブルーニら15世紀初めの人文主義者たちに「共和主義的なるもの」を見出すとすれば，それは，平民による統治や混合政体といった政体の形態の問題であるよりも，むしろ，「徳の平等性」，「愛国的修辞術」，

---

(62) Bruni, "On the Polity of Florence", trans. Moulakis[1986], p. 140.

(63) Bruni, "On the Polity of Florence", trans. Moulakis[1986], p. 144.

「共通善への挺身」といった諸政治価値を意味したといえよう。この意味でのフィレンツェ共和主義の延長上にマキァヴェッリをとらえるならば，マキァヴェッリにおける公的価値の重視が政体としての君主政論や共和政論と必ずしも対応しない，という従来の『君主論』/『リウィウス論』問題にも，一定の光をあてることができるのではなかろうか。

第3節　マキァヴェッリと書記官長職
―― 16世紀フィレンツェにおける「共和主義」の残存

　スキナーによれば，後期ルネサンスすなわち16世紀初頭のイタリアにおける政治思想の状況は，「ミネルヴァの梟は黄昏時に飛び立つ」というヘーゲルの言辞の強力な証左である[64]。イタリア全土において都市共和国が没落し，君主の割拠支配体制が確立する15世紀後半以降に，まさに共和主義政治思想への最もオリジナルな貢献が生み出されたというのである。15世紀末から16世紀初頭のフィレンツェにおける束の間の共和政体復興を支えた人民重視，大評議会重視のイデオロギーは，ルッカのプトレマイオスやパドゥアのマルシリウスといった14世紀イタリア・スコラ主義における人民主権の教説であり，またサルターティ，ブルーニ，ポッジォといった15世紀初頭の「政治的人文主義」の伝統であったとされる。こうした「共和主義的諸価値の残存」(the survival of republican values) は，1512年のメディチ家の政権復帰後も，オルチェラーリの園におけるような貴族政的な反体制勢力のうちで――マキァヴェッリその人をも巻き込みつつ――保持されていった[65]。その背景として，15世紀前半および16世紀初頭のフィレンツェ共和政体の記憶，とりわけ共和政体において人文主義的教養の政治的実践を端的に体現していた書記官長職の位置づけを略述しておくことは有意義であろう。フィレンツェ共和国書記官長は，上層市民が就任する政府高官職の一員ではなかったものの，短期で担い手が交代していくこれらの高官職とは異なり，行政の一貫性を保持しうる重要なポストであった。

　フィレンツェ共和主義とマキァヴェッリとの関係を考察するにあたって，

---

(64) Skinner[1978], vo. I, pp. 139ff.

(65) Skinner[1978], vol.I, p. 153.

マキァヴェッリがサルターティやブルーニらフィレンツェ共和主義者と共有した，この書記官長という職務の背景について，R. ブラックの論文に沿いつつ述べておきたい[66]。マキァヴェッリは1498年6月19日から1512年11月7日までフィレンツェ共和国書記局に勤務していた。書記官長としてのマキァヴェッリの任務は，人文主義者，官僚，外交官，政治家としての任務であった。この4つのいずれの顔においても，マキァヴェッリは伝統的なフィレンツェ書記局の慣習を踏襲している部分が多いのである。それゆえ驚くべきは，伝統的な書記官長業務から，ユニークな「近代」の開拓者が生まれたことそれ自体である。

　マキァヴェッリ在任当時のフィレンツェ政府行政部の構造は，つぎのようなものであった。フィレンツェ書記局は，共和国の内政政策および外交政策を執行する終身身分の官吏からなる部局であった。外交政策は，行政官長たるシニョーリアや，時折置かれる「特別十人委員会」(Dieci di Balia) によって決定された。こうした行政官たちの業務は1つの部局すなわち書記局の管轄下にあり，第一書記官長によって統括されていた。名目上は第一書記官長が外交・内政すべての政策業務を統括することになっていたが，外交は第二書記官長の統括事項というのが通例であった。実際には，第一書記官長と第二書記官長の任務はそれほど明確に分担されていたわけではないようである。マキァヴェッリは1498年6月19日に第二書記官長に選出され，同年7月14日には「自由と平和の十人委員会」(Dieci di Liberta e Pace) の務めもなすことになった。1507年1月12日，マキァヴェッリは3番目の立場として，新たに編成されたフィレンツェ軍担当の行政官に就任した。

　書記官長としての最も基本的な任務は，手紙などの文書を起草することであったが，これは，サルターティが公的書簡に多くの古典の引用や実例を挿入した14世紀後半以来，人文主義者のスタイルで行われていた。15世紀の書記官たちはサルターティのスタイルをさらに洗練し，アッコルティによる諸改革の結果，アッコルティの後継者スカラも人文主義者となり，15世紀終わりには書記官長のみならず書記局全体が人文主義研究の中心地になって

---

　(66) 書記官長の職務についての以下の記述は，Black[1990] に依拠している。書記局の環境と歴史については，Rubinstein の一連の論稿や，根占 [2005a]，138-140頁，さらには根占が基本文献として挙げる Marzi[1987] がある。

いた。書記局入局に最も必要とされた資質は人文主義の教養であり、マキァヴェッリはこの資質条件にかなっていたので、書記局に職を得たのであった。書記局入局時点でのマキァヴェッリの人文主義教養はブルーニ、ポッジォ、アルベルティ、ベルナルド・ルチェライに劣っていたとする近年の研究もあるけれども[67]、ブラックはこれを否定する[68]。第1に、7歳から読み書きを習い、8歳よりラテン語を始め、11歳より算術と算盤を始め、12歳でラテン語著作のさらなる学びを始めたマキァヴェッリの教養歴は、当時のフィレンツェのエリートの人文主義教育のそれであった。第2に、1498年前後にマキァヴェッリはリウィウスやビオンドを読んでいたことが明らかになっている。第3に、公職就任後最初の公的書簡である1498年7月14日付書簡からしてすでに、いくつかの演説形式を含み、修辞術上の技法である緩叙法や前辞反復を用いている。実際、マキァヴェッリは、幼児よりの教養、読書傾向、筆致スタイル、どれをとっても人文主義者の伝統を踏襲しており、公職就任の時点ですでに人文主義の教養を十分に身につけていたのである。伝統的には、書記官は、事実上の終身任期のゆえに、フィレンツェ政治の討議現場からは排除されていた。書記官は平民評議会に招喚されることはなかった。サルターティ、アッコルティ、ポッジォら14-15世紀の書記官は、こうして、政治的活動家ではなかった。党派的中立こそフィレンツェ書記局の規範であった。政体改革が盛んであった一時期は例外もあったが、サヴォナローラの政治的失脚以降は、ふたたび書記官は政治家以外の人物が任命されるようになった。こうした事情こそが、サルターティ、ブルーニ、アッコルティ、オッタヴィアーニ、マキァヴェッリら書記官たちの実際の政治生活に共通する「政治的日和見主義」の背景だったのである。

---

(67) Stephens[1986], p. 49.

(68) Robert Black[1990], pp. 74-75.

第6章　マキァヴェッリと共和主義の概念

第1節　マキァヴェッリの共和主義的解釈

　マキァヴェッリ自身の思想にみられる「共和主義的なるもの」の考察へと進もう。共和主義研究隆盛の昨今とはいえ——あるいはそうであればこそ——，政治思想史における「共和主義」の規定自体が自明でも一様でもないことは周知の前提である。ポーコックは自然法学の言語や商業的作法の言語とは区別される徳の言語のうちに共和主義を見出したが[69]，徳の有無よりも政体論において君主政を否定する思想全般を共和主義とみる立場や，立憲君主制を含めて「法の支配」を重視する立場，混合政体論（古来の国制論）の継承を重視する立場，古代ローマの修辞術の伝統の継承をもって共和主義とみなす立場，政体の自由と市民の自由を不可分としつつ非支配の自由観念を重視する立場，理性による自己統治というプラトニズムこそ共和主義の核心であるとする立場，広く共和政ローマに学ぼうとする思想群とする立場など，何をもって「共和主義」とするかは，論者によってさまざまである[70]。さらにそういった「共和主義」が「ヨーロッパの共有遺産」（a shared European heritage）であったとしても，それが地域や時代によって多様な相貌をみせることは容易に想像されうるし，それらもろもろの「共和主義」を「古典的」と「近代的」の2つに分けるとしても，何をもって「近代」的共和主義の指標とするかをあらかじめある程度想定しておかなければ，たとえば「マキァ

---

　(69)　Pocock [1975] [1985].

　(70)　16世紀中葉から18世紀末までのヨーロッパに共和主義のこれらの諸類型を見出そうとする論集として，Gelderen and Skinner, eds. [2002] がある。他に Viroli [1998] [2002], Skinner [1998], Pettit [1997], Honohan [2002] も参照。

ヴェッリはどこまで古典的共和主義者か」という問いかけは意味をなさないであろう。共和主義の近代化を測る指標として，その民主主義化の度合いを重視し，選挙による代議制の普及や参政権の拡大といった「共和主義の民主化・大規模化」をもって「共和主義の近代化」とするホノハンのような立場がある[71]。本書では，民主的参加よりもむしろ帝国的拡大の志向性の強度を重視し，共和主義の特徴として，「自治の自由」や「平等」の制度的表現としての政体論を中心に据えながら，混合政体論にどこまで権力的・統治的要素が入ってきているかを共和主義の「近代」化の基準の1つとして採用しつつ，マキァヴェッリと「近代」と共和主義の関係を考察したい。「ローマの拡大に内紛が及ぼした影響如何」という，リウィウス，マキァヴェッリ，ハリントンを含めて多くの思想家が取り組んだローマ史解釈上の問題は，その意味で，共和主義の多様性を描くうえでも有益なのである[72]。

しかしマキァヴェッリと共和主義のアンヴィヴァレントな関係を研究史的に考察する者が最も注意すべきなのは，共和主義そのものの思想史的内容の変遷もさることながら，序論において述べたように，いわゆる「『君主論』/『リウィウス論』問題」に象徴されるような，「統治の効率」と「公的自由」という，相互に対になりつつも緊張を含んだ2つの要素がマキァヴェッリ自身のなかに混在することである。それゆえ問題は，「マキァヴェッリは共和主義者か否か」ではなく「マキァヴェッリはどこまで共和主義者か」である。

すでにみたように，マキァヴェッリは政治をキウィタスの文脈で考えるローマ以来の思想を人文主義の風潮下で学び，その影響下に政治的語彙を形成した。その意味でマキァヴェッリはフィレンツェの初期近代共和主義の申し子ともいえる。しかしそのことと，マキァヴェッリ自身がいかなる意味で，そしてどの程度まで共和主義者であったのかということとは，別の問題である。共和主義的市民と『君主論』の著者とは，マキァヴェッリのうちでいか

---

(71) Honohan[2002]．これに対してアレントは，人民が支配権を掌握することを強調する民主主義と，客観的制度によって公益を保証する共和主義とを区別する。Arendt[1963], pp. 120-121. 邦訳，一八五頁。

(72) リウィウスのimperium観念の解釈をめぐってマキァヴェッリとハリントンを比較する福田有広[2002]は，本邦におけるこの問題への先駆的かつきわめて示唆に富んだアプローチの例である。

なるかたちで同居しえたのだろうか。

　書記官長職をとりまく人文主義ないし古典的共和主義の思想史的背景にもかかわらず，ヴィローリのいうように，マキァヴェッリを共和主義理論家とみなす解釈は比較的後になって登場したものである[73]。同時代のフィレンツェ人たちにとってかれはむしろメディチ家側の人間であり，1527 年に共和主義政府が復活したときにもかれらはマキァヴェッリを官職に戻すことはなかった。「共和主義の敵」というマキァヴェッリの評判は，かれが『フィレンツェ史』をジュリオのために執筆したという事実よりも，むしろ『君主論』の内容そのものに対する評判からきていた。リドルフィ『ニッコロ・マキァヴェッリの生涯』は，『君主論』が富を奪う方法を君主に伝授するものであるとして富者から嫌われ，聖職者からは異端の書として，善良な者からは邪悪な書として，邪悪な者からは自分たちよりも悪に秀でた書として，当時のすべての人から憎まれた，というブシーニの言葉を引用している[74]。

　マキァヴェッリを共和主義者として再評価する動きは，1585 年に法学者ジェンティリが著書『使節職について』（*De legationibus*）のなかで，マキァヴェッリを「民主主義の強力な支援者にしてその熱狂的信者」「僭主政へのまったくの反対者」と規定し，僭主の邪悪さとその秘策を平民に明かすことによって知恵を授けることがかれの意図であると主張したときにはじまった[75]。この動きがスピノザからディドロの『百科全書』へと受け継がれ，『社会契約論』におけるルソーの有名な賞賛「マキァヴェッリの『君主論』は共和主義者の教科書である」に結びつくことはいうまでもないかもしれない[76]。

　マキァヴェッリはいかなる意味でどの程度まで共和主義者であったかという問いに立ち戻ろう。現代では多くの研究者は一定の留保付きでマキァヴェッリのうちにある共和主義的要素を認めている。マイネッケ，マンスフィー

---

(73) Viroli[1998], pp. 114ff.

(74) Ridolfi[1963], p. 248.

(75) Gentili, *De legationibus,* III. 9.

(76) Spinoza, *Tractatus politicus,* V. 7. Diderot, *Encyclopedie*, article 〈Machiavelisme〉. Rousseau, *Contrat social*, III. 6. 1782 年版の『社会契約論』にはルソー自身がつぎの注釈を挿入している。「マキァヴェッリは立派な人間であり善良な市民であった。しかしメディチ家との縁故を断ち切れなかったために，祖国の圧政下にあって，その自由への愛を偽装しなければならなかった。」

ルド，タルコフは，マキァヴェッリの共和政体は，その設立の時点で卓越した個人の偉大な資質と行為を要求するがゆえに，それは共和主義と君主政ないし僭主政の混合物であると考える[77]。またポーコックやフリングは，マキァヴェッリの共和主義の内容自体が，安定を志向する伝統的共和主義とは性質を異にし，収奪と戦争による帝国的拡大を志向する軍事的徳に根ざしたものであると指摘する[78]。これに対してヴィローリは，より伝統的な「政治的・市民的生活」(vivele civile, vivele politico) の文脈にマキァヴェッリの共和主義を位置づける。政治体を構成する諸要素が法の支配のもとで適切な位置をしめ，自治の自由としての政治的自由を享受し追求する「秩序ある共和国」(a well-ordered republic) こそマキァヴェッリ共和主義の中心だというのがヴィローリの見方である。つまりヴィローリの分類によれば，マキァヴェッリは，まず，専制的支配者が存在する恣意的統治形態としての僭主政治（= stato の政治）から，君主が存在するにせよしないにせよ，公益を表現する法が尊重されるような「法の支配」の政治= vivere politico を区別した。その後 vivere politico を制限君主政と狭義の共和政とに区分したうえで，さらに狭義の共和政を，貴族が統治する少数者共和政と平民の統治の要素を組み込んだ多数者共和政とに区別した。マキァヴェッリ自身の立場は，多数者共和政にあったとヴィローリはいうのである[79]。

　自治の自由と法の支配を結びつける発想はローマ法以来の法学の伝統である。ローマ的な自由の伝統においては，都市の自由が僭主の意志からの自由に存するように，個々の市民の自由は他の市民の意志から自由であることに存するのであり，それは人が支配するのではなく共通善を志向する法が支配しているかぎりにおいて調達される。個人が奴隷と区別された自由市民であるのは，みずからの権利 (sui iuris) を保有している場合であり，同様にある平民ないし都市が自由であるのは，市民のみに立法権と官職任命権が帰属している場合，すなわち自身のものである法 (suae leges) のもとにある場合である[80]。法の支配と政治的自由とを一体とみる見解は，法の前での平等を，

---

(77) Meinecke[1957]. Mansfield and Tarcov[1996b], p.xxvi.
(78) Pocock[1975a], pp. 183-218. Hulling[1983], p. 220.
(79) Viroli[1998], pp. 121-131.
(80) *Digest,* I. 6. 1. Wirszubski[1950], pp. 1-15.

平等な機会と期間において共和国の官職に参与する自由と等置する見解につながる。こうしたローマ的自由概念は，リウィウスやサルスティウス，キケロを通じてサルターティやブルーニに受け継がれ，マキァヴェッリをとりまくフィレンツェ人文主義の中心的な政治思潮となっていった。

　こうしてヴィローリによれば，マキァヴェッリのいう政治的生活とは，法体制だけでなく市民生活や習慣をも含めた政治体制全体を指す[81]。それは大きく分けて法の支配と市民的平等の 2 つの原則から成る。法の支配とは，法が党派利益ではなく都市の共通善を体現していなければならないという主張 (D,I-45, 58; 127, 142；二：一二三，一五九．IF,III-5; 692-695；一二三−一二八) を意味し，市民的平等とは，法の前での平等と官職への平等なアクセスを意味する。法の前での市民相互の平等な尊重という概念はキケロやリウィウスから引き継いだものであるし[82]，また，官職への平等なアクセスという概念は，最高官職へのアクセスをめぐる平民と元老院との競争を描いたリウィウスに見出される[83]。マキァヴェッリも，貧富よりも賢い勧告やよき行いといった公的手段によって獲得された名声 (D,III-28; 234-235；二：三六八−三六九) が官職への道となった古代ローマを模範とする (D,III-25; 232；二：三六三)。そこでは官職者と一般市民との双方に市民的徳が要求される。富ではなく徳によって市民の習慣が形成されているかぎりにおいて，マキァヴェッリは依然としてローマ的な politicus の政治を維持していたとヴィローリはみるのである。

　以下第 2 節では，政体の設立と種類に関する『リウィウス論』の議論のうちに，また第 3 節では，平民の徳と祖国愛をめぐるマキァヴェッリの議論のうちに，法的自治の政治的生活の刻印をたどることにする。マキァヴェッリの自由論に潜む拡大的・統治術的要素については，ローマ史解釈と混合政体論を扱う第 7 章に譲る。

---

(81) Viroli [1990], pp. 152-161.
(82) Cicero, *De Officiis*, I. 34. Livius, *Ab urbe condita*, II. 3.
(83) Livius, *Ab urbe condita*, IV. 4.

第2節　『リウィウス論』と政体論

(i) 国家創設の様式

　『君主論』前半で新君主国の設立に焦点をあてながら君主国の政体を論じたマキァヴェッリが，中間に君主の採用すべき軍事論，内政統治論をはさんで，最後のフォルトゥナ論において再び新秩序の導入という主題に立ち戻っていることは，注目に値する。最終第26章でマキァヴェッリはつぎのように述べる。「新しい法律 (leggi) を定め，考えついた新制度 (ordini) を整えることは，新たに起こる君主にとって何よりも大いなる名誉を与えるものである。以上のことがしっかりと根を下ろし立派なものになれば，この君主は尊敬を集め賞賛される (P, 26; 297；一：八六)。」新君主が「何よりも大いなる名誉」を受けるのは，第15-23章で助言されたような統治心術によってではなく，新しい法律と制度を整えることによってなのである。もちろん統治心術の個々の内容がそれ自体「新しい倫理」として重要な思想史的意義を持つことは後述する通りであるが，にもかかわらずそれはマキァヴェッリの究極的政治価値の直接の獲得手段たりえない。それは，君主の地位を安泰たらしめ，もって例外的状態において国家秩序を導入するのに役立つに過ぎないのであって，統治心術は「何よりも大いなる名誉」［＝国家の自由と拡大］に直接繋がるものではないのである。ところが『君主論』では，新しい法律や制度がいかなるものなのかは，軍事制度を除いてほとんど述べられていない。ここで，＜新しい法律や制度とはいかなるものなのか＞という問いがすでに新秩序の導入行為よりもその内容に関わるものであることを考えるならば，本書の関心は，新秩序すなわち「状況」倫理の導入から，その内容構造，維持，拡大へと移ることになろう。この主題を引き受ける著作が『リウィウス論』である。そしてその主役はもはや君主には限定されない。「たとえ君主が，法律を制定したり (ordinare leggi)，公民の生活を形成したり (formare vite civili)，新たな規則や制度を整えたり (ordinare statuti ed ordini nuovi) することに関しては平民より優れているとしても，平民は平民で，その秩序を維持していく点で君主よりも優れた能力をもつものなのであって，当然，その秩序をはじめに制定した君主と同等の栄誉が与えられてしかるべきである

(D, I-58;142; 二：一五八－一五九)」からである。こうして，マキァヴェッリ政治学の統治術的性質についての本書の関心は，『リウィウス論』にも向かうことになる。

　政体論の統治術的色彩は，『リウィウス論』のうちにも見出すことができる。『君主論』が書きあげられたのが1513年，『リウィウス論』が完成されたのが1517年であるから，両著作のあいだにはおよそ4年間の隔たりがある。両著作に相互への言及が存する (P, 2, 8；258, 269；一：七，三〇；D,II-20, III-19, III-42；176, 225, 250；二：二三八，三五〇，四〇一) ことから，マキァヴェッリが双方を同時並行して書き進めた期間があったことは確かなのであるが，両著作の正確な執筆開始および脱稿時期がいつであるか，その時期が『君主論』と『リウィウス論』の内容上の対応関係にいかなる影響を及ぼしたかについては，諸説が存する。けれども大まかに分類すると，つぎの2つの立場に分けられるであろう。1つは，『リウィウス論』のほうが先に書き始められただけでなく構想上もその青写真がすでにマキァヴェッリのうちで完成しており，マキァヴェッリは『リウィウス論』の政治論の一部として，とりわけ例外的事態における君主の役割について明らかにするために，『リウィウス論』の執筆を中断して『君主論』を一気に書き上げた後，『リウィウス論』の残り部分をも書き上げたのだとする立場である。この立場は，バロンが1956年に発表した論文で主張して以来，多くの研究者——とりわけ，「オルチェラーリの園」での人文主義者との会合によって触発されて書かれたとされる『リウィウス論』の共和主義論の枠内で，『君主論』を解釈しようとする研究者——によって広範に受容されてきた立場である[84]。もう1つは，『君主論』の構想は『リウィウス論』と独立して立てられたのものであり，両著作の文体上の類似性から推測して，『リウィウス論』の大部分は『君主論』の執筆後に書かれ，内容上も『君主論』の現実主義的政治学の影響を受けているとみる立場である[85]。いずれにせよわれわれは，両著作の執筆時期をめぐる詳細な文献学上の論争に深入りすることを避けて，『君主論』のなかに『リウィウス論』の要素があり，その逆も真である，という前提から出発して，『リ

---

(84) Baron[1956]. Sasso[1958, 1980]. Pocock[1975a], pp. 185-186. Skinner[1981], p. 50. Najemy[1993], pp. 335-336.

(85) Hulling[1983]. Pitkin[1984]. Kahn[1994].

ウィウス論』のなかにも統治術的側面を見出そうとしていくのがよいであろう。

　『君主論』と同様『リウィウス論』も，道徳上の政体分類ではなく事実上の起源および様式からする政体分類論をもってはじまる。政体がさまざまな法と制度をもつのは，その規範的な質の相違からではなく，その起源の多様さに従ってであるという見解は，ポリビオスにもみられる[86]。共和国を除外し最初から君主国の諸類型のみに叙述を限定している『君主論』とは異なって，『リウィウス論』が扱う範囲はローマ以来の都市国家全般に及ぶ。マキァヴェッリによれば，あらゆる都市の創設は，もともとその地方に住んでいた土着民の力によるか，他の地方から来た移住民の力によるかのいずれかによってなされる。しかしマキァヴェッリにとって，ある国家の起源が土着民にあるか外来者にあるかはじつのところ問題ではない。どちらにしても，国家の創立時に他に依存せず自由であることが重要である。換言すれば，都市国家のできばえは，それを創設した人のヴィルトゥが大きいか小さいかにかかっている。そしてその創立者のヴィルトゥは，場所の選定と法律の整備という2つの要素によって見分けられるというのである[87]。かれは，必要に迫られたほうが人間の行為が威力を発揮するという理由で不毛の地を国家創設地として選ぶことを奨励し，豊かさがもたらす悪影響を法律の規制によって防げる場合にのみ豊かな地域に国家を建設すべきであるとする (D, I-1; 78；二：一三)。このことは，伝統的な政治哲学と一線を画するマキァヴェッリの立場を示している。プラトン，アリストテレス，キケロら古代の政治思想家たちにとって，土地が豊かであるか不毛であるかは，国家の存亡を決する重大要素であるが，逆にそれゆえにこそ人間の力ではどうにもならない必然

---

(86) Polybius, *Historiae,* VI. 10. 13.

(87) 国家創設が自立的（＝自由）なものか依存的なものかがマキァヴェッリにとって重要であったとするならば，なぜマキァヴェッリは，外来か土着かという，自立／依存とは無関係なはずの二者択一から国家創設の議論を始めたのであろうか。マンスフィールドは，それは土地を選ぶ選択の自由を創設者に確保するためであったと主張し，ピトキンは，土地の伝統や風土ではなく創設者のヴィルトゥがすべてを決めるという創設の自立性を確保するためであったと主張する。Mansfield, "Necessity in the Beginnings of Cities", in Parel, ed. [1971], pp. 112, 115-116. Pitkin [1984], p. 244.

性の領域であり，不毛な地を避けて豊かな地を選べる点にのみ人間の選択の自由があると考えられていた[88]。必然性の及ばない範囲が選択の自由の範囲であると考えられていたのである。しかしマキァヴェッリにとっては，不毛の地を選んで国家をつくり，必然性を克服することが選択の自由であり，それができる能力が英雄的ヴィルトゥなのである。不毛の地を選んだ場合は勤勉さのヴィルトゥによって，豊かな地を選んだ場合は法律の規制をつくるヴィルトゥによって，奢侈や餓死の必然性を人間の国家の自由が克服するという此岸的観点が貫かれている。ローマが，その土地の豊饒さ，海のもたらす便宜，度重なる勝利，そして国土の広大さにもかかわらず腐敗を免れたのは，ロムルスやヌマのつくった法律が人びとを健全な窮乏状態にとどめておいたからだというのである。ともあれ，国内の専制にせよ国外からの圧力にせよ，あらゆるかたちの強制力からの独立をこそ「国家の自由」と考え，自由と自治を同一視するマキァヴェッリは，その起源においてすでに外部の力に依存しているような国家は最初から考察の対象たりえないと考えて，それを早々と検討の範囲外に置く。

「ここでは，都市の創設が外部の力に依存していたような場合を説明するのは控えておくことにして，共和国であれ君主国であれ，あらゆる外部の支配から独立した起源をもち，当初から自身の法律によって統治されており，その起源において独自の制度と法律とをもっているものについてのみ論じるとしよう (D, I-2;78-79; 二：一四――一五)。」

かれはさらに，このような独立した起源をもつ都市を，リュクルゴスによって設立されたスパルタのように場所の選定と法律の整備とに長けた偉大な「立法者」(ordinatore) が単独で最初から永続的な法律制度をほぼ完全に創設してしまったような都市と，ロムルスによって設立されたローマのように最初の設立が脆弱であったがゆえに後々まで自分で自分を改革していかねばならなかったような都市とに分類する。この分類が，たんに賢い創設者と愚かな創設者とを区別して前者を賞賛し後者を排斥するためのものではないことは，続く叙述において，マキァヴェッリの関心がもっぱら後者のローマ型の

---

(88) Platon, *Nomoi,* 704d-705c. Aristoteles, *Politica,* 1326b-1327b, 1330a-1330b. Cicero, *De Re Publica,* II. 3. 5. Thomas Aquinas, *De Regno,* II. 5. 6. Mansfield [1979], p. 33.

都市に集中していることからも明らかであろう．むしろこの区別は，単独の完全な立法者による安定と単独者に創設を任せえずつねにカオスと格闘していかねばならない＜状況＞との間の区別であり，フォルトゥナからの自由たる安定を他者から享受することとみずからのヴィルトゥによってフォルトゥナに対抗していくこととの間の区別であるといえる．そしてマキァヴェッリによれば，「改革の必要もなく，その下で安定した生活が営めるような，うまくつくりあげられた法律を国家に与えうる賢明な立法者をもった共和国」はたしかに「幸福な (feliche) 国家」であるには違いないが，「これとは反対に，完全な法律は持たずとも，よき原理 (principio buono) をもっており，向上改善の余地を残している都市の場合は，いろいろと手をくわえていくにつれ完全の域へと達することが可能」なのである（D, I-2 ; 79 ; 二：一五）。創設時の英雄的ヴィルトゥの必要性を説いた『君主論』におけるマキァヴェッリの論調が，ここにいたって維持型の公民的ヴィルトゥを重視するものへと変わってきていることは注目されてよいだろう．たしかにマキァヴェッリは『リウィウス論』の別の箇所において，新国家設立は1人の人物が単独で行うべきだと述べてはいるけれども (D, I-9 ; 90 ; 二：三九)，設立のみならず維持の自由と拡大の栄誉をも含めたより広い観点から国家を論じるに際して，かれは単独者による設立のあり方についてすらも，公民的・共和的要素を含めたのである．時間を超越した秩序付与者＝立法者よりも，時間の支配のなかで自分たち自身のヴィルトゥによってフォルトゥナを征服しようとする共和的公民こそがマキァヴェッリの興味の対象なのであり，英雄的ヴィルトゥが公民的ヴィルトゥによって補われなければ国家の永続はありえない．『リウィウス論』第III巻第7章で，暴力によって設立維持されているがゆえに多数の人間の恨みを買いつつ存続している国家よりも，国家を強大化していこうという平民の一致した気持ちに支えられている国家の方が評価されている (D, III-7 ; 211 ; 二：三二一) のはそれゆえである．立法者個人の政治的資質と，設立の様式や制度とは区別されねばならず，マキァヴェッリにとって国家の存亡を左右するのは後者の様式のほうであった[89]．

　国家の存亡を統治者の資質ではなく制度の観点から扱おうとする『リウィウス論』にとって，対内的な支配権 (imperio) をいかなる機構制度 (ordini)

---

(89) Mansfield [1996a], p. 63.

によって有効たらしめるかが重要な関心の対象となる。すでにみたように，機構が徒党（partigiani）の発生を防いで階層間の内紛を機構の枠内に保ち，公共体の最終的な分裂を防ぐための，公的弾劾制度や臨時独裁執政官制度の提唱は，弾劾そのものを制度への脅威ととらえるリウィウスやキケロとは一線を画した，マキァヴェッリ流共和主義の特徴である[90]。

(ii) 政体の形態

さてマキァヴェッリに従えば，ある国家が永続しうるか否かを判断するにあたっては，その国家の創設様式だけではなく，政体の形態や対外姿勢をも大いに参照せねばならない。まず政体の形態について述べるならば，かれはアリストテレスやポリビオス以来のギリシア的伝統に従って，政体ないし統治体（stato）を君主政（Principato）・貴族政（Ottimati）・民主政（Popolare），およびおのおのの堕落形態としての僭主政（Tirrannide）・寡頭政（Pochi）・衆愚政（Licenzioso）の6種に分類する[91]。アリストテレスの場合，これらの政体は，普遍的な目的論的秩序のもとでおのおの適切な位置を与えられる比較的固定的な分類基準であるが，マキァヴェッリはアリストテレスではなくポリビオスの政体循環論に立ち，これらを循環の相のもとに眺める。堕落へと向かう時流の不可避的な勢いのなかにあっては，政体がより悪しき形態へと変貌することを食い止めることはできず，また，「政体においては善と悪とはそれほど似通ったものだ」からである。したがって政体分類に関するかれの説明は，普遍的，目的論的というよりは歴史的，発生論的なものとなる。すなわちマキァヴェッリによれば，さまざまな形態の政体が人間社会の中に発生していくのは偶然のなせるわざであり，世界が始まったときに獣と同じ

---

(90) マキァヴェッリとリウィウスとの異同およびマキァヴェッリとハリントンとのリウィウス読解にかかわる共通点については，福田有広［2002］やPocock［1965］を参照。

(91) D,I-2;79；二：一六．Polybius, *Historiae*, VI. 4. 1. 6. Aristoteles, *Politica*, 1316a. マキァヴェッリとポリビオスとの異同については，Sasso［1967］, p. 280 および Mansfield［1979］, pp. 35ff を参照。サッソは，マキァヴェッリがみずからの主張の独創性をカムフラージュするために，古典の代表としてポリビオスという素材を選んだのだと考える。

ように分散して住んでいた人間がしだいに集落をつくるようになったのは，正義のためではなく自己防衛のためにすぎなかった。そして防衛を一層完璧なものに近づけるために，さしあたり腕力と勇敢な気質とに秀でた者を自分たちのなかから選んで君主とし保護を求めるがゆえに，ここにまず君主政が成立する。とはいえこの段階ではまだ確固たる正義の概念は存在せず，あるのは人間同士の恩義の情だけである。忘恩の輩には憎悪，恩義に厚い人物には同情と賞賛の念を覚えるのが人の常であるから，人びとは実例としてみせつけられた忘恩の悪行が今度は自分の身に降りかかってくるのを防ぐために，法律をつくって違反者には刑罰をもって臨むようになり，ここにはじめて正義の概念が生まれてくることになるというのである。法律による正義が確定すると勇猛果敢な人物よりも用意周到で正義感の強い人物が君主に選ばれるようになるが，やがて選挙ではなく世襲の君主制度が採用されるやいなや君主は放埓となり，みずからの悪事に向けられる人びとの憎悪を恐れこれを抑えるべく暴君僭主へと変貌する。こうした僭主政に対してまず反旗を翻すのは義侠心と度量と金銭と家柄に富んだ名士たちである。一般人民を指導し僭主を打倒して自分たち少数の集団による公益優先の貴族政を確立したかれらも，その子らの代になると公民的平等性にとどまることができずにやはり私益追求に走り，実力者でなくとも現体制批判者なら誰にでも従う平民によって打ち破られ，僭主と同じ道を辿ることになる。君主政と貴族政の醜悪な末路をみてきた平民は今度は民主政を選択するのであるが，これもまたつぎの代には腐敗して，公権威にも他者にも配慮がなされない最悪の衆愚政＝無政府状態を招来してしまうのである。こうなると国家は，破滅するか，あるいは良識ある1人の君主のもとに平定されて君主政へと立ち戻るかのどちらかになる。君主政を回復した場合には，君主政→僭主政→貴族政→寡頭政→民主政→衆愚政→君主政という循環が成り立つことになるが，マキァヴェッリによればこれこそが「過去から現在にいたるまですべての国家が辿るように運命づけられている循環のしくみ（D,I-2;80；二：一八）」にほかならない。それゆえこのような流転のなかにあっては，6種の政体は，よいほうの3つはその短命さのゆえに，悪しきほうの3つはその生来的邪悪さのゆえに，どれも欠陥に満ちたものと判定されざるをえないというのである。そのような判定を受けながら，最善を実現するためというよりも最悪を避け国家の延命を図るために有効な政体としてマキァヴェッリがあえて提言するのは，君

主政・貴族政・民主政の3種が互いに欠陥を指摘しあい牽制しあう混合政体である[92]。

幾人かの研究者が指摘するように，マキァヴェッリが，ローマのジル，アルヴェルニアのペトルス，ルッカのプトレマイオス，パリのジャンといった著者たちによる中世における混合政体論を無視して，ラテン語訳の広まっていなかったポリビオス第Ⅵ巻にそのまま立ち戻るような混合政体論を展開しえた背景には，フィレンツェをはじめ当時イタリアの都市国家に広まっていた「ヴェネツィアの神話」，すなわちヴェネツィアの安定の理由をその混合政体論に求めようとする見解が存していた[93]。F. ギルバートによれば，15世紀初頭に，バルバロや老ヴェルジェリオといったヴェネツィアの人文主義者たちがヴェネツィアの繁栄と安定の原因をその政体の完璧さに求めたところに，「ヴェネツィアの神話」ははじまる[94]。かれらはヴェネツィアの政体における君主政と貴族政の混合について語ったのであるが，一般的にはヴェネツィアの安定因はその完璧な貴族政体にあるとする見解が当時広がっていった。さらにフィレンツェではグッチャルディーニが，フィレンツェの共和主義的政体との対比で，ヴェネツィアの政体を君主政・貴族政・民主政の3者の混合政体として描いていた[95]。マキァヴェッリが安定型の混合政体論を斥けて拡大型の混合政体論を選択するとき，「ヴェネツィアの神話」とそれへの批判が想定されていたことは確かである。

---

(92) 3つの異なる階級組織体の結合として混合政体を理解する点で，マキァヴェッリはポリビオス以来の古典的な3部構成モデルの枠内にいる。社会階層を行政部・司法部・立法部といった機能を体現するものと考えるモンテスキューやフェデラリスト流の3機能モデルの発想をマキァヴェッリのうちに見出すことは困難であろう。Hardt and Negri[2000] 邦訳，四〇三頁。

(93) Pocock[1975a], p. 102. Robey and Law[1975]. Felix Gilbert[1968]. Skinner[1988]. Blythe[1992], pp. 278-280.

(94) Felix Gilbert[1968]. スキナーはさらに，「ヴェネツィアの神話」の起源をスコラ的アリストテレス主義の影響下での1300年頃にまで遡っている。Skinner[1988]. Blythe[1992], pp. 279-280, 306.

(95) Pocock[1975a], p. 101.

第3節 共和的概念とマキァヴェッリ
——平民，自由，祖国愛

(i) 平民の公民化と臨時独裁

　「国家の自由と栄誉」に到達する道を求めてのマキァヴェッリの旅は，実在を喪失し超越的普遍の存在を許さない「時間」に縛られた「状況」のなかでフォルトゥナに対抗するヴィルトゥを発見するという里程標を越えて，さらに，一時的な栄誉でなく永続する栄誉を求めるならばそのヴィルトゥを超人の手から万人のものへと共和主義的に改変せねばならないことを認識し，そしてこの共和主義的ヴィルトゥの担い手たる自立的公民の素材となりうるような階層を探すところまでやって来た。当然のごとくマキァヴェッリの期待の眼差しは，君主や貴族よりも国家の中で大多数を占める平民のほうへと向けられ，また君主国体制よりもそれら平民が勢力を発揮しうる共和国体制のほうへと向けられることになる。実際，『リウィウス論』の随所に平民と共和国に対するこの期待を看取するのはそう難しいことではない。

　「法律の支配のもとで秩序ただしく統治されている平民ならば，たとえ賢君の誉れ高い君主に対しても，いささかのひけもとらない。それどころか，むしろこれを凌ぐばかりの落ち着き (stabile)，慎重さ (prudente)，それに感謝の気持ち (grato) を兼ね備えているものである。(中略) そのうえ平民は慎重さや落ち着きにおいてのみならず判断力 (giudizio) においても君主より優れている。(中略) たとえ君主が，法律を制定したり，社会秩序を整えたり，新しい制度や規則をつくったりすることに関しては，平民より上手だとしても，平民はそのつくられた制度や規則を遵守していく点において君主よりも優れた能力をもっているので，君主と同等の賞賛が与えられてしかるべきである (D,I-58；141-142；二：一五七，一五八――一五九)。」

　「都市 (città) が領土でも経済力でも大をなしていくのは，必ずと言ってよいほどその都市が自由な政体のもとで運営されている場合に限られているのを，われわれは経験から知っている。(中略) その理由は，(中

略）特殊な利益（bene particulare）を追求するのではなくて，公共の利益（bene comune）に貢献することこそ国家に繁栄をもたらすものだからであり，このような公共の利益が守られるのは，共和国をおいて他にないことが確かだからである。（中略）ところが，君主の支配下にある国家では，上述の共和国の場合とは正反対のことが起こる。というのは，君主にとって都合のよいことはたいてい国家に害を及ぼし，国家に役立つことは君主にとって都合が悪いものだからである（D,II-2；148；二：一七五）。」

ただし，平民へのこのような期待は，平民の元来の内的性質が君主以上に公的徳を備えているという根拠にもとづくものではない。むしろかれは，「平民が本来もっている傾向が善なのか悪なのか決めてみたところでたいした意味はないのであって，むしろ平民の性格が本来善いものならそれに応じて平民を受け入れるような体制を整えておけばよいのだし，また平民が悪くて始末におえない存在だというのなら，被害に遭わないようにあらかじめ準備しておけばよい（D,I-57；139；二：一五三）」という。マキァヴェッリが平民を評価するのは，平民のほうがさまざまな内政心術や内政制度によって習慣づけられ改変されやすく，しかも多数を占めているがゆえに国家の命運に影響を及ぼしやすい，という理由からにほかならない。マキァヴェッリの究極価値はあくまで国家共同体と生死をともにするものであって，かれが君主や平民についてあるときは私的心術の側面から，またあるときは公的制度の側面から論じるとしても，それは，「風景画家が山々や丘の特性を観察しようとして平地に身を置いたり，またその反対に低地の特性を観察しようとして山頂に立ってみる（P,Dedica；257；一：五－六）」必要に迫られてのことなのである。『リウィウス論』における共和主義的徳の復興が，古代におけるような「人間の本性的資質」の問題としてよりも，むしろ修辞術的な政治教育や制度の問題として捉えられていたということは，マキァヴェッリ政治思想の斬新さの１つとみなされてよいであろう。共和主義的ヴィルトゥは，法律教育の対象としての個々の公民の人格の斉一性と政治的，経済的，矜恃的自立とを前提とすることで，共和国家への献身を促す力すなわち公民的ヴィルトゥとなるのである[96]。マキァヴェッリが歴史から期待し確信していたことは，

---

(96) それゆえ，マキァヴェッリの公民的ヴィルトゥが，公的枠組の中での「活

よき法律とよき教育による錬成と習慣づけさえ実現されれば，平民はふたたびローマ的公民となりうるということであった。

　しかしながら，このように公民的ヴィルトゥの涵養を習慣と不可分の制度に依存させたことは，＜およそ人間は本性上すべて名誉よりも物欲に動かされ，しかもその物欲には際限がないがゆえに，自然のままにまかせておくことは，フォルトゥナの荒波に身を委ねて破滅へといたることにほかならない＞とするマキァヴェッリ自身の主張（D,I-37, 42; 119, 126；二：一〇三―一〇四，一二〇）とのあいだに深刻な軋轢を生じさせることになる。マキァヴェッリの循環史観がローマを栄誉の頂点とした堕落史観と密接に結びついているとするならば，つまりあらゆる変転的「自然」が衰退の別名であるとするならば，こうした衰退は一見恒常的に見える法律制度や習慣そのものすらをも蝕んでしまうのではあるまいか。それゆえ公民的ヴィルトゥの不可避的堕落が国家の存続を脅かすほどにまで進んでしまった場合，通常の制度の自己刷新能力だけでは太刀打ちできないのではないだろうか。『リウィウス論』第Ⅰ巻第18章および第Ⅲ巻全体は，このディレンマに真正面から取り組んだものである。第Ⅲ巻の冒頭第1章でマキァヴェッリはつぎのように述べる。

　　「この世のすべてのものに寿命があるということは疑いようのない真理であるとはいえ，それらはすべてたどるべき循環の道を神によって完全に定められており，その道を踏み外すことは許されていない。（中略）そして革新 (rinnovazione) がなされないものは絶対に長続きしないことは明らかである。革新の方法とは，本来の［＝創設期の］姿に戻すことに他ならない。（中略）諸制度に血を通わせ，実際に効力を発揮さ

動」に固有な能力であり，その限りにおいて最高度に「自由」な能力であったとしても，これを演技芸術におけるその場かぎりの卓越した妙技＝ヴィルトゥオシティと同一視し，政治を目的から切り離された技量誇示のための演技舞台の隠喩で捉えていくアレントの立場には疑問の余地があろう。なぜならアレント自身述べているように，「演技芸術においては，その完成は演技そのものにあるのであって，最終作品にあるのではない」からである。これに対してマキァヴェッリの国家が，国家創出のための活動よりも長く存続し活動から独立した最終作品として，活動そのもの以上に大きな目的となっていることは明らかである。Arendt [1968], p. 153. 邦訳，二〇六―二〇七頁。

せるためには，どうしても1人の人物のヴィルトゥを必要とする。（中略）国家を創設期の体制に復帰させるためには，普通ただ1人の人間のヴィルトゥでよい。（中略）したがって，特定の人物の行動が，ローマに大をなさしめるのにどれほど寄与したか，またどれほど多くのすばらしい成果を与えるもととなったかを明らかにするために，この問題についてこれから記述と論議をすすめていこうと思う（D,III-1 ; 195-197 ; 二：二八五－二九〇）（［　］内は厚見）。」

マキァヴェッリにとってヴィルトゥの対義語としての「腐敗」とは，「時間」のフォルトゥナの奴隷となって自然的頽落の道を進むことであり，私的善悪を公的徳よりも優先する傾向のことであったが，より具体的には，それは公民の多数が私益に夢中になって政治＝国家共同体の利益に対する関心を失ってしまうこと，そしてさらに危険なことに，私的野心に燃えた一部公民が政権を掌握して公事を行い，国家や他の公民を私益のための手段としてしまうこと，を指す（D,III-16 ; 222-223 ; 二：三四三－三四四）。共和国が緊急事態に対処する制度をもたない場合，または制度をもっていても平民の良俗があまりにも堕落していて「本来の制度が腐敗した国の現状にもはやそぐわなくなっている（D,I-18 ; 103 ; 二：六六）」場合には，その指導者は法を侵犯してでも例外的措置を講じなければならない。制度の力によって克服しうるほどの比較的小さな腐敗を過ぎてしまったこのような堕落から抜け出るには，超越的・英雄的ヴィルトゥをもって法律や習慣を劇的に変革し，平民のうちに古代の公民的ヴィルトゥを甦らせることができるような，単独の改革者の登場以外に道はない。このような緊急時の改革者は，ある意味で『君主論』に登場するカリスマ的新秩序設立者＝新君主以上の困難に直面するといえる。改革者の仕事は，無からの新君主や征服による新君主と比べても，「どうにも手のつけられない難題」である。というのは，新君主の扱う平民が没価値的で思い通りの型に鋳造可能な透明な素材であり，しかもフォルトゥナは新君主に味方しているのに対して，改革者の扱う平民は「堕落した公民」であるうえに，環境はフォルトゥナの支配に引き渡されており，それゆえに改革者は，＜それまでの習慣＞という時流をも変革しなければならないからである。新君主よりも改革者を対象とした『リウィウス論』第III巻の内政統治策に関する叙述が，『君主論』のそれと比べて長大かつ詳細なものとなっているのも，それゆえではないかと推測される。とはいえここでは，『君主論』

と重複する部分の多い『リウィウス論』における改革者の内政心術論に再び細かく立ち入る必要はないであろう。それは政治を統治術としてみる本書第4部の課題である。ここでは，平民の性格分析，恐れられることと愛されることとを求め憎まれるのを避けるべきこと，平民を清貧で愛国心に燃えた状態に保つべきこと，などが実例をあげて語られている旨を指摘するだけにとどめておきたい。注意されてよい事実は，マキァヴェッリがこうした意味での完全に腐敗した共和国の改革者については成功例を挙げていないことである。失敗例は第Ⅲ巻第3章で挙げられる。フィレンツェ共和国時代の終身統領であったピエロ・ソデリーニは，メディチ家派が政府転覆の陰謀をもっているのを知りながら超法規的措置をとることを拒み，「忍耐と善意によって」陰謀を消そうとしたために，鎮圧に失敗して共和国崩壊を招いた。以後フィレンツェ人民は統領の終身制を廃止する (D,Ⅲ-3;198-199; 二：二九二－二九三）。腐敗改革の問題についてマキァヴェッリが出す精一杯の結論はつぎのようなものである。

「一国の政治体制を再編するには高潔な人物が必要である。一方，力ずくで共和国の支配権を手中におさめるには悪知恵の働く男でなければならない。しかし高潔な人物が君主になるために，その志がどんなに立派でも，感心できない手段を用いることはきわめて稀である。（中略）以上述べてきたことを総合すると，腐敗した国家にあっては，自由な共和政体を維持したり新たに生み出すことはとても難しいか，あるいは不可能だという結論が生まれてくる (D,Ⅰ-18;104; 二：六九）。」

それゆえマキァヴェッリは，制度で改革できないほど腐敗しないうちに制度の枠内で腐敗を改革することを主張するのである。つぎに述べる臨時独裁執政官制度はその1つである。

マキァヴェッリは，ヴィルトゥの英雄的側面と制度的側面との調和をはかるべく，共和政ローマ時代の臨時独裁執政官 (Dittatore) の制度を賞賛する。マキアヴェリやルネサンスの人文主義者たちにとって，「独裁」とは決して近代におけるような無制約な恣意的・専制的権力集中を意味する概念ではなく，むしろローマの古典的著述家たちの著作にみられるように，創設の栄誉への直接的回帰として共和主義的自由を復活させるための手段と考えら

れていた[97]。すなわち、ローマ元老院 (Senatus) の要請にもとづいて公民の中から1人が任命される臨時独裁執政官の任務は、その任命の理由となっている危機的状態を打破すること、つまり外敵に対する戦争の指揮遂行ないしは内乱の鎮圧にあったのであり、その目的の範囲内では生殺与奪権をもつ絶対的君主に等しいが、ひとたび任務が完了すれば直ちに辞任するという風習に支えられていたのである。臨時独裁執政官の設立後も執政官 (Consul) や護民官 (Tribunus plebis) や元老院 (Senatus) はそれぞれ職務上の権威と権力を保持したのであり、したがって臨時独裁執政官は決して暴君ではないどころか、共和政と調和しそれを保持するために不可欠の緊急制度にほかならない。カール・シュミットの区分を借りるならば、『リウィウス論』における臨時独裁執政官の独裁は委任独裁であって、『君主論』における新君主のより近代的な主権独裁とは一線を画すということになる[98]。それゆえマキァヴェッリは、臨時独裁執政官制度の導入こそローマが僭主政治に凋落したことの元凶であるとする見解に反駁して、原因は制度そのものよりも、特定の公民が長期にわたってこの制度を不法に独占し濫用した点にこそあると主張する (D,I-34;116;二：九七一九八)。臨時独裁執政官の権力が法律上正当な手続きを経て授与されるかぎり、この制度はつねに国家に有益なものとして役立ってきた。たとえ強大な財力をもった一公民が不法にこの地位に就いたとしても、そのような人物が自由選挙で支持を得ることはできないし、もとよりローマでは臨時独裁執政官の任期は約6ヵ月という短期間に限定されていたうえ、その独裁的決定権も当の非常事態の打開策に限定されており、現行

---

(97) たとえばキケロはスキピオへの呼び掛けの中ではっきりと、「共和国を確立するために独裁者たらねばならない」〈dictator rem publicam constituas oportet〉と述べている。Cicero, *De Re Publica*, VI. 12.

(98) Carl Schmitt[1964], S. 1-25. 邦訳、一六－三八、二三一－二三四頁。この点、藤原保信は、『リウィウス論』の具体的適用の書として『君主論』を位置づける立場から、君主権力と臨時独裁執政官制度とを例外状況における国家救済策の1つとして同一の地平において眺めている。藤原[1985]、二〇一頁参照。またレオ・シュトラウスは、このことを、共和政的制度論よりはむしろ君主権力論に引きつけたかたちで考察し、『君主論』における君主を現実的君主 (actual prince)、『リウィウス論』における君主を潜在的君主 (potential prince) と呼んでいる。Strauss[1958], pp. 21ff.

の諸制度や統治形態そのものを改変することはできなかったがゆえに、危険はなかった、というのである。これとは対照的に、ローマ共和国がアテナイの法律にならって制定した十二表法にもとづくところの十人会 (Decemviri) は、十人の委員が全政権を掌握して執政官や護民官といった他の制度を廃止してしまい、臨時独裁執政官よりもはるかに長期的かつ無制限に権力を濫用して国家を乱してしまった。このような臨時独裁執政官と十人会との権力比較を前提に、マキァヴェッリは、堕落と緊急改革に関する論を総括するかのようにつぎのごとく記す。

「さて共和国にとっていちばん望ましいことは、非常手段によって時局を収拾するようなことをぜひ避けるということである。(中略) したがって、様々な不測の事態に対処しうる打開策をあらかじめ用意し運用していくための方式を提供するような法律をもたない国家は、決して完全な共和国とはなりえないであろう。それゆえ存亡の危機に際して臨時独裁執政官あるいはこれに類する権威に頼れない国家は、ことが起これば必ず滅亡せざるをえない、ということを結論としたい (D,I-34;117;二：九九――一〇〇)。」

共和政にとって、臨時の独裁制度はまさに死活問題である。非常事態に陥ることをできるだけ避け、仮に陥った場合の改革者選定をも法律制度に盛り込んでまで堕落に際しての英雄的ヴィルトゥ発揮を先送りにし、あるいは規制して、あくまで制度内での公民的ヴィルトゥに期待するマキァヴェッリの姿勢は、共和主義的共同体を支えている「公的徳」が、専制君主的な私的暴力といかに対立するか、逆に法律制度や平民の公民的政治教育という共和主義的な方法による「状況」の克服といかに近いかを示しているといえよう。マキァヴェッリにとって臨時独裁執政官は、合法性を凌駕する「国家理性」の表出ではなく、逆に法の支配という共和主義的な制度枠組みの範囲内での緊急事態への対処手段であった。

マキァヴェッリの共和主義は法の支配を擁護するが、それは人の支配を斥けるものではなく、＜平民の良俗すなわち公民的ヴィルトゥ＞、＜非常事態にも対処しうる制度＞、＜設立者ないし改革者の英雄的ヴィルトゥ＞の３者の結合によって公法の維持貫徹を図ろうとする共和主義であったのである。自由が法律と矛盾するものではなく、法律や政体が私益の恣意的拡大を制限することのうちに存するものであること、そうした法律が市民参加よりも単

独者の裁定によって定められる場合が多いことを，以下のマキァヴェッリの言葉は示している．

「都市は，とりわけよく秩序づけられていない場合には，共和政という名目で治められていても，その政府や政体をしばしば変更するものである．それは多くの人びとが信じているように，自由と隷従のあいだを移行するのではなく，隷従と放縦のあいだを移行することになる．なぜなら自由とは，平民で構成される放縦派の使徒か，貴族で構成される隷従派の使徒によって称えられたたんなる呼び名にすぎず，かれらのうち誰一人として国法にも人間にも従うことを望んでいないからである．ところが幸運にも（そんなことはめったに起こらないが）ある都市で1人の賢明で善良で有力な市民が立ち上がって，かれによって法律が制定され，その法律によってこうした貴族や平民の気風が弱められるか，あるいは制限されて，その結果として悪いことが行えなくなるように制限されたものとする．実はそのときはじめて，その都市は自由だと呼ぶことができ，その政体は安定して確固たるものだと判断できる．なぜならその政体は良き法律と良き制度のうえに築かれているため，他の政体のように，それを維持するために誰かのヴィルトゥを必要とはしないからである (IF, IV-1 ; 715 ; 三：一六七)．」

(ii) 腐敗，自由，徳

『リウィウス論』第I巻第25章で，マキァヴェッリは，僭主政ではなく自由な国家において制度改革をしようとする場合，制度の外観だけは保存しておくべきであるとする．自由な国家では法の支配が行き届いているので，改革も法を尊重しつつなされなければならないからである．「自由な国家」が共和政であれ君主政であれ，この原則は守られねばならない．政体を問わず，法の支配こそが公民的生活 (vivere civile) の必須条件であるという考えは，共和主義的なものである．くわえて，公民的生活を維持するには，形式的な法の支配のみならずその法の内容が党派益ではなく国全体の利益にかなっている必要がある．つまり法が公民の平等を保証し表現している必要がある．出生や富による階級差別がなく，法の前ですべての公民が平等であるという前提が保証されねばならないし，徳と実力による官職への機会均等と官

職階層制が導入されるべきである。その際の徳は，あくまで公的な手段（賢い勧告や国家に役立つ行為）による名声をともなったものでなければならない (D,III-28;234-235；二：三六八－三六九）。

　こうしてマキァヴェッリの共和主義は，ローマのそれと同じく，政治制度と同時にそれと結びつく情念，資質，慣習をも含意する。換言すれば，制度と徳が分離して国家の益をはかるべき制度が私欲の手段となり，徳が個人的な善行や金銭を稼ぐ効率を意味するようになったとき，それは共和主義でなくなり，政治でなくなるのである。これが「腐敗」(corrotta; corruption) である。マキァヴェッリにおける腐敗は，僭主政，不平等，私益至上，党派分裂，法の軽視，よき慣習を妨げるもの，といった含意をもち (D,I. 9, 16-18, 42, 44, III. 1)，自由（＝法＝共通善＝祖国の独立）や栄誉（＝拡大）を対義語とするニュアンスを形成している。既述のように，マキァヴェッリは私的領域における心情倫理的な善悪と公的領域における責任倫理的な徳とを区別するが，公的領域における腐敗については，政治的腐敗によって道徳的腐敗を定義していたように思われる。国家にかかわる行為については，結果的に公的法領域を縮小させた行為が政治的腐敗として糾弾され，その行為の原因が行為者自身の道徳的心構えの矮小さに求められているからである。『リウィウス論』第Ⅰ巻第8章におけるマンリウス・カピトリヌスがその実例であろう。マンリウスは卓越した能力を祖国ローマのために用いて支配者となったが，後に支配欲と嫉妬にかられてローマの風俗習慣を無視し，「一度としてくだらない政体を採用したことのない共和国の性格をもかえりみずに，元老院と法律に弓を引くような騒動を」引き起こした。ここからマキァヴェッリは2つの教訓を引き出す。腐敗した都市で名声を獲得するのとすぐれた政治体制のもとにある国家で名をなすのとは別であるという教訓と，大事業をし遂げるにあたっては生きている時代をよく考え環境に合わせるようにしなければならないという教訓である。共和主義の先達と同じく，マキァヴェッリにとっても，政治の目的は制度に適った情念や公民をつくりあげることであって，ホッブズのように情念に適った制度をつくりあげることではない。マキァヴェッリにとって，法は平民に，私人としての利益を守る決定権力を付与するだけでなく，市民として活動する機会をも制度的に保証しなければならない。私人としての資格の認知空間のみが法的に保証され，市民としての活動空間が閉ざされているときに，共和政は私的平民の利益手段となるのであ

り，支配者の側からではなくいわば「下から」腐敗するのである。徳が教育のみならず法によっても涵養されねばならないというとき，法による徳育成とは，法によるこうした意味での公務参加機会の保証を意味するのである。

ところで「腐敗」(corruption) の概念については，サクソンハウスが，それをいくつかの類型に分けつつ共和主義的な腐敗概念を思想史的に位置づけようと試みている[99]。サクソンハウスに従えば，腐敗の意味内容は大きく4つに分類されうる。

第1に，腐敗を当初の純粋な規範や慣習からの逸脱ないし転落の結果ととらえ，公益が権力者の私益に左右され侵食されている状態として腐敗を定義する立場がある。これは，正義を強者の利益とするトラシュマコスに反論したソクラテスの例を挙げるまでもなく，近代的な公私区分が存在しなかった古代ギリシア以来続いている，伝統的な腐敗概念である。ポーコックの言葉を引こう。「公共の権威を私権事項として配分することは（中略），腐敗の古典的定義であった。そして腐敗においては結局いかなる権利もないであろう。平等は，その分への各人の権利を保証する問題としての道徳的命令ではなく——それは何よりもその役割を果たしたけれども——，共和国を保証する，すなわち支配が真に公共的であり，公共を装う私的な支配でないことを保証する唯一の手段としての道徳的命令であった[100]。」腐敗（corruption）と訳されるいくつかのギリシア語 luo, stasis, metabole, diaphthora はいずれも，何らかの統合や形態の喪失，およびその喪失の結果としてもたらされる変化を含意している。Diaphtoria の動詞 diaphtherein が，若者の心とポリスを腐敗させたとしてソクラテスが糾弾される際に用いられた言葉であったことから推察されるように[101]，古代ギリシアの腐敗概念は，ノモス概念の倫理的共同性を反映して，共同体の崩壊としての倫理的堕落を意味した。第1の腐敗概念を逆手にとって，主権が君主に集中する君主国においては私益と公益が一致するとし，公益と私益の一致した状態こそ公益促進に最適であるとしたのがホッブズであった[102]。

---

(99) Saxonhouse[2000].

(100) Pocock[1985a], pp. 42-43. 邦訳，八一頁。

(101) Stone[1988], pp. 28ff.

(102) Hobbes, *Leviathan,* chap. 19.

ここから第2の腐敗概念が出てくる。すなわち第2に，腐敗を私益と公益の相互転換による体制移行の契機ととらえる立場である。これは，私益の追求が公益を生むとしたマンデヴィルに端を発し，腐敗を政治的徳の一種と考えていったヒュームやスミス，ヴォルテールを経て，統合力を失った旧体制を突き崩して新体制へと移行させるような積極的推進力として腐敗を位置づける現代のハンチントンにまでいたる，腐敗定義の系譜である。第1の腐敗が道徳的・倫理的な概念であったとすれば，第2の腐敗概念は社会経済的な観点から規定されている。

　第3に，勤勉の徳を重視する自由主義的な経済倫理の観点から，腐敗を怠惰な非生産的性向が公職に蔓延している状態と同一視する立場がある。こうした腐敗観を18世紀の英米思想史に見出すクラムニックによれば，ロックの系譜に連なる当時の風潮のなかで，「善良な人間」とは，怠惰による腐敗を避けつつ生産を通じて万人の富と福祉に貢献する人間を意味した[103]。

　第4が，分派による公民的徳ないし公共心の衰退として腐敗をとらえ，公民的徳の反対物として腐敗を位置づけるものである。いうまでもなくこの腐敗観は，マキァヴェッリからルソーを経て，ポーコックやサンデルにいたる共和主義的系譜に最も濃厚にあらわれる。共和主義者たちが公益を私益に優先させるべきだと主張するとき，それはたんにアリストテレスら古典古代の思想家たちがいうように公権力の濫用を戒め，支配者に公共の利益を考慮した統治を要求することにとどまらない。それだけでなく，共同体全体が富と奢侈による分派を避け，共同体自体の維持存続を最優先するような法制度が整備され，制度を超越した独裁が否定され，教育によって公務への献身が万人に行き渡っているような体制を形成していくことを意味する。しかし共和主義的な「腐敗／公民的徳」図式には複雑な逆転関係も存する。ポーコックによれば，共同体自体の維持繁栄を目的とした公民的徳は，そのために拡大を志向せざるをえず，結果として分派と腐敗をひきおこすことになる。ローマが共和政から帝政を経て滅亡する経緯は，まさに共和主義的徳自体の不可避的腐敗性を例証しているというのである[104]。後述するように，内紛による拡大こそローマ混合政体の利点であるとするマキァヴェッリの主張は，こう

---

　　(103) Kramnick [1990] [1994].

　　(104) Pocock [1975a], p. 517.

した不可避的腐敗をマキァヴェッリが十分自覚していたことの証左であるといえよう。

マキァヴェッリの共和主義が伝統的共和主義の延長上に語られうる理由は，自由 (libertà)・共通善 (bene comune)・公民的偉大さ (gloria) の3者を近接した概念とみる伝統的な枠組を，かれが維持しているからであるといえよう。

第1に，かれはあらゆる都市が目指すべき最高の目的は公民的な栄誉と偉大さ (D,I-1；77-78；二：一二一一四) であると主張する。ローマが偉大さに到達した要因を探究しようとする『リウィウス論』第Ⅱ巻の冒頭で，マキァヴェッリは偉大さというテーマについて述べ，さらに偉大さと自由とのつながりをも示唆する。マキァヴェッリによれば，公民的偉大さの達成能力と，自由な生活の享受能力とは不可分であった。都市は自由でなければ富や力において偉大になることはできない (D,Ⅱ-2；148-151；二：一七五)。たしかにかれの関心の中心は，統治形態よりもむしろ都市国家の創設・統治・拡大の栄誉にあり (D,I-29；111；二：八六)，そのための条件たる公民の資質や制度の調整にあった。しかし自由を維持するには平民を統治の基礎ないし主体とした共和制度が必要かつ有効なのもまた事実である。公共性と公的自由をそれ自体目的として確保するためには，統治を平民の一般的意志から派生したものとみなす必要がある。すなわち，マキァヴェッリ思想の内部に並存する獲得的政体（設立）論と自発的政体（維持）論とのあいだで，比重を前者から後者へと移行させていく必要がある。立法者と執行権者を兼ねた君主の意志に統治を基礎づけようとすると，共和主義を支える法治主義が揺るがされ，「合法的強制」は平民の自発的法規のみに由来すべしという了解が崩されるからである。それゆえ自由とは自治共和制のことであって，それ以外は隷属を意味した。マキァヴェッリにとっては，僭主政だけでなく君主政も究極的には隷属体制であった。その意味で古代ローマが王の代わりに2人のコンスルを選んだのが自由な政治の始まりであったのである。

第2に，かれは共通善の重要さを強調する。公民がヴィルトゥをもち，共同体の善を私的な野心や党略よりも優先させないならば，公民的偉大さという目的は達成されない (D,I-9, Ⅲ-23；90-91, 230-231；二：三九，三六〇一三六一)。先述のように，マキァヴェッリは「腐敗」の分析によって共通善の考察を深めている。私益を公益に優先させることが腐敗であり，個人

の選択肢を広げるような富や奢侈や交換の正義は，腐敗の源であった (D,I-7, III-25；87-88, 231-232；二：三四，三六三－三六四）。なるほどある観点からすれば，公的承認への要求が前面に出てくるのは，安定した自然的政治秩序が崩壊したからであるともいえよう。たしかにマキァヴェッリはキケロ以上に内紛の逆説的秩序性を強調する。しかしマキァヴェッリ的共和主義は，共通善による公民の同質化を掘り崩してまで個人や集団の差異性を擁護しようとはしない。逆に，共通善そのものを公民の普遍的アイデンティティを反映するものと見なすことによって，公的承認への要求を，ヴィルトゥを基礎とした公民の平等性の公共体に回収しようとするのである。歴史書の対話的読解や政治的知恵としての慎慮を，公民相互の差異の承認のためのものではなく，公民（共同体）の同一性と共通善を求める弁証法的過程ととらえる点で，マキァヴェッリの共和主義はルソーのそれに類似している。政治や国家は，差異の自由を擁護するためではなく，公共体に共通の自由を擁護するためにあるのである。人びとは，自分たちが政治的・法的・道徳的に同質なかたちで統制されているがゆえに平等な公民であるという事実に，誇りを持たねばならないと考えられる。平等と差異の公的承認をめぐる公民の平等性の根拠は，＜個人や個性の平等な尊厳＞ではなく，＜優越した能力の公的発揮による国家への貢献度を基準とした，名誉獲得の機会の平等＞であった。マキァヴェッリ的共和主義にとって，公的に考慮され承認されるべき唯一の差異は，個性や貧富の差異ではなく，公民としての資質と業績の優越性の差異である。

　第3に，マキァヴェッリは政治体制論においても伝統的な共和体制擁護の立場を継承する (D,II-2；148-151；二：一七四－一八〇）。かれは，消極的には，共通善は君主制下では促進されないことを主張し，積極的には，共通善を促進する唯一の方法は共和制的な政府形態を維持することであると主張する。たしかに，法に従って形成された体制＝政治体制 body politic を指すのに res publica, repubblica の語を用いていた人文主義者たちの用語法と，ときとして stato をも用いるマキァヴェッリの用語法とは異なる。しかし共通善と共和体制を不可分と考える点は，マキァヴェッリも伝統的共和主義者の人文主義者たちも同じであって，共和主義的な選挙体制下でのみ公民の偉大さが発達しうるとマキァヴェッリは考えていた。公民的偉大さをもたらす公共性は，統治の強制が――その創設時はともかく長期的には――特定の人格で

はなく自生的な法に依存するような体制，すなわち共和的体制を，必然的に要求する。カントの表現を用いるならば，法則が自律的に支配しており，いかなる特殊人格にも依存することがない状態，一切の公法の究極目標であり，そこではじめて各自にかれのものが決定的に与えられる状態としての共和制[105]が，マキァヴェッリの要請した共和体制であった。

以上のように，いかなる都市も自由なくして栄誉を獲得することはできないという主張，そして共和的政治体制の維持なくして自由な政治生活を維持することはできないという主張。これがマキァヴェッリ的共和主義が伝統的共和主義から継承した自己統治としての自由観念であった。マキァヴェッリの自由観念は，ロゴスを用いた自由で平等な討議への参加によって自治が達成されるとするアリストテレス的な自由概念ではなく，法的な保証のもとに公職が平等かつ開放的に配分されている状態を意味するキケロ的な法治的自由概念に近いものであった。その意味でポーコックのいうように，マキァヴェッリにおける市民参加は討議による政治的決定過程への参加というよりも公務への参加すなわち祖国への献身であり，政務よりは軍務への参加のほうが高く評価されていたといってよいであろう[106]。

つぎに徳と共和主義の関連をみていこう。マキァヴェッリにとって，平民（popolo）はそれだけでは腐敗しやすい階層であり，有徳な市民へと陶冶される必要がある。別稿で触れたように，マキァヴェッリにとっての徳は，公民的徳，すなわちある人に期待されている共同体内での役割を果たす性質や能力のことであり，役割と不可分の概念であった[107]。役割の内容が詳しく規定されればされるほど，徳の内容も明確になる。それゆえ公民的徳は，それを保有する個人に益をもたらすだけでなく，その個人がかかわる周囲の人，ひいてはその個人が属する共同体全体にも益をもたらすものである。世間に流布する支配的な見解につねに添うことではなく，長期的に見て現実に共同体を益するという意味で公的役割にかなった判断や行為をなすことが徳であ

---

(105) Kant, *Die Metaphysik der Sitten: Rechtslehre*, § 52.

(106) Pocock[1975a], p. 203. Honohan[2002], p. 51.

(107) 公民的徳と自立との関係については Dagger[1997], pp. 14-18 を参照。自治と共和主義的徳の結びつきに関する以下の考察は，このダガーの書物に多くを負っている。

る。長期的かつ原理的には個人と共同体の益が一致しうるという前提は，以下に見るような徳と自立との関係，自立と依存との関係と密接につながって，マキァヴェッリ的共和主義の中軸を形成しているのである。公民的とは端的にいえば私益よりも公益を優先しようとする性質であり，その意味で公的徳はマキァヴェッリが継承した古典的共和主義の中心的な概念の1つであるといえる。

　アリストテレスが人間の卓越性としての徳の完成を政治の究極目的としての幸福の中核に据えたのとは異なって，マキァヴェッリにとって徳は法治的自由を達成するための手段としての色彩が強い。マキァヴェッリの近代的共和主義にとっては，徳よりも自由のほうが重要なのである。

　箇条書き的にあげるならば，共和主義の土台としての公民的徳にはつぎの3つの要素が含まれる。第1に腐敗への恐怖，第2に依存への恐怖，第3に独立ないし自由の重視である。第1に，共和主義は公民としての義務を無視させる腐敗を公的徳の敵とみなした。腐敗は，消極的なかたちでは，怠惰および個人的な楽しみや奢侈の追求によって公民義務を忌避させ，積極的なかたちをとると，共通善を私益追求の手段にしてしまう。積極的なかたちの腐敗は，権力や富への野心が，法の支配に代わって専制政治を採用しようとするときに生み出される。

　第2に，共和主義は依存を避けようとする。アリストテレスに従えば，共和的体制は公民が支配者にも被支配者にもなりうる体制である[108]。したがって，個人への依存を避けて支配者と被支配者が正しく交代していくために法の支配が必要となる。公民は法に服従するのであって，法の制約を受けない支配者の命令に服従するのではない。共和主義が私有財産を擁護するのも，生活面で他者に依存しない自立的公民を確保するためである。ハリントンやルソーにいたると，富者にならない範囲で自立に必要な分の財産を配分することが提案される。ルソーの言葉を借りれば，「誰もがいくらかは所有すべきであるが，誰も持ちすぎるべきではない」のである。

　第3に，共和主義は独立の自由，すなわち自己の共同体の統治に参加するときに味わわれる自由を重視する。他者に依存せずに共同体統治に参加するとき，公民は，統治への参加が自己の自由自治と同一の自由に立っているこ

---

(108) Aristoteles, *Politica,* 1283b-1284a.

とを自覚する。統治への参加とは，共同体それ自身の自立した直接の自己統治（self-government）にほかならない。自治への参加が自己の個人的な利益の犠牲をともなうにしても，その犠牲は，公民的義務のためにのみならず，自治政治体の公民の自由を保持するためにも必要なものなのである。

　これらの3要素に従って共和主義における公益と個人の自立との関係をみていきたい。まず共和主義の腐敗への恐れとは，私益の誘惑に負けやすい人間の弱さへの恐れにほかならない。腐敗の原因が私欲への情念であるかぎり，マキァヴェッリ的共和主義にとって，腐敗を防ぐには混合政体や法治主義といった制度理念の確保だけでは不十分である。それにくわえてなによりも，制度の実行，つまり情念の教育ないし公民的義務の強制がなされなければならない。自己の情念を抑制して共通善への献身を育むように平民を教えることは，自治の一形態にほかならない。個人的自立と公的徳とは，私情の抑制という点で共通するのである。

　つぎに依存への嫌悪についてみるならば，ルソーは『エミール』のなかで，事物への依存と他者への依存とを区別しつつ，事物への依存は道徳とは無関係であるが他者への依存は徳と自由を破壊し主人と奴隷の双方を腐敗させるとしてこれを斥けた。他者への依存から解放されるには，普遍的な法と一般意志に依存することが必要だというのである。法の支配によって人の支配から解放され，公民が共有する一般意志にかなうように法をつくることができる自由，そしてその法に従って生きる自由こそ，共和主義の道徳的自由であった。

　最後に，自由とは統治への参加すなわち自己統治であるという理念について，公的徳と個人的自立との関係をみるならば，個人的自立もまた自己統治であるのだから，共和主義は自立を内包していることは明らかであろう。それ以上に，共和主義では自立は公的徳が行き渡っている場合にのみ可能なのであり，一般意志が特殊意志に先立っていなければ，道徳的自由を経験することはできない。共和主義においては，個人的自立は個人の努力のみによって達成されるものではなく，周囲の制度や人びとが，自己統治を可能にしてくれるために援助してくれるからこそ達成されるものである。周囲からのこの援助がしばしば公的援助のかたちをとるとすれば，援助は公民的義務であることになり，自立した人とは公民的徳を持った人ということになる。

　こうして，依存と独立とは相互に関連することになる。他者に完全に依存

した人は独立人たることはできないが、独立人とは孤立人ではなく他者と相互依存関係にあるのである。共和主義が個人の自立と公共性とが合致しうるとするとき、その背景にはこうした相互依存の現実認識があるといってよい。公的義務への献身と同時に、その献身の条件でもある独立した個人の領分を確保すること。こうした公的徳と自立との均衡のうちに、共和主義的自由があるのである。共同体が健全な自立と相互依存を維持しているかぎり、その共同体の利益を重視した行動をとることによって共通善に参与する、という均衡がそれである。共同が自己と他者の自立をともに保証するようなかたちで政治体が機能している場合、公民的徳を身につけ発揮することは十分に自由で有効で道徳的な行為なのである。というのも、都市が確立され維持される世界とは、徳をつうじてでなければ自由が保持されえない不安定な世界だからである。政治は、都市内部のあらゆる術を共通善の観点から育成しなければならない。富ではなく徳が賞賛され報いられるような都市、軍事力が重視され公民が公共善に結合している都市、こうした都市を打ち立てることができるのは共和政治のみである。こうした体制下にこそ人間の幸福があるというのがマキァヴェッリの主張であった (AG, Proemio；301-302；一：九一－九二)。

　ここでもう一度、ホノハンの整理を参照しつつ、マキァヴェッリの自由概念をいくつかの構成要素に分けてまとめておこう[109]。(1) マキァヴェッリの自由概念には、自己支配 (self-mastery) という要素がある。傑出したヴィルトゥをもつ創設者ないし君主が誰の力も借りずに権力を行使するときの自由がこれに相当する。(2) 個人の自由を完全に共同体の自由へと回収する全体主義的自由概念も、わずかながらではあるがマキァヴェッリの著作のうちに見受けられる。完全に腐敗した平民を前提に国家を形成しようとする際に、市民宗教や立法者の意志によって平民を国家の素材として利用しようとする場合がこれに相当する[110]。こうした場面での自由とは、個人の自由を完全に封じ込めて国家の独立と拡大を達成することのうちに存する。(3) 妨害の不在 (non-interference) という意味での自由概念も、私的財産を妨げなく享受できる自由としてマキァヴェッリのものである。こうした自由概念ゆえにス

---

(109) Honohan[2002], pp. 58-60.
(110) Pitkin[1984], p. 19.

キナーはマキァヴェッリの自由を消極的自由のうちに分類するが[111]，マキァヴェッリの場合，国家の存在理由として権利の言語で私的領域が規定されているわけではない。(4) 国内における少数者ないし多数者による僭主政や，国外からの侵略の脅威を免れて，安定（security）を享受しているという意味で，支配なき自由（non-domination）の概念もあげられる。マキァヴェッリが2つの究極的政治価値の1つとして栄誉（gloria）と並んで言及する自由（libertà）は，この意味である。(5) 支配者と被支配者とが定期的に交代することによって交互に統治するというアリストテレス的な意味での相互支配（mutual self-rule）も，マキァヴェッリにとっての一種の自由である。この自由概念は，法治的自由というよりも参加的自由概念に近い。

(ii) マキァヴェッリ共和主義と祖国愛

祖国愛（amore della patria, love of country, love of fatherland）は，マキァヴェッリ政治倫理の中心概念である。マキァヴェッリ政治学を公共体論としてみる観点からするならば，かれの政治的提言のすべては，祖国の自由の護持を目的とし祖国愛を機動力としていると考えることもできる。

「どのような辱めを受けようと，あるいは栄光をその身に浴びようと，どのような手立てを使ってでも，祖国は護持されなければならない。（中略）ひたすらに祖国の存否を賭して事を決する場合，それが正当であろうと，道に外れていようと，思いやりにあふれていようと，冷酷無慈悲であろうと，また称賛に値しようと，破廉恥なことであろうと，いっさいそんなことを考慮にいれる必要はないからだ。そんなことよりも，あらゆる思惑を捨て去って，祖国の運命を救い，その自由を維持しうる手立てを徹底して追求しなければならない（D,III-41；249；二：三九九）。」

マキァヴェッリの真骨頂は，明白な言明が多様な解釈を呼ぶところであるが，この言明の意義についてもさまざまな説が提出されてきた。マリタンは，マキァヴェッリが政治倫理を道徳や形而上学や神学から切り離し，実践的な知恵の豊かさから人間的な知を切り離してしまったとしてかれを非難す

---

(111) Skinner[1990b], p. 306.

る[112]。マキァヴェッリにおいては，祖国の権力的利益にかなうかぎり，すべてのことが許容されてしまうというのである。政治的犯罪は，栄誉に値しない不運な失敗であるかもしれないが，道徳的悪では決してない。マキァヴェッリの独創性は，倫理とは区別された政治の自律性を発見した点に存する，というクローチェの有名な解釈も，マリタンの延長上にあるといえる[113]。クローチェを批判するかたちで，マキァヴェッリの独創性を道徳基盤の多元性の発見に見出すのがバーリンである。道徳目的の合理的基礎付けを不可能とする自由主義的多元主義の発端をマキァヴェッリにみようとするこうした解釈には，歴史的にみてやや無理があろう。ここで注目したいのは，マキァヴェッリ政治倫理の思想史的意義ではなく，マキァヴェッリ自身の究極価値としての祖国の意味内容である。

　マキァヴェッリを，僭主への助言者や機会主義的日和見主義者，道徳的中立主義者にして政治的決断主義者とみる解釈は，『君主論』第 26 章における熱烈な祖国愛に出合って戸惑うことになる。献呈者に取り入る手段にしてはあまりにも真に迫った語調とペトラルカの情熱的な詩句の引用は，メディチ家の好意を求めるどころか逆に君主を説得しようとしているかのようである。祖国愛が，第一の自然を飼い慣らす慣習化の一様態ではなく，第一の自然そのものにまで食い込む本性的感情であるかのように述べた箇所もある (AG,IV. 354.)[114]。祖国の価値とそれを回復する徳への待望は，よき公民とよき人間との区別を前提とするギリシアやキリスト教の政治学を受けつけない。私的善と公的徳とを関連づけるのではなく，むしろ，悪しき個人をよき公民へと形成するのが，祖国愛，つまり祖国の危機という＜必然性＞であると考えられている。祖国愛は，法制度と模範による訓練をつうじて，有徳な公民をつくることができる。私的善は，それを保持しているという見かけだけで十分に公的効力を発揮する。個人の内的統合はもはや政治生活の条件ではないのである。19 世紀前半には，ランケやマコーレイ卿，ヴィラーリや

---

(112) Parel[1992], p. 93 による。

(113) Croce[1952], p. 655.

(114) フィッシャーによれば，祖国愛を慣習ではなく第一の自然に含めたマキァヴェッリの当該箇所は，マキァヴェッリ自身の論理矛盾である。Fischer[2000], p. 148.

カルロ・カッターネオといった研究者たちが,『君主論』第26章を, 平民に発する国民統合運動の初期の一例として解釈し, 人民解放的ナショナリズムの文脈に位置づけようとした[115]。20世紀に入ると, イタリア・ナショナリズムを『君主論』の主題とみるような19世紀的解釈の衰退にともなって, 第26章も,『君主論』の他の部分とは切り離された人文主義の修辞術的長広舌, 付加的な結語にすぎない, と見られるようになってくる[116]。また, 第26章を『君主論』の主題の凝縮とみるか付加的修辞とみるかにかかわらず, ルイジ・ルッソや佐々木毅は, マキァヴェッリをイタリア統合を主張した人民中心的ナショナリストとみる解釈自体が, 19世紀のアナクロニズムの所産であるとする。ルッソや佐々木によれば, マキァヴェッリは蛮族追放という後期中世の動きを代弁したに過ぎず, かれのいうイタリアの統一は, イタリア人民の文化的統一を意味するものではなく, フィレンツェの統一, すなわち都市国家フィレンツェから外敵を排除して一君主のもとに地域集合体が服従するための一君主の政治行動への要請を意味するものであった[117]。マキァヴェッリにとっての祖国は, 同時代の人文主義者たちにとってそうであったのと同様, 同時代の一都市国家たるフィレンツェを時空概念上こえるものではない, という解釈である。

『君主論』最終章をどう読むかという問題は, マキァヴェッリにおける祖

---

(115) Ranke[1824]. Villari[1898]. *The Miscellaneous Works of Lord Macaulay* (New York: Harper&Bros. , 1899), pp. i, 69, 71, 122. Cattaneo[1953]. マキァヴェッリを人民中心主義的ナショナリストとみるヘーゲルにはじまった傾向は, グラムシやアルチュセールといったマルクス主義的マキァヴェッリ解釈にも引き継がれている。Gramsci[1975, 1994]. Althusser[1972-1986, 2001].

(116) たとえばマイネッケが『君主論』ドイツ語版（1923年刊）に付した文章を参照。Machiavelli, *Der Fürst*, hrsg. von Friedrich Meinecke, "Klassiker der Politik", VIII. Berlin:, 1923, S. 33-37. マイネッケの解釈に対して,『君主論』が1513年のうちに短期間で一気に書き上げられたことと, 第26章に登場する新君主のイメージがすでに前半部で登場していることとに着目しつつ,『君主論』全体を一貫した国家統合の主張として理解しようとする解釈が, Chabod[1927]によってふたたび提示される。20世紀前半における『君主論』の分裂的解釈と統合的解釈との登場に関しては, Gilbert[1954], pp. 38-40を参照。

(117) Russo[1949], pp. 227-239. 佐々木[1970], 二二五頁。

国 (patria) の位置づけにかかわるがゆえに，看過しえない論点を含んでいる。この点にかんしてヴィローリの見解を紹介しておこう。ヴィローリは，『君主論』第26章の愛国心を，ナショナリズムでもなければ地域統治の貫徹要請でもなく，古代ローマ以来の共和主義的な祖国愛の表出ととらえる。ヴィローリは，ナショナリズムとパトリオティズムを区別しつつ，後者すなわちキケロから受け継がれた市民に共通する善への愛こそが『君主論』第26章の主題であるとする。市民に公務への献身と共和的自由の復興への動機づけを与える情熱こそが祖国愛であり，それは市民的徳と同義の概念である。キケロは，法の前で平等な公民から成る自由な共和国への帰属意識から生じる，同感にもとづいた共同体への愛着としての祖国愛を，伝統への郷愁や郷土愛および肉親への愛情とは区別して，それらの上位に置いていた[118]。共和的自由を表現する政治制度とライフスタイルとを共有する経験にもとづいた patria は，非政治的かつ自然的な出自や言語や慣習の共通性への愛着の情念に支えられた natio からは，区別されねばならない[119]。たんなる伝統的政体への愛着ではなく，平等な公民に共通する共和的自由への愛着，すなわち共通善を優先し，共通善を他の公民と平等に分かち合うべきだとする正義への要請のみを祖国愛とするキケロの立場は，トマスら中世のキリスト教神学のうちでも生き続けた[120]。そして祖国愛を公民的徳と同一視する精神は，サルターティやブルーニらフィレンツェ人文主義者のうちにも継承されていったとされる[121]。

ヴィローリによれば，マキァヴェッリは祖国 (patria) と共通善 (bene comune) を同義語として用いる点のみならず，祖国のために貢献した有徳

---

(118) Cicero, *De Officiis*, I. 17. 53. Quintilian, *Institutio Oratoria*, V. 10. 24-25.

(119) Viroli [2002], pp. 86-87, 89-90. 共和主義的愛国主義 (republican patriotism) は，それが人為的政治制度である点で，自然的同一性にもとづく民族的ナショナリズム (ethnic nationalism) と異なるだけでなく，ローマ的自由という特定の共和的文化価値にコミットする点で，中立的民主機構にもとづく統合性としての市民的ナショナリズム (civic nationalism) とも異なる，とヴィローリはいう。

(120) *Summa Theologiae*, secunda-secundae, q.1, a.1. Viroli [1998], pp. 150-151. Baron [1988], pp. 1-114.

(121) Viroli [1998], pp. 152-156.

な男たち (vir virtutis) の行為を叙述する点でも、ローマ的共和主義の伝統と同時代の人文主義者たちにならっている。マキァヴェッリにとって祖国愛の対象は、共和主義の制度や法や自由のみならず、それらの自由によって可能とされてきた歴史上の出来事や行為、習慣までをも含んでいた。滅私奉公ではなく、個人の生活の安全と安定が保障されるためには公務の優先が不可欠であるという認識に立つ共和主義的自由観を、マキァヴェッリもまた強調しているのである。

それでは、ローマ的祖国愛を洗練したものとしてのこうしたマキァヴェッリの祖国愛は、当時のフィレンツェの愛国的主張とどの点で相違していたのであろうか。ヴィローリは、ブルーニやグッチャルディーニらの歴史家が都市国家フィレンツェの至上性を擁護する「ナショナリズム的な」立場にあったのに対して、マキァヴェッリはフィレンツェを相対化し、それによってフィレンツェ・ナショナリズムと理念的な共和主義的パトリオティズムとを区別しえていたとする[122]。たとえば、当時の歴史家たちの関心をひいていたフィレンツェ都市の起源の問題について、マキァヴェッリはさほど興味を示さない。『フィレンツェ史』でも「(フィレンツェの)起源がどのような動機にもとづいているにせよ、それはローマの帝政のもとで生まれ、そして初期の皇帝時代の著者たちによって記録され始めたのである (IF,II-2;660;三:六二)」と簡潔に記している。フィレンツェの起源は奴隷的なのである。マキァヴェッリはフィレンツェを、設立が征服によったがゆえに偉大な発展をなしえなかった都市に数え入れるだけでなく、戦争開始時と戦争遂行時の双方におけるフィレンツェの不正をも記述する (IF,IV-20;727;三:一九一)。これは、ブルーニが『賛辞』のなかで、フィレンツェ人がローマ共和政の領土の継承者であるという理由で、フィレンツェの対外戦争をすべて領土回復のためのものであるとして正当化した[123]のとは対照的な態度である[124]。『リウィウス論』第II巻序文においてマキァヴェッリは、『リウィウス論』の目的の

---

(122) Viroli[1995], pp. 27-40.

(123) Bruni, *Laudatio Florentinae Urbis,* in Baron[1968], p. 244, Kohl and Witt, eds. [1978], p. 150.

(124) この点についてはマンスフィールドもヴィローリと同じ指摘をしている。Mansfield[2000a], p. 241.

1つが都市の若者にローマ人のヴィルトゥを模倣するよう奨励することにあるとしたが (D,II-primo; 146; 二：一六八)、これに対して『フィレンツェ史』序文においては、フィレンツェの自由の喪失と衰退によってもたらされたヴィルトゥの欠如と腐敗について説明することが、みずからの『フィレンツェ史』の主題であると述べているのである (IF,Proemio; 633; 三：一〇)。

またマキァヴェッリは、『わが祖国の言葉についての談話もしくは対話』(*Discorso o dialogo intorno alla nostra lingua,* 1515-1516) において、「言葉というものは純粋ではありえず、ほかの言葉と混じらずにはいられぬものだ」(*Discorso o dialogo intorno alla nostra lingua*; 928; 四：一二七) と言い、フィレンツェの言語的・文化的な独自性や純粋性を謳う人文主義を暗に批判しつつ、純粋性ではなく他の言語への浸透度の深さ広さこそがフィレンツェ方言の優れた点であると主張している。じっさい、言語的・文化的な統一性に立脚するネイション形成は、マキァヴェッリのいう祖国とはほとんど無関係といってよい。patria がマキァヴェッリの中心的語彙の1つであるのに対して、nazione の語をかれがほとんど用いない事実は、シャボーによってもつとに指摘されている[125]。かれが nazione を用いる数少ない事例においては、それは、「ローマにあるわれらが [フィレンツェの] nazione ([ ] 内は厚見)」(*Lettere, August 27, 1510?*) というように、ある都市の市民で別の地に在住している者という中世的意味で使われているのである。文化や言語・習慣面での一体性を地域的に示す用語としては、マキァヴェッリはより古い provincia (地域, 属州) という語を用いる。『リウィウス論』第III巻第43章の表題「同じ provincia の住民は時代のいかんを問わずだいたい同じような性質をもっている」が示しているように、慣習や生活様式を共有する地域的共同体も政治的に重要ではあるけれども、マキァヴェッリにとって、祖国 (patria) とはたんなる生活様式ではなく、自由な生活様式 (vivere libero) を意味したのである。自由な生活を維持するために必要な公的義務への結合がマキァヴェッリのパトリオティズムであるとすれば、マキァヴェッリにとって、パトリオティズムこそ政治が私益や名誉や権力をめぐる闘争に終わることを防ぐ当のものであり、政治に正しい動機づけを付与するものであったのであ

---

(125) Chabod [1962], p. 60. 須藤編訳 [1993]、一五六頁以下。

る[126]。

　いずれにせよ，マキァヴェッリが，ローマ的伝統のなかで，祖国をフィレンツェと同一視するブルーニと，共通のイタリアをこそ祖国とするパルータとの狭間に位置し，両者の移行期に存することは確かであろう。じっさい，パルータの『政治生活の完璧性について』(*Della perfettione della vita politica,* 1579) や『ヴェネツィア史』(*Historia vinetiana,* 1605) における patria の扱いは，イタリア・ナショナリズムとほとんど区別がつかないほどであるからである。「敵対的なあらゆる民族 (nationi) が，イタリア人を痛めつけ，滅ぼし，この不幸な共通の祖国 (Patria) を，武器やあらゆる種類の攻撃で苦しめようとやってくる道がつねに開かれていた[127]」。

---

(126) Viroli[1998], p. 174. なお，「我が魂よりも我が祖国を愛す」というマキァヴェッリの言明の真意については，解釈が分かれる。ヴィローリは，共和的祖国の自由のために自分の魂を犠牲にする者を神が特別に祝福する，というのがマキァヴェッリの主張であったと解釈する。Viroli[1995], pp. 38-39. これに対して，Berlin[1971] のように，マキァヴェッリの言葉をキリスト教と共和主義との両立不可能性の宣言と後者の自覚的選択を意味するとする解釈も存在する。もちろんこれは本書第１部で扱った，マキァヴェッリにおける神概念の問題とかかわる。

(127) Paruta[1645], p. 5. 初期近代共和主義者たちの多くは愛国主義者であったが，19世紀ナショナリストのように，土地と言語との結びつきを強調することはなかった。軍隊の必要を強調しはしたが，それは国内における自由達成のための手段としてであった。

第7章　ローマ史解釈と混合政体論

第1節　内紛と混合政体論をめぐるローマ史解釈

(i) フィレンツェ都市とマキァヴェッリ混合政体論[128]

---

(128) 混合政体論の古代的源泉は，以下に見出される。Platon, *Nomoi,* 681d, 693b-e, 712d-e. Aristoteles, *Politica,* 1267b, 1269a-1273b. 1278b-1283a, 1289a, 1293a-1296b, 1298a-b, 1302a, 1318b-1319a, 1320b. Polybius, *Historiae,* VI.II. 11-13. Cicero, *De Republica,* I. 35. 54-55; I. 45. 69; II. 23. 41; III. 13. 23. 古代における混合政体論全般については以下を参照。Fritz[1954]. Wood[1988], pp. 159-175. Richard[1994], p. 126. Walbank[1972]. また中世における混合政体論の受容と展開については Blythe[1992] を参照。中世における混合政体論は，君主と市民団との混合として展開されるのが普通であったが，ルネサンス期に再び古代の3政体混合モデルが復活する。以上は，Hörnqvist[2004], p. 196, notes 3, 4 による。古代の混合政体論に戻るならば，哲学的真知からの距離を政体区分の指標として採用したプラトンに対して，アリストテレスは公共性ないし適法性を政体の善悪区分の指標とし，さらに現実に可能な制度として，寡頭政と民主政の混合，すなわち——財産多寡による判断や籤による輪番制を拒否しつつ——投票による選挙によって官職を決める制度を提唱した（*Politica,* 1294ab)。「財の多寡を問わない投票制」に表現された「賢慮と平等の混合」の発想をローマ史分析に適用して，執政官・元老院・民会（護民官）の相互補完と均衡からなる混合政体として共和政ローマを描写したのがポリビオスであった。これに対して，Nelson[2004], p. 4, note 12 によれば，「政体が一つ前のより劣った政体へと堕落する」というポリビオスの循環論は，「ある政体は対極の悪しき政体へと堕落する」とするアリストテレスよりも，むしろプラトンの政体堕落論に近いとされる。ともあれ，古典古代以降，混合政体論は，少数支配の利点と多数支配の利点——すなわち賢慮と平等——を組み合わせることで

本節では，マキァヴェッリの「共和主義」の中核の1つである混合政体論について，かれのローマ史解釈と，フィレンツェ政体を取り巻いていた政治的状況とをふまえて，考察することとしたい。14世紀中葉から16世紀初頭のイタリア都市共和国[129]という経験の思想史的ユニークさは，それが奴隷をもたずに政治的自由を達成したということである。奴隷に支えられていたがゆえに，国富とは無関係な市民の公的かつ個人的自由として政治的自由をとらえることができたギリシア-ローマのポリスやレス・プブリカではなく，個人の自由な交換が国富増大をもたらすという啓蒙でもなく，国富（領土）

スパルタやローマに安定的持続をもたらした優れた制度論として，ルネサンス期の「ヴェネツィアの神話」へと受け継がれた。マキァヴェッリは，混合政体論のうちに伝統的な賢慮と平等の分担ではなく，欲望と欲望との拮抗を読み取ることで，徳の欲望への平準化（平等化）と，欲望調停装置としての政体の機構論化との双方に道を開いた。

(129) 1人支配（君主政），少数者支配（貴族政），多数者支配（民主政）の制度的混合によって安定と永続を達成すると考えられたヴェネツィアの政体を，フィレンツェが本格的に模倣しはじめるのは，1494年のピエロ・デ・メディチの追放以降である。「ヴェネツィアの神話」の輸入の結果として，フィレンツェでは，3,000人からなる大評議会（コンシリオ・マッジョーレ）と元老院（セナート）が設立され，1502年には終身の統領（gonfalonière ゴンファロニエーレ）としてピエロ・ソデリーニが選ばれることで，ヴェネツィアを模倣した――その実，大評議会メンバーが有力貴族に限定されていたヴェネツィアよりも民主政的傾向の強い――「混合政体」が成立した。この混合政体が，マキァヴェッリが政治家であった時代のフィレンツェ共和政体の特徴であった。Viroli[2002], p.28によれば，当時のフィレンツェで一般に混合政体の利点とみなされていたのは，(1)諸階層が交互に統治するという「中庸」，(2)異なる諸階層の利害代表の制度的総合による公益への接近，(3)制度枠内での統治機能分担（法律提案権，裁可権，執行権），(4)討議と和合と相互監視の迅速化，(5)適切な政治技術の蓄積（とくに元老院において），(6)党派益や私益や僭主政跋扈への防御壁，(7)平民の政治参加の制度的保障，といった諸点であった。共和政体成立後は，「ヴェネツィアの神話」は，「フィレンツェ共和政体においては大評議会の力が不当に大きすぎる」とするルチェライやグッチャルディーニといった貴族政論者によって，共和政体批判のために援用された。対照的にジァンノッティはフィレンツェにおける人民の力を伸張させるためにヴェネツィアの模倣が必要であるとした。Skinner[1978], vol.I, pp. 171-172.

の維持や拡大が，(奴隷という恣意的支配からの) 共和主義的自由によって促進される，ということを発見したことが，イタリア，とりわけマキァヴェッリの拡大的共和主義の特徴であった。

同じフィレンツェ共和国書記官長の任に就いたとはいえ，マキァヴェッリは，レオナルド・ブルーニ[130]ら一世代前のシヴィック・ヒューマニストが経験しなかった事態を少なくとも2つ通ることとなった。メディチ家の追放と復帰，さらにはフランスという外敵のイタリア侵攻である。前者は，混合政体内部での君主（僭主）的統治術の問題すなわち「君主のいる共和国」の問題を，後者は，内政安定の要因だけでなく外的独立と拡大の要因としての混合政体の問題を，それぞれマキァヴェッリに突きつけることとなった。マキァヴェッリは，(1) 諸階層の混合を最初の制度で保証して後は放任するのではなく，混合のあり方をつねに監視し統治していく必要性と，(2) 国の自由を損なうことなく軍事的拡大を達成していく必要性とを，ブルーニ以上に痛感させられたのである[131]。共和主義と統治術の両立の追求が，マキァヴェッリの共和主義を「近代」的なそれへと転換させていく。

アテナイ，スパルタ，ローマの各政体を比較する『リウィウス論』第Ⅰ巻第2章および第5-6章を中心に，彼の混合政体論を確認しておきたい[132]。ソ

---

(130) ブルーニは，(1)『フィレンツェ都市への賛辞』(2)『ナンニ・ストロッツィの葬送演説』(3)『フィレンツェ政体論』のそれぞれでフィレンツェの政体を描写するが，(1) では法による貴族の拡大欲の抑制（処罰）を，(2) では徳の平等性（＝全平民の有徳性）への信頼に立脚した官職の機会均等を，(3) では元老院（発議と討議）と大評議会（決議）とのあいだでの機能分担，および大貴族と下層民を排した中産階級支配を，推進する。ブルーニの叙述は，民主政体と混合政体，また徳の強調と制度の強調とのあいだで揺れ動いているようにみえるが，共通するのはフィレンツェの政体を調和と平等を達成する「一種の均衡」(quaedam aequabilitas) とみる視点である。ブルーニのフィレンツェ政体理解の揺らぎと混合政体論については，Dess[1987] が有益である。

(131) マキァヴェッリがブルーニに言及した箇所としては，ブルーニのフィレンツェ史が内紛の効用と外政との関連に触れていないことへの不満を表明した『フィレンツェ史』序文が有名である。実践的歴史叙述の系譜におけるブルーニの歴史叙述とマキァヴェッリのそれとの差異については，本書第6章を参照。

(132) Hörnqvist[2004], pp. 221-224 の整理を参照した。周知のごとく，マキァヴェッリが混合政体を論じた『リウィウス論』第Ⅰ巻第2-6章の下敷きになっ

ロンが紀元前6世紀にアテナイに導入した民主政が，貴族的少数者の利益に配慮しなかったがゆえに短命に終わったことを指摘したマキァヴェッリは，ローマとスパルタの比較に集中していく。マキァヴェッリが第Ⅰ巻第2章で最初にスパルタに言及するとき，「君主，貴族，平民それぞれに役割を付与するかたちで法律を制定した」リュクルゴスによって設立されたその政体は，完璧に調和した混合政体であるような印象を与える。しかし第5章および第6章でマキァヴェッリは，スパルタが君主政と貴族政を組み合わせただけで，民主政的要素をもたないがゆえに不十分な混合政体であると主張する。これと対照的であるのがローマである。ローマは創設者ロムルスを君主とする王国として始まったが，ロムルスは王であるみずからの権限を軍隊の指揮と元老院の召集に限定した (D,I-9；91；二：四〇）。こうしたいわば制限君主政は「市民的で自由な生」(uno vivere civile e libero) に適合するものであったため，後にローマが共和政となった際にも，君主を年毎に選ばれる2人の執政官によって置き換えるだけで十分であった。当初君主が果たしていた平民の保護という役割は，後に元老院を抑制するために設立された護民官制度によって担われることになった。混合政体がこうして徐々に形成されたことが，平民の武装を促し，拡大を可能にしたのであって，マキァヴェッリはスパルタの孤立的安定よりもローマのほうを好むのである。アテナイは貴族政的要素の不足ゆえに (D,I-2；81；二：一九），スパルタは平民に官職を与えることを拒否し外国人を市民に迎えることをためらったがゆえに (D,I-6；85；二：二八），拡大と自由と平民の調和という課題をローマほど見事には解決できなかったのである。

そして，アテナイにもスパルタにもできなかったことをローマに可能ならしめたのが，3者の混合政体の相違，さらにいうならばローマの混合政体内における貴族と平民の絶え間なき闘争であった。マキァヴェッリにとって混

ているのは，アリストテレスの混合政体論とポリビオス第Ⅵ巻の政体循環論である。マキァヴェッリ以前のフィレンツェでは再発見されていなかったポリビオスの第Ⅵ巻の議論内容が，マキァヴェッリ以前のブルーニら「シヴィック・ヒューマニスト」の書物にも登場するのは，プラトン『法律』や「ヴェネツィアの神話」の影響であると考えられている。マキァヴェッリがオルチェラーリの園での会合を通じてポリビオスの第Ⅵ巻を入手していた可能性について，Hexter[1956] を参照。

合政体の利点は内政安定とは正反対のもの，すなわち混合政体自体の不安定な性質——貴族と平民との闘争——のうちにこそ存する[133]。貴族と平民との政治対立の結果，護民官職が設立されることで闘争的均衡が公的制度枠内に取り込まれ，さらに，平民に武力が与えられるとともに移民が認められたことが，ローマの対外的拡大をもたらした，というのがマキァヴェッリの説明である（D,I, 5-6; 83-87；二：二四－三二）。混合政体自体が調和の顕現なのではなく，また内的闘争を通じた階級間の相互均衡による内政安定が目的なのでもなく，内的闘争がさらなる外的戦争と軍事的拡大をもたらす[134]ことのうちに混合政体の利点を見出す点にこそ，マキァヴェッリの混合政体論の特徴がある。たしかに，弾劾制度や護民官制度を通じて対立を制度化していくことも混合政体の利点ではあるが，マキァヴェッリの強調点は，対立の制度化そのものよりも制度化を通じた軍事的拡大にある[135]。「自由 (libertà)」と「栄誉 (honore) すなわち偉大さ (grandezza)」の２つが，マキァヴェッリの中心的政治価値であることはすでに述べた。「自由な生活様式を土台としていな

---

(133) 混合政体が，単独者・少数者・多数者，それぞれの徳としての知恵・名誉・自由の協力をも意味するという古典古代流の道徳的混合政体論は，マキァヴェッリにおいては，欲望の拮抗としての階層均衡論に置き換えられている。マキァヴェッリにおける混合政体は，公益保持のためではあっても，もはや有徳の達成手段ではない。

(134) マキァヴェッリは，対立自体が貴族と平民の双方に勇気を与えて，平民の武装化と移民の促進による領土拡大をもたらしたと考える。これは，対立自体の効用ではなく対立が平民の勝利に終わって政体内の安定がもたらされ，対外進出の余裕と自由が得られたことがローマ拡大の要因であるとするモイルの見解とは一線を画す。犬塚 [2002a]，一八九頁。

(135) この点において本書は，「都市が大をなしていくのは，それが自由である場合に限られる（D,II-2; 148；二：一七五）」というマキァヴェッリの言葉を「公的自由が拡大をもたらす」という文脈で理解するスキナーの立場（Skinner [1986], p. 239. Skinner [1990b], pp. 301-302）とは一線を画する。マキァヴェッリの強調点は，「自由による拡大」ではなく，「必然性に対抗するための拡大」および「拡大の必然的条件としての自由」にある。自由と拡大をめぐるマキァヴェッリの言明は，欲望の制度化という啓蒙主義的文脈においてではなく，闘争的ヴィルトゥによるフォルトゥナの克服というルネサンス・イタリア的文脈で理解される必要がある。

ければ，いかなる都市も偉大さを得ることはできない」という命題と，「共和政体を維持していなければ，いかなる都市も自由な生活様式を維持することはできない」という命題とは，マキァヴェッリにとって不可分であった。自由は自由な都市の市民の身分にのみともなうものであり，市民の自由はその市民個人の所有物ではなく政体の自由度の関数であるということ，そして政体が自由である——対外的独立と内部的市民自治とを維持する——ためには政体の領域的拡大が要請されるということは，マキァヴェッリにとっては自明であった[136]。

人民がみずから武装する民兵共和主義においては，多数者の自足を保証するには拡大の帝国主義的政策をとらざるをえない。衰退を避けるという必然性は，維持ではなく拡大を通じてでなければ衰退を避けることはできないという結論に結びつくのである。

拡大と自由の不可分性を説くマキァヴェッリの立場は，貴族（grandi）と平民（popolo）という2つの階層にともなう2つの気質（humor），すなわち平民を支配しようとする貴族の気質と，貴族の支配を逃れて自由を獲得しようとする平民の気質との関係をめぐるかれの考察からも，うかがうことができる[137]。貴族と平民の問題を，共和国の基礎として元老院と大評議会のどち

---

(136) Armitage[2002], p. 29. 政体の自由度がそこにおける市民の自由度を決するというスキナーの「ネオ・ローマ理論」は，マキァヴェッリが伝統的なbody-politicの類比を踏襲しつつ，「自由な政体」の特徴を自治と独立に収斂させたことをもってマキァヴェッリをネオ・ローマ的自由論の系譜に数えいれる（Skinner[1998], pp. 24-26, 36-37.）。自由を妨害の不在（＝行動の範囲）ととらえるホッブズ的な自由主義の自由論に，自由を恣意的支配の不在（＝身体の属性）ととらえるネオ・ローマ的自由論を対置するのである。自由を人格の属性ととらえるネオ・ローマ的自由論は，マキァヴェッリのstatoを支配者の自然的人格と不可分な伝統的国家論に数えいれるスキナー自身の立場と合致する。なお，スキナー自身が述べるペティットとの相違は，スキナーが恣意的支配のみならず行為へのあらゆる障害をもネオ・ローマ的自由を侵害するものととらえるのに対して，ペティットは自治の結果としての規制は共和主義的自由を侵害しないと考える点に存する。Skinner[1998], p. 83, note54.

(137) マキァヴェッリにおける2つの階層（気質）の位置については，Bonadeo[1969][1970]が考察している。マキァヴェッリ政治思想の読解に際して，君主国と共和国という対立軸よりも貴族と平民という対立軸を重視する立場とし

らを重視するか，という制度的観点から眺めるならば，マキァヴェッリやジァンノッティは平民重視の共和主義者の側に，グッチャルディーニは貴族重視の共和主義者の側に，分類されることになるであろう[138]。しかしここで着目したいのは，マキァヴェッリにおける社会階層の反映としての元老院と大評議会の関係ではなく，気質上の相違の反映としての治者と被治者の関係であり，そうした統治関係を気質的に反映する階層としての，マキァヴェッリにおける貴族と平民との関係である。

　最初に注意したいのは，『君主論』と『リウィウス論』の宛先は，双方とも社会階層としての平民ではないということである。『君主論』は君主に，『リウィウス論』はルチェライの園でのマキァヴェッリの若き貴族の友人たちに，宛てられている。しかしいずれの書においてもマキァヴェッリは，支配権の安定を望むならば，平民をいたずらに抑圧するのではなく，いわば「手なづける」ことの必要性を強調する。『リウィウス論』で展開される制度論に則るならば，貴族が平民を手なづける最良の策は，支配欲を剥き出しにして平民を抑圧することではなく，護民官や公的弾劾制度といった人民主義的制度を導入して平民を「自由の防壁」とすることである。平民が自由を獲得して武装と外地への移住をみずから行うようになれば，それは結果的に領土の帝国的拡大になろう。マキァヴェッリにおける帝国的拡大と共和主義的自由との必然的共存がここに見出されるのであり，それは，人民主義的体制の採用を貴族に勧めることで，貴族の支配欲を外に向けさせ，2つの気質の両立をはかろうとしたマキァヴェッリの人民主義的帝国主義ないし共和主義的帝国主義のあらわれであったとみることができよう。

　公民が共和主義的自由を愛するのは，君主国よりも共和国のほうがより大きな獲得をもたらしてくれるからであり，逆にまた，共和国の獲得的・拡大的性質は，自由な統治機構と内政における自由な生活様式から生じている。マキァヴェッリにとって，初期共和政ローマこそ自由への愛好と急速な拡大との一体性の歴史的証左であって，そこから導出される「近代」的教訓は，人間の自然的本性は，もしも自由な発展を許されるならば，拡大的，獲得的，帝国的であって，際限のない欲望となる，ということであった。他者を抑圧

　て，Mansfield[1996a], p. 24 がある。

　(138) Skinner[1978], vol.I, pp. 159-161.

したいという人間の本性的欲望を内部で抑圧するならば,それは国内において帝国とは正反対のもの,すなわち僭主政を生み出してしまうであろう。『君主論』と『リウィウス論』においてマキァヴェッリが提案するのは,征服欲をもつ貴族と安全を求める平民とが,拡大欲を外に向ける帝国建設に向けて結果的に協力するような体制づくりであった。内政の自由と外政の拡大を不可分とする帝国的共和主義の伝統は,14世紀中頃のフィレンツェのローマ主義に遡るとはいえ[139],ブルーニらのフィレンツェ人文主義者が,こうした帝国的共和主義を都市フィレンツェのいわば「生得権」ととらえたのに比して,マキァヴェッリはこうした政策は機に乗じてフランスやヴェネツィアなど他の国や人物によっても採用されうると考えた分だけ,外的必然性を機動力とする拡大的共和主義の「近代」的要素をより強調することとなったのである。

　古代にまで遡れば,拡大の栄誉を共和主義的自由に含めるマキァヴェッリの立場は,初期近代ヨーロッパにおいて最も著名であった古代の歴史家の1人,サルスティウスから継承されたものである[140]。サルスティウスの『カティリナ陰謀』第7巻は,王制のもとで抑圧されていたローマ平民の力が,共和政の設立によって解放され,栄誉を求める平民の力によって自由な国家が強力に拡大した旨を記す。この箇所は,アウグスティヌス,ルッカのプトレマイオス,サルターティ,ブルーニによっても引用され[141],マキァヴェッリに伝えられた。

　しかしサルスティウスは,ローマ共和国の拡大が自由から生じたことを主張すると同時に,まさにその拡大が共和国と市民の自由を失わせることになったとも主張する[142]。そしてマキァヴェッリもまた,拡大が自由に根ざすと同時に自由を破壊するというサルスティウスの洞察を継承するのである。＜スラの独裁時代以降,ローマ史における平民の勇気は私的貪欲に取って代

---

(139) Hörnqvist[2004], p. 75.

(140) Burke[1966]. Osmond[1993]. Armitage[2002].

(141) Augustinus, *De civitate Dei,* V. 12. Ptolemy of Lucca, *De regimine principum,* I. 5, trans. James M.Blythe[1997], pp. 70-71.

(142) Sallustius, *Bellum Catilinae,* VII. 3; X. 1-6; XI. 4-7; XII. 1-2. Armitage[2002], pp. 30-31.

わられ，軍隊は奢侈に毒されていった＞とするサルスティウスの叙述[143]を受けて，マキァヴェッリは，ローマの自由がスラとマリウスによる独裁時代において死滅し，カエサルの帝政につながっていったとする(D,Ⅲ-24.;231;三六二)。マキァヴェッリによれば，ローマ崩壊の直接的な原因は，奢侈による習俗の堕落や，制度的欠陥による国内的不平等や無秩序よりも，農地法による支配欲の物欲化(D,I-37;119-120;二：一〇三－一〇七)と，司令官の任期延長による遠征軍の私兵化にある(D,Ⅲ-24;231;二：三六一－三六二)。さらにマキァヴェッリはここから，いかなる国家も他国から征服されないためには内部の集団間対立をある程度容認することによる軍事的拡大政策をとらざるをえないこと，にもかかわらず軍事的拡大は貴族から平民にいたるまで勇気の物欲化と僭主の登場を促し，結果的にはあらゆる国家の自由は喪失せざるをえないことを，主張するに至る。このように拡大それ自体が帝政ひいては自由の喪失へと必然的につながることを承知のうえで，マキァヴェッリは，拡大は自足より偉大かつ持続的であるがゆえに国家はローマの政策をとるべし，と進言するのである[144]。

これは逆説であるが，さらに皮肉なことに，マキァヴェッリによればローマの道が推奨されるべき現代的また最終的理由は，拡大ではなくて，変転する世界における安定の確保なのである。(『リウィウス論』第Ⅰ巻第6章におけるローマの選好が，積極的なものではなく流転の必然性に迫られての選択であった点を想起されたい。)彼は，ローマ共和政を賞賛してその模倣を勧めるという人文主義の手法を踏襲しつつ，結論的には人文主義者とは違ってローマの成功ではなく没落から，支配権(imperio)と自由(libertà)との両立を許さないのが政治のネチェシタである，という意味深い政治的教訓を導出するのである[145]。マキァヴェッリが主張したのは，「政治的生活の維持より

---

(143) Sallustius, *Bellum Catilinae,* X-XI.

(144) リュクルゴスの調和的立法によって安定と自由を保証されたスパルタと，騒乱的・拡大的ローマとを対比して，権力拡大に優れたローマのほうを高く評価するという手法は，ポリビオスからの継承である(Polybius, *Hiatoriae,* VI. 48-50)。しかしマキァヴェッリは，スパルタのみならずローマも結局は持続しないとする。D,I-6;85,86;二：二九。

(145) Armitage[2002], p. 33. Viroli[1990], pp. 158-159.

も拡大を優先すべし」ということではなく,「政治的生活を守るためには戦わねばならない」ということであった。

　対内的自由と対外的拡大とは短期的には両立する——否,両立しなければならない——が長期的には両立しないという 16 世紀のマキァヴェッリ・テーゼは,17 世紀には「共和国はいかなるタイプの拡大を目指すべきか」という問いのかたちで,そして 18 世紀には「共和国は小規模でしか実現できないのか」という問いのかたちで,後の共和主義者たちの議論に大きな影響を及ぼすことになる。

　マキァヴェッリがいう「必　要(ネチェシタ)」とは,＜外敵の侵攻を前提に軍事外政を内政よりも優先させ,傭兵に依存せず,移民の流入を認めることなどで自国の平民の数を増大させながら,その平民を武装させることで,防御のみならず拡大を達成していく政策をとらなければ,国家は滅びてしまう＞という「必然性」を意味する。スパルタは平民を増やさず平民を武装させなかったがゆえに,ヴェネツィアは傭兵に依存したがゆえに[146],たとえ理念的に持続可能な政体であったとしても,フィレンツェが実際に採用すべき政体としては望ましくない (D,I-6;84-87;二：二六 - 三二)。必然性は自足の不可能性を主張する。それゆえマキァヴェッリは,スパルタやヴェネツィアのような維持型国家よりもローマのような拡大型国家の方を二者択一し,ローマこそ範として掲げられるべきだとする。変動する＜状況＞世界のなかでは絶対的安定を唱える維持型国家など虚構でしかなく,可能なのは,一部の英雄だけでなく貴族や平民をも含めた万人がかかわらざるをえない内紛や外戦を経てはじめて相対的安定を確保しうるところの拡大型国家のみである。以下では,混合政体が体内的調整のみならず対外的拮抗をも視野に入れざるを得ないことが自覚されはじめた 16 世紀初頭のフィレンツェを意識しつつ,マキァヴェッリにおける制度の拡大と階層との関係を検討する[147]。

---

(146) Mansfield [1996], pp. 87-89.

(147) 本章では,混合政体論における国内対立と対外的拡大政策との関係に議論を限定するため,政体の安定と持続をめぐるマキァヴェッリ混合政体論の他の要素——それらのうちには,○混合政体論と政体循環論の連結に関連してポリビオスの自然的循環説とマキァヴェッリの偶発的循環説との差異,○混合政体の安定的持続の内政的要因としての弾劾制度や臨時独裁執政官制度,○混合政体の根本的改革における英雄的個人の役割と起源への回帰の問題,○「腐敗」

(ii) ローマ史における内紛の意味

　和合の意味と社会基礎の必然的な拡大については，マキァヴェッリは伝統的なキケロ的共和主義と異なる見解をもっていた[148]。古典的共和主義者は，平和と和合を維持することが政治安定の道だと考えたが，マキァヴェッリは社会的闘争の効用を説く。キケロが擁護した混合政体は，土地貴族階級の優位のうちに貴族と平民が融和している状態であるが，キケロはその各秩序の和合（concordia ordinum）状態を平和な閑暇（otium）と呼ぶ[149]。つまりキケロにとって混合政体は個人の魂の静謐になぞらえうるような内的平静のことなのである。

　しかし内乱が自由と偉大さの要因だという主張によってマキァヴェッリはこの伝統を疑問視する。かれは，平民と元老院の内紛と拮抗がローマを完全な共和国にしたと主張する。自由を擁護する法は，この内紛の産物なのである（D,I-4, 6;82-87；二：二一－二三，二六－三二）。マキァヴェッリは内乱そのものを推賞したのではなく，内乱をも包摂し拡大要因へと転化しうるよう

に抗する混合政体の持続的側面（ポーコックのいう「時間の政治学」），といった論点が含まれる――は，その重要性にもかかわらずさしあたり考察の外に置かれざるをえない。ポーコックのいう civic humanism のマキァヴェッリ的契機のテーゼは，以下の諸段階を経て定式化されているように思われる。(1) 共和主義を「徳の政治学」の系譜として把握すること。(2) その徳を virtù/fortuna というルネサンスの図式における virtù の位置にはめ込むことで，崩壊への必然性を征服する「力能」の意味を付加すること。(3) 崩壊に対抗して持続するには，1人の力能よりも多数の力能が有効であるとして，力能に公的性質を付与すること。(4) 力能の公共性を喪失させる政治の私益化を「腐敗」と名づけることで，virtù/fortuna 図式を virtù/corruption さらには public interest/private interest の図式に重ね合わせること。(5) 以上の (1)－(4) をもって，マキァヴェッリのヴィルトゥ概念における「力能」の意味と「公的貢献」の意味との共存を説明すること。

(148) Skinner[1978], vol.1, pp. 113-115.
(149) Cicero, *De Re Publica*, II. 69. *Cat.*, IV.15-17. Wood[1988], pp. 193ff., 198ff. Wirszubski[1950], pp. 92-94.

な制度の設立を主張したのであった[150]。貴族と平民を調和拮抗させる制度や法の改革者こそ賢い公民であり，臨時独裁執政官の役割もここにある。マキァヴェッリは，自由かつ静謐な都市はもはや不可能であることを示唆する。マキァヴェッリが主張したのは，「政治的生活の維持よりも拡大を優先すべし」ということではなく，「政治的生活を守るためには戦わねばならない」ということであった。マキァヴェッリ自身自覚しているように[151]，拡大の栄誉追求が独立自治の自由を掘り崩す危険をもっていることは，ローマそれ自体の実例に示されているとおりである。しかし，流転と腐敗の必然性にあっては，拡大を放棄するより追求したほうが自由の延命にも有効であるとマキァヴェッリは考えたのである。拡大の放棄は必然的に戦争での敗北と隷従を意味する。いかなる国家においても，賢慮をもった立法者や支配者は，自由を維持するためだけにも拡大志向と軍事力，それに巧妙な外交術を身につけざるをえない。拡大の方法として最善なのは，ローマのようにみずから主導権を握る不平等同盟を結成し公民権を付与して権威を広める方法であり，最悪なのはアテネやスパルタのように植民地をたんに臣下として屈従させる方法である。ただし現段階のフィレンツェにはローマ的な方法は困難であるので，古代トスカナのように対等な同盟を結ぶ方法が望ましいというのである[152]。ともあれマキァヴェッリにとっては，戦争は共和主義政治に不可欠の条件であった[153]。戦争を短縮し勝利するためには，勇気，規律，熱意，獰猛さといった軍事的徳が必要であり，常備軍になることなしに全公民を育成して戦術を鍛錬することが要請される。そしてそれは都市の平和と自由を維持するための条件なのであった。戦争術は都市の術の一部であって，政治とは

---

(150)『フィレンツェ史』においてマキァヴェッリはローマにおける制度的・社会的均衡の内紛とフィレンツェにおける党派抗争とを区別している。IF,III-1;690-691；三：一一九一一二〇。

(151)『黄金の驢馬』でかれは，君主国や共和国を拡大しようという野心が国家を破滅に追いやるということを，多くの人が知っていながら避けようとしないと述べる。*Dell'asino d'oro*;954-976；四：一七三一二〇〇。

(152) D,II-4, 19;152-154, 175；二：一八三一一八八, 二三三一二三八. *Letter to Francesco Vettori, August 25,* 1513;1154. Viroli[1992a], p. 162 note97.

(153) 戦争に関するマキァヴェッリの立場については，Grazia[1989], pp. 164-173. 邦訳 I, 二五六一二七一頁を参照。

あくまでも戦争の術ではなく都市の術なのである。

マキァヴェッリにとって，拡大と戦争——拡大は必ずしも戦争をともなうわけではないが——は，都市の自由とよき秩序とに優先しはしない。戦争拡大が自己目的なのではない。戦争は自由で有徳な都市を確立する技芸であって，共和政治の理念そのものではないことは，マキァヴェッリも十分承知していた。都市の自由を守るためには，平和を愛し，戦争の仕方を知らねばならないのであって，「自分からすすんで平和のために戦い，戦争のために平和をかき乱すことのないように」しなければならない (AG,I;308；一：一〇四)。自由は徳と闘争とによってのみ伸張される。マキァヴェッリにとって政治学は都市の諸技芸を共通善の観点から整理する学問であった。かれは徳が賞賛され報いられ，軍事が尊重され市民が相互に尊重し合って公共善を優先するような都市として，古代ローマ共和国型の都市を賞賛していった (AG,I;304；一：九七)。マキァヴェッリによれば調停体制の最善の例はローマ共和政であり，そこでは，平民は護民官によって都市の制度上に位置を獲得し，貴族は執政官と元老院に代表されて均衡を保っていた。

しかし自然の目的論的安定を信じないマキァヴェッリにとっては，こうしたローマ型の混合政体もまた，古代思想におけるような互いに異なる諸機関の目的論的調和の秩序としてではなく，平民と貴族という対立する２つの利己的力のあいだの均衡を保つ外的機構として提示される。貴族と平民との政治対立の結果，護民官職が設立されることで闘争的均衡が公的制度枠内に取り込まれ，さらに，平民に武力が与えられるとともに移民が認められたことが，ローマの対外的拡大をもたらした，というのがマキァヴェッリの説明である (D,I-5, 6;83-87；二：二四-三二)。混合政体自体が調和の顕現なのではなく，また階級間の相互抑制による内政安定が目的なのでもなく，内的闘争がさらなる外的戦争と軍事的拡大をもたらすことのうちに混合政体の利点を見出す点にこそ，マキァヴェッリの混合政体論の新しさがある[154]。たしか

---

(154) マキァヴェッリの混合政体論の拡大的性質を重視する本節の立場とは異なって，ヴィローリは，マキァヴェッリの政治学は法の支配を究極価値とする vivele politico の思想に貫かれていたと考え，政府の形態を論じる国制論は，法の支配と自治の自由を貫徹するための手段論であると主張する。マキァヴェッリの混合政体論は，キケロと同様に，諸階層が適切な位置を占める状態を意味し，内紛すらも，弾劾制度によって法的論争の枠組に取り込まれうる

に，弾劾制度や護民官制度を通じた，対立の制度化も混合政体の利点ではあるが，マキァヴェッリの強調点は対立の制度化による内政安定よりも制度化を通じた軍事的拡大にある。

マキァヴェッリが，混合政体の均衡と党派対立とは両立しないとする伝統的な混合政体論に真っ向から反対して，党派対立こそ混合政体の形成と発展の要因であると主張した[155]ことの前提には，対内的にも対外的にも，主体の多元性を必然的闘争と結びつけるマキァヴェッリの政治観が存していた。かれにとって「混合」とは「闘争の政治」と不可分であり，混合政体こそが「政治的なるもの」の制度的表現であった。マキァヴェッリが混合政体論と拡大型国家論とを同一の章で論じている理論上の理由もここにあるように思われる[156]。マキァヴェッリは，ローマ史を舞台とした獲得と拡大を重視し，君主も平民も法制度も，そのための手段ないしそうした政治現象の表現であると考えていったのである。

マキァヴェッリは，モンテスキューとは違って，奢侈の君主政ではなく共和政のなかに「不協和の調和」を見る[157]。共和政を支える祖国愛にも純粋な

ものだというのである。ヴィローリによれば，主権者が君主であれ平民であれ，肝要なのは主権者が法の支配に服することであり，法に従う平民のほうを法に従う君主よりも望ましいと考えるのがマキァヴェッリの共和主義である。Viroli[1998], pp. 123-127.

(155) この点では，後のイギリスのハリントンやスウィフトのほうがマキァヴェッリよりも伝統的混合政体論に近いといえる。貴族と平民の対立がローマ共和政を完成させたというマキァヴェッリ的観点を18世紀イギリスにおいて引き継いだのは，スウィフトよりもウォルター・モイルであった。しかし，犬塚[2002a]，一八八－二〇〇頁が分析しているように，対立自体が貴族と平民の双方に勇気を与えて平民の武装化と移民の促進による領土拡大をもたらした，と考えるマキァヴェッリに対して，モイルは，対立自体の効用ではなく対立が平民の勝利に終わって政体内の安定がもたらされ，対外進出の余裕と自由が得られたことがローマ拡大の要因であるとする。Moyle, *An Essay upon the Constitution of the Roman Government,* in Robbins, ed.[1969], pp.243-250.

(156) この点で本書は，マキァヴェッリの混合政体論には何ら新たな点は見出されず，そもそもマキァヴェッリにとって混合政体論は重要問題ではなかったとする福田有広[1997], pp. 14-16とも見解をやや異にする。

(157) モンテスキューはマキァヴェッリと異なり，帝政以前のローマ国制史

利他愛だけではなく自己愛の均衡という要素が含まれている。ローマにおける平民と元老院との対立は，国家を弱くするどころか，平民と貴族との均衡を保つ護民官制度を生み出すことで，国家の強大化に貢献したというのである (D,I-3, 4, 5, 6;81-87；二：二〇－三二)。マキァヴェッリが弾劾権を容認し推賞するのも，それが国家内の制度として整備されているかぎり，公民同士の不満や内紛に合法的なはけ口を提供して全体として不協和を調和させるからである (D,I-7, 8;87-90；二：三二－三八)。こうした複数の力の均衡による全体の強大化は，権力が1人に集中している君主政ではありえない効能である。マキァヴェッリにとって，自由の定礎者は1人の英雄でもよいが，自由の維持者は貴族と均衡しうる平民のほうがよい。なぜなら，貴族が圧倒的に勝利してしまえばその欲望は私的側面でも際限なくなってしまうが，平民の欲望は貴族との拮抗によって抑制され，国家の拡大の偉大さを求める健全な獲得欲に転化されるからである。マキァヴェッリは，奢侈を誘発して質朴な祖国愛を失わせるという理由で，金銭などの欲望が多い状態を嫌悪する。しかし，欲望が複数存在している状態は，その状態が1つの国家制度の枠内に保たれているかぎり，特定階級の私欲を薄めて国家全体の公益を促進するがゆえに望ましいとされる。それとの類推で，共和国も領土維持型よりも拡大型のほうが，拮抗というかたちで外部国家との「不協和の調和」の可能性を残しているので，結果的に繁栄すると考えられる。領土維持型国家は，体系的に自己完結の安定を享受できても，外部との均衡による調和的拡大は望めない。平民が戦士的な自己放棄の獲得欲すなわち貴族の徳を身につけることによって自由が達成されるというマキァヴェッリの共和主義は，職業軍人を拒否するいわば「民兵」の共和主義であるともいえよう。自由な統治のためには平民勢力の政治参加が不可欠であることを，ローマ史における貴族と平民の対立を題材に論証しようとする『リウィウス論』第I巻は，貴族による少数者統治であるヴェネツィア型共和政を否定しつつローマ型の拡大共和

を混合政体ではなく3つの政体の推移とみる (Montesquieu, *Considerations sur les causes de la grandeur des Romains et de leur decadence*, VIII)。マキァヴェッリとモンテスキューを不協和の調和という観点から比較した論考はいくつかあるが，その1つとして，Wood[1972]を参照。

政を促進しようとしたものであった[158]。こうしたマキァヴェッリの「ローマ型」共和主義と，古典古代ローマの共和主義との相違[159]が，マキァヴェッリ共和主義の「近代」性の問題とかかわるのである。

内紛と制度の関係についてまとめるならば，福田有広が述べたように[160]，

---

(158) 15世紀にすでにブラッチォリーニらによって提唱されていたヴェネツィア型共和政——内紛によって不安定であったローマを否定的にとらえつつ，要害の地に少数者のみによる政治体制を築くことで，拡大を犠牲にしてでも静穏を確保しようとする共和政——に，マキァヴェッリが自覚的に対抗した理由として，鹿子生 [2000]，七四-七五頁は，フランスによるイタリア侵攻以後イタリア内部の勢力均衡による安定政策が無意味化したという当時の政治状況を挙げる。

(159) マキァヴェッリ自身，起源において自由であったローマと起源からして隷属状態にあったフィレンツェとの相違を自覚していた。『リウィウス論』第I巻第16-18章で展開される，都市の腐敗度に応じた創設形態の使い分けの議論を，この相違の自覚に立った，共和主義のフィレンツェ政治への応用論として理解しようとするのが鹿子生 [2000] である。

(160) 福田有広 [2002]，三九-四三頁。福田が素材とするのは，『君主論』第17章における「愛されることと恐れられること」の比較の問題を，軍隊内の規律の問題として論じた，『リウィウス論』第III巻第19-22章である。福田によれば，この箇所でマキァヴェッリは，ワレリウスとマンリウスの軍隊統率手法を比較しつつ，穏和と峻厳の区別を徒党 (partigiani) の生成と軍事規律 (disciplina militare) の区別に結びつけ，さらにその区別を，君主国における対内的支配権原理と共和国における対内的支配権原理との相違にまで発展させているという。マンリウスの峻厳さが軍事規律を維持し指揮官一般への忠誠を強化するのと逆に，ワレリウスの穏和さは，指揮官個人と兵士との絆を強めることで徒党の生成を促し，公正な基準に従った名誉賞罰の付与の代わりに，徒党利益に従った価値配分を常態化させてしまうことで，共和国の自由を損なってしまう。『君主論』第17章でとりあげられるハンニバルは，冷酷による自身への恐怖 (timore) の心理の調達によって支配権を行使した。これに対して『リウィウス論』第III巻第22章におけるマンリウスの峻厳さ (asprézza, durézza, severità) は，軍事規律という制度 (ordini) を通じて支配権を行使する。ここから福田は，共和国における支配権は恐怖ではなく制度に支えられているとするのである。さらに福田は，マキァヴェッリは，なぜ制度が恐怖を用いずに服従を調達できるかを問うことはせず，制度の有効性を自明視したうえで，そうした制度がいかにして本来の姿をはずれるかのほうを問うという。鹿子生

マキァヴェッリは，リウィウスのいう支配権（imperium）の対内的効力の保証要因を，共和国にあっては制度（ordini）に，君主国にあっては君主に対する心理的恐怖（timore）に，それぞれ求めたとすることができよう。福田によれば，マキァヴェッリが君主国に対して認める制度の意義は，臣民の安全確保のための制度というものであり，共和国と君主国の服従原理の相違を説明する際にマキァヴェッリが用いる制度（ordini）という語の用法とは異なっている。また『リウィウス論』第Ⅰ巻第11章で宗教がよき制度誕生の助けになったと言われていることや，宗教が神へのひいては支配権への恐れを生むとされていることは，共和国の服従原理に恐怖のモメントが入り込んでいたことを意味しない。そこでのマキァヴェッリは，「共和政と君主政の服従原理を区別する姿勢をとってはいない」と福田はいう[161]。しかし本節は，福田とはやや立場を異にする。マキァヴェッリは，ordini の改革方法として，「創立当初の姿に戻す」というやり方だけでなく，まったく新たに立法することで改革する可能性も示す（D,Ⅰ-9, 26 ; 90-91, 109 ; 二：三八―四一，八〇―八一）。ということは，ordini の改革のなかに，立法者の権威という非制度的な，しかしなお歴史の範囲内にあるような要素が入り込み，さらには軍事的力の要素もまた入り込んでいるといえるのではなかろうか[162]。もちろんこれは，マ

［2000］，六〇―六一頁によれば，その理由は当時の思想史的状況に求められる。マキァヴェッリが『リウィウス論』を執筆した16世紀初頭のフィレンツェ人のおもな政治的関心は，「専制君主国」ミラノとの戦いにおいて自由な共和国としてのみずからの立場を擁護しようとした15世紀初頭の「シヴィック・ヒューマニズム」の関心とは異なっていた。マキァヴェッリの時代のフィレンツェ人にとっては，君主政を否定して共和制を採用すべきであることは祖国にとって自明であり，その共和政が貴族中心の少数者統治になるか平民を含む多数者統治になるか，という「共和制の具体的権力主体」のほうが論争の的であった。こうした文脈において，『リウィウス論』は多数者統治の擁護論であるが，他方でマキァヴェッリは，フィレンツェにおける市民の徳の腐敗の現状をみて，自由な共和政をフィレンツェの現実政治で確立するための一戦略として暫定的な君主政の導入を提唱したのであると鹿子生はいう。

(161) 福田有広［2002］，五二頁，注 (10) (11) 参照。
(162) 「すべての仕事は，人びとの共通善を図らんがために，市民生活のなかで制度化されており，またすべての制度は，法と神をおそれて生きんがためにつくられたものであるが，そのいずれもが自国民による防衛力が準備されてい

キァヴェッリにおける ordini の意味範囲をどこまで広げて解釈するかによるが，少なくとも ordini を法制度の意味でとらえるかぎり，共和国における imperium の実効性は ordini のみでは担保されえず，ordini を改革する歴史的権威の要素——権威という元老院的，貴族政的，統治術的要素——もまた，必要とされるとマキァヴェッリは考えていたように思われる。

本節の文脈ではこのことは，後述するような『リウィウス論』の宛先人の問題とかかわるし，マキァヴェッリ共和主義のなかの統治術的要素の存在にかかわり，さらにはマキァヴェッリ政治学の公共的性質への権力論的要素の混入の問題と関連してくるといえる。

(ii) 『リウィウス論』のなかの拡大的共和主義

ローマ的共和主義とマキァヴェッリのそれとのあいだの相違は，ローマ史の個々の事例解釈におけるマキァヴェッリとリウィウスやサルスティウスとの差異のうちにも見出されよう[163]。マキァヴェッリによれば，ロムルスが弟レムスを殺害しティトゥス・タティウスを殺すことに同意したのは，ローマ建国のための建設的暴力であった。しかしリウィウスは，レムス殺害を嫉妬と激情によるものと報告し，タティウスについては，かれが親族びいきの行政により反乱を引き起こしたがゆえにロムルスとの共同統治が首尾よくいっていなかったことを理由としている[164](D,I-9;90-91；二：四〇)。また，カウディネ山道でローマ軍がサムニウム軍に対する和平条項を破棄した出来事についても，リウィウスは，戦場で執政官が結んだ条約に元老院や平民は拘束されないとして，あくまで法的正義の枠内でローマ軍の行為を正当化する

なければ虚しいものとなってしまうからである。（中略）よき諸制度でも軍事力の助けがなければ崩壊するばかりである。」(perché tutte l'arti che si ordinano in una civiltà per cagione del bene commune degli uomini, tutti gli ordini fatti in quella per vivere con timore delle leggi e d'Iddio, sarebbono vani, se non fussono preparate le difese loro;…i buoni ordini, sanza il militare aiuto, non altrimenti si disordinano.) (AG, proemio；301；一：九一)

(163) 以下のマキァヴェッリとリウィウスの比較については，Whitfield[1971] や Fischer[2000], p. 183 を参照した。

(164) Livius, *Ab urbe condita,* I. 7, 13, 14.

ことに集中する[165]。これに対してマキァヴェッリにおいては，この事例は，「無理強いされた約束は守る必要はない」という教訓の証左にすぎず，「どのような行為によっても名声を博することができる」ことを教えるものである（D,III-42;249-250；二：四〇〇－四〇一）。また，共和国の利点について，共和国は構成員を公的栄誉の追求を通して共通善へと動機づけるがゆえに，共通善の促進に有益であるとサルスティウスは主張した[166]。マキァヴェッリはこれを受け継ぎつつも，微細ではあるが重要な改変を加える。すなわちマキァヴェッリによれば，共和国のほうが君主国よりも共通善促進に有益なのは，公的栄誉への動機づけが個々の市民内部で強まるという理由よりも，平民という多数者の数の力が自由維持能力という点で貴族を凌ぐという理由からである。サルスティウスらローマの共和主義者たちにおける共通善は，公益優位下での公益と私益の調和といえよう。マキァヴェッリにおける共通善は，サルスティウス以上に「国家の利益」ないし「多数者の意志」の意味合いを強め，「公益護持による私益護持」というよりも，「多数決の結果に対する滅私奉公」の色彩を強めているように思われる。

　　「個人の利益を追求するのではなくて，共通善（bene comune）に貢献することこそ国家に発展をもたらすものだからである。しかもこうした共通善が守られるのは，共和国を差し置いてはどこにもありえないことは確かである。つまり共和国にとって利益になることなら何でも実行されるからである。したがって，一握りの個人が政策遂行に際して迷惑をこうむるようなことがあっても，それによって利益を受ける人びとが多ければ，損害を受ける少数の人びとの反対を押し切っても，これを実行に移すことができるのである（D,II-2;148；二：一七五）。」

　腐敗概念についても，サルスティウスはカティリナによる虚偽の弁明を腐敗として冷ややかな目で見るが[167]，マキァヴェッリは同じ事例を，君主に対する陰謀と比べて共和国に対する陰謀が容易であることの証左として引用する（D,III-6;209；二：三一六－三一七）。有徳さを装うことそれ自体を腐敗とみなすサルスティウスに対して，マキァヴェッリにとって有徳さの装いは

---

(165) Livius, *Ab urbe condita,* IX. 4-15.
(166) Sallustius, *Bellum Catilinae,* VII.
(167) Sallustius, *Bellum Catilinae,* XXXI.

それ自体腐敗とはいえず，政治的効用を発揮する場合もある。道徳的廉直と政治的効用とを不可分とみなすローマの歴史家や思想家の立場を，ルネサンス人文主義はだいたいにおいて受容した。しかしマキァヴェッリは明らかに，政治的教訓を道徳的廉直から切り離してローマ史に読み込み，その意味での「真の歴史認識」を主張していったのである。

　マキァヴェッリの共和主義（混合政体論）の拡大的性質の理念的意義をさらに検討する前に，これが当時のフィレンツェ政体との関連でどのような意味をもっていたのかについて簡単に触れておきたい[168]。16世紀初頭のフィレンツェがヴェネツィアに倣ってヴェネツィア以上に民主的要素の強い混合政体を採用したことはすでに述べたが，この政体は，少なくともスパルタとヴェネツィアのモデルを理想とするフィレンツェ貴族のあいだでは，貴族的・中庸的要素を促進するものとみなされていた。マキァヴェッリは，1人（君主）と多数（平民）という極端な2つを強調することで，この貴族的通説に反論する。官職をエリートに限定せずに平民に開放し，そしてその平民を君主の強力な軍事的リーダーシップのもとに置くことで，マキァヴェッリはフィレンツェ共和国を共和国のままにイタリアを統一しうる拡大的帝国たらしめようとしたといえる。

(iv) 気質の相違と利害の相違──『フィレンツェ史』におけるローマ史とフィレンツェ史

　共和国における貴族と平民の内紛を，拡大的混合政体に資するものとして高く評価する『リウィウス論』と比べたとき，『フィレンツェ史』におけるマキァヴェッリの内紛観は，内紛の否定的側面を強調して安定的混合政体論を説く伝統的な「ヴェネツィアの神話」に回帰しているかにみえる。というのも，『フィレンツェ史』においては，ローマ史から読み取った教訓の提示を主眼とする『リウィウス論』とは異なって，ローマ史とフィレンツェ史がパラレルに比較され，貴族と平民の内紛が国家にとって否定的に作用してきたフィレンツェ[169]を批判して安定的政体を模索する，という観点が前面に出

---

　　　(168) Hörnqvist[2004], p. 226. Brown[1992], pp. 300-302. Pocock[1975], pp. 246-247. Mansfield[1996], pp. 82-85. McCormick[1993].
　　　(169)『フィレンツェ史』第Ⅳ巻第1章でマキァヴェッリは，15世紀前半の

「もし何らかの共和国の分裂が注目に値するならば,フィレンツェの分裂は特に注目に値する。なぜなら,それに関して何らかの情報が得られる他の共和国の大部分では,事件の成り行き次第で彼らの都市をときには発展させ,またときには破滅させた1つの分裂で満足しているのに対して,フィレンツェは1つで満足するどころか,多くの分裂を抱えていたからである。周知のとおり,古代ローマでは王が追放された後,貴族(nobili)と平民(plebe)の間で分裂が生じて,その分裂のおかげでローマはその滅亡まで存続した。アテナイも同様であり,この当時繁栄していたあらゆる共和国でも同様だった。しかしフィレンツェの場合,まず最初に貴族(nobili)の間で分裂し,続いて貴族と平民(popolo)の間で分裂し,そして最後に,平民(popolo)と下層民(plebe)の間で分裂した。(中略)そうした分裂から,記録が得られるいかなる都市にも生じなかったほど,多数の死者と亡命者と家族の崩壊とが生じた(IF, Proemio;632-633;三・九)。」

ここでマキァヴェッリが,共和政ローマ史における元老院内部での閥族派(optimates)と民衆派(populares)の争いを,貴族と平民との階層間の争いに読み換え,さらにそれをフィレンツェにおける争いと重ね合わせていったことの意図と背景をめぐる考察は,本章第2節の叙述をもって代えたい。ここでは,かれが分裂に健全なそれと不健全なそれとを区別していた点に注目することにしよう。

『フィレンツェ史』第VII巻第1章においてマキァヴェッリは,気質の相違にもとづく集団の分化と,私欲にとらわれた徒党(partigiani)や党派

フィレンツェにおいては,「放縦の使節」としての平民も,「隷従の使節」としての貴族も,ともに法律を顧慮しなかったとして両者を批判する。

(170) もちろんこの点は,フィレンツェ史とローマ史の類似点を強調することで共和政ローマの栄光を根拠にフィレンツェの正当性を主張するブルーニらの人文主義的歴史叙述と大きく異なる。マキァヴェッリ自身,起源において自由であったローマと起源からして隷属状態にあったフィレンツェとの相違を自覚していた。『リウィウス論』第I巻第16-18章で展開される,都市の腐敗度に応じた創設形態の使い分けの議論を,この相違の自覚に立った,共和主義のフィレンツェ政治への応用論として理解しようとするのが鹿子生[2000]である。

(sette) とを区別しつつ (IF,VII-1;792; 三：三二五)，ローマ史における貴族と平民との対立は，徒党や党派を伴わない分裂であった[171]点でフィレンツェ史の党派対立とは異なるとする。マキァヴェッリによれば，健全な分裂と不健全なそれとの相違は，前者が自然的気質の相違にもとづくのに対して後者が家柄や経済的利益集団の相違にもとづく点にある。それゆえ彼は以下のように述べて，フィレンツェの党派分裂を批判する。

「ローマにおける貴族と平民との初期の紛争は議論によって収拾されたが，フィレンツェにおけるそれは戦闘によって収拾された。ローマにおいては紛争は法律とともに終わったが，フィレンツェにおいては多くの市民の追放と死で終わった。ローマにおいては内紛は軍事的ヴィルトゥを増大させたが，フィレンツェにおいてはそれをまったく破壊してしまった (IF,III-1;690; 三：一一九)。」

この比較がローマ側の一方的賞賛に終わるかとおもいきや，マキァヴェッリは直後にその結果と評価を逆転させる。

「ローマにおいては紛争は市民のあいだの平等をきわめて大きな不平等へと変質させたが，フィレンツェにおいては不平等から特筆すべき平等な状態を導き出すこととなった (IF,III-1;690; 三：一一九)。」

この比較においてマキァヴェッリは，健全な紛争がローマを衰退に導き，不健全な紛争がフィレンツェに「平等」(＝法の前での，官職へのアクセスの平等) をもたらした，というパラドキシカルな主張をしているようにみえる。このパラドクスには，ローマの拡大型混合政体のその後をマキァヴェッリがどのようにみていたかを探るヒントが潜んでいる。『リウィウス論』第I巻第37章をみると，共和国の拡大を通じて増大した貴族の権力が，今や平民に敵対するかたちで私的権力として用いられ，貴族の側にスラ，平民の側にマリウスという指導者を生んだことが語られる。そして平民の側に立って最終的に勝利をおさめたカエサルが「ローマ最初の僭主 (tiranno) となってからは，ローマはその自由を回復することがなかった (D,I-37;120; 二：一〇六)。」貴族の土地所有に限界を設けたローマの農地法は，平等を保証するどころか，利害に還元できない野心——しかも名誉欲よりも強力な物欲

---

(171) ローマ史における「党派」の語義について長谷川 [2001]，二八四－二九七頁を参照。

という野心——をあおることで，カエサルを出現させ，共和国と自由の破滅をもたらしていったのである。

　ここで，ローマの農地法——とりわけグラックス兄弟によるその改革の試み——についての，マキァヴェッリの評価の特徴を要約しつつ，健全な紛争と不健全な党派分裂との相違を再確認しておこう[172]。マキァヴェッリによれば，農地法は 2 つの狙いをもっていた。すなわち，「いかなる市民もあまり大きな土地の取り分を得ないようにすること」と，「敵から奪った土地を平民のあいだで分割されるようにすること」とである (D, I-37; 119; 二：一〇四)。しかしこの狙いが元老院と平民との敵愾心に火をつけ，ローマは内乱からカエサルによる僭主政へと移行していったとマキァヴェッリは述べる。かれは，グラックス兄弟の農地法改革による土地再配分の試みを否定的に評価するというキケロらローマの歴史家たち[173]のスタンスを受け継ぐ。すなわちマキァヴェッリにとっても，ローマ共和国の衰退をもたらしたのは農地法なのである。しかしその理由は，個人の所有権としての ius の秩序を侵害すべきでないから，という「ローマ的」なものではなく，「共和国は国家を富ませ市民を貧しい状態に保っておくべき」(D, I-37; 119; 二：一〇四) であるからである。農地法改革により市民のあいだに富が配分されてしまえば，(1) 市民の関心が，国家への貢献による栄誉追求という公法的な目標にではなく，個人の富の増大に向いてしまい，名誉の徳が獲得欲と節制の徳に優位の座を譲ってしまうことになるし，さらに，(2) 同胞市民からの賞賛が政治的業績によって

---

(172) この段落については，Eric Nelson [2004], pp. 73-86 の整理を参照しつつ，国富と徳の関係についての私見を加えた。

(173) Eric Nelson [2004], pp. 49-68 によれば，プルタルコスやアッピアヌスといった「ギリシア的」歴史家たちが，全体の調和としての正義という「プラトン主義」的な観点から，グラックス兄弟による土地再配分の試みを肯定的に評価するのに対して，リウィウスやキケロといったローマの歴史家たちは，サルスティウスという例外を除いて，貴族に本来属するべき所有権 (ius) を保証することが正義 (iustitia) であるという「ローマ的」な観点から，この試みを否定的に評価する。プルタルコスにとっては農地法改革は富者の貪欲さを示すものであるが，ローマの歴史家たちにとってはそれは貧者の妬みに由来する。ネルソンの研究は，共和主義の政治思想史をギリシア起源の「正義」の変遷史として把握しようとするものである。

ではなく富によって得られることになり（D,III-28 か IF,VII-1. さらに IF,IV におけるコジモ・デ・メディチの公私の別なき寛大さの悪例）[174]，結果的に市民が国家にではなく富裕貴族に依存することで，国家内に私的党派が形成されてしまう。すなわち，(1) 腐敗と，(2) 不平等とが，もたらされるのである。そしてここにおいて注目すべきは，マキァヴェッリが，(1) の腐敗を，ギリシアのような知恵→名誉→欲望という経緯を辿る個々の市民の道徳的堕落として捉えるのではなく，むしろ (2) につながりうるものとして，すなわち国家による保護を軽視させることをもって私的利害分裂を生じさせるような，公的な法秩序の撹乱要因として捉えている点であろう。富と切断された純政治的・純道徳的な国家領域の推進（＝ギリシア）ではなく，また，個人の富のための秩序維持機能としての国家領域の推進（＝啓蒙）でもなく，国家という公的領域に貢献することで国家のみから保護と紛争解決手段とを得つつ，国富の増大が図られる拡大的共和国の発想が，ここにもあらわれているとみることができよう。こうしてマキァヴェッリは，正義や法権利の観点からではなく，もっぱら公的勇気と名誉の徳（ヴィルトゥ）の観点からのみ，農地法を批判することになる。

　また『フィレンツェ史』第 II 巻では，ローマにおける貴族と平民の闘争の結果貴族が衰退したことが書かれている。それに続く第 III 巻では平民間での紛争が描かれる。ここにおいて，紛争は名誉と官職をめぐるものから所有と富をめぐるものへと変質し，平民的人間の画一性の主張が展開されることになる。貴族と平民との間の官職をめぐる貴族的内紛が，所有をめぐる平民同士の内乱へと取って代わられたとき，そして名誉欲ではなく所有欲に乗じた平民指導者が僭主となったとき，ローマは衰退したのである。そしてフィレンツェにおける共和国制度の枠外でのメディチ家の興隆が，法枠外での僭主の台頭によって衰退したローマになぞらえられる。

　これらの箇所から導出されうる含意は，内紛を利害に還元してそれを制度

---

(174) マキァヴェッリにおいて私的党派が国家にもたらす困難さは，それが公的権威にあからさまに挑戦することではなく，むしろ君主や公的権威の私的友人を増やすことで公的弾劾を相対化し，公私の区別をいわば無化してしまうことにある。私的党派の害悪は，その攻撃性よりもむしろその寛大さにあり，私的怨念よりも私的謝意を醸成することにある。Eric Nelson[2004], pp. 82-83.

的に調停したり均衡させたりすることは不可能であるということであり，内紛はローマの自由と発展の原因であると同時に衰退の原因でもあったということであった。これは，先に確認した「マキァヴェッリ・テーゼ」に合致する。

第2節　君主，貴族，平民

既述のように，古典古代と違って，奴隷制によってではなく中産市民相互の交易によって都市としての自立と繁栄を維持していたフィレンツェなどイタリア都市共和国は，貴族の賢慮と平民の平等志向という従来の二分法に満足できなかった。すなわちそれは，政体論の構築に際して，貴族と平民の双方を含めた全市民における徳の平等性や，公共財としての富の配分の問題を，ローマ以上に考慮せざるをえなかったのであり，ここに公的徳の内容として賢慮のみならず愛国心や獲得欲などの情念の扱い方の問題が，政体論の課題として浮上する。そしてこの転換は，イタリア人文主義における共和政ローマ史の再解釈を通じてなされることとなった。すなわち，文献学としての古典的人文主義 (classical humanism) から実践的古典解釈学としての政治的人文主義 (civic humanism) への移行を 15 世紀イタリアに見出したのはバロンであったが，この移行は実質的には，共和政ローマ史の読み替えを通じて行われたのであり，当時におけるローマ史解釈の焦点の1つが，古代ローマにおける貴族と平民の関係が政体論に及ぼした影響をめぐる考察であった。

貴族の野心は本性的であり恒常的であるがゆえに制度によって抑制される必要があるが，平民の野心は散発的であるがゆえに逆に貴族との闘争を煽ることで平民の武装化が促進され，結果的に拡大型共和国が出現する，というマキァヴェッリの議論の背後には，貴族と平民の2階級 (humors) の経済的対立ならぬ気質的対立を政治的領域の根本的な形成動因とするルネサンス的観点が存しているとみることもできよう[175]。『君主論』第 6, 14, 19 章における君主の位置づけは，こうした主張と符合する。つまり『君主論』第 6, 14, 19 章では，君主は政体設立と軍備に専念して，貴族や平民を追いつめ

---

(175) マキァヴェッリにおいて人間のあいだに階層的な相違をもたらす気質 (umori; humor) が，ルネサンス的な占星術的宇宙論に由来するとする研究として，Parel[1992] を参照。

ずにおくべきであることが述べられる。こうした君主の任務制限は，まさに拡大的混合政体の親となったロムルスのそれと一致する (P, 6, 14, 19; 265, 278-279, 285；一：二一－二二，四九，六三)。

　伝統的な政体論においては，軍事力を含めて政体の権力は，政体の性質に応じて配分されねばならないのであって，その逆――つまり力の配分によって政体の性質が決まるということ――ではない。そして政体の性質は，権力バランスでも所有バランスでもなく徳のバランス，すなわち徳における優者（貴族）と劣者（平民）の比率によって決まると考えられていた。それゆえ大まかに言って，伝統的な理解において混合政体論が優れているのは，それが貴族の知恵と平民の平等への愛を兼ね備えた中産階級による支配だからであった。ブルーニも『民兵について』(*De militia*, 1421) のなかで，最善の軍隊は騎士階級の知恵と勇気を平民の力と結びつけることによって栄誉ある征服を成し遂げるものであるとしていた[176]。しかしマキァヴェッリの混合政体論を構成する貴族と平民の相違は，徳の相違でも富の相違でもなく，欲望の質の相違である[177]。マキァヴェッリ混合政体論における「混合」とは，輪番制による「平等」でも，中産階級支配による「中庸」でも，権限の機能的分割による「相互補完」でも，また対立を完全に制度内の均衡に回収する「均衡」でもなく，欲望的気質の力の「拮抗」であり，これによって闘争的拡大が可能になっていくのである。

　共和国の利点について，共和国は構成員を公的栄誉の追求を通して共通善へと動機づけるがゆえに，共通善の促進に有益であるとサルスティウスは主張した[178]。マキァヴェッリはこれを受け継ぎつつも，微細ではあるが重要な改変を加える。すなわちマキァヴェッリによれば，共和国のほうが君主国よりも共通善促進に有益なのは，公的栄誉への動機づけという理由よりも，平

---

(176) Dess[1987], pp. 10-11. Bruni, *De militia*, in Bayley[1961].

(177) マコーミックは，マキァヴェッリのいう政体の「混合」においては，1人支配・少数者支配・多数者支配の純制度的均衡という意味でのポリビオス起源の「混合」と，貴族と平民の中庸としての社会経済的な中産階級支配という意味でのアリストテレス『政治学』(*Politica*, 1294ab, 1296a-1297b) 起源の「混合」とが，結合されていると指摘している。McCormick[1993], p. 894.

(178) Sallustius, *Bellum Catilinae*, VII.

民という多数者の数の力が自由維持能力という点で貴族を凌ぐという民主政的な理由からである[179]。

マキァヴェッリにおける民兵の強調のうちに自治の重視と拡大的共和主義を読み取ろうとするポーコックの解釈[180]においては，政策決定への平民参加よりも軍事・戦争への平民参加のほうに焦点が当てられ，結果として民兵の「市民」としての側面よりも「兵士」としての側面が重視されることになる[181]。

---

(179)「特殊な利益 (bene particulare) を追求するのではなくて，共通善 (bene comune) に貢献することこそ都市に偉大さをもたらすものだからである。しかもこうした共通善が守られるのは，共和国を差し置いてはどこにもありえないことは確かである。つまり共和国にとって利益になることなら何でも実行されるからである。したがって，一握りの私人が政策遂行に際して迷惑をこうむるようなことがあっても，それによって利益を受ける人びとが多ければ，損害を受ける少数の人びとの反対を押し切っても，これを実行に移すことができるのである」(D,II-2;148;二：一七五)。

(180) Pocock[1975a], p. 212.

(181) McCormick[2003]．バロンの系譜を引くポーコック，スキナー，ヴィローリといった研究者たちは，マキァヴェッリにおいて兵士はもっぱら共和主義的共通善に挺身すべきものとして描かれていたと解釈する。これに対してシュトラウス，マンスフィールド，サリヴァンといったマキァヴェッリの近代性を重視する研究者たちは，マキァヴェッリの共通善は共和主義的というよりも私益の集合であり，彼の軍事論もこうした私的情念の解放という観点から理解されるべきだとする（シュトラウス学派による『戦術論』へのまとまったコメントとしては Mansfield[1996], pp. 191-218 がある）。すなわちポーコックは，マキァヴェッリにおいては，人間本性は軍事的徳によってのみ完成されうるものであったとし，市民のみが良き戦士たりえ，戦士のみが良き市民たりうるという相補的関係として軍人と市民の協力関係をとらえる。公共善への挺身によってのみ完成されうる人間の市民的本性は，軍隊における自己犠牲のうちに最良のモデルを見出すとされる (Pocock[1975a], pp. 199-201)。公的財を私的生活の手段とする傭兵や職業軍人を斥けて，私的生活を守るために公的貢献をなす民兵を提唱するマキァヴェッリの姿勢のうちには，私益を守るために公共善を優先させざるをえないという共和主義的な自治の自由概念があらわれていると同時に，軍人と市民の共通目標が共通善の保持であり，共通善の保持に最も有効なのは兵士の規律訓練であるという軍事／市民政治観があらわれている，と

しかし，マキァヴェッリにおける平民の意義は，対外政策における民兵にのみ限定されない。統治術の観点からみるならば，平民という素材の政治参加を促すことで公共体を統治していく役割は，貴族という少数者によって最もよく果たされうるが，公共体の創設と改革の役割は，単独の君主によって最もよく果たされうるのであり，マキァヴェッリにとっては貴族も単独君主

いうのがポーコックら共和主義的マキァヴェッリ解釈者たちの立場であるといえる (Viroli[2000], p. 218. Baron[1966], pp. 430-432. Lynch[2003a], pp. xx-xxi)。スキナーによれば，マキァヴェッリは，「みずからの諸自由のために喜んで戦う武装した独立市民というアリストテレスの人物像を（中略）ふたたび政治舞台の中央に」登場させたのである (Skinner[1978], vol.1, pp. 173-175)。こうした政治的人文主義の市民軍解釈と対照的なのがシュトラウスの解釈である。永続的栄誉を求めるマキァヴェッリの共通善を，拡大化された自己利益ととらえるシュトラウスによれば，マキァヴェッリにとって戦場で兵士や指揮官を戦闘に駆り立てるのは，自発的な自己犠牲とは正反対のもの，すなわち窮乏や死への恐怖という必然性によって惹起された自己保存欲である。そして兵士のほとんどは，死への恐怖という平民的自己保存欲のゆえに，戦闘よりも逃亡によって自己の生命を守ろうとするのであるが，貴族的自己保存欲——名声への欲求——をもつ指揮官が巧みに兵士の内面を操作することで，彼らを戦闘へと向かわせるというのである (Strauss[1958], pp. 247ff. Lynch[2003a], pp.xxii-xxiii による)。したがって，ポーコックのマキァヴェッリにとって重要であった職業軍人と民兵との区別は，シュトラウスのマキァヴェッリにとっては重要ではない。兵士の動員手段が金銭であれ名誉の希求であれ，どちらも自己保存欲の必然性に発することに変わりはないからである。軍事の核心が自己保存欲であるとすれば，共和主義者の主張とは異なって，重要なのは公益と私益の区別ではなく，自己の利益と他者の利益との区別である。シュトラウス的なマキァヴェッリにとって，自己保存を脅かすはずの外敵を兵士として雇う傭兵や外国援軍と，自国軍との区別のほうが，職業軍人と民兵との区別よりもはるかに重要となるように思われるのは，以上のような理由からである (Lynch[2003a], pp.xxii-xxiii)。しかし，シュトラウスがマキァヴェッリの「市民論／軍人論」図式に興味をもつのは，それが「古典古代およびキリスト教／近代」という対立軸を反映するかぎりにおいてである。シュトラウスにとっては，市民と軍人との関係の問題は，聖職者と戦士の関係，武装しない予言者と武装した予言者の関係に置き換えられる。Lynch[2003a], p.xxiii. Strauss[1958]。

も「潜在的君主」であった[182]。

このことをさらに検討するために，政体内に存在する階層について，『リウィウス論』第Ⅰ巻第4章と第5章でマキァヴェッリが述べている箇所を引用しながら論じているマンスフィールドの説を紹介したい[183]。

「どのような共和国にも2つの異なった気質，すなわち平民 (popolo; the people) のそれと貴族 (grandi; the great) のそれとがある (D,I-4;82；二：二二英訳語はマンスフィールドによる)。」

「どのような共和国にも貴族的人間 (uomoni grandi; great men) と平民的人間 (popolari; popular men) とがいる (D,I-5;83；二：二四英訳語はマンスフィールドによる)。」

マンスフィールドによればこの2つの言明は似ているが別のことを述べている。平民的人間とは，気質上は平民ではなく，平民に好意的でありつつも貴族の気質すなわち野心をもつ人のことであり，現実政治におけるエリートではないがエリートになりうる資質をもった「潜在的貴族」である。「貴族」は，野心をもつ平民的人間を含むともいえるし，野心はあるが資格のない平民的人間を含まないともいえる。同様に「平民」も平民的人間を含むとも含まないともいえる。

したがってマキァヴェッリにおける「貴族と平民との内紛」は，2つの側面をもつ。第1の側面は，「支配への野心をもつ貴族」と「野心をもたず，支配されないことを望むだけの平民」，という気質上の対立である。第2の側面は，「少数者の利益促進への野心をもつ貴族的人間」と「多数者の利益促進への野心をもつ平民的人間」，という野心の相違による対立である。それゆえ「平民の統御」は複雑な仕事となる。野心をもたない平民は，君主によって与えられたよき法律のもとで，自由を維持していくことに優れているが，それでも法律がなければ作用できないという点では，政体の手段ないし素材にとどまる。これに対して野心をもつ平民的人間は，貴族的野心との内紛を通じて国外への拡張を進めていくことができるのであり，その意味では

---

(182)『君主論』で僭主 (tiranno) という語が用いられていないことの意義を強調したのはStrauss[1958]であるが，『リウィウス論』では「寡頭政」(oligarchia) の語があまり用いられていない。

(183) 以下の2つの段落は，Mansfield[1996], pp. 92-97 による。

維持的政体を拡大的政体に変質させうる潜在力をもっている。マキァヴェッリの平民的人間がギリシアの「デマゴーグ」と異なるのは，ギリシアの「デマゴーグ」が自分自身民主主義者であり，平民を教育し鼓舞することで民主政へと方向づけるのに対して，マキァヴェッリの平民的人間は気質上貴族でありながら自分自身が主体となって平民の参加による拡大をおしすすめる点にある。マキァヴェッリは，潜在的貴族に宛てた書物を通して，平民の維持的力だけではなく拡大的参加の力の必要性を訴えたのであった。マキァヴェッリにとって政体の相違を決するのは，アリストテレスのようにどの階層が支配しているかではなく，つねに支配する気質上の貴族（およびそこから生まれる君主）と，つねに支配される気質上の平民とが，どのような統治様式で関係をもっているかであった。「誰が支配するか」ではなく「いかに支配するか」がマキァヴェッリの関心であった。以上がマンスフィールドの考察である。

　要するにマキァヴェッリは，「気質としての貴族（＝潜在的君主）」は肯定的に評価するが，「封建的社会階層としての貴族」は共和政体の成立を妨げるものとして否定的に評価し，後者の特権階級としての貴族の影響力が強いナポリなどの地域では，共通善達成のためには共和政体（＝法律）ではなく強大な君主（＝絶対権力）が必要とされると考えたのである[184]。

　しかしそうはいっても，マキァヴェッリの混合政体論が，気質や習俗や徳

---

(184)「この2種類の人びと［＝領主や貴族の特権階級］は，ナポリ王国，ローマ地区，ロマーニャ，およびロンバルディーアにみちあふれている。したがって，これらの地方には一度たりとも共和国は成立しえなかったし，かつて政治的独立を味わったこともなかった。なぜなら，この階級はあらゆる自由な市民の政治には，真正面から反対するものだからである。そのように固まってしまっている地方に共和政体を導入しようとしても，とうてい不可能であろう。けれどもある人物が秩序を導入しようとして支配者になったとすれば，そこに王国を成立させる以外に方法はない。その理由は，大衆が腐敗して，法律によって十分に彼らをおさえられなくなった国では，法律のほかにより強大な権力をつくりださなければならないからだ。この絶対権こそ王権にほかならない。彼はその絶対的かつ無制限の権力を行使して，貴族の勝手気ままな野望や腐敗堕落を食い止めなければならないのである (D,I-55)。」貴族を弱体化させて共通善を達成するための手段としての君主の効用について，奥田 [2006]。

の対立を制度内における多元的な機構対立に完全に回収する純粋な意味での制度論ではなかったことにも注意が払われるべきである[185]。マキァヴェッリはたしかに，共和政ローマにおける貴族と平民の対立を元老院と民会の拮抗に対応させるポリビオス以来の伝統的ローマ史解釈の制度論的観点を踏襲するが，民主政的要素の導入としてマキァヴェッリが強調するのは，民会が立法権を獲得したこと——その意味で平民の力がみずから制度内での機構的な位置づけを得たこと——ではなく，統治者（＝気質上の貴族）の観点からみて平民の立場を代弁する護民官制度が設立されたことである。しかもこの護民官制度の設立は，平民の強大化が自生的に均衡をもたらすかたちでなされたのではなく，貴族による譲歩政策の結果である。平民の力それ自体は，立法ではなく軍事へと「動員」されることで，混合政体の枠外に置かれる。際限がないのは平民の物欲ではなく貴族の征服欲であり，この貴族の征服欲が護民官設立によって抑制されたこと——より正確には貴族が護民官を容認することで平民の武力をみずからの拡大欲の軍事的手段（＝民兵）として効率よく取り込んだこと——が，ローマ発展の主因と考えられたのであった。マキァヴェッリにおいて制度設立の役割を担う君主は，平民を巧みに操作し統治する貴族のなかで特に傑出した人物であると考えられる。その意味でマキァヴェッリの混合政体論は，大雑把にいってポリビオス→ヴェネツィアの神話→ブルーニ→ハリントン→モンテスキューと続く多元的機構の制度設計術の系譜[186]というよりは，貴族による平民利用の統治術の系譜に数えいれられ

---

(185) 本書第1章第1節で述べたように，『リウィウス論』第Ⅰ巻第18章ではmodi（統治様式），ordini（制度），leggi（法律），costumi（習俗）の語が区別され，相互の関係が示唆される。創設者によって設立された政治制度である ordini の成否は costumi という社会的条件にかかっているが，よき制度やその具体的規定たる leggi が習俗を純化することもマキァヴェッリは認めており，ここに制度を媒介とした法律と習俗の循環が生じる。また統治様式（modi）には，制度枠内での通常的な（ordinari）形態と通常の制度をこえた（straordinari）形態とがある。マキァヴェッリは通常時には ordini の典型的形態たる混合政体によって権力を分散させて公益を確保促進しようとし，非通常時には modi の典型的かつ超制度的な形態たる新君主の集中権力によって公的 ordini を回復しようとする。

(186) マキァヴェッリの混合政体論を，私欲の制度化による公的自由の達成へ

るべきであろう。マキァヴェッリにおいては，後のハリントン，モンテスキュー，ヒュームのように，完全に脱身分化した党派対立そのものを制度論的に表現した——その意味で情念の対立が利害の対立に完全に移行している——混合政体論というよりも，気質の相違にもとづく「貴族(的なもの)」と「平民(的なもの)」という階層的な混合政体論が，なお残存しているとみることができよう[187]。

　ここで，マキァヴェッリによる維持型／拡大型という区分の導入が，伝統的なローマ混合政体論解釈に施した改変を，多少図式的にではあるが再度まとめて確認しておきたい。マキァヴェッリはまず，自由／隷従という区分と貴族／平民という区分を伝統的混合政体論から継承しつつ，自由の擁護者にふさわしいのは貴族か平民か，という問題を考察する。最初マキァヴェッリは，貴族＝保身欲／平民＝獲得欲という伝統的分類にもとづいて，獲得欲の強い平民に自由の擁護役を任せることは不平等の元凶であるので貴族に任せるべきだとするスパルタ・ヴェネツィア型＝ハリントン型を採用しそうにみえる (D,I-5; 83; 二：二四)。実際歴史上も，共和政ローマよりもスパルタやヴェネツィアのほうが長く存続したのであるから，この選択は妥当であるように思われる。しかし古代の時代とは異なって，現在の必然性は，自由確保のためには拡大と不平等が必要であることを教えている。そこでマキァヴェッリは，維持型／拡大型という政体区分を導入し，しかし同時に貴族による平民統御の余地をも残すために，「貴族＝保身欲／平民＝獲得欲」という図式を「貴族＝獲得欲／平民＝解放欲」という図式に置き換えたうえで，平民

　　の一手段として，ハリントンにつながる二院制的機構論の文脈でとらえるのが，Skinner[2002], vol.II, pp. 179-180, 357-358 である。

(187)『フィレンツェ政体改革論』においてマキァヴェッリは，過去においてフィレンツェ共和政体が短命に終わったのは気質の適切な制度的混合に失敗したからであるとする。そして改善策として，以下のような混合政体制度を提案する。最も野心的な第1の階層については，ここから65人の市民を終身シニョーリアに任命して輪番制で執政に当たらせ，次に第2の階層については，そこからシニョーリアにアドバイスする終身の二百人評議会を選出し，さらに第3の階層たる平民については，そこから千人もしくは六百人評議会を選出して大幅な官職配分権を付与する，という制度である。*Discursus Florentine rerum*; 27-29; 六：一四二 - 一四五。

に自由の擁護者を任せて拡大をはかるローマ型の不平等な混合政体論を選択していくのである。ここで「解放欲」のうちにすでに「恐怖」の契機が入り込んできているとみなして，それゆえ貴族の安定よりも平民の保身を政治の目的とするデモクラティックな傾向をそこに読み取ることも可能かもしれない。

とはいえ，民主主義を人民主権による支配者と被支配者の一致ととらえるならば，マキァヴェッリのうちにはデーモスはあってもデーモスによるクラティアを重視する発想は少ないといえる。マキァヴェッリにおいては，平民が兵士や統治の素材として重視されることはあっても，討議への主体的参加を平民に期待するギリシア的な直接民主政治の契機は見られないといってよい。人民の直接的な討議参加という意味での共和主義の「民主主義化」ではなく，むしろ，貴族と平民の双方を含む「公民」によって起草・運用される「法の支配」の共和主義のうちに，拡大の必然性のゆえに君主と平民が「動員」され，統治ないし統治的主権の発想が混入しはじめる点に，マキァヴェッリ共和主義の「近代性」を見出したい。マキァヴェッリと英国の共通項は，ポーコックのいうような土地法や民兵というよりも，「法の支配[188]」と「統治」（＝

---

(188) ハリントンは，「コモンウェルスにおいて法をつくる人びとも人間に過ぎないのだから，コモンウェルスが法の支配する国であって人の支配する国でないのはどうしてであるか」という疑問に対して，「法の支配」とは，利害を異にする者の間で権限を分割する制度を設けることである，という答えを用意する。Harrington, *Oceana,* Pocock, ed.［1977］, pp. 171-172.「法の支配」を私的利害の制度的調停に還元するハリントンに対して，マキァヴェッリにおいては，国家理性（＝国家全体の利害）と私的利害（＝統治者の利害）との質的区分を前提としつつ，前者の公益を政治の目的とする伝統的観点が残存している。マキァヴェッリ自身は「法の支配」という表現を用いないが，ordini の概念がそれに相当すると考えられる。なお福田有広［1995］は，ハリントンにとっての「公益」が「統治の安定」と同義であることは認めつつも，その実現手段としての混合政体が私益の調整にすぎないという見方に対しては懐疑的である。福田によれば，ケーキを切り分ける少女の有名な例はホッブズの土俵に立って自己の二院制機構を説明した方便にすぎないのであって，混合政体論のうちに現れるハリントンの「古代の知恵」（ancient prudence）は，王政に対するたんなる共和政のことではなく，古代史という歴史の経験に根ざした歴史解釈の謂いであった。

統一的意志の支配）との両立の模索，すなわち「君主のいる共和国」だったのではなかろうか。

ここで，徳や制度の精錬によって公益を確保する「共和主義者[189]」としてよりも，平民の直接的かつ競合的な政治参加による制度形成の契機を重視する「参加民主主義者」としてマキァヴェッリをとらえようとするマコーミックの論稿を参照しつつ[190]，ポーコックやスキナーらの共和主義的マキァヴェッリ解釈への批判の1つをみておきたい。

マコーミックによれば，マキァヴェッリにおける民兵の強調のうちに自治の重視と拡大的共和主義を読み取ろうとするポーコックの解釈[191]においては，政策決定への平民参加よりも軍事や戦争への平民参加のほうに焦点が当てられ，結果として民兵の「市民」としての側面よりも「兵士」としての側

---

(189) もちろんここでは，思想史的にも理論的にも多層的な「共和主義」の包括的規定を扱う余裕はない。共和主義（公的な事柄 res publica を語源とする）と共同体主義（共通の生 communitas を語源とする）は，現代において，リベラリズムによる個人の権利の過度の強調を懸念する陣営として，近接した思想とみなされている。今仮に，共和主義（リパブリカニズム）を「公共圏の政治思想」，共同体主義（コミュニタリアニズム）を「共通善の政治思想」，自由主義（リベラリズム）を「個人主義（自律）と多元主義（寛容）の政治思想」と位置づけるならば，共和主義は，共通善を「共通の生の様式」（コミュニタリアニズム）や「自律と寛容の保証形態」（リベラリズム）として特徴づけるのではなく，政治領域の公共性を担保する徳と制度の探求の試みとして共通善を把握する立場であるといえよう。そこには，自然的力とは区別される政治権力の集合的な形成と運用への関心があり，個の集計としてではなく，個のあいだに，個とは領域的に区別されるものとして成立する公なるもの (the public) の可能性の追求がある。そして共和主義においては，公共圏の存立を脅かすものとしての，僭主政，衆愚政，アナーキー，政治の私事化（ないし政治の生命自然主義化）への警戒から，政治権力を（自然的な人格であれ集合的な人格であれ）単一の人格的意志の表明とみる立場への警戒が派生する。一方で絶対君主政への反対と，他方で混合政体，制限君主政，議会や市民の権力，自治の自由，参加の平等の追求とが，結合するのである。そこでは，「参加による市民意志の形成」と「法の支配」という，相互に矛盾しかねない2つの要素への志向性が，共存しているとみることができる。

(190) McCormick[2003].

(191) Pocock[1975], p. 212.

面が重視されることになる。

　ポーコックがマキァヴェッリにおける平民の役割をもっぱら民兵という対外的軍事面にみたのに比して，スキナーは平民の内政的役割にも注目する。スキナーは，伝統的共和主義に対するマキァヴェッリの新しさが，その内紛観にあることを認めている[192]。しかしスキナーはこの内紛を，貴族と平民との同様に危険な欲望のバランスをとるという均衡の観点から眺める。結果としてスキナーにとっては，貴族と平民との気質の質的相違よりも，すべての人間に共通する利己性をいかに制度的に調整して有徳な市民を作り出すかが，マキァヴェッリの混合政体論の関心事であったということになり，そのかぎりでマキァヴェッリもまた，多元的利害の調整によって不偏不党の公益に近づくという伝統的，ポリビオス的な共和主義の混合政体論の枠内にいるということになる。スキナーのマキァヴェッリ解釈においては，貴族と平民という「社会学的」階層[193]よりも，市民という政治学的主体が中心的役割を果たす。しかしマキァヴェッリは，『リウィウス論』第Ⅰ巻では，ローマにおける制度枠内での平民の正統な野心と，無際限であるがゆえに危険な貴族の支配欲とを対比しており (D,I-5;83; 二：二四)，両階層の野心を同等とみなす視点は『フィレンツェ政体改革論』(Discorso sopra il riformare lo stato di Firenze, 1520) まで登場しない。『リウィウス論』のうちには，執政官・元老院・民会が均衡を保つポリビオス的な混合政体論だけでなく，その均衡を破壊し超えていくような，その意味でリウィウスの歴史の注釈としての『リウィウス論』を超えていくような，貴族と平民の相互闘争関係もまた存在するのだ，と主張するマコーミックに，本節も同意したい。制度内的均衡だけでこの闘争関係を説明することができないとすれば，マキァヴェッリのうち

---

(192) Skinner[1981], pp. 65-73. 邦訳，一一八－一三〇頁。Skinner[1990], pp. 130, 136.

(193) もちろんマキァヴェッリのいう「貴族」は，土地所有者というよりも武勇の徳を備えた階層としての意味合いが強い。土地所有を基礎とするマキァヴェッリの民兵論は，かれのなかでは貴族ではなく平民と結合する。民兵論を除けば，マキァヴェッリのうちには土地の配分が徳に影響するというハリントン的思想はさほどみられないのであって，マキァヴェッリの共和主義がハリントンに受け継がれるというポーコックの図式は，英国的なるものをマキァヴェッリのうちにやや読み込みすぎるきらいがあるように思われる。

には，共和主義的公益を破壊するような，平民中心的，参加的，権力的な集権観——国家理性——が存するとマコーミックはいう[194]。さらに，スキナーがマキァヴェッリのうちに見出す新ローマ派的自由観念についても，それが政治的な自治の抑圧との対比においてしか定義されていないことをマコーミックは批判する。都市内部で僭主が恣意的支配を行うことによって損なわれるような政治的自治の自由だけでなく，貴族による平民の抑圧と平民からの反作用によって損なわれる社会的自由が，マキァヴェッリのうちには想定されており，後者の自由がもつ民主主義的可能性をスキナーの自由論はとらえきれていない，というのがマコーミックの立場である。

マコーミックのマキァヴェッリ解釈は，「法の支配」の自由を重視するスキナーらの「ネオ＝ローマ的」マキァヴェッリ解釈に対して，いわば人民主義的デモクラシー (populist democracy) の要素をマキァヴェッリに読み込もうとするものであり，法の支配による政体の安定の模索をマキァヴェッリ的共和主義の中心的要素とするスキナーやヴィローリらの立場とは一線を画する[195]。政体内の紛争を公法枠組のなかに取り込むことで安定を達成するのではなく，公法枠組自体をつねに組み替えうる人民の参加ないし動員を重視するのである。闘技的民主主義と参加民主主義の影響を受けたマコーミックのマキァヴェッリ解釈は，共和主義的マキァヴェッリ像を批判しようとするあまりに，逆にマキァヴェッリを社会学的人民主義に引き付けるという時代錯

---

(194) 貴族政的混合政体論よりも民主政的混合政体論を選ぶマキァヴェッリのスタンスに，人民主義的集権論をみるマコーミックの立場に対して，同じマキァヴェッリのスタンスに，ポリビオスやアリストテレスよりもルッカのプトレマイオスやパドゥアのマルシリウスに近い要素を見ようとする研究として，Blythe[1992], p. 306 がある。ブライズによれば「混合政体論に関していうならば，後の混合政体論者たち——貴族政的なフランチェスコ・グッチャルディーニや民主政的なドナート・ジャンノッティ——からマキァヴェッリを隔てているものは，ヴェネツィアとスパルタに対するマキァヴェッリの嫌悪と，特定集団間のバランスについての強調点の相違にすぎない」。

(195) Vatter[2000] は，マキァヴェッリの自由は安定政体や法の支配と結びつく「支配からの自由」(non-domination) ではなく，むしろフレキシブルな政体と親和的な，アナーキー的な「支配の不在」(no-rule) の自由であると主張する。

誤に陥る危険があろう。しかし，共和主義に対する集権的国家理性論の可能性をマキァヴェッリのうちから取り出し，そこにマキァヴェッリの「近代」性をみるという点では，マキァヴェッリの共和主義的性質を限界づける意義をもつといえる。

この点について本書の立場を述べるならば，マキァヴェッリにおける貴族と平民の区別は，物質的な獲得欲と自己保存欲という社会学的な欲求の量的差異にもとづくものではなく，むしろ占星術的宇宙論に影響された気質の質的相違にもとづくものである。その意味ではマキァヴェッリは，徳の種差によって階層を区分する伝統的な分類――すなわち一者たる君主が知恵を，少数者たる貴族が勇気と名誉を，多数者たる人民が自由と平等を，それぞれ担うという図式――を踏襲する面がある。しかし第１部の政治的理性の箇所で検討したように，また第４部でみるように，マキァヴェッリにおける君主の知恵は，獅子の勇気に支えられた狐の知恵の統治術として，自由への人民の欲求を操作しうる技術知に変質しており，君主と貴族との徳の相違は減少している。君主はあくまで新秩序設立＝臨時的改革の際にのみ要請される存在であり，その意味では君主は傑出した貴族であるともいえる。マキァヴェッリの政治思想においては，緊急時には君主と人民との区別が前面に出てくるが，フォルトゥナとの日常的闘争と拡大を内容とする平時においては，貴族と平民の区別が中心である[196]。それゆえ全体としてみるならば，マキァヴェッリの著作は，平民の自由を政治的に利用しうる貴族（および貴族のうちでも傑出した存在としての君主）に宛てられているとみてよいであろう。

共和主義を内包的で拡大的な権力論の一部としてとらえるネグリの「帝国＝拡大的共和国」論に対して，本書は，マキァヴェッリの共和主義を伝統的な混合政体論の枠組でとらえた。そして平民のみの構成的権力に依拠するの

---

(196) 制度枠内の改革と枠外の改革とをマキァヴェッリが区別していたこと（D,III.1 と I.9 を比較せよ）は，ここにおいて極めて重要である。すなわちマキァヴェッリにとって，「創始への日常的回帰」は２つの位相で行われうることになる。腐敗が一定限度内にとどまっているがゆえに弾劾や臨時独裁執政官といった諸制度で対応可能な場合と，腐敗が蔓延しているがゆえに英雄的ヴィルトゥによる新秩序設立が必要な場合とは，マキァヴェッリにおいて区別される。それゆえ創始への日常的回帰がつねに僭主政に連結するわけではない。Fischer[2006], p. lvi.

ではなく，平民と貴族と君主との制度的調整によって公益を拡大することがマキァヴェッリ混合政体論の共和主義であり，その共和主義と imperium すなわち統治術とがともに拡大の必然性に沿って機能するように歴史を利用するのがマキァヴェッリの思想的核心であると考えた。それゆえ，マキァヴェッリにとって民主主義は共和主義と同一のものではなく，共和主義の一手段であり，その共和主義は統治術とともに拡大という歴史的必然性の一手段なのである。マキァヴェッリの共和主義論は，市民の完成や最善の政体の達成ではなく，「法の支配」という公的自律の達成を目標とする点では，ローマ的な法治的共和主義と親和性をもつ。しかしその法には参加による構成的秩序だけでなく統治と拡大の要素も含まれざるをえず，法の腐敗を防ぐには拡大へと向かわざるをえない。しかし拡大も結局は滅びるという「必然性」に巻き込まれている。マキァヴェッリの共和主義論は，必然性に対抗するための「統治的な法の支配」である。

　16世紀フィレンツェと17-18世紀英国を，ともに「君主のいる混合政体」として語りうるとしても，両者にはもちろん見逃せない差異がある。法規範が一元化されておらず，貴族，平民，大貴族（君主）のあいだで権力が分散していたフィレンツェと，法規範を一元化した君主政がすでに存在していた英国との相違は重要である。後者の混合政体が，政治機構による執行権力の制限としての制限君主政ないし立憲主義の系譜を予感させるとすれば，前者には，気質や勢力の混合としての混合政体論が適合的であり，自由の回復のために法をこえた君主を要請する臨時独裁制度が，なお執行権力を制度化する方法としては重要な位置を占めていた。また，マキァヴェッリのローマ史解釈において拡大への一転換点となる護民官制度の設立は，機能分担という「権限分割」ではなく，平民の権力を集中することを主眼としていた。制度上の権限の設立による「混合」の形成を重視するマキァヴェッリの混合政体論は，権限配分の制度化と限定を重視する立場とは異なる。マキァヴェッリにとってローマ共和政は，権限の分割と制度化を必要とする「代表制なき民主政」（ヒューム）ではなく，帝国化と崩壊へと向かう「必然性」によって限界づけられた拡大的混合政体であった。

　さらに，階層対立の内実面での相違も見逃されるべきではない。土地の所有関係が統治権威の中心課題であり，したがって富をもって貴族を規定する発想が強まりつつあった17世紀中頃の英国。貴族と平民の相違が土地所有

ではなく気質に求められ，その分だけ徳によって貴族を規定する発想が残っていた 16 世紀前半のフィレンツェ。両地点における混合政体論はおのずと異ならざるをえない[197]。農地法と自由の関係をめぐるハリントンとマキァヴェッリの対照は，このことを端的に示している。すなわち，ヴェネツィア的混合政体論の安定的性質を農地法によって実現しようとするハリントンに対して[198]，マキァヴェッリは，ローマの農地法による貴族の拡大欲の抑制が逆に貴族の政治的野心を物欲に転化させ，自由喪失の元凶になったとして，農地法を非難したのであった。ハリントンもローマの農地法を批判するが，それは農地法の存在そのもの——すなわち所有バランスの適切な配置によって権力バランスを維持することによる「平等」の確保——への批判ではなく，貴族から土地を取り上げて平民に配分する条項が機能せずに結局貴族による土地への過剰な支配が残存してしまったことへの批判であった。ハリントンによればローマ農地法の失敗は，マキァヴェッリのいうような欲望の質の転換にではなく，配分の平等確保の失敗に存しており，ローマ共和政は「不平等な共和国」であった点で批判を免れない。他方マキァヴェッリにとって望ましい対立とは，気質の対立というまいば「自然[199]」の対立であり，土地所有などをめぐる門閥間の利益の対立は，悪しき「作為」的対立として描かれる。これに対してヒュームにおいては，制度化可能な対立としての官職をめ

---

(197) ポーコックは，軍事的自己武装と自由土地保有とを共和主義的自立のイメージで結合することで，マキァヴェッリの民兵論とハリントンの農本的共和主義との連続性を担保しようとする (Pocock[1975a], pp. 385-386) が，これはマキァヴェッリの軍事論と政治論の関係をめぐるポーコックの解釈を反映している。私見によれば，マキァヴェッリの軍事論は共和主義的政治論の一部というよりも，軍隊の組織と規律が国家の統合の質を映し出すという意味で，政治学そのものに統治術的・拡大的性質を帯びさせるものである。したがって，マキァヴェッリにおける民兵論は，ポーコックのいうような共和主義の公的自立の基礎として「法の支配」の一側面というよりも，統治術の一部であると考えられる。Lynch[2003a], pp.xix–xxvii をも参照した。

(198) Harrington, *Oceana,* Pocock, ed.[1977], p. 181.

(199) 「戦わねばならない必然性に迫られなくても，人は野心にかられて戦いを挑むものだ。(中略) それは，自然が人間をつくったときに，人間がなにごとをも望めるようにしておきながら，しかもなにひとつ望みどおりに実現できないように仕組んでおいたからである (D,I-37; 119; 二：一〇三－一〇四)。」

ぐる利害対立と，制度化不可能であるがゆえに世俗化と哲学による穏和化の対象たるべき原理の対立（たとえば宗教紛争）とが区別される。階層の対立のうちに気質の対立と利害の対立を区別し，混合政体を階層利害の均衡ではなく討議と決議という機能分担としてとらえなおしたのがハリントンであって，この機能分担論をふまえたヒュームの「対立者の会議」制度は，いわば二院制と弾劾制との制度的結合であった。これに対してマキァヴェッリにおいては，慣習と制度との循環関係のゆえに，気質を重視する「徳の政治学」の要素が残っている[200]。自由主義の課題が，万人にとっての同様の自由と両立する範囲内で競合する各人の合理的利益を最大化するシステムを考案することであり，その意味で自由主義にとっての法が，各人が自己利益をその枠内で追求しうる中立的枠組であったとするならば，マキァヴェッリにとっての法と秩序の課題は，自然的に私益を志向する傾向から各人を解放し，公共善へと向けかえることにあったともいえよう[201]。

ローマ史のフィレンツェ的読解にもとづいて，エリートの賢慮と平民の祖国愛という分担論から解放されたマキァヴェッリの気質拮抗型の混合政体論は，賢慮中心の古来の貴族的共和主義の転換点であると同時に，気質と利害，徳と制度，安定と競合，統治と参加の，混在と分離の可能性をローマ史のうちに再発見して提示したがゆえに[202]，今なお共和主義思想史再考にあたって

---

(200) マキァヴェッリにおける気質（umori）と野心（ambizione）とヴィルトゥの関係については，ここでは十分には論じることができないが，変転的運動世界の反映としての前2者を，変転に耐える公益（＝国益）の維持拡大のために発揮していく力能がヴィルトゥである，と差し当たり整理しておく。政治参加，祖国愛，自由な政体への愛，公務（とりわけ軍務）への専心といった他のいわゆる平等主義的な republican virtues については，マキァヴェッリは「参加」を除きおおむねこれらを推奨するが，これらを指すのにヴィルトゥの語を用いることは少ない。ヴィルトゥは義務遂行力ではなく指導的卓越性である。それゆえ，「参加」ではなく，統治者が平民を鼓舞して「動員」する能力は，ヴィルトゥに含まれる。

(201) Skinner[2002], vol.II, pp. 164-165, 185.

(202) 党派抗争の効用をローマ史に読み取るマキァヴェッリの混合政体論から生まれたのは，ルソー的な人民主権論ではなく，貴族政の新たなバージョンであった。すなわち，マキァヴェッリがローマ史に見出した貴族と平民の欲望の対立を，利害の対立へと翻訳しつつ，階級抗争を政体内での機能的分立へと読

の豊穣な源泉の1つなのである。

み替えることで,二院制につながる「制度設計の政治学」を展開するハリントンやヒュームの系譜が,ここから出てくる。また,平民利用の統治術の担い手として君主を貴族と同一視するマキァヴェッリの視点を受け継いだモンテスキューは,貴族の征服欲を物質的奢侈へと翻訳しつつ,「奢侈の貴族政」としての君主政を文明の象徴とする,近代的な「原理と習慣の政治学」を提唱した。また,政治的複合体としての混合政体論を,一政治体内での権力分立論に置き換えたモンテスキューへの,アムローらヴェネツィア神話批判派の影響を指摘するのが,Wooton[1994], pp. 365-366 である。

第4部
統治術としての政治学

はじめに

　第4部では，マキァヴェッリの政治学の統治術的側面に着目しつつ，国家体制の対内的また対外的操作術に関するマキァヴェッリの議論を扱う。あえて単純化すれば，マキァヴェッリ政治学の全体は，「歴史的公共体の統治術」として特徴づけられよう。それは「支配者の私有領土の統治術」でもなければ，「公共体における共生術」でもない。国家を公共体としてみるレス・プブリカの観点を維持しつつも，その公共体が存続するためには対外的に利己的拡大権力たらざるをえないというネチェシタを前提としたとき，マキァヴェッリは，支配／被支配の用語をそれ自体政治学の中心概念として分析する統治術的政治学の観点，つまり stato の論理を導入せざるをえなかったのであり，ここに，マキァヴェッリ解釈における『リウィウス論』／『君主論』問題が発生することになる。つまり，ordini（秩序，法制度）自体は恣意的統治や専制や利害調整をこえた公共的な枠組としての内部機能を果たさなければならないが，ordini の設立と維持と拡大には extraordinary な立法者が必要とされるということ。立法者は立法後ただちに法に服さねばならないが，それ自体恣意的である立法行為の正当性は，ordini 自体の存続という事後的結果によってしか判定されえないということ。公共体の時間的・空間的限界からくる，政治の目的と主体との乖離の問題，相互行為と支配行為という複眼的視点の絡み合いという問題である。

　マキァヴェッリの著作における，共同体の倫理性に関するオプティミズムと人間の意図と行為に関するペシミズムとのあいだのズレは，多くの読者たちを困惑させてきた。マキァヴェッリは，政治の目的がよき共同体の確立と維持拡大にあるとしつつも，権力追求の必要を説き，政治的な人間は古代のよき人間と必ずしも一致しないと考えていたように思われる。つまりかれの政治思想においては，de jure な統治論と de facto な統治論とが混在しているのである。こうした齟齬を前にして，フリングは，マキァヴェッリの共和主義は権力政治の表現手段に過ぎず，パワーの共同体的発現にほかならないマキァヴェッリの政治の目標は，自由ではなく拡大と栄誉の偉大さであると主張する[1]。これに対してスキナーの解釈はより慎重である。スキナーによれば，

---

　(1) Hulling [1983], pp. 3-30, 219-255.

公民的共和主義とくにマキァヴェッリの著作には，客観的な幸福（エウダイモニア）の概念を包含していないという意味で消極的でありながら，なおも政治参加と公民の徳の理念を含んだ自由の観念が見出される。マキァヴェッリは『リウィウス論』で，自由とは人間が自分固有の目標つまり各自の「好み」(humori) を追求する能力であるという自由の概念を提唱しながら，同時にそうした個人の自由の行使を妨げる強制や隷属を回避するのに必要な条件を確保するには，一定の公務を果たし，徳を陶冶することが是非とも必要であると主張する。公民の徳を実践し，共通善に仕えねばならないのは，マキァヴェッリからすれば，各人が自分の目標を追求できるようになるだけの人格の自由を，われわれ自身で保証するためなのである[2]。スキナーによればこうした消極的かつ参加的自由観こそ，マキァヴェッリの政治思想において権力政治をさらに深い部分で規定している要素である。

本書では，マキァヴェッリにおける de jure な統治論と de facto な統治論との混在の問題を，さしあたりつぎのように考えておきたい。マキァヴェッリの思想において，自然秩序論や人間本性論は de facto であっても，公的領域や市民論，政治制度論は de jure である理由は，歴史論の項ですでに述べたように，ホッブズにおけるような秩序のトータルな解体と組み換えではなく，歴史的公共性の秩序がマキァヴェッリには残存しており，それが法制度や公民的徳の教育論を支えているからであると考えられる。

こうした政治の目的と主体の乖離および両要素の複雑な関係は，『君主論』献辞におけるマキァヴェッリの視点の定め方にあらわれている。かれはつぎのように述べる。

> 「この者の思い上がりを責められませんように。（中略）私は，取るに足らない低い身分でありながら，君主たちの統治について論述し，その規則を与えようなどと思い上がってはおりません。というのも，風景を描く人が，山々と高い場所のかたちをみるために平原に身を置き，低い場所を眺望するために山頂に立つように，平民の本性を知るには君主であるべきであり，君主たちの本性を知るには平民であるべきであるからです (P,Dedicatio；257；一：五, 六）。」

ロレンツォ・デ・メディチという君主に捧げる献辞，君主について語ろう

---

(2) Skinner[1984], pp. 217-219.

とする書物の冒頭で，マキァヴェッリは，君主たちはみずからについて知ることができない，君主については平民の視点からしか弁えることはできない，と述べているかのようである。マキァヴェッリ自身は，統治を眺める視点（平民）と統治の実行主体（君主）との分離を認めつつ，両者の統合でも第3の立場の導入でもなく，両者の自立的な往復関係に踏みとどまろうとする。平民の視点を重視すれば，『君主論』は平民のための僭主的統治術暴露の書であるというルソーのマキァヴェッリ解釈――リパブリカンというよりデモクラティックなマキァヴェッリ像――に接近するであろう。逆に君主の視点のみが『君主論』のすべてであると考えるならば，そこからはたんなるマキァヴェッリズムしか出てこない。しかし本書にはどちらもマキァヴェッリ政治学の複眼的ダイナミズムをとらえていないように思われる。またマキァヴェッリが第3の政治科学者の立場をとっているという解釈も，マキァヴェッリ政治学における公共性と支配性との複雑な交流をとらえきれていないといえる。マキァヴェッリは山頂と平原を往復し続けるのであって，山の中腹や空の上に鳥瞰的視点を確立したわけではない。

　かつてシュトラウスは，マキァヴェッリの共和主義的国家論を指して「集団的利己性」（collective selfishness）であると特徴づけた[3]。たしかにマキァヴェッリの共和主義国家は，それ自体自然的共同体として市民の自然性の道徳的完成のために自足的に存在するものではなく，市民の自然性に反してかれらを人為的に統合し，外敵を排除することによって，不安定な公的領域それ自身の維持存続をはかっていく拡大的，利己的，非自足的存在である。マキァヴェッリにおいて政治制度は，自然に任せておいたら殺し合って滅びてしまう個々人の力を，私益市場によらずに公的栄誉への公的野心によって集団化し，より大きく有効に発揮させるための枠組である。共和国は個人間の闘争を，市民的生活様式を通じて友と外敵とに区分された集団間の闘争によって置き換えるのである[4]。マキァヴェッリのいう法のもとでの自治の自由は，それ自体の内容としては共和主義的であるけれども，効果ないし結果としては欲望の制度化による外敵の搾取に結びついているのである。アリストテレスの言葉を使うならば，そこにおける市民の結合は，市民を善かつ正義

---

(3) Strauss[1958], p. 11.

(4) Fischer[2000], p. 147.

たらしめる「善き生の共同体」(eu zehn koinonia) ではなく，共同事業のために地理的に提携した「同盟」(symmachia) にすぎない[5]。マキァヴェッリにおける市民生活は，徳育成のための相互依存というよりも，貴族と平民との闘争や外敵との闘争を制度化したものであった[6]。

それゆえ，混合政体の最初からの制度化による維持型国家ではなく，内紛を通じた帝国的拡大国家を必然かつ理想とするマキァヴェッリにとっては，君主国は帝国のモデルにふさわしくないことになる[7]。平民が政治的・軍事的素材としての民衆としかみなされない君主国においては，平民も含めた国家内のすべての市民が拡大のための政治的役割を主体的に果たすことができないからである。むしろ国法の設立者が平民に武装や昇進や武勇確立の機会を残しておくことによって，主体的な武装による集団的安全保障を図る「軍事共和国」こそ，マキァヴェッリの想定するところであった。共和国の本質的機能は，欲望を満足させようとする人間の自然的努力を組織化して，かれらが個人で得られる以上の栄誉，領土，富を集合的に生み出させることである[8]。すなわち，互いに闘う代わりに，外国を征服するために結合するのである。共和国は小規模な場合にのみ安定するという古来の常識とは対照的に，マキァヴェッリの共和国の内政安定は，帝国的領土拡大に依存しているのである。

その意味では，マキァヴェッリは，公民 (cittadini)・人民ないし平民 (popolo)・民衆ないし大衆 (multitudo) の3者を，著作における用法上の厳密な一貫的区分とまではいかないにせよ，ある程度区別して考えていたとみることができる。公民とは，国家理性の統治術とは区別される，公法領域の参加的構成員としてとらえられた政治人を意味する。人民ないし平民とは，貴族 (grandi) との対比でとらえられる一階層——経済階層ではなく気質の相違による統治様式上の階層——であり，貴族に比べて政体の安定と

---

(5) *Politica,* 1280b-1281a.

(6) Fischer[2000], p. 147.

(7) Pangle and Ahrensdorf[1999], p. 143.

(8) フィッシャーが，マキァヴェッリの共和国を「秩序づけられた放縦」(well-ordered license) と呼ぶのも，個人の欲望の集合化としての国家を想定してのことである。Fischer[2000].

拡大に適しているので，本性上必然的に拡大的たらざるをえないあらゆる公的国家のための手段として重視される。平民は君主の統治対象や臣民ではないが，君主制・貴族制・民主制のいずれをも含む広義の共和国を統治術的側面から眺めるときに，公的国家の素材とみなされる階層への名称なのである (D,I-4, 5, 6; 78-83; 二：一四一二三)。これに対して民衆ないし大衆とは，もっぱら人格としての特定の支配者の統治のための素材である。大衆は，公民へと教育されなければ，それ自体としては政治参加の主体たりえないし，また，平民のように国家全体の利益のために用いられることも，そのままでは不可能である。大衆は，君主不在という意味での共和制下においては，公民や平民へと変革されるべき存在，そのままでは公的領域を私益化して多数者による僭主政を生み出しかねないような危険な存在であり，君主制下においては，公益を目指す君主によっても私益を目指す君主によっても利用されうる，統治の素材への名称である。

ここで，マキァヴェッリの著作に登場する5つのおもな階層——貴族・平民・君主・兵士・聖職者——の関係について，通常的な秩序制度状態 (ordine) と非通常的な超制度的状態 (straordinaria) を軸に述べておきたい。マキァヴェッリの政治学が ordini の範囲内にとどまるかぎりは，危害からの安全のみを欲する平民と，支配欲ないし獲得欲を満たそうとする貴族，という2つの階層（気質，体液）の関係がもっぱら考察の対象となる。マキァヴェッリが君主や兵士や聖職者を真剣に検討するのは，これらの階層が貴族や平民を凌ぐほど強い影響力を政治に及ぼす場合のみである。立法者（君主）や武装（兵士）や超越的権威（聖職者）は，公民生活に必須なものではあるけれども，これらが公民性を介さずに直接影響力を示すような場合は，すでに政治は法制度をこえた straordinaria の圏域に突入している。マキァヴェッリの現状認識によれば，みずからの時代のフィレンツェは，聖職者という straordinaria が軍隊すらをも買収して戦争を無気力な演技へと堕落させ，公民的 ordini を侵害している時代である。それゆえにこそ君主と兵士という他の2つの straordinaria が，互いに結束することで教会に対抗し，貴族と平民の拮抗からなる ordini を回復すべきなのである。

しかしここまでの考察だけでは，マキァヴェッリ政治学全体の明示的もしくは暗示的な名宛人が誰であるのかという古来の問題に対して，本書の立場を示したことにはなっていない。マキァヴェッリの政治学が統治術と公共体

第 4 部　統治術としての政治学　333

論という 2 つの側面をもち，『君主論』と『リウィウス論』は，各々を単独で眺めても両方の要素を兼ね備えている 2 つの著作であるとすれば，『君主論』の名宛人をロレンツォないし「新たな 1 人の君主」とし，『リウィウス論』の名宛人を共和主義者であった 2 人の若きマキァヴェッリの友人ないし「平民という階層」とする二元的な解釈では，不十分であることになる。というのも，「『君主論』/『リウィウス論』」問題が，「単独の君主 / 平民」問題に置き換えられてしまうとすれば，なぜマキァヴェッリは，公民というカテゴリーや，貴族 / 平民という対立軸を持ち出したのであろうか，という疑問が残ってしまうからである。

　この問題に対する本書の立場は，次のようなものである。マキァヴェッリは，政治学上の主要 4 著作（『君主論』，『リウィウス論』，『フィレンツェ史』，『戦術論』）のすべてにおいて，また各々において，統治術と公共体論という 2 つの観点から政治を論じている。両方の観点に共通する政治単位は，支配者の私有物としての国家ではなく，歴史的・非自然的な公共体としての国家である。公共体論の観点からみるならば，歴史的公共体の実体は公法枠組（ordini）であり，主体は公民である。しかし統治術の観点からみるならば，歴史的公共体の実体は支配権（imperio）であり，主体は支配権の担い手としての支配者である。公共体論の観点からみるならば，マキァヴェッリの政治的著作の実質的な名宛人は，教化された平民としての「公民」である。しかし統治術の観点からみるならば，これらの著作の実質的な名宛人は，公共体の支配者としての貴族（＝複数形の君主）ないし単独の君主である。貴族（grandi, ottimati）が複数の君主を意味すると考える理由は以下である。すなわち，統治術の観点からみるならば，平民という素材の政治参加を促すことで公共体を統治していく役割は，貴族という少数者によって最もよく果たされうるが，公共体の創設と改革の役割は，単独の君主によって最もよく果たされうるのであり，マキァヴェッリにとってはどちらも「潜在的君主」であったという理由による[9]。

　第 4 部では，『君主論』や『リウィウス論』の統治術を論じた箇所や『戦術論』

---

　　(9)『君主論』で僭主（tiranno）という語が用いられていないことの意義を強調したのは Strauss[1958] であるが，『リウィウス論』では「寡頭政」（oligarchia）の語があまり用いられていない。

が検討すべき中心的テクストになるが，それを一君主の私的所有物の維持管理術として眺めるのではなく，公共体の帝国的拡大のための術策論として扱う。共和主義論においては公共体の内的統合を主眼としていたがゆえに「愛国心」として分析された要素は，外的拡大を主眼とする第4部においては，「国家理性」として扱われることになる。第8章では，マキァヴェッリにおける stato の論理を，国家設立時の政体選択論として扱い，『君主論』と『リウィウス論』のそれぞれにおける政体論がいかにして拡大の論理と結合したかを考察する。第9章では，君主の心術論が立法者の統治政策論として分析される。善と徳との矛盾の指摘によって古典的コスモスを倫理的にも解体していく『君主論』中間部のマキァヴェッリズムが，国家理性論の文脈で捉え返される。第10章では，公共体の統治術として最も実際的な問題である軍事論が，政治論との関係を意識しつつ検討される。

第8章　国家理性論，君主論，僭主論

第1節　『君主論』の文脈と意図

(i)『君主論』執筆の文脈

　マキァヴェッリが『君主論』を執筆したのは1513年のことであった。15世紀中葉に，ナポリ，教皇領，フィレンツェ，ミラノ，ヴェネツィアの5ヵ国体系の均衡による相対的安定を保っていたイタリアは，1494年の仏シャルル8世の侵入などによって外敵からの危機に瀕していた。1498年以来フィレンツェ政庁第二書記官長の地位にあったマキァヴェッリは，フィレンツェ民兵軍を組織して1512年のイスパニア軍来襲に対抗するがあえなく敗れ去り，ふたたび権力の座についたメディチ家のジュリアーノ・デ・メディチのもとで官職を追われてフィレンツェ近郊のサンタドレア山荘に隠棲する身となる。だが，山荘での失意の生活にあって，「ちかごろ起こったことについての長年にわたる経験と古のことについての不断の読書 (P,Dedica;257；一：五)」はかれをして実り多き著作活動に向かわしめることとなった。マキァヴェッリはふたたび官職に登用されることを夢見て，ジュリアーノの甥であるウルビーノ公ロレンツォ・デ・メディチに『君主論』を献じたのである。マキァヴェッリは，1513年に友人のローマ駐在大使フランチェスコ・ヴェットーリに宛てた書簡のなかでこの書の内容に触れ，国家の性格と種類，領土の獲得および保持の手段，領土喪失の理由を論じたものである，と述べている (*Lettere a Francesco Vettori, 10 dicembre* 1513;1160；六：二四四)。かれは，国家論と君主統治術という当時しばしばとりあげられた主題を，まったく斬新な観点と論旨—— ordini を超える imperio と通常の ordini との公的共存の可能性の模索——において取扱い，君主はいかにして公的かつ強大な

国家を築きあげうるかを説いて，祖国の自由，統一，拡大を切望したのであった。

『君主論』が執筆された背景には，こうしたマキァヴェッリの個人史的文脈にくわえて，平民と君主の双方の権力を強調することにより皇帝権に対抗し，当時北中部イタリアに勃興しつつあった領域都市国家（commune）の独立自治を正当化しようとする政治史的文脈も存在していた[10]。11-12世紀に登場したコムーネが他の北ヨーロッパの自治都市と異なる点は，コムーネが周囲の領域を制圧することで，たんなる自治団体以上の主権的要素をともなっていた点である。初期コムーネは，選挙によって選出される複数同僚制の consules からなる評議会（consilium）と，形式的な全体集会とを備えていた。皇帝の広域な支配権に抵抗しようとする動きは，思潮的には，古代ローマ法の再解釈によって平民を中心とした共和国の独立を擁護することから始まった。みずからの法的地位を集合的かつ一括的に保有する団体を意味する universitas というローマ法上の概念が，集合的に捉えられた平民という階層に適用されたとき，そこには，＜universitas たる平民の同意がなければ法秩序は確立されえないがゆえに，平民は皇帝の下にあってもなお法をつくる権力を持ち続け，行政執行官（rector）に過ぎない支配者を擁立しまた廃位することができる＞という人民中心的な国家共同体主義が生まれることになる[11]。ところが一方で，その後13世紀に，平民によって統治されていた諸都市において内紛が激化した際，この平定と統一のために，市民の総体としての都市政府から権力を委譲された1人の統治者（signore）が全権を一手に掌握する終身の統治制度として，北中部イタリアの諸都市にシニョーリア（signoria）制が誕生した。それにより国家の命運に及ぼす君主の影響力がふたたび増大するにつれて，君主の有効な国家政策を説いたいわゆる「君主

---

(10) 11-12世紀および14-15世紀の北中部イタリアにおける都市国家の経験を，ある種の「人民主権論」や近代デモクラシーの形成にとって決定的に重要な出来事として分析しているのが，Skinner[1992b] や木庭[2003]，一一一一九頁である。

(11) John of Salisbury, *Policraticus,* IV. 2 には，universitas rei politicae という表現がみられる。Charles B.Schmitt and Quentin Skinner, eds. [1988]，pp. 392-395. Tierney[1982], pp. 22-26, 36, 42, 73.

の鑑」としての助言書が頻出するにいたった[12]。シニョーレは当初は選挙によって任命されていたが，15世紀後半におけるメディチ家の台頭とともに政体の最高権力者がシニョーレを自称するようになっていった。15世紀イタリアの諸国家は君主国か共和国のいずれかであったが，それぞれのカテゴリー内部には状況上のまた政体上の相違があった。教皇領と国王の権力が強かったナポリ王国とを除けば，ミラノのヴィスコンティ家やフェラーラとモデナのエステ家などの君主国は，15世紀になお封建制的要素を残しており，

---

(12) 佐々木［1970］，一〇七－一一三頁参照。15世紀終わりから16世紀はじめのフィレンツェは，都市共和制とシニョーリ制とが入れ替わる制度的不安定期であった。一方では，君主への政策提言機関たるConsulte——マキァヴェッリが所属していたフィレンツェ十人委員会など——において「君主の鑑」の書物が伝統的であった。他方では，富裕な家で開かれる文化と政治討論の会合Praticheにおいては，arte dello statoではなく市民政治についての議論が盛んであった。メディチ家の政権復帰にともなって，フィレンツェでもしだいにarte dello statoの言説が優位になってくる。その典型が1513年5-8月に教皇レオ10世の代理としてジュリアーノ・デ・メディチがまとめた『大ロレンツォのための指南書』（*Instructione al Magnifico Arcivio Storico Italiano* I, 1842, pp. 293-306）であった。これはメディチ家のstatoを維持するための方策を明確にまとめた書物であった。ジュリアーノによれば，そのstato維持の方策のポイントは2つであった。(1) 友人たちamiciを重要な役職に登用すべし。君主の友は国家の友であるので，君主への私的な忠誠心を獲得せよ。(2) 名誉と官職の配分の際に友人たちの家系や年功を重視すること。無視によって不満分子をつくりださないよう努力せよ。君主とその友人以外の人の個人的な好みや利害や特権が官職配分基準に入らないように。官職配分においては公正であれ。ジュリアーノの指南書のわずか数ヵ月後にピエロ・ヴェットーリによって枢機卿ジョヴァンニ・デ・メディチ宛に書かれた同じジャンルの指南書では，公正や勤勉さによる友の獲得よりも，力による君主への私的忠誠の獲得が重視される。ヴェットーリによれば，友よりも力に頼るべきであって，味方が少ない状況下では，愛されることを目指すより恐れられることを目指すべきである。そのためには田舎の人びとを集めて，自身の護衛兵（contado）をまずつくれということになる。ともあれこの時期のフィレンツェにおける君主の鑑論の共通の勧めは，(1) 公民を国家に対して義務づけるためにできるだけ多くの公民に利益を施せ，(2) 共通のものに対して公正であれ，(3) 国家の敵には苛酷であれ，というものであった。Viroli［1992a］, p. 138.

皇帝権や教皇権,および平民の支持を完全に不要とするほどにまで独立した強大さをもってはいなかった。そして共和国の代表的存在としてのヴェネツィアとフィレンツェのあいだにも,13-14世紀を通じて貴族が政治の中心であったヴェネツィアと,13世紀終わりに発する共和政体の伝統がメディチ家によって徐々に衰退させられてきたフィレンツェとでは,無視できない相違があった[13]。

君主ではなく国家共同体の繁栄をこそ目的としながらも,なお君主政策論の立場から叙述を進める『君主論』が成立したのは,このような文脈においてだったのである[14]。とはいえ『君主論』は,叙述形式においては中世の「君

---

(13) Rubinstein[1991], pp. 30-34. ルービンシュタインによれば,こうした背景の違いに応じて,「君主の鑑」論にも若干の相違が見られるという。たとえば,ナポリほど強大でない封建君主国であり,北部イタリアのコムーネの1つであった,マントヴァのフェデリコ・ゴンザガのために1470年にバルトロメオ・プラティーナが執筆した『君主について』(*De principe*) は,統治者が臣民に愛されることの重要性を強調している。これに対して,ナポリのジョヴァンニ・ポンターノの『君主について』(*De principe*) は,統治者の威光の重要性を強調し,ジョヴァンニ・シモネッタの『フランチェスコ・スフォルツァ戦記』は軍事リーダーとしての君主像を重視する。

(14) 15世紀前半の政治的人文主義における共和主義的政治参加 (negotium) の強調が,15世紀後半には運命論的ネオ・プラトニズムにおける観想 (otium) の強調に取って代わられ,同時にそうした運命と対峙しうる英雄的君主の資質を論じた新たな「君主の鑑」論——中世期の君主の鑑論の伝統を踏襲しつつも,共通善維持のためには多様な道徳的伝統を通常倫理の枠をこえて利用することを容認する点で,政治的人文主義の廷臣論や統治者論とは一線を画す後期ルネサンスの君主論——の登場を促した経緯については,スキナーが整理している (Skinner[1978], vol. 1, pp. 116-128)。人民参加から君主の鑑論の再興へというスキナーの歴史的整理は,15世紀後半のイタリア都市国家の動乱とシニョーリ制の確立という政治史的背景と符合しており,明快ではある。しかし,後期人文主義におけるこうした君主論を,自由な政体の維持論の系譜とは区別された君主の保身術の系譜にもっぱら位置づけ,マキァヴェッリの『君主論』を後者に分類するスキナーの解釈に疑問がないわけではない。スキナーは,『君主論』の基本的価値 (the basic value) が君主の地位の「安定」(security) であるのに対して,『リウィウス論』の基本的価値は政治体の独立としての「自由」(liberty) である,という言い方をする。マキァヴェッリにおける君主は,自由

主の鑑」論を踏襲しているものの,世襲君主に父親的な温情主義をもって共通善を護ることを説き勧める他の政治的人文主義者たち——ペトラルカ,パトリッツィ,ブラッチョリーニ,ポンターノら——の著作とは明らかに異なっている[15]。アリストテレス,キケロ,ローマの歴史家たちとの豊富な対話を通じて形成された『君主論』は,stato の設立過程と維持方法に明確に焦点を当てており,読者も新君主が想定されているからである。

(ii) 君主・新君主・僭主

たしかにここまでみてきたように,『君主論』を当時の思想史的文脈のなかに意味づけていく作業は軽んじられてはならないであろう。しかしシュトラウスの指摘[16]をまつまでもなく,『君主論』がたんにその時代に特殊な思想史的勧告を与えるだけの冊子 (tract) たるにとどまらず,時代をこえた一般的な教説の伝達を志向した論考 (treatise) でもあったことは明らかであるように思われる。シュトラウスは,著作の文意の背後にそれと位相ないし表現を異にするより深い著者の意図を込めるといういわゆる「秘教主義的叙述様式」(esotericism) の書物として『君主論』を読んでいく。『君主論』は新君主のなすべきことを説きながら政治秩序の起源と基礎を論じた書物であるが,マキァヴェッリの深い意図のなかでは,真の新君主は献呈先のロレンツォ・デ・メディチではなくマキァヴェッリ自身であった,とシュトラウスは推測する[17]。マキァヴェッリは新たな思想的基盤を提供することによってみずから新たな時代の君主たらんとしたというのである。それゆえシュトラウスによれば,マキァヴェッリの関心の対象たる新君主は,無からの新秩序創設者というよりも王位簒奪者である。『君主論』の密かな教科書となっていたのは,これまで自由であった国家で権力を握った新君主の問題を扱っており,マキァヴェッリ自身が『僭主政について』(*De Tyrannide*) の名で示唆し

の回復者ないし新たな自由の創始者として描かれる面があり,君主の私的保身以上の政体維持・拡大論の文脈を背景に持っていると思われるからである。

(15) Skinner[1978], vol. 1, pp. 129ff. Coleman[2000], p. 250.
(16) Strauss[1958], p. 62.
(17) Strauss[1958], pp. 54-84.

ているクセノフォンの『ヒエロン』であった[18]。

シュトラウスの解釈がどこまで妥当するかはともかく，少なくともマキァヴェッリ自身，みずからの叙述が時代をこえた新しい様式と秩序をもたらすものだという自負を抱いていたことは確かであるように思われる。そして冊子ではなく論考として『君主論』を眺める際にわれわれにとって重要なのは，コスモロジーの崩壊を暗黙の前提とした新秩序の導入，というこの書の斬新な役割であろう。政治的動物としての人間の卓越性を達成するためのポリスは，個人に先立って自然的に存在する，と考える古代ギリシアに対して，野心と忘恩（不正義）を人間の政治性の特徴とみるマキァヴェッリは，国家の起源を集合的防衛の必要に求め，無秩序からの新たな公的枠組の創設を国家の起源とするローマ的伝統のほうに従っている。マキァヴェッリの究極的政治価値を可能にする公民的徳が，公的事柄（res publica）追求のために公民が連帯している共同体の枠組のなかでしか発揮されえないものだとすれば，内乱や侵略によるこの枠組の崩壊は徳の成立基盤そのものの破壊を意味することになり，最も重要な公民的徳の衰退とフォルトゥナの猛威を招くことになろう。公的徳や道徳的善の基盤たる公民共同体が崩壊してしまった以上，道徳的善によって共同体を再興することはおろか道徳的善を発揮することすらできない。道徳的善をもってしては対処できない緊急時にフォルトゥナに対処するものこそ，平民ではなく新君主＝新共同体設立者の英雄的ヴィルトゥにほかならない。しかも，この英雄的ヴィルトゥは，古代ローマにみられる＜創設の神聖さに対する確信＝偉大なる父祖の尊奉＞という概念と密接に結びついている。すでに述べたように古代ローマにおいては，ローマの自由［＝ローマの独立と平和］は，その創設者たちが子孫のローマ人に残した遺産であると考えられ，現在の自分たちの自由は父祖たちがローマの都市を創設することによってうちたてた始まりの栄誉と密接に結びついているとみられていた[19]。potestasと区別されるauctoritasは，創設の栄誉というローマ的

---

(18) シュトラウスは，僭主政と『君主論』の関係を探る観点からマキァヴェッリへの古典の影響を論じた論考も残している。Strauss[1970], pp. 7–25. バターフィールドも，新君主への勧告書としての『君主論』に対する，『ヒエロン』とイソクラテスの影響を論じている。Butterfield[1940], p. 56.

(19) Arendt[1968], pp. 125, 166. 邦訳，一七〇，二二五頁。

観念によってはじめて登場した。ローマ人は父祖たちの創設すなわち新秩序導入という偉業を引継ぎ，維持し，権威 (auctoritas) として増大 (augere) させねばならなかった。起源こそがローマの自由の本質を含み規定していたがゆえに，リウィウスを代表とするローマの歴史家たちは，みずからの都市の起源に特別な位置を与えたのである。変転する＜政治＞の領域に持続する＜歴史＞の領域を混入することによって，普遍的自然に依存せずに秩序づけを行おうとするマキァヴェッリが，新秩序の設立をとりわけ重視し，平民を中心とした新秩序の構造を包括的に述べた『リウィウス論』とは別に，あえて（新）君主を中心に据えて『君主論』を著した理由は，歴史的共同体を前提とした新秩序導入の緊急の必要性の認識にあるように思われる。政治価値の維持は平民によってよくなされるとはいえ，新たな政治価値の導入には平民のヴィルトゥとは異なる英雄的ヴィルトゥをもった君主が必要だということなのである。『リウィウス論』におけるつぎの指摘は，共和主義的政治原理の具体的適用に際して，このような君主権力が有効であるというマキァヴェッリの主張を裏付けると同時に，こうした『君主論』の共同体的な位置を示唆するものである。

「多くの人間が集まったとしても，かれらはその多様な意見ゆえに国家にとっての善が何たるかを理解しえないのであるから，平民は国家を組織するにはふさわしくない (D,I-9;90; 二：三九－四〇)。」

「腐敗した国家にあっては，自由な共和政体を維持したり新たに生み出したりすることは非常に困難かもしくは不可能である。1つの政体をうちたててこれを維持していかねばならないことがあるとすれば，共和政体よりは君主政体を導入するほうが都合がよいように思われる。なぜなら，法律の権威に従わないほど横柄になっている平民でも，国王の権力をもってすればなんとか抑えられるからである (D,I-18;104; 二：六九)。」

この点に関して，シュトラウスら数人の研究者たちは，起源への回帰を日々行うことによる永続革命，永続創設，非常事態の日常化こそがマキァヴェッリの新秩序論の特徴であるとする[20]。もしもシュトラウスのいうように，日常的な主権独裁が『君主論』のみならず『リウィウス論』の主題でもある

---

(20) Strauss[1958], pp. 44, 166-167, 228-231, 274, 278. Introduction in *Discourses on Livy,* trans. Mansfield and Tarcov[1996], pp.xxiv-xxix.

とすれば，公法枠組や創設の栄誉を示す歴史の教訓もまた，独裁の日常化の手段と解釈されることになる。しかし本書では，創設の栄誉は非日常的な1回限りのものとしてとらえ，起源回帰を説く歴史の教訓も，共和主義的公法枠組維持の手段としてとらえたい。『君主論』では国を維持するための統治術が提示されるが，それは君主国を維持するための君主の側からの方策であって，あくまでも新秩序導入という比較的短い緊急期間内でのことであり，長期にわたって国の「自由」と「栄誉」を発揚するには共和政の制度および（君主の英雄的ヴィルトゥとは異なった）平民的ヴィルトゥが有効であることは，マキァヴェッリ思想において明らかであるように思われる。『君主論』において，伝統的な君主教育論にみられる権力の正当性の弁証や，君主と暴君との区別が消滅し，軍事装備の必要性が強調されているからといって，『君主論』が政治共同体を前提としていないわけではないし，政治と（歴史）倫理が切断されているわけでもない。『君主論』は，英雄的ヴィルトゥによる〈状況〉倫理の導入を中心的に扱っているというだけである。献辞においてマキァヴェッリは，みずからの叙述が偉大な者たちの行為の知識にもとづくと述べるが（P,Dedica;257；一：五），かれがこの書で後に挙げている偉大な者たち——モーセ，キュロス，ロムルス，テセウス——がモーセを除いていずれも国家を獲得ないし設立した新秩序の導入者であったことにも，『君主論』のこの性格がうかがわれる。フォルトゥナに抗する英雄的ヴィルトゥの内容を解明し，さらにこうした英雄的ヴィルトゥと通常の道徳的善との関係を問うこと，換言すれば，カオスに際して最初に提出される政治倫理の導入過程を叙述すること，このことが『君主論』の主要な課題であるといえよう[21]。『君主論』の主題は君主の私的統治術ではなく，新たに設立された秩序の維持拡大のための統治術であり，『君主論』は秩序づけのより詳しい内容を示している『リウィウス論』と一体となってはじめて，マキァヴェッリにおける新しい政治倫理の全貌を提示するものなのである。

---

(21) Pocock[1975a], p. 157.

第2節 stato, vivero politico, ragione di stato

(i) stato の政治学

　　マキァヴェッリの政治学の統治術的側面を検討するとき，『君主論』の新君主の鑑論としての側面を考察するだけでは十分ではない。マキァヴェッリにとって統治は君主や支配者の政策の問題であるだけでなく，統治体 (stato) そのもののありかたの問題であるからである。本節では，マキァヴェッリの統治論を政体論の観点から扱うが，その際，かれが政体分類という伝統的叙述形態のうちに潜り込ませた1つの斬新な要素——すなわち stato という語の新しい意味用法——を，すでに多くの論者によって論じられていることではあるが[22]，やはり指摘しておかねばなるまい。

　　周知のごとく，それまで政治学の最も中心的な対象たる政体を指す用語とは，polis, res publica, respublica christiana, civitas, regnum であった。stato の語源であるラテン語の status は，もっぱらある特定の個人ないし共同体の，生活状態や地位および身分を示す用語であって，「誰の」「どのような」状態なのかを補足する形容詞をつねにともなって使われる言葉であった[23]。14世紀頃には，status は，君主の富や所有物を指し君主個人の私的な「状態」を意味する概念として，すでに一定の政治的含意を獲得していたが，その後君主の職務，地位，尊厳などといった公的位置を指すようになった。君主の尊厳が何よりも混乱を秩序づける力において示されたがゆえに，status はまた，君主の権力，支配，統治を意味するようになり，15世紀中頃には君主の領土全体を意味するようになった。他方で，14世紀終わりまでには，status の第2の用法，すなわち君主ではなく都市や国家の独立した公的状態を指す語としての，リウィウス，サルスティウス，キケロ以来の古典的用法 (status reipublicae, status civitatem) もまた，復活していた。この第2の用法はおもにイタリア都市国家において用いられたが，その際この語は，国家の最善の状態 (optimus status reipublicae) についての教説と結びついて用いられた。

---

　　(22) 佐々木 [1970]，九五——一〇七頁参照。

　　(23) Riedel [1975], S. 19 および Skinner [1989] を参照。

統治者が善き法に従うことで共通善が促進され，それによって平和と平民の幸福が実現することが最善の国家状態であるとするこの教説は，トマスの『神学大全』にみられたが，15世紀人文主義者のうちにもそのまま継承された。人文主義者たちは，もはや政府の権威を特定の支配者の権力と同一視することはない。むしろ，支配者は，みずからの権力を保持するためには，共通善の執行者として，法制度のうちに具現化された政府の権威に忠実でなければならなかったのである。人文主義者たちにとって維持すべき stato は，君主の私的手段としての政府機構ではなく，君主が維持義務を負う対象としての公的政府機構であった。他面において，人文主義者たちは，支配君主の権力と公的 stato との区別は自覚していたが，平民の権力と stato とを区別することはあまりしていなかった。しかしこの点が，マキァヴェッリの stato 概念を人文主義者たちのそれから分かっていくことになるのである。

status が示すものが君主の状態であれ国家の状態であれ，いずれにせよその語が限定詞をともなわずに独立して用いられることは，マキァヴェッリ以前にはきわめて稀であったということができよう。そうであるだけに，君主自身の status の維持方法を論じるという伝統的形態をとった『君主論』の随所で，とりわけその冒頭で，マキァヴェッリが単純に統治体そのものを指す概念として何らの限定も付さずに stato の語を用いたことの意義は，やはり大きいといわねばならない。政体のうちの極めて部分的かつ表面的現象を示す用語でしかなかった status が全体としての政体そのものを指す用語になろうとは，マキァヴェッリ以前の誰も想像しえなかったであろう。ところがマキァヴェッリは，コスモロジーを失い＜状況＞化した眼前の新しい事態を指し示すために，stato を政体そのものと同義に用いた[24]のである。アリストテレスによって区別されたポリス（都市国家共同体）とポリテイア（国制）を，マキァヴェッリはともに stato の名で呼ぶ。その際かれの目には，国家は共

---

(24) 佐々木は，マキァヴェッリにおける stato の用法として次の4つをあげている。(1) 国家 (res publica, civitas) の政体，国家組織を指す伝統的用法。(2) マキァヴェッリ独自の用法として，(a) 個人や集団の事実上の力。(b) ＜公＞権力。(c) ＜公＞権力をもつ支配者や支配集団。(3) 支配の対象を指す用法。(4) 国家全体を漠然と指す用法。佐々木 [1970]，九八一一〇七頁。マキァヴェッリの stato 論については，次をも参照。Hexter [1957]. Chabod [1925] [1957] [1957, 1961]. Rubinstein [1971].

通善追求の手段としてよりも,それ自体が共通善であり目的であるものとして映っていたのであり,一定の平民に対して一定の領土 (dominio) 内において実力 (forza) を行使すると同時にその実力の行使を統制する資格を具えた1個の組織体として映っていたのであった。古代や中世の国家のように,共通善の価値内容としての原理（アルケー）をも含み原理に規定される十全な意味での国制[25]ではなく,空間的な広がり（＝領土と住民）を最大の指標とする体制的な国家観の端緒であった。status はいまや,支配者と被支配者とをともに含み,権力を中心的契機とした政治体全体をあらわす表現としての stato となった。マキァヴェッリにとって,国家の形態とは,形相ではなく形式を意味するものであった。君主国の類別が,その構造や目的によらずに獲得のされ方や対象の違いによってなされているのは,これゆえである。

　もちろんこうした用語使用の背景にはそれなりの概念史的文脈がある。古代ローマ法における imperium（公法上の対人命令権）と dominium（私法上の対物支配権）との区別は,土地所有と政治的支配が結合する中世封建社会の成立とともに,超法規的な皇帝の命令権たるインペリウムと領主の支配権たるドミニウムとに意味を変えていき,両者ともに政治的支配権を示す概念としてその意味上の境界も曖昧になっていく。マキァヴェッリは,一方でdominio と stato を互換可能に用いることによって,物に対する所有支配権を人に対しても適用する主張をしながら,他方で stato を imperio と同一視することなく imperio を stato によって行使されるものであると理解することによって,人に対する帝政的支配を国家の本質とする立場を批判しつつ,政治的統治を公法的秩序に基礎づけるローマ的法概念を継承していった。それゆえ誤解されてはならないことであるが,マキァヴェッリが dominio と stato を領土的支配権の意味で用いるとき,それは国家と絶対主権を統治者に帰属させ,その運用こそが政治であると考えるウェーバー的な権力政治観を意味するわけではない。マキァヴェッリの stato は jurisdiction power すなわち法執行力の範囲を示す概念であって,あくまで法学的概念として用いられている。その意味ではマキァヴェッリの国家の中心は,支配の手段として転移しうる主権ではなく,公共性を構成する公民共同体である。主権国家概

---

(25) Aristoteles, *Ethica Nicomachea,* 1129b. *Politica,* 1257b-1258a, 1267a, 1323ab, 1365a.

念が，法を生命や私的所有への強制ととらえ，自由を妨害の欠如ととらえる自由主義と親和的となっていったのに比して，civitas としての国家概念は，法を公民による自己統治の表現ととらえ，自由を依存の欠如ととらえる共和主義と親和的であることは明らかであろう。ボダンもドミニウムをインペリウムから区別したが，ドミニウムがのちに政治的支配権の意味を失い近代的所有権としての位置をしめていったのに比して，インペリウムは主権の所在が君主から平民へと移行するにつれて，しだいに物と人とをともに支配し所有しうる公権力としての主権概念のうちに解消されていった。統治の根拠を公的秩序に置こうとするマキァヴェッリにとっては，力の主権的独占だけでは領土の維持拡大すらままならず，公権を恣意的に濫用して古代の自由（法）を潰す専制に陥りかねない。マキァヴェッリは貴族を必ずしも君主と平民とのあいだに立つ第二身分として明示的に措定しているわけではないが，君主の暴走（専制）と平民の暴走（内乱専制）をともに回避して真の自由と栄誉をもつ国家となるためには，ある種の貴族的な精神と公共の場が必要とされるのである。立法者はたしかに既成の倫理を超越してはいるが，歴史の端緒としてのローマ共和政の立法を超えること（歴史という公共の倫理判断の場を脱出すること）はゆるされないのであって，その意味では各時代の個別的実定法の設立を万能視する立法万能主義もまたマキァヴェッリのものではない。

しかしながら，マキァヴェッリのうちに共通善をまったく喪失した私益実力の貫徹をみる立場[26]は行き過ぎであるとしても，かれの政治論において共通善の担い手たる国家が，たんなる現行の体制にとどまらない支配の中立的な装置として権力的色彩を強めていることは否定できないであろう。むしろ，かれのいう stato は君主の私的地位や実力からすら切り離されて枠組化された状態そのものの意味も含むのであり，国家とはそれ自体が現実であり全体的秩序だったのである。これが，マキァヴェッリ死後の1589年にボテロが最初に主張した「国家理性」論の意味であり，そのかぎりでマキァヴェッリの「国家理性」論は，ホッブズのような私的な作為と創造の産物ではなく公的な獲得と承認の産物である。したがって，マキァヴェッリの stato は支配者の人格と不可分である点でなお近代国家ではなく伝統的国家であるとするスキ

---

(26) 佐々木［1970］はこのような立場を代表する著作である。

ナーの立場[27]は，国家の設立に英雄的ヴィルトゥが必要であるという面では正しいが，なお一定の留保を付されるべきであろう。マキァヴェッリの政治思想において，政体の設立が望ましい政体の選択に論理上も叙述順も先立っているのは，＜国家の設立は支配者の性格と区別されて最優先されるべきである＞というマキァヴェッリの立場のあらわれとみることができる。マキァヴェッリが「君主の stato」という言い方をして stato が人格に属することを認める場合，それは君主の性格がその stato にふさわしいからではなく，君主がその stato を獲得したからなのである。獲得され設立されることなくして stato の分類はありえない。じっさい，君主の鑑論の著者のなかで，『君主論』におけるマキァヴェッリほど，stato の制度をその保有者から自覚的に区別している者はいない。stato はその支配者の種類とは切り離されて独自の法と習慣をもつものであり，それ自体で公民の忠誠対象たりうるものである。それゆえにこそ，マキァヴェッリは，みずからをたんなる君主による統治術の専門家ではなく stato の専門家であると規定したのである。

　こう述べると，マキァヴェッリの stato と近代権力国家とはきわめて親近的なものにみえるかもしれない。実際，カッシーラー，キアッペッリ，ダントレーヴといった研究者たちは，マキァヴェッリの stato を近代権力国家の初期的完成形態ととらえている[28]。しかし，シャボーがつとに指摘していたように[29]，近代国家を＜領土・住民・主権的法体制の統合＞というやや古典的な表現で定式化したとしても，なお，それとマキァヴェッリの stato 概念とのあいだには大きな相違がある。『君主論』や『リウィウス論』における用例を検討すれば容易に分かることであるが，マキァヴェッリは stato を，あるときは領土と，あるときは政体と，あるときは君主や平民の支配権力と，またあるときは特定の習慣をもった住民集団と，同視する。しかし，それらの要素を複合的に統合した包括的用語としての stato の概念がマキァヴェッリの念頭に未だなかったであろうことは，かれが著作の随所で stato を

---

(27) Skinner[1978], vol. 2, p. 353.

(28) Cassirer[1946], pp. 133-137. Chiappelli[1952]. D'Entreves[1967], pp. 30-32.

(29) Chabod[1957, 1961]. 邦訳，一一一頁以下。この論文においてシャボーは，『君主論』と『リウィウス論』における stato の多様な用例を列挙し検討している。

他の用語——dominio, principato, regno, republica, citta, governo, reggimento——と並列したり置換したりしていることからも明らかである[30]。

マキァヴェッリのstato概念と近代国家概念との関係については，マンスフィールドも簡潔にして要を得た考察を提供してくれている[31]。マキァヴェッリのstatoは，その保有者に形態を左右される点で，保有者がなくても自立したシステムたりうる近代国家の中立的権力機構とは異なるものであり，保有者が集団の場合には共和政体となり，個人の場合には君主政体になる，というのがマンスフィールドの結論である。マンスフィールドは，こうして保有者が変わりうるところに近代国家の萌芽をみる。つまり，マキァヴェッリのstato論の「近代」性は，国家概念を人格的なものから非人格的なものへと移行させた点に存するのではなく，形相的な人格国家概念を獲得的な人格国家概念へと移行させた点に存するというのである。本書の立場は，古典的形相とも自立システムとも切り離された公民の複数性にもとづく公共性のなかにマキァヴェッリのstatoの特徴をみるものである。したがって，マキァヴェッリにおいて獲得は最初の契機として必要ではあるが，獲得のされ方がその後の国家のあり方を決定的に規定するとは考えない。

こうして，マキァヴェッリが論ずる国家(stato)は，習慣と一体化した古来の国制の要素を残しつつ，所有ではなく獲得の対象として領土(dominio)的意味をも強めている。とはいえそれはなお近代的な意味で中央集権的な主権をもった完全に外的な権力機構とも異なる。歴史的にみるならば，マキァヴェッリの著作でrepublica, stato, cittaといった語が「国家共同体」というほどの意味で厳密な概念規定の区分なく使用されるとき，その背景には自立的公民の法的共同体としてのローマ共和政の国家観と，12世紀以降独立の政治単位として登場した北中部イタリアの領域都市国家の国家観との2つが重なりあっている。12世紀末以後のイタリアにおいては，皇帝権の弱化に乗じた都市貴族が，諸都市を中心に各々独自の立法・行政・司法機関を形成し，城壁を奪取建立し，軍事指揮権と限定された経済圏を確立して，コムーネと呼ばれる政治主導型の都市国家を設立した。このコムーネの領域に公的徳を備えたローマ的な自立的公民が居住し，こうした公的徳に適うよう法律

---

(30) Ercole[1926], p. 95.

(31) Mansfield[1996a], pp. 281-294.

制度を改変したものが，マキァヴェッリの抱いていた国家のイメージに最も近いといえよう。

(ii) arte dello stato と vivere politico
——マキァヴェッリ政治学における『君主論』の位置

　マキァヴェッリの統治術の関心が，君主による統治策のみならず stato としてみた場合の政体のありかた全体にあったとするならば，すなわち，マキァヴェッリの政治学のなかに確実に「君主の鑑」論をこえる国家理性 (ragione di stato) 論と呼びうる部分—— arte dello stato ——があったとするならば，マキァヴェッリ政治学全体のなかでの arte dello stato ——とりわけ『君主論』——の位置をどのようにとらえるべきであろうか。ヴィローリの研究に沿いつつこの問題を考察してみよう[32]。

　ヴィローリによれば，『君主論』で politico の語が1回も登場しない理由は，『君主論』の主題が，都市ではなく君主の状態（支配権＝stato）がどのように統治され維持されるかだからである。『君主論』の文脈における stato は，citta とは異なり，端的に領土に対する支配権——とりわけ新君主の支配権——を意味する。そして『君主論』におけるマキァヴェッリの関心は，君主の支配権たる stato の術すなわち arte dello stato にあった。

>　「共和国については他の著作で論じたのでここでは論じないことにする。本書では君主政に議論を限定し，すでに述べた順序に従ってこれらの君主国をどのように統治し，維持したらよいかを論ずることにする (P, 2; 258; 一：七)。」

　そうであるとはいえ，『君主論』を読み進めていくと，stato は君主政 (principato) だけでなく共和政 (republiche) の制度をも含むものであり，支配者の数いかんにかかわらずそれらに共通する領土的支配権を意味することが明らかになってくる。stato と対になる概念はむしろ政治的生 (vivere politico) なのである。支配者が君主であれ平民であれ，伝統を無視した「新しい」「人の支配」を意味するのが stato であり，歴史的共和主義に立った「法と公民的徳の支配」を意味するのが vivere politico

---

(32) Viroli [1992a], pp. 126-136, 146-154.

であるとヴィローリはいう[33]。『君主論』と『リウィウス論』の主題の相違は，君主政か共和政かという制度の相違ではなく，権力的 stato か共和主義的 vivere politico かという，政治概念そのものの相違なのである。支配権としての stato が君主にあるか平民にあるかの相違ではなく，政治の基本的構成単位とその資質の相違こそ，マキァヴェッリの政治観の核心をなす。つまり，領土を単位とし，そこでの支配権のみを政治の資質とするか。それとも公民参加意識に支えられた公的共同体を単位とし，そこでの公民の徳や歴史的判断力を政治の資質とするか。政治とはどちらの側に立つものなのか。これがマキァヴェッリの最大関心事であった。後者の強調がマキァヴェッリの共和主義であり，それは『リウィウス論』に表現されている。『君主論』は vivere politico の書ではなく arte dello stato の書である[34]。そしてマキァヴェッリの意図は，vivere politico を現代に復活させるためには stato が必要であるというところにあった。共和政は stato の一形態であるが，共和主義的政治観の表現たる vivere politico は stato の目的なのである。

　マキァヴェッリの政治学を，stato と共和主義の二者択一や，stato の手段としての共和主義，ないしは共和主義の手段としての stato 論として把握するのではなく，arte dello stato と vivere politico との二段構えで解釈しようとするヴィローリの手法は，統治術と歴史的公共体論，imperio と ordini といった二重構造をマキァヴェッリのうちにみようとする本書の観点に通じるものをもっている。ヴィローリと本書との相違の1つは，ヴィローリが stato を『君主論』に，vivere politico を『リウィウス論』に，それぞれ割り振りつ

---

(33) Viroli [1992a], p. 131.

(34) この点で，マキァヴェッリの政治学を主権の所在論や制度論をこえた stato の政治学と早くから規定していた佐々木 [1970] は，依然きわめて高い研究水準にある。君主政と共和政に共通する stato の原理をマキァヴェッリのうちに発見することによって制度面での君主制論者か共和制論者かという論争に終止符を打った点は佐々木の功績である。しかしヴィローリの視点からみるならば，佐々木はマキァヴェッリ政治思想における「歴史」の契機を軽視することによって，arte dello stato と並ぶマキァヴェッリ政治思想のもう1つの，そしてより重要な契機である vivere politico を見落としてしまった，ということになろう。

つ，vivere politico のほうをより根源的な動機とみなすのに対して，本書はすべての著作のうちに両観点を見出しつつ，マキァヴェッリはつねに両観点を往復していたとみなし，それを公共性の歴史的「状況」倫理と位置づける点に存している。

以下，マキァヴェッリ政治学の stato 論としての側面のその後の展開を，国家理性論とマキァヴェッリズムの2つの点から確認しておきたい。

(ii) 国家理性論の誕生とマキァヴェッリ，ボテロ

かつて A. ハーシュマンは，16世紀後半の西欧において「インタレスト」の語が個人の物質的・経済的利益よりも，国家統治技術の合理的改良への関心という文脈で用いられたことを指摘しつつ，マキァヴェッリが，国家支配者に特徴的な行動様式を記述することによって——みずから名づけることなく——残した子どもが，後に「国家の利益」(the interest) と「統治技術としての国家理性」(ragione di stato) という双生児となった，という旨を述べていた[35]。つまり，最初は君主の統治術の改良案として提示されたインタレスト概念が，必ずしも経済的・金銭的利益のみに限定されない「インタレスト」概念の多義性ゆえに，政策決定理念としては役に立たないものとして見捨てられたこと。にもかかわらずそれは，国家ではなく個々人の——合理的損得計算を含意した——利害関心を意味する表現としては有用であり続け，ついにはそれが再び国家の対外的影響力や富を増大させる合理的方策をともなった経済主導型の「国益」概念として17世紀に復活したこと。それにともなって金銭欲によって権力欲を抑制するという政治経済学の発想が誕生したこと。これらの経緯は，政治と経済をあくまでも区別しようとしたマキァヴェッリの意図に反して，国家の経済的利益を増大させるための統治術の発展を意味したこと。以上である[36]。

---

(35) Hirschman[1997], pp. 32-33. 邦訳，三一頁。
(36) Hirschman[1997], pp. 35-42. 邦訳，三三-四〇頁。ハーシュマンは，当初は「統治の質の低下」および「運」という意味で使われていた corruption と fortune が，それぞれ「賄賂」および「財産」という金銭的な意味で用いられるようになった経緯にも，「情念と利害」をめぐる同様の変質のダイナミク

ここで，マキァヴェッリと国家理性論の系譜との関係について整理しておきたい[37]。16世紀初頭あるいは中葉のイタリアで流通し始めた国家理性 (ragione di stato, raison d' Etat, Staatsräson, reason of state) という語の最初の使用者が誰であるかについては，いくつかの主張が存在する。12世紀のソールズベリのジョンであるという説がある[38]。また，マキァヴェッリ死後の1547年にイタリアの大司教ジョヴァンニ・デッラ・カーサがカルル5世への書簡で用いた ragion di Stato の語が，1589年に出されたジョヴァンニ・ボテロ『国家理性について』(*Della Ragion di Stato*) によって理論化されたととらえる立場がある[39]。1523-1527年頃にフランチェスコ・グッチャルディーニがすでにこの語を使用していたとする立場もある[40]。さらにザルカは，デッラ・カーサが別の文献に「今日，人びとが国家理性と呼ぶところのものは…」

スを見出している。Hirschman[1997], p. 40, note, q. 邦訳，一四〇頁注 (q)。

(37) 以下の (iii) および (iv) の項の叙述は，押村 [1998] および山口 [2003] の整理に負っている。1990年代以降に再活性化した国家理性論研究の概観および主要な研究文献のリストアップとして，ほかに川出 [2000]，6-7頁および13頁注 (4) がある。また国家理性論と懐疑主義の転換との関係を指摘したユニークな研究書である Tuck[1993] によれば，いわゆる「国家理性」論は，ルネサンスのヒューマニズムがキケロをモデルとした共和主義的なものから，タキトゥスをモデルとした懐疑主義的・ストア主義的なものに変質していった1570年代（マキァヴェッリ以降）に確立された。つまり，ホッブズのような認識論的懐疑主義が登場する以前の，タキトゥス的な心理的懐疑主義は，認識にとって邪魔となるものを取り除いて自己を規律化する，という点で，ストア主義と近かった。こうした自己コントロールの政治学的形態が，国益のために統治をコントロールする国家理性論を生み出していった。ホッブズの認識論的懐疑主義の登場によって，国家理性論から近代自然法論へ移行する。

(38) Post[1961]. 川出 [2000]，6頁および13頁注 (3) による。

(39) Meinecke[1957]. Viroli[1992a]. ボテロの著作以降，同名の書物がイタリア各地で出版される。年代順に挙げるならば，Girolamo Frachetta（ヴェネツィア1592年，Scipio Chiaramonti（フィレンツェ1615年），Federigo Bonaventura（ウルビーノ1623年），Ludovico Zuccolo（ヴェネツィア1626年），Ludovico Settala（ミラノ1627年）。Skinner[1978], vo.I, p. 248n による。

(40) Mattei[1943], pp. 177-192. Church[1972], p. 46 (Skinner[1978], vol.I, p. 248 による)。

と書き残していることを根拠に，デッラ・カーサ以前にこの語が一般化していたことを主張している[41]。

今仮に国家理性論を，「国家の倫理的自立性を国益の自立性の観点から基礎付け，それを理論的に正当化する議論」と理解するならば，マキァヴェッリには国家の倫理的自立性の発想はあるが，国益（インタレスト）という発想はあまりない。むしろ国家の自立性を，経済的領域とは区別された公的領域として，政治的自治の自由や軍事的自立に引き寄せて解釈する古典的共和主義の伝統が，マキァヴェッリには残っている。その点では，「君主によってなされる諸決定においては，利害がつねに他のあらゆる論拠を凌駕するであろうことは確実とみなされるべきであるし，それゆえ君主を扱う者は，利害に基礎を置かない友情，血縁，条約ほかあらゆる紐帯を信頼すべきではない」としたボテロ[42]こそが国家理性論の創設者であるとみることも可能であろう。しかし同時にマキァヴェッリには，キケロとの比較の章でみたように，公的領域を法よりも国家に収斂させる傾向がある。公的領域の自立性が国家の自立性にシフトしている，そしてそれを正当化している，という面では，たしかにマキァヴェッリは国家理性論の先駆者であるといえよう[43]。

「statoの利害は他のすべての利害に優先すべきである」と主張する国家理性論の歴史的特質は，ハスラムによってつぎの5つにまとめられている[44]。(1) 国家理性は，神聖ローマ帝国やカトリック教会に象徴される普遍主義に対抗して，statoの個別利害を正統化する。(2) 国家が正統性を主張しうる根拠は，領域内での安全保障にある。(3) 国家理性は，国家の利益のために普遍主義をも利用する。(4) したがって国家理性論は，国家の正統化と国家利益の効率的促進という二重の役割を担うことになる。(5) 国家理性論はこうした役割を達成するために，戦争や戦争の根源的推進力たる権力を分析し，

---

(41) Zarka[1994], p. 25.

(42) Botero[1956], p. 41 (Skinner[1978], vol.I, p. 249による).

(43)『君主論』は統治論を国益論ではなく君主による統治術として語る点では，国家理性論よりも中世以来の「君主の鑑」論に近い。しかし君主の私有物としての国家ではなく，君主によって獲得され設立される公共体としての国家概念という意味で，statoは君主の個人的私益ではなく支配権（imperium）にもとづく領域権力の色彩を強めている。

(44) Haslam[2002], pp. 17-18.

利用する。

　マキァヴェッリこそが，普遍的自然法ではなく国家の個別利益を学の基礎に据えた国家理性論の先達ないし発見者であるというマイネッケやクローチェの主張については，20世紀後半にそれぞれの立場からの反論が提出されている。たとえば，ポストは，国家理性を(a)個人利益に対する一般利益の優先，(b)緊急事態における例外的措置の正当化，(c)高度な倫理目的のための道徳律侵犯の容認，(d)大悪を避けるための小悪の許容，(e)目的による手段の正当化，の5要素に要約しつつ，そうした思考が中世にソールズベリのジョンによって ratio status や ratio publicae のかたちで展開されていたことを論証する[45]。カントローヴィチやバーリンにとっても，国家理性概念はマキァヴェッリ以前にすでに存在しており，マキァヴェッリの独創性は他の点に存する[46]。逆にフーコーは，国家理性はマキァヴェッリ以後にはじめて登場した概念であると主張する。フーコーによれば，国家と君主を切り離して国家そのものの安全を第一に優先する統治術としての国家理性論と，君主の保身を優先する君臨術としての君主の権限論とは区別されるべきであり，マキァヴェッリはなお後者の君臨術の伝統のうちにある[47]。さらに異なる立場として，フリードリヒは，マキァヴェッリは通常道徳と領土保全至上主義とを明確に区分し，後者の立場を貫徹したがゆえに，前者と後者の葛藤のうえに成立する国家理性論はマキァヴェッリとは無縁であったと主張する[48]。しかしマキァヴェッリが領土保全を第一に優先する国家至上主義者であったというフリードリヒの解釈は，フィヒテ，ヘーゲル，マイネッケとつながるドイツ文化優位論の影響を脱しきれていないように思われる。むしろ本書は，国家理性論そのものよりも，国家理性と通常道徳の峻別による多元的（二元的）世界像の提出のうちにマキァヴェッリの独創性をみるバーリンの立場に与したい。マキァヴェッリは通常道徳（合法性の論理）と国家理性（必要性の論理）とを峻別し並立させたのであるが，フィヒテやヘーゲルは国家理性をこそ恒常的道徳として正当化したのである。ヘーゲルによれば国家理性論とは非常

---

(45) Post[1964], pp. 241-309.
(46) Kantrowicz[1957]. Berlin[1979].
(47) Foucault[1986a][1986b].
(48) Friedrich[1957].

時に法治国家を覆す論理ではなく，法治国家を上回る国家の道徳性そのものである。国内的には個人の利益よりも国家全体の公益を優先させ，対外的には他国の利益や国際利益よりも自国の私益を優先させる思考が，ヘーゲルにおいては自覚的に選択されている。それゆえヘーゲルによれば，欲求の体系の外的装置でもなく，抽象的普遍哲学が実現する共同体でもなく，国内における公益至上主義と対外的な私益至上主義とが一致する「人倫的理念の現実態としての国家」においてこそ，実在と現実が統合されたレアルポリティーク (Realpolitik) が成立することになる。

しかしマキァヴェッリやボテロのような16世紀の stato の論理は，「普遍的合法性に根ざした国際平和論」に対する「主権的なナショナル－インタレスト擁護論」ではなく，主権論成立以前における国内的統一と対外的自立との模索の論理の一例として解釈されるべきであろう。マンスフィールドも述べているように[49]，たしかにマキァヴェッリの stato は，近代主権論のような領土と領民で構成される権力領域ではなく，保有者と不可分な人格国家論の伝統のうちにある。しかし反面においてマキァヴェッリは，国家の保全のためには保有者が君主・貴族・平民のあいだで移り変わることをも想定する。マキァヴェッリの stato は，その保有者に形態を左右される点で，保有者がなくても自立したシステムたりうる近代国家の中立的権力機構とは異なるものであるが，しかし国家を保有者の所有物とみる視点の萌芽が見受けられる。マキァヴェッリにおけるこうした近代国家論の萌芽をさらに推進したのがボテロであった。

ボテロは，『国家理性について』のなかで，宗教さえも統治のための手段とする悪名高きマキァヴェッリの君主論に対抗するために，それに代わる新しい国家の統治の合理的な根拠を提示する[50]。ボテロによる国家理性の定義，「国家理性とは，支配を基礎づけ，維持し，拡大するためにふさわしい手段についての知識である[51]」は，マキァヴェッリの『君主論』における君主の統治術とさほど変わらないようにみえるが，マキァヴェッリの君主が外観や

---

(49) Mansfield [1983].

(50) この段落では，山口 [2003] の整理における要を得た表現を随所で借用させていただいた。

(51) Botero, *Della Ragion di Stato,* a cura di Chiara Continisio [1997], p. 7.

偉業による信従の調達をつうじて統治するのに対して、ボテロの君主には、正義にもとづいて臣民を善く統治するために、何よりもまず君主自らの徳——とりわけ正義 (giustizia) と寛大さ (liberalia) ——の卓越性を磨くことが要請された[52]。そしてこうした正義や寛大さの徳に加えて、賢慮 (prudenza) の技法も、君主にとって不可欠な徳とされた。というのも君主は、ヨーロッパの国際情勢において、賢慮を働かせて国家をうまく統治し、自国の支配を拡大することが求められたからである。「君主の熟慮においては、利益こそが他のあらゆる決定に勝るものである[53]」。ボテロにとっては、「利益」こそが、君主と国家の行動を最も規制するものであって、友愛や友情といえども、君主は利益にもとづかないあらゆる紐帯に対して警戒しなければならないとされたのである。それゆえボテロの国家理性論においては、国家の利益という観念がとりわけ重要視され、そのためにもボテロの君主は、賢慮を働かせて、実践的な状況に対応するための統治術を獲得しなければならなかったのである[54]。それは、対外的には外交・軍事的な戦略を駆使しつつ、内政的には正義と寛大さの徳に配慮しながら国家を合理的に統治し、国家に利益をもたらすような統治術であった。

　したがって、ボテロとマキァヴェッリのあいだには、明らかに君主の統治技法に関して決定的な差異が存在しているといえる。つまりマキァヴェッリにおいては、君主の状態と国家の境界は未だ明確には規定されてはいないた

---

(52) Botero, *Della Ragion di Stato,* a cura di Chiara Continisio [1997], p. 37.

(53) Botero, *Della Ragion di Stato,* a cura di Chiara Continisio [1997], p. 51.

(54) ボテロ以後、初期近代のヨーロッパにおいて、こうした国家理性についての論考がヨーロッパの各地で書かれるとともに、さらに理論的に精緻化されて、ヨーロッパの国々に広がることになる。そしてこれに伴い国家理性の言説は、初期近代におけるヨーロッパ諸国の統治のあり方を大きく規定するものとなり、軍事的・外交的な手段によって自国の力を維持し発展させていくための実践的かつ戦略的な統治術と見なされるようになったのである。たとえば、この国家理性の統治理念にもとづいて達成されたヨーロッパにおける具体的な事例の1つとして、三十年戦争終結後の1648年に締結されたウェストファリア条約をあげることができるかもしれない。それゆえそれは、ヨーロッパという規模で達成された国家間の軍事・外交的な成果であり、まさに国家理性の理念によって基礎づけられた具体的な事例であったとも考えられるのである。

めに，マキァヴェッリの国家はその領国と臣民に対する君主自身の支配の状態を示しているにすぎなかったのである．その結果として，マキァヴェッリの国家概念は，君主の人格的な支配と未分離のまま，君主の地位の意味をも含むものにとどまっていたと考えられる．一方でボテロはこうしたマキァヴェッリの理論を暴君に頼る統治術であるとして糾弾し，中世的な ratio status 論への回帰を訴える．しかし他方でボテロは，国力の増強に必要な人口の増大，資源の確保，戦勝，富の生産といった現実的諸条件の改善に必要な理性として国家理性を再定義する．国家理性論を君主の保身術から解放し，具体的領土を保持するための目的合理的思考へと近づけたことをもって，ボテロは純粋な「知識」としての国家理性の「理論」を確立したといわれる．ボテロによれば，国内的統一を至上価値とする目的合理的な国家理性によって描かれる最適国家の条件とは，領民の利害の一致，領民の有機的結合，これら2つの達成のための外敵の利用，の3者であった．おのおのの条件についてはボテロとマキァヴェッリとのあいだで相違がみられるけれども，両者の共通点は，主権概念の不在ゆえに平和がもっぱら各国内の安定と同一視され，複数の主権同士の関係をめぐる国際紛争（国際平和）の問題は登場しえないことである．国際問題はもっぱら一国の外交論としてのみ問題とされる．

(iv) 国家理性論と主権論

このような国家理性論をどのような思想史的文脈に置くかについては，大きく2つの見方がある．第1は，近代自然法論にもとづく主権論との対比において，国家理性論を蓋然知の集積としての実践的統治術とする立場であり，マイネッケ，クローチェ，スキナー，ヴィローリ，ザルカといった研究者はこの立場をとる．第2は，共和主義的法治論との対比において，国家理性論を意志と利害の同一視にもとづく一般意志論に引き付けて解釈する立場であり，アレントに代表される．どちらにおいても，ポイントとなるのは国家理性論と主権論の関係である[55]．

---

(55) 主権論と国家理性論をともに内戦時代の産物であると理解し，主権的権力を正当化するための論拠として国家理性論が登場したとする解釈の例として，川出 [2000]．川出によれば，各宗派が普遍的正義を主張して内戦を展開

第1の立場からみていこう。スキナーも指摘しているように,近代国家は,二重の意味において非人格的 (impersonal) 性格をもたなければならない[56]。すなわち近代的な国家とは,一定の期間その権力の行使を委託された人物——特定の支配者——から区別されなければならないと同時に,その権力が行使される社会の全体からも区別されなければならない。人為的人格や代表の観念を用いて,そうした抽象的近代国家概念を体系化したのがホッブズの主権国家論であったことは,あらためて指摘するまでもないであろう。ホッブズにおいては,国家の人格は,その人格を担う者としての主権者からは截然と区別されることになり,ここに自然的人格とは区別された,純粋に人為的人格としての国家概念が誕生することになる。純粋に人為的な人格としてのホッブズの国家概念は,それ以前のマキァヴェッリのような君主の所有物としての国家や,神によって創造された自然的秩序とのアナロジーの関係において国家の身体を担う王からなる中世的な国家概念,さらにはあらゆる政治権力を平民の権力にもとづくものであると主張する共和主義の理論とも異なっている[57]。ホッブズにとって国家とは,もしそこに統一された人格を担う主権者がいなければ,ただ言語記号によって表象されるものでしかないからである。

結果として,初期近代のヨーロッパにおいては,このホッブズの抽象的な国家論(主権論)と,実践的な統治理念としての国家理性論とが並存することになった。古典主義時代における国家理性の言説と主権論の関係を考えるにあたって,ザルカは,国家理性の言説の記号論的な考古学によって実際に

した16-17世紀のヨーロッパにおいて,世俗国家の領域的主権によって内戦を押さえ込もうとする思潮が台頭した際,国家理性論は,公共善という伝統的観念を国家統合のために利用しようとする「一種の偽善的な態度」として現れる。普遍的に自明とみなされる価値が解体し,それどころか普遍的正義に固執することがさらなる混乱を招きかねないような,そうした内戦の経験がもたらしたある種のニヒリズムを強く帯びた議論,それが国家理性論であるというのである。川出 [2000],12頁。国家理性論は,公共善と普遍的正義の矛盾を自覚した内戦時代のニヒリズムの産物であるとする立場から,主権論と国家理性論を同一の課題に対する応答として結合する川出の解釈は,示唆に富む。

(56) Skinner[1989], p. 112.
(57) ここでも本書は,山口 [2003] の整理と表現を用いている。

使用された4つの特徴——違反，合理性，秘密，暴力——を引き出すことができるという[58]。まず国家理性の第1の特徴として挙げられるのは，公的な利益の保全という観点から，政治的な必要に応じて行使される一般法に対する「違反」の観念である。つまりそれは，急を要する情勢に介入する際に，支配者に対して道徳律や一般法の原理の外部において行為するよう求める理論である。ただし国家理性を論拠とする政治的介入は，こうした介入が国家や公共の利益を第1の目的としている場合に限られる。国家理性に特有の第2の特徴は，「合理性」の観念である。この合理性の観念は，一般的な人びとの合理性よりも優れたものとして認識されており，一般の人びとが理解することができないような，ある種の少数の人びとに限定された合理性の次元に属していたとされる。そしてこの国家理性の第2の特徴は，つぎの第3の特徴につながる。すなわちそれは「秘密」の観念である。実際にも国家理性の概念は，「統治の秘術」（arcana imperii）という概念にしばしば結びつけられて，隠し立てに関わる統治実践に関係していた。つまりこの秘密の技法は，政治的合理性のための本質的な手段とみなされ，国家理性による統治にとって不可欠な原理と考えられていたのである。最後に，国家理性を特徴づける第4の特徴は，「暴力」の観念である。国家理性によって行使される政治的行為は，しばしば合法性の範囲の外での力の行使という形式をとることになった。もっともそれは，権力の不法な使用を意味するのではなく，逆に公共善と平民の保全という観点からなされる君主の行為を意味していた。それゆえ国家理性の理論は，単に法の言説に従ってなされるようなものではなく，公共善と平民の保全という視点から，法の形式を一時停止することさえもできる戦略的な力の場に存在していたのであった。

　以上のようなザルカの主張から，国家理性の理論が明らかに統治の秘術や一般法の違反の観念にもとづきながら，国家の利益と合理性を追及するための実践的な統治技法であったと確認することができるであろう[59]。国家理性の言説は，ホッブズのように，個人の権利にもとづきながら哲学的な正当化を求める自然法の言説とは違って，統治実践の現実的な側面に属し，例外的な状況に対処しうるより実践的な統治の技法であった。この点において国家

---

(58) Zarka[1998], pp. 151-152. 山口[2003]による．

(59) 山口[2003]による．

理性の言説は，自然法と市民法の原則にもとづきながら平民の安寧を確保することを目的とするホッブズの主権論とは異なる，国力維持拡大のための統治と考えられるのである。

さらに国家理性の理論は，万人の平等な理性的合意契約にもとづくホッブズの主権論とは異なって，統治の対象の合理性に合わせた専門家の特殊な視点を要求し，専門家たちの経験的で蓋然的な合理性にもとづいていた。つまりそれは，政治社会の蓋然的な領域も合理的な知の対象としながら，個々の専門性を追求するものであった。この意味において国家理性の言説は，個人の権利と法の概念にもとづく自然法の言説とは大きく異なると考えられる[60]。それゆえ国家理性においては，ホッブズにはない統治実践の技法としてのさまざまな専門知が発展することになった。こうした専門家の知識の中には，諸国民の習慣や歴史に関する分析，各国の地政学的な布置，各国の自然の資源，富や財政，人口の調査・分析などがあり，それぞれ歴史，地政学，家政学，ポリス（警察行政），政治算術（political arithmetic）といった専門的な学問において具体化されることになる[61]。

また，実践的な専門知を総動員しようとするマキァヴェッリ以降の国家理性論にとって重要なのは，古典的な政治学においては分離されていた政治と家政との区分が取り除かれ，財政も国家の問題とされたことである[62]。ここに国家（stato）の状態を歴史的に把握し，表象するための学としての統計学（statistics）が誕生したのであった。ボテロ以降の国家理性の統治の技法においては，国家理性は，人びとの生に働きかけながら，人口を管理し調整することによって，国家の富と力を積極的に増大させようとする言説となっていく。こうして国家理性の理論家たちは，神学や自然法のような「外部の」法則ではなく，国家それ自体の力と富に関わるような，国家内で完結する合理

---

(60) Zarka[1994], p. 6. 山口 [2003] による。

(61) こうした国家理性論が要請する専門知のなかでも，とりわけ「歴史」が重視された理由として，山口 [2003] は，神聖ローマ帝国という統一的な理念の解体をあげる。すなわちそれまでの神聖ローマ帝国といった統一的な理念が放棄され，ヨーロッパの諸国家が覇権を求めて競合するなかにあって，歴史的にも異なる習慣をもった各国が，他の国の歴史的，地政学的な条件を研究することは軍事的にも戦略的にも重要なものと見なされたからである。

(62) Viroli[1992a], p. 262.

的な統治技法を追求することとなった。そこにおいて追求される合理性は，自然法や衡平といった万人に理解されうる知ではなかった。むしろそれは，プラトンの厳密な数学的イデアの真知とは異なって，蓋然的合理性にとどまるけれども，それでもなお，プラトンの哲学者にも比しうる専門性を獲得した君主や政治家の特殊な経験や職人芸的な歴史読解に依拠しているがゆえに，一種の専門知だったのである[63]。

さて，国家理性についての第2の見方は，それを主意主義的国家主体論として読み解こうとするものである。この立場によれば，国家理性論は，普遍的自然法論との対比で，国家の個別利益の主張という側面ももっているけれども，同時に，制度の調整によって私益の総和をこえた公益を確保しようとする共和主義的制度論との対比で，個々の国家を単独主体とした主権意志論の主張という側面ももっている。後者に着目すれば，国家理性とは，国民全体の運命を左右し，その利害を代表している1つの意志という概念なのである。したがって国家理性は，混合政体論に象徴されるような同意によって公

---

(63) 山口［2003］もいうように，こうした国家理性の立場は，当時においても，その自己完結的合理性が無神論的性格をもつものと判断され，それゆえにマキァヴェッリの悪しき国家理性と同一視されて，キリスト教の倫理にとっては受け入れがたい理念の1つとなっていた。この悪しき国家理性の統治術に対して，国家理性の理論家のなかには，キリスト教の理念にもとづく国家理性の理念を対置しようとする者も登場する。こうしたキリスト教の理念にもとづく国家理性の試みは，一般に「善き国家理性」という名で呼ばれた運動であり，ザルカによれば，その教義の中には，宗教的な正当化と政治的な統治実践の合理化という2つの方法が存在していた（山口［2003］によるZarka[1998], p.157の整理を借用した）。すなわち，一方においてこの宗教的な正当化とは，宗教があらゆる徳の源泉であり，それを軸にしながらあらゆる国家を統治する原理から成り立っていた。他方において統治実践の合理化とは，力と利益からなる政治に固有の法則と論理を定義することにあり，君主の行動に対して，領土，人口，財政，軍事，外交，防衛に関する確固たる法則を与えることを目的としていた。したがって善き国家理性論とは，こうした相反する2つの要求を統一し，宗教的な正当化と政治的な統治の合理化の要求が同時に満たされるような国家の統治を再構成することを目的としたものであった。このような善き国家理性の理念は，ヨーロッパ各国に伝えられて，マキァヴェッリに代わる国家理性論を求めた理論家たちに多大な影響を与えたとされる。

益を実現する共和国の発想とは異なっている。共和主義から国家理性論への移行は，アレントの表現を借りるならば，慎重な選択や意見に対する配慮に重点を置く「同意」(consent)という言葉が，意見交換のあらゆる過程と最終的な意見の一致を本質的に排除する「意志」(will)という言葉に置き換えられたということを意味する[64]。多様な利害を統一する1つの国家意志という発想から，人民主権にもとづくルソーの一般意志論まではほんのわずかの距離しかない。古典的共和主義によれば，公益による政治体の統一は，人民が共通に設立し承認する法制度によってなされる。これに対して国家理性論は，仮にそれが人民中心のものであったにせよ，政治体の統一を制度ではなく人民自身の継続的意志確認によって達成しようとするのである。制度でなく意志が公益の保証であるかぎり，共和主義とは違って国家理性論はつねに意志の統一をはかり続けねばならない。対外的な仮想敵国の想定や，国内における特殊意志という敵の想定は，制度論的共和主義よりも公的国家理性論において，より緊急に必要とされるのである。国家理性論は，意志と利害との同一視のうえに成立している概念である。それゆえ，この見方によれば，国家理性論は人民主権論と矛盾しないどころかその重要な近代的源流であることになる。

　第1，第2，いずれの見方をするにせよ，国家理性が，国家の行動が対内的・対外的に則るべき準則を意味することは確かである。支配権力が「国家を理由として」行動する場合の権力行使のルールという側面が，イタリア・ルネサンス当初の意味であったが，次第にそうした政治的権力利害のみに解消されない国家自体の存立理由ないし経済的利害として，corpus christiana という超国家的共同体からの主権の解放過程において重要な意味を持っていったのである。もろもろの国家理性論に共通する要素としては，普遍的な合法性や通常理性を凌駕する個別的な深慮や非道徳的な力の行使への要請があげられるであろう。たしかに国家理性論は，「超法規的な絶対権力」による「一時的」措置（＝「臨時」に限定された「独裁」）という相矛盾した2要素を含む論理的にもプロブレマティークな概念である。しかしそれ以上に問題となるのは，それが「普遍性に対する特殊性の擁護」という，政治学的にはパトリオティックないしナショナルな要素をみずからの原動力としている点で

---

　(64) Arendt[1963], p. 76. 邦訳，一一四頁.

あろう。国家理性論の分析がナショナリズムの分析と切り離しがたいゆえんである。

(v) マキァヴェッリとマキァヴェッリズム

マキァヴェッリと近代の統治術的政治学との関係を考える際に避けて通れない有名な問いかけは、「マキァヴェッリはマキァヴェッリストであったのか」という問いである。これに答えるためには、マキァヴェッリズムの地平をある程度図式的に分節化しておく必要がある。

パレルは、マキァヴェッリズムを、「通俗的」('vulgar')、マキァヴェッリ以前(pre-Machiavellian)、マキァヴェッリ自身(Machiavelli's)、マキァヴェッリ以後(post-Machiavellian)の4つに分ける[65]。個人の道徳を凌駕しうる規準ないし効率性を政治に認める「通俗的」マキァヴェッリズムは、西欧の一般的見解としては古代ギリシアにおける政治の成立期にすでに存在していたし、政治の領域では道徳的完璧さは達成されえないという認識も、アリストテレス以来の伝統をもっている。マイネッケやモミリアーノが「古代の杖」ないし「タキトゥスの伝統」として言及する「マキァヴェッリズム」も、こうした「通俗的」ないしマキァヴェッリ以前のマキァヴェッリズムを指すのであって、それは、「それ自身は無時間的であって、その解決の試みは時代史的に移り変わる相対的なものにとどまる」という性格をもっており[66]、「人

---

(65) Parel[1992], pp. 158-161.
(66) Meinecke[1957], S. 139ff. 邦訳、一六〇頁以下。Momigliano[1977]。マイネッケによれば、マキァヴェッリの深い影響下にあったユストゥス・リプシウスが1574年に刊行したタキトゥスの翻訳を契機に、タキトゥスを政治的に利用しようとするタキトゥス主義者たちの文献が以後1世紀にわたって盛んに出されることになった。マイネッケが挙げるのは、「政治の力」しか描かなかったリウィウスや修辞的歴史叙述家を斥け、「政治の技術と炯眼」をとらえたタキトゥスを賞賛する、ボッカリーニである。ボッカリーニは、大衆を無知なままにしておきたい君主にとっては危険極まりない「統治の秘術」(arcana imperii)の暴露を、「タキトゥスの眼鏡」という歴史叙述様式のうちに見出したとされる。Meinecke[1957], S. 90-92. 邦訳、一〇四一一〇六頁。スキナーによれば、若きホッブズの「タキトゥスの始まりに関する論考」("A Discourse

間の手によって創造されているすべての国家の無時間的な同伴者兼指導者」である。それは,エウリピデス『フォエニッサイ』における,「なんとしても不正を犯さねばならぬなら,治世のために犯すことを可とするが,そうでなければ道徳にかなった行動をとらねばならない」という言葉や,キケロ『義務について』における,「共和国においては利益というかたちで最も賢明に罪が犯される」という言葉,またタキトゥス『年代記』における,「すべての(罰の)大いなる例は何らかの不公平を伴う,しかしそれは個人にとって不利益であっても,公の利益をもって償われるものである」という言葉に示されている[67]。通俗的マキァヴェッリズムは,こうした古典古代の著述のうちで,すでに哲学的説明を付与された「マキァヴェッリ以前のマキァヴェッリズム」となっており,人間の自然,情念,無知,原罪,道徳的弱さ,などがその原因とされていた。マキァヴェッリがなしたのは,政治的悪の哲学的説明ではなく,秩序観の転換によるその哲学的・政治的正当化であった。パレルの主張によると,マキァヴェッリがマキァヴェッリズムに対してなした貢献があるとすれば,それはマキァヴェッリズムを公にかつ哲学的に正当化したことであり,これが「マキァヴェッリ自身のマキァヴェッリズム」である。

ところで,マキァヴェッリ以後に登場したベーコン,スピノザ,ホッブズ,

---

upon the Beginning of Tacitus")も,こうした一連のタキトゥス主義文献に属するものであって,それは「新しい君主は『新しい主権を確固たるものにすべく』いかに行動し,平民に対し『安楽の快と休息』を与えるべきかに関する多くの一般的教訓を,アウグストゥスの政治的成功から引き出した」ものであったとされる。「アウグストゥスが置かれた状況は,たった今『自由を失った』平民に対して『王政による制限と抑圧』を課そうとする簒奪者のそれであった。したがってアウグストゥスは,マキァヴェッリが『君主論』において悪名高くも論じたような,とりわけ新しい君主にとっては危険を含んでいる非常な苦境にみずからが直面していることを見出したのである。(中略)行動するアウグストゥスをみることで,われわれは『統治の技術に関する教師』に学ぶことを期待しうるというのである。」Skinner[2002], vol.III, pp. 55-56, 62. 1500年代および1600年代の反マキァヴェッリの風潮が強い時代に,マキァヴェッリの教説をタキトゥスの名で覆い隠すことで,「忌むべきマキァヴェッリ」への言及を避ける傾向が出てきたことについて,Toffanin[1972]を参照。

(67) Euripides, *Phoenissae.* Thoukydides, Historiae, V.85ff. Aristoteles, *Politica*, V. Cicero, *De officiis,* V. Tacitus, *Cronica,* XIV.

ロック，ルソー，ヘーゲル，ニーチェ，ウェーバーらをマキァヴェッリ的「近代」の延長上に置いたのはシュトラウスであった。これらの思想が「マキァヴェッリ以後のマキァヴェッリズム」と呼ばれうるとすれば，その理由は何であろうか。少なくとも「自然観」ではない。マキァヴェッリの自然観は科学革命以前のルネサンス宇宙論の影響を色濃く受けている。しかし，ルネサンス以前の自然法的ないし神学的世界像からみたときに，ルネサンスの活動中心主義的世界像は，たしかにその政治的形態として「マキァヴェッリのマキァヴェッリズム」を新たに要請したといえるであろう。また，近代以降の国家理性論にせよ公共性論にせよ，政治における流動性と権力作用をいう政治学は，たしかにマキァヴェッリを何らかの意味で下敷きとしているのである。ガブリエル・ノーデのいう「公共善のためになされる共通の法の越権」(exces du droit commun a cause du bien public) としての国家理性論は，マキァヴェッリに賛同する立場というよりは，マキァヴェッリの不道徳性を批判するカトリックのボテロらによって主張された。マイネッケのいう「善き」国家理性論の系譜につながるボテロらは，国家の目的はいかなる手段を用いてでも秩序と安定を達成することであるとする点ではマキァヴェッリストであるが，その手段として暴力や権謀術数よりも為政者の道徳的振る舞いを強調するのであって，その点では彼らは「洗練されたマキァヴェッリズム」に属するのである[68]。

第3節　『君主論』の政体設立論——新君主国の意義

(i) 政体の分類と新君主

本節では，『君主論』の構成を追いつつ，そのうちにみられる統治術の政体論的側面を描き，さらにそれを私的術策ではなく公的・歴史的統治論として提示することを試みたい。

『君主論』は政体分類論をもってはじまる。第1章の表題は，「君主国にはどのような種類があるか，また，それはどのような手段で獲得されているか」(Quot sint genera principatuum et quibus modis acquirantur) である。政体類

---

(68) 川出 [2000], 9-10 頁。

型論という伝統的スタイルで国家論を開始しつつも、それが、既存の法への姿勢や支配者の数を基準とした従来の政体分類ではなく、獲得のしかたを基準とした政体分類であることは、マキァヴェッリの政治学が、たんに斬新であるだけでなく、設立という新たなはじまりを指示する政治学であること、しかもそれが単一の意志（君主）による設立という作為的性質をもっていることを、予示しているように思われる。『君主論』は新しい書物であるだけでなく、はじまりの書物であり、アルチュセールの表現を借りれば、一種の開始「宣言」（マニフェスト）である[69]。

『君主論』前半部は、政体分類論と各々の政体の特徴についての考察によってしめられている。そのプランを示すかのような第1章では、つぎのようにいわれている。

「これまで人びとのうえに支配権を行使してきた、また現に行使している国家すなわち領土統治体はすべて、共和国 [A] か君主国 [B] かのいずれかである。君主国は、統治者の血筋をひく者が長年にわたって君位をしめてきた世襲君主国 [B-a] か、新たに生まれた君主国 [B-b] かのいずれかである。また新たに生まれた君主国には、（中略）まったく新しい君主国 [B-b-1] と、（中略）それを獲得した君主によって世襲の国家に一員のように併合されてしまうもの [B-b-2] とがある。こうして獲得された領土統治体には、1人の君主のもとでの生活に慣れている場合 [B-b-2-a] と、自由であることに慣れている場合 [B-b-2-b] とがある。また獲得のしかたには、他国の軍隊による場合 [B-b-2-1] と自国の軍隊による場合 [B-b-2-2] とがあり、フォルトゥナによる場合 [B-b-2-1'] とヴィルトゥによる場合 [B-b-2-2'] とがある（P,1;258；一：六）（[ ] 内は厚見）。」〈Tutti gli stati, tutti e' dominii che hanno avuto e hanno imperio sopra gli uomini, sono stati e sono o republiche o principati. E' principati sono, o ereditarii, de' quali el sangue del loro signore ne sia suto lungo tempo principe, o e' sono nuovi. E' nuovi, o sono nuovi tutti,…o sono come membri aggiunti allo stato ereditario del principe che li acquista,… Sono questi dominii così acquistati, o consueti a vivere sotto uno principe, o usi ad essere liberi; e acquistonsi o con le armi d'artli o con le proprie, o per fortuna o per virtù.〉

---

(69) Althusser[1972-1986]．邦訳[2001]，六六八，六八〇頁。

この文章と，後の『君主論』各章を参考に，『君主論』における政体分類を図式化することを試みよう。

```
共和国 [A]
君主国 [B] － 世襲君主国 [B-a]
            新君主国 [B-b]
              －完全な新君主国 [B-b-1] －自分の武力による [B-b-1-a]
                                      他人の武力やフォルトゥナによる [B-b-1-b]
                                      非道による [B-b-1-1]
                                      公民の支持による [B-b-1-2]
              併合型新君主国 [B-b-2] － 君主政的体質 [B-b-2-a]
                                     共和政的体質 [B-b-2-b]
                                     他国の軍隊による [B-b-2-1]
                                     自国の軍隊による [B-b-2-2]
                                     フォルトゥナによる [B-b-2-1′]
                                     ヴィルトゥによる [B-b-2-2′]
教会国家（教皇権）[C]
```

stato と dominio とのマキァヴェッリによる同一視についてはすでに述べたので，ここではかれの政体分類それ自体に着目しよう[70]。マキァヴェッリは共和国に関する論述を別書（『リウィウス論』）に譲ってすぐさま君主国に関心を集中する。とはいえ，共和国 [A] と君主国 [B]，世襲君主国 [B-a] と新君主国 [B-b]，というこの分類の仕方自体は伝統的なものであり，当時としてもとりたてて目新しいものではない。世襲君主を「自然な君主」

---

(70) 破滅へと向かう必然から逃れるには，まず1人の人物による最初の秩序付けが必要である。自由の保持のためには法＝政体＝通常なるもの (ordinary) が必要だが，自由の存続（生存）のためには非通常なるもの (extraordinary) としての君主が必要なのである。それゆえ『君主論』ではマキァヴェッリはまず新君主国を扱い，続いて伝統・宗教・法制度（いずれも創設者による設立が必要）という3つの習慣づけによる他の国家形態を扱う。伝統中心の習慣づけによる世襲君主国，宗教中心の習慣づけによる教会君主国，法制度中心の習慣づけによる法治（市民型）君主国である。この分類の文脈では，共和国は，法制度中心の習慣づけによる国家のうち，市民型君主国と並ぶ第2の類型である。

(principe naturale) と呼び，世襲君主が平民に愛される事実を述べ，実例に身近な自国イタリアの例（フランチェスコ・スフォルツァ下のミラノとイスパニア王フェルナンド5世下のナポリ）のみを挙げているかぎりにおいて，マキァヴェッリは一見伝統的な君主道徳論を踏襲するかにみえる。しかし，1447年のフィリッポ・ヴィスコンティ公の死後つかの間続いていたミラノの共和政体を廃棄してミラノ公となったスフォルツァの例をあげることによって，マキァヴェッリは，国家の政体分類としての共和政と君主政は固定的なものではなく，相互の間を揺れ動くものであることを示唆する[71]。マキァヴェッリは，献辞でみずから用いた，人民や君主の「本性」(natura) という用語の使い方を撤回するかのごとく，君主のもとで暮らすのに「馴らされてきた」(consueti) か自由であることに「慣れてきた」かというノモス的な表現を用い，政体の区分が自然ではなく人為にもとづくという主張へと移行しはじめる。

　第1章の政体区分を見るかぎり，次のことが指摘できるであろう。第1に，少数支配（貴族政）か多数支配（民主政）かという区別よりも，1人支配（君主政）か複数支配（共和政）かという区別を，マキァヴェッリが重視しているように思われること。第2に，君主政と共和政の区分の基準を自然よりも習慣に帰することで，統治による政体改変の可能性を拓いているということ。第3に，君主政と共和政という伝統的な区別枠自体を継承し，「君主のもとで暮らすことに馴らされてきたか自由に慣れてきたか」という表現で，君主のいる政体には自由はないという主張にもとづくようなスタンスをとっているということ。しかし後に見るように，マキァヴェッリは『君主論』の続く部分において共和政的な政体にも言及し，第1と第3の立場を同じ著作のなかでみずから捨て去っていくのである。

　第2章で，世襲君主国における正統性維持の容易さとその背後に潜む徹底的な革新，絶えざる変転の可能性を示唆したマキァヴェッリは，第3章以

---

(71)「支配権が古くから連綿と続いていると，革新の動機も思い出も消え去ってしまう。というのは，およそ変化は一度起こると，必ずつぎの変化をまねく歯型を残すからである (P, 2; 258；一：七)」という第2章最後の一文には，革新とはまずもって既成の正統性の破壊であり，そしてその破壊は絶えざる変転の一過程であるという主張がうかがわれる。

降は新君主国——領土においても君主の人物においても新たな君主国——に叙述の焦点を当てる。秩序を設立することと維持することとの相違を自覚していたかれの関心は，新君主にとって維持しやすい君主国の設立条件へと向かう。第 3-5 章では併合型新君主国 [B-b-2]——すなわち征服——が扱われるが，これはまったく新しく設立された君主国ではないため，新君主と既存集団の慣習的体質との関係が問題となる。マキァヴェッリは，新たに併合された国が，それまで君主の支配下で暮らしてきた君主国である場合 [B-b-2-a] と，「住民自身のつくった法律のもとで自由に暮らしてきた (P, 5; 263; 一：一八)」共和国である場合 [B-b-2-b] とを考え，前者を新君主国に併合する容易さと後者を併合する困難さとを語る。前者の君主国には，君主とその召使いによって統治されているトルコのような専制支配国と，君主と血統諸侯がそれぞれに臣民を従えつつ均衡を保って統治しているフランスのような法の支配の君主国とがある。専制君主国は最初の征服は困難だがいったん征服すれば維持は容易であり，封建的法治君主国は征服は容易でも維持は困難である。この相違は勝利者のヴィルトゥの大小からではなく臣民の性格の相違から生じるものである。しかし，自由の甘美さを知らないこれら君主国を併合することは，それを知っている共和国を併合することよりもはるかに容易である。つまり，それまでの君主の血統を絶やした後は，習俗に違いがないのであるから，領民を平穏に暮らさせておけばよい。問題は，君主国にそぐわない習俗と歴史をもつ国——共和国——を，君主国へと新たに併合する場合である。マキァヴェッリは，それまで自由な共和国であった国を併合する方策として，(1) それを滅亡させる [＝都市を破壊して住民を殺すか他の都市に移住させる]，(2) そこに君主自身が移住する，(3) そこに寡頭政の政体をつくらせる，の 3 つを挙げる。一度共和政を経験した公民は，いかなる恩恵を与えてもなかなかその思い出を忘れず根強く抵抗するため，(1) か (2) の方策が安全とされる。服従の歴史は簡単に消せるが，自由の歴史は消しがたい。

第 5 章の表題は，「征服される以前に，固有の法によって暮らしていた都市や君主政体を，どのようにして統治すべきか」(Quamodo administradae sunt civitates vel principatus, qui, antequam occuparentur, suis legibus vivebant) である。この章の冒頭の文に「固有の法によってそして自由のうちに」(con le loro leggi e in liberta) とあるのを見ると，自分たち自身の法によって生き

ることと，自由に生きることとは，密接に関連してはいるが別物と考えられているのではないかという推論が成り立つ。君主政体における法は君主のものであって，政体固有のものではないということであろうか。あるいは君主政体は，法による統治のもとにあるのではなく，君主の恣意的な意志に支配されているということであろうか。共和主義的自由は，自分たち自身で立法するという「自律」と結びついているのか，それとも「法の支配」と結びついているのか，という問題である。

いずれにせよ，第5章の強調点は，その後，自由に慣れた政体を征服するには，放任ではなく，破壊もしくは君主自身によるその地への移住が望ましいという主張へと移行していく。そして，自由な政体を破壊することで成功を収めた例として引用されるのは，ローマ共和政である。

『君主論』のテーマが，君主の鑑論を逆手に取った暴君の鑑論ではなく，君主の所有物でありつつも，私人としての一君主の私有物ではなく歴史的統治機構としての自立性を強めている統治体（stato）の維持拡大であることはすでに述べた。そしてマキァヴェッリは君主に，政体を維持拡大するためには共和国もしくは共和国の創立者を模倣するよう進言する。君主は自分の私的利益のために政体を利用するのではなく，みずからの死後も政体が存続拡大するように取り計らう責任を負っている。『君主論』第2章で世襲君主国を維持することの容易さが語られている箇所を読むと，政体の維持拡大に最も適切なのは世襲君主政であるかのように当初は思われる。しかし第5章まで読み進めていくと，マキァヴェッリにとっては，世襲君主国も，最初の設立ないし獲得の段階で他の政体を駆逐する点においては，ローマ共和政を模範とすべきであることが分かってくる。しかし他の君主国や君主の血筋を駆逐し，さらに他の共和国をも征服することに成功したローマ共和政は，最終的にはみずからの自由を失っていった。ローマ共和政に対するマキァヴェッリの両義的な態度の一因は，拡大には最適の政体でありながら拡大によってみずからの自由を失ったローマ共和政そのものの二面的性質にあったといえる。拡大には自由が必要であるが，拡大は自由を滅ぼすのである。冒頭で共和国を論じないと宣言しつつも，なお同じ『君主論』という書物において実質的には共和国の効用を論じているマキァヴェッリの意図も，政体における拡大と自由の両義的関係を視野に入れるときに，はじめて理解可能になるのである。

周知のように，のちにモンテスキューもマキァヴェッリと同じく政体を専制政・君主政・共和政の３つに区分し，それぞれの原理を恐怖・名誉・徳としながら，専制政の対極たる穏和政体内における君主政と共和政との区別を重視した[72]。マキァヴェッリとモンテスキューに共通することは，かれらがアリストテレスほど民主政と貴族政の区別を重視せずに両方とも共和政に含めている点である。国家を担う名誉と徳の愛国心が，１人のものにとどまっているのか，それとも複数の成員に広がっているのか——君主政と共和政の相違——のほうが，重大な相違なのである。しかし，政体分類モデルを同時に文明の比較モデルであるとも考えて，穏和政体内の区別から順列を取り払ったモンテスキューとは異なって，マキァヴェッリは，政体の相違を，設立後の人為的な統治習慣の相違に起因するものと考える[73]。マキァヴェッリにとって，君主政を設立することはできても共和政を最初から設立することはできない。共和政を促すような法をもった君主政を設立して，それがしだいに共和政に移行し安定するよう配慮することができるだけである。さらにいえば，君主政による新秩序の導入は，習慣づけられた共和政による安定的な拡大をもたらすための第一段階なのである。自由の記憶を消し去るために過去の文化秩序を徹底的に破壊することをマキァヴェッリは新君主に勧める。しかしそれは，新君主が僭主となるためではなく，新しい制度を断固として導入するためであり，制度によって平民を国家に忠実な公民へと育成するためである。こうしたマキァヴェッリの姿勢には，人間の本性の変わりにくさの認識と，本性ならぬ性格を制度によって改変しうる可能性への期待とが，２つながら示されている。

　ここで注目したいのは，第２章とは反対にすでに第３章においては領土欲こそ「きわめて自然で普通の欲望（P, 3 ; 261；一：一四）」（molto natura le e ordinaria desiderare）とされ，ある秩序から他の秩序への移行は平和のうち

---

(72) Montesquieu, *De l'Esprit des Lois,* III. 2. 9.

(73) その意味では，ファウルもいうように，共和政・君主政・僭主政というマキァヴェッリの政体区分は，その地の政治的伝統や風土とも関連するその時々の事実上の支配関係を暫定的に類型化したものにすぎない。アリストテレスのいうような政体区分の本質的範疇でもなければ，モンテスキューのいうような本性と原理に風土や文化が加味されて成立した一般精神にもとづく文明論的な政体区分でもない。Faul[1961], S. 41.

にではなく実力行使を伴う征服によって起こるほうが「自然」だと考えられているという斬新な点である。周知のごとく存在の階層秩序と価値の階層秩序が完全な調和のうちにあった中世スコラ哲学においては，教会における教皇→枢機卿→大司教→司教という上下構造，国家における皇帝→王→大公→家臣という上下構造は，神によってたてられた普遍的宇宙秩序＝自然の変わることなき表現であった。だがマキァヴェッリにおいては運動と変転こそ「自然」である。当時のイタリアの変転せる政治状況という「現実」が「自然」と同一視され，新秩序の導入が「自然」なこととして期待されており，しかもそれが自国イタリアの最近の例だけでなく他国や古代ローマの実例をも援用しつつ＜歴史＞の導入によってなされているのである。アウグスティヌスと共通する「権力欲」（libido dominandi）の不可避性への認識は，アウグスティヌスとは異なる歴史観——非超越的かつ実例の宝庫としての歴史観——の導入によって，権力闘争としての戦争そのものを潜在的常態とする地点まで蘇生させられ，倫理が闘争を指揮するのではなく闘争が倫理を定義する「状況倫理」へと結びついていった[74]。

(ii) 完全に新しい君主

---

(74) 公法の存立そのものを脅かす領土欲の跋扈という「例外状態」こそが実は政治の「常態」であるというマキァヴェッリの認識から，状況倫理が導出されるという点は，首肯しうる。しかし他方でマキァヴェッリは，ソクラテス，ストア，キリスト教に共通する伝統的倫理観と同じく，善と悪との絶対的区別を受容してもいる。しかし，占星術的な世界観や「事物の実効的真実」へのマキァヴェッリの傾倒は，道徳的規範の根拠としての超越的啓示や，行為をそれ自体の内的性質によって道徳的に評価する観点を，排除するはずである。ここに，君主国／共和国問題，貴族／平民問題と並んで，マキァヴェッリ思想における第3の矛盾相克の問題，すなわち政治／倫理問題が看取される。闘争的政治の常態化によってあらゆる領域を存在論的には政治化する傾向をもったマキァヴェッリ思想にとって，結果主義と道徳的絶対主義との相克は，公的徳と私的善との領域的棲み分けによっては解決されえない根本的な矛盾を，指し示しているのである。その意味で，マキァヴェッリのうちに，政治的空間と倫理的空間との根本的不一致や，倫理的多元主義の原点をみるバーリンの解釈は，今なお鋭さを失っていない。Berlin[1979]．Fischer[2000], pp. 99-105.

こうして新秩序導入の＜歴史＞的「自然」性を示唆した後，第6章からマキァヴェッリはいよいよ『君主論』の本題であるまったく新しい君主国——つまり既存の君主による征服ではなく，一公民が新たに君主になる場合[B-b-1]——の分析へと向かう。被征服地の性格と維持の方法から，その獲得方法へと関心が移行するのである。「まったく新しい君主国」とは，君主と国家の双方が完全に新しい君主国である。君主が新しい君主国設立以前には存在せず，君主国のほうもまた新君主の出現以前には存在しない場合であり，一公民が君主になるプロセスと一国家が君主国になるプロセスとが，同一の新たなプロセスとして，すべての秩序のはじまりを画するプロセスである場合である。第6章から第9章までを費やして，マキァヴェッリは一公民から君主となった者によって統治されるまったく新しい君主国をその君位獲得経緯によって4種類に分類するのであるが，その際に採用される2つの分類基準が，『君主論』の核をなすヴィルトゥとフォルトゥナの対概念と，伝統的な公民的徳の概念とである。ここではヴィルトゥとフォルトゥナはまったく二律背反した折半的対概念と捉えられており，これらの章に限ってみればヴィルトゥとはいわば＜フォルトゥナに依存しない能力＞であると考えてよいだろう。第6章と第7章では，ヴィルトゥとフォルトゥナを分類基準としつつ，自分の武力およびヴィルトゥによって手に入れた君主国[B-b-1-a]と他人の武力およびフォルトゥナによって手に入れた君主国[B-b-1-b]とが比較され，第8章と第9章では，公的徳を分類基準としつつ，非道によって手に入れた君主国と公民の支持によって手に入れた君主国とが論じられるのである。

　第6章でマキァヴェッリは，自分の武力とヴィルトゥで新たに国を獲得(設立)した新君主について，モーセ，キュロス，ロムルス，テセウスを例に挙げて述べる。これらの人物は，フォルトゥナからは「よい機会」(occasione)すなわち「材料」(materia)を得ただけで，その他はすべて自分のヴィルトゥによって新秩序を設立したのである。しかし，「率先して新秩序を持ち込むことは，このうえなく実行の難しい，成功のおぼつかない，取扱いの危険なことである点を十分に考慮しなければならない。というのは，これを持ち込む君主は，まえの秩序でよくやってきた人びとをすべて敵にまわすことになるからである（P, 6;265; 一：二一）」といわれる。それゆえいかに英雄的ヴィルトゥをもっていても，それにくわえて武装することが不可欠となる。

マキァヴェッリの脳裏をよぎるのは，武器なくして立ち，武器なくして滅びた予言者サヴォナローラの姿であり，また後に第11章で皮肉を込めて論じられる武装せざる教会国家の姿であった。ところで，自分の武力とヴィルトゥによって国を獲得した新君主についての叙述が第6章のみで比較的簡潔に終わっていることは，『君主論』の主たる意義を新秩序導入に見出そうとする本書の文脈にとっていささか奇異に感じられるかもしれない。これら「なみはずれて偉大な人物」は，到達されうる目標ではなく「せめてそのあたりの余香にあずかれるように」範とされるべき者たちであり，かれらにとっては「国の征服については困難がつきまとうが国を維持することはやさしい」がゆえに，マキァヴェッリはかれらについて論じることを敬遠しているように思われる。第11章における教会国家の敬遠にもみられるように，到達しうる目標のみに関心をもつマキァヴェッリにとっては，完全にフォルトゥナを御しうるだけのヴィルトゥをもった偉大な人物は，神とおなじように特殊「政治」的な変転せる領域からは抜け出る部分をもっており，したがって助言の対象たりえなかったのである。なるほどマキァヴェッリをしてかくも「新」君主を強調せしめ，とりわけその即位経緯に着目せしめたのが，共同体創立行為を神聖視する先述のローマ的観念であったことは確かであろう。＜君主国であれ共和国であれあらゆる国は，最初は傑出した力をもつ1人の人物［＝新君主］によって設立されるものであるがゆえに，新君主について問うことはあらゆる国や社会秩序の起源・設立ひいては本性について問うことにほかならない＞との確信がそれであって，この創設行為の偉大さというローマ的観念が，＜カオス化した状況を秩序づけるヴィルトゥ＞という当時の思想的文脈に対応して復権させられたのである。しかしながら現実のカオス化という前提がある以上，事実の内部に内在的また本性的な秩序を生じさせるほどの偉大なヴィルトゥ，つまりただ一度きりの設立行為をもってその後の秩序も自動的・継続的に保証してしまうほどの偉大なヴィルトゥは，もはや期待されえない。それはすでに＜状況＞倫理ではなく＜普遍＞倫理である。君主にとって実際上の範とさるべきは，キュロスではなく，むしろ他人の武力とフォルトゥナによって新君主となった者がいかにその英雄的ヴィルトゥを発揮するかのよき実例たるヴァレンティーノ公チェザレ・ボルジアなのである。そのようなわけで，マキァヴェッリが第7章から第23章までで展開する君主の政策論は，他人の武力またはフォルトゥナによって国を獲得

した新君主を念頭に置きつつ書かれているように思われる。当時のフィレンツェは，スペインのフェルディナンドによって提供された外国軍隊という幸運の結果として，メディチ家が以前の支配を回復しえた時点であった。その意味ではスキナーのいうように[75]，第7章における他人のヴィルトゥまたはフォルトゥナによって国を獲得した新君主こそ，当時のフィレンツェおよびメディチ家と重なる『君主論』の中心的関心対象であったともいえる。同時に，新君主が，＜無からの創造者＞としてではなく，＜質料（特殊）が形相（普遍）をもたない［＝個が普遍から切り離されて自立化している］状態において所与の質料を組替え秩序づける編成者＞として描かれている点は，非キリスト教的な循環的歴史世界観のあらわれの１つとして注目されてよいであろう。

　マキァヴェッリは公職追放以前の1502年から翌年にかけて，フィレンツェ十人委員会を代表してボルジアとの外交折衝を行った。その際かれのヴィルトゥに驚嘆したマキァヴェッリは，第7章でこのボルジアについて扱っている[76]。ボルジアは教皇アレクサンデル6世を父にもつという「父のフォルトゥナ」に恵まれてロマーニャ地方一帯の中部イタリアを征服したのであるが，「他の者ならば君主になる以前にやっておく基礎づくりを，即位のあとただちに行えるような」思慮ありヴィルトゥある人物であったがゆえに，最終的にフォルトゥナに見放されて国を失ったとはいえ，他人の武力とフォルトゥナによって国を獲得した新君主にとってぜひ模倣すべき範なのである。マキァヴェッリがボルジアを評価するのは，歴史的行為においては善が時として破局的な働きをし，残酷さのほうが温厚さよりも時として残酷でないことがあるということを，ボルジアが認識していたからである。残酷さそれ自体がよいのではなく，残酷だという評判を避けようとしてピストイアを崩壊するに任せていたフィレンツェ人民よりも，ロマーニアを強引に併合して平和を回復したボルジアの残酷さのほうが，人間的な結果をもたらしたという

---

(75) Skinner[1981], p. ．邦訳，四九－五〇頁。
(76) 新君主の最も顕著な例として，マキァヴェッリが生粋のイタリア人ではないボルジアを挙げていることは示唆深い。ボルジアの出自のうちに，外国からの征服者と祖国イタリアの解放者との接点を見ようとするのがStrauss[1958]である。「イタリアを蛮族から解放することはイタリアを統一することを意味し，イタリアを統一することはイタリアを征服することを意味する。」Strauss[1958], p. 67.

ことである。第7章の大部分を占めるボルジアの行動についての叙述をここで詳細に敷衍する必要はないであろう。ただボルジアという実例をもってマキァヴェッリが進言しようとした新君主の政策の要約を引用するにとどめたい。

「ゆえに，敵から身を守ること，味方をつかむこと，力または謀り事(forza o fraude)で勝利をおさめること，平民から愛されるとともに恐れられること，兵士には命令を守らせるとともに尊敬されること，君主に向かって危害をくわえうる，あるいはくわえそうな者たちを抹殺すること，古い秩序を新しい様式でもって改革すること(innovare con nuovi modi gli ordini antiqui)，厳格であるとともに丁重かつ寛大で闊達であること，忠実でない軍隊を廃して新軍隊をつくること，自分に当然の尊敬を払わせ，あるいは危害をくわえるにも二の足を踏むように，国王や君主たちとの親交を維持すること，以上すべてのことがらこそ，新君主国において必要欠くべからざることである (P, 7; 268；一：二八－二九)。」

マキァヴェッリが新君主に望んだことは，古き秩序を徹底的に破壊し，すでにフォルトゥナによってみずからに与えられた新様式を断固として外から導入していくことであった。そしてこのことはマキァヴェッリ自身の課題でもあったのである。

さて第8章と第9章では，一公民が君主になる別の2つの経緯，つまり「ある種の邪悪かつ非道な手段 (via scellerata e nefaria) で君主国を獲得する場合」[B-b-1-1] と「一介の公民が仲間の公民たちの支援のもとでその祖国 (patria) の君主になる場合」[B-b-1-2] とが語られる。邪悪な手段で君位についた例としてマキァヴェッリが挙げるのは，シュラクサイの僭主アガトクレスと当代の政略家オリヴェロットである。マキァヴェッリは，「同郷の公民たちを虐殺したり，味方を裏切ったり，信義も慈悲も宗教心もないことをヴィルトゥと呼ぶことはできないのであって，こういう手段で支配 (imperio) を手に入れることはできても栄誉 (gloria) を手に入れることはできない (P, 8; 269；一：三一)」と述べる。公民の公的生活領域を奪ってしまうような支配は，公民性を機軸とする共和主義的政治の定義にそぐわないというのである。こうしてマキァヴェッリは，君位獲得経緯における公的徳という分類基準を，国家維持のヴィルトゥの判断基準にまで貫徹させるかにみえる。しかし，ヴィルトゥの道徳性を担保する際に，個人の道徳的資質では

なく「栄誉」を根拠としている点に，マキァヴェッリ政治倫理の＜状況＞被拘束性がすでに表出しているといってよい。というのは，栄誉が自立した公的領域の維持拡大に資する効果の度合いによって測られるものである以上道徳発揮の動機も，個人の選択 (elezione) よりはむしろ外部の状況による必然性からくるものとみなされざるを得ないからである[77]。（もっともマキァヴェッリにおいては，ホッブズとは異なって，必然性は野心を恐怖の下位に置くほど強固なものとなってはいないが。）道徳が「栄誉」を介して状況の必然性と結びついていること。それによって道徳内容の一貫性よりも臨機応変さのほうが高く評価されるようになること。これらはまちがいなくマキァヴェッリの斬新性の１つであろう。それゆえ，アガトクレスらが残酷のかぎりを尽くしたのにその国が謀叛や侵略を招かず安穏と継続したのはなぜかと問い，それは「残酷さが立派に」――すなわち自分の立場を守る必要上一度は残酷な振る舞いをしても後には臣下に有益な政策を行うというかたちで――行使されたからだと答えるとき，すでにマキァヴェッリのなかでかれらは，「加害行為は一気呵成に実行すべきだ」という政策原理の実例へと変貌しているのである。この種の変貌は第９章の市民型君主国についての叙述のなかにもみられる。マキァヴェッリは「平民の願いは貴族の狙いよりはるかに穏当」であるとして，公民を評価する公的徳――＜状況＞倫理の内容――の要素をうかがわせつつも，あたかも『君主論』の役割――君主の立場からする＜状況＞倫理の導入――を自覚したかのように，そのすぐ後で「結論としていっておきたいことはただ１つ，君主は平民を味方につけなければならないことである (P, 9;272; 一：三五)」と記すのである。マキァヴェッリの＜状況＞倫理の要諦が，個人の内的資質に定位するような伝統的なギリシア－ローマ的道徳を，その公共性を受け継ぎながらもプラグマティックに改変していくことにあったことは明らかであろう。

　ここで，『君主論』第９章の「市民型君主国」論を参考に，『君主論』における arte dello stato について付言しておきたい。先にも述べたように，1516年にマキァヴェッリの『君主論』がロレンツォのもとに届けられる頃には，ロレンツォの机は stato 維持の方策を勧める書で一杯であったことは想像に難くない。マキァヴェッリは自分が stato の術についてはどんな競争相手よ

---

(77) Leonard [1984], pp. 491-506.

りも長けていると自負していた。16世紀のstato論のテーマは，信頼できる友人という基礎をいかに獲得するか，一般市民はどの程度まで保護されるべきか，君主は自身の軍隊をもつべきか，公民性の伝統や自由の外観は保存されるべきか否か，重要な官職がstatoの友で埋められるにはどうしたらよいか，などであった。『君主論』はこれらすべてを扱っているが，「慎慮ある人物signoreは，信義の履行が自分に害となる場合や，その約束をさせられたときの理由が失われた場合は，自分の言葉を守れないし守るべきでない（P, 18 ; 283 ; 一：五九）」という助言によって，マキァヴェッリはキケロ的共和主義の政治言語を覆している。伝統的な君主の鑑論の形式に沿いつつ公然と伝統を覆すのである。そして『君主論』の新しさは，シュトラウスもいうように，メディチ家への助言の形態をとりつつ，メディチ家支配の崩壊の必然性と新しい君主の誕生を示唆している点にある[78]。おそらくマキァヴェッリは，本心ではメディチ家の支配のしかたを軽蔑していたのであろう。その意味ではシュトラウスのいうように，『君主論』の真の宛先は，メディチ家を反面教師として新秩序をつくろうとする潜在的な君主（あるいは新秩序の開拓者としてのマキァヴェッリ自身）であったのかもしれない[79]。メディチ家のように，他の国や集団の軍隊の助けで政権を得て，旧政権の残党を官職から排除しつつも国内に残したまま，それほど忠誠心のない者を登用したところで，行きづまりは目にみえている。新制度の導入は断固としてなされねばならず，そこには制度を促進する権力（自分の軍隊）が伴わねばならない。マキァヴェッリからみれば伝統的支配の復古を旗印に権力を握ったメディチ家の政治形態は，民衆に後押しされて誕生した「市民型君主国」にほかならない。こうした君主国は民衆の私的な好悪によって左右されざるをえず，君主は民衆の歓心を買うことに奔走しなければならない。そうした君主国の君主は，その権力基盤（忠誠心の獲得度）の脆弱さゆえに，力よりも狡猾さ（市民からの恐れではなく好意の獲得）によって支配するほかないのである。

　しかしマキァヴェッリによれば，市民型君主国はstatoの拡大には不向き

---

(78) Strauss[1958].

(79) 『君主論』第18章および第26章「イタリアを蛮族から解放するための勧め」を参照。マキァヴェッリの最終目標はsignoreによるフィレンツェの安定ではなくイタリア全体の自由である。

である。市民型ではない真に偉大な君主に第一に要求される術 (arte) は，友人人脈を通じた公的制度の支配能力でも，共和主義的なみせかけのもとに権力を温存する偽装能力でもない。自分の軍隊を編成し訓練する術である。

「それゆえ君主は戦争と軍事組織，軍事訓練以外に目的を持ったり，これら以外のことがらに考慮を払ったり，何か他のことがらをみずからの業としてはならない。（中略）君主がその地位を失う第一の原因はこの使命を怠ることにあり，君主の地位を獲得する原因はこの術に習熟していることにある (P, 14; 278-279; 一：四九)。」

メディチ家への多くの他の助言者たちとは異なって，マキァヴェッリは，真の arte dello stato は，君主自身がよき市民であるかのように装って支配すること以上に，よき自分の軍隊をつくりあげることだということを示唆するのである[80]。

またマキァヴェッリは，軍隊のみならず貴族に利益と名誉を与えることによって友人を確保することの重要性をも『君主論』の随所で指摘している。よき軍隊と法律と実例にくわえて，よき友人たち (buoni amici) も重要である (P, 24; 294-295; 一：八〇－八一)。しかしメディチ家のように私的な好みや褒賞によって貴族の友人を獲得するのは危険である。政権を握った場合，君主が尊重し官職に任ずべき貴族は，君主と利害を共有しようとする者で，強欲でない者である。君主の側につかない貴族でも，野心的でない者なら国家のために利用し，野心的な貴族を公然の敵とみなすべきだとマキァヴェッリはいう (P, 9; 271-272; 一：三五)。マキァヴェッリはさらに，こうした野

---

(80) 佐々木毅は，マキァヴェッリの思想を欲望自然主義の人間観が貫いているとすれば，「忠良なる臣民」はそもそも成立し得ない点を指摘するが（佐々木 [1970]，一三五－一三七頁），マキァヴェッリの欲望自然主義はなおホッブズのような個人主義的なものではなく，集団的であり，歴史的共和主義の共同体論および市民的徳の伝統に裏打ちされている。また give and take による貴族の利己的忠誠心の獲得や人脈の拡大の可能性は，マキァヴェッリからみても大いに利用されねばならない。マキァヴェッリは，兵士への褒賞や厚遇による忠誠心の獲得の可能性に期待すると同時に (P, 26; 298；一：八七)，臣民の武装を解除することが，逆に，臣民のうちに自分たちは君主から信頼されておらず臆病者扱いされているという不信感を増殖させてしまう危険性をも指摘している (P, 20; 289；一：六九－七〇)。

心的貴族を不満分子のまま放置するのではなく，こうした貴族を恐怖によって服従させるべきであると論じる。『君主論』第17章にみられる残酷さの容認は，友愛や恩義への感謝や名誉への愛着による忠誠心よりも，恐怖と罰による忠誠心こそ stato の術の中心であるというマキァヴェッリの態度を明確に示しており，それは，友好よりも信頼できる軍隊のうちに君主国の基礎をみようとする政策論と対応している。

そしてマキァヴェッリによれば，軍隊や官吏の忠誠心の原動力となる恐怖心は，制度自体の厳重さへのものではなく，君主自身のヴィルトゥに対するものでなければならない。制度と徳の一体化，政権と人格の一体化を求める伝統的傾向は，共和国と市民についてだけでなく，君主国と君主の関係にも浸透している。

ともあれマキァヴェッリは，『君主論』の執筆をとおして，公民哲学を説く人文主義者たちと，メディチ家への実用的な助言者たちとの双方に対抗しなければならなかった。かれは前者に対しては，政治学ではなく多くのライバルたちと同様に arte dello stato を主張し，後者に対しては，君主を自己保存以上の偉大な目的に向かわせるために，stato 術の内容を解釈しなおした。さらに注目されるのは，これまで述べてきたように，『君主論』が，政治学的な意味での一般的な国家論でもなければ，君主個人の自己利益のための書でもないということである。マキァヴェッリは，一般的な意味での国家論を『リウィウス論』『フィレンツェ史』『戦術論』『フィレンツェ政体改革論』にゆずり，『君主論』では，arte dello stato に重点を置いて論じることによって，真の公的行為を開始する自由についての新たな主張を確立しようとしたとポーコックはいう[81]。これに対してバロンは，『リウィウス論』と『君主論』はまったく別の話題とメッセージを扱った異なる書物であるという。バロンによれば，『リウィウス論』の実際上の目的は，「古代政治の知恵を現代でも使用可能なようによみがえらせること」であり，国家の創設者や改革者が政治的救済者と呼ばれうるのは，その者が平民の政治的健康とエートスの母体である制度と法とを活性化させた場合のみである[82]。『君主論』と『リウ

---

(81) Pocock[1975a], pp. 157-160.

(82) Baron[1988], vol., pp. 111-112. バロンやヴィローリの立場は，マキァヴェッリの共和主義的性格を『リウィウス論』のみに依拠して論証しようとする

ィウス論』とでは土台となっている政治観自体が異なるというのがバロンの含意であり，またバロンの趣旨を受け継ぐヴィローリの主張である。この点ではたしかに，ヴィローリのいうように，初期近代政治思想史における公共体の政治から国家理性の政治への重点移動の境目に位置するのがマキァヴェッリの『君主論』であるといえるかもしれない。だがマキァヴェッリ以後の近代における大きな政治概念の転換は，stato を意味する箇所で stato と同義に politico を用いたことである。ヴィローリによれば『君主論』は両者を同義には用いていない点で，転換以前の書物であるということになる[83]。

(iii) 英雄的ヴィルトゥと参加的ヴィルトゥの連携

『君主論』第9章にすすもう。マキァヴェッリが第9章で平民に基礎を置いた君主国について述べるとき，その関心が新君主国の獲得から広く君主国一般を支え維持する基盤のほうへと移りつつあることもまた自明であるといわねばならない。続く第10章と第11章は，この移行に対応するかたちで，君主国を維持する基盤としての物的・人的財源を重視しつつ逆に宗教を相対化することによって，第12-14章の軍事論，第15-23章の内政論への媒介項をなしているように思われる。第10章「君主国の国力はすべてどのようにして推しはかればよいか」と第11章「教会国家について」は，教皇権というイタリアに独特な支配権を皮肉まじりに扱いながら，国を維持する基盤について対照的な2つの要素——都市 (citta) と宗教——を検討している。マキァヴェッリは，「強力な都市をもちしかも平民の憎しみを受けていない」君主の安全さを主張した後で，教会国家について「これらの国は人知をこえた高遠な原因でうちたてられたので，ここではもう触れないことにしよう。

　ポーコックに比べるとマキァヴェッリ政治学の全体に目を配っているといえるが，『君主論』と『リウィウス論』を別主題を扱った独立の著作とする点では，シュトラウスの統合的解釈と立場を異にする。

　(83) Viroli[1992a], p. 131. マキァヴェッリにおける国家理性論と共和主義論を，思想史的潮流としても原理としても別物であるとするヴィローリに対して，マイネッケは，マキァヴェッリの共和主義的傾向は最終的には国家存在そのものの倫理性への献身に包摂されたとする。マイネッケ『近代史における国家理性の理念』，邦訳五九頁。

なぜなら，神（Dio）によってたたえられ護持されている国であって，これをとやかく論ずるのは傲慢不遜であり，神を畏れない人のすることとなるからである（P, 11;274；一：三九）」と述べている。マキァヴェッリは，ここで明らかに城壁や平民といった物的ないし人的要素こそ特殊「政治」的なものとして検討に値するものとし，神的要素を丁重に除外している。かれは以後宗教を政治的観点から扱うことが多くなり，君主国の維持基盤として物的人的要素に着目しつつ，第 12 章以下の軍事論，内政統治論の領域へと踏み込んでいくことになるのである。

第 1 章から第 11 章までを振り返ると，注意深い読者であれば，マキァヴェッリが第 1 章で提示した分類から逸脱した政体についての論述が，マキァヴェッリ自身によって巧みに織り込まれていることに気づくであろう。その政体とは，専制政体と教皇国家である。マキァヴェッリは，獲得ないし新規に設立された新君主国へと徐々に関心を絞っていくのであるが，その過程で，世襲君主国と共和国をあからさまに検討対象から除外するだけでなく，専制国家と教皇国家をもまた密かに除外しているのである。『リウィウス論』冒頭における「新たな道」のマニフェストを想起するならば，世襲・専制・教皇の 3 国家は，マキァヴェッリにとって時代遅れの旧式な国家なのである。当時のイタリアにおいて，メディチ家と教皇庁という 2 つの権威からの迫害を避けるために，秘匿的叙述様式をもって記された『君主論』の意図の 1 つは，国家の継続的基盤を，神や単独君主の意志に置くのではなく，市民的権力の統合に置くこと，それも，君主（法設立者）と平民（法維持者）との独特な相互関係においてあらわされるような，そうした市民的権力の統合に置くことであった。世襲・専制・教皇型の君主国を除外し，かといって市民と君主が対等に協力し合う市民型君主国をも低く評価したマキァヴェッリは，市民型君主国ではなく新君主国という仕方で，英雄的ヴィルトゥ（君主）と参加的ヴィルトゥ（平民）との連携，すなわち英雄による参加的能力の動員を構想していったのである[84]。

---

(84) この連携を『君主論』の主題であると洞察し，その政治倫理的意義を考察したものとして，メルロ－ポンティのマキァヴェッリ論がある。メルロ－ポンティの「マキァヴェッリ覚え書」（"Note sur Machiavel", 1960）は，市民的公共性を前提に新秩序権力の設立と導入を目指すマキァヴェッリの英雄的ヴィ

ルトゥがもつ参加型ヒューマニズムの性質を，カント的な自由主義道徳の理念と対照させて描く。Merleau-Ponty[1960] 所収。金田 [1996]，一一八－一二四頁および金田 [1995]，三四五－三四六頁参照。メルロ−ポンティによれば，非調和的な力の作用を世界の根源的状態とみるマキァヴェッリにとって，こうした作用の必然的結果としての人間や国家の闘争関係も，純粋の道徳的判断によって乗り越えられるものではない。マキァヴェッリにとっては，客観的な自然秩序に根ざす道徳論が政治的に無意味であるのと同様，カント的な形式的自律道徳主義も，政治をたんなる主観的な意図や善意に帰結させて行為の対他的意味を等閑視してしまうという点で，現実的で具体的なヒューマニズムに反する。マキァヴェッリは，形式的普遍性（一般性）に避難してしまうことなく，根源的暴力を歴史によって乗り越え，人間的な共同価値実現のための具体的また現実的な条件を樹立することこそが政治の課題であると考えたというのである。マキァヴェッリにとって権力とは，純粋の事実でも絶対の権威でもなく，現実の人間同士の巧みな見せかけの関係のなかに，策略としてあらわれるものであり，強制でも真理の把握でもなく，恐怖よりも自由と参加に訴えることによって人間を動かすものである。権力は自由を脅かすのではなく自由への参加を呼びかける。こうして，闘争関係でしかない「集団生活」を共同の状況への参加である「共同生活」へと改変するような，万人による歴史的営みが政治である。そしてこうした政治を可能にするのが，人びとの自由の能力に訴えかけ，共同の状況へと参加させるヴィルトゥなのである。メルロ−ポンティはマキァヴェッリの具体的ヒューマニズムを，形式的な普遍道徳に訴えかけるにすぎないカント的ヒューマニズムに対して高く評価する。マキァヴェッリにとって，政治は原理の問題ではなく人間の問題であったというのである。メルロ−ポンティのマキァヴェッリ解釈は，＜状況＞を前提としつつそれを乗り越えようとする新秩序の導入が歴史的公共性への参加の促しでもあるということに着目している点で，本書の『君主論』解釈と合致するものである。マキァヴェッリにとって政体の設立と選択は，政体の維持と不可分な歴史的営みでもあったのである。

第9章　統治制度としての法律と宗教

第1節　新君主の統治心術

(i) 統治心術論における革新と伝統

『君主論』を,君主国政体設立論（第1-11章）,外交軍事論（第12-14章）,統治政策論（第15-23章）,フォルトゥナ論（第24-26章）の4部に大別するとすれば,帝国的拡大の統治術論の焦点となるのは,第12-23章の部分であろう。とりわけ『君主論』第15-18章における君主による統治心術論は,マキァヴェッリの著作のうちで最も多く引用され,さまざまな解釈に付されてきた箇所であるといえる。政体論と政策論とにおける共和的政治と権力との相互関係の分析が,政治論のほとんどすべてをしめていたような人文主義とその後のstato論の時代にあって,マキァヴェッリの洞察が,政治の制度的また政策的要因のさらに一段下に降りて,平民の精神構造にまで到達していることは,かれの政治思想家としての非凡さを示す。たとえば,共和革命後にも残存する君主制的文化意識構造への目配り（D, I-16;99-101；二：五八－六二）などは,タキトゥスやツキディデスの心理的政治学と,モンテスキューやトクヴィルの社会構造的政治学とを連結する役割を果たしているとすらいいうるかもしれない。

しかし統治心術論の射程や内容の斬新さの検討に入る前に,その叙述様式の伝統的性格について一言しておく必要がある。ヴィローリが指摘しているように[85],「人間ことに世の君主の毀誉褒貶は何によるのか」「鷹揚さと吝嗇」「冷酷さと憐れみ深さ,恐れられるのと愛されるのとどちらがよいか」「君主

---

(85) Viroli[1998], p. 90.

たるものどう信義を守るべきか」という各章の表題は，賞賛さるべきもの (honestas) と利になるもの (utilitas) の関係という古来のテーマを，ローマ的修辞学の叙述様式に従って扱おうとするかれの伝統的立場をまずもって表現しているといえる。ヴィローリやスキナーはさらに進んで，「徳と悪徳とは表裏一体であり，国家の安全の観点からは両者の定義が逆転することがありうる」という主張，すなわち「賞賛さるべきものや利益あるものよりも必要性が優先する」という思考自体が，ローマの修辞術に起源をもつものであるとしている[86]。なるほどたしかにマキァヴェッリが『君主論』中盤において問題にしているのは，道徳上の真理に関する哲学的な善悪の基礎づけではなく，道徳基準が不安定な必要性優位の状況において，何が賞賛に値し何が非難に値するかに関するもろもろの見解をめぐる修辞術上の議論である。かれは『君主論』を，事実の観察にもとづく普遍的かつ自律的な政治法則を定式化しようとする科学者としてではなく，政治的・道徳的真理を確定しようとする哲学者としてでもなく，君主国や共和国を設立・統治・再興するのに最も有効な手段について勧告する弁論家として書いている。その際のモデルは，善き人間を善き公民として提示し，説得しようとする古代の弁論家であったであろう。その点でマキァヴェッリは，中世の暗黒は哲学的無知にではなく雄弁術の欠如に由来するとした同時代の人文主義者アッコルティの発想[87]を共有している。しかし以下にみるように，マキァヴェッリは，多くの点においてキケロ以来の理想的君主像の内容を組み替えていくのである。それは，ローマ人が，なるべくして君主となった者への一般的勧告として「君主の鑑」論をとらえたのに対して，マキァヴェッリが必要によってたまたま地位についた新君主を自覚的に議論の対象として選んだ事実のうちにあらわれている。

(ii) 状況倫理と責任倫理の結合

『君主論』第1章から伏在し続けてきたマキァヴェッリ政治思想の斬新性

---

(86) Skinner[1996], pp. 151-155. Viroli[1998], pp. 92, 96-97.

(87) Benedetto Accolti, *Dialogus de praestantia virorum sui aevi*, G.C. Galletti, ed.[1847], pp. 111-112.

は，第15章以下の君主の統治心術に関する叙述において極めてラディカルなかたちで表出することになる。伝統的コスモロジーが崩壊し，人間と自然がロゴスにおいて一致することもロゴスを分有しあうこともできずに，自然がロゴスによっては捉えられない不可解かつ変動的なフォルトゥナの領域へと押しやられ，自然との闘争こそヴィルトゥ＝「政治」だとされる前提のもとにあっては，「たとえ美徳 (virtù) のようにみえることでも，これを行っていくうちに自分の破滅に通ずることがあり，他方，一見悪徳 (vizio) のようにみえても，これを行うことによって自分の安全と繁栄がもたらされることがある (P, 15;280；一：五二－五三)」からであって，それゆえ「自分の身を保持しようとする君主は，よくない人間となりうることを習う必要があり，またこの態度を，時に応じて行使したり行使しなかったりする必要がある (P, 15;280；一：五二)」からである。『君主論』第15章のいわゆる存在と当為の関係は，存在を状況化するマキァヴェッリのなかでは，外観と必要性の関係，ひいてはヴィルトゥとフォルトゥナの関係へと転義され，第16章以下の統治心術論へとつながっている。「そうみえること」こそが現実であり，「安全と繁栄という必要」こそが当為である。フォルトゥナのせいぜい半分をしか治めえない君主は，なおそのフォルトゥナに促されて，みずからの外観に責任をもつという意味で「有徳」(virtuoso) たることを要請されているのである。

こうしたローマ修辞術の伝統と「現実の状況化」とを前提に，マキァヴェッリは，鷹揚と吝嗇，憐れみ深さと残酷さ，愛されることと恐れられること，信義を守ること，といった個々の徳目をとりあげていく。

まず鷹揚 (liberalita) と吝嗇 (miseria) についていうならば，かれは，「臣民から物を奪ったりしないためにも，また，自己防衛を果たすためにも，貧乏になってみくびられたりしないためにも，また，貪欲に陥らないためにも，君主は吝嗇だという評判など少しも問題にすべきでない (P, 16;281；一：五四)」という。このような君主統治論は，キケロやセネカといったストアの哲学者ないし伝統的共和主義者たちのそれとは対照的である。キケロが『義務について』で述べているところによれば，鷹揚ほど人間本性に適うものはないがゆえに吝嗇や貪欲は常に避けられるべきであり，鷹揚の発揮こそ臣下

や平民に愛されるための近道にほかならない[88]。しかしマキァヴェッリは，逆に鷹揚の発揮が評判維持のための奢侈に結びつき，結果として補塡のための重税によって大多数の平民の恨みをかうことになるというのである。したがって，キケロの時代とは異なり，「現代にあっては，われわれのみてきたところでは，大事業はすべて吝嗇だとみなされた人によってしか成し遂げられていない (P, 16; 281；一：五三)」ということになる。

つぎに，君主は残酷 (crudele) とみられるのがよいか憐れみ深い (pietoso) とみられるのがよいかという問題に関しても，かれは，個人的善の領域では「残酷よりは憐れみ深いと評されるほうが望ましいことには違いない (P, 17; 281；一：五五)」としつつも，やはり国家全体のことを考えてつぎのように付け加えることを忘れない。

「君主たる者は，自分の臣民を結束させ忠誠を守らせるためには，残酷だという悪評を少しも気にかけてはならない。というのは，あまりに憐れみ深くて混乱状態を招き，やがて殺戮や略奪を横行させてしまう君主に比べれば，残酷な君主は，ごくたまの恩情あるおこないだけで，ずっと憐れみ深いとみられるからである。また，後者においては，君主が下す裁決はただ一個人を傷つけるだけで済むのに対して，前者の場合は人民全体を傷つけることになるからである (P, 17; 282；一：五五)。」

『寛容について』(*De Clementia,* 54 A. D. ?) のなかでセネカは，残酷は僭主に特徴的な悪徳なのでいかなる事情の下でもこれを避けるのが真の君主であると述べていたのであるが[89]，マキァヴェッリが現実のうちにみる危機はこうした要求をも越えるものなのである。

「あらゆる君主のなかでも新君主においては，国が新しいため危険も満ち満ちているのであるから，残酷だという評判を免れることはできない (P, 17; 282；一：五五)。」

残酷さの行使に関するこのような見解は，恐れられること (temuto) と愛されること (amato) とについてという次なる問題へとつながっていく。ここでもまたマキァヴェッリは，＜恐怖ではなく平民からの愛情にもとづく統治こそ永続的であり，恐怖は必ず憎しみと結びつくがゆえに君主にとって不利

---

(88) Cicero, *De officiis,* I. 14；II. 17.

(89) Seneca, *De clementia,* I. 26.

だ＞とするキケロの主張[90]を覆して，愛されるより恐れられるほうがはるかに安全であるとする。

「人間は，恐れている者より愛情を感じていた者を容赦なく傷つけるものである。この理由は，がんらい人は邪悪であるから，たんに恩義の絆で繋がれている愛情などは，自分の利害が絡む機会が起これば，すぐにでも断ち切ってしまうものだからである。だが恐れている者に対しては，処罰の恐怖でしっかりと縛られているので，決して見殺しにはしないのである (P, 17; 282; 一：五六)。」

キケロの洞察に反して，恐れられることと恨みをかわないこととは立派に両立する。人間はみかけに左右されやすいため，その本性的な邪悪さは，君主への恐怖の念よりも君主の軟弱な態度に対する軽蔑の念のうちに働くものであるからである。それゆえ君主の側でも信義 (fede) を守り奸策を弄さないという態度を貫く必要はなく，むしろ君主は野獣，とりわけ獅子（の獰猛さ）と狐（の狡猾さ）をも見習うべきだとされるのである。

こうしてマキァヴェッリは，君主の徳目に関する叙述を以下のように要約する。

「要するに，君主は前述のいろいろなよい気質をなにもかも備えている必要はないが，備えているように思わせることは必要である。大胆に言うなら，そのような立派な気質を備えていて常に尊重しているのは有害であり，備えているように思わせることが有益なのである。つまり，慈悲深い (pietoso) とか，信義に厚い (fedele) とか，人情がある (umano) とか，裏表がない (intero) とか，宗教心がある (religioso) とか思わせることが必要である。それでいて，もしそのような態度を捨て去らなければならないときには，全く逆の気質に転換できるような，また転換の策を心得ているような，気構えが常にできていなくてはならない。君主という者は，とくに新君主の場合は，国を維持するために，信義・慈悲・人間味・宗教に反した行動をたびたびとらなくてはならないということを知っておいてほしい (P, 18; 284; 一：五九－六〇)。」

マキァヴェッリにとって，君主の唯一かつ最も重要な目的は「状況」の秩序づけすなわち統治であるがゆえに，第15章以下で述べられてきた君主

---

(90) Cicero, *De officiis*, II. 7.

の斬新な術策も，この統治という目的に適う限りにおいてのみ正当化されるものである。マキァヴェッリのいう「君主」の「統治」とは決して専制君主による利己的・自然主義的支配欲の恣意的貫徹のことではない。一私人といえども権力を掌握して「状況」を秩序づけ，国家を統一したならば，もはや国家と一体なのであり，君主国とは君主によって統治され体現された公的共同体なのである。統治の目的はあくまでこうした公的共同体とその領土の維持拡大であって，一権力者の私益の維持拡大ではない。その意味では共和国ですら，その統治者たる平民が私益に走ればマキァヴェッリの非難を免れないであろう。伝統的道徳からの逸脱は，権力者全員にではなくただ公益を目的として追求する「君主」にのみ許されるものであり，それゆえにこそ専制君主の私益完遂という解釈では説明のつかない自国軍（armi proprie）の推奨——なぜなら自国軍をもつことは君主が私益に反してみずからの臣下の力を増大させることになろうから——も可能になったのだといえよう。

第19-23章で論じられるところの，憎悪（odio）と軽蔑（contento）を避け尊敬（stima）を集めるための術策も，君主が国家を担う者であるからこそ切実さを増し，後に『リウィウス論』第III巻第6章の中で共和国的観点へと視点を転換させつつ「陰謀について」としてさらに論じられるまでにいたるのである。すでにアリストテレスは，『政治学』において，僭主政崩壊の主要な原因として平民による憎悪と軽蔑を挙げていた[91]が，マキァヴェッリもまた，君主は愛情を受けなくても構わないが憎悪と軽蔑だけは絶対に受けてはならないとし，この2つさえ避けられれば他に邪悪な行為があっても君主の任務は必ず成し遂げられるという。そして憎悪を避けるには臣下平民の財産や名誉を奪わないようにすべきであり，軽蔑を避けるには，優柔不断や無気力であるとみられないように注意しつつ逆にみずからを偉大で沈着豪胆な人物として提示すべきであると述べるのである。マキァヴェッリが憎悪や軽蔑を危険視する理由は，これらが秩序の動揺や反乱ひいては国家崩壊に直接繋がりうるからに他ならない。臣下とりわけ平民の服従に支えられていることが，君主国安定の最も重要な条件なのであって，いかに堅固な城塞といえども平民の憎悪の前には少しも役立たない（P, 20;290-291；一：七二－七三）。ただし，憎悪や軽蔑を避け尊敬を得る方法については，マキァヴェッリは古

---

(91) Aristoteles, *Politica,* 1312b.

代ギリシア－ローマの著述家たちと一線を画する。アリストテレスが憎悪を買うことの一因を平民の財産や妻の侵害に見出すとき[92]，マキァヴェッリはそれに同意するが，セネカが残酷さも憎悪を招くと述べるとき[93]，マキァヴェッリはそれを無視する。またアリストテレスが憎悪を招くような放蕩と酩酊を止め個人的道徳において節制を保つべきだとするとき[94]，マキァヴェッリはそれを認めず，「君主が尊敬を集めるには，なによりも大事業をなし，みずから比類のない手本を示すことである (P, 21; 291; 一：七三)」として，道徳上の内面的練達よりも業績上の外面的栄誉のほうを，憎悪や軽蔑を回避し尊敬を獲得するための最上の方法とするのである。

マキァヴェッリにおいて栄誉という言葉が国家の帝国的拡大と同義に用いられていることはすでに述べた。そのことを君主の統治心術の面から考察するならば，栄誉が内的性質としての徳によってではなく他者からの承認によってのみ付与されるものであるかぎり，徳の外観による信頼と服従の調達が，「君主についての風評の広まり」というかたちで広がれば広がるほど，国家の基盤が安定する，ということになろう。国家の拡大は君主の服従調達の拡大であり，服従調達の拡大は，栄誉すなわち風評の拡大であるからである。「恐れられること」は，支配者と被支配者の絶対的差異を示すことで信頼と服従を調達するものであるが，「軽蔑されたり恨まれたりすること」は，その差異を解消することで「不信」を招き，国家の不安定化につながるのである。

> 「ここで考慮すべきことは，人間の恨みは，悪行のみならず善行からもまた生じるということである。それゆえにこそ前述のごとく，君主は国を保持しようとするとき，しばしばよくないことをせざるをえないのである (P, 19; 286-287; 一：六五)。」

もちろん善が善を生み悪が悪を生むという状態が望ましいものであることはマキァヴェッリも認める。しかし「現実の政治」が必ずしもそういった状態を許さないものであるとき，「政治」に携わる君主は，みずからの行為が公的共同体の盛衰に及ぼす結果に対しても責任を負う全く新しい「政治」倫

---

(92) *Politica,* 1311ab.

(93) Seneca, *De clementia,* I. 8.

(94) Aristoteles, *Politica,* 1314b.

理を身につけねばならないのである[95]。「状況」化した政治は，責任倫理によってのみ秩序づけられうる。そしてマキァヴェッリによれば，この「政治」倫理を担う能力こそ，「状況」のネチェシタに臨機応変に対処していく慎慮 (prudenza) にほかならなかった。

「いかなる国も，いつも安全策ばかりとっていられるなどとは考えないように，否むしろ，常にあやふやな方針を選ばなくてはならないと考えてほしい。というのは，ものごとの定め (ordine delle cosa) として，1つの苦難を避けさえすればもう後にはなんの苦難にも遭わないというわけにはとうていいかないからである。だとすれば prudenza とは，さまざまな苦難の性質を察知してなるべく害の少ないものを良策として選ぶことである (P, 21 ; 292；一：七六)。」

(iii) マキァヴェッリにおけるクセノフォン

『君主論』中間部における統治政策論の斬新性（「近代」性）は，「コスモスの解体による現実の状況化」というネチェシタに由来するだけでなく，古典を利用することでみずから新秩序の君主たろうとするマキァヴェッリ自身の意図にもまた由来している。こうしたマキァヴェッリの意図を検討するために，『君主論』へのクセノフォンのアンヴィヴァレントな影響を指摘するいくつかの研究に触れておきたい。

---

(95) マキァヴェッリの喜劇『マンドラゴラ』が責任倫理の一表現として読解可能であることを示すのが Mansfield[2000b] である。『マンドラゴラ』に登場する人妻ルクレツィア (Lucrezia) の名は，ローマ伝説中の貞婦ルクレティア (Lucretia) を連想させる。ローマ史におけるルクレティアの凌辱と自殺は，リウィウスによって，僭主政による共和的貞操の侵害の象徴として解釈され，非難された。しかし『マンドラゴラ』においては，美しい人妻ルクレツィアと懇ろになりたいというカッリーマコの願いと，子孫が欲しいというニチアールクレツィア夫妻の願いとが，策略によって2つながら実現するという筋書きになっている。マンスフィールドによれば，貞潔によっては家系が続かないとき，伝統的な道徳慣習にかなわない手段を用いてでも perpetual republic を維持することが正しいというマキァヴェッリ政治学の象徴的表現が，『マンドラゴラ』なのである。

第9章　統治制度としての法律と宗教　393

　マキァヴェッリへのクセノフォンの影響をはじめてとりあげたのは，レオ・シュトラウスである[96]。シュトラウスは，『君主論』と『リウィウス論』におけるクセノフォンへの言及回数が，プラトン，アリストテレス，キケロをすべて合わせたよりも多い[97]ことを指摘して，古典的政治哲学へのラディカルな反対者マキァヴェッリへの，古典的政治哲学者クセノフォンの特異な影響について注意を促した[98]。シュトラウスは，マキァヴェッリが言及するクセノフォンの著作が，ソクラテスを対象としない2つの著作，すなわち『キュロスの教育』と『ヒエロン』であった点に着目する。

　「クセノフォンの『キュロスの教育』は，彼［マキァヴェッリ］にとって想像上の君主の古典的な具体像である。同時にクセノフォンはマキァヴェッリにとって，想像上の君主を疑問視する準備をさせるのに最も手近な著述家である。クセノフォンの『ヒエロン』は賢者による僭主政の古典的な擁護であり，『キュロスの教育』は，道徳基準を低めることによってどのようにして貴族政が広大な帝国を支配する絶対君主政へと変容させられうるかを叙述している。（中略）クセノフォンは他のいかなる古典にもはるかに増して，＜自然かつ通常の獲得欲＞に対し寛容であるように思われる（［　］内は厚見）。[99]」

　シュトラウス『僭主政について』によれば，市井の私人から僭主に昇り詰めたシュラクサイのヒエロンと賢人シモニデスの対話を描いた『ヒエロン』は，知恵と政治との緊張関係の自覚に立った古典古代の僭主政の姿を活写しており，それによって，近代（＝マキァヴェッリ）における哲学と政治との関係の歪みを逆照射するものである[100]。すなわちシュトラウスによれば，僭主ヒエロンに対して，法にもとづくのではなく知恵にもとづく「最善の僭主

---

(96) Strauss[1970b], pp. 12-13.

(97) クセノフォンへの言及は，『君主論』第14, 16, 17章，『リウィウス論』第II巻第2, 13章と第III巻第20, 21, 22章にみられる。これに対してキケロへの言及は『リウィウス論』第I巻第4, 33, 52章においてなされており，またプラトンとアリストテレスへの言及は『フィレンツェ政体改革論』において1回ずつあるにとどまっている。Newell[1988], p. 108, n. 1.

(98) Strauss[1958], pp. 291-294.

(99) Strauss[1958], p. 291.

(100) Strauss[1948, 1963, 1991], pp. 23-24, 42. 村田[2006b］。

政」(tyranny at its best) を勧めるシモニデスは，最終的にヒエロンから沈黙をもって遇されるが，このことは，シモニデスの知恵に震撼したヒエロンが，シモニデスの意図に疑念を抱き，シモニデスのうちにみずからに取って代わる知恵ある僭主の可能性を見出してこれを恐れたことを示唆している。これに対して賢人シモニデスの側では，そうした意図は毛頭なく,「法律」や「祖国」や「正当性」の暫定性を熟知したその叡智は，もっぱら非政治的な観想にのみささげられる。それゆえ，古代における僭主と哲学者とが，その非市民的性質においていかに共通していたにせよ，両者はなお緊張関係にあるのである。したがってシュトラウスによれば，古代における「政治哲学」は，僭主とみずからの隔たりを自覚した哲学が，「節度」という徳を身にまとうことによってみずからを防衛しようとした結果であって，こうした「節度」を具備している（＝哲学を書物に限定したプラトン）か否（＝哲学を市井で実践したソクラテス）かが，哲学と政治哲学を区別するポイントであった。しかしマキァヴェッリにはじまる近代の僭主政においては，哲学のあからさまな自己主張と大衆化によって，知恵と節度の結合が断ち切られて，節度の徳が放棄され，そのようにして哲学と社会との緊張関係が解消されることで，万人が啓蒙された合理的な社会が出現する。古典古代の僭主政において哲学と政治とのあいだに存在した「自然的」断絶は度外視され，哲学の普遍化によって「自然を征服」しようとする近代の僭主政が登場するのである[101]。

　シュトラウスのこうした指摘を受けてクセノフォンとマキァヴェッリとの関係を考察したニュウェルは，クセノフォンが，ギリシアの思想家のなかではプラトンやアリストテレス以上に「君主政的」であり，君主権力と君主の野心とを重視しつつも，君主と僭主，有徳と悪徳との区別のほうは固守し続けた点に着目する[102]。クセノフォンはペルシア帝国の設立者キュロスの力量の卓越性を称賛しつつも，その卓越性が市民的性格や哲学によって補完されるべきことを主張する。また『ヒエロン』における賢人シモニデスとシュラクサイの僭主ヒエロンとの対話の描写を通して，クセノフォンは，平民に対

---

　　(101) Strauss[1948, 1963, 1991], pp. 56, 178. Strauss[1958], p. 173. 村田 [2006b],
　　　　六八－七二頁。
　　(102) Newell[1988], pp. 126-127.

して慈悲深い僭主であれば容認されうるという見解を示唆する[103]。マキァヴェッリは,『君主論』第6章で,プラトンやアリストテレスの理想主義的政治道徳論とは異なった立場をとるクセノフォンを,僭主政との区別がつかない状況での君主政を擁護するというみずからの主張の弁護者として,巧妙に利用している。つまりマキァヴェッリは,上記のようなクセノフォンの立場を,「武装していない預言者は滅びる」という自己の主張に引き付けて解釈しようとする。マキァヴェッリによれば,キュロスは「武装した預言者」である。そして,古典古代の道徳哲学(プラトン,アリストテレス,キケロ)とキリスト教とは,「武装していない預言者」である。マキァヴェッリは,(とりわけ『君主論』第15-19章において)古典古代とキリスト教とを一括して斥けるという目的のために,クセノフォンという古代ギリシアの権威を借用し,「クセノフォンのキュロス」を利用しているのである。

　しかし,マキァヴェッリはクセノフォンを「曲解」ばかりしていたわけではない。『ヒエロン』におけるシモニデスの主張をクセノフォン自身の立場であるとするならば,僭主政という名称は王位の不正な簒奪による統治にのみ与えられる名称であることになり,僭主が王位簒奪後に慈悲深い統治を行った場合,それは僭主政であることには変わりないけれども,結果は望ましいものとなったことになる。これに対してクセノフォンの『メモラビリア』や『オエコノミクス』で描かれるソクラテスは,僭主政を法と被統治者の意志とに反した統治として規定する。ソクラテスにとっては,簒奪による僭主よりも統治における僭主のほうが問題であって,法を無視した恣意的統治がなされているかぎりそれは僭主政であり,僭主政が無法統治であるかぎり,＜法なきところに自由なし＞の原則に従って,僭主政には自由が存在しないことになる。シモニデス流の僭主政規定によれば,僭主が賢人に聞き従いさえすれば僭主政が治者や被治者に自由と幸福な結果をもたらすこともありうるが,ソクラテス流の規定によれば,僭主は賢人にも法にも聞き従わないからこそ僭主なのであって,僭主政が僭主政のままで公益をもたらすことはありえないのである。簒奪による設立によって,また通常道徳法からの逸脱による統治政策によって,公共体を維持拡大することを勧める『君主論』の立場からすれば,ソクラテスよりもシモニデスの僭主政規定のほうが好都合で

---

(103) Xenophon, *Hiero,* 11.

あることは明らかであろう[104]。

それでは結局のところ，マキァヴェッリによる近代の開始にクセノフォンはどのような影響を及ぼしているのであろうか。シュトラウスによれば，クセノフォンの『キュロスの教育』が僭主とは区別される完璧な君主の育成——僭主を君主へと改変すること——を目指しているのに対して，マキァヴェッリの『君主論』は君主と僭主の区別を意図的に無視——無関心や拒絶や見落としではなく——している[105]。マキァヴェッリは君主と僭主のあいだに区別がないと考えたのではなく，区別はあると知りつつそれを黙殺したとシュトラウスはいうのである。クセノフォンが君主という語を避けて僭主の語を多用するのに対して，マキァヴェッリが『君主論』で逆に君主という語しか用いないのは，迫害を避けてメディチ家に気に入られるための方便というだけでなく，クセノフォンを反面モデルとしつつ僭主の語を君主の語に——そしてそれによって実質的には君主を僭主に——置き換えようとする，歴史的により遠大な企てのゆえである，というのが，マキァヴェッリの「近代」性に関するシュトラウスの見解であるといってよいであろう[106]。しかしシュトラウスは他方で，『ヒエロン』と『君主論』の教説上の類似性をも示唆している[107]。マキァヴェッリが君主と僭主の区別を無視したのは，僭主の恣意的な統治を正当化するためではなく，簒奪による僭主を公益に役立つよき君主へと改変しようとするシモニデスと同じ意図をもっていたがゆえであるとシュトラウスは考える[108]。「現実にいかに生きているか」を基準とするよう低められた公共善にかなうかたちへと僭主と政治制度を操作することで，観想や中庸と絶縁した実践知を駆使できる君主へと，古代的僭主を改変しようというのが，マキァヴェッリの意図であった[109]。マキァヴェッリが，クセノ

---

(104) タルコフによれば，シュトラウスは，法なき統治を「古典的僭主政」と呼んで，社会と技術知による哲学の抑圧を意味する「近代的僭主政」と区別しているという。Tarcov[2002].

(105) Strauss[1991], p. 24.

(106) Strauss[1991], p. 64. Tarcov[2002].

(107) Strauss[1991], p. 56.

(108) Strauss[1991], pp. 76-77. Tarcov[2002].

(109) Strauss[1991], pp. 106, n. 5, 210-211. Tarcov[2002].

フォンとは違って，対話篇のかたちではなく明白に自己の主張の開陳というかたちで『君主論』を執筆したのは，こうした意図のゆえであった，とシュトラウスはみるのである。

第2節　教育と宗教

(i) 制度としての法律と教育

　不可避的に堕落へと向かう人間の性質と変転するフォルトゥナとを前提としながらなおヴィルトゥを全公民に普及させようとするマキァヴェッリの方法は，一方で制度にまで及んでしまった腐敗を突破しうる英雄的ヴィルトゥの保持者をもち，他方でこのような保持者を産出しうる制度や教育をもつという，相補的・循環的な二重構造をとっている。確かに堕落が国家存亡に関わるほどに進行してしまった場合には通常の公民的ヴィルトゥを超越した英雄の働きが必要であるが，英雄の誕生を運まかせにしていたのでは「国家の自由と栄誉」は保証されない。英雄が平民から出るとすれば，重要なのは，平民が「良く秩序づけられる」こと——平民が公民的ヴィルトゥを獲得し，共和的自由を維持拡大するような仕方で平民を組織化すること——である。マキァヴェッリは『リウィウス論』第I巻の最初の章で，このための最善の方策が何であるかを明確に述べている。「ローマで何世紀にもわたって豊かなヴィルトゥが保たれた」のは何故かを理解しようとすれば，「ローマがいかなる立法者によっていかに組織されていたか (da quali latori di leggi e come ordinato)」を読むことである (D, I-1；77；二：一一) と。なぜなら，「人間はネチェシタに迫られない限り善を行わない」ものであり，「飢餓や貧困が人間を勤勉へと駆り立て法律が人間を善良にするといわれる」のもこのゆえなのであって，「法律の力を借りずにひとりでによい行いへと導かれるようなことがあれば法律は必要ないだろうが，このような都合のよい習慣がない場合には，どうしてもこれに代わる法律が必要となる」からである (D, I-3；82；二：二一)。ロムルスが英雄的ヴィルトゥによって最初にうちたてたローマ君主政は滅んでしまったのに対して，公的自由に寄与するような法律制度をそなえてその後登場したローマ共和政は永きにわたって栄誉を享受したということが，その証左となろう。そしてさらに，「状況」的世界観

を前提とするマキァヴェッリは，平和を秩序や安定や徳と同一視し闘争を衰退や破滅と同一視する伝統的思惟様式に対抗するかのように，貴族と平民との間の内紛こそがローマの自由と安定と強大化の一因であるという逆説を提示する[110]。内紛において発揮されるヴィルトゥは，各公民が相互に示し合うものという点で公的徳の範疇に含まれ，君主が自分の周囲の環境に対して一方的に行使するヴィルトゥとは一線を画するからである。

「英雄的偉業はよき教育の成果であり，よき教育はよき法律から生まれる。そしてそのよき法律は，多くの人が誤って非難しているあの内紛に由来しているのである。それらの内紛の結末を慎重に検討してみると，この時代には，公益を台無しにしてしまういかなる追放騒ぎも暴力沙汰も起こらず，むしろ公的自由に役立つような法律や体制（leggi e ordini in beneficio della publica liberta）がつくりだされていたことが分かるであろう（D, I-4;82；二：二二）。」

最後の王タルクィニウスを追放して，その代わりに君主政の要素を引き継ぐ執政官と貴族政の要素を含む元老院とをもつにいたった紀元前510年頃のローマは，望ましい混合政体のうち民主政の要素のみを制度として欠いた状

---

(110) マキァヴェッリに見られるこのような＜内紛を通じての統一・自由の実現＞という要素に着目しつつ政治思想史における「非社会的社会性」を検討した論考として，Wood［1972］, pp. 290-291がある。ここでウッドは，闘争（conflict）に関するマキァヴェッリの斬新な提案として以下の6つを挙げている。
① 公民の自由は国内の闘争と対立にかかっているのであって，調和的競争にかかっているのではない。
② 国家の活力を測る重要な指標は，内紛の程度である。
③ 公民協働の決定的かつ徹底的な形態は，一致と正統性が強調される競争状態からよりもむしろ，闘争と対立とから生じてくるものである。
④ 政治とは，極めて不明瞭な社会のバランスのなかでの反対派間の衝突および時宜に適った和解によって示されるような，ある種の弁証法的過程であって，新たな闘争要因のゆえに均衡の再調整を要するものである。
⑤ ローマのような「健全な」国家における有益な内紛は，グラックス兄弟以降のローマやマキァヴェッリ時代のフィレンツェのような堕落国家における党派主義や不安定とは異なる。このような堕落国家では，共同体の衰退，あらゆる意味での公民義務と公民協働の喪失，狭量な私益追求の波及，が見られる。
⑥ よく秩序づけられた国家は，内紛に様々な制度上の捌け口を与える。

態にあった。このようななかで平民を支配しようとする欲望に燃えた貴族とそうされまいとする平民との間に葛藤が起こり，ローマ国内は一時的に混乱の相を呈したが，結果的に平民を擁護しその利益を主張する官職として護民官の制度が確立され，平民の声が行政に及ぶことになったばかりでなく，ローマの自由を監視する役割が，支配欲を内に向けるがゆえに自由を損なう恐れのある貴族にではなく支配欲を外敵に向けるがゆえに自由に栄誉を加えうる平民に任されることとなったというのである。マキァヴェッリが防御維持型国家よりも攻撃拡大型国家を選ぶべしとするのはこれゆえであって，かれによれば，国家が平民の維持する自由に立脚した共和国家であるということは，平民の外部への拡大欲を認めるということを意味したので，あらゆる共和主義は拡大的なものたらざるをえなかったのである。このような平民の拡大的・政治参加的自由の制度上の表現たる護民官は，その手段として弾劾権を保持している (D, I-7, 8;87-90; 二：三二－三八)。国家の自由を犯す特定の公民を合法的手続きを経て民会や法廷に告発する道を開いておくことは，告発されることへの恐怖を呼び起こして国家への反逆を減少させ，特定の人物に対する平民の怒りに制度上の捌け口を設けるという効果をもつ。この捌け口がなければ，平民は証拠を提示する必要のない私的中傷という手段に訴えることになり，怨念が恐怖心を呼び恐怖心が徒党対立を生んで，国家を分裂破滅へといたらせる危険は避けられない。その点法律制度が整備された国家なら，自由を維持拡大するか損なうかによって賞罰が明確であり (D, I-24;107-108; 二：七七－七九)，ローマ共和国がそうしたように，ヴィルトゥさえあれば年令や家柄に囚われず官職を付与することもできる (D, I-60;143-144; 二：一六三－一六四)。マキァヴェッリは，公民のヴィルトゥと伝統的な法律制度に支えられていれば，城壁さえ不要などころか有害ですらある (D, II-24;181; 二：二五一)，というのである。

　『リウィウス論』第Ⅰ巻第18章においてマキァヴェッリは，秩序制度 (ordini) と法律 (leggi) とを区別する (D,I-18;102-104; 二：六五－六九)[111]。創設者によってつくりだされた政治制度である ordini は，結果的に制度の実現形態としての法律をともなうが，法律が制度を改変することはほとんどありえない。さらに制度の背景にあって制度の成否に影響を及ぼす要素として

---

(111) Whitfield[1969]. Rubinstein[1991], pp. 49-50.

習俗 (costumi) や様式 (modi) がある。古代ローマの例で言うならば，平民が共和的政体に馴染んでいる「習俗」のうえに，貴族と平民の拮抗に立脚しつつ，執政官・元老院・護民官の相互均衡からなる混合政体という「制度」が確立され，具体的「法律」によって混合政体の均衡が保たれるという構造である。制度設立に際して重要なのは，習俗に適った制度を樹立することである。制度が有効に機能するか否かは習俗という社会的条件に依存している。また他方で，よき制度や法律が習俗を純化するという逆方向での作用もマキァヴェッリは認めている。ここに，制度を媒介とした法律と習俗の循環が生じる。

じっさいマキァヴェッリによれば，法律制度が整えられることの最大の利点の1つは，それが教育 (educazione) の改善によって習俗を純化し，歴史上のよき実例を形成しうるという点にあるのである。

> 「都市はそれぞれ別個の様式や制度 (instituti) をもち，強靱な人間また惰弱な人間を生み出している。(中略) このようなことは，たんに血統[の違い]から説明できるものではない。(中略) むしろ，それぞれ異なった家風をもつ原因は，教育の違いにもとづく。なぜなら，若者は幼いときから事の善悪 (bene o male d'una cosa) を教え込まれ，その印象がやがて全生涯を通じて行為の規範 (regoli il modo del procedere) となるからである (D,III-46;252; 二：四〇五－四〇六) ([ ] 内は厚見)。」

(ii) 制度としての宗教

歴史が政治教育上の実例規範として効力を有するためには，現在と過去とが比較可能な程度の差異をもつことが必要である。一方で現在と過去とが同地平において比較可能であるのは，「人間は行動を起こすにあたってつねに同じような欲望に動かされてきたので，同じような結果が起こってくるのも当然だ」からであり，他方で「同じような行為であっても国によってその内容に優劣がある」のは，「各々の国で教育の仕方が違うので，それにつれて異なった生活様式 (modo del vivere) をもつようになる (D,III-43;250; 二：四〇一)」からにほかならない。そしてマキァヴェッリにとって，このような公的政治教育手段のうち軍隊統率と並んで最も巧妙かつ有効なものが，宗教であった。かれが宗教の力をいかに重視していたかは，論理構造としては

法律と教育および習俗の産物であるところの宗教が，逆に習俗から教育に影響を及ぼしひいては法律すら改変してしまうことの可能性を認め，それゆえに宗教の創始者を立法者以上に賞賛すべきであるとしたかれの態度にも窺われる。ここでも模範は古代ローマ共和政であり，非難の対象は当代イタリアである。『リウィウス論』第Ⅰ巻第11-15章の叙述に従えば，ローマの人びと，とりわけロムルスの後継者国王ヌマは，政治的宗教という制度が「国家の自由と栄誉」を促進する点において英雄が果たすのと同じ働きをするということを知っていた。つまり英雄と同様に宗教は，平民が国家共同体の利益を最優先に選ぶようにかれらを指導し強制し鼓舞するために利用されうるのである。たとえばローマの執政官パピリウスは，対サムニウム軍との戦争において勝敗を占う鳥占いの結果が凶と出たにもかかわらず，占いの結果は良好だったと言って兵士を鼓舞し，勝利を確信させて連戦連勝をもたらすヴィルトゥを呼び覚ました。またローマ軍がカンナエでハンニバルに敗北を喫した際，愛国心を失った多くのローマ公民が結集して，イタリアを捨てて亡命しようとしたことがあったが，スキピオが剣をかざしてかれらを脅し，決して祖国を捨てないという厳粛な誓いをたてさせてしまった。これにより，祖国への愛や法律によっては引き止められなかったであろう多くの人びとが，誓いを破ったときに下ると考えられた天罰を恐れるあまり国に残ったのであった。ヌマがこのような宗教の影響力の強さを蔑ろにせず十分にわきまえてそれを国家の基礎に据えたという点で，ローマはロムルス以上にヌマに負うところが大きい，とすらマキァヴェッリは述べるのである（D,I-11 ; 94 ; 二：四六－四七）。

> 「ヌマがもたらした宗教こそ，ローマにもたらされた幸福の第一の原因だと結論できよう。なぜなら，宗教がすぐれた法律制度をローマにもたらす下地となったからであり，その法律制度が国運の発展を招き，このような国運の隆盛によって，何をしても首尾よくいくということになったからである。宗教を大切にすることが国家興隆の原因であるのと同様，宗教をおざなりにすることが国家滅亡のもととなる（D,I-11 ; 94 ; 二：四七－四八）。」

＜宗教を大切にする国家こそが栄誉を手にする＞という主張自体は，マキァヴェッリ時代の一般的風潮にかなったものであった。サヴォナローラも純粋に宗教的な観点から同じ主張をしていた。しかし，宗教上の真理そのもの

には全く関心を抱かず，「たとえ眉唾もののようにみえても」平民の公民的ヴィルトゥを促進するようなものは有効であるとして宗教をもっぱら「国家の自由と栄誉」という基準からのみ評価する点において，また，このような評価基準からしてキリスト教とりわけローマ・カトリックを非難する点において，マキァヴェッリは当時の思潮と袂を分かつことになる。かれによれば，イタリアの安寧秩序はひとえにローマ教会の貢献ゆえであるとする考えは，つぎの2つの理由から論駁されねばならない。1つめは，当のローマ教皇庁自身が道徳的に堕落して放蕩に走っているということであり，2つめは，それでもある程度の権力を握っている教皇庁の存在そのものが，イタリアが1つの力1つの政府のもとに統一される可能性を阻んでいるということである (D,I-12;95-96; 二：五一―五二）。自由で統合的で活力のある政治生活を妨げるような黙想，謙遜，服従を説くという理由で，キリスト教は教義の真理性如何にかかわらず拒否される (D,II-2;149; 二：一七七―一七八）。君主が果たしてきた英雄的ヴィルトゥを「宗教」へと制度化することによって公民的徳の枠内に取り込み，もって私的領域を排除すると同時に公的領域を個々人のなかへと内面化し普及させることが，『リウィウス論』の共和主義の要諦であると考えるとき，マキァヴェッリのプラグマティックな宗教観も共和主義の一表現とみなされることになろう。

いずれにせよマキァヴェッリにおいて宗教が共和国維持のための制度として位置づけられていることは確かである。マキァヴェッリは，制度論を中心に据えた『リウィウス論』の共和主義的内政論を総括するかのごとく，第III巻の最終第49章の表題で再度，「共和国が自由を維持していくためには絶えず時代に即応した法律制度を編み出していかねばならない (D,III-49;253; 二：四〇八）」ことを強調する。form がもはや実質的内容の表現たる「形相」ではなくカオスから内容を切り取る「形式」を意味するようになった「状況」の政治理論においては，共和主義の本質は善き目的ではなく制度構造に，共和的徳は「形相」の希求ではなく「形式」の創出維持に見出されるようになったのであった。

しかしわれわれは，「制度としての公民宗教は共和国には不可欠である」という主張をもってマキァヴェッリ自身の最終的結論とみなすことはできない。というのもかれは，よき法律をもたらしうるよき軍隊が整っているところでは，宗教的な畏怖の敬虔さは不要であるということも，消極的な言い回

しにおいてではあるが示唆しているからである。君主国は共和国ほどには宗教を必要としないし，ハンニバルはみずからの冷酷さによって——すなわち敬虔でないことによって——周囲の恐怖を喚起できたがゆえに，大軍を掌握できたのである (P, 17;282；一：五七)[112]。敬虔さが必要となるのは，軍事規律がさほどとれていない場所で民兵を統御するために要請される場合のみである[113]。

(iii) マキァヴェッリの宗教観をめぐって

先に進む前に，マキァヴェッリの宗教観についてさらに付言しておきたい。かれの宗教観については，現代の諸解釈に絞っても多くの論争がなされている。シュトラウスやパレルは，マキァヴェッリが宗教の成立，刷新，衰退の過程に興味を寄せつつ，宗教の興亡をも自然や占星術的天の枠内で説明しようとしたことに注目している[114]。マキァヴェッリにとって，目的，存在構造，力関係のそれぞれについて，宗教の上位に位置するものが，自然なのか，天なのか，政治的人間のヴィルトゥなのか，はたまた「神」であるのかについては，解釈者のなかでも意見が分かれるところであるが，かれが宗教そのものから永遠的性格を払拭しようとしたことは確かであろう。マキァヴェッリ

---

(112) ロムルスは政治的命令を下す際に神の権威を必要としなかったというマキァヴェッリの主張や，君主国の人民が敬虔であるかどうかは君主次第であるというマキァヴェッリの指摘を参照 (D,I-11, III-29;94, 235-236；二：四七，三六九－三七一)。

(113) 『君主論』第13章でゴリアテに立ち向かったダビデが「自分の武器に頼って成功した」例とされていることや，強力な軍隊の形成や戦争における勝利のためには何が必要かを論じた箇所 (P, 12-14;161-164；一：四一－五一．D,II-10, 16;159-160, 166-168；二：一九九－二〇三，二一六－二二〇) に宗教への言及がほとんどないことに注意。『君主論』第18章や『リウィウス論』第III巻第33章ではローマ軍隊の精神における宗教の重要さが強調されているが，同じ章でマキァヴェッリは，宗教に頼ることが軍隊精神に絶対に必要であるかどうかについて懐疑的な方向に読者を導いていく。つまり，敬虔であることではなく，敬虔であるように見せかけることが重要なのである。

(114) Parel[1992], pp. 46ff.

によれば,ローマ教会や教皇がなしたように宗教信仰それ自体に彼岸的性格を付与することは,政治的柔弱さをもたらすがゆえに避けなければならない。

またマキァヴェッリ自身の宗教的立場についても,シュトラウスはかれを無神論者とし[115],パレルはかれを文化的にはキリスト教徒であっても哲学的・政治学的には異教徒であったとし[116],デ・グラツィアはかれを神学的にも異教徒であるよりキリスト教徒であったとみなす[117]。かれがキリスト教を政治の手段としていたのか否か,それはいかなる意味においてか,についても,論争は尽きない。マキァヴェッリの宗教観が政治思想研究者の関心を呼ぶ理由の一部は,政治的領域の自立性の問題や,欺瞞と強制力による政治的秩序づけの問題,さらには少数者(貴族)と多数者(平民)とのあいだの支配関係の問題が,そこに論点として含まれてくるということにあろう。＜神への希望と畏れという「彼岸的な」要因を,政治的な希望と畏敬とに転換することで,秩序と自由が生じる＞ことに気づいていたマキァヴェッリは,宗教を政治から排除しようとはしない。しかし宗教の超越性が共和的自由への祖国愛を掘り崩すことは,サヴォナローラ政権によって例証されている。政治権力の対象と宗教権力の対象とを領域的に分離しうる自由主義秩序とは異なって,共和主義の政治秩序は,公民に対して宗教がもつ説得力を「政治宗教」として利用しつつも,「宗教政治」のみが生み出し得る忠誠心を原動力としなければみずからを維持できない,というディレンマを抱えているのである[118]。

---

(115) Strauss[1958], pp. 148, 196-197. シュトラウスは,マキァヴェッリが「宗教」(religione) の語を一方で「信団」(sect, party) と同義に,他方で「徳の一部」として,用いていたと主張する。マキァヴェッリにとって宗教とは,信団という儀式制度であり,また,畏敬という徳の一種であったというのである。それゆえシュトラウスにとって,マキァヴェッリの宗教の基礎は人間の組織(信団)や能力(畏怖)であり,神性ではない。Strauss[1958], pp. 225ff.

(116) Parel[1992], pp. 61-62. パレルは,マキァヴェッリの意図はシュトラウスのいうようにキリスト教を世俗化することではなく,異教化することであったと主張する。

(117) De Grazia[1989], p. 89. 邦訳 I,一三三頁。

(118) このディレンマは,『リヴァイアサン』におけるホッブズの政治的宗教観とマキァヴェッリの比較によって,さらに明瞭となろう。『リヴァイアサン』

サリヴァンによれば，共和政治にとって宗教がこうした両刃の剣であることを自覚していたマキァヴェッリは，宗教の超越的側面がもつ非政治性を

> 中最長の章である第42章と，第3部キリスト教コモン・ウェルス論の最後に位置し第42章を補足する内容をもつ第43章とは，国家と宗教の関係にかんするホッブズの教説の中核をなすといってもよい。宗教が政治を僭称し，権力をめぐる闘争の主因となっていることを危惧したホッブズは，マキアヴェリやルソーとは異なって，宗教の目的を政治的なそれに限定し宗教を政治に完全に包摂するという危険な解決方法はとらない。ローマの市民宗教とは違い，キリスト教のもつ超越的かつ告白的な性格が，政治の至上目的である自己保存のための自由と安全の確保を脅かす可能性をもちうることを，ホッブズもまた認識していた。それゆえかれは，政治と宗教を，その対象領域においても目的においても明確に区別する。そして，宗教から政治的外皮を徹底的に取り去って純粋な宗教の領域を画定し確保することによって，逆にそれとの対照において純粋な政治の領域を大幅に拡張するという手法をとるのである。その意味で，ホッブズの宗教論は，神学の政治化でも政治の神学化でもなく，神学を神学とすることによる徹底した政治論であるといえよう。ホッブズが政治と宗教（国家と教会）両者の自律性を，容認──というよりも政治的主権確保のための不可欠な準備作業として前提──していることの意味について，もう少し考えてみたい。千葉眞にならって，この両者の関係を，「政治的なるもの」と「（哲学的超越をも含めた）超越」との関係の問題にまで拡大して解釈する図式を採用すれば（千葉眞『現代プロテスタンティズムの政治思想──R・ニーバーとJ・モルトマンの比較研究』），「政治的なるもの」(A)と「超越」(B)との関係をめぐって，いくつかの立場が類型化されうるように思われる。
>
> ○ (B)と(A)の結合：プラトン，アリストテレス
> ○ (B)が(A)を包摂：トマス
> ○ (A)が(B)を包摂：マキァヴェッリ，ルソー
> ○ (A)と(B)が分離（もしくは分離しつつ混在）：
>   ┌ 彼岸的超越のアプローチ（政治に無関心もしくは必要悪としての政治）：
>   │　　　　　　　　　　　　　　　アウグスティヌス
>   └ 操作的超越のアプローチ（超越をその政治的効用性の観点から理解しようとする）：ホッブズ。彼の場合，宗教紛争に反対するために，政治の宗教化と宗教の政治化とをともに避けようとする。そのための分離。

回避し，宗教的超越性を政治的超越性へと回収するために，「異教的ローマ」（古代共和政ローマの公民宗教）と「キリスト教的ローマ」（カトリック教会）の両者を巧みに相互批判させることによって，独自の「マキァヴェッリのローマ」を創出したとされる[119]。第3の「マキァヴェッリのローマ」とは，第1の宗教と第2の宗教とを相克させることによって両者の統合として生み出された，マキァヴェッリの思考のうちに存する国家である。ローマ公民宗教の呪術的・断片的性格を払拭し，キリスト教的な超越性と統合性をもつにいたった権威が，なおかつキリスト教の彼岸性をローマ的公民性によって「政治化」させ，政治統合の中心原理となっている状態。こうした状態こそが「マキァヴェッリのローマ」である，というのがサリヴァンの言わんとしたところであるように思われる。

ここではこうした現代の解釈をさらに「解釈」するよりも，むしろそれら

---

(119) Sullivan[1996]．異教のローマとキリスト教ローマとの相克的かつ相補的な関係をマキァヴェッリがいかに巧みに利用して自説を展開したかについて，鋭い洞察を展開した先駆的研究が，Strauss[1958]である。「マキァヴェッリによれば，古代ローマが他の諸都市や諸国に行使した支配と教皇ローマが行使した支配とのあいだには，ある類似性が存在する。双方の支配はある程度において間接的なのである。」（Strauss[1958], p. 102.）「リウィウスはローマ人の敬虔さや異教的神学に対して，擁護と批判の両方を行っている。リウィウスが異教的神学を擁護する範囲で，マキァヴェッリはかれを用いて，聖書的神学への1つの代案を提示し，あるいは聖書的神学にかんする疑念を吹聴することができる。リウィウスがローマ人の神学を批判する範囲で，マキァヴェッリは聖書的神学へのみずからの批判のモデルとしてかれを利用することができる。」（Strauss[1958], p. 141.）「今までのところマキァヴェッリにとって最も重要なモデルはキリスト教の勝利である。キリスト教は，武力を用いることなくその新しい様式と秩序を平和的に宣伝するだけで，ローマ帝国を征服した。マキァヴェッリの試みが成功する望みはキリスト教の成功のうえに築かれている。ちょうどキリスト教がプロパガンダによって異教を破ったように，かれはプロパガンダによってキリスト教を破ることができると信じている。（中略）マキァヴェッリは，哲学と政治権力との符合がプロパガンダによって実現可能であると信じる最初の哲学者である。プロパガンダはこれまでよりはるかに多くの民衆を新たな様式と秩序につく者とし，1人ないし少数者の思想を公衆の見解へと，すなわち公的権力へと，変換するのである。」（Strauss[1958], pp. 172-173.）

をふまえつつ，マキァヴェッリの宗教観について3点ほど基本的な点を確認することによって，本書の見解を示しておきたい。

第1は，マキァヴェッリが神と宗教と教会組織（聖職者）の3つを明確に区別していることである。第1章で述べたように，マキァヴェッリの神は運命と役割を同じくする至高の支配者である。宗教は至高者への信仰と献身であり，教会はこの献身を体現する制度である。かれは神や信仰心を人間の情念の産物であるとはみなしていない。

第2は，マキァヴェッリが神・宗教・教会組織のいずれをも，それ自体で政治的害悪とはみなしていないことである。マキァヴェッリは，実生活における聖職者たちとの円満な関係が物語っているように，あからさまな無神論者でもなければマルシリウスのように教会の世俗的権威を否定する原理的な反教権主義者でもない。息子たちへの手紙の最後に「キリストがおまえたち皆を見守ってくださるように」と書いていたかれは，神への畏れすら持ちつづけているようにみえる。神について政治論で語ることは傲慢不遜であり，神の支配は論じられるべきものではなく服従されるか少なくとも甘受されるべきものである。支配者への忠誠という意味での信仰心は，害悪であるどころか国家の習俗にとって不可欠の要素である。「実際，祈祷は必要である。人びとに儀式や献身を禁ずる者はまったく気が違っている。なぜなら実際この献身から人は調和やよき秩序を生み出すと思われるからである。そしてよき幸福な運命はそこにかかっている（*L'Asino d'oro*,V;967；四：一九〇）。」教会組織も，国家への服従を神への服従として説き教えるか，もしくはみずからが国家となって平民を統一するかするならば，文句なく立派なものであろう。ところが信仰やキリスト教会が実際には害悪となっているのは，信仰が忠誠よりは柔弱さを教えているからであり，ローマ教皇庁が「イタリア全体を占領できたわけでも，他の誰かにそれを占領することを許したわけでも（D,I-12;96；二：五一）」なく，結果としてイタリア内部に群雄割拠状態を生じさせ，外敵による侵略を招いてしまっているからである。

マキァヴェッリの宗教観について考慮すべき第3は，かれが神・宗教・教会のすべてを統一的な支配／服従の枠組でとらえたこと自体の「政治」性である。かれが宗教を「世俗化」したとするならば[120]，それは無神論によって

---

(120) 循環史観や占星術とキリスト教との齟齬を考えると，マキァヴェッリが

ではなく，政治論から神を除外したうえで統一権威について宗教との類比で語ることによってである。アウグスティヌスのように政治論のうちに直接に「神の国」を介入させるならば，それは一種の宗教政治となる。ウェーバーのように政治権力と他の権力とのあいだに量的差異以上の質的相違を認めなければ，政治の宗教化と宗教の政治化とのあいだの区別もまた無意味となろう。神と区別された人間の領域での公的統一に宗教的統一の原理を当てはめるマキァヴェッリは，その限りにおいて宗教を政治化し，古代ローマの公民宗教と何ら矛盾しないキリスト教を，すなわち政治宗教としてのキリスト教を想定しているといえる。マキァヴェッリは宗教を権威への服従ととらえ，ローマの市民宗教とキリスト教とをともに「宗教」の範疇で対等に扱おうとするのである。かれが国家への忠誠深き軍隊の前提としてよき宗教を想定し，よき軍隊をよき法律の土台と考えていったのは，こうした宗教観のゆえであった。宗教と軍事と法律は公共の名のもとに政治的に統合される。市民生活と軍事生活を矛盾するものととらえる当時の風潮に反して，マキァヴェッリが公的権威への忠誠という「宗教的」観点から，市民生活と軍隊生活と相補的なものとみていたことは，つぎの『戦術論』の文章にあらわれている。

> 「古代の諸制度を考えてみれば，当然とはいえ，この市民生活と軍隊生活ほど互いに親和し，似通い，一体となっているものはほかに見当たらない。というのも，すべての仕事は，人びとの共通善を図らんがために，市民生活のただなかで制度化されており，またすべての制度は，法と神を畏れて生きるためにつくられたものなのであるが，そのいずれも自国民による防衛力が準備されていなければ甲斐なきものとなってしまうからである。（中略）いくつかの都市や，王国にみかける他のどのような制度でも，人びとが信義にあつく平和を好み，神への畏れで満たされつづけるように，あらゆる努力が払われてきたのであるが，軍隊においてはそれが二重にかなえられる。というのも，祖国のために死を覚悟した人以上に，いかなる人間により多くの信頼を置けるというのであ

私的・内面的にキリスト教徒であったという説は受け入れがたい。マキァヴェッリが宗教に着目する理由は，宗教の秩序維持機能と寿命の長さ——永遠性ではなく継続的永続性という意味での——にある。宗教は国家よりも寿命が長いので，宗教の創設者の価値は政治的にも高くなるのである。

ろうか。（中略）毎日無数の危険にさらされながら神の加護を是非とも必要とする人以上に，いったい誰に神への強い畏れがあるのであろうか(AG, Proemio ; 301-302；一：九一一九二)。」

　マキァヴェッリには，共和国の創設者と宗教の創設者とを，秩序の永続性という観点から同列に置いて比較しようとする面がある (D,I-2, II-5 ; 78-81, 154-155；二：一四－二〇，一八九－一九一)。神への畏れの政治的効用を重視するマキァヴェッリの「政治宗教」と，神の写しとしての主権者の政治的自立性を確保しようとするボダンやホッブズの「政治神学」との相違――マキァヴェッリにおける宗教の創設者（ex. モーセ）は，政治的神ではなく神への畏れを作り出す――は，そのまま両者の公私区分の相違に連結する。すなわちボダンやホッブズは，神学的絶対主義の投影によって主権概念を形成し，その主権の範囲を内的確信と行為という内外の空間的領域区分によって定め，主権の勢力範囲というその空間的分割を公私の区分に重ね合わせる。これに対してマキァヴェッリは，公私の区分を，国家（君主や市民といった公人）と個人（私人としての）という主体の質的区分に見出し，前者の領域としての政治によって宗教的価値を定義し，包摂し，利用し，測定していくのである。その意味で，古代ローマやマキァヴェッリやルソーの共和主義では，哲学的超越であれ神学的超越であれ，政治の外部に立って政治を相対化しうる超越の次元は想定されない。

第 10 章　軍事と政治——『戦術論』と民兵論

第 1 節　帝国的拡大と政治的現実主義

　軍事論は，マキァヴェッリの統治術の対外的側面として重要であるだけでなく，自己の統一と維持のためには拡大に向かわざるをえないあらゆる政治体が，例外なく保有を要請されるという意味で，マキァヴェッリの汎政治的世界像の具体的帰結としても，見過ごせない位置を占めている。第 10 章は，マキァヴェッリの政治思想のなかで最も実際的であるがゆえに，実利上最も不可欠な部分としての軍事論を，自立と拡大の関係，すなわち公務と軍務との関係を問う視点から，考察する。『戦術論』などにみられる術策が，ordini と imperio の関係をめぐるマキァヴェッリ政治思想の最も具体的な表出として，検討されることになる。第 1 節では，帝国的拡大の必然性が含む軍事的性格を，国際政治思想における政治的現実主義を参照しつつ描き出す。第 2 節では民兵や移民の奨励のうちに自立と拡大の関係を探り，第 3 節と第 4 節では，『戦術論』の構成と主張のうちに，マキァヴェッリにおける政治と軍事の関係，すなわち自立と拡大，秩序と支配権の関係を探ることになる。

　本書第 7 章第 1 節（i）で扱ったマキァヴェッリ・テーゼをめぐっては，フィッシャーが，現代国際政治理論の用語をマキァヴェッリの言明と対応させながら，マキァヴェッリの国家が対外的には帝国的拡大の方策をとらざるをえないことを論証している[121]。フィッシャーに従うと，マキァヴェッリの描く都市国家が個人と同じ自然原理に立脚しているとすれば，都市国家相互の関係は，個人相互が闘争状態に陥らざるをえなかったのと同じ理由——保持物への野心とその喪失への恐怖，また中央権力の不在——によって，闘争

---

(121) Fischer[2000], pp. 159-163.

状態にあることになる。現代国際関係論の「現実主義」的立場の表現を用いれば，マキァヴェッリの想定する国際関係は「アナーキー」であるということである (D,I-6；84-87；二：二六－三二)[122]。他国の軍事的潜在力が予想できないある種の自然状態にあっては，自国の安全を確保する唯一の方策は，他国をしてわが国を攻撃すると損害のほうが大きいと思わせるほどにまで自国の軍事力を増強することである。つまりマキァヴェッリにおける国際安全保障は，軍事力による相互抑止のうえに築かれている。資金調達に関するフィレンツェ政府へのマキァヴェッリの提言のうちにも，このことは見受けられる (*Parlore da dirle sopra la provisione del danaio, facto un poco di proemio et di scusa*；11-13；六：二一－二七)。しかし抑止のための武力が攻撃のために使われないという実効的保証が存在しないかぎり，各国は恐怖心から軍事力を増強し続け，抑止のための軍事力が結果的に戦争の潜在的可能性を増大させることをもマキァヴェッリは指摘している (IF,II-10；664-665；三：七〇－七一)。国際関係における戦争が潜在的に不可避であるとすれば，利益を得るには戦争を自国に有利に展開することである。長い目でみて自国に有利な戦争の仕方とは，マキァヴェッリ自身述べているように，相手を再武装不可能なまでに徹底的に滅ぼすか，さもなければ相手を自国の一部として厚遇しつつ吸収するか，そのどちらかである。どちらにせよ，勝利国は帝国的拡大の方策をとらざるをえないことになる。国際関係は，帝国的拡大を求めて各国が必然的に競合しあう領域である。

　こうしたアナーキーのなかで，マキァヴェッリにとって国同士の対等な同盟は可能ないし有効であろうか。マキァヴェッリによれば，より大きな脅威に対抗するために利害の共通性によって国同士が結合する同盟は，1つには共通利害が消滅すればたやすく解消するがゆえに (*Lettere a Francesco Vettori, 10 dicembre* 1514；1180-1185；六：二六七－二七六)，いま1つには大樹の陰に寄ろうとする「フリーライダー」の発生ゆえに (D,II-1；147；二：一七一－一七二)，あまり実効性はもたない。スパルタやアテナイのような征服直轄型や，エトルスカのような対等同盟型は，結果的に自国の領域を維持するタイプの共和国となった。これに比してローマのような不平等同盟による併合型は，自国の領域それ自体を帝国的に拡大するのに最も有効な形態

---

(122) Waltz [1979], pp. 88-89, 93, 102-104.

であり，こうした拡大型不平等同盟こそ，国際関係において生き残る唯一の方策であったのである (D,II-4;152-154；二：一八三――一八八）。

　マキァヴェッリの帝国的拡大論は，現代の国際政治理論における「政治的現実主義」のベースとして眺めることもできよう。国家理性論と共和主義との関係をめぐる倫理的現実主義の一例としてのマキァヴェッリを，国際政治思想のうちに位置づけるにあたり，ドネリーに従って，現代国際政治理論における政治的現実主義に共通する主張を箇条書き的にあげてみることにする[123]。

(1) 世界政治ないし国際政治はアナーキーである。
(2) 人間や人間集団は，自己利益を追求する欲望によって動かされる。理性によってこの欲望を超越し克服することはできない。
(3) 世界政治における最も重要な行為体は国民国家である。国民国家を超えたり国民国家に代わるような国際法や国際組織への懐疑を標榜する。
(4) 国家は，権力の用語で定義されたナショナル・インタレストによっておもに動機付けられている。闘争する各集団は，各々自己の利益を最終目的としている。
(5) アナーキーな世界における国家は，権力的競合関係に必然的に巻き込まれている。その権力関係は，強者の傘下に入ろうとする「バンドワゴン」モデルではなく，相互に拮抗する「バランス・オブ・パワー」モデルとなる。
(6) 国家は，ナショナル・インタレストを最大化するという効用のために合理的に行為する行為体である。
(7) 政策の価値は，結果的に国家を保護し強大化させた度合いによって評価される。
(8) 国家の対外的権力は軍隊能力というかたちで表現される。他国から軍事力を行使されるという想定を逃れることはできない。
(9) 政治は道徳など他の領域から独立している。アリストテレスの主張とは異なって，政治学は倫理学の一部ではなく，政治に独特の倫理学が存在する。
(10) 理論が実践を規定するのではなく，実践（現実）が理論を規定する。

　これらをまとめると，個別国家中心主義，合理的結果利益追求主義，権力遍在主義の3つが，政治的現実主義の権力均衡的政治観の柱であることにな

---

(123) Donnelly [2000], pp. 7-8, 11.

る[124]。この柱の前提が，アナーキーな生成流転的世界観と欲望自然主義的人間観であるとすれば，世界観・人間観・政治的現実主義のすべてを主張したマキァヴェッリが，古典的現実主義[125]の代表とされるのもゆえなしとしない。

　マキァヴェッリは，(a) 人間の欲望的本性，(b) 国際秩序におけるアナーキー，(c) 政治における権力の不可避性，この3つを前提としつつも，強者の利益がそのまま正当化される権力政治観に立つのではなく，政治の目的と倫理は共通善の栄誉にあると考えていた。共通善の権力的現実との溝を埋める手法は共和主義的な歴史解釈であるが，両者の溝を埋める統治術は国家理性論であって，ウォルツァーやベイツのような市民社会や世界社会を基礎とした国際倫理ではない。また国家理性を物質的国益に還元するウォルツ流の物質的現実主義でもなく，マキァヴェッリは，評判の栄誉への欲求をも秩序形成の動機とするいわば英雄的現実主義に立っているといえる[126]。恐怖や自己利益の現実主義ではなく，マキァヴェッリのような栄誉心の英雄的現実主義

---

(124) Keohane, ed. [1986], pp. 164-165.

(125) ここでいう古典的現実主義とは，国際政治理論において新現実主義＝構造的現実主義 (structural realism) と対比される生物学的現実主義 (biological realism) を指す。モーゲンソーやニーバーに代表される古典的現実主義は，人間の欲望的本性の不変性を主張し，そこから国内外におけるアナーキーが帰結すると論じる。これに対してハーツやウォルツに代表される新現実主義は，中央権力の不在という国際関係構造そのものをアナーキーの理由とし，国内政治におけるヒエラルキー構造と国際政治におけるアナーキー構造との二重構造を指摘する。

(126) 英雄的現実主義 (heroic realism) と物質的現実主義 (material realism) の区別については，Donnely [2000], pp. 68-70 を参照。ツキディデスやマキァヴェッリのような英雄的現実主義にとっては，恐怖（＝安全）や利害（＝利益）だけでなく名誉（＝評判）もまた秩序形成への重要な動機である。英雄的現実主義では，バランス・オブ・パワーにとどまらない帝国主義的拡大を志向するヘゲモニー国家誕生の可能性が残される。これに対して，ウォルツのような物質的現実主義にとっては，国家の物質的利益のみが政治の動機である。利益衝突だけが政治の動機であるなら，国際関係におけるバランス・オブ・パワーが維持されるが，恐怖や名誉を動機に算入すると，バランス・オブ・パワーが崩れてバンドワゴンとなり，現実主義の基盤であるアナーキーが消滅してしまう，と考えるのが物質的現実主義である。

においては，勢力均衡以上に拡大を要請する帝国的傾向の余地が残ることになる。

第2節　軍事的自立と対外拡大政策

　国際政治において拡大が不可避であるとすれば，そのための武装もまた不可避であることになる。『君主論』第11章までで国家の超人間的要素を相対化し武器なき予言者の滅亡を示唆したマキァヴェッリは，第12-14章を君主国の軍事論に関する叙述にあてる。「武装した者が武装せぬ者にすすんで服従したり，武装せぬ者が武装した従者たちにかこまれて安閑としていられるなどという」超人間的な考えは，「筋道がとおらない」(non e ragionevole) からである (P, 14;279; 一：四九)。マキァヴェッリは軍事論をも，経験的分類の手法を用いて始めている。

　「昔からの君主国も複合国も，また新しい君主国も，すべての国家 (stato) にとって重要な土台となるのは，よき法律とよき軍事力 (le buone legge e le buone arme) とである。よき軍事力をもたぬところによき法律のありうるはずがなく，よき軍事力があってはじめてよき法律がありうるものである。だから法律を論ずるのは略して軍事力の話に移ろう。元来，君主が自国を守る軍事力としては，君主の自国軍 (proprie) か傭兵軍 (mercenarie) か外国援軍 (ausiliarie) か混成軍 (miste) かである。傭兵軍および外国援軍は役に立たず危険である。ある君主が傭兵軍のうえに国の基礎を据えれば，将来の安定は保証されないこととなる。というのは，傭兵は無統制であり，野心的であり，無規律であり，不忠実だからである (P, 12;275; 一：四一)。」

マキァヴェッリによれば，傭兵の欠点の根源は，その動機が給料取得欲であって愛国心ではないがゆえに雇われた国に対して「不忠実」であることに存する[127]。否，雇われた国に対してだけではない。傭兵は金銭を目当てとす

---

(127) 傭兵は富獲得のために組織の温存を図ったので，傭兵間の戦闘はしばしば戯画化されるほど真剣味を欠いたものとなった。「なにしろこの時ほど，敵地で戦う寄せ手に損害の少なかった合戦は今まで一度もありはしなかった。あんなひどい敗北をして合戦が20時から24時まで続いたのに，その間に死んだ

る限りにおいてみずからの祖国に対しても不忠実である。富の獲得はあらゆる国家の「自由」と「栄誉」に資さず，賞賛には値しない。傭兵は，自国に仕えるでもなく雇われた国に仕えるでもなくただ自己利益の追求をその独自の論理としてもっているためその力が共同体に基礎と目的を置かないという点においてのみならず，「状況」を秩序づけえないという点でも価値のないものである。なぜなら，「状況」が秩序づけられて平和［＝国家の「自由」］がもたらされることは，傭兵にとって失職を意味するからである。傭兵はマキァヴェッリが『リウィウス論』で非難するところの (D, I-9; 90; 二：三九)，構築性をもたずただ破壊するだけの暴力に他ならない。それゆえ傭兵に対するマキァヴェッリの排撃は激烈を極める。この傭兵の採用こそ，ひいては皇帝を押し退けてイタリアを掌握し俗権を握ったものの武器をもたぬがゆえに傭兵に依存してしまった教皇庁こそ，イタリア没落の最大の原因なのである。自国の対外的維持という観点からすれば，傭兵よりもさらに危険なのが外国援軍である。というのは，もともと自己利益を追求している分散した傭兵が戦争に勝って団結し雇主の君主を脅かすようになるには多くの時間と機会を要するのに対して，すでに結束して他の君主に忠誠を誓っている外国援軍を依頼した場合は，他国に領土拡大の絶好の機会を与え，腐敗する間もなく一瞬のうちに自国に破滅をもたらすことになるからである。傭兵と外国援軍との「危険」度の差異に関するマキァヴェッリの叙述の溝は，かれの思想のなかでの普遍的価値（国家の「自由」・「栄誉」）と時代的目標（イタリア復興）との，さらには「歴史」の領域と「政治」の領域との，混在と溝とに対応する。マキァヴェッリの究極的政治価値からすれば，国家共同体以外のものを目的とする傭兵の方が「危険」なのであるが，かれの「現実」的「状況」からすれば，祖国イタリアをより早急に破滅せしめる外国援軍の方が「危険」なのである。

　ともあれ，君主にとってこのような「危険」を内包した事態を回避する

のはわずか 1 人で，しかもこれは手傷を受けたとか華々しく戦死したとかいうのではなく，ただ落馬して踏みにじられたために過ぎなかった (IF,V-33; 763; 三：二六五－二六六)。」しかしマキァヴェッリのこの記述は，ビオンドやボンファンティーニの記述と比べて死者数が少なすぎるため，傭兵制度批判のために記した偽りであるとされている。筑摩書房版『マキァヴェッリ全集』第三巻訳注（四七九頁）参照。

第10章 軍事と民事──『戦術論』と民兵論

唯一の道は，自立すなわち自己の軍事力［＝自己の臣民 (sudditi)，公民 (cittadini)，部下 (creati) によって組織された軍隊］をもつことである。傭兵と自国兵との混成軍はたんなる傭兵軍や外国援軍よりははるかにましであるが，このような全くの自国軍にはとうてい及ばない。自国軍の組織と訓練こそ，君主が国を獲得し維持しうるか否かの第一の指標である。そして，自国軍のうちでは，戦うことで財産を得る職業軍人制度よりも，みずからの財産を護るために戦う民兵制度が望ましい。かくして第14章の冒頭でわれわれは，マキァヴェッリ政治思想における君主および『君主論』の位置に関して重要な示唆を含む次の文言にぶつかる。

「さて，君主は，戦いと軍事組織と訓練以外にいかなる目的も配慮も業 (arte) も持ってはならない。これこそ指揮官 (comanda) に本来属する唯一の任務である。（中略）あなたが国家 (stato) を失う第一の原因はこの業をなおざりにすることにあり，あなたが国家を獲得する基礎も，またこの業に精通することにある。（中略）非武装があなたのうえに及ぼす弊害はいろいろあるが，特に問題なのはあなたが人にみくびられることである (P, 14 ; 278-279 ; 一 : 四九)。」

マキァヴェッリにおいては，同盟や戦争といった国家間の外交関係を規定する最大の要因は軍事力である。後に『リウィウス論』においてみるように，領土維持型国家よりも拡張型国家を評価する［＝国家の「対外的自由」は「栄誉」によってよりよく保証されると考える］かれにとっては，＜栄誉すなわち賞賛されること＞とその対極たる＜恥辱すなわちみくびられること＞との間の絶えざる上下動は，拡張の手段たる自己の軍事力の強弱によっておおいに左右される。しかしここで注意されるべきは，マキァヴェッリが軍事力とヴィルトゥとを慎重に区別していることである。軍事力はヴィルトゥ発揚の有効な手段ないし必要条件ではあってもヴィルトゥそのものではない。確かに非武装は恥辱であるが，軍事力を思慮と勇気をもって正しい目的に使用できるヴィルトゥが存しない限り，武装即栄誉とはならない。さらに言うならば，軍事力を正しく強力に使用できてすら，それだけがヴィルトゥのすべてではない。このようなヴィルトゥは国家設立や対外戦争といった非常時に発揮さるべき英雄的ヴィルトゥであって，国家の対内的「自由」の維持には英雄的ヴィルトゥや君主の心術よりも後にみるような平民の公民的ヴィルトゥの方が有効である。それゆえ君主はもはや自国を自己のために支配する「統治者」

としてではなく,自国を自国のために拡大する「指揮官」として,もっぱら軍事という英雄的ヴィルトゥの発揚にのみ打ち込むべきなのである。『君主論』が,新君主への助言というかたちをとりつつも,君主のたんなる私益貫徹のための術策書ではなく,君主をすらその手段として用いうる「状況」秩序づけの倫理を導入せんとする書であることは,ここからもわかる。そしてこのことは,ローマ的な意味での＜国家共同体の「自由」と「栄誉」＞という「歴史」の領域の導入によってはじめてなされえたのであった。

イタリア・ルネサンス全般にみられるこのような「歴史」の重視は,君主の軍事訓練に関する第14章後半のつぎのようなマキァヴェッリの叙述に象徴的にあらわれており,マキァヴェッリへの人文主義の影響の一端を窺わせる。

「一方,頭を使ってする訓練に関しては,君主は歴史書を読み,それを通して偉人の残した行動を考察することが必要である。(中略)そして,とくにある偉人が過去に行った通りのことをやらなければならない。しかもその偉人にしても,かれ以前に世人に讃えられ栄誉に輝いた者を範としたのであり,その者のふるまいや業績を常に座右の銘としたのである (P, 14; 279; 一: 五〇-五一)。」

民兵に支えられた国家が対外的にとるべき政策は,マキァヴェッリによれば,外国から自国への移民の奨励——移民の強制ではなく——である (D, II-3; 151; 二: 一八一-一八二)。こうした「開放的」移民受入政策は,武装した平民が隣国に少しずつ移住し,戦争によって隣国を住みにくい環境とし,結果的に自国への移民を促すというプロセスをたどる。ローマがこうした穏和な拡大政策をとった結果,第6代の王の時代には,軍隊を担いうる約80,000人がローマに移住した[128]。くわえてローマは,戦利品を国庫に貯えて市民を清貧のうちに保ち,戦時には包囲戦術や要塞戦術といった長期戦闘を避けて,短期決戦による勝利を目指した。勝利の暁には敵国の金銭のみならず土地をも求めつつ,敵地を壊滅させるのではなく移民を奨励して植民地化することで,不平等条約のかたちで外国を属国化していった。戦争は一気呵成に行うが征服は徐々に行うというローマの戦術は,征服地の風土が共和的自由に馴染んでいた場合にはとくに効果を発揮した。というのも,不平等な属国状態に耐えられなくなった植民地は必ずや反乱を起こし,結果的に

---

(128) Pangle and Ahrensdorf [1999], p. 137.

ローマ軍に完全に鎮圧され征服されてしまうことを，ローマは計算ずみであったからである．自由の記憶は消しがたく，しかしその記憶を抹消しなければ真の征服はないとマキァヴェッリは考えていたため，自由な風土を強引に壊滅させるような政策をとりあえずは差し控え，のちに相手の不満を利用して完全に征服することで，過去の自由の記憶を消し去るのである（P, 5, D, II-1, 3, 4, 6, 7, 21, 32；263-264, 146-148, 151-156, 177-178, 192-194；一：一八－一九，二：一六九－一七三，一八一－一八八，一九一－一九四，二四〇－二四二，二七八－二八二）．

次節以降では，『戦術論』を中心に，具体的戦術の意義を軸としてマキァヴェッリの軍事論を考察したい．

第3節 『戦術論』をめぐって

マキァヴェッリが具体的戦術について論じた『戦術論』を考察するにあたって，まずはその元資料の問題を論じ[129]，つづいて『戦術論』のスタイルと構成を検討したい．

1521年に公刊された『戦術論』は，1506年に自費出版された『十年史』を除けばマキァヴェッリ存命中唯一の出版物であり，『リウィウス論』と同様「オルチェラーリの園」における議論の産物である．他のマキァヴェッリの著作と同様に，マキァヴェッリ自身の政治・軍事経験と古典知識との結合から生まれた作品であるが，おもな資料となった古典としては，古代ローマのウェゲティウス，フロンティヌス，ポリビオス，リウィウスの名が挙げられよう．ラテン語のタイトル *Dell'arte della guerra* および章立ては，ウェゲティウス『軍事について』(*De re militari*, 4C A.D.) に則っている．すなわちウェゲティウスはローマ軍隊論を，(1) 兵士の選抜と訓練，(2) 軍隊の組織，(3) 戦略，(4) 要塞での防御，(5) 海戦の5部に分けた．『戦術論』第Ⅰ巻の徴兵論はウェゲティウスとポリビオスにならっているし，第Ⅱ巻の兵士訓練論はウェゲティウスの第Ⅰ巻第2部に，ローマの武器装備についての記述は

---

(129) 『戦術論』の元資料について，およびそのマキァヴェッリによる使用との異同については，Ruffo-Fiore[1982], pp. 80-82 や筑摩書房版『マキァヴェッリ全集』第1巻解説（三五一頁）などを参照した．また、Anglo[1988] もある．

ポリビオスに，それぞれ則っている。第IV巻における戦略論および指揮官の資質論の元資料は，ウェゲティウスの第III巻およびフロンティヌス『謀略論』(*Strategemata*) である。行軍隊形を扱う第V巻はウェゲティウスの第III巻と呼応している。第VI巻の陣営配置計画についていうならば，ポリビオスの第VI巻，ウェゲティウス，クセノフォンも同じテーマを扱っている。第VII巻の城塞攻防論は，ウェゲティウス第IV巻をマキァヴェッリが消化吸収した成果とされる。大砲や職業常備軍を批判して歩兵隊や市民軍のヴィルトゥに頼ろうとするマキァヴェッリの戦術論は，技術論としては当時からすでに時代遅れとみなされていたが，ルネサンス軍事論における古代ローマ共和主義の明瞭な表現として注目されてよいであろう。

　古代ローマに範を取る市民兵論としては，ブルーニがすでに『民兵について』(*De militia,* 1421-1422) を著していた[130]。ただしこの書は，マキァヴェッリのものとは違って具体的戦術を扱ったものではない。むしろブルーニの関心は，militia というラテン語の原義を探ることによって公的共同防衛の原則を確認することにある。古代のラテン語で militia のもととなった miles の語は，たんに兵士を意味していたが，中世においては miles の語は封建諸侯のもとの騎士を意味するようになっていった。ブルーニは，封建領主の私益防衛ではなく都市国家全体の公益の防衛こそが miles の古代的原義であるとして，フィレンツェ都市国家の防衛原理は中世ではなく古代ローマの原則を継承していると主張する[131]。公民を防衛という公的義務へ任命するのは都市であって，兵士の忠誠対象は都市そのものである[132]。したがってふたたび防衛は，個人的主従関係の問題ではなく公的義務としての共同防衛でなければならない。ブルーニによれば古代ローマ共和政において miles 階級を設立し

---

(130) ブルーニ『民兵について』のラテン語原文を収録した単著の研究書として Bayley [1961] がある。ブルーニの市民兵論についてはバロンも論じており，ベイリーによる研究がもっぱら『民兵について』のみに依拠してブルーニの他の著作にみられる市民兵論を扱っていないことを批判している。Baron [1966], pp. 430-439, 560-561 (n. 44).

(131) 〈Militia igitur nostra sic premeve illi vetusteque institucioni congruit.〉 Bruni, *De militia,* Bayley [1961], p. 379. Trans. Gordon Griffiths, *On Knighthood, The Humanism of Leonardo Bruni* [1987], p. 128.

(132) Bayley [1961], p. 370. *The Humanism of Leonardo Bruni* [1987], p. 128.

たのはロムルスであったが，これは職業軍人ではなく民兵であった。防衛は一社会階層としての軍人の任務ではなく，市民全員の義務であった。この民兵思想がマキァヴェッリにも受け継がれていることは明らかである。ただしブルーニにはマキァヴェッリの傭兵批判の発想はそれほど強くない。むしろブルーニは，民兵に一定の俸給を与えることが，防衛の任務を世襲財産的騎士から一般市民に広げることに寄与すると考えた[133]。しかし軍事を民事共同防衛の一部としてとらえ，その範をローマ共和政の miles に求める立場は，ブルーニとマキァヴェッリに共通しているフィレンツェ共和主義の特徴なのである。

つぎに『戦術論』のスタイルと構成についてみていこう。『戦術論』は，マキァヴェッリをオルチェラーリの園およびジュリオ・デ・メディチに紹介したロレンツォ・ディ・フィリッポ・ストロッツィに捧げられている。人文主義の修辞的教養と実践的政策論とが結合していた園での議論の産物として，人文主義者への感謝と政界復帰への野望という2つの意図を結合した『戦術論』は，その成立背景および献呈先からして，修辞術と軍事論との結合を主旨としている。事実マキァヴェッリは，序説において「古代の諸制度を考えてみれば，市民生活と軍事生活ほど互いに親和し，似通い，一体となっているものはほかに見当たらない（AG, Proemio ; 300 ; 一：九一）」と述べる。そしてマキァヴェッリは，園の集いの主人コジモ・ルチェライと軍事指揮官ファブリツィオ・コロンナとの対話を回想しつつ，ファブリツィオの口を借りたソクラテス的対話方式で，みずからの軍事論を展開していく[134]。

第 I 巻で，まずファブリツィオは，古代ローマ人の外的な生活様式ではなく徳すなわち心の習慣をこそ模倣すべきであるとしたうえで，「徳を称え徳に報いること，貧乏を蔑まぬこと，軍隊生活および軍事規律を敬うこと，公

---

(133) Introduction by Gordon Griffiths, *The Humanism of Leonardo Bruni* [1987], p. 110.

(134) ファブリツィオを単純にマキァヴェッリの代弁者とみなす伝統的な『戦術論』解釈に対して，Mansfield [1996a], pp. 194-198, 202, 205-208 は，ファブリツィオは人文主義の代弁者であり，マキァヴェッリの意図は対話を通じてファブリツィオの立場を掘り崩すことにあったと示唆する。これに対して Lynch [2003a], p. xxv は，老傭兵隊長の抑制された姿をマキァヴェッリと重ね合わせる。

民たちが互いに愛し合うべく党派をつくらず，私事よりも公事を優先させること，その他こんにちの時勢でも容易にできそうなこと (AG, I ; 304；一：九七)」を勧める。つぎに，職業軍人や傭兵ではなく市民軍を育成することがイタリア軍隊建て直しの鍵であることを述べ，兵士徴用の際の肉体的・道徳的基準について語る。マキァヴェッリの軍事論が共和主義と切り離された表面的方策論ではなく，公民の自立と自治を基盤とする共和主義的軍事論であることが，ここからも窺われるであろう。

　第II巻では第I巻を受けて兵士の装備と軍事教練が扱われる。ギリシア，ローマ，近代，それぞれの装備を比較しつつ，ファブリツィオは，ローマの軍団 (legion) 制が最も優れているとし，騎兵よりも歩兵を重視した戦術を提案する。兵士を強く，機敏に，抜け目なくなるよう訓練することを勧奨したうえで，望ましい隊列の組み方に説き及ぶ。また，第II巻の最後では，近代において兵士が勇気と規律を失ってしまったのはなぜか，という，『リウィウス論』や『君主論』でも扱われたテーマが論じられる。しかし，ここで興味深いことは，いくつかの点で，『リウィウス論』や『君主論』で挙げられた理由の展開ないし変化がみられることである。『リウィウス論』や『君主論』では，現代イタリアの臆病さの理由は，キリスト教会の軟弱さや歴史読解能力の欠如に求められていた。『戦術論』においては，それは国家の規模や戦乱度の大小の相違に求められることになる。すなわち，ヨーロッパ大陸の国々のほうがアジアやアフリカに比べて個々の公民のヴィルトゥにおいて優れているのは，アフリカやアジアでは強大な帝国が支配していたため国の数が少なく，無為閑居で戦争の機会も少なかったのに対して，ヨーロッパでは多くの国（しかもそのほとんどが共和国）が乱立して相争い，その数だけ度胸のある権力者が登場してきたからである。しかしローマ帝国の支配権確立とともにヨーロッパも一国支配と広大な君主国の時代に入り，くわえてキリスト教的慈愛精神の普及により，戦争に負けても壊滅させられる恐れが少なくなったことも手伝って，ヨーロッパにおいてもヴィルトゥが衰退した，というのである。内紛の効用を強調するマキァヴェッリ流の小都市国家共和主義の立場が，ここにも明瞭にあらわれている。

　第III巻は，攻撃法や大砲の使い方などを論じつつ，理想的な軍隊の戦法について詳述する。とりわけ，ローマ軍団を模した兵隊の編成法と，それにもとづく仮定の実戦シーンの描写，そして大砲に頼りすぎない大砲の効果的

な用い方が主題となっている．武器装備の技術的側面はつねに人的資質の文脈内で評価され，国家の機械的機能としてではなく人為的 arte としての軍事論が維持されている．

　第 III 巻が戦術の獅子の面を扱っているとすれば，第 IV 巻は狐の面を扱う．戦闘中に指揮官は隊列の組み替えや地形の利用によって敵を欺く必要がある．敗走時に損害を少なくとどめる手腕において，信頼できる参謀と協議しながら敵をよく知ることにおいて，また状況に応じて弁論や宗教を利用しつつ部下の士気を操作する修辞術において，指揮官は弁論家でなければならないのである（AG, IV ; 354；一：一九六）．これは，修辞術の文脈における，軍隊論のなかでの民事と軍事の結合である．

　第 V 巻では，行軍の際の隊形として，鳴り物よりも肉声の号令をもとに隊形を敷く古代ローマの方陣形の利点が説かれる．さらに古代ローマにならって戦利品をすべて国庫に組み入れ，そこから兵士の俸給を支払うべきことも主張される．戦利品を兵士の私益のままに略奪にまかせるなら，公事優先の原則が脅かされるからである．

　第 VI 巻がまず扱うのは，野営の形態である．強固な場所のみを野営地に選んだギリシア人とは異なって，ローマ人は宿営の安全をはかるのに場所の選定よりもむしろ宿営の形態を一貫して確立しようとした．ファブリツィオはローマ人にならった宿営の設営形態を提案する．そして宿営の規律を維持するために，公的戦勝の栄誉に貢献したか否かによって賞罰を厳格に定める必要性などを論じるのである．

　領国や城塞都市の建設と攻防を論じた最終第 VII 巻は，その後にウェゲティウスら古代人から採った 27 の軍隊格率を述べているがゆえに，マキァヴェッリの軍事論の技術的な側面と政治論的側面とが相補的に述べられたまとめの巻となっている．ファブリツィオは，みずからの軍事論を開陳したのち，自分はもう年老いたので若者にこうした教訓の実践を期待すると述べる．そして『戦術論』第 VII 巻は，『君主論』最終章を思わせるイタリア軍隊改革への切望の調子で幕を閉じるのである．ファブリツィオによれば，現代のイタリアに必要なのは，最初から規律の整っている軍隊をただ統率できるだけの指揮官ではなく，まず軍隊をつくり改革して，しかるのちにそれを率いることができる指揮官である．古代ローマに範を求めつつも，それと現状を同一視するのではなくて，古代とは隔たってしまった現状を改革す

るための処方箋を描く観点が,『戦術論』をも貫いているのである。そのかぎりにおいて『戦術論』は,戦争技術そのものの客観的効率性を論じた技術論 (tecnica) というよりも,やはり人文主義の影響を受けた実践的技芸論 (arte) の文脈で読まれるべきであろう[135]。

第4節 『戦術論』における政治論と軍事論の関係

『戦術論』においてファブリツィオが果たしている二重の役割——戦士と平和時の助言者——は,軍事的生活様式と市民的生活様式との関係について,いくつかの疑問を生じさせる。両者は争っているのだろうか。軍事的規律は市民の愛国心を育成する学校なのであろうか。あるいは市民的生活のほうが軍事的生活の苛烈さを和らげるために用いられるべきなのであろうか。市民的生活が可能となるのは共和国においてのみなのであろうか,それとも君主国においても可能なのであろうか。こうした一連の問いは,マキァヴェッリの政治思想全体についての論争とも関連する。バロンの系譜を引くポーコック,スキナー,ヴィローリといった共和主義的研究者たちは,マキァヴェッリにおいて兵士はもっぱら共和主義的共通善に挺身すべきものとして描かれていたと解釈する。これに対してシュトラウス,マンスフィールド,サリヴァンといったマキァヴェッリの「近代」性を重視する研究者たちは,マキァヴェッリの共通善は共和主義的というよりも私益の集合であり,かれの軍事論もこうした私的情念の解放という観点から理解されるべきだとする[136]。

まずは軍人と市民の関係についての共和主義的解釈から概観しよう。ポーコックは,マキァヴェッリにおいては,人間本性は軍事的徳によってのみ完

---

(135) Ruffo-Fiore[1982], p. 92. 本書は,もっぱらマキァヴェッリ政治思想における政治論と軍事論の関係を問う観点から『戦術論』を考察する。タクティクスとしての軍事戦略思想史上における『戦術論』の影響作用史については,さしあたり Lynch[2003a], pp. xxvi–xxvii および Felix Gilbert[1944] を参照せよ。また,マキァヴェッリにおける軍事と政治の関係を,フィレンツェ「市民軍」の創設と解体に伴う「自身の軍隊」論の生成・展開の観点から考察した論稿として,須藤[1977] がある。

(136) シュトラウス学派による『戦術論』へのまとまったコメントとしては Mansfield[1996a], pp. 191-218 がある。

成されうるものであったとし，市民のみが良き戦士たりえ，戦士のみが良き市民たりうるという相補的関係として軍人と市民の協力関係をとらえる。公共善への挺身によってのみ完成されうる人間の市民的本性は，軍隊における自己犠牲のうちに最良のモデルを見出すとされる[137]。公的財を私的生活の手段とする傭兵や職業軍人を斥けて，私的生活を守るために公的貢献をなす民兵を提唱するマキァヴェッリの姿勢のうちには，私益を守るために公共善を優先せざるをえないという共和主義的な自治の自由概念があらわれていると同時に，軍人と市民の共通目標が共通善の保持であり，共通善の保持に最も有効なのは兵士の規律訓練であるという軍事／市民政治観があらわれている，というのがポーコックら共和主義的マキァヴェッリ解釈者たちの立場であるといえる[138]。スキナーによれば，マキァヴェッリは，「みずからの諸自由のために喜んで戦う武装した独立市民というアリストテレスの人物像を（中略）ふたたび政治舞台の中央に」登場させたのである[139]。

　こうした政治的人文主義の市民軍解釈に真っ向から異を唱えるのがシュトラウスである。永続的栄誉を求めるマキァヴェッリの共通善を，拡大された自己利益ととらえるシュトラウスによれば，マキァヴェッリにとって戦場で兵士や指揮官を戦闘に駆り立てるのは，自発的な自己犠牲とは正反対のもの，すなわち窮乏や死への恐怖という必然性によって惹起された自己保存欲である。そして兵士のほとんどは，死への恐怖という平民的自己保存欲のゆえに，戦闘よりも逃亡によって自己の生命を守ろうとするのであるが，貴族的自己保存欲——名声への欲求——をもつ指揮官が巧みに兵士の内面を操作することで，かれらを戦闘へと向かわせるというのである[140]。したがって，ポーコックのマキァヴェッリにとって重要であった職業軍人と民兵との区別は，シュトラウスのマキァヴェッリにとっては重要ではない。兵士の動員手段が金銭であれ名誉の希求であれ，どちらも自己保存欲の必然性に発することに変わりはないからである。軍事の核心が自己保存欲であるとすれば，共和主義者の主張とは異なって，重要なのは公益と私益の区別ではなく，自己の利益

---

(137) Pocock[1975a], pp. 199–201.

(138) Viroli[2000], p. 218. Baron[1966], pp. 430–432. Lynch[2003a], pp. xx–xxi.

(139) Skinner[1978], vol. 1, pp. 173–175.

(140) Strauss[1958], pp. 247ff. Lynch[2003a], pp. xxii–xxiii.

と他者の利益との区別である。シュトラウス的なマキァヴェッリにとって，自己保存を脅かすはずの外敵を兵士として雇う傭兵や外国援軍と，自国軍との区別のほうが，職業軍人と民兵との区別よりもはるかに重要となるように思われるのは，以上のような理由からである[141]。

『戦術論』の具体的・状況的政策を読む者は，マキァヴェッリにおける政治論と軍事論の関係について，他の主要3著作を読むときとは別の観点から考えることを促される[142]。マキァヴェッリが『戦術論』の序説で市民生活と軍事生活の不可分性を主張するとき，それは具体的にはなにを意味するのであろうか。マキァヴェッリによれば，それはまず第1に，秩序ある軍隊の確立こそが国家の内政的統合に不可欠の条件であり，それゆえに軍事力こそが国家の基礎であるということを意味する。また第2に，軍事力のもつ領土拡大的性格が，国家の長期存続に資するということを意味する。そして第3に，軍隊の組織と規律は国家の統合の質を映し出すものであり，軍隊の技芸と国家の技芸とが共通のスタイルをもつものであるということを意味するのである。

第3の点は，マキァヴェッリによって切り開かれた新たな政治論の地平として，とりわけ重要である。政治論を軍事論の言葉で論じた政治思想家は，マキァヴェッリ以前の西欧政治思想史上にはほとんど見当たらない。唯一クセノフォンだけが軍隊の効率を集中的に論じていたが，かれとてあくまで政治とは別領域の技術論として軍隊を論じたにすぎず，マキァヴェッリのように軍隊の規律と行動のうちにこそ政治の本質があらわれていると考えたわけではなかった。なぜなら，古代人たちは，友（自国）と敵（他国）との区別を根本に据えており，政治論は前者への対処を扱い，軍事論は後者への対処を扱うものと考えて区別していたからである。古代の政治論は，友愛にもとづく友としての同胞市民に対していかに善と知恵と徳とをもって接するかを，ほとんどもっぱら扱っているのである。それゆえ古代においては，友の

---

(141) Lynch[2003a], pp. -xxiii. しかし，シュトラウスがマキァヴェッリの「市民論／軍人論」図式に興味をもつのは，それが「古典古代およびキリスト教／近代」という対立軸を反映するかぎりにおいてである。シュトラウスにとっては，市民と軍人との関係の問題は，聖職者と戦士の関係，武装しない予言者と武装した予言者の関係に置き換えられる。Lynch[2003a], p. xxiii. Strauss[1958].

(142) 以下はWood[1965], pp. 47, 57-59による。

裏切りを意味する陰謀は，非難されこそすれ，陰謀論として政治的技術に数え入れられることはなかった。

　しかしマキァヴェッリは，クセノフォンが敵のみに適用した軍事論を友にもまた適用する。マキァヴェッリにとって政治とは，自立を求めての公共体同士の闘争であり，公共体自身が分裂して独立公共体を形成することもありうるため，友は潜在的には敵なのである。公共体の統合は，永久を目指すべきではあるが，決して自動的に永久なのではなく，実際には無秩序と無秩序とのあいだの暫定的統合にすぎない。潜在的な敵が自国市民にもいるとすれば，君主が詐欺を用いることも是認されるべきであり，陰謀はたんなる非難の対象ではなく，政治論として真剣な考察に値するもの，それどころか，政治の重要な本質の一部となるのである。『リウィウス論』中最長の章である第Ⅲ巻第6章が，陰謀を中心テーマとして扱っているのは，それゆえである。友が敵になることが，例外的裏切りではなく，政治の恒常的事実であるとするならば，政治は，公共論の側面だけでなく，統治論の要素をも含まざるをえないことになる。軍事論はもはや他国という敵を扱うだけでなく，統治論の一部として政治論のうちに入りこんでくるのである。結果として政治論は，同胞への教えとしての公共論だけでなく，友敵いずれにも適用可能という意味で中立的な統治技術論の色彩を帯びることになる。

むすび——拡大と5つのローマ

むすびにあたって，これまでの議論を概括して結論づけ，なお残されている問題のいくつかに言及しておきたい。

近年のマキァヴェッリ研究史からみるならば，「近代の創始者」（シュトラウス，マンスフィールド，サリヴァン）と「古典的共和主義の継承者」（スキナー，ポーコック，ヴィローリ）という2つのマキァヴェッリ像を，基本的には前者の立場に立ちつつ架橋しようとするのが，本書の出発点であった。マキァヴェッリにおけるいわゆる「『君主論』/『ディスコルシ』問題」への一番分かりやすい解決策は，スキナーやヴィローリやタックのように，「君主の鑑論」「共和主義（新ローマ主義）」「（後の）国家理性論の萌芽」という3つの全く別々の思想潮流が，マキァヴェッリのなかでたんに並存しているのだと解釈することであろう。ヴィローリらによればマキァヴェッリはたんに「移行期の思想家」であって「近代の開拓者」などではないことになる。これに対して，「共和主義的伝統の近代的転換者」，スキナーの自由論とは違った意味での「新ローマ主義」による「近代の開拓者」としてマキァヴェッリを位置づけるのが本書の基本的なスタンスであった。マキァヴェッリにおける国家理性論と君主の鑑論と共和主義は，いずれも，「国家に収斂される公的領域の自律」と「そのために不可避な平民参加と拡大」というテーマ，すなわち拡大的共和国という必然につながるのである。

そのことを示すためにまず，シュトラウスが示唆するにとどまったルネサンスの宇宙論を，占星術やネオ・プラトニズムの文脈で整理しなおすことで，マキァヴェッリの「近代」的秩序観念の前提として提示しようと試みた。機械論的ではないが破滅への必然性を含むルネサンス的秩序観のなかで，マキァヴェッリの主意主義的な人間中心の作為論は，政治的には，素材としての平民を重視する拡大的な共和国論として展開される。こうして本書は，＜大衆的近代の僭主的先導者＞というシュトラウス的なマキァヴェッリ像を，よりデモクラティックなものとして読み直すために，マキァヴェッリの「歴史解釈の政治学」に手法と内容の両面において着目し，マキァヴェッリのうち

にある歴史的ローマ——共和主義的ローマも含めて——と，マキァヴェッリ自身によるその改変とを考察してきた。

　ルネサンス的秩序観念の必然性に迫られつつ「歴史解釈の政治学」を通じてマキァヴェッリが「発見」した「マキァヴェッリのローマ」は，調和と均衡と自足ではなく，分裂と民主的性質と獲得志向性を特徴とする点で，明らかに「近代」的な「拡大的共和国」であった。すなわち共和国は，第1に，「中庸」を失った外的世界の偶然性（ネチェシタ）によりつねに権力均衡の要請下に置かれており，それゆえ内政の調和という「自足」のみによっては安定を得ることはできない。第2に，仮に一時的安定を得られたとしても，外的拡大戦争の不在それ自体が市民の武勇という徳の腐敗を生じさせ，共和国を破滅へと押し流そうとする。第3に，外敵の侵略の不可避性は，共和国に中立を許さない。それゆえ，市民の自由への欲求を満足させるため，また，外からもたらされる滅亡を回避するため，共和国はつねに外へと軍事的に拡大していかざるを得ず，その拡大すらも究極の栄誉ではなく破滅の回避という消極的目的において行われざるを得ないのである。したがって，共和主義的自由論や公的徳論，混合政体論や修辞術論などにおいて，たしかにマキァヴェッリは古典的共和主義のスタイルの多くを継承するけれども，かれの共和国にとって最重要であったのは，自由度や公的精神の普及度以上に，対外的戦争における征服力であった。貴族と平民がそれぞれみずからの欲望を他方の欲望の犠牲において達成しようとする内紛状態に際しては，獲得欲を外に向ける帝国的拡大政策が，安全な「捌け口」であったからである。

　そもそも国家の領土と人材の軍事的拡大を必然性の産物ととらえるマキァヴェッリの観点自体が，きわめて「近代」的であるともいえる。たとえばソクラテスは，都市の起源とは区別された都市の本質を論じるために，暫定的に都市の起源についても述べているが，そこでかれがいうことは，都市の起源は，他者よりも多く持ちたいという獲得欲にではなく，単純な生存のための必要物への欲求にある，ということである[1]。ソクラテスは都市の拡大する獲得欲と人間の生活の最低限の必要性とを区別し，最低限の必要性が際限なき獲得欲に変わっていく過程を「豚の国」の形成として眺める。ソクラテスにとってよき都市の建設は，質的に異なる3つの段階——健全な国家の建

---

(1) Platon, *Politeia*, 369b.

設，守護者軍人の国と呼ばれる純粋な国家の建設，哲学者によって統治される美の国家の建設——を経てなされるものであった。拡大と必然性とを区別せず，軍事的拡大こそが国家存続のための必要であるとするマキァヴェッリは，必然性の解釈においても古代を改変し，近代の「拡大的共和国」＝「マキァヴェッリのローマ」への道をひらいていった。

　それゆえマキァヴェッリは，歴史上のローマ共和国については，その没落期についてだけでなく，その最盛期についても，無条件でそれを称賛することは差し控える。古典古代には想定されえなかった野心的人間を素材としつつ，歴史上のローマをこえた耐久性を保持しうるような共和国を建設するために，マキァヴェッリはあらゆる「ローマ」を利用していった。

　すでに述べたように，かれの拡大的共和国が古典古代共和主義の共和国と大きく異なる点の１つは，それが平民の欲望と勢力を重視していることである。マキァヴェッリが推奨するローマは，移民や新市民を積極的に受け入れて，護民官制度を通じてその声を政治に反映させ，同時にその平民を武装させることによって勢力を拡大する。マキァヴェッリによる平民の重視は，参加による平民自身の自己完成や，平民の動機の純粋性を理由とするものではなく，ましてや階層をこえた万人の尊厳の平等の主張に由来するものでもない。共和国の永続的存続という至上目的のためには，共和国は帝国的拡大を志向せざるをえず，帝国的拡大を達成するためには軍事力と人口の両面で平民の数に頼ったほうが有効であるから，というのが平民重視の理由である。

　しかし，平民と貴族はそれぞれに，拡大的共和国の達成を妨げる可能性をももっている。貴族の栄誉欲は軍事的拡大にとってプラスであるが，平民を抑圧しようとする支配欲は拡大にはマイナスである。また貴族の栄誉欲が私欲と結合したときには，共和国にとって最大の脅威である僭主を生み出す温床となる。同様に，平民の数は軍隊を強力にするが，支配よりも安定を願う平民の傾向は，拡大への意気を失わせる。マキァヴェッリが民主的な共和国を志向しつつもけっして人民主権に与しようとせず，あくまで貴族と平民の拮抗による混合政体を主張するのは，こうした理由からである。その意味でやはりマキァヴェッリは民主主義者よりも共和主義者に近い。マキァヴェッリは共和国の政策を，拡大という統治術の観点から眺めるがゆえに，共和国の創設者に平民を重視すべきことを説くのである。マキァヴェッリのいう「君主」とは，マキァヴェッリの意図のなかでは「拡大的共和国の創設者」と同

義である。創設者の側は，兵士としての，またみずからの創設の栄誉を記憶し称えてくれる観客としての，平民を必要としており，平民の側では，自分たちの安寧と政治参加を保証してくれるような制度の設計者として，創設者を必要としているのである。そして拡大的共和国という至高の目的は，(a) 制度設計と (b) 栄誉志向と (c) 軍事力の3つの面で，それぞれ (a′) 創設者，(b′) 貴族，(c′) 平民を手段として必要としているのである。

こうして，本書が描いてきたマキァヴェッリの拡大的共和国は，ネグリのいうような＜帝国＞的拡大の共和国とはやや内容を異にする。ネグリによれば『リウィウス論』と『君主論』との相互補完関係は，「ordini と imperium の共存的拡大のための歴史的 arte」としてではなく，「マルチチュードの構成的権力に支えられた絶対的統治としての民主主義＝共和主義」を示すものとされる[2]。ネグリにとってマキァヴェッリの共和主義は絶対的民主主義の別名であり，絶対的民主主義とは，マルチチュードという階層に具現化される開放的で非排他的で構成的な権力の様態にほかならない[3]。共和主義を内包的で拡大的な権力論の一部としてとらえるこうした見解に対して，本書は，マキァヴェッリの共和主義を伝統的な政体論と歴史的賢慮論の枠組でとらえる。そして平民のみの構成的権力に依拠するのではなく，平民と貴族と君主との制度的調整を行うことがマキァヴェッリのいう ordini としての歴史的共和主義であり，その共和主義と imperium すなわち統治術とがともに拡大の必然性に沿って機能するように歴史を利用するのがマキァヴェッリの思想的核心であるとしたのであった。それゆえ，マキァヴェッリにとって民主主義は共和主義と同一のものではなく，共和主義の一手段であり，その共和主義は統治術とともに拡大という歴史的必然性の一手段なのである。

「ordini と imperium の拡大的共存のための歴史的 arte」としてのマキァヴェッリの共和主義論は，市民の完成や最善の政体の達成ではなく，「法の支配」という公的自律の達成を目標とする点では，ローマ的な法治的共和主義と親和性をもつ。しかしその法には ordini だけでなく imperium も含まれざるをえず，法の腐敗を防ぐには拡大へと向かわざるをえない。しかし拡大も結局は滅びるという「必然性」に巻き込まれている。マキァヴェッリの共和主義

---

(2) ネグリ著，杉村・斉藤訳 [1999]，一〇七頁。

(3) Hardt and Negri [2000], pp. 166-167, 169. 邦訳，二一六－二一九頁。

論は，必然性に対抗するための「法の支配」である。

国内における僭主政を避けるための「法の支配」には，(a)「人の支配」との区別の前提となる，公的関心事と私的関心事との質的区別，(b) 恣意的支配の危険を減らすための平民の参加（動員），という2つの矛盾しかねない要素が混在している。公益と参加という矛盾しかねない2つの要素を含んだ「法の支配」観念が共和主義の歴史においてなんとか存続してきたのは，「法の支配」観念の制度化としての「混合政体」というモデルがあったからである。質的差異によって区別される各集団の参加によって公益を確保しようとする古来の混合政体が，近代において，集団利益の質的差異よりは統治機能の差異の調整を重視する三権分立によってとって代わられていく過程については，本書では詳述しなかった。むしろ，古来の混合政体が対内的調整のみならず対外的均衡をも視野に入れざるを得ないことが自覚されはじめたマキァヴェッリのローマ史解釈と混合政体論において，拡大と自由の関係がどのようにとらえられたかを概観することで，そこに共和主義が帝国的・拡大的人民主義を取り込んで「近代」的共和主義へと転換を遂げていく契機を見出していった。

マキァヴェッリが，複数のローマ・イメージの巧みな併用によって，脱宗教的な政治領域の自律をはかり，それによって拡大的共和国という「国家理性的なるもの」を推し進めていった経緯を，初期近代における抽象化された絶対王政概念の成立に重ね合わせてみることも可能であろう。

すなわち，西ローマ帝国の没落以後，ヨーロッパにおいては，不可視の世界と可視的世界を媒介し，教権の立場から帝権を制御するカトリック教会こそが，都市国家の地域的特殊性や帝国の世俗的普遍性を抑えて君臨する普遍的共同体であった。カトリック教会が，普遍と特殊，不可視と可視を媒介する階梯の役割を果たしていたがゆえに，都市国家をこえて拡大する脱宗教的な政治秩序としては，帝国ほどには普遍的でない王政のみが，唯一ヨーロッパで権威を主張しうる存在となった。そして，教会に代わって普遍を担う国家という発想がこの王政から生じてきた経緯について，カントローヴィチやゴーシェ，マナンの議論を援用するならば[4]，後期中世から初期ルネサンス

---

　　(4) Kantorowicz[1957]. Pierre Manent, *Histoire intellectuelle du liberalisme.* Paris: Calmann-Levy. 高橋誠・藤田勝次郎訳[1995]『自由主義の政治思想』，

にかけて人々を支配した，王は自らの自然的身体の他に不死の政治的身体を持っているという思想が注目される。この王の不死の身体という発想のなかから，時間を超えて存続する団体という独自の観念が展開し，その延長上に君主の個人的な利益が国家全体の利益へと発展して，国家利益こそが臣民と君主をともに拘束する第3の審級になっていったとされるのである。

すなわち王政は，王権神授説によって，カトリック教会を媒介せずに直接みずからを正当化していった。(『君主論』第26章における「神を味方につけた君主」への待望論を想起されたい。) 同時に王政は，帝国のように教会を巻き込む普遍性の主張ではなく，教会からの政治的自立性を主張することで，みずからの上位の審級を――その形式的絶対性のみが政治的に転義される存在としての「神」以外には――もたない絶対的かつ抽象的な団体となり，君主の私的統治論から独立した，国家理性論への萌芽を形成するにいたったのである。

最後に本書は，次のような正面からの疑問にさらされる。マキァヴェッリの「歴史解釈の政治学」すなわち「第5のローマ」が歴史の必然に促されたものであるとすれば，マキァヴェッリのローマすらも時間の経過とともにフォルトゥナの必然による没落を余儀なくさせられるのではないか。そうだとすれば，マキァヴェッリ自身の独創性の自負も，「マキァヴェッリの独創性」を語ることも，意味をなさなくなるのではないか。そもそもマキァヴェッリは歴史的ローマのどこを批判したかったのか。マキァヴェッリは歴史上のローマ帝国の没落理由をどのように考えていたのであろうか。

これらの問いは複眼的であり，現段階では本書はこれらの問いに明確かつ徹底的に答えるだけの域に達してはいない。ただ暫定的に，マキァヴェッリにとって帝政ローマ没落の主因は，(1) キリスト教と，(2) 帝国的拡大による物理的フロンティアの消滅 (=パクス・ロマーナの達成) と，(3) フォルトゥナの流転，という3つであったのであり，それを受けて，キリスト教以前の共和政ローマに立ち返ることで帝国的拡大ではない民兵的拡大を志向し，フォルトゥナに翻弄される領土拡大を諦めて，価値としての必然的政治論を君主・貴族・平民のすべてに渡って内面的に拡大浸透させようとしたの

新評論。Marcel Gauchet[1994], "L'Etat au miroir de la raison d'Etat: La France et la chretiente", in Zarka, dir.[1994]. 宇野 [2004]。

がマキァヴェッリのローマであった,と示唆しうるにすぎない[5]。循環的歴史とローマ・イメージが,フィレンツェ人文主義の伝統性とマキァヴェッリの特異性において束の間の威光を取り戻し,結果的に「近代」が開かれていったことの意味についての考察は,なお開かれた問いを提示し続けているのである。

---

(5) この点について,マキァヴェッリの僭主政は多数者に対する少数者のそれではなく,外敵に対する市民のそれであるという Fischer[2006], p.lx の指摘は示唆深い。

あとがき

　本書は，筆者が 2005 年に早稲田大学大学院政治学研究科に提出した博士学位論文に，大幅な加筆・削除・修正を施したものである。博士論文は，『早稲田社会科学研究』および『早稲田社会科学総合研究』に発表してきた論文をもとにしている。一応の区切りであるとはいえ，マキァヴェッリ研究においてはまだまだ書かれるべきことが多く残っていることを，脱稿後も実感している。論文審査に際して数々の有益な助言を頂いた飯島昇藏先生，佐藤正志先生，押村高先生に，御礼を申し上げたい。とくに飯島先生には，筆者が修士論文でマキァヴェッリに取り組み始めて以来，多くのアドバイスを頂き，また論文集や翻訳の仕事にお誘いいただいただけでなく，博士論文の完成に向けて幾度となくお励ましを頂戴した。大学院の先輩・同輩である早稲田大学政治経済学術院の齋藤純一先生，谷澤正嗣先生，摂南大学の太田義器先生も，折にふれて貴重なご示唆を下さる大切な方々である。

　助手時代には，大谷惠教先生がご指導くださった。至らない者を早くから専任教員として迎え，日ごろの様々なご配慮に加えて在外研究へも快く送り出してくださったのは，早稲田大学社会科学総合学術院の先生方と職員の方々である。心より御礼申し上げたい。2000 年早春からの 2 年間に及ぶ在外研究期間中に，プリンストン大学 M. ヴィローリ教授，ハーバード大学 H. マンスフィールド教授および J. ハンキンス教授より頂いた，様々なご配慮とアドバイスは，本書の大きな資源となっている。もちろん，避けえなかった多くの本書の欠陥が筆者一人の責に帰されるべきことは言うまでもない。

　筆者が何よりの学恩を負っているのは，学部・大学院を通して指導教授であられた故藤原保信先生である。藤原先生の鋭い思考と端正な文体，学生への有言無言の慈しみ，何より時代の危機に深層において応答しようとする学問への真摯なご姿勢を想い起こすとき，師に習いえない不肖のわが身を申し訳なく思う。本書が，藤原先生と先生に間接的にも連なる多くの優秀な研究者・学生の方々の名を汚さないよう，願うばかりである。

その他，お名前をあげることはできないが，研究会などでコメントしてくださった方々を含め，本書が多くの方々の支えによることを覚えて，感謝をささげたく思う。

　本書は，2006年度早稲田大学学術出版補助費を受けて刊行される。また本書は，1997-8年度科学研究費補助金（奨励A）および，1995-2006年度の間に8回に渡って受けた早稲田大学特定課題研究助成費による成果の一部でもある。刊行にあたって，木鐸社の坂口節子様には，おかけした多大なご迷惑をお詫びするとともに，忍耐をもって見守ってくださったことに御礼の言葉もない。

　幼時より何が大切かを示し続けてくれた両親は，成長してわが道を行こうとする息子の意思を尊重してくれた。

　最後に，筆者と信仰（研究上の立場とは必ずしも直結しないものと考えているが）を同じくするキリスト者として，「いのちの小道」をともに歩んでくれる妻に，心からの感謝を伝えたい。

2007年1月31日
厚見恵一郎

文献リスト

著訳編者名に続く [ ] 内は当該書の初版ないし改訂版の出版年であり，外国語研究文献で邦訳のみ掲げてある場合は，邦訳の出版年である。マキァヴェッリおよび共和主義・ルネサンス関係の一次文献においては，著者名に続く ( ) 内は著者の生没年を，書名に続く < > 内は原著の執筆脱稿年を，それぞれ指している。

マキァヴェッリの著作

A: 個別著作（イタリア語版，翻訳版）

Machiavelli, Niccolò (1469-1527) *Discorso fatto al magistrato dei Dieci sopra le cose di Pisa* <1499>.
—— *De rebus pistoriensibus* <1502>.
—— *Ragguaglio delle cose fatto della Republica fiorentina per quietare le parti di Pistoia* <1502>.
—— *Descrizione del modo tenuto dal Duca Valentino nell'ammazzare Vitellozzo Vitelli, Oliverotto da Fermo, il Signor Pagolo ed il Duca di Gravina Orsini* <1503>.
—— *Parole da dirle sopra la provisione del danaio, fatto un poco di proemio e di scusa* <1503>.
　　佐々木毅訳 [1978a] 「若干の序論と弁明とを伴う，資金準備についての論考」（『マキアヴェッリ』所収）講談社.
—— *Del modo di trattare i popoli della Valdichiana ribellati* <1503>.
—— *Decennale primo* <1504>.
—— *Discorso dell'ordinare lo stato di Firenze alle armi* <1506>.
—— *Provvisioni della repubblica di Firenze per istituire il magistrato de'nove ufficiali dell'Ordinanza e Milizia fiorentina, dettate da Niccolò Machiavelli* <1506>.
—— *Rapporto delle cose dell'Alemagna* <1508>.
—— *Discorso sopra le cose della Magna e sopra l'Imperatore* <1509>.
—— *Decennale secondo* <1509>.
—— *De natura Gallorum* <1510?>.
—— *Ritratto di cose di Francia* <1510 or 1512>.
—— *Consulto per l'elezione del capitano delle fanterie di ordinanza fiorentina* <1511

-1512>.
—— *Provvisione seconda per le milizie a cavallo* <1512>.
—— *Ritratto delle cose della Magna* <1512>.
—— *Ai Palleschi* <1512>.
—— *Il Principe* <1513>.

Il principe, a cura di Luigi Russo[1963]. Firenze: Sansoni.

Il principe e discorsi, a cura di Sergio Bertelli[1960]. Milano: Feltrinelli.

De principatibus, testo critico, a cura di Giorgio Inglese[1994]. Roma: Nella sede dell'istituto Palazzo Borromini.

The Prince, ed. Quentin Skinner, trans. Russel Price[1988]. Cambridge: Cambridge University Press.

The Prince, trans. Harvey C. Mansfield[1985]. Chicago: The University of Chicago Press.

Der Fürst, hrsg. und übst. Philipp Rippel[1986]. Stuttgart: Reclam.

Le Prince, introduction, traduction novelle, bibliographie et notes de Christian Bec[1987]. Paris: Garnier.

池田廉訳 [初版 1966, 改訳新版 1995]『君主論』中央公論社。

佐々木毅訳 [1994]『マキアヴェッリと『君主論』』講談社。

河島英昭訳 [1998]『君主論（君主政体について）』岩波書店。

—— *Scritto sul modo di ricostituire l'ordinanza* <1514>.
—— *Discorso o dialogo intorno alla nostra lingua* <1515-1516>.
—— *Discorsi sopra la prima Deca di Tito Livio* <1517>.

The Discourses of Niccolò Machiavelli, 2 vols., trans. Leslie J. Walker[1950]. New Haven: Yale University Press.

Discourses on Livy, trans. Harvey C. Mansfield and Nathan Tarcov[1996]. Chicago: The University of Chicago Press.

永井三明訳 [1966]『政略論』中央公論社。

—— *Dell'asino d'oro* <1517>.
—— *Mandragola* <1518>.

大岩誠訳 [1949]『マンドラゴラ』岩波書店。

—— *Novella di Belfagor arcidiavolo* <1519 or 1520>.

杉浦明平訳 [1963]『妻をなくした悪魔』集英社。

—— *La Vita di Castruccio Castracani da Lucca* <1520>.
—— *Sommario delle cose della citta di Lucca* <1520>.
—— *Discorso sopra il riformare lo stato di Firenze, ad istanza di papa Leone X* <1520>. [*Discursus florentinarum rerum post mortem iunioris Laurentii Medices*.]

佐々木毅訳 [1978b]『フィレンツェ政体改革論』(『小ロレンツォ死後におけ

るフィレンツェ政体論』』(『マキアヴェッリ』所収)講談社。
—— *Dell'arte della guerra* <1521>.
Arte della guerra, a cura di Sergio Bertelli[1961]. Milano: Feltrinelli.
The Art of War, trans. Ellis Farneworth, intro. Neal Wood[1965]. New York: Da Capo Press.
Art of War, trans., ed., intro., commentary Christopher Lynch[2003]. Chicago: The University of Chicago Press.
浜田幸策訳 [1970] 『戦術論』原書房。
—— *Clizia* <1524>.
—— *Istorie Fiorentine* <1525>.
Istorie fiorentine, a cura di F. Gaeta[1962]. Milano: Feltrinelli.
Florentine Histories, trans. Laura F. Banfield and Harvey C. Mansfield, Jr.[1988]. Princeton: Princeton University Press.
大岩誠訳 [1954] 『フィレンツェ史』(上)(下) 岩波書店。
—— *Relazione di una visita fatta per fortificare Firenze* <1526>.
—— *Provvisione per la istituzione dell'ufficio de'Cinque Provveditori delle mura della citta di Firenze* <1526>.
—— *Minuta di provvisione per la Riforma dello Stato di Firenze l'anno 1522.*
—— *Frammento sulla riforma dello stato in Firenze.*
—— *Discorso della guerra di Pisa* <1500>.
—— *Legazione al duca Valentino in Romagna.*
—— *Prima legazione alla corte di Roma.*
—— *Seconda legazione alla corte di Roma.*
—— *Allocuzione fatta ad un magistrato.*
—— *Giribizzi d'ordinanza.*
—— *Rapporto delle cose della Magna* <1508>. *Fatto questo di 17 giugno 1508.*
—— *Notula per uno che va ambasciadore in Francia.*
—— *La cagione dell'ordinanza, dove la si truovi, et quel che bisogni fare. Post Res Perditas.*
—— *Nature di huomini fiorentini et in che luoghi si possino inserire le laude loro.*
—— *Sentenza diverse.*
—— *Favola.*
—— *I Capitoli* <1507-1512>.
Capitol, Introduzione, Testo critico e Commentario di Giorgio Inglese[1981]. Roma: Bulzoni Editore.
—— *Canti carnascialeschi.*

―― *Rime varie.*
―― *Capitoli per una compagnia di piacere*<1519-1520>.
―― *Exortatione alla penitenza* <1526-1527>.
―― *Libro delle persecutione d'Africa per Henrico re de'Vandali, l'anno di Christo 500, et composto per san Victore vescovo d'Utica.*
―― *Andria.*
―― *Lettere.*

B: 全集（イタリア語版）

Machiavelli: Opere Omnia, 11 vols, a cura di Sergio Bertelli[1968-1982]. Verona: Valdonega.
Opere complete, 8 vols, a cura di Sergio Bertelli[1960-1967]. Milano: Feltrinelli.
Opere politiche, a cura di Mario Puppo[1969]. Firenze: Le Monnier.
Tutte le opere, a cura di Mario Casella[1969]. Firenze: G. Barbera.
Tutte le opere, a cura di Mario Martelli[1971]. Firenze: Sansoni.
Opere de Niccolò Machiavelli, a cura di Franco Gaeta[1984]. Torino: Unione Tipografico-Editrice Torinese.

C: 全集（翻訳版）

Machiavelli: The Chief Works and Others, 3 vols, trans. Allan Gilbert[1965]. Durham: Duke University Press.
Machiavel: Œuvres completes, trans. Edmond Barincou[1952]. Paris: Gallimard.
『マキァヴェッリ全集』全六巻＋補巻 [1998-2002] 筑摩書房。

D: 政治小論集・書簡集ほか

I primi scritti politici(1499-1512), Nascita di un pensiero e di uno stile, a cura di Jean-Jaques Marchand[1975]. Padova: Editrice Antenore.
Machiavelli and His Friends: Their Personal Correspondence, trans. and ed. James B. Atkinson and David Sices[1996]. De kalb: Northern Illinois University Press.
須藤祐孝編訳・解説 [1997]『マキァヴェッリ　忘恩,運命,野心,好機』無限社（岡崎）。
Bibliografia Machiavelliana, a cura di Sergio Bertelli e Piero Innocenti [1979]. Verona: Valdonega.

共和主義・ルネサンス関係一次文献

Accolti, Benedetto(1415-1464) *Dialogus de praestantia virorum sui aevi*. G.C.Galletti, ed.[1847]. Firenze:.

Ammirato, Scipione(1531-1601) *Istorie Fiorentine, con l'aggiunte di Scipione Ammirato*<1640,1641>. Firenze: V.Batelli[1846].

Aquinas, Thomas(1225-1274) *Summa Theologiae*.

―― *In Libros Politicorum Aristotelis Expositio*, ed. R.M.Spiazzi[1966]. Rome: Marietti.

Aristoteles(384-322 B.C.) *Rhetorica*, trans. John Henry Freese[1926]. Cambridge, MA: Harvard University Press. 山本光雄訳 [1968]『弁論術』, 岩波書店。

―― *Ethica Nicomachea*, trans. H.Rackham[1926]. Cambridge, MA: Harvard University Press. 加藤信朗訳 [1973]『ニコマコス倫理学』岩波書店。

―― *Politica*, trans. H.Rackham[1932]. Cambridge, MA: Harvard University Press. Aristoteles *politicorum libri octo*, Latin translation by Guilelmi de Moerbeka, ed. Francesco Susemihl[1872]. Leibzig: B.G.Teubner. *Aristoteles politicorum libri octo*, Latin translation by Leonardo Bruni, ed. Jacques Le Febre d'Etaples [1506]. Apud Parisions: Ex Officina Henrici Stephani. 山本光雄訳 [1969]『政治学』岩波書店。

Bacon, Francis(1561-1626) *De augmentis scientiarum*<1605>, ed. George William Kitchin[1915], *The Advancement of Learning*. London: J.M.Dent. 成田成寿訳 [1969]『学問の発達』中央公論社。

Bentham, Jeremy(1748-1832) *Of Laws in General*<1782>, ed. H.L.A.Hart[1970]. London: The Athlone Press.

Biondo, Flavio(1392-1463) *Italy Illustrated*.

Boethius, Anicius Manlius Torquatus Severinus(480-524) *De Consolatione Philosophiae*, trans. H.F.Stewart, E.K.Rand, and S.J.Tester[1973]. Cambridge, MA: Harvard University Press.

Botero, Giovanni(1544-1617) *Della ragion di stato. Con tre libri delle cause della Citta*<1589>, a cura di Chiara Continisio[1997]. Roma: Donzelli editore. *The Reason of State*, trans. P.J.Waley and D.P.Waley[1956]. London: Routledge.

Bracciolini, Poggio(1380-1459) *Opera Omnia*, 4 vols[1964-1969]. Torino: Erasmo.

―― *Two Renaissance Book Hunters: The Letter of Poggius Bracciolini to Nicolaus De Niccolis*, trans. with notes Phyllis Walter Goodhart Gordan [1974]. New York: Columbia University Press.

Bruni, Leonardo Aretino(1370-1444) *Laudatio florentinae urbis*<1403-1404>, ed. Hans Baron[1968], *From Petrarch to Leonardo Bruni*. Chicago: The University of Chicago Press. *Laudatio florentinae urbis*<1403-1404>, ed. critica, a cura di Stefano Ugo Baldassarri[2000]. Firenze: SISMEL edizioni del Galluzzo.

—— *Dialogi ad Petrum Paulum Histrum*, a cura di Stefano Ugo Baldassarri [1994]. Firenze: L.S.Olschki.

—— *Historiam florentini populi libri XII*<1415-1444>, a cura di Emilio Santini e Carmine di Pierro[1926]. Citta di Castello: Tipi della casa editrice S. Lapi. *History of the Florentine People*, vol.1: Books I-IV, vol.2: Books V-VIII, ed. and trans. James Hankins[2001][2004]. Cambridge, MA : Harvard University Press.

—— *De Militia*<1421>, in Bayley[1961].

—— *Leonardo Brunis Rede auf Nanni Strozzi*<1427-1428>: *Einleitung, Edition, und Kommentar*, ed. and commentary Susanne Daub[1996]. Stuttgart und Leipzig: B.G.Teubner.

—— ΠεριτησΠολιτειαζτωνΦλωρεντινων ; *Peri tes Politeias ton Florentinon; On the Polity of the Florentines*<1434-1439>, hrsg. von L.W.Hasper[1861]. Leibzig. "On the Polity of the Florentines", trans. Athanasios Moulakis[1986], *The University of Chicago, Readings in Western Civilization*, vol.5, *The Renaissance*. Chicago: The University of Chicago Press.

—— and Poggio Bracciolini. *Storie fiorentine*, presentazione de Eugenio Garin [1984]. Arezzo: Biblioteca della Citta di Arezzo.

—— *Leonardo Bruni Aretino: Humanistisch-philosophische Schriften mit einer Chronologie seiner Werke und Briefe*, hrsg. Hans Baron[1928]. Leibzig: Verlag und Druck von B.G.Teubner.

—— *The Humanism of Leonardo Bruni*, ed. and trans. Gordon Griffiths, James Hankins, David Thompson[1987]. Binghamton: The Renaissance Society of America.

—— *The Justification of Florentine foreign policy offered by Leonardo Bruni in his public letters: 1428-1444*, ed. Gordon Griffiths[1999]. Roma: Istituto storico italiano per il Medio Evo.

—— *Studi su l'epistolario di Leonardo Bruni*, ed. Francesco Paolo Luiso[1980]. Roma: Instituto storico italiano per il Medio Evo.

Cicero, Markus Tullius(106-43 B.C.) *De Inventione*, trans. H.M.Hubbell[1949]. Cambridge, MA: Harvard University Press. 片山英男訳 [2000]『発想論』岩波書店。

—— *De Oratore*<55 B.C.>, trans. E. W. Sutton and H. Rackham[1942]. Cambridge,

MA: Harvard University Press. 大西英文訳 [1999]『弁論家について』岩波書店.
—— *Brutus*, trans. G.L.Hendrickson[1939]. Cambridge, MA: Harvard University Press.
—— *De Re Publica*<54 B.C.>, trans. Clinton Walker Keyes[1928]. Cambridge, MA: Harvard University Press. 岡道男訳 [1999]『国家について』岩波書店.
—— *De Legibus*, trans. Clinton Walker Keyes[1928]. Cambridge, MA: Harvard University Press. 岡道男訳 [1999]『法律について』岩波書店.
—— *De Officiis*<44 B.C.>, trans. Walter Miller[1913]. Cambridge, MA: Harvard University Press. 角南一郎訳 [1974]『義務について』現代思潮社. 高橋宏幸訳 [1999]『義務について』岩波書店.
—— *Pro Cluentio*, trans.H.Grose Hodge[1927].Cambridge, MA: Harvard University Press. 上村健二訳 [2001]『クルエンティウス弁護』岩波書店.
[——] *Rhetorica ad Herennium*, trans. Harry Caplan[1954]. Cambridge, MA: Harvard University Press.
Constant, Benjamin(1767-1830) *Political Writings*, trans. and ed. Biancamaria Fontana[1988]. Cambridge: Cambridge University Press.
Ficino, Marsilio(1433-1499) *The Letters of Marsilio Ficino*, 2vols, trans. Members of the Language Department of the School of Economic Science[1978]. London.
Gentili, Alberico(1552-1608) *De legationibus*. London: Thomas Vautrollarius [1585].
Gentillet, Innocent(c.1532-1588) *Discours sur les moyens de bien gouverner et maintenir en bonne paix un royaume ou autre principaute contre Nicolas Machiavel*<1576>, eds. Alexander P. D'Andrèves and P. D. Stewart[1974]. *Discours contra Machiavel*. Firenze.
Guicciardini, Francesco(1483-1540) *Ricordi*<1528-1530>, with trans. Ninian Hill Thomson[1949]. New York: S. F. Vanni. 永井三明訳 [1970]『政治と人間をめぐる断章——リコルディ——』清水弘文堂. 末吉孝州訳・解説 [1996]『グイッチャルディーニの「訓戒と意見」——[リコルディ]』太陽出版.
—— *Storie Fiorentine dal 1378 al 1509*<1537-1540>. *The History of Italy*, trans. Sidney Alexander[1969]. Princeton: Princeton University Press. 末吉孝州訳 [1999]『フィレンツェ史』太陽出版.
—— *Dialogue on the Government of Florence*<1521-1525>, trans. Alison Brown [1994]. Cambridge: Cambridge University Press. 末吉孝州訳 [2000]『フィレンツェの政体をめぐっての対話』太陽出版.
Hamilton, Alexander(1755-1804), James Madison(1751-1836), and John Jay (1745-1829) *The Federalist*<1787-1788>, ed. Jacob E. Cooke[1961]. Middletown:

Wesleyan University Press. 斎藤眞・武則忠見訳 [1991]『ザ・フェデラリスト』福村出版。斎藤眞・中野勝郎編訳 [1999]『ザ・フェデラリスト』岩波書店。

Harrington, James(1611-1677) *The Commonwealth of Oceana*<1656>, ed. J. G. A. Pocock[1977], *The Political Works of James Harrington*. Cambridge: Cambridge University Press.

Hegel, Georg Wilhelm Friedrich(1770-1831) *Die Verfassung Deutschlands, G.W.F. Hegel Werke in 20 Bänden*, Bd.1[1971]. Frankfurt am Main: Suhrkamp Verlag.

Herodotus(c.484-c.425 B.C.) *The Persian Wars*, 4 vols., trans. A.D.Godley[1920-1925]. Cambridge, MA: Harvard University Press.

Hobbes, Thomas(1588-1679) *De Corpore*, ed. Sir William Molesworth[1839], *The English Works of Thomas Hobbes of Malmesbury*, vol.1. London: John Bohn.

―― *Leviathan*<1651>, ed. Richard Tuck[1991]. Cambridge: Cambridge University Press.

John of Salisbury(1115/20-1180) *Policraticus*, 2vols., ed. Clement C. J. Webb[1909]. Oxford.

Kant, Immanuel(1724-1804) *Kritik der Urteilskraft*. Verlag von Felix Meiner[1922]. 原佑訳 [1966]『判断力批判』(『カント全集』第 8 巻) 理想社。

―― *Die Metaphysik der Sitten*. 吉沢伝三郎・尾田幸雄訳 [1969]『人倫の形而上学』(『カント全集』第 11 巻) 理想社。

Latini, Brunetto(c.1220-1294) *Li livres dou tresor*<1266>, ed. Francis J. Carmody[1948,1975]. Berkeley: University of California Press[1948]; Geneve: Slatkine Reprints[1975].

Livius, Titus(59 B.C.-17 A.D.) *Ab urbe condita*, 14vols., trans. B.O.Foster, Frank Gardner Moore, Evan T.Sage, and Alfred C.Schlesinger[1919-1959]. Cambridge, MA: Harvard University Press.

Machiavelli, Bernardo(1428-1500) *Libro di Ricordi*, a cura di Cesare Olschki[1954]. Firenze: Felice le Monnier.

Monaci, Lorenzo de' *Chronicon de rebus Venetiis*, in Lodovico Antonio Muratori [1758], *Rerum italicarum scriptores*, viii.Appendix. Venice: Ex typographia Redmondiniana.

Montesquieu, Charles Louis de Secondat, baron de(1689-1755) *De l'Esprit des Lois* <1748>, par Robert Derathé[1973], 2tomes. Paris: Garnier. 野田良之他訳 [1989]『法の精神』,岩波書店。

Moyle, Walter(1672-1721) *An Essay upon the Constitution of the Roman Government*<c.1699>, in Robbins, ed.[1969].

Neville, Henry(1620-1694) *Plato Redivivus: or, A Dialogue Concerning Government* <c.1681>, in Robbins, ed.[1969].

Paruta, Paolo(1540-1598) *Della perfettione della vita politica*<1579>. Venetia: Appresso D. Nicolini.

――― *Historia Vinetiana*<1645>. Venetia: Per gli heredi di T. Giunti, e F. Baba.

Petrarca, Francesco(1304-1374) *Ad Magnificum Franciscum de Carraria Padue dominum, qualis esse debeat qui rem publicam regit*, eds. B. G. Kohl and Ronald G. Witt[1978].

――― *De sui ipsius et multorum ignorantia*, H. Nachod, trans., in Ernst Cassirer, Kristeller, and John Herman Randall, Jr. eds.[1948]. *The Renaissance Philosophy of Man*. Chicago: The University of Chicago Press.

――― *Prose*, a cura di Martellotti, Ricci, Carrara, Bianchi[1955]. Milano: R.Ricciardi.

――― *Africa*, trans. Thomas G. Bergin and Alice S. Wilson[1977]. New Haven: Yale University Press.

――― *Petrarch's Letters to Classical Authors*, trans. Mario Emilio Cosenza [1910]. Chicago: The University of Chicago Press.

Pico della Mirandola, Giovanni (1463-1494) *De hominis dignitate*<1486>,hrsg. August[1990]. Hamburg : Felix Meiner. 植田敏郎訳 [1950]『人間の尊厳について』創元社。

Polybius(200?-118? B.C.) *The Histories*, 6vols., trans. W. R. Paton[1922-1927]. Cambridge, MA: Harvard University Press.

Pomponazzi, Pietro(1462-1525) *De immortalitate animae*, trans. William Henry Hay II, in Cassirer, Kristeller, and Randall, Jr., eds.[1948].

Ptolemy(or Tolomeo or Bartolomeo) of Lucca(c.1236-1326) *Determinatio compendiosa de iurisdictione imperii*<c.1288>, ed. M. Krammer[1900], Monumenta Germaniae historica, Fontes iuris germanici antiqui 1. Hannover und Leibzig.

――― *De Regimine Principum ad Regem Cypri*<c.1302>, ed. Joseph Mathis [1924]. Torino. *On the Government of Rulers (De Regimine Principum)*, trans. James M. Blythe[1997]. Philadelphia: University of Pennsylvania Press.

Quintilianus, Marcus Fabius(35?-95?) *Institutio Oratoria, in Quintilian*, trans. H. E. Butlar[1958]. Cambridge, MA: Harvard University Press.

Rousseau, Jean-Jacques(1712-1778) *Discours sur l'origine et les fondements de l' inegalite parmi les homes*<1754>. 原好男訳 [1978]『人間不平等起源論』白水社（『ルソー全集』第4巻）。

――― *Du contrat social*<1762>. 作田啓一訳 [1979]『社会契約論』白水社（『ルソー全集』第5巻）。

――― 阪上孝訳 [1979]『政治経済論』白水社（『ルソー全集』第5巻）。

Sallustius, Gauis Crispus(86?-34? B.C.) *Bellum Catilinae; Bellum Iugurthinum*, trans.

J. C. Rolfe[1971]. Cambridge, MA: Harvard University Press.

Salutati, Coluccio(1331-1406) *De seculo et religione*<1381-1382>, ex codicibus manuscriptis primum edidit. B. L. Ullman[1957]. Firenze: Leo S. Olschki.

―― *De Fato et Fortuna*<1396-1397>, a cura di Concetta Bianca[1985]. Firenze: Leo S. Olschki Editore.

―― *De Nobilitate Legum et Medicinae*<1399>, a cura di Eugenio Garin[1947]. Firenze: Vallecchi Editore.

―― *De Nobilitate Legum et Medicinae*<1399>, lateinische-deutsche Ausgabe, Vom Vorrang der *Jurisprudenz oder der Medizin*, übst. und kommentiert. Peter Michael Schenkel[1990]. München: W. Fink.

―― *De tyranno*<1400>, ed. F. Ercole[1914]. Berlin und Leibzig:. Trans. Ephraim Emerton[1925], Emerton[1925].

―― *Epistolario di Coluccio Salutati*, a cura di Francesco Novati[1891-1911]. Roma.

―― *Die Staatsbriefe Coluccio Salutatis: Untersuchungen zum Frühhumanismus in der Florentiner Staatskanzlei und Auswahledition*, bearbeitet von Hermann Langkabel[1981]. Köln/Wien: Bohlau.

―― *Coluccio Salutati Index*, bearbeitet von Clemens Zintzen und Ute Ecker, Peter Riemer[1992]. Tübingen: Günter Narr Verlag.

Savonarola, Girolamo(1452-1498) 須藤祐孝編訳・解説 [1998]『サヴォナローラ ルネサンス・フィレンツェ統治論――説教と論文』無限社（岡崎）。

Seneca, Lucius Annaeus(c.55 B.C.-c.39 A.D.) *De clementia*, trans. J.W.Basore[1928]. Cambridge, MA: Harvard University Press.

Sidney, Algernon(1622-1683) *Discourses Concerning Government*<1698>, ed. Thomas G. West[1996]. Indianapolis: Liberty Fund.

Spinoza, Baruch de(1632-1677) *Ethica, Spinoza Opera*, ed. Carl Gebhardt [1925]. Carl Winters. 工藤喜作・斎藤博訳 [1969]『エティカ』, 中央公論社。

―― *Tractatus politicus*. 畠中尚志訳 [1976]『国家論』岩波書店。

Swift, Jonathan(1667-1745) *A Discourse of the Contests and Dissentions Between the Nobles and the Commons in Athens and Rome, With the Consequences They Had upon both those States*<1701>, ed. Frank H. Ellis[1967], *Swift: A Discourse of the Contests and Dissentions*, Oxford: Oxford University Press. 中野好之・海保真夫訳 [1989]『スウィフト政治・宗教論集』法政大学出版局。

Thucydides(460?-400? B.C.) *History of the Peloponnesian War*, trans. Charles Forster Smith[1919-1923]. Cambridge, MA: Harvard University Press. Trans. Walter Bronco[1998], The *Peropponnesian War*. New York: W. W. Norton & Co.

Tocqueville, Alexis de(1805-1859) *Dé la démocratie en Amérique* <1835-1840>. Jacob Peter Mayer, ed[1951-]. *Œuvres,papiers et correspondances d'Alexis de Tocqueville*. Paris: Gallimard. Trans. Harvey C. Mansfield and Delba Winthrop[2000], *Democracy in America*. Chicago: The University of Chicago Press. 井伊玄太郎訳[1987]『アメリカの民主政治』講談社。松本礼二訳[2006-]『アメリカのデモクラシー』岩波書店。

Trenchard, John(1662-1723) and Thomas Gordon *Cato's Letters: or, Esays on Liberty, Civil and Religious, and other Important Subjects*<1721>, ed. Ronald Hmowy, 2 vols[1995]. Indianapolis: Liberty Fund.

Vico, Giambattista(1668-1744) *De antiquissima Italorum sapientia ex linguae latinae originibus eruenda*. Bari: Laterza & figli[1914]. *Opere Filosofiche*, a cura di Paolo Cristofolini[1974]. Firenze: Sansoni Editore. 上村忠男訳[1988]『イタリア人の太古の知恵』、法政大学出版局。

―― *Principi di Scienza Nuova. Opere*, a cura di Fausto Nicolini[1953]. Milano: Ricardo-Ricciardi. *Opere*, a cura di Andrea Battistini[1990]. Milano: A.Mandadori. 清水純一・米山喜蔵訳[1975]『新しい学』中央公論社。

Cassirer, Ernst, Paul Oskar Kristeller, and John Herman Randall, Jr. eds.[1948] *The Renaissance Philosophy of Man*. Chicago: The University of Chicago Press.

Elmer, Peter, Nick Webb and Roberta Wood, eds.[2000] *The Renaissance in Europe: An Anthology*. New Haven: Yale University Press.

Emerton, Ephraim[1925] *Humanism and Tyranny: Studies in the Italian Trecento*. Cambridge, MA: Harvard University Press.

Garin, Eugenio, ed.[1952] *Prosatori Latini del Quattrocento*. Milano: R.Ricciardi.

Hankins, James[1997] *Repartrium Brunianum: A Critical Guide to the Writings of Leonardo Bruni*. Roma: Institutio storico italiano per il Medio Evo.

Kraye, Jill, ed.[1997] *Cambridge Translations of Renaissance Philosophical Texts*, 2 vols. Cambridge: Cambridge University Press.

Krüger, Paul and Theodor Mommsen, eds.[1989-1993] *Corpus iuris civilis*. Hildescheim: Weidmann.

Kohl, B. G. and Ronald G. Witt, eds.[1978] *The Earthly Republic: Italian Humanists on Government and Society*. Philadelphia: University of Pennsylvania Press.

Mommsen, Theodor and Paul Kruegar, eds.[c.1985] *The Digest of Justinian*, 4vols. Philadelphia: University of Pennsylvania Press.

Robbins, Caroline, ed.[1969] *Two English Republican Tracts*. Cambridge: Cambridge University Press.

Storing, Herbert J., ed., selected by Murray Dry[1981] *The Anti-Federalist*. Chicago: The University of Chicago Press.

Watkins, Renee Neu, ed. and trans.[1978] *Humanism and Liberty: Writings on

Freedom from Fifteenth-Century Florence. Columbia: University of South Carolina Press.

佐藤三夫訳編[1984]『ルネサンスの人間論——原典翻訳集』有信堂高文社。

二次研究文献

Acton, Lord John Emerich Edward Dalberg[1891] "Introduction to L. A. Burd's Edition of *Il Principe* by Machiavelli". *Il principe*, ed. L. Arthur Burd. Oxford: Clarendon Press.

Adams, Robert[1975] "Machiavelli Now and Here: An Essay for the First World". *American Scholar*, 44, pp.365-381.

Adcock, Frank E.[1959] *Roman Political Ideas and Practice*. Ann Arbor: The University of Michigan Press.

Althusser, Loius[1972-1986] "Machiavel et nous". *Écrits philosophiques et politiques*, TomeII. Paris: Editions Stock/IMEC. 福井和美訳[2001]「マキャヴェリと私たち」『マキャヴェリの孤独』藤原書店。

Alvarez, Leo Paul S. De[1999] *The Machiavellian Enterprise: A Commentary on the Prince*. De Kalb: Northern Illinois University Press.

Anderson, William S.[1957] "Livy and Machiavelli". *Classical Journal*, 53, pp.232-235.

Andrew, Edward[1990] "The Foxy Prophet: Machiavelli versus Machiavelli on Ferdinand the Catholic". *History of Political Thought*, 11-3, pp.409-422.

Anglo, Sydney[1969] *Machiavelli: A Dissection*. New York: Harcourt, Brace & World, Inc.

―― [1988] "Machiavelli as a Military Authority: Some Early Sources". Peter Denley and Caroline Elam, eds.[1988], pp.321-334.

―― [2005] *Machiavelli-The First Century: Studies in Enthusiasm, Hostility, and Irrelevance*. Oxford: Oxford University Press.

Arendt, Hannah[1958] *The Human Condition*. Chicago: The University of Chicago Press. 志水速雄訳[1973]『人間の条件』中央公論社。

―― [1963] *On Revolution*. New York: Viking Press. 志水速雄訳[1975,1995]『革命について』筑摩書房。

―― [1968] *Between Past and Future: Eight Exercises in Political Thought*, New and Enlarged Edition. New York: Viking Press. 引田隆也・齋藤純一訳[1994]『過去と未来の間』みすず書房。

―― [1982] *Lectures on Kant's Political Philosophy*, ed. Ronald Beiner. Chicago: The University of Chicago Press. 浜田義文監訳[1987]『カント政治哲学の講義』

法政大学出版局。
Arieti, James A.[1995] "The Machiavellian Chiron: Appearance and Reality in *The Prince*". *Clio*, 24-4, pp.381-397.
Armitage, David[2002], "Empire and Liberty: A Republican Dilemma". Gelderen and Skinner, eds.[2002], vol.2, pp.29-46.
Aron, Raymond[1993] "Le Machiavelisme de Machiavel". Aron. *Machiavel et les tyrannies modernes*. Paris: Fallois.
Ascoli, Albert Russel and Victoria Kahn, eds.[1993] *Machiavelli and the Discourse of Literature*. Ithaca: Cornell University Press.
Atkinson, Catherine[2002] *Debts, Dowries, Donkeys: The Diary of Niccolò Machiavelli's Father, Messer Bernardo in Quattrocento Florence*. Frankfurt am Main: Peter Lang Publishing.
Avis, Paul D. L.[1986] *Foundations of Modern Historical Thought: From Machiavelli to Vico*. London: Croom Helm.
Baldini, Enzo A., ed.[1992] *Botero e la 'fRagion di Stato'*. Firenze: L.S.Olschki.
Ball, Terence[1984] "The Picaresque Prince: Reflections on Machiavelli and Moral Change". *Political Theory*, 12, pp.521-536.
Barber, Benjamin[1984] *Strong Democracy*. Berkeley: University of California Press.
Baron, Hans[1932] "Das Erwachen des Historischen Denkens in Humanismus des Quattrocento". *Historische Zeitschrift*, 147, S.5-21.
—— [1938a] "The Historical Background of the Florentine Renaissance". *History*, 22, pp.315-327.
—— [1938b] "Cicero and the Roman Civic Spirit in the Middle Ages and the Early Renaissance". *Bulletin of the John Rylands Library*, 22-1, pp.73-97.
—— [1943] "Towards a More Positive Evaluation of the Fifteenth-Century Renaissance". *Journal of the History of Ideas*, 4, pp.21-49.
—— [1953] "A Struggle for Liberty in the Renaissance". *American Historical Review*, 58.
—— [二分冊初版 1955a, 合本 1966] *The Crisis of the Early Italian Renaissance: Civic Humanism and Republican Liberty in an Age of Classicism and Tyranny*. Princeton: Princeton University Press.
—— [1955b] *Humanistic and Political Literature in Venice and Florence at the Beginning of the Quattrocento*. Cambridge, MA: Harvard University Press.
—— [1956] "The Prince and the Puzzle of the Date of the Discorsi". *Bibliotheque d'Humanisme et Renaissance*, 18, pp.405-428.
—— [1959] "The Social Background of Political Liberty in the Early Italian Renaissance". *Comparative Studies in Society and History*, 2, pp.440-451.

—— [1961a] "Machiavelli: The Republican Citizen and the Author of "The Prince"". *English Historical Review*, 76-299, pp.217-253.
—— [1961b] "Machiavelli on the Eve of *the Discourses:* The Date and Place of his *Dialogo intorno alla nostra lingua*". *Bibliotheque d'Humanisme et Renaissance*, 23, pp.449-476.
—— [1967] "Leonardo Bruni: 'Professional Rhetorician' or 'Civic Humanist'?". *Past and Present*, 36, pp.21-37.
—— [1968] *From Petrarch to Leonardo Bruni*. Chicago: The University of Chicago Press.
—— [1988] *In Search of Florentine Civic Humanism: Essays on the Transition from Medieval to Modern Thought*, 2 vols. Princeton: Princeton University Press.
—— [1991] "The Principe and the Puzzle of the Date of Chapter 26". *Journal of Medieval and Renaissance Studies*, 21, pp.83-102.
Barricelli, Gian Piero[1970] "Reading the Prince: Philosophical Terms in Machiavelli". *Italian Quarterly*, 13, pp.43-62.
Barthouil, Georges, ed.[1982] *Machiavelli attuale*. Ravenna: Longo.
Baruzzi, Arno[1983] *Einführung in die Politische Philosophie der Neuzeit*. Darmstadt: Wissenschaftliche Buchgesellschaft.
Basu, Sammy[1990] "In a Crazy Time the Cazy Come Out Well: Machiavelli and the Cosmology of his Day". *History of Political Thought*, 11-2, pp.213-239.
Batkin, Leonid M.[1979] "Machiavelli: Experience and Speculation". *Diogenes*, 107, pp.24-48.
Bausi, Francesco[1985] *I 'Discorsi' di Niccolò Machiavelli: Genesi e Struttura*. Firenze: Sansoni Editore.
Bayley, C. C.[1961] *War and Society in Renaissance Florence: The De Militia of Leonardo Bruni*. Toronto: University of Toronto Press.
Becker, Marvin B.[2002] *Florentine Essays: Selected Writings of Marvin B. Becker*. Ann Arbor: The University of Michigan Press.
Berki, R. N.[1971] "Machiavellianism: A Philosophical Defense". *Ethics*, 81, pp.107-127.
Benoist, C.[1936] *Le Machiavellisme*, 3vols.
Berlin, Isaiah[1979] "The Originality of Machiavelli". *Against the Current: Essays in the History of Ideas*, ed. Henry Hardy, pp.25-79. London: The Hogarth Press, Ltd. 佐々木毅訳 [1983]「マキアヴェッリの独創性」福田歓一・河合秀和編『思想と思想家＜バーリン選集Ⅰ＞』岩波書店.
Bhattacharya, Sisir[1988] *Machiavellian State*. New Delhi: Gitanjali Publishing House.

Bien, Joseph[1981] "Politics of the Present: Machiavellian Humanism". *Philosophy and Phenomenological Research*, 42, pp.197-204.
Black, A.[1997] "Christianity and Republicanism: From St.Cyprian to Rousseau". *American Political Science Review*, 91-3, pp.647-656.
Black, Robert[1986] "The political thought of the Florentine chancellors". *The Historical Journal*, 29-4, pp.991-1003.
―― [1990] "Machiavelli, servant of the Florentine republic". Bock, Skinner and Viroli, eds.[1990], pp.71-99.
――,ed.[2001] *Renaissance Thought: A Reader*. London: Routledge.
Blanchord, Kenneth Caldwell, Jr.[1993] *Tyranny and Wisdom: Machiavelli's Modification of Classical Political Science*. Michigan: University Microfilms International.
―― [1996] "Being, Seeing, and Touching: Machiavelli's Modification of Platonic Epistemology". *Review of Metaphysics*, 49-3, pp.577-607.
Bleicken, Jochen[1975] *Die Verfassung der Romischen Republik*. Paderborn: Ferdinand Schoningh. 村上淳一・石井紫郎訳 [1984]『ローマの共和政』山川出版社。
Blitz, Mark and William Kristol, eds.[2000] *Educating the Prince: Essays in Honor of Harvey Mansfield*. Lanham: Rowman & Littlefield.
Blythe, James M.[1992] *Ideal Government and the Mixed Constitution in the Middle Ages*. Princeton: Princeton University Press.
Bobbio, Norberto[1969] *Saggi sulla scienza politica in Italia*. Bari: Laterza.
Bock, Gisela[1990] "Civil discord in Machiavelli's *Istorie Fiorentine*". Bock, Skinner and Viroli, eds.[1990], pp.181-201.
――,Quentin Skinner and Maurizio Viroli, eds.[1990] *Machiavelli and Republicanism*. Cambridge: Cambridge University Press.
Boesche, Roger[1996] *Theories of Tyranny: From Plato to Arendt*. University Park, PA: Pennsylvania State University Press.
Bonadeo, Alfredo[1969] "The Role of the 'Grandi' in the Political World of Machiavelli". *Studies in the Renaissance*, 16, pp.9-30.
―― [1970] "The Role of the People in the Works and Times of Niccolò Machiavelli". *Bibliotheque d'Humanisme et Renaissance*, 32, pp.351-377.
―― [1973] *Corruption, Conflict, and Power in the Works and Times of Niccolò Machiavelli*. Los Angels: University of California Press.
Bondanelle, Peter Eugene[1973] *Machiavelli and the Art of Renaissance History*. Detroit: Wayne State University Press.
Borchardt, Rudolf[1977] *Pisa: solitudine di un impero*. Pisa: Nistri-Lischi. 小竹澄栄

訳[1992]『ピサ――ある帝国都市の孤独』みすず書房。
Borsellino, Nino[1973] *Niccolò Machiavelli*. Bari: Laterza.
Breisach, Ernst[1973] *Renaissance Europe 1300-1517*. New York: Macmillan.
―― [1994] *Historiography: Ancient, Medieval, & Modern*, 2nd ed. Chicago: The University of Chicago Press.
Brion, Marcel[1948] *Machiavel*. Paris: Editions Albin Michel. 生田耕作・高塚洋太郎訳[1966]『マキャヴェリ』みすず書房。
Brown, Irene C.[1981] "Machiavelli and the New Philosopher Prince". *History Today*, 31, pp.15-20.
Brucker, Gene A.[1969] *Renaissance Florence*. Berkeley: University of California Press.
―― [1977] *The Civic World of Early Renaissance Florence*. Princeton: Princeton University Press.
Brudney, Kent Meredith[1984] "Machiavelli on Social Class and Class Conflict". *Political Theory*, 12, pp.507-520.
―― [1993] *Machiavelli: The Politics of History*. Michigan: University Microfilms International.
Brugger, Bill[1999] *Republican Theory in Political Thought: Virtuous or Virtual?*. London: Macmillan.
Bruno, F.[1952] *Romanita e Modernita del Pensiero di Machiavelli*. Milano: Bocca.
Burckhardt, Jacob Christopher[1860] *Die Kultur des Renaissance in Italien*, hrsg. Werner Kaegi, 5. Band. Stuttgart: Deutsche Verlag=Anstalt. 柴田治三郎訳[1967]『イタリア・ルネサンスの文化――試論』中央公論社。
Burd, Laurence Arthur[1968] *Introduction to Machiavelli's Il Principe*. Oxford: Clarendon Press.
Burke, Peter[1966] "A Survey of the Popularity of Ancient Historians, 1450-1700". *History and Theory: Studies in the Philosophy of History*, 5-2, pp.135-152.
―― [1969] *The Renaissance Sense of the Past*. London: Edward Arnold.
―― [1991] "Tacitism, sceptism, and reason of state". Burns, J.H., ed.[1991].
Burnham, James[1943] *The Machiavellians: Defenders of Freedom*. New York: John Day Co.
Burns, Edward[1948] "The Liberalism of Machiavelli". *Antioch Review*, 8, pp.321-330.
Burns, James Henderson, ed.[1988] *The Cambridge History of Medieval Political Thought c.350-c.1450*. Cambridge: Cambridge University Press.
――,ed.[1991] *The Cambridge History of Political Thought 1450-1700*. Cambridge: Cambridge University Press.

Buttle, Nicholas[2001] "Republican Constitutionalism: A Roman Ideal". *Journal of Political Philosophy*, 9-3, pp.331-349.

Butterfield, Herbert[1940] *The Statecraft of Machiavelli*. London: G. Bell & Sons, Ltd.

Butters, H. C.[1985] *Governors and Government in Early Sixteenth-Century Florence 1502-1519*. Oxford: Clarendon Press.

Butters, Humfrey[1986] "Good Government and the Limitations of Power in the Writings of Niccolò Machiavelli". *History of Political Thought*, 7-3, pp.411-417.

Caranfa, Angelo[1978] *Machiavelli Rethought: A Critique of Strauss' Machiavelli*. Washington, D. C.: University Press of America.

Carlyle, Robert Warrand and Alexander James[1964] *A History of Medieval Political Theory in the West*, 6vols. New York: Barnes and Noble.

Cassirer, Ernst[1927,1963] *Individuum und Kosmos in der Philosophie der Renaissance*. Darmstadt: Wissenschaftliche Buchgesellschaft. 薗田坦訳 [1991] 『個と宇宙——ルネサンス精神史』名古屋大学出版会。

――― [1946] *The Myth of the State*. New Haven: Yale University Press. 宮田光雄訳 [1960] 『國家の神話』創文社。

Cattaneo, Carlo Curcio[1953] *Machiavelli nel Risorgimento*. Milan: Giuffre.

Chabod, Federico[1925] "Del <Principe> di Niccolò Machiavelli". *Opere di Federico Chabod*, vol.1[1964], Torino:Einaudi, pp.30-135.

――― [1957] "Esiste uno Stato del Rinascimento?". *Opere di Federico Chabod*, vol.2 [1967], Torino:Einaudi, pp.593-604.

――― [1957,1961] "Alcuni questioni di terminologia: Stato, nazione, patria nel linguaggio del Cinquecento". *Opere di Federico Chabod*, vol.2[1967], Torino:Einaudi, pp.625-661. 以上3論文の訳として須藤祐孝編訳 [1993] 『ルネサンス・イタリアの<国家>・国家観』無限社（岡崎）。

――― [1927] "Sulla Composizione de 'Il Principe' di Niccolò Machiavelli". *Archivum Romanicum*, 11, pp.330-387.

――― [1958,1965] *Machiavelli and the Renaissance*, trans. David Moore, with intro. by A.P.D'Entreves. London: Bowes & Bowes.

――― [1962] *L'idea di Nazione*, 2nd ed. Bari: Laterza.

――― [1980] *Scritti su Machiavelli*. Torino: G.Einaudi.

Chastel, Andre, et.al.[1982] *The Renaissance: Essays in Interpretation*. London: Methuen.

Chiappelli, Fredi[1952] *Studi sul linguaggio del Machiavelli*. Firenze: F. Le Monnier.

――― [1970] "Machiavelli as Secretary". *Italian Quarterly*, 14-53, pp.27-44.

Christie, R. and F. L. Geis[1970] *Studies in Machiavellianism*. New York: Academic

Press.

Church, William Farr[1972] *Richelieu and Reason of State*. Princeton: Princeton University Press.

Cioffari, Vincenzo[1947] "The Function of Fortune in Dante, Boccaccio and Machiavelli". *Italica*, 24, pp.1-13.

Clark, Richard C.[1970] "Machiavelli: Bibliographical Spectrum". *Review of National Literatures*, 1, pp.93-135.

Clarke, Katherine[1999] *Between Geography and History: Hellenistic Constructions of the Roman World*. Oxfrod: Clarendon Press.

Clough, Cecil H.[1967] *Machiavelli Researches*, 3vols. Napoli: Sezione Romanza Della Istituto Universitario Orientale.

——,ed.[1970] "Niccolò Machiavelli's Political Assumptions and Objectives". *Bulletin of the John Rylands Library*, 53, pp.30-75.

Coby, Patrick J.[1999] *Machiavelli's Romans: Liberty and Greatness in the Discourses on Livy*. Lanham: Lexington Books.

Cochrane, Eric W.[1961] "Machiavelli: 1940-1960". *The Journal of Modern History*, 33, pp.113-136.

—— [1980] "The Transition from Renaissance to Baroque: The Case of Italian Historiography". *History and Theory: Studies in the Philosophy of History*, 19-1, pp.21-38.

—— [1981] *Historians and Historiography in the Italian Renaissance*. Chicago: The University of Chicago Press.

Coleman, Janet[1995] "Machiavelli's *Via Moderna*: Medieval and Renaissance Attitudes to History". Coyle[1995], pp.40-64.

—— [2000a] *A History of Political Thought: From Ancient Greece to Early Christianity*. Oxford: Blackwell.

—— [2000b] *A History of Political Thought: From the Middle Ages to the Renaissance*. Oxford: Blackwell.

Colish, Marcia L.[1971] "The Idea of Liberty in Machiavelli". *The Journal of the History of Ideas*, 32, pp.323-350.

—— [1978] "Cicero's *De Officiis* and Machiavelli's *Prince*". *Sixteenth-Century Journal*, 9, pp.443-449.

—— [1985] *The Stoic Tradition from Antiquity to the Early Middle Ages*. Leiden: Brill.

—— [1999] "Republicanism, Religion, and Machiavelli's Savonarolan Moment". *Journal of the History of Ideas*, 60-4, pp.597-616.

Collingwood, Robin George[1946] *The Idea of History*. Oxford: Clarendon Press. 小

松茂夫・三浦修訳 [1970]『歴史の観念』紀伊国屋書店。
Colonna d'Istoria, Gerard and Roland Frapet[1980] *L'Art Politique Chez Machiavel*. Paris: Librairie Philosophique J. Vrin.
Cook, Albert Spaulding[1988] *History/Writing*. Cambridge: Cambridge University Press.
Couliano, Ioan P.[1987] *Eros and Magic in the Renaissance*. Chicago: The University of Chicago Press.
Coyle, Martin[1995] *Niccolò Machiavelli's THE PRINCE: New interdisciplinary essays*. Manchester: Manchester University Press.
Crawford, R. M.[1967] *'Per Quale Iddio' : Machiavelli's Second Thoughts*. Sydney: Sydney University Press.
Crick, Bernard[1979] Introduction to *The Discourses*. New York: Penguin Books.
Crisp, Roger and Michael Slote, eds.[1997] *Virtue Ethics*. Oxford: Oxford University Press.
Croce, Benedetto[1930] "Per un Detto del Machiavelli". *La Critica*, 28, pp.310-312.
—— [1949] *Quaderni della 'Critica'*, V-14, pp.1-9.
—— [1952] *Benedetto Croce, Man and Thinker*, ed. Cecil Sprigge. Cambridge.
—— [1956] "Per la storia della filosofia della politica: Noterelle". *Etica e politica, Benedetto Croce Saggi filosofici*, VI. Bari: Gius.Laterza & figli. 上村忠男編訳 [1986]『クローチェ政治哲学論集』法政大学出版局。
Cropsey, Joseph[1977] *Political Philosophy and the Issues of Politics*. Chicago: The University of Chicago Press.
Cutinelli, Emanuele Rèndina[1999] *Introduzione a Machiavelli*. Bari: Laterza.Storico della critica 部分の邦訳として服部文彦訳「マキァヴェッリ研究史」[2002]『マキァヴェッリ全集』(補巻) 筑摩書房。
Dagger, Richard[1997] *Civic Virtues: Rights, Citizenship, and Republican Liberalism*. Oxford: Oxford University Press.
Danel, Adam D.[1997] *A Case for Freedom: Machiavellian Humanism*. Lanham: University Press of America.
Daub, Susanne, ed. and commentary[1996] *Leonardo Brunis Rede auf Nanni Strozzi: Einleitung, Edition, und Kommentar*. Stuttgart und Leipzig: B. G. Teubner.
Davis, Charles Till[1974] "Ptolemy of Lucca and the Roman Republic". *Proceedings of the American Philosophical Society*, 117, pp.30-50.
—— [1975] "Roman Patriotism and republican propaganda: Ptolemy of Lucca and Pope Nicholas III". *Speculum*, 50-3, pp.411-433.
Davis, Deborah[1993] *Niccolò Machiavelli's Prince: A Study of the Relationship*

Between the Political and Theatrical Hero. Michigan: University Microfilms International.
De Alvarez, Leo Paul[1999] *The Machiavellian Enterprise: A Commentary on The Prince*. De Kalb: Northern Illinois University Press.
Della Terra, Dante[1970] "The Most Recent Image of Machiavelli: The Contribution of the Linguist and the Historian". *Italian Quarterly*, 53, pp.91-113.
Deleuze, Gilles[1970] *Spinoza*. Paris: Presses Universitaires de France. 鈴木雅大訳 [1994]『スピノザ——実践の哲学』平凡社.
Denley, Peter and Caroline Elam, eds.[1988] *Florence and Italy: Renaissance Studies in Honour of Nicolai Rubinstein*. Exeter: Committee for Medieval Studies, Westfield College, University of London.
D'Entrèves, Alexander Passerin[1950] "Immortal Machiavelli". *Measure-A Critical Journal*, 5-2, pp.34-46.
—— [1951] *Natural Law: An Introduction to Legal Philosophy*. London: Hutchinson's University Library. 久保正幡訳 [1952]『自然法』岩波書店.
—— [1967] *The Notion of the State: An Introduction to Political Theory*. Oxford: Clarendon Press. 石上良平訳 [1972]『国家とは何か——政治理論序説』みすず書房.
De Sanctis, Francesco[1956] *Storia della letteratura italiana*, a cura di Luigi Russo. Milano: Feltirinelli. 池田廉・米山喜蔵・在里寛司・藤沢道郎訳 [1970,1973]『イタリア文学史 1,2』現代思潮社.
Dess, Russell L.[1985] *The Lesson of Rome: Machiavelli's Theory of mixed government in the Discorsi*. Typescript.
Diesner, H-J.[1992] *Die politische Welt des Niccolò Machiavelli*. Berlin: Akademie.
Dietz, Mary[1986] "Trapping the Prince: Machiavelli and the Politics of Deception". *American Political Science Review*, 80, pp.777-799.
Donaldson, Peter Samuel[1988a] *Machiavelli and Mystery of State*. Cambridge: Cambridge University Press.
—— [1988b] "Machiavelli and *Imitatio Dei*". *Machiavelli Studies*, 1, pp.3-25.
Donnelly, Jack[2000] *Realism and International Relations*. Cambridge: Cambridge University Press.
Doren, A.[1922-1923] "Fortuna im Mittelalter und in der Renaissance". *Vortrage der Bibliothek Warburg*, 2, pp.71-144.
Dorey, T. A.[1971] *Livy*. London: Routledge.
Dowdall, H. C.[1923] "The Word 'State'". *Law Quarterly Review*, 39, pp.98-125.
Drury, Shadia B.[1985] "The Hidden Meaning of Strauss's *Thoughts on Machiavelli*". *History of Political Thought*, 6-3, pp.575-590.

―― [1988] *The Political Ideas of Leo Strauss*. New York: St. Martin's Press.
Duvernoy, Jean-François[1974] *La pensee de Machiavel*. Paris: Bordas.
Dyer, Louis[1904] *Machiavelli and the Modern State*. Boston: Ginn & Company Publishers.
Earl, Donald C.[1967] *The Moral and Political Tradition of Rome*. Ithaca: Cornell University Press.
Ehlers, Joachim[1972] "》Historia2《,》allegoria《,》tropologia《: Exegetische Grundlagen der Geschichtskonzeption Hugos von St. Viktor". *Mittelalternisches Jahrbuch*, 7, S.153-160.
Eldar, Dan[1986] "Glory and the Boundaries of Republic Morality in Machiavelli's Thought". *History of Political Thought*, 7-3, pp.419-438.
―― [1993] *War and the Quest for Governability: An Interpretation of Machiavelli's Political-Military Thought*. Michigan: University Microfilms International.
Elkan, Albert[1919] "Die Entdeckung Machiavelli's in Deutschland zu Beginn des 19. Jahrhundert". *Historische Zeitschrift*, 119, S.427-458.
Ellinger, Georg[1888] *Die antiken Quellen der Staatslehre Machiavelli's*. Tübingen: Verlag der H. Lauppischen Buchhandlung.
Emerton, Ephraim[1925] *Humanism and Tyranny: Studies in the Italian Trecento*. Cambridge, MA: Harvard University Press.
Ercole, Francesco[1926] *La Politica di Machiavelli*. Roma: Anonima Romana Editoriale.
Esposito, Roberto[1980] *La politica e la storia: Machiavelli e Vico*. Napoli: Liguori editore. 堺慎介訳 [1986] 『政治の理論と歴史の理論――マキァヴェリとヴィーコ』芸立出版。
Evans, Michael Jay[1993] *Machiavelli: Historian, Comic, and Tragic*. Michigan: University Microfilms International.
Faul, Erwin[1961] *Der Moderne Machiavellismus*. Köln und Berlin: Kiepenheuer & Witsch.
Femia, Joseph V.[1998] *The Machiavellian Legacy: Essays in Italian Political Thought*. New York: St. Martin's Press.
―― [2004] *Machiavelli Revisited*. Cardiff: University of Wales Press.
Ferguson, Wallece Klippert[1948] *The Renaissance in Historical Thought: Five Centuries of Interpretation*. Cambridge, MA: Harvard University Press.
Ferrara, Orestes[1929] *The Private Correspondence of Niccolò Machiavelli*. Baltimore: Johns Hopkins Press.
Fester, Richard[1971] *Machiavelli*. New York: Burt Franklin.

Fido, Franco[1965] *Machiavelli*. Parelmo: Palumbo.
—— [1970] "Machiavelli in his Time and Ours". *Italian Quarterly*, 13, pp.3-21.
Field, Judith Veronica and Frank James, eds.[1993] *Renaissance and Revolution: Humanists, Scholars, Craftsmen and Natural Philosophers in Early Modern Europe*. Cambridge: Cambridge University Press.
Fink, Humbert[1988] *Machiavelli: Eine Biographie*. München: Paul List Verlag.
Fink, Zera Silver[1945,1962] *The Classical Republicans: An Essay in the Recovery of a Pattern of Thought in Seventeenth Century England*. Evanston: Northwestern University Press.
Finley, M.I.[1965] "Myth, Memory, and History". *History and Theory: Studies in the Philosophy of History*, 4-3, pp.281-302.
Fischer, Markus[2000] *Well-Ordered Licence: On the Unity of Machiavelli's Thought*. Lanham: Lexington Books.
—— [2006] "Prologue: Machiavelli's Rapacious Republicanism". Rahe, ed. [2006].
Flach, Dieter[1998] *Romische Geschichtsschreibung*. Darmstadt: Wissenschaftliche Buchgesellschaft.
Flanagan, Thomas[1972] "The Concept of Fortuna in Machiavelli".Parel, ed.[1972], pp.127-156.
Flaumenhaft, Mera J.[1978] "The Comic Remedy: Machiavelli's 'Mandragola'". *Interpretation*, 7, pp.33-74.
Fleisher, Martin[1966] "Trust and Deceit in Machiavelli's Comedie". *Journal of the History of Ideas*, 27, pp.365-380.
——,ed.[1972] *Machiavelli and the Nature of Political Thought*. New York: Atheneum.
—— [1972] "A Passion for Politics: The Vital Core of the World of Machiavelli". Fleischer, ed.[1972].
Fontana, Benedetto[1993] *Hegemony and Power: On the Relation between Gramsci and Machiavelli*. Minneapolis: University of Minnesota Press.
—— [1999] "Love of Country and Love of God: The Political Uses of Religion in Machiavelli". *Journal of the History of Ideas*, 60-4, pp.639-658.
—— [2000] "Machiavelli and the Rhetoric of Republican Liberty". Paper for the 2000 Annual Meeting of the American Political Science Association.
Fontana, Biancamaria, ed.[1994] *The Invention of the Modern Republic*. Cambridge: Cambridge University Press.
Forde, Steven[1992] "Varieties of Realism: Thucydides and Machiavelli". *The Journal of Politics*, 54-2, pp.372-393.
Fornara, Charles William[1983] *The Nature of History in Ancient Greece and Rome*. Berkeley: University of California Press.

Forsythe, Gary[1999] *Livy and Early Rome: A Study in Historical Method and Judgment*. Stuttgart: Franz Steiner Verlag.

Foucault, Michel[1986a] "Omnes et singulatim: Vers une critique de la raison politique". *Le Debat*, 41.

—— [1986b] "La gouvernementalite". *Actes*, 54.

Freyer, Hans[1938] *Machiavelli*. Leibzig: Bibliographisches Institut AG.

Friedrich, Carl Joachim[1957] *Constitutional Reason of State: The Survival of the Constitutional Order*. Providence: Brown University Press.

Fryde, Edmund B.[1983] *Humanism and Renaissance Historiography*. London: Hambledon Press.

Fueter, Eduard[1911] *Geschichte der neueren Historiographie*. München: R.Oldenbourg.

Gaede, Erwin A.[1983] *Politics and Ethics: Machiavelli to Niebuhr*. Boston: University Press of America.

Gardiner, Stephen[1975] *A Machiavellian Treatise*, ed. and trans. Peter Samuel Donaldson. Cambridge: Cambridge University Press.

Garin, Eugenio[1952,1958] *L'Umanesimo Italiano: Filosofia e Vita Civile nel Rinascimento*. Bari: Laterza. Trans. Giuseppe Zamboni[1947] *Der Italianische Humanismus*. :A. Francke.. 清水純一訳 [1960]『イタリアのヒューマニズム』創文社。

—— [1954] *Medioevo e Rinascimento*. Bari: Laterza.

—— [1965] *Scienza e vita civile nel Rinascimento italiano*. Bari: Laterza. Trans. Peter Munz[1969] *Science and Civic Life in the Italian Renaissance*. New York. 本書に上記 Garin[1954] 所収の "Magia ed Astrologia nella cultura del Rinascimento" を加えた邦訳として、清水純一・斎藤泰弘訳 [1975]『イタリア・ルネサンスにおける市民生活と科学・魔術』岩波書店。

—— [1969] *Machiavelli Pensatore*. Firenze: Amministrazione Provinciale.

—— [1976] *Lo zodiaco della vita*. Bari: Laterza. Trans. Carolyn Jackson and June Allen <Translation revised in conjunction with the author by Clare Robertson>[1983] *Astrology in the Renaissance: The Zodiac of Life*. London: Routledge.

——,ed.[1988] *L'uomo del Rinascimento*. Bari: Laterza. Trans. Lydia G. Cochrane[1991], *Renaissance Characters*. Chicago: The University of Chicago Press.

—— [1993] *Machiavelli fra Politica e Storia*. Torino: Giulio Einaudi Editore.

—— [1996] *La cultura del Rinascimento*. Milano: Il Saggiatore. 澤井繁男訳 [2000]

『ルネサンス文化史――ある史的肖像』平凡社。
Garosci, Aldo[1973] *Le Istorie Fiorentine del Machiavelli*. Torino: Giappichelli.
Garver, Eugene[1980] "Machiavelli's *The Prince*: A Neglected Rhetorical Classic". *Philosophy and Rhetoric*, 13, pp.99-120.
―― [1987] *Machiavelli and the History of Prudence*. Wisconsin: The University of Wisconsin Press.
Geerken, John H.[1970] "Homer's Image of the Hero in Machiavelli: A Comparison of Arete and Virtù". *Italian Quarterly*, 14-53, pp.45-90.
―― [1976] "Machiavelli Studies since 1969". *Journal of the History of Ideas*, 37, pp. 351-368.
―― [1979] "Pocock and Machiavelli: Structuralist Explanation in History". *Journal of the History of Philosophy*, 17, pp.309-318.
―― [1988] "Machiavelli And The Golden Rule". *Machiavelli Studies*, 1, pp.26-48.
―― [1999] "Machiavelli's Moses and Renaissance Politics". *Journal of the History of Ideas*, 60-4, pp.579-595.
Gelderen, Martin Van, and Quentin Skinner, eds.[2002] *Republicanism: A Shared European Heritage*, 2 vols. Cambridge: Cambridge University Press.
Gerber, Adolph[1962] *Niccolò Machiavelli: Die Handschriften, Ausgaben und Ubersetzungen seiner Werke im 16.und 17.Jahrhundert*. Torino: Bottega d'Erasmo.
Germino, Dante L.[1966] "Second Thoughts on Leo Strauss's Machiavelli". *The Journal of Politics*, 28, pp.794-817.
―― [1972] "Machiavelli's Thoughts on the Psyche and Society". Parel, ed. [1972].
―― [1979] *Machiavelli to Marx*. Chicago: The Universuty of Chicago Press.
―― [1991] "Blasphemy and Leo Strauss's Machiavelli". *Review of Politics*, 53, pp. 146-156.
Gervinus, Georg Gottfried[1833,1871] *Geschichte der florentinischen Historiographie bis zum sechzehnten Jahrhundert nebst einer Charakteristik des Machiavell: Versuch einer inneren Geschichte von Aragonien bis zum Ausgang des Barcelonischen Königsstammes*. Wien: W. Braumuller.
Gilbert, Allan H.[1938] *Machiavelli's "Prince" and Its Forerunners: The Prince as a Typical Book de Regimine Principum*. Durham: Duke University Press.
Gilbert, Felix[1939a] "The Humanist Concept of the Prince and *The Prince* of Machiavelli". *The Journal of Modern History*, 11-4, pp.449-483.
―― [1939b] "Machiavelli and Guicciardini". *Journal of the Warburg Institute*, 2-3, pp.263-266.

—— [1944] "Machiavelli: The Renaissance of the Art of War". E. M. Earle, ed. *Makers of Modern Strategy*. Princeton: Princeton University Press.
—— [1949] "Bernardo Rucellai and the Orti Oricellari: A Study on the Origin of Modern Political Thought". *Journal of the Warburg and Courtauld Institutes*, 12, pp.101-131.
—— [1951] "On Machiavelli's Idea of Virtù". *Renaissance News*, 4-4, pp.53-55.
—— [1953] "The Composition and Structure of Machiavelli's Discorsi". *Journal of the History of Ideas*, 14, pp.136-156.
—— [1954] "The Concept of Nationalism in Machiavelli's *Prince*". *Studies in the Renaissance*, 1, pp.38-48.
—— [1957] "Florentine Political Assumptions in the Period of Savonarola and Soderini". *Journal of the Warburg and Courtauld Institutes*, 20, pp.187-214.
—— [1959] "Review of *Thoughts on Machiavelli*". *Yale Review*, 48, pp.465-469.
—— [1965,1984] *Machiavelli and Guicciardini: Politics and History in Sixteenth-Century Florence*. Princeton: Princeton University Press.
—— [1968] "The Venetian Constitution in Florentine Political Thought". Rubinstein, ed.[1968], pp.463-500.
—— [1970] "Machiavelli in Modern Historical Scholarship". *Italian Quarterly*, 14-53, pp.9-26.
—— [1972] "Machiavelli's <Istorie fiorentine>: an Essay in Interpretation". Gilmore, ed.[1972], pp.73-99.
—— [1977] *History: Choice and Commitment*. Cambridge, MA: Belknap Press of Harvard University Press.
Gilbert, Neal W.[1960] *Renaissance Concepts of Method*. New York: Columbia University Press.
—— [1971] "The Early Italian Humanism and Disputation". Anthony Molho and John A. Tedeschi, eds., *Renaissance Studies in Honor of Hans Baron*. Firenze: Sansoni Editore.
Gilby, Thomas[1958] *Principality and Polity: Aquinas and the Rise of State Theory in the West*. London: Longmans, Green and Co.
Gilmore, Myron Piper[1941,1967] *Argument from Roman Law in Political Thought 1200-1600*. New York: Russell & Russell.
—— [1952] *The World of Humanism 1453-1517*. New York: Harper & Row.
—— [1963] *Humanists and Jurists: Six Studies in the Renaissance*. Cambridge, MA: The Belknap Press of Harvard University Press.
——,ed.[1972] *Studies on Machiavelli*. Florence: Sansoni Editore.
Gilson, Etienne[1948] *L'etre et l'essence*. Paris: J. Vrin. 安藤孝行訳 [1981]『存在と

本質』行路社。
──── [1974] "Le Message de l'humanisme". Franco Simone, ed., *Culture et politique en France a l'epoque de l'humanisme et de la Renaissance*. Turin: Accademia delle Scienze.
Godman, Peter[1998] *From Poliziano to Machiavelli: Florentine Humanism in the High Renaissance*. Princeton: Princeton University Press.
Godorecci, Barbara J.[1993] *After Machiavelli: "Re-writing" and the "Hermeneutic Attitude"*. West Lafayette: Purdue University Press.
Goetz, Hans-Werner[1985] "Geschichte im Wissenschaftssystem des Mittelalters". Schmale[1985], S.165-213.
──── [1999] *Geschichtsschreibung und Geschichtsbewusstsein im hohen Mittelalter*. Berlin: Akademie Verlag.
Goldsmith, Maurice M.[2000] "Republican Liberty Considered". *History of Political Thought*, 21-3, pp.543-559.
Gould, Rita Slaght[1993] *Machiavelli's "Il Principe": The Moral Conscience of Mankind*. Michigan: University Microfilms International.
Grafton, Anthony[1983] *Joseph Scaliger: A Study in the History of Classical Scholarship*. Oxford: Oxford University Press.
──── [1985] "Renaissance Readers and Ancient Texts: Comments on Some Commentaries". *Renaissance Quarterly*, 38-4, pp.615-649.
──── and Lisa Jardine[1986] *From Humanism to Humanities: Education and the Liberal Arts in Fifteenth- and Sixteenth-Century Europe*. Cambridge, MA: Harvard University Press.
──── [1991] "Humanism and Political Theory". James Henderson Burns, ed. [1991].
Gramsci, Antonio[1975] *Quaderni del carcere*, a cura di Valentino Gerratana. Torino: Giulio Einaudi Editore. 上村忠男編訳 [1994]『新編 現代の君主』青木書店。
──── [1992] *Machiavelli*. Roma: Editori Riuniti.
Grant, Michael[1995] *Greek and Roman Historians: Information and misinformation*. London: Routledge.
Grant, Ruth W.[1997] *Hypocrisy and Integrity: Machiavelli, Rousseau, and the Ethics of Politics*. Chicago: The University of Chicago Press.
Gray, Hanna H.[1963] "Renaissance Humanism: The Pursuit of Eloquence". *Journal of the History of Ideas*, 24, pp.497-514.
Grazia, Sebastian De[1989] *Machiavelli in Hell*. Princeton: Princeton University Press. 田中治男訳 [1995,1996]『地獄のマキアヴェッリ I/II』法政大学出版局。

Green, Louis[1972] *Chronicle into History: An Essay on the Interpretation of History in Fourteenth-Century Florentine Chronicles*. Cambridge: Cambridge University Press.
Greene, Thomas[1984] "The End of Discourse in Machiavelli's Prince". *Yale French Studies*, 67, pp.57-71.
Greenfeld, Liah[1992] *Nationalism: Five Roads to Modernity*. Cambridge, MA: Harvard University Press.
Grillo, Ernesto[1928] *Machiavelli and Modern Political Science*. London: Blackie & Son Ltd.
Guido, G.[1972] "La teoria della 'tre ambizione' nel pensiero politico fiorentino del primo cinquecento". *Il pensiero politico*, 5, pp.241.
Guillemain, Bernard[1977] *Machiavel: L'anthropologie politique*. Geneve: Librairie Droz.
Guterman, S. S.[1970] *The Machiavellians*. Lincoln: University of Nebraska Press.
Gwynn, Aubrey, S.J.[1926] *Roman Education from Cicero to Quintilian*. Oxford: Oxford University Press. 小林雅夫訳 [1974] 『古典ヒューマニズムの形成——キケロからクィンティリアヌスまでのローマ教育』創文社。
Habermas, Jürgen[1963] *Theorie und Praxis: Sozialphilosophische Studien*. Frankfurt am Main: Suhrkamp Verlag. 細谷貞雄訳 [1975] 『理論と実践——社会哲学論集』未来社。
Haddock, B.A.[1980] *An Introduction to Historical Thought*. London: Edward Arnold.
Hale, John Rigby[1961] *Machiavelli and Renaissance Italy*. London: The English Universities Press Ltd.
—— [1986] *War and Society in Renaissance Europe, 1450-1620*. Baltimore: Johns Hopkins University Press.
Hancock, W. K.[1935-1936] "Machiavelli in Modern Dress: A Enquiry into Historical Method". *History*, 20, pp.97-115.
Hankins, James, John Monfasani, and Frederick Purnell, Jr., eds.[1987] *Supplementum Festivum: Studies in Honor of Paul Oskar Kristeller*. Binghamton: Medieval & Renaissance Texts & Studies.
Hankins, James[1990] *Plato in the Italian Renaissance*, 2 vols. New York: E. J. Brill.
—— [1995] "The 'Baron Thesis' after Forty Years and Some Recent Studies of Leonardo Bruni". *Journal of the History of Ideas*, 56-2, pp.309-338.
—— [1996] "Humanism and the origins of modern political thought". Kraye, ed. [1996].
—— [1998] "Unknown and Little-known Texts of Leonardo Bruni". *Rinascimento*,

2nd Series, 38, pp.125-161.
――,ed.[2000] *Renaissance Civic Humanism: Reappraisals and Reflections*. Cambridge: Cambridge University Press.
―― [2003] *Humanism and Platonism in the Italian Renaissance*. Roma: Edizioni di storia e letteratura.
Hannaford, I.[1972] "Machiavelli's Concept of Virtù in The Prince and The Discourses Reconsidered". *Political Studies*, 20, pp.185-189.
Hardt, Michael and Antonio Negri[2000] *Empire*. Cambridge,MA: Harvard University Press. 水嶋一憲他訳 [2003]『帝国――グローバル化の世界秩序とマルチチュードの可能性』以文社。
Hariman, Robert[1989] "Composing Modernity in Machiavelli's Prince". *Journal of the History of Ideas*, 50-1, pp.1-29.
Harris, P. H.[1941] "Progress in Machiavelli Studies". *Italica*, 18, pp.1-11.
Harvey, E. Ruth[1975] *The Inward Wits: Psychological Theory in the Middle Ages and the Renaissance*. London: The Warburg Institute, University of London.
Haslam, Jonathan[2002] *No Virtue Like Necessity: Realist Thought in International Relations Since Machiavelli*. New Haven: Yale University Press.
Haskins, Charles Homer[1927] *The Renaissance of the Twelfth Century*. Cambridge,MA: Harvard University Press. 別宮貞徳・朝倉文市訳 [1989]『十二世紀ルネサンス』みすず書房。
Hatchins, Robert Maynard[1949] *St. Thomas and the World State*. Milwaukee: Marquette University Press. 柴田平三郎訳 [1984]『聖トマス・アクィナスと世界国家』未来社。
Hauser, Arnold[1964] *Der Manierismus: die Krise der Renaissance und der Ursprung der modernen Kunst*. München: Beck. 若桑みどり訳 [1970]『マニエリスム――ルネサンスの危機と近代芸術の始源』(上)(中)(下) 岩崎美術社。
Hay, Denys[1961,1977<2nd ed.>] *The Italian Renaissance in its Historical Background*. Cambridge: Cambridge University Press.
―― [1977] *Annalists and Historians: Western Historiography from the Eighth to the Eighteenth Centuries*. London: Methuen.
―― [1982] "Historians and the Renaissance during the last twenty-five years". Chastel, et.al.[1982], pp.1-32.
Hegmann, Horst[1994] *Politischer Individualismus: Die Rekonstruktion einer Sozialtheorie unter Bezugnahme auf Machiavelli, Bodin und Hobbes*. Berlin: Duncker & Humbolt.
Hein, Helmut[1986] *Subjektivität und Souveränität: Studien zum Beginn der*

modernen Politik bei Niccolò Machiavelli und Thomas Hobbes. Frankfurt am Main: Peter Lang.

Henting, Hans von[1924] *Machiavelli: Studien zur Psychologie des Staatsstreichs und der Staatsgrundung*. Heidelberg: Carl Winters Universitätsbuchhandlung.

Herde, P.[1965] "Politik und Rhetorik in Florenz am Vorabend der Renaissance". *Archiv für Kulturgeschichte*, 47, S.141-220.

Hexter, J. H.[1956] "Seyssel, Machiavelli, and Polybius VI: The Mystery of the Missing Translation". *Studies in the Renaissance*, 3, pp.75-96.

―― [1957] "Il Principe and lo stato". *Studies in the Renaissance*, 4, pp.113-138.

―― [1964] "The Loom of Language and the Fabric of Imperatives: The Case of *Il Principe* and *Utopia*". *American Historical Review*, 69-4, pp.945-968.

―― [1973] *The Vision of Politics on the Eve of the Reformation: More, Machiavelli, and Seyssel*. New York: Basic Books, Inc.

―― [1977] "Review essays on The Machiavellian Moment by J. G. A. Pocock". *History and Theory*, 16, pp.306-337.

Heyer, Karl[1918] *Der Machiavellismus*. Berlin: Ferd. Dummlers Verlagsbuchhandlung.

Hirschman, Albert O.[1997] *The Passions and the Interests: Political Arguments for Capitalism before its Triumph*. Twentieth Anniversary Edition. Princeton: Princeton University Press. 佐々木毅・旦祐介訳 [1985] 『情念の政治経済学』法政大学出版局。

Hodges, Donald Clark[2003] *Deep Republicanism: Prelude to Professionalism*. Lanham: Lexington Books.

Hoeges, Dirk[2000] *Niccolò Machiavelli: Die Macht und der Schein*. München: Verlag C.H.Beck.

Holmes George[1969] *The Florentine Enlightenment 1400-1450*. Oxford: Clarendon Press.

Honohan, Iseult[2002] *Civic Republicanism*. London: Routledge.

Hont, Istvan and Michael Ignatieff, eds.[1983] *Wealth and Virtue: The Shaping of Political Economy in the Scottish Enlightenment*. Cambridge: Cambridge University Press. 水田洋・杉山忠平監訳 [1990] 『富と徳――スコットランド啓蒙における経済学の形成』未来社。

Hörnqvist, Mikael[2004] *Machiavelli and Empire*. Cambridge: Cambridge University Press.

Hulling, Mark[1983] *Citizen Machiavelli*. Princeton: Princeton University Press.

Huovinen, Lauri[1951] *Das Bild vom Menschen im politischen Denken Niccolò Machiavelli's*. Helsink?

Ingersoll, David E.[1968] "The Constant Prince: Private Interests and Public Goals in Machiavelli". *The Western Political Quarterly*, 21, pp.588-596.

―― [1970] "Machiavelli and Madison: Perspectives on Political Stability". *Political Science Quarterly*, 85, pp.259-280.

Ionesca, Ghita[1975] "Responsible Government and Responsible Citizens: Six Variations on a Theme by Machiavelli". *Political Studies*, 23, pp.255-270.

Jackson, Michael Peter[1993] *Leo Strauss's Teaching: A Study of "Thoughts on Machiavelli"*. Michigan: University Microfilms International.

Janik, Linda Gardiner[1973] "Lorenzo Valla: The Primacy of Rhetoric and the Demoralization of History". *History and Theory: Studies in the Philosophy of History*, 12-4, pp.389-404.

Janni, Ettore[1930] *Machiavelli*, trans. Marion Enthoven[1930]. London: George G.Harrap & Co.Ltd.

Jensen, De Lamar, ed.[1960] *Machiavelli: Cynic, Patriot, or Political Scientist?* Boston: D. C. Heath.

Jolowicz, Herbert F.[1967] *Historical Introduction to the Study of Roman Law*. Cambridge: Cambridge University Press.

Kaegi, Werner[1954] *Chronica Mundi: Grundformen der Geschichtschreibung seit dem Mittelalter*. Einsiedeln: Johannes Verlag. 坂井直芳訳 [1990]『世界年代記――中世以来の歴史叙述の基本形態』みすず書房.

Kahn, Victoria[1986] "Virtù and the Example of Agathocles in Machiavelli's Prince". *Representations*, 13, pp.63-83.

―― [1988] "Reduction and the Praise of Disunion in Machiavelli's *Discourses*". *Journal of Medieval and Renaissance Studies*, 18, pp.1-19.

―― [1990] "Habermas, Machiavelli, and the Humanist Critique of Ideology". *PMLA*, 105, pp.464-476.

―― [1994] *Machiavellian Rhetoric: From the Counter-Reformation to Milton*. Princeton: Princeton University Press.

Kamenev, Lev[1962] "Preface to Machiavelli". *New Left Review*, 15, pp.39-42.

Kantorowicz, Ernst Harting[1957] *The King's Two Bodies: A Study in Medieval Political Theology*. Princeton: Princeton University Press. 小林公訳 [2003]『王の二つの身体――中世政治神学研究』（上）（下）筑摩書房.

Kelly, Donald R.[1970] *Foundations of Modern Historical Scholarship: Language, Law, and History in the French Renaissance*. New York: Columbia University Press.

―― [1990] ""Second Nature": The Idea of Custom in European Law, Society, and Culture". Anthony Grafton and Ann Blair, eds., *The Transmission of Culture*

in Early Modern Europe. Philadelphia: University of Pennsylvania Press.
—— [1991] "Law". James Henderson Burns, ed.[1991].
Kemmerich, Max[1925] *Machiavelli*. Wien und Leibzig: Verlag Karl König.
Kenny, Anthony[1980] *Aquinas*. Oxford: Oxford University Press.
Kirshner, Julius, ed.[1996] *The Origins of the State in Italy, 1300-1600*. Chicago: The University of Chicago Press.
Klein, Bradley Stuart[1993] *The Politics of the Unstable Balance-of-Power in Machiavelli, Frederick the Great, and Clausewitz: Citizenship as Armed Virtue and the Evolution of Warfare*. Michigan: University Microfilms International.
Knauer, Claudia[1990] *Das magische Viereck bei Niccolò Machiavelli: fortuna-virtù, occasione-necessita*. Würzburg: Königshausen & Neumann.
Kocis, Robert A.[1998] *Machiavelli Redeemed: Retrieving His Humanist Perspectives on Equality, Power, and Glory*. Bethelem: Lehigh University Press.
König, Renè[1979] *Niccolò Machiavelli: Zur Krisenanalyse einer Zeitenwende*. München: Carl Hanser Verlag. 小川さくえ・片岡律子訳 [2001]『マキァヴェッリ——転換期の危機分析』法政大学出版局。
Kraft, Joseph[1951] "Truth and Poetry in Machiavelli". *Journal of Modern History*, 23, pp.109-121.
Kramnick, Isaac[1982] "Republican Revisionism Revisited". *The American Historical Review*, 87-3, pp.629-664.
—— [1990] *Republicanism and Bourgeois Radicalism: Political Ideology in Late Eighteenth Century England and America*. Ithaca: Cornell University Press.
—— [1994] "Corruption in Eighteenth-Century English and American Political Discourse". Matthews, ed.[1994]
Kraye, Jill, ed.[1996] *The Cambridge Companion to Renaissance Humanism*. Cambridge: Cambridge University Press.
Kretzmann, Norman, Anthony Kenny, and Jan Pinborg[1982] *The Cambridge History of Later Medieval Philosophy*. Cambridge: Cambridge University Press.
Kristeller, Paul Oskar[1955a] *Renaissance Thought: The Classic, Scholastic, and Humanistic Strains*. New York:Harper. 渡辺守道訳 [1977]『ルネサンスの思想』東京大学出版会。
—— [1955b] *The Classics and Renaissance Thought*. Cambridge, MA: Harvard University Press.
—— [1956-1993] *Studies in Renaissance Thought and Letters*, 3 vols. Rome: Edizioni

di storia e letteratura.
―― [1964] *Eight Philosophers of the Italian Renaissance*. Stanford: Stanford University Press. 佐藤三夫監訳 [1993]『イタリア・ルネサンスの哲学者』みすず書房。
―― and Philip P. Wiener, eds.[1968,1992] *Renaissance Essays*. Rochester: University of Rochester Press.
―― [1979] *Renaissance Thought and Its Sources*, ed. Michael Mooney. New York: Columbia University Press.
―― [1983] "Rhetoric in Medieval and Renaissance Culture". Murphy, ed. [1983], pp.1-19.
―― [1990] *Renaissance Thought and the Arts: Collected Essays, An expanted edition with a New Afterword*. Princeton: Princeton University Press.
Labande, Edmond-Rene[1954] *L'italie de la Renaissance*. Paris: Payot. 大高順雄訳 [1998]『ルネサンスのイタリア』みすず書房。
Laistner, M.L.W.[1947,1963] *The Greater Roman Historians*. Berkeley: University of California Press. 長友栄三郎・朝倉文市訳 [1978]『ローマの歴史家』みすず書房。
Langton, John[1987] "Machiavelli's Paradox: Trapping or Teaching the Prince?". *American Political Science Review*, 81, pp.1277-1288.
Larusso, Dominic A.[1983] "Rhetoric in the Italian Renaissance". Murphy, ed.[1983], pp.37-55.
Lee, Jin-Woo[1987] *Macht und Vernunft im politischen Denken Machiavellis*. Frankfurt am Main: Peter Lang.
Lefort, Claude[1972] *Le Travail de l'oeuvre Machiavel*. Paris: Gallimard.
―― [1992] *Écrire: A l'épreuve du politique*. Paris : Calmann-Lévy. 宇京頼三訳 [1995]『エクリール――政治的なるものに耐えて』法政大学出版局。David Ames Curtis, tr.[2000], *Writing: The Political Test*. Durham: Duke University Press.
Lentini, Orlando[1992] *Analisi sociale machiavelliana*. Milano: Franco Angeli.
Leonard, John Vaughan[1984] "Public versus Private Claims: Machiavellianism from Another Perspective". *Political Theory*, 12, pp.491-506.
―― [1993] *Order and the Extraordinary: A Study of Extraordinary Action in the Political Thought of Niccolò Machiavelli*. Michigan: University Microfilms International.
Levi, Eugenia[1967] "Due nuovi frammenti degli abbozzi autografi delle Istorie Fiorentine del Machiavelli". *Bibliofilia*, 69, pp.309-323.
Levi-Malvano, E.[1991] *Montesquieu and Machiavelli*, trans. Anthony J. Pansini.

Waco.
Lintott, Andrew William[1982] *Violence, Civil Strife, and Revolution in the Classical City, 750-330 B.C.* London: Croom Helm.
——[1993] *Imperium Romanum: Politics and Administration.* London: Routledge.
——[1997] "The Theory of the Mixed Constitution at Rome". Jonathan Barnes and Miriam Griffin, eds.[1997] *Philosophia Togata II: Plato and Aristotle at Rome.* Oxford: Oxford University Press.
——[1999] *The Constitution of the Roman Republic.* Oxford: Clarendon Press.
——[2000] *The Roman Republic.* Gloucestershire: Sutton Publishing.
Lodge, Sir Richard[1930] "Machiavelli's *Il Principe*". *Transactions of the Royal Historical Society,* 4th Series, 13, pp.1-16.
Lord, Carnes[2003] *The Modern Prince: What Readers Need to Know.* New Haven: Yale University Press.
Lukes, Timothy J.[1984] "To Bamboozle with Goodness: The Political Advantages of Christianity in the Thought of Machiavelli". *Renaissance and Reformation,* 8, pp.266-277.
——[2001] "Lionizing Machiavelli". *American Political Science Review,* 95-3, pp.561-575.
Lynch, Christopher[2003a] "Introduction" in Machiavelli's *Art of War,* trans., ed., intro., commentary Christopher Lynch[2003]. Chicago: The University of Chicago Press.
——[2003b] "Interpretive Essay" in Machiavelli's *Art of War,* trans., ed., intro., commentary Christopher Lynch[2003]. Chicago: The University of Chicago Press.
Lyons, John D.[1989] *Exemplum: The Rhetoric of Example in Early Modern France and Italy.* Princeton: Princeton University Press.
Macaulay, Thomas Babington[1827] "Machiavelli". *Edinburgh Review,* XLV-90, pp.259-295.
MacIntyre, Alasdair[1981,1984] *After Virtue: A Study in Moral Theory.* 篠﨑榮訳[1993]『美徳なき時代』みすず書房。
Mager, Wolfgang[1984] "Republik". Otto Brunner, Werner Conze, und Reinhard Koselleck, hrsg., *Geschichtliche Grundbegriffe,* Bd.5, S.580-589. Stuttgart: Klett-Cotta.
Maihofer, Werner[1990] "The ethos of the republic and the reality of politics". Bock, Skinner and Viroli, eds.[1990], pp.283-292.
Manent, Pierre[1994] *La cite de l'homme.* Paris: Fauard.

Mansfield, Harvey Clafin Jr.[1969-1970] "Machiavelli's New Regime". *Italian Quarterly*, 63, pp.63-.
―― [1975a] "Strauss's Machiavelli". *Political Theory*, 3-4, pp.372-384.
―― [1975b] "Reply to Pocock". *Political Theory*, 3-4, pp.402-405.
―― [1979] *Machiavelli's New Modes and Orders: A Study of The Discourses on Livy*. Ithaca: Cornell University Press.
―― [1981] "Machiavelli's Political Science". *The American Political Science Review*, 75, pp.293-305.
―― [1983] "On the Impersonality of the Modern State". *The American Political Science Review*, 77, pp.849-857.
―― [1984] "The Teaching of Citizenship". *PS*, 17, pp.211-215.
―― [1985] "An Introduction to *The Prince*". *The Prince*, trans. Harvey C. Mansfield[1985].
―― [1988] "Translator's Introduction". *Florentine Histories*, trans. Laura F.Banfield and Harvey C.Mansfield, Jr. Princeton: Princeton University Press.
―― [1989] *Taming The Prince: The Ambivalence of Modern Executive Power*. New York: Free Press.
―― [1994] *Responsible Citizenship Ancient and Modern*. Eugene: University of Oregon Humanities Center.
―― [1996a] *Machiavelli's Virtue*. Chicago: The University of Chicago Press.
―― [1996b] "Introduction to *Discourses on Livy*". *Discourses on Livy*, trans. Harvey C. Mansfield and Nathan Tarcov[1996].
―― [2000a] "Bruni and Machiavelli on civic humanism". Hankins, ed.[2000], pp.223-246.
―― [2000b] "The Cuckold in Machiavelli's *Mandragola*". Sullivan, ed.[2000], pp.1-29.
Marchand, Jean-Jacques, ed.[1996] *Niccolò Machiavelli: Politico storico letterato, Atti del Convegno di Losanna, 27-30 sttembre 1995*. Roma: Salerno Editrice.
Martines, Lauro[1963] *The Social World of the Florentine Humanists, 1390-1460*. Princeton: Princeton University Press.
Marzi, Demetrio[1987] *La cancelleria della repubblica fiorentine*. Firenze: Le Lettere.
Masciulli, Joseph[1986] "The Armed Founder versus the Catonic Hero: Machiavelli and Rousseau on Popular Leadership". *Interpretation*, 14, pp.265-280.
Masiello, Vitileo[1971] *Classi e stati in Machiavelli*. Bari: Adriatica Editrice.
Masters, Roger D.[1996] *Machiavelli, Leonardo, and the Science of Power*. Notre Dame: University of Notre Dame Press.

—— [1998] *Fortune Is a River: Leonardo Da Vinci and Niccolò Machiavelli's Magnificent Dream to Change the Course of Florentine History*. New York: Free Press. 常田景子訳 [2000]『ダ・ヴィンチとマキアヴェッリ——幻のフィレンツェ海港化計画』朝日新聞社。

Mattei, Rodolfo de[1943] "Origini e fortuna della locuzione <Ragion di Stato>". *Studi in memoria di Francesco Ferrara*, vol.1, Milano: A.Siffre, pp.177-192.

—— [1964] "Il problema della 'Ragion di Stato' nei suoi primi affioramenti". *Rivista Internazionale di Filosofia del Diritto*, XLI, Nov.-Dec.

—— [1970] "Il discorso di Machiavelli sulla riforma dello stato di Firenza". *Storia e politica*, 9, pp.1-.

Matthes, Melissa M.[2000] *The Rape of Lucretia and the Founding of Republics: Readings in Livy, Machiavelli, and Rousseau*. University Park, PA: Pennsylvania State University Press.

Matthews, Richard K., ed.[1994] *Virtue, Corruption, and Self-Interest: Political Values in the Eighteenth Century*. Bethlehem: Lehigh University Press.

Mattingly, Garrett[1958] "Machiavelli's *Prince*: Political Science or Political Satire ?" *American Scholar*, 27-4, pp.482-491.

Manuel, Frank E.[1965] *Shapes of Philosophical History*. Palo Alto: Stanford University Press.

Mayer, Eduard Wilhelm[1912a] *Machiavellis Geschichtsauffassung und sein Begriff virtù*. München: Druck von R. Oldenbourg.

—— [1912b] *Studien zur Geschichtsauffassung Machiavellis*. München: Druck von R. Oldenbourg.

Mazzeo, Joseph[1962] "Machiavelli: The Artist as Statesman". *University of Toronto Quarterly*, 31, pp.265-282.

—— [1970] "The Poetry of Power: Machiavelli's Literary Vision". *Review of National Literatures*, 1, pp.38-62.

Mazzotta, Giuseppe[1999] *The New Map of the World: The Poetic Philosophy of Giambattista Vico*. Princeton: Princeton University Press.

McCanles, Michael[1982] "Machiavelli's Principe and the Textualization of History". *Modern Language Notes*,97, pp.1-18.

—— [1983] *The Discourses of "Il Principe"*. Malibu: Undena Publications.

McCormick, John P.[1993] "Addressing the Political Exception: Machiavelli's "Accidents" and the Mixed Regime". *American Political Science Review*, 87-4, pp.888-900.

—— [2001] "Machiavellian Democracy: Controlling Elites with Ferocious Populism". *American Political Science Review*, 95-2, pp.297-314.

―― [2003] "Machiavelli Against Republicanism: On the Cambridge School's "Guicciardinian Moments"". *Political Theory*, 31-5, pp.615-643.
McIntosh, Donald[1984] "The Modernity of Machiavelli". *Political Theory*, 12, pp.184-203.
McKenzie, Lionel[1982] "Rousseau's Debate with Machiavelli". *Journal of the History of Ideas*, 43, pp.209-228.
Meier, Heinrich[2002] "The History of Philosophy and the Intention of Philosopher: Reflections on Leo Strauss". Unpublished paper delivered at Kyoto University on 12/9/2002.
Meinecke, Friedrich[1957] *Die Idee der Staatsräson in der Neueren Geschichte*. München: R.Oldenbourg. 菊盛英夫・生松敬三訳 [1960]『近代史における国家理性の理念』みすず書房。
Mellor, Ronald[1999] *The Roman Historians*. London: Routledge.
Merleau-Ponty, Maurice[1960] *Signes*. Paris: Gallimard. 竹内芳郎監訳 [1969]『シーニュ』みすず書房。
Meyer, Ernst[1964] *Romischer Staat und Staatgedanke*, 3.durchgesehene und erganzte Auflage. Zürich: Artemis Verlag. 鈴木一州訳 [1978]『ローマ人の国家と国家思想』岩波書店。
Michel, Alain[1971] *Histoire des doctrines politiques a Rome*. Paris: Presses Universitaires de France. 国原吉之助・高田邦彦訳 [1974]『ローマの政治思想』白水社。
Miles, Gary B.[1995] *LIVY:Reconstructing Early Rome*. Ithaca: Cornell University Press.
Millar, Fergus[1998] *The Crowd in Rome in the Late Republic*. Ann Arbor: University of Michigan Press.
―― [2002] *The Roman Republic in Political Thought*. Hanover: The University Press of New England.
Mindle, Grant Benjamin[1985] "Machiavelli's Realism". *The Review of Politics*, 47, pp.212-230.
―― [1993] *One's Own Arms: Machiavelli's New Morality*. Michigan: University Microfilms International.
Molho, Anthony, Kurt Raaflaub and Julia Emlen, eds.[1991] *City-States in Classical Antiquity and Medieval Italy*. Ann Arbor: University of Michigan Press.
Momigliano, Arnaldo[1966] *Studies in Historiography*. New York: Harper & Row.
―― [1977] *Essays in Ancient and Modern Historiography*. Oxford: Blackwell.
―― [1978] "Greek Historiography". *History and Theory: Studies in the Philosophy of History*, 17-1, pp.1-28.

―― [1980] *Sesto Contributo alla Storia Degli Studi Classici e del Mondo Antico*. Roma: Edizioni di storia e letteratura.

―― [1990] *The Classical Foundations of Modern Historiography*. Berkeley: University of California Press.

Mommsen, Theodor[1963] *Romisches Staatsrecht*. Basel: B.Schwabe.

Moore, John Michael[1965] *The Manuscript Tradition of Polybius*. Cambridge: Cambridge University Press.

Morgenthau, Hans J.[1948, 1985] *Politics Among Nations: The Struggle for Power and Peace*, 6th ed. New York: Alfred A. Knopf. 現代平和研究会訳 [1986]『国際政治――権力と平和――』福村出版。

Morley, John[1908] "Machiavelli". *Miscellanies*, 4th Series, pp.1-53. London: Macmillan.

Moulakis, Athanasios[1986] "Leonardo Bruni's Constitution of Florence". *Rinascimento, 2nd Series*, 26, pp.141-190.

―― [1998] *Republican Realism in Renaissance Florence: Francesco Guicciardini's Discorso di Logrogno*. Lenham: Rowman & Littlefield.

Mouritsen, Henrik[2001] *Plebs and Politics in the Late Roman Republic*. Cambridge: Cambridge University Press.

München, Hans Keppler[1928] *Politik und Moral: Das Machiavelli-Problem*. München: Druck U. Verlag Otto Maidl.

Münkler, Herfried[1982] *Machiavelli: Die Begründung des politischen Denkens der Neuzeit aus der Krise der Republik Florenz*. Frankfurt am Main: Europäische Verlagsanstalt.

Murphy, James J., ed.[1983] *Renaissance Eloquence: Studies in the Theory and Practice of Renaissance Rhetoric*. Berkeley: University of California Press.

Nadon, Christopher[1996] "Aristotle and the Republican Paradigm: A Reconsideration of Pocock's *Machiavellian Moment*". *Review of Politics*, 58-4, pp.677-699.

Najemy, John M.[1979] "Guild Republicanism in Trecento Florence: The Success and Ultimate Failure of Corporate Politics". *American Historical Review*, 84, pp.53-71.

―― [1982a] "Machiavelli and the Medici: The Lessons of Florentine History". *Renaissance Quarterly*, 35-4, pp.551-576.

―― [1982b] *Corporatism and Consensus in Florentine Electoral Politics, 1280-1400*. Chapel Hill: University of North Carolina Press.

―― [1993] *Between Friends: Discourses of Power and Desire in the Machiavelli-Vettori Letters of 1513-1515*. Princeton: Princeton University Press.

―― [1999] "Papirus and the Chickens, or Machiavelli on the Necessity of

Interpreting Religion". *Journal of the History of Ideas*, 60-4, pp.659-681.
―― [2000] "Civic Humanism and Florentine Politics". Hankins, ed.[2000].
Nederman, Cary J.[1988] "Nature, Sin and the Origins of Society: the Ciceronian Tradition in Medieval Political Thought". *Journal of the History of Ideas*, 49-1, pp.3-26.
―― [1991] "Aristotelianism and the Origins of "Political Science" in the Twelfth Century". *Journal of the History of Ideas*, 52-2, pp.179-194.
―― [1999] "Amazing Grace: Fortune, God, and Free Will in Machiavelli's Thought". *Journal of the History of Ideas*, 60-4, pp.617-638.
―― [2000] "Machiavelli and Moral Character: Principality, Republic, and the Psychology of *virtù*". *History of Political Thought*, 21-3, pp.349-364.
―― [2003] "Commercial Society and Republican Government in the Latin Middle Ages: The Economic Dimensions of Brunetto Latini's Republicanism". *Political Theory*, 31-5, pp.644-663.
Negri, Antonio[1997] "Machiavel selon Althusser". *Futur Antérieur, Lire Althusser aujourd'hui*. Paris: L'Haemattan.
Nelson, Eric[2004] *The Greek Tradition in Republican Thought*. Cambridge: Cambridge University Press.
―― [2006] "Republican Visions". John S.Dryzek, Bonnie Honig, and Anne Philips, eds., *Oxford Handbook of Political Theory*. Oxford: Oxford University Press.
Nelson, John Charles[1958] *Renaissance Theory of Love*. New York: Columbia University Press.
Newell, Waller R.[1983] "Tyranny and the Science of Ruling in Xenophon's "Education of Cyrus"". *The Journal of Politics*, 45, pp.889-906.
―― [1987] "How Original Is Machiavelli? A Consideration of Skinner's Interpretation of Virtue and Fortune". *Political Theory*, 15, pp.612-634.
―― [1988] "Machiavelli and Xenophon on Princely Rule: A Double-Edged Encounter". *The Journal of Politics*, 50-1, pp.108-130.
―― [2000] *Ruling Passion: The Erotics of Statecraft in Platonic Political Philosophy*. Lanham: Rowman & Littlefield.
Nicolet, Claude[1980] *The World of the Citizen in Republican Rome*, trans. P.S.Falla. Berkeley: University of California Press.
Nietzsche, Friedrich[1903] *Unzeitgemasse Betrachtungen*. Verlag von C.G.Neumann.
大河内了義・三光長治・西尾幹二訳 [1980] 『反時代的考察：第二篇』白水社。
Nippel, Wilfried[1994] "Ancient and Modern Republicanism". Biancamaria Fontana, ed.[1994].
Norton, Paul E.[1983] "Machiavelli's Road to Paradise: 'The Exhortation to

Penitence'". *History of Political Thought*, 4-1, pp.31-42.
Oakeshott, Michael Joseph[1965] "Rationalism in Politics : A Reply to Professor Raphael". *Political Studies*, 13-3.
―― [1975] *On Human Conduct*. Oxford: Clarendon. 野田裕久訳 [1993]『市民状態とは何か』木鐸社。
―― [1991] *Rationalism in Politics and Other Essays*, new and expanded ed. Liberty Press. 嶋津格・森村進他訳 [1988]『政治における合理主義』勁草書房。
Olschki, Leonard[1945] *Machiavelli: The Scientist*. Berkeley: Gillick Press.
Orr, Robert[1972] "The Time Motif in Machiavelli". Fleisher, ed.[1972], pp.185-208.
Orwin, Clifford[1978] "Machiavelli's Unchristian Charity". *The American Political Science Review*, 72, pp.1217-1227.
Osmond, Patricia J.[1993] "Sallust and Machiavelli: From Civic Humanism to Political Prudence". *Journal of Medieval and Renaissance Studies*, 23, pp.407-438.
―― [1996] "Princeps Historiae Romanae: Sallust in Renaissance Political Thought". *Memoirs of the American Academy in Rome*, 40, pp.101-143.
Pagden, Anthony, ed.[1987] *The Languages of Political Theory in Early-Modern Europe*. Cambridge: Cambridge University Press.
Palmer, Michael[1989] "Machiavellian *virtù* and Thucydidean *arete*: Traditional Virtue and Political Wisdom in Thucydides". *The Review of Politics*, 51-3, pp.365-385.
―― [2001] *Masters and Slaves: Revisioned Essays in Political Philosophy*. Lanham: Lexington Books.
Palson, Gunnar[1993] *War and the State in "The Prince" of Machiavelli*. Michigan: University Microfilms International.
Pangle, Thomas L.[1988] *The Spirit of Modern Republicanism: The Moral Vision of the American Founders and the Philosophy of Locke*. Chicago: The University of Chicago Press.
―― and Peter J. Ahrensdorf[1999] *Justice Among Nations: On the Moral Basis of Power and Peace*. Lawrence: University Press of Kansas.
Parekh, Bhikhu and R. N. Berki, eds.[1972] *The Morality of Politics*. New York: Crane, Russak & Company.
Parel, Anthony J., ed.[1972] *The Political Calculus: Essays on Machiaveli's Philosophy*. Toronto: University of Toronto Press.
―― [1981] "Books in Review: Mansfield, *Machiavelli's New Modes and Orders*". *Political Theory*, 9, pp.273-277.
―― [1987] "Machiavelli on Justice". *Machiavelli Studies*, 1, pp.65-81.
―― [1990] "Machiavelli's Notions of Justice: Text and Analysis". *Political*

Theory, 18, pp.528-544.
―― [1991,1993] "The Question of Machiavelli's Modernity". *The Review of Politics*, 53, pp.320-340. Sorell, ed.[1993].
―― [1992] *The Machiavellian Cosmos*. New Haven: Yale University Press.
―― [2000] "Review of Coby, *Machiavelli's Romans*". *American Political Science Review*, 94-1, pp.165-166..
Parkinson, G. H. R.[1955] "Ethics and Politics in Machiavelli". *Philosophical Quarterly*, 5-18, pp.37-44.
Parsons, Jotham[2001] "The Roman Censors in the Renaissance Political Imagination". *History of Political Thought*, 22-4, pp.565-586.
Patapan, Haig[2004a] "On Modern and Divine Constitutionalism". Unpublished Paper delivered at Setsunan University on March 11, 2004.
―― [2004b] "Machiavelli in Love: The Modern Politics of Love and Fear". Unpublished Paper delivered at Waseda University on March 13, 2004.
Peltonen, Markku[1995] *Classical Humanism and Republicanism in English Political Thought 1570-1640*. Cambridge: Cambridge University Press.
Peterman, Larry[1990] "Gravity and Piety: Machiavelli's Modern Turn". *Review of Politics*, 52, pp.189-214.
Peters, Richard[1993] *Machiavelli: Politics and "The Mandragola"*. Michigan: University Microfilms International.
Pettit, Philip[1997a] *Republicanism: A Theory of Freedom and Government*. Oxford: Oxford University Press.
―― [1997b] "Republican Political Theory". Andrew Vincent, ed., *Political Theory: tradition & diversity*. Cambridge: Cambridge University Press.
―― [1997c] "Freedom with Honor: a Republican Ideal". *Social Research*, 64-1, pp.52-75.
―― [1998a] "Republicanism: Once More with Hindsight". afterword to the 2nd edition of Pettit[1997].
―― [1998b] "Reworking Sandel's Republicanism". *The Journal of Philosophy*, 95, pp.73-96.
―― [2001] *A Theory of Freedom: From the Psychology to the Politics of Agency*. Oxford: Polity Press.
―― [2002] "Keeping Republican Freedom Simple: On a Difference with Quentin Skinner". *Political Theory*, 30-3, pp.339-356.
―― [2004] "Discourse Theory and Republican Freedom". Weinstock and Nadeau, eds.[2004], pp.72-95.
Phillips, Mark[1979] "Machiavelli, Guicciardini, and the Tradition of Vernacular

Historiography in Florence". *American Historical Review*, 84, pp.86-105.
―― [1984] "Barefoot Boy Makes Good: A Study of Machiavelli's Historiography". *Speculum: A Journal of Medieval Studies*, 59-3, pp.585-605.
Pincin, Carlo[1966] "Le Prefazioni e la Dedicatoria dei *Discorsi* di Machiavelli". *Giornale storico della letteratura italiana*, CXLIII, pp.72-83.
Pitkin, Hannah Fenichel[1984] *Fortune Is a Woman: Gender and Politics in the Thought of Niccolò Machiavelli*. Berkeley: University of California Press.
Plamenatz, John[1963] *Man and Society: A Critical Examination of Some Important Social and Political Theories from Machiavelli to Marx*, vol.1. New York: Longmans. 藤原保信・小笠原弘親他訳 [1975] 『近代政治思想の再検討Ⅰ マキァヴェッリ～ホッブズ』 早稲田大学出版部。
Pocock, John Greville Agard[1962] "The Origins of the Study of the Past". *Comparative Studies in Society and History*, 4-2, pp.209-246.
―― [1965] "Machiavelli, Harrington, and the English Political Ideologies in the Eighteenth Century". *William and Mary Quarterly*, 3rd. Ser.2, pp.549-583.
―― [1966] "The Onely Politician: Machiavelli, Harrington and Felix Raab". *Historical Studies: Australia and New Zealand*, 12-46, pp.165-196.
―― [1971] *Politics, Language and Time: Essays in Political Thought and History*. New York: Atheneum.
―― [1973] "Custom & Grace, Form & Matter: An Approach to Machiavelli's Concept of Innovation". Fleischer, ed.[1973], pp.153-174.
―― [1975a] *The Machiavellian Moment: Florentine Political Thought and the Atlantic Republican Tradition*. Princeton: Princeton University Press.
―― [1975b] "Prophet and Inquisitor; or, A Church Built upon Bayonets Cannot Stand: A Comment on Mansfield's 'Strauss's Machiavelli'". *Political Theory*, 3-4, pp.385-401.
―― [1978] "Machiavelli and Guicciardini: Ancients and Moderns". *Canadian Journal of Political and Social Theory*, 2, pp.93-110.
―― [1981] "The Machiavellian Moment Revisited: A Study of History and Ideology". *Journal of Modern History*, 53, pp.49-72.
―― [1983] "Cambridge Paradigms and Scotch Philosophers: A Study of the Relations Between the Civic Humanist and the Civil Jurisprudential Interpretation of Eighteenth-century Social Thought". Hont and Ignatieff, eds.[1983]. 水田洋・杉山忠平監訳 [1990].
―― [1985a] *Virtue, Commerce, and History: Essays on Political Thought and History, Chiefly in the Eighteenth Century*. Cambridge: Cambridge Uiversity Press. 田中秀夫訳 [1993] 『徳・商業・歴史』 みすず書房。

―― [1985b] "Machiavelli in the Liberal Cosmos". *Political Theory*, 13-4, pp.559-574.
―― [1987] "Between Gog and Magog: The Republican Thesis and the Ideologia Americana". *Journal of the History of Ideas*, 48-2, pp.325-346.
―― [2003] "Afterword",*The Machiavellian Moment*, new ed., Princeton: princeton University Press.
Post, Gaines[1953] "Two Notes on Nationalism in the Middle Ages".*Tradition*, 9, pp.281-320.
―― [1961] "*Ratio publicae utilitatis, ratio status* und Staatsräson". *Die Welt als Geschichte*, 21, S.8-28.
―― [1964] *Studies in Medieval Legal Thought: Public Law and the State, 1100-1322*. Princeton: Princeton University Press.
Powell, Jonathan, ed.[1995] *Cicero the Philosopher*. Oxford: Oxford University Press.
Preus, J.Samuel[1979] "Machiavelli's Functional Analysis of Religion: Context and Object". *Journal of the History of Ideas*, 40, pp.171-190.
Prezzolini, Giuseppe[1928] *Niccolò Machiavelli: The Florentine*, trans. Ralph Roeder. New York: Brentano's Publishers.
―― [1967] *Machiavelli*. New York: Farrar, Straus and Giroux.
―― [1970] "The Christian Roots of Machiavelli's Moral Pessimism". *Review of National Literature*, 5-1, pp.26-37.
Price, Russell[1973] "The Senses of *Virtù* in Machiavelli". *The Europian Studies Review*, 3,pp.315-345.
―― [1975] "Machiavelli Quincentennary Studies". *European Studies Review*, 5, pp. 313-335.
―― [1977] "The Theme of Gloria in Machiavelli". *Renaissance Quarterly*, 30, pp.588-631.
―― [1982] "*Ambizione* in Machiavell's Thought". *History of Political Thought*, 3-3, pp.383-445.
―― [1988] "Self-love, 'Egoism', and*Ambizione* in Machiavelli's Thought". *History of Political Thought*, 9-2, pp.237-261.
Procacci, Giuliano[1965] *Studi sulla fortuna dell Machiavelli*. Roma: Instituto storico italiano per l'età moderna e contemporanea.
―― [1995] *Machiavelli nella cultura europea dell'età moderna*. Bari: Laterza.
Prostka, Norbert[1989] *Nietzsches Machtbegriff in Beziehung zu dem Machiavellis*. Münster: Lit Verlag.
Raab, Felix[1964] *The English Face of Machiavelli: A Changing Interpretation*. London: Routledge.

Rabil, Albert Jr.[1988] *Renaissance Humanism: Foundations, Forms, and Legacy*, 3 vols. Philadelphia: University of Pennsylvania Press.
Rahe, Paul Anthony[1994] *Republics Ancient and Modern*, 3 vols. Chapel Hill: The University of North Carolina Press.
—— [2000] "Situating Machiavelli". Hankins, ed.[2000].
——,ed.[2006] *Machiavelli's Liberal Republican Legacy*. Cambridge: Cambridge University Press.
Raimondi, Ezio[1977] "Machiavelli and the Rhetoric of the Warrior". *Modern Language Notes*, 92, pp.1-16.
Ranke, Leopold von[1824] *Zur Kritik Neuerer Geschichtschreiber*. Leibzig: .
—— [1943] *Machiavelli*. 増田重光訳 [1943] 「マキアヴェッリ」(『ランケ選集第5巻伝記』) 三省堂。
Rauch, Leo[1981] *The Political Animal: Studies in Political Philosophy from Machiavelli to Marx*. Amherst: The University of Massachusetts Press.
Rebhorn, Wayne A.[1988] *Foxes and Lions: Machiavelli's Confidence Men*. Ithaca: Cornell University Press.
Renucci, Paul[1978] "Machiavel et la volonte de puissance". *Revue des Etudes Italiennes*, 24, pp.146-163.
Reynolds, Beatrice[1953] "Shifting Currents in Historical Criticism". *Journal of the History of Ideas*, 14, pp.471-492. Reprinted in Kristeller and Wiener, eds.[1968,1992], pp.115-136.
Richardson, Brian[1971] "Notes on Machiavelli's Sources and his Treatment of the Rhetorical Tradition". *Italian Studies*, 26, pp.24-48.
—— [1972] "The Structure of Machiavelli's *Discorsi*". *Italica*, 49, pp.460-471.
Ridolfi, Roberto[1954] *Vita di Niccolò Machiavelli*. Roma: Angelo Belardetti Editore. Cecil Grayson, trans.[1963] *The Life of Niccolò Machiavelli*. Chicago: The University of Chicago Press.
Robbins, Caroline[1961] "Influence or Coincidence: A Question for Students of Machiavelli?". *Renaissance News*, 14-4, pp.243-248.
Robey, David and John Law[1975] "Venetian Myth and the '*De republica veneta*' of Pier Paolo Vergerio". *Rinascimento*, 2nd ser., vol.15, pp.3-59.
Rodgers, Daniel T.[1992] "Republicanism: the Career of a Concept". *The Journal of American History*, 79-1, pp.11-38.
Roeder, Ralph[1933,1977] *The Man of the Renaissance: Four Lawgivers: Savonarola, Machiavelli, Castiglione, Aretino*. Fairfield: Augustus M. Kelly Publishers.
Rorty, Richard, J. B. Schneewind, and Quentin Skinner, eds.[1984] *Philosphy in History*. Cambridge: Cambridge University Press.

Rosin, Nicolai[2004] *Souveränität zwischen Macht und Recht: Probleme der Lehren politischer Souveränität in der frühen Neuzeit am Beispiel von Machiavelli, Bodin, und Hobbes*. : Kovac.

Ross, William David[1995] *Aristotle*, with a new introduction by John L. Ackrill. New York: Routledge.

Rousseau, G. S.[1965-1966] "The Discorsi of Machiavelli: History and Theory". *Cahiers d'histoire mondiale*, 9, pp.143-161.

Rowe, J. G. and W. H. Stockdale, eds.[1971] *Florilegium historiale*. Toronto: University of Toronto Press.

Rubinstein, Nicolai[1942] "The Beginnings of Political Thought in Florence: A Study in Medieval Historiography". *Journal of the Warburg and Courtauld Institutes*, 5.

―― [1952] "Florence and the Despots". *Transactions of the Royal Historical Society*, 5th Series, II.

―― [1956] "The Beginnings of Niccolò Machiavelli's Career in the Florentine Chancery". *Italian Studies*, 11, pp.72-91.

―― [1966] *The Government of Florence under the Medici (1434 to 1494)*. Oxford: Clarendon.

―― [1968] "Florentine Constitutionalism and Medici Ascendancy in the Fifteenth Century". Rubinstein, ed.[1968] *Florentine Studies: Politics and Society in Renaissance Florence*. London: Faber and Faber.

―― [1971] "Notes on the Word Stato in Florence before Machiavelli". Rowe and Stockdale, eds.[1971].

―― [1982] "Political Theories in the Renaissance". Chastel, et.al.[1982], pp.153-200.

―― [1987] "The history of the word politicus in early-modern Europe". Pagden, ed.[1987], pp.41-56.

―― [1990] "Machiavelli and Florentine republican experience". Bock, Skinner and Viroli, eds.[1990], pp.3-16.

―― [1991] "Italian Political Thought, 1450-1500". James Henderson Burns, ed. [1991].

―― [1998] "An Unknown Version of Machiavelli's *Ritratto delle cose della Magna*". Rinascimento, 2nd Series, 38, pp.227-246.

―― [2001] *Studies in Italian History in the Middle Ages and the Renaissance*, 3 vols. Rome.

Rudowski, Victor Anthony[1992] *The Prince: A Historical Critique*. New York: Twayne Publishers.

Ruffo-Fiore, Silvia[1982] *Niccolo Machiavelli*. Boston: Twayne Publishers.
—— [1990] *Niccolò Machiavelli: An Annoted Bibliography of Modern Criticism and Scholarship*. New York: Greenwood Press.
Russo, Luigi[1949] *Machiavelli*. Bari: Laterza.
Ryan, John K.[1963] "Two Instances of the Tripartite Method in Machiavelli". *Studies in Philosophy and History of Philosophy*, 2, pp.249-256.
Sandel, Michael J.[1996] *Democracy's Discontent: America In Search of Public Philosophy*. Cambridge, MA: Harvard University Press.
Santi, Victor A.[1979] *La 'Gloria' nel pensiero di Machiavelli*. Ravenna.
Sarolli, Robert Gian[1970] "The Unpublished Machiavelli". *Review of National Literature*, 1, pp.78-98.
Sasso, Gennaro[1952] "Sul VII Capitolo del Principe". *Revista Storica Italiana*, 64, pp.177-207.
—— [1958] "Machiavelli e la teorie dell'Anacyclosis". *Rivista storica Italiana*, 99, pp.333-375.
—— [1958,1980] *Niccolò Machiavelli: Storia del suo pensiero politico*. Bologna: il Mulino. Werner Klesse und Stefan Bürger, übst.[1965] *Niccolò Machiavelli: Geschichte seines politischen Denkens*. Stuttgart:. 須藤祐孝・油木兵衛訳 [1983]『若きマキァヴェッリの政治思想——その生成と展開』創文社。
—— [1967] *Studi su Machiavelli*. Napoli: .
—— [1987-1997] *Machiavelli e gli antichi e altri saggi*. Milano: R.Ricciardi.
—— [1993] *Niccolò Machiavelli*, 2vols. Bologna: Società editrice il mulino.
Saxonhouse, Arlene W.[2000] "Corruption: Now and Then". Paper for the 2000 Annual Meeting of the American Political Science Association.
Schevill, Ferdinand[1936] *History of Florence from the Founding of the City through the Renaissance*. New York: Harcourt Brace.
Schilling, Friedrich[1928] *Grundzuge von Niccolò Machiavelli's geschichts- und gesellschafts-philosophischer Auffassung*. Breslau: Verlag von M. & H. Marcus.
Schmale, Franz-Joseph[1985] *Funktion und Formen mittelalterlicher Geschichtsschreibung: eine Einführung*. Darmstadt: Wissenschaftliche Buchgesellschaft.
Schmitt, Carl[1964] *Die Diktatur: Von den Anfangan des modernen Souveränitätsgedankens bis zum proletarischen Klassenkampf*. Berlin: Duncker und Humbolt. 田中浩・原田武雄訳 [1991]『独裁——近代主権論の起源からプロレタリア階級闘争まで』未来社。
Schmitt, Charles B.[1983] *Aristotle and the Renaissance*. Cambridge,MA: Harvard University Press.

―― and Quentin Skinner, eds.[1988] *The Cambridge History of Renaissance Philosophy*. Cambridge: Cambridge University Press.

―― and Brian P. Copenhaver[1992] *Renaissance Philosophy*. Oxford: Oxford University Press. 榎本武文訳 [2003]『ルネサンス哲学』平凡社。

Schnur, Roman, hrsg.[1975] *Staatsräson: Studien zur Geschichte eines politischen Begriffs*. Berlin: Duncker & Humbolt.

Schubert, Johannes[1927] *Machiavelli und die politischen Probleme unserer Zeit*. Berlin: C. A. Schwetschke & Sohn.

Schulz, Flitz[1934] *Prinzipien des romischen Rechts*. München: Duncker und Humbolt. 眞田芳憲・森光訳 [2003]『ローマ法の原理』中央大学出版部。

Scott, John T. and Vickie B. Sullivan[1994] "Patricide and the Plot of The Prince: Cesare Borgia and Machiavelli's Italy". *The American Political Science Review*, 88, pp.887-899.

Scott, Jonathan[2002] "Classical Republicanism in Seventeenth-century England and the Netherlands". Gelderen and Skinner, eds.[2002].

Seigel, Jerrold E.[1966] "'Civic Humanism' or Ciceronian Rhetoric? The Culture of Petrarch and Bruni". *Past and Present*, 34, pp.3-48.

―― [1968] *Rhetoric and Philosophy in Renaissance Humanism: The Union of Eloquence and Wisdom*, Petrarch to Valla. Princeton: Princeton University Press.

Sereno, Renzo[1959] "A Falsification by Machiavelli". *Renaissance News*, 12-3, pp.159-167.

Sforza, Count Carlo[1940] *The Living Thoughts of Machiavelli*. New York: Longmans.

Shaw, Carl K. Y.[2001] "Machiavelli and Quentin Skinner on the Proper Signification of Republican Liberty". Paper for the 2001 Annual Meeting of the American Political Science Association.

Shumer, S. M.[1979] "Machiavelli: Republican Politics and Its Corruption". *Political Theory*, 7, pp.5-34.

Skinner, Quentin[1978] *The Foundations of Modern Political Thought*, 2vols. Cambridge: Cambridge University Press.

―― [1981] *Machiavelli*. Oxford: Oxford University Press. 塚田富治訳 [1991]『マキアヴェッリ――自由の哲学者』未来社。

―― [1983] "Machiavelli on the Maintenance of Liberty". *Politics*, 18-2,pp. 3-15.

―― [1984] "The Idea of Negative Liberty: Philosophical and Historical Perspectives". Richard Rorty, et.al., eds.,*Philosophy in History*, pp.193-221. Cambridge: Cambridge University Press.

―― [1986a] "Ambrogio Lorenzetti: The Artist as Political Philosopher". *Proceedings of the British Academy*, 72, p.56.
―― [1986b] "The Paradoxes of Political Liberty". Sterling McMurrin, ed. *The Tanner Lectures on Human Values*, vol.7, Chap.1. Salt Lake City: University of Utah Press. Cambridge: Cambridge University Press, pp.227-250.
―― [1988] "Political Philosophy". Schmitt and Skinner, eds.[1988].
―― [1989] "The State". Terence Ball, James Farr and Russel L. Hanson, eds. *Political Innovation and Conceptual Change*, Chap.5. Cambridge: Cambridge University Press.
―― [1990a] "Machiavelli's *Discorsi* and the pre-humanist origins of republican ideas". Bock, Skinner and Viroli, eds.[1990], pp.121-141.
―― [1990b] "The republican ideal of political liberty". Bock, Skinner and Viroli, eds.[1990], pp.293-309.
―― [1992a] "On Justice, the Common Good and the Priority of Liberty". Mouffe, ed. [1992], pp.211-224.
―― [1992b] "The Italian City-Republic". John Dunn, ed.[1992], *Democracy: The Unfinished Journey 508 B.C. to A.D.1993*. Oxford: Oxford University Press.
―― [1996] *Reason and Rhetoric in the Philosophy of Hobbes*. Cambridge: Cambridge University Press.
―― [1998] *Liberty before Liberalism.* Cambridge: Cambridge University Press. 梅津順一訳 [2001]『自由主義に先立つ自由』聖学院大学出版会。
―― [2002] *Visions of Politics*, 3vols. Cambridge: Cambridge University Press.
―― [2003] "States and the Freedom of Citizens". Skinner and Bo Stråth, eds. [2003] *States and Citizens: History, Theory, Prospects*. Cambridge: Cambridge University Press, pp.11-27.
Smalley, Beryl[1974] *Historians in the Middle Ages*. London: Thames & Hudson.
Smith, Bruce James[1985] *Politics & Remembrance: Republican Themes in Machiavelli, Burke, and Tocqueville*. Princeton: Princeton University Press.
Sorell, Tom, ed.[1993] *The Rise of Modern Philosophy: the New and Traditonal Philosophies from Machiavelli to Leibniz*. Oxford: Clarendon Press.
Sorensen, Kim A.[2006] *Discourses on Strauss: Revelation and Reason in Leo Strauss and His Critical Study of Machiavelli*. Notre Dame: University of Notre Dame Press.
Soupios, Michael Anthony[1993] *Machiavelli's Homeopathic Theory of State*. Michigan: University Microfilms International.
Spackman, Barbara[1990] "Machiavelli and Maxims". *Yale French Studies*, 77.pp. -
Springborg, Patricia[1992] *Western Republicanism and the Oriental Prince*. Austin:

University of Texas Press.
―― [2001] "Republicanism, Freedom from Domination, and the Cambridge Contextual Historians". *Political Studies*, 49, pp.851-876.
Stearns, Frank Preston[1915] *Politics and Metaphysics*. Boston: Richard G. Badger.
Stein, Peter Gonville[1988] "Roman Law". James Henderson Burns, ed.[1988].
―― [1999] *Roman Law in European History*. 屋敷二郎監訳, 関良徳・藤本幸二訳 [2003]『ローマ法とヨーロッパ』ミネルヴァ書房.
Stell, Hans-Dieter[1987] *Machiavelli und Nietzsche: eine strukturelle Gegenüberstellung ihrer Philosophie und Politik*. Inaugural-Dissertation zur Ludwig-Maximilians Universitat, München.
Stephens, J. N. and H. C. Butters[1982] "New Light on Machiavelli". *English Historical Review*, 97-382, pp.54-69.
Stephens, J. N.[1986] "Machiavelli's *Prince* and the Florentine revolution of 1512". *Italian Studies*, 41.
Stewart, Douglas J.[1968] "Sallust and *Fortuna*". *History and Theory: Studies in the Philosophy of History*, 7-3, pp.298-317.
Stolleis, Michael[1988] *Geschichte des öffentlichen Rechts in Deutschland*, Bd.1. München: Beck.
―― [1990] *Staat und Staatsräson in der früen Neuzeit: Studien zur Geschichte des öffentlichen Rechts*. Frankfurt am Main: Suhrkamp.
Strauss, Leo[1946] "Book Review: Olschki, Leonardo, Machiavelli the Scientist, Berkeley, 1945". *Social Research*, 13.
―― [1948,1963,1991,2000] *On Tyranny*, revised and expanded edition, Victor Gourevitch and Michael S. Roth, eds. New York: The Free Press. 石崎嘉彦・飯島昇藏・面一也訳 [2006-2007]『僭主政治について』(上)(下) 現代思潮新社.
―― [1952] *The Political Philosophy of Hobbes: Its Basis and Its Genesis*, trans. Elsa M. Sinclair. Chicago: The University of Chicago Press. 添谷育志・谷喬夫・飯島昇藏訳 [1990]『ホッブズの政治学』みすず書房.
―― [1952,1988] *Persecution and the Art of Writing*. Chicago: The University of Chicago Press.
―― [1953] *Natural Right and History*. Chicago: The University of Chicago Press. 塚崎智・石崎嘉彦訳 [1988]『自然権と歴史』昭和堂.
―― [1958] *Thoughts on Machiavelli*. Chicago: The University of Chicago Press.
―― [1959] *What is Political Philosophy and Other Studies*. Illinois: The Free Press of Glencoe. 石崎嘉彦訳 [1992]『政治哲学とは何か――レオ・シュトラウス

の政治哲学論集』昭和堂.
—— [1970a] *Xenophon's Socratic Discourse: An Interpretation of the 'Oeconomicus'*. Ithaca: Cornell University Press.
—— [1970b] "Machiavelli and Classical Literature". *Review of National Literatures*, 1, pp.7-25.
—— [1975] "The Three Waves of Modernity". *Political Philosophy: Six Essays*, edited with an introd. Hilail Gildin. Indianapolis: Pegasus. 石崎嘉彦訳 [2002]「近代性の三つの波」『政治哲学』創刊号, 三一二一頁.
—— [1987] "Machiavelli". Strauss and Joseph Cropsey, eds.[1987] *History of Political Philosophy*, 3rd ed. Chicago: The University of Chicago Press.
Strayer, Joseph R.[1970] *On the Medieval Origins of the Modern State*. Princeton: Princeton University Press. 鷲見誠一訳 [1975]『近代国家の起源』岩波書店.
Struever, Nancy S. "Machiavelli and the Critique of the Available Languages of Morality in the Renaissance". Unpublished Paper, Humanities Center, Johns Hopkins University.
—— [1970] *The Language of History in the Renaissance: Rhetoric and Historical Consciousness in Florentine Humanism*. Princeton: Princeton University Press.
—— [1983] "Lorenzo Valla: Humanist Rhetoric and the Critique of the Classical Languages of Morality". Murphy, ed.[1983], pp.191-206.
—— [1992] *Theory as Practice: Ethical Inquiry in the Renaissance*. Chicago: The University of Chicago Press.
Sullivan, Vickie B.[1992] "Machiavelli's Momentary 'Machiavellian Moment': A Reconsideration of Pocock's Treatment of *the Discourses*". *Political Theory*, 20-2, pp.309-318.
—— [1994] "The Civic Humanist Portrait of Machiavelli's English Successors". *History of Political Thought*, 15-1, pp.73-96.
—— [1996] *Machiavelli's Three Romes: Religion, Human Liberty, and Politics Reformed*. DeKalb: Northern Illinois University Press.
——,ed.[2000] *The Comedy and Tragedy of Machiavelli: Essays on the Literary Works*. New Haven: Yale University Press.
—— [2004] *Machiavelli, Hobbes, and the Formation of a Liberal Republicanism in England*. Cambridge: Cambridge University Press.
Sumberg, Theodore A.[1961] "La Mandragola : An Interpretation". *Journal of Politics*, 23, pp.320-340.
—— [1993] *Political Literature of Europe: Before and After Machiavelli*. Lanham: University Press of America, Inc.

Tarcov, Nathan[1982] "Quentin Skinner's Method and Machiavelli's Prince". *Ethics*, 92, pp.692-709.
—— [2000] "Machiavelli and the Foundations of Modernity: A Reading of Chapter 3 of *The Prince*". Mark Blitz and William Kristol, eds.[2000], pp.30-44.
—— [2002] "The Problem of Tyranny, Machiavelli, and the Roots of Modernity in Leo Strauss's *On Tyranny*". Unpublished Paper delivered at Waseda University on December 7, 2002.
Tarlton, Charles D.[1968] "The Symbolism of Redemption and the Exorcism of Fortune in Machiavelli's Prince". *The Review of Politics*, 30, pp.332-348.
—— [1970] *Fortune's Circle: A Biographical Interpretation of Niccolò Machiavelli*. Chicago: Quadrangle Books.
Tatel, Marcel[1976] "Montaigne and Machiavelli: Ethics, Politics and Humanism". *Rivista di Litteratura Moderne e Comparate*, 29, pp.165-181.
Taylor, Charles[1996] "Why democracy needs patriotism". in Cohen, ed.[1996].
Taylor, Quentin P., ed., intro., essay[1998] *The Other Machiavelli: Republican Writings by the Author of "The Prince"*. Lanham: University Press of America.
Terza, Dante Della[1970] "The Most Recent Image of Machiavelli: The Contribution of the Linguist and the Historian". *Italian Quarterly*, 14-53, pp.91-113.
Thompson, James Westfall[1942] *A History of Historical Writing*, vol.I. New York: Macmillan.
Thorndike, Lynn[1923-1958] *A History of Magic and Experimental Science*, 8vols. New York: Columbia University Press.
Tierney, Brian[1982] *Religion, Law and the Growth of Constituional Thought, 1150-1650*. Cambridge: Cambridge University Press. 鷲見誠一訳 [1986] 『立憲思想：始源と展開 1150-1650』慶應通信。
Tinkler, John F.[1988] "Praise and Advice: Rhetorical Approaches in More's *Utopia* and Machiavelli's *The Prince*". *Sixteenth Century Journal*, 19, pp.187-207.
Toffanin, Giuseppe[1954] *History of Humanism*, trans. Elio Gianturco. New York: Las Americas.
—— [1972] *Machiavelli e il tacitismo: La politica storica al tempo della Controriforma*. Napoli: Guida.
Toscana, Antonio[1981] *Marsilio da Padova e Niccolò Machiavelli*. Ravenna: Longo Editore.
Trinkaus, Charles[1983] "The Questions of Truth in Renaissance Rhetoric and Anthropology". Murphy, ed.[1983], pp.207-220.
Tuck, Richard[1979] *Natural Rights Theories: Their origin and development*. Cambridge: Cambridge University Press.

―― [1990] "Humanism and Political Thought". Anthony Goodman and Angus MacKay, eds. *The Impact of Humanism on Western Europe*. New York: Longman, pp.43-65.
―― [1993] *Philosophy and Government 1572-1651*. Cambridge: Cambridge University Press.
Ullman, Berthold Louis[1946] "Leonardo Bruni and Humanist Historiography". *Medievalia et Humanistica*, 4, pp.45-61.
―― [1963] *The Humanism of Coluccio Salutati*. Padova: Editrice Antenore.
―― [1964] "Coluccio Salutati on monarchy". *Melanges Eugene Tisserant*, 5.
―― [1973] *Studies in the Italian Renaissance*, 2nd ed. Roma: Edizioni di Storia e Letteratura.
Ullmann, Walter[1974] *Principles of Government and Politics in the Middle Ages*, 3rd ed. New York: Barnes and Noble.
―― [1977] *Medieval Foundations of Renaissance Humanism*. Ithaca: Cornell University Press.
Vatter, Miguel E.[2000] *Between Form and Event: Machiavelli's Theory of Political Freedom*. Dordrecht: Kluwer Academic Publishers.
Villari, Pasquale[1898] *The Life and Times of Niccolò Machiavelli*, trans. Linda Villari. London: T. Fisher Unwin.
Viroli, Maurizio[1989] "Republic and Politics in Machiavelli and Rousseau". *History of Political Thought*, 10-3, pp.405-420.
―― [1990] "Machiavelli and the republican idea of politics". Bock, Skinner and Viroli, eds.[1990], pp.143-171.
―― [1991a] "Books in Review: de Grazia, Machiavelli in Hell". *Political Theory*, 19, pp.292-295.
―― [1991b] "La politica e l'arte dello stato nel pensiero di Machiavelli". *Teoria politica*, 7-3.
―― [1992a] *From Politics to Reason of State: The Acquisition and Transformation of the Language of Politics 1250-1600*. Cambridge: Cambridge University Press.
―― [1992b] "The Revolution in the Concept of Politics". *Political Theory*, 20-3, pp.473-495.
―― [1995] *For Love of Country*. Oxford: Oxford University Press.
―― [1998] *Machiavelli*. Oxford: Oxford University Press.
―― [2000a] *Niccolò's Smile: A Biography of Machiavelli*, translated from Italian by Antony Shugaar. New York: Farrar, Straus and Giroux.
―― [2000b] "Republican Patriotism". MacKinnon and Hampsher-Monk, eds.[2000].

―― [2002] *Republicanism*, translated from Italian by Antony Shugaar. New York: Hill and Wang, A division of Farrar, Straus and Giroux.

―― and Norberto Bobbio[2003] *The Idea of the Republic*, translated from Italian by Allan Cameron. Cambridge: Polity Press.

Viti, Paolo[1992] *Leonardo Bruni e Firenze: Studi sulle lettere pubbliche e private*. Roma: Bulzoni.

Voegelin, Eric[1951] "Machiavelli's Prince: Background and Formation". *Review of Politics*, 13-2, pp.142-168.

Walbank, Frank William[1972] *Polybius*. Berkeley: University of California Press.

Waley, Daniel Philip[1970] "The Primitivist Element in Machiavelli's Thought". *Journal of the History of the Ideas*, 31, pp.91-98.

―― [1988] *The Italian City-Republics*, 3rd ed. London: Longman.

Walker, Leslie J.[1950] Introduction, notes, and comments with his translation of *The Discourses of Niccolò Machiavelli*, 2vols. New Haven: Yale University Press.

Walser, Ernst[1974] *Poggius Florentinus: Leben und Werke*. Hildesheim: G. Olms.

Waltz, Kenneth Neal[1979] *Theory of International Politics*. New York: Random House.

Watson, George[1976] "Machiavel and Machiavelli". *The Sewanee Review*, 84, pp.630-648.

Weiss, Roberto[1988] *The Renaissance Discovery of Classical Antiquity*, 2nd ed. Oxford: Blackwell.

Whelan, Frederick G.[2004] *Hume and Machiavelli: Political Realism and Liberal Thought*. Lanham: Lexington Books.

Whitehead, Alfred North[1933] *Adventures of Ideas*. Cambridge: Cambridge University Press. 種山恭子訳 [1971]『観念の冒険』中央公論社。

Whitfield, John Humphreys[1953] "Machiavelli and Castruccio". *Italian Studies*, 8, pp.1-28.

―― [1955a] "The Politics of Machiavelli". *Modern Language Review*, 50-4, pp.433-443.

―― [1955b] "On Machiavelli's Use of *Ordini*". *Italian Studies*, 10, pp.19-39.

―― [1958] "Discourses on Machiavelli. VII. Gilbert, Hexter and Baron". *Italian Studies*, 13, pp.21-46.

―― [1966] *Machiavelli*. New York: Russel and Russel.

―― [1969] *Discourses on Machiavelli*. Cambridge:W.Heffer & Sons.

―― [1971] "Machiavelli's Use of Livy". T. A. Dorey, ed. *Livy*, pp.73-96. London: Routledge.

Wiethoff, William E.[1974] "Machiavelli's *The Prince*: Rhetorical Influence in Civil Philosophy". *Western Speech*, 38, pp.998-1076.
―― [1978] "The Martial 'Virtue' of Rhetoric in Machiavelli's *Art of War*". *The Quarterly Journal of Speech*, 64, pp.304-312.
―― [1981-1982] "Machiavelli's 'Heroic' Political Oratory". *Southern Speech Communication Journal*, 47, pp.10-22.
Wilcox, Donald J.[1969] *The Development of Florentine Humanist Historiography in the Fifteenth Century*. Cambridge, MA: Harvard University Press.
―― [1987] *The Measure of Times Past: Pre-Newtonian Chronologies and the Rhetoric of Relative Time*. Chicago: The University of Chicago Press.
Wilkins, B.T.[1959] "Machiavelli on History and Fortune". *Bucknell Review*, 8, pp.88-120.
Wilkins, E. H., W. A. Jackson, and R. H. Rouse[1964] "The Early Editions of Machiavelli's First Decennale". *Studies in the Renaissance*, 11, pp.76-104.
Wilson, Ronald C.[1989] *Ancient Republicanism: Its Struggle for Liberty Against Corruption*. New York: P. Lang.
Wirls, Stephen Hubbard[1993] *Political Order and the Limits of Virtue: Machiavelli and the Institutionalization of Executive Power*. Michigan: University Microfilms International.
Wirszubski, Chaim[1950] *Libertas as a Political Idea at Rome During the Late Republic and Early Principate*. Cambridge: Cambridge University Press.
Witman, Cynthia Ann[1990] *Niccolò Machiavelli's Use of hermetic and neoplatonic thought*.
Witt, Ronald G., ed.[1976] *Coluccio Salutati and his Public Letters*. Geneve: Librairie Droz.
―― [1983] *Hercules at the Crossroads: The Life, Works, and Thought of Coluccio Salutati*. Durham: Duke University Press.
Wolin, Sheldon S.[1960] *Politics and Vision: Continuity and Innovation in Western Political Thought*. George Allen & Unwin Ltd. 佐々木毅訳 [1977] 『西欧政治思想史Ⅰ ――マキァヴェッリとホッブズ』福村出版。
―― [1988] シェルドン・S・ウォリン，千葉眞他編訳『政治学批判』みすず書房。
Wood, Neal[1965] Introduction to the translation of *The Art of War*. New York: Da Capo Press.
―― [1967] "Machiavelli's Concept of Virtù reconsidered". *Political Studies*, 15, pp.159-172.
―― [1968] "Some Common Aspects of the Thought of Seneca and Machiavelli". *Renaissance Quarterly*, 21, pp.11-24.

―― [1972a] "The Value of Asocial Sociability: Contributions of Machiavelli, Sidney and Montesquieu". Fleisher, ed.[1972].
―― [1972b] "Machiavelli's Humanism of Action". Parel, ed.[1972].
―― [1976] "Books in Review: Pocock, *The Machiavellian Moment*". *Political Theory*, 4, pp.101-104.
―― [1988] *Cicero's Social and Political Thought*. Berkeley: University of California Press.
Wooton, David[1994] "Ulysses Bound? Venice and the Idea of Liberty from Howell to Hume". Wooton, ed., *Republicanism, Liberty, and Commercial Society, 1649-1776*. Stanford: Stanford University Press.
Worden, Blair[2002] "Republicanism, Regicide, and Republic". Gelderen and Sinner, eds.[2002].
Zarka, Yves Charles[1994] *Raison et déraison d'État: théoriciens et théories de la raison d'Etat aux XVIe et XVIIe siècles*. Paris: Presses universitaires de France.
―― [1998] *Philosophie et politique à l'âge classique*. Paris: Presses universitaires de France.
―― et Thierry Menissier[2001] *Machiavel, Le prince ou le nouvel art politique*. Paris: Presses universitaires de France.
Zeppi, Stelio[1976] *Studi su Machiavelli pensatore*. Milano: Cesviet.
Zuckert, Catherine H. ed.[1988] *Understanding the Political Spirit: Philosophical Investigations from Socrates to Nietzsche*. New Haven: Yale University Press.
Zuckert, Michael P.[1994] *Natural Rights and the New Republicanism*. Princeton: Princeton University Press.
淺沼和典 [2001]『近代共和主義の源流――ジェイムズ・ハリントンの生涯と思想』人間の科学社。
厚見恵一郎 [1993]「N・マキアヴェリの政治思想 (1) ――序説」『早稲田政治公法研究』第四二号。
―― [1995]「マキアヴェリ――共和主義・国家理性・歴史」藤原保信・飯島昇藏編『西洋政治思想史 I』新評論，一一〇――二五頁。
―― [2002]「市民の徳と政治の制度――『美徳なき時代』再読」飯島昇藏・川岸令和編『憲法と政治思想の対話』新評論，二七一――二九三頁。
新井慎一 [1998]「コルッチォ・サルターティ――フィレンツェの書記官長とヒューマニストと」『社会科学討究（早稲田大学大学院アジア太平洋研究科）』第四四巻第一号（通巻一二八号）。
―― [1999]「コルッチォ・サルターティと自由のレトリック」『ヨーロッパの市民と自由――その歴史的諸相の解明』早稲田大学アジア太平洋研究センタ

一。
飯島昇藏 [1997]『スピノザの政治哲学――『エティカ』読解をとおして』早稲田大学出版部。
―― [2005]「マキァヴェリと近代――レオ・シュトラウスのマキァヴェリ解釈」『ヘーゲル哲学研究』第一一巻，四一―五四頁。
家田義隆 [1978]「マキアヴェリの国家観と Ragion di Stato」『イタリア学会誌』第二六号。
―― [1984]「マキアヴェリのフランス論」『イタリア学会誌』第三三号。
―― [1970]「マキアヴェリの市民兵制」『歴史教育』第一八巻第六号。
―― [1988]『マキアヴェリ――誤解された人と思想』中央公論社。
池上俊一 [1984]「十二世紀の歴史叙述と歴史意識」上智大学中世思想研究所編『中世の歴史観と歴史叙述』創文社。
石坂尚武 [1994]『ルネサンス・ヒューマニズムの研究――「市民的人文主義」の歴史理論への疑問と考察』晃洋書房。
稲垣良典 [1970]『トマス・アクィナス哲学の研究』創文社。
―― [1979]『トマス・アクィナス』勁草書房。
犬塚元 [2002a]「ローマ史解釈の政治思想史――オーガスタン期英国における政治対立・政治的多元性をめぐる議論の諸相」『社会科学研究（東京大学社会科学研究所紀要)』第五三巻第一号。
―― [2002b]「ヒュームの『完全な共和国』論――ローマ，ハリントン，政治対立」東京大学社会科学研究所 Discussion Papers Series, J-108.
―― [2003]「ヒュームと共和主義――『オシアナ共和国』の受容と修正から」東京大学社会科学研究所 Discussion Papers Series, J-123.
―― [2004]『デイヴィッド・ヒュームの政治学』東京大学出版会。
―― [2006]「ヒュームと共和主義」田中・山脇編 [2006]。
岩崎稔 [1991]「生産する構想力，救済する構想力――ハンナ・アーレントへの一試論」『思想』一九九一年九号。
岩田靖夫 [1985]『アリストテレスの倫理思想』岩波書店。
―― [2001]「アリストテレス『政治学』における『中間の国制』」『思想』第九二〇号。
Ｐ．ヴィノグラドフ著, 矢田一男他訳 [1967]『中世ヨーロッパにおけるローマ法』中央大学出版部。
宇野重規 [2004]『政治哲学へ――現代フランスとの対話』東京大学出版会。
大類伸 [1954]「マキアヴェリの人民観」『イタリア学会誌』第三号。
大中一彌 [2004]「ルイ・アルチュセールの政治思想におけるマキアヴェリの契機」仲正昌樹編『法の他者』御茶の水書房。
岡崎勝世 [2003]『世界史とヨーロッパ――ヘロドトスからウォーラーステイン

まで』講談社．
奥田敬 [2006]「近代南イタリアにおける共和主義の運命――V・クオーコと一七九九年ナポリ革命」田中・山脇編 [2006]．
押村高 [1998]「国家理性の系譜学」『青山国際政経論集』第四四号，七五－九二頁．
小田川大典 [2005]「共和主義と自由――スキナー，ペティット，あるいはマジノ線メンタリティ」『岡山大学法学会雑誌』第五四－四号，三九－八一頁．
落合仁司 [1991]『トマス・アクィナスの言語ゲーム』勁草書房．
小野紀明 [1988]『精神史としての政治思想史――近代的政治思想成立の認識論的基礎』行人社．
―― [2002]『政治哲学の起源――ハイデガー研究の視角から』岩波書店．
鹿子生浩輝 [1999]「『君主論』におけるマキァヴェッリのフィレンツェ統治と征服地支配論」『政治研究』第四六号．
―― [2000]「ローマの再生――マキァヴェッリの『リウィウス論』とルネサンス・イタリア」『政治研究』第四七号．
金田耕一 [1995]「メルロ＝ポンティ――政治と実存」藤原保信・飯島昇藏編『西洋政治思想史 II』新評論．
―― [1996]『メルロ＝ポンティの政治哲学――政治の現象学』早稲田大学出版部．
川出良枝 [2000]「内戦の記憶――「国家理性」論再考」日本政治学会編『内戦をめぐる政治学的考察』岩波書店．
菊池理夫 [1987]『ユートピアの政治学――レトリック・トピカ・魔術』新曜社．
E．グアラッツィ著，秋本典子訳 [1987]『サヴォナローラ――イタリア・ルネサンスの政治と宗教』，中央公論社．
熊谷直喜 [2003]「紹介 John H.Geerken et al., Machiavelli and Religion: A Reappraisal, in: *Journal of the History of Ideas*, vol.60, no.4, 1999, 103p.」『ヨーロッパ文化史研究』第四号，九九－一一七頁．
―― [2006]「マキアヴェッリの armi proprie 論とフィレンツェ民兵軍制度」『ヨーロッパ文化史研究』第七号，八七－一二〇頁．
B．クローチェ著，上村忠男編訳 [1986]『クローチェ政治哲学論集』法政大学出版局．
木庭顕 [1997]『政治の成立』東京大学出版会．
―― [2002]「ヒストリーエー源流の生態系」月本昭男編『歴史を問う2 歴史と時間』岩波書店，九一－一一二頁．
―― [2003]『デモクラシーの古典的基礎』東京大学出版会．
小林正弥 [2006]「共和主義研究と新公共主義――思想史と公共哲学」田中・山脇編 [2006]．
齊藤寛海 [2002]『中世後期イタリアの商業と都市』知泉書館．
佐々木毅 [1970]『マキアヴェッリの政治思想』岩波書店．

―― [1978]『マキアヴェッリ』講談社。
―― [1981]『近代政治思想の誕生－16世紀における「政治」』岩波書店。
―― [1994]『マキアヴェッリと『君主論』』講談社。
―― [1996]「マキァヴェッリの社会思想」上智大学中世思想研究所編『中世の社会思想』創文社。
―― [2003]『よみがえる古代思想――「哲学と政治」講義<1>』講談社。
佐々木武 [1999]「『近世共和主義』――『君主のいる共和国』について」『岩波講座世界歴史16』岩波書店。
佐藤篤士 [1982,1988]『ローマ法史』I,II, 敬文堂。
佐藤三夫 [1991]「サルターティとブルーニにおけるペトラルカ」『イタリア学会誌』第四一号。
―― [1994]『ルネサンスの知の饗宴：ヒューマニズムとプラトン主義』東信堂。
―― [1995]『ヒューマニスト・ペトラルカ』東信堂。
澤井繁男 [2003]『マキァヴェリ，イタリアを憂う』講談社。
塩野七生 [1987]『わが友マキアヴェッリ－フィレンツェ存亡』中央公論社。
柴田光蔵 [1978]『ローマ法概説』玄文社。
柴山英一 [1957]「マキアヴェリとヴェットリの交換書簡について」『イタリア学会誌』第五号。
―― [1969]『マキァヴェリの歴史的研究序説』風間書房。
清水純一 [1971]「書評 原理と状況－佐々木毅『マキアヴェッリの政治思想』」『思想』一九七一年四月号。
末吉孝州 [1997,1998]『グイッチャルディーニの生涯と時代』(上)(下) 太陽出版。
須藤祐孝 [1967a]「紹介, Leo Strauss, *Thoughts on Machiavelli*, 1958」『法学』第三一巻第三号。
―― [1967b]「マキァヴェッリにおける国家と人間――政治的人間に関する一考察」『理想』一九六七年一二月号。
―― [1969]「政治の発見――マキァヴェッリにおける作為の論理」『思想』一九六九年一月号。
―― [1970]「マキァヴェッリと現代」『思想』一九七〇年四月号。
―― [1977]「マキァヴェッリにおける軍事と政治」祖川武夫編『国際政治思想と対外意識』創文社。
―― [1996]「編訳 ニッコロ・マキァヴェッリ忘恩・嫉妬，運命，野心・貪欲，好機」『愛知大学法学部法経論集』第一四二号。
―― [1997]「人間を透視するマキァヴェッリ――「人間の尊厳」を見出せない者の冷淡，情熱，焦燥 ―― 」『愛知大学法学部法経論集』第一四三号。
――・油木兵衛編 [2002]『読む年表・年譜：ルネサンス・フィレンツェ，イタリア，ヨーロッパ――サヴォナローラ，マキァヴェッリの時代，生涯』無限社（岡

崎)．

高瀬学 [1969]「マキァヴェルリの翻訳"アンドリア"考」『イタリア学会誌』第一七号．

—— [1970]「マキァヴェルリの"Descrizione"に見られる論理——マキァヴェルリにおけるチェーザレの位相」『イタリア学会誌』第一八号．

—— [1978]『大衆と独裁——マキアヴェッリ思想の原画分析』原書房．

田中秀夫 [1984]「ポーコック思想史学とスコットランド啓蒙（上）」『甲南経済学論集』第二五巻第二号，一五五——一七八頁．

—— [1985]「ポーコック思想史学とスコットランド啓蒙（下）」『甲南経済学論集』第二六巻第四号，七一——一二二頁．

—— [1998]『共和主義と啓蒙——思想史の視野から』ミネルヴァ書房．

—— [2006]「甦る近代共和主義」田中秀夫・山脇直司編 [2006]『共和主義の思想空間——シヴィック・ヒューマニズムの可能性』名古屋大学出版会．

千葉眞 [1990]「精神生活と政治の世界——ハンナ・アーレント」藤原保信・千葉眞編『政治思想の現在』早稲田大学出版部．

塚田富治 [1991]『カメレオン精神の誕生——徳の政治からマキアヴェリズムへ』平凡社．

土橋茂樹 [1996a]「十三・十四世紀におけるアリストテレス『政治学』の受容」上智大学中世思想研究所編『中世の社会思想』創文社．

—— [1996b]「書評　James M.Blythe, *Ideal Government and the Mixed Constitution in the Middle Ages*, 1992」，『中世思想研究』第三八号．

徳橋曜 [2004]「想像のレスプブリカ——フィレンツェにおける共和政理念と現実」小倉欣一編『近世ヨーロッパの東と西——共和政の理念と現実』山川出版社．

中金聡 [1995a]『オークショットの政治哲学』早稲田大学出版部．

—— [1995b]「オークショット——保守主義と『政治を超えて』」藤原保信・飯島昇藏編『西洋政治思想史 II』新評論．

—— [2003]「政治とは何か」押村高・添谷育志編『アクセス政治哲学』，日本経済評論社．

永井三明 [1969]「マキアヴェリの立場——グィッチャルディーニの思想を通して」『西洋史学』第八一号．

西村貞二 [1969]『マキアヴェリ——その思想と人間像』講談社．

—— [1991]『マキアヴェリズム』講談社．

A. ネグリ著，杉村昌昭・斉藤悦則訳 [1999]『構成的権力——近代のオルタナティブ』松籟社．

根占献一 [1997]『ロレンツォ・デ・メディチ——ルネサンス期フィレンツェ社会における個人の形成』南窓社．

―― [1999]「マッテーオ・パルミエーリ,ドナート・アッチャイウォーリ,ヨハンネス・アルギュロプーロス――市民的ヒューマニストと転換期のフィレンツェ文化」『ヨーロッパの市民と自由――その歴史的諸相の解明』早稲田大学アジア太平洋研究センター.

―― [2005a]『フィレンツェ共和国のヒューマニスト――イタリア・ルネサンス研究』創文社.

―― [2005b]『共和国のプラトン的世界――イタリア・ルネサンス研究 続』創文社.

橋口倫介 [1984]「中世の年代記――その著作意図をめぐって」,上智大学中世思想研究所編『中世の歴史観と歴史叙述』創文社.

長谷川博隆 [2001]『古代ローマの政治と社会』名古屋大学出版会.

服部文彦 [1988]「マキァヴェリにおける「フォルトゥナ」の位相――ヨーロッパを照準した新たな思想史の地平へ向けて (I)」『イタリア学会誌』第三八号.

羽仁五郎 [1936]『マキャヴェリ君主論』岩波書店.

林智良 [1997]『共和政末期ローマの法学者と社会――変動と胎動の世紀』法律文化社.

原田慶吉 [1949]『ローマ法』有斐閣.

原田俊彦 [2002]『ローマ共和政初期立法史論』敬文堂.

半澤孝麿 [2003]『ヨーロッパ思想史における＜政治＞の位相』岩波書店.

―― [2006]『ヨーロッパ思想史のなかの自由』,創文社.

引田隆也 [1987]「J.G.A. ポーコックの政治言説史の方法」『創文』第二八二号.

福田有広 [1995]「歴史の中の「ユートピア」――マシュウ・レンのハリントン批判について」佐々木毅編『自由と自由主義――その政治思想的諸相』東京大学出版会.

―― [1997] *Sovereignty and the Sword: Harrington, Hobbes, and Mixed Government in the English Civil Wars*. Oxford: Oxford University Press.

―― [2002]「共和主義」福田有広・谷口将紀編『デモクラシーの政治学』東京大学出版会.

福田歓一 [1971]『近代政治原理成立史序説』岩波書店.

藤沢道郎 [1958]「書評 Edmond Barincou: *Machiavel par lui-meme*, Paris, 1957. Federico Chabod: *Machiavelli & Renaissance*, London, 1958.」『イタリア学会誌』第七号.

―― [1969]「ニッコロ・マキァヴェッリの最初の書簡について」『イタリア学会誌』第一七号.

藤原保信 [1985]『西洋政治理論史』早稲田大学出版部.

船田享二 [1967]『ローマ法入門(新版)』有斐閣.

―― [1968,1969]『ローマ法』(第1巻)(第2巻)岩波書店.

K．フォン・フリッツ, H．バターフィールド著, 前沢伸行・鈴木利章訳 [1988]『歴史叙述』平凡社。
D．ヘイ, P．ヘルデ他著, 清水純一他訳 [1987]『ルネサンスと人文主義』平凡社。
増田重光 [1977]『サヴォナローラ研究序説』船橋：増田重光。
皆川卓 [2004]「アリストテレスが結ぶヨーロッパ——ポリティアからレスプブリカへ」小倉欣一編『近世ヨーロッパの東と西——共和政の理念と現実』山川出版社。
村田玲 [2006a]「道徳の自然誌——マキアヴェッリ政治学の道徳的基礎に関する予備的諸考察（上）」『早稲田政治公法研究』第八一号。
—— [2006b]「知恵と節度——レオ・シュトラウス『マキァヴェッリ論考』読解の諸前提に関する試論」『政治哲学』第四号，五五-七二頁。
森田義之 [1999]『メディチ家』講談社。
山内進 [1985]『新ストア主義の国家哲学』千倉書房。
山口正樹 [2003]「国家理性概念の成立と統治性——マキアヴェリ，ボテロ，ヴィーコにおける国家理性の概念をめぐって」2003 年 10 月早稲田政治学会報告。
山田晶 [1978]『トマス・アクィナスの≪エッセ≫研究』創文社。
山本隆基 [1997,1998]「初期ホッブズの思想——自然法と政治的歴史 (1) (2)」『福岡大学法学論叢』第一四〇，一四一，一四六号。
山脇直司 [2006]「シヴィック・ヒューマニズムの意味変容と今日的意義——ポスト・リベラルでグローカルな公共哲学のために」田中・山脇編 [2006]。

人名索引 Index of Names（ニッコロ・マキァヴェッリは省略した）

ア行

アヴェロエス（Averroes） 38, 80
アウグスティヌス（Aurelius Augustinus） 24, 31, 72, 200, 201, 203, 204, 292, 372, 405, 408
アウグストゥス（Augustus） 170, 364
アウグストゥルス（Romulus Augustus） 172
アガトクレス（Agathoklēs） 376, 377
アクィナス（Thomas Aquinas） 15, 23, 31, 58, 59, 62, 65, 72, 82, 87, 91, 111, 124, 156, 204, 232, 280, 344, 405
アダム（Adam） 72
アッコルティ（Benedetto Accolti） 244, 245, 286
アッピアヌス（Appianus） 307
アフトニウス（Aphtonius） 140
アムロー（Abraham Nicolas Amelot de la Houssaine） 325
アリスティッポス（Aristippos） 43, 44
アリスティデス（Aristeidēs） 237
アリストテレス（Aristotelēs） 15, 17, 23, 24, 26, 31, 39, 40, 44, 49, 54, 58, 59, 61, 65, 72, 80, 82, 85, 87, 88, 91, 93, 94, 96, 103, 105, 108-111, 114, 115, 117, 118, 124, 126, 127, 129, 140, 143-149, 153, 155, 161, 162, 187, 192, 196, 200, 201, 205, 206, 208, 209, 215, 217, 218, 220, 221, 225-227, 229, 231-234, 240, 241, 254, 257, 259, 270, 273, 274, 277, 285, 288, 310, 314, 320, 330, 339, 344, 371, 390, 391, 393-395, 405, 413, 425
アルチュセール（Louis Althusser） 58, 59, 84, 279, 366
アルビッツィ（Albizzi） 180, 236
アルベルティ（Leon Battista Alberti） 125, 245
アルベルトゥス・マグヌス（Albertus Magnus） 232
アレクサンデル6世（Alxander VI） 375
アレクサンドロス（Alexandros） 207
アレント（Hannah Arendt） 73, 74, 79, 197, 218, 248, 262, 357, 362
アンティゴノス朝（Antigonos） 207
飯島昇藏 37, 43
イソクラテス（Isokratēs） 140, 153

ヴァサリ（Giorgio Vasari） 176
ヴァッラ（Lorenzo Valla） 141, 157, 158
ヴィーコ（Giambattista Vico） 134, 198
ヴィクトリウス（Petrus Victorius） 140
ヴィスコンティ家（Visconti） 337
ヴィスコンティ，ジャンガレアッツォ（Gian Galeazzo Visconti） 237
ヴィスコンティ，フィリッポ（Filippo Visconti） 368
ウィット（Ronald Witt） 142, 223
ヴィティ（Paolo Viti） 223
ヴィラーニ（Giovanni Villani） 179
ヴィラーリ（Pasquale Villari） 278
ヴィローリ（Maurizio Viroli） 16, 21, 36, 139, 141, 145, 220, 228, 249-251, 279-282, 297, 298, 311, 320, 349, 350, 357, 380, 381, 385, 386, 424, 428
ウェーバー（Max Weber） 123, 199, 200, 345, 365, 408
ウェゲティウス（Publius Flavius Vegetius Renatus） 419, 420, 423
ヴェットーリ，F.（Francesco Vettori） 108, 239, 335
ヴェットーリ，P.（Piero Vettori） 337
（老）ヴェルジェリオ（Pier Paulo Vergerio） 259
ヴェルナーニ（Guido Vernani） 140
ウォーカー（Leslie J. Walker） 206
ウォリン（Sheldon S. Wolin） 95
ウォルツ（Kenneth Waltz） 414
ウォルツァー（Michael Walzer） 414
ヴォルテール（Voltaire） 270
ウッド（Neal Wood） 40, 398
ウルシュトンクラフト（Mary Wollstonecraft） 218
エウリピデス（Euripidēs） 364
エステ家（Este） 337
エピクロス（Epikouros） 112
オア（Robert Orr） 23
オッタヴィアーニ（Ottaviani） 245
オドアケル（Odoacer） 172
小野紀明 29, 70, 144
オリヴェロット（Oliverotto da Fermo） 376

オリゲネス（Origenes） 151
オルシュキ（Cesare Olschki） 138
オルフェウス（Orpheus） 66

カ行

ガーヴァー（Eugene Garver） 141, 145
カーン（Victoria Kahn） 139
カヴァルカンティ（Giovanni Cavalcanti） 180
カエサル（Gaius Julius Caesar） 44, 175, 179, 237, 293, 307
鹿子生浩輝 301
カストルッチョ（Castruccio Castracani） 43, 44
カッシアヌス（Johannes Cassianus） 151
カッシーラー（Ernst Cassirer） 67-69, 101, 189, 347
カッターネオ（Carlo Cattaneo） 278
カッポーニ（Gino Capponi） 180
カッリーマコ（Callimaco） 392
カティリナ（Lucius Sergius Catilina） 164, 303
カリクレス（Kalliklēs） 42
ガリレオ（Galileo Galilei） 65, 66
カルル5世（KarlV） 352
ガレン（Eugenio Garin） 12, 65, 66, 69, 100, 146, 221, 222
川出良枝 357, 358
カント（Immanuel Kant） 35, 189, 209, 272, 382, 383
カントローヴィチ（Ernst H.Kantorowicz） 157, 354, 432
カンパネラ（Tommaso Campanella） 18
キアッペッリ（Fredi Chiapelli） 347
キケロ（Marcus Tullius Cicero） 21, 26, 49, 72, 98, 107, 116, 136-143, 145, 147-150, 153, 158, 163, 164, 168-170, 193, 195, 197, 208, 215, 217, 218, 220, 224, 226, 227, 229, 231, 234, 240, 251, 254, 257, 264, 272, 280, 295, 307, 339, 343, 352, 353, 364, 378, 386-389, 393, 395
キュロス（Kyros） 39, 342, 373, 374, 394, 395
ギルバート（Felix Gilbert） 12, 142, 175, 183, 259
クインティリアヌス（Marcus Fabius Quintilianus） 140, 141, 148, 153
クザーヌス（Nicolaus Cusanus） 68
クセノフォン（Xenophōn） 39, 43, 340, 392-396, 420, 426, 427

グッチャルディーニ（Francesco Guicciardini） 12, 43, 158, 189, 259, 281, 286, 291, 320, 352
クティネッリ（Emanuele Rèndina Cutinelli） 12
クテシアス（クニドスの）（Ktēsias） 81
グラックス兄弟（Tiberius et Gaius Gracchus） 307, 398
グラティアヌス（Flavius Gratianus） 152
グラムシ（Antonio Gramsci） 279
クラムニック（Isaac Kramnick） 270
クリステラー（Paul Oskar Kristeller） 12, 142, 224
クリスト, J. F. 12
グレイ（Hanna Gray） 139
グレゴリウスⅠ世（GregoriusI） 152
クローチェ（Benedetto Croce） 278, 354, 357
クロプシー（Joseph Cropsey） 122
ゲオルギオス（トレビゾンドの）（George of Trebizond） 241
ゲルウィヌス（Georg Gottfried Gervinus） 184
ゴーシェ（Marcel Gauchet） 432
コービー（Patrick Coby） 37, 42, 123
コール（Benjamin G.Kohl） 235
コクレーン（Eric W.Cochrane） 176, 183
コノリー（William E.Connolly） 84
木庭顕 160
小林正弥 215
コペルニクス（Nicolaus Copernicus） 65
ゴリアテ（Goliath） 403
ゴルギアス（Gorgias） 146
コルテージ（Paolo Cortesi） 141
コロンブス（Christopher Columbus） 39
ゴンザガ（Federico Gonzaga） 338
コンスタンティヌス（Constantinus） 157, 170

サ行

サヴォナローラ（Girolamo Savonarola） 71, 72, 74, 111, 245, 374, 401, 404
サクソンハウス（Arlene W.Saxonhouse） 269
佐々木毅 27-29, 95, 118, 279, 344, 350, 379, 406
サッソ（Gennaro Sasso） 183, 209, 257
サリヴァン（Vickie Sullivan） 47, 311, 405, 406, 424, 428
ザルカ（Yves Charles Zarka） 352, 357-359, 361
サルスティウス（Gaius Crispus Sallustius） 24,

人名索引　499

163-166, 168, 173, 175, 224, 227, 237, 251, 292, 293, 302-304, 307, 311, 343
サルターティ（Coluccio Salutati）　21, 65-67, 139, 142, 151, 164, 168, 169, 171, 173, 222-224, 228-231, 237, 238, 243-245, 251, 280, 292
サンデル（Michael Sandel）　215, 270
ジァンノッティ（Donato Giannotti）　12, 286, 291, 320
シーゲル（Jerrold E.Seigel）　142, 149, 224
ジェファソン（Thomas Jefferson）　226
ジェルミーノ（Dante Germino）　44
ジェンティエ（Innocent Gentillet）　12
ジェンティリ（Alberico Gentili）　249
シクストゥス IV世（Sixtus IV）　112
シドニー（Algernon Sydney）　215
シモニデス（Simōnidēs）　393-396
シモネッタ（Giovanni Simonetta）　180, 338
シャボー（Federico Chabod）　282, 347
シャルル8世（Charles VIII）　335
シャルルマーニュ（カール大帝）（Charlemagne）　170, 171, 175
ジャン（パリの）（Jean de Paris）　259
シュトライス（Michael Stolleis）　233
シュトラウス（Leo Strauss）　21, 22, 29, 37-42, 44-48, 65, 76, 77, 94, 100, 103, 131, 144, 151, 188, 199, 201, 209, 226, 265, 311, 312, 330, 339-341, 365, 375, 378, 381, 393, 394, 396, 397, 403, 404, 424-426, 428
シュミット（Carl Schmitt）　209, 265
ジョヴァンニ・デッラ・カーサ（Giovanni della Casa）　352
ジョン（ソールズベリの）（John of Salisbury）　352, 354
ジョン（ヤンドゥンの）（John of Jandun）　140
ジル（ローマの）（Gilles de Rome）　140, 259
スウィフト（Jonathan Swift）　298
スカラ（Bartolomeo Scala）　166, 244
スキナー（Quentin Skinner）　13, 15, 21, 22, 36, 50, 88, 89, 98, 139, 215, 218, 220, 223, 226-228, 243, 259, 276, 289, 290, 311, 312, 318-320, 328, 329, 338, 346, 357, 358, 363, 375, 386, 424, 425, 428
スキピオ（Scipio Africanus）　191, 264, 401
スコット（Jonathan Scott）　215
スコトゥス（Duns Scotus）　65

ストア学派（Stoa）　112, 372, 387
ストロッツィ（Lorenzo de Filippo Strozzi）　125, 421
スピノザ（Baruch de Spinoza）　12, 44, 59, 65, 113, 188, 200, 249, 364
スフォルツァ（Francesco Sforza）　368
スミス（Adam Smith）　35, 270
スラ（Lucius Cornelius Sulla）　164, 175, 237, 292, 306
セッキ-タルージ（Giovannagiola Secchi-Tarugi）　86
セネカ（Lucius Annaeus Seneca）　98, 147, 227, 387, 388, 391
セルウィウス（Servius Tullius）　152
セレウコス朝（Seleukos）　207
ソクラテス（Sōkratēs）　38, 40, 41, 43, 74, 116, 144-146, 193, 199, 201, 269, 372, 393-395, 421, 429
ソデリーニ, G. B.（Giovan Battista Soderini）　125
ソデリーニ, P.（Piero Soderini）　179, 264, 286
ソフィスト（Sophist）　144-146
ソロン（Solōn）　196, 287

タ行

ダガー（Richard Dagger）　273
タキトゥス（Publius Cornelius Tacitus）　40, 168, 352, 363, 364, 385
タック（Richard Tuck）　352, 428
タティウス（Titus Tatius）　302
ダビデ（David）　73, 403
タルクィニウス（Lucius Tarquinius Superbus）　207, 398
タルコフ（Nathan Tarcov）　144, 250, 396
ダンテ（Dante Alighieri）　231
ダントレーヴ（Alexander Passerin D'Entrèves）　347
千葉眞　405
ツキディデス（Thoukydidēs）　135, 137, 140, 160, 161, 385, 414
ディオゲネス（Diogenes Laertius）　43, 44
（偽）ディオニシウス（Dionysius）　44, 156
ディドロ（Denis Diderot）　12, 249
テイラー（Charles Taylor）　218
ティンクラー（John F.Tinkler）　141, 143, 145

テオドシウス (Theodosius) 170
デカルト (Renè Descartes) 64, 65, 70
テグリーミ (Niccolò Tegrimi) 178
デ・グラツィア (Sebastian De Grazia) 404
デ・サンクティス (Francesco De Sanctis) 12
テセウス (Thēseus) 342, 373
テデスコ (Niccolò Tedesco) 71
デメトリウス（ファレーロンの）(Dēmētrios Phalēreus) 140
ドゥリス (Douris) 162
ドゥルリー (Shadia B.Drury) 42
トクヴィル (Alexis de Tocqueville) 49, 385
ドネリー (Jack Donnelly) 413
トマス→アクィナス
トラシュマコス (Thrasymachus) 42, 269
トルデシラス (Alonso Tordesillas) 144
トログス→ポンペイウス・トログス

ナ行

ニーチェ (Friedrich Nietzsche) 60, 84, 161, 199, 200, 204, 365
ニーバー (Reinhold Niebuhr) 414
ニチア (Nicia) 392
ニッコリ (Niccolò Niccoli) 222
ニュウェル (Waller R.Newell) 394
ヌマ (Numa) 30, 401
ネィジャミイ (John Najemy) 184
ネグリ (Antonio Negri) 322, 431
根占献一 221
ネルソン (Eric Nelson) 307
ノーデ (Gabriel Naudé) 365

ハ行

バーク, E. (Edmund Burke) 134
バーク, P. (Peter Burke) 155, 156
ハーシュマン (Albert O.Hirschman) 188, 351
ハーツ (John Herz) 414
ハーバーマス (Jürgen Habermas) 218
バーリン (Isaiah Berlin) 13, 14, 228, 278, 354, 372
ハイデガー (Martin Heidegger) 199
パオロ（ロンチリオーネの）(Paolo da Ronciglione) 138
パスカル (Blaise Pascal) 23

ハスラム (Jonathan Haslam) 353
バターフィールド (Herbert Butterfield) 40, 161, 190, 340
パタパン (Haig Patapan) 40, 41
パトリッツィ (Francesco Patrizzi) 158, 339
パピリウス (Lucius Papirius Cursor) 401
ハリントン (James Harrington) 11, 13, 49, 208, 210, 211, 215, 218, 226, 242, 248, 298, 316-319, 323-325
バルジッツァ (Gasparino Barzizza) 141
パルータ (Paolo Paruta) 283
バルドゥス (Baldus de Ubaldis) 80
バルトルス（サクソフェラートの）(Bartolus de Saxoferrato) 223
バルバロ, E. (Ermolao Barbaro) 146
バルバロ, F. (Francesco Barbaro) 259
バルバロス (Daniel Barbarus) 140
パルミエーリ (Matteo Palmieri) 238
パレル (Anthony J.Parel) 65, 71, 76, 77, 363, 364, 403, 404
バロン (Hans Baron) 12, 24, 49, 149, 215, 220-222, 224-226, 231, 235-237, 253, 309, 311, 380, 381, 420, 424
ハンキンス (James Hankins) 149, 151, 223, 225, 226, 241
半澤孝麿 15
ハンチントン (Samuel Phillips Huntington) 270
ハンニバル (Hannibal) 191, 300, 401, 403
ヒエロン (Hierōn) 393, 394
ビオン (Biōn) 44
ビオンド (Flavio Biondo) 157, 166, 179, 180, 236, 245, 416
ピコ・デラ・ミランドラ (Giovanni Pico della Mirandlla) 66, 68, 69, 72, 74, 88, 125, 146
ピタゴラス (Pythagoras) 188
ピトキン (Hannah Fenichel Pitkin) 78, 79, 254
ヒューム (David Hume) 188, 270, 316, 322, 324, 325
ビュデ (Guillaume Budé) 155
ピュラルコス (Phylarkos) 162
ピンチン (Carlo Pincin) 76
ファウル (Erwin Faul) 371
ファブリツィオ (Fabrizio Colonna) 421-424

人名索引

フィチーノ（Marsilio Ficino） 15, 41, 54, 61, 65-68, 72, 74, 88, 112, 125, 154
フィッシャー（Markus Fischer） 37, 46-48, 57-59, 101, 107, 112, 123, 131, 278, 331, 411
フィヒテ（Johann Gottlieb Fichte） 12, 354
フィンク（Zera Fink） 215
フーコー（Michel Foucault） 354
フェデラリスト（The Federalists） 49, 259
フエテル（Eduard Fueter） 184
フェルディナンド（フェルナンド）（Ferdinando） 368, 375
フォーテスキュー（John Fortescue） 208
福田有広 300, 301, 317
ブシーニ（Giovanbattista Busini） 249
藤原保信 265
プトレマイオス, C.（Claudius Ptolemaeus） 64
プトレマイオス朝（Ptolemaeus） 207
プトレマイオス（ルッカの）（Ptolemy of Lucca） 223, 237, 243, 259, 292, 320
プライス（Russell Price） 118
ブライズ（James Blythe） 223, 320
ブラック（Robert Black） 142, 244, 245
ブラッチョリーニ（Poggio Bracciolini） 140, 166, 169, 179, 181, 222, 236, 243, 245, 300, 339
プラティーナ（Bartolomeo Platina） 338
プラトン（Platōn） 24, 31, 38-41, 54, 65, 66, 70, 72, 103, 108-110, 112, 114-117, 144, 146, 154, 162, 192, 193, 196, 199, 215, 254, 285, 288, 307, 361, 393-395, 405
プラムナッツ（John Plamenatz） 105
フリードリヒ（Carl Joachim Friedrich） 354
プリスキアヌス（Caesariensis Priscianus） 152
ブリダン（Jean Buridan） 140
フリング（Mark Hulling） 250, 328
ブルーニ（Leonardo Bruni） 21, 65, 66, 139, 149, 151, 153, 159, 163, 165-173, 175, 177-181, 208, 222-226, 228, 229, 231-233, 235-245, 251, 280, 281, 283, 287, 292, 305, 310, 316, 420, 421
ブルーノ（Giordano Bruno） 66
ブルクハルト（Jacob Burckhardt） 64, 87, 224
プルタルコス（Plutarchos） 40, 139, 208, 307
ブルチョーリ（Antonio Brucioli） 12
プロカッチ（Giuliano Procacci） 12
プロタゴラス（Prōtagoras） 193

フロンティヌス（Sextus Julius Frontinus） 419, 420
ベイツ（Charles Beitz） 414
ベイリー（Charles Calvert Bayley） 420
ヘーゲル（Georg Wilhelm Friedrich Hegel） 12, 35, 38, 59, 199, 200, 243, 279, 354, 355, 365
ベーコン（Francis Bacon） 157, 187, 188, 364
ベーダ（Beda Venerabilis） 152
ヘシオドス（Hēsiodos） 160
ペティット（Philip Pettit） 215, 228, 290
ペテロ（Petros） 73
ペトラルカ（Francesco Petrarch） 67, 72, 99, 139, 147, 157, 168, 169, 171, 224, 231, 278, 339
ペトルス（アルヴェルニアの）（Petrus de Alvernia） 232, 259
ベネディクトゥス（Sanctus Benedictus） 151
ヘラクレイトス（Hērakleitos） 193
ベランティ（Lucio Bellanti） 74
ペリクレス（Periklēs） 239
ヘルダー（Johann Gottfried von Herder） 12
ヘルデ（Peter Herde） 142, 223
ヘルモゲネス（Hermogenes of Tarsus） 140
ヘロドトス（Hērodotos） 135, 137, 160-162
ホイジンガ（Johan Huizinga） 157
ボエティウス（Anicius Manlius Severinus Boethius） 100, 232
ポーコック（John Greville Agard Pocock） 16, 17, 21, 22, 49, 50, 122, 139, 155, 215, 217, 218, 223, 226-228, 250, 269, 270, 273, 295, 311, 312, 317-319, 323, 380, 424, 425, 428
ポール（Reginald Paul） 12
ポスト（Gaines Post） 354
ボダン（Jean Bodin） 28, 346, 409
ボッカリーニ（Trajano Boccalini） 18, 363
ポッジォ→ブラッチョリーニ
ポッセヴィーノ（Antonio Possevino） 12
ホッブズ（Thomas Hobbes） 24, 28, 33-35, 62, 82, 83, 95, 96, 101, 122, 123, 127, 131, 136, 137, 150, 151, 200, 211, 268, 269, 329, 346, 352, 358-360, 363, 364, 377, 379, 404, 405, 409
ボテロ（Giovanni Botero） 18, 346, 351-353, 355-357, 360, 365
ボナット（Guido Bonatto） 71
ホノハン（Iseult Honohan） 218, 248, 276

ポムポナッツィ（Pietro Pomponazzi） 65, 66-68, 70, 74, 100, 101
ホメロス（Homēros） 151, 160-162
ホラチウス（Quintus Horatius Flaccus） 147
ポリツィアーノ（Angelo Poliziano） 141, 155
ポリビオス（Polybios） 18, 24, 136, 145, 151, 161-163, 168, 205-210, 217, 254, 257, 259, 285, 288, 293, 315, 319, 320, 419, 420
ボルジア（Cesare Borgia） 178, 374-376
ポンターノ（Giovanni Pontano） 74, 338, 339
ボンファンティーニ（Mario Bonfantini） 416
ポンペイウス・トログス（Pompeius Trogus） 81

マ行

マイネッケ（Friedrich Meinecke） 70, 222, 250, 279, 354, 357, 363, 365, 381
マキァヴェッリ（ニッコロの父）（Bernardo Machiavelli） 138
マグヌス→アルベルトゥス・マグヌス
マコーミック（John P.McCormick） 209, 310, 318, 320, 321
マコーレイ（Thomas Babington Macaulay） 278
マゼラン（Ferdinand Magellan） 39
マディソン（James Madison） 216, 218
マナン（Pierre Manent） 226, 432
マリウス（Gaius Marius） 293, 307
マリタン（Jacques Maritain） 277, 278
マルキオンネ・ディ・コッポ・ステファニ（Marchione di Coppo Stefani） 180
マルクス（Karl Marx） 35
マルシリウス（パドゥアの）（Marsilius of Padua） 223, 243, 320, 407
マルチェロ・ウィルジリオ・アドリアーニ（Marcello Virgilio Adriani） 61
マンスフィールド（Harvey Clafin Mansfield） 21, 22, 45, 76, 181, 182, 225, 226, 250, 254, 281, 311, 313, 314, 348, 355, 392, 424, 428
マンデヴィル（Bernard Mandeville） 270
マンリウス・カピトリヌス（Manlius Capitolinus） 268
マンリウス・トルクアトゥス（Manlius Torquatus） 191, 300
ミケランジェロ（Michelangelo） 66
ミネルベッティ（Piero Minerbetti） 180
メディチ家（メディチ派）（Medici） 54, 171, 181, 185, 236, 241, 243, 249, 264, 278, 309, 335, 337, 375, 378-380, 382
メディチ，コジモ・デ（Cosimo de'Medici） 180, 308
メディチ，ジュリアーノ・デ（Giuliano de'Medici） 335, 337
メディチ，ジュリオ・デ（クレメンス7世）（Giulio de'Medici） 178, 183, 185, 421
メディチ，ジョヴァンニ（Giovanni de'Medici） 337
メディチ，ピエロ・デ（Piero de'Medici） 180, 286
メディチ，ロレンツォ・デ（Lorenzo de'Medici） 99, 180, 333, 335, 339, 377
メルロ－ポンティ（Maurice Merleau-Ponty） 382, 383
モア（Thomas More） 143
モイル（Walter Moyle） 289, 298
モエルベーケのウィリアム（William of Moerbeke） 231-233
モーゲンソー（Hans Morgenthau） 414
モーセ（Moses） 342, 373, 409
モミリアーノ（Arnaldo Momigliano） 363
モレッリ（Giovanni Morelli） 236
モンテーニュ（Michel de Montaigne） 23
モンテスキュー（Charles-Louis de Secondat Montesquieu） 12, 49, 214, 218, 259, 299, 316, 325, 370, 371, 385

ヤ行

山口正樹 360, 361
山本隆基 136
ユーグ・ド・サン＝ヴィクトル（Hugh of Saint-Victor） 152
米山喜蔵 179

ラ行

ラーエ（Paul Rahe） 226
ラエルティウス→ディオゲネス
ラティーニ（Brunetto Latini） 21
ラディスラーオ（Ladislao） 180
ラムス（Petrus Ramus） 145

人名索引　503

ランケ（Leopold von Ranke）　12, 278
リウィウス（Titus Livius）　24, 31, 71, 98, 130, 163, 166, 168, 170, 175, 179, 195, 208, 224, 245, 248, 251, 257, 301-303, 307, 320, 340, 343, 363, 406, 419
リシュリュー（Armand Jean du Plessis Richelieu）　18
リチャードソン（Brian Richardson）　139, 184
リドルフィ（Roberto Ridolfi）　70, 183, 249
リプシウス（Justus Lipsius）　363
リュクルゴス（Lykourgos）　196, 210, 255, 288, 293
ルービンシュタイン（Nicolai Rubinstein）　234, 235, 338
ルクレツィア（Lucrezia）　392
ルクレティア（Lucretia）　392
ルソー（Jean-Jacques Rousseau）　12, 44, 49, 151, 174, 175, 199, 201, 218, 226, 241, 249, 270, 272, 274, 275, 325, 330, 362, 365, 405, 409
ルチェライ , B.（Bernardo Rucellai）　208, 209, 245, 286
ルチェライ , C.（Cosimo Rucellai）　125, 421
ルッソ（Luigi Russo）　183, 279
レオ 10 世（Leo X）　337
レムス（Remus）　302
ローティ（Richard Rorty）　153
ロック（John Locke）　96, 151, 270, 365
ロベスピエール（Maximilien de Robespierre）　74
ロムルス（Romulus）　195, 207, 288, 302, 310, 342, 373, 397, 401, 403, 420
ロンバルドゥス（Petrus Lombardus）　152

ワ行

ワレリウス（Valerius Corvinus）　191, 300

Machiavelli's Expansive Republic: Modernity and Politics of Historiography

Keiichiro Atsumi

Contents

Introduction: Machiavelli, Politics of Historiography, and Modernity

Part I : Machiavellian Cosmos: Neo-platonism and Political Realism in Machiavelli's concept of *ordini*
   Chapter 1 Astrology, *cielo*, and *fortuna*
   Chapter 2 *Animo*, *ambizione*, and *inganno*

Part II : Politics of Historiography
   Chapter 3 The Legacy of Rhetoric and Practical Historiography in *Il Principe* and *Istorie Fiorentine*.
   Chapter 4 *Anacyclosis* and Machiavelli's Historicism

Part III : Machiavelli and Republicanism
   Chapter 5 "Civic Humanism Tradition" and Machiavelli
   Chapter 6 Corruption and Liberty in Machiavelli's Virtue and Constitution
   Chapter 7 Mixed Government and Expansive Republicanism: Passions and Interests in *popolo*, *grandi*, and *principe*.

Part IV : Governance and Reason of State
   Chapter 8 *Arte dello stato*, New Prince, and Tyrant
   Chapter 9 Law and Religion as the Governing Devices
   Chapter 10 "The Military" and "the Civilian" in *Dell'arte della Guerra*

Conclusion: Machiavelli's Expansive Rome

Bibliography

Index of Names

著者略歴

厚見恵一郎（あつみ　けいいちろう）

1967年　東京都に生まれる
1990年　早稲田大学政治経済学部卒業
1996年　早稲田大学大学院政治学研究科博士後期課程退学
早稲田大学社会科学部助手，専任講師，助教授を経て，
現在，早稲田大学社会科学総合学術院教授
この間、プリンストン大学訪問研究員（1999-2000年），
ハーバード大学訪問学者（2000-2002年）
博士（政治学）――早稲田大学論文博士
著書（共著）に，『西洋政治思想史Ⅰ』（藤原保信・飯島昇藏編，新評論，1995年），『憲法と政治思想の対話』（飯島昇藏・川岸令和編，新評論，2002年）。訳書（共訳）に，ディヴィッド・バウチャー，ポール・ケリー編『社会正義論の系譜――ヒュームからウォルツァーまで』（ナカニシヤ出版，2002年），レオ・シュトラウス『リベラリズム――古代と近代』（ナカニシヤ出版，2006年）など。

マキァヴェッリの拡大的共和国：
近代の必然性と「歴史解釈の政治学」

2007年3月31日　第1版第1刷印刷発行　©

著者との了解により検印省略	著　者　厚　見　恵　一　郎
	発行者　坂　口　節　子
	発行所　㈲　木　鐸　社
	印　刷　フォーネット＋互恵印刷　　製　本　高地製本所

〒112-0002　東京都文京区小石川 5-11-15-302
電話 (03) 3814-4195　ファクス (03) 3814-4196
振替東京 00100-5-126746　http://www.bokutakusha.com/

乱丁・落丁本はお取替致します

ISBN978-4-8332-2390-4 C3032